巨子的诞生

荣氏实业王国的缔造

薛尔康 著

文匯出版社

荣宗敬、荣德生兄弟长篇文学传记

一部关于成功的《资治通鉴》

荣宗敬（宗锦）像
公元1873-1938

荣德生（宗铨）像
公元1875-1952

荣宗敬墓，位于无锡胡埭乡湖山村，依山面湖，1993年扩建

荣德生墓,位于无锡孔山南麓,1953年建，文革被毁，1984年重建

荣熙泰荣德生父子三水河口镇桥西街一巷旧居，初始资本1500元在此积攒

1995年，荣毅仁寻访祖父、父亲三水河口旧居

1893年（光绪十九年）荣熙泰为两位儿子成亲盖的新屋

1922年，荣氏兄弟在荣巷加造新屋，此为转盘楼

上海高恩路（今高安路18弄20号）荣德生公馆

上海西摩路120号（今陕西北路186号）荣宗敬公馆

荣氏在南洋公学（今上海交通大学）图书馆旁父亲雕像下，左二荣宗敬，左一荣德生

在1926年美国费城博览会上，荣氏面粉企业获赠面粉奖状

1900年，荣氏兄弟集股创办的茂新面粉厂（原名保兴面粉厂），摄于1915年

无锡茂新面粉厂是中国民族工业发祥地缩影，也是荣氏进入实业之始

福新一厂矗立在苏州河边

1912年，福新面粉一厂的创办象征着荣氏挑战大上海的开始

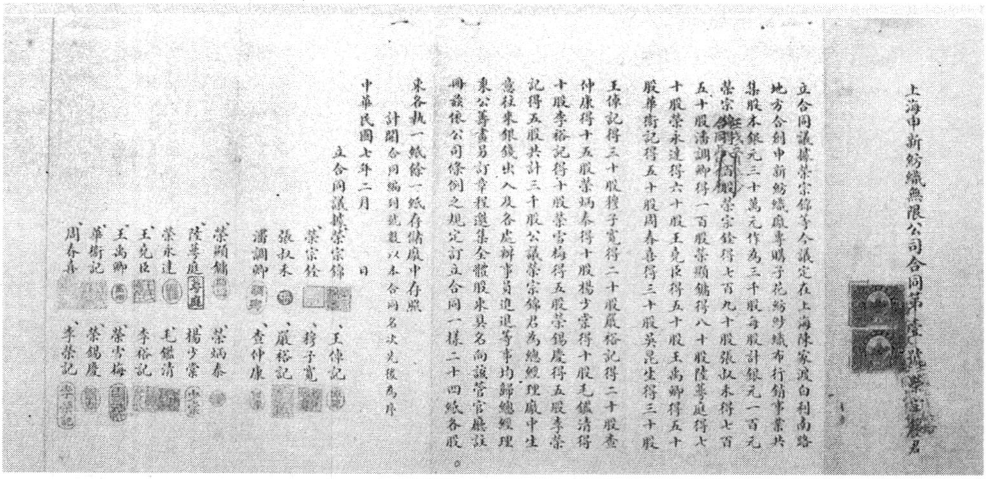

上海申新紡織無限公司合同第壹號 榮宗敬君

立合同議據榮宗錦等今議定在上海陳家渡白利南路地方合創申新紡織廠專購子花紡紗織布行銷事業共集股本銀元三十萬元作為三千股每股計銀元一百元榮宗[illegible]股榮宗銓得七百九十股張叔木得七百五十股潘調卿得一百股榮顯錦得八十股陸蓉庭得七十股榮永建得六十股王克臣得五十股王禹卿得五十股華衛記得五十股周春喜得三十股吳昆生得三十股王偉記得三十股穆子寬得二十股嚴裕記得二十股查仲康得十五股榮炳春得十股楊少棠得十股毛鑑清得十股李裕記得十股榮雪梅得五股榮錫慶得五股李榮記得五股共計三千股公議榮宗錦君為總經理廠中生意往來銀錢出入及各處辦事員進退等事均歸總經理東公籌書易訂章程邀集全體股東具名向該管官廳註冊並依公司條例之規定訂立合同一樣二十四紙各股東各執一紙餘一紙存儲廠中存照

計開合同編列號數以本合同名次先後為序

中華民國七年二月　日

立合同議據 榮宗錦、王偉記、榮宗銓、穆子寬、張叔木、嚴裕記、潘調卿、查仲康、榮顯錦、榮炳春、陸蓉庭、楊少棠、榮永建、毛鑑清、王克臣、李裕記、王禹卿、榮雪梅、華衛記、榮錫慶、周春喜、李榮記

申新一厂集股合同。本件为第一号股票，持有人为荣宗敬

1915年，申新一厂在上海创立，预告棉纱大王业已胎孕

申新系统创办的纺织类专业刊物（申三主办），由荣宗敬题写刊名

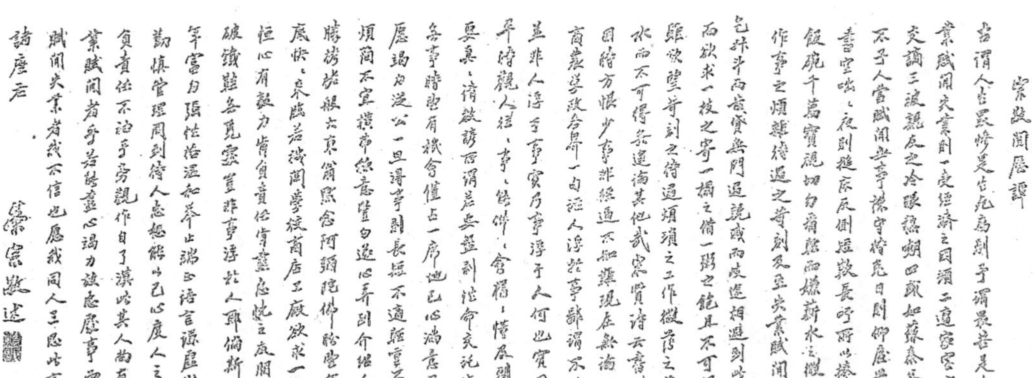

荣宗敬手书《宗敬阅历谭》，由原申新总公司秘书朱复康先生生前提供

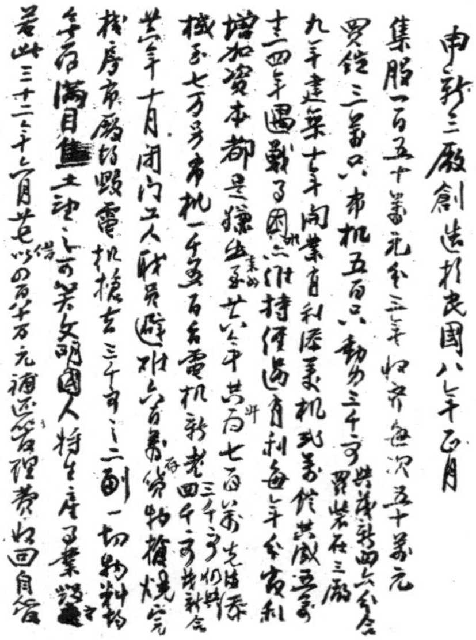

荣德生手书申新三厂创办经过，由朱复康先生生前提供

荣德生手书《先兄宗敬纪事述略》，由朱复康先生生前提供

荣德生创办的私立江南大学，1948年落成

梅园

目录

前言：商人之死

死亡给人留下钉子般的记忆。

幽暗的记忆中冒出关于死的情节，大脑皮层顿然活跃起来。任何人的死带来的都不止是哀悼，会牵扯出不少引申和你不得不参与的讨论，整个过程变成死人对活人的忠告。

幼年，在我懵懂未开的时候，趴在二楼窗台上目睹过一次大出殡。这是我最早的关于死亡的记忆，至今依旧清晰。整条大街被望不到头的送葬队伍拥塞住，男男女女从各条街巷赶过来，似乎是一场不可缺席的盛会。街道两旁，临街楼上，全是挤挤攒攒的人头。

无锡城里未有过如此惊天动地的葬事。不是送葬，倒像是欢送，就连铜管乐队吹奏的哀乐也音调高昂，节奏铿锵。没有哀伤，唯有感动。

生命不能预演，不能排练，但有选择角色的权利，导演和演员都是你自己。死亡，是一幕接一幕演出后全剧告终的一幕，是最终的实现。人生在这一刻真相大白：有人死去意味消失，有人死去意味被记住。1952 年 8 月 13 日，我记住了荣德生这个名字。事实上，无锡城里几辈子人对这个名字无人不晓，直至今天，黄口小儿仍知道他是谁。一个人被几辈子人记忆，足够圆满，有赖生前的造化。人心各别，但当千万人内心发出一种共振，便称为民心。民心认可的事物必然具有真理的魅力。

几十年后，我试图写作荣氏兄弟传记与幼时的记忆有绝对的关系，是一次死亡激起的冲动。一位大出殡时指挥开路的先生对我介绍说，当时的送葬队伍足有十里长，前锋已出无锡城，队尾在四郎君庙巷荣德生晚年居住的宅第尚未开动。送葬队伍有亲属、各界代表、工商界同仁、他手创的企业职工组成。队伍前头有数不尽的花圈和奠幛，上面写着“志人持重”“实业巨子”“民生有赖”，等等。沿途不断有市民路祭，供奉香火果品，不少受惠于他的商界人士和企业员工则奉献触地的磕头。灵柩走走停停，亲属们很是担忧天黑前能否抵达西郊梅园的暂厝之地。

奠幛的责任是极力彰扬往生者的功德，飘拂的文字毕竟苍白，整个城市对一个死者的祭奠才称得上诚实。

他是一位巨富。财富并不会唤起万众的敬意，往往引起相反的情绪，尤其到他逝世的那个年代。富人的德行与其他人不同处是对财富的态度，他一生的为人之道、立身之本由不得人不钦佩，是老百姓嘴上的“好好先生”。当三聚氰胺、苏丹红出现在餐桌上，在超市对香肠、粉丝不敢下手，我会想起他；当公权等同股权、债权，“表哥”、“房叔”不断被人肉出来，我会想起他。他竟然没有私蓄，所有财产全部投在二十几家手创的工厂中，耗在至今随处可见的社会公益事业上，包括教育、文化、公路、桥梁、园林等。他本可以过得比民国年代的大总统还阔绰，但从未享受过人们想象中的生活，出远门只坐二等、三等车厢，喝一杯二角钱的清茶。一生处世以俭，克己奉公，与依仗不平等条约的外国经济势力竞争，直到最后安息在简陋得出乎世人想象的坟茔中。后来，政府部门看不过去，拨款对他的故墓加以修葺装饰。

他是19世纪末20世纪初具有新思维的少数中国人之一。外表敦厚，头脑中却不乏创见和出人意料的思想，注入兄弟俩共同的事业。游历粤港期间，沐浴新知，洞察潮流，胸怀心志顿开。当他从广州乘船经香港返乡，因船期被耽误停留五日，在尖沙咀码头看见堆积成山的洋粉洋货销往内地，痛心地洞察到“国家利权丧失、民生仰赖外人”的危险。个人的事业路径在折磨他多年的迷茫中显现出来，就在尖沙咀码头，他将“兴办实业，利国利民”确定为终身选择。他本人，乃至庞大的荣氏企业集团都要感谢这一次意外的耽误。人生和历史一样充满偶然，在偶然出现的那一刻，你必须逮住它。

身为荣氏企业的肇始者，荣德生虽未像孙中山、黄兴那样呼啸而起，却同样艰难顿挫，为谋取国富民强矢志奋斗。他的一生献给了中国的民族工业。

解放前夕，众亲友、子女苦苦劝其离国他往，避避风头。他用一句话说服他们：“一辈子追求国家富强，怎么能连国家都不要了呢?”他目睹国民党一天天因腐败而坏死，亲历官匪勾结、绑票勒索的困苦，表示香港不去，台湾不去，外国不去。下令机器凡已拆卸者一律搬回，并在上海《新闻日报》发表决不出国的声明，还每天到他创办的江南大学和公益中学走一遭，或乘黄包车在城里兜一圈，以正谣传。他在四子毅仁的陪伴下，将生命的最后几年奉献给了他挚爱的祖国。

商人不断地被社会机遇制造出来，人们记住的是他们财富的数字而不是他们的人生。德公以儒入商，以商弘儒，以德为生，风范长存；敏思不绝，具远见卓识之才；孜孜营求，为志大慎行之人；一生奉圣贤之道，堪称儒商榜样！

无独有偶，比荣德生大两岁的兄长荣宗敬的出殡同样令人动容。

荣宗敬于1938年2月10日在香港养和医院溘然长逝。几年前，他差点儿就从上海江西路58号（今江西中路421号）三新总公司大楼上跳下去，他在最后一刻挺住脚尖，脊梁骨跟着挺直起来，这注定了他的实业王国将会从一场全球性经济危机中浴火重生。果然，辉煌重现，但否极泰来的好光景仅仅延续了一年多时间。抗战爆发后，日本占领军通过汉奸胁迫他出任伪职，公馆四周布满密探，荣宗敬陷入险境。民族大义是他习惯翘起的大拇指，相比之下，遍布苏州河和黄浦江两岸以及内地的工厂则是小指头。他毅然决然，一番精心化装后，于深夜溜出公馆东墙一扇黑漆小铁门，再溜进一辆英国友人的汽车，登上开往香港的意大利货轮。

他怎么可能是当寓公的料？他习惯鏖战，厌恶休憩。抛开的毕竟是与命相系的事业，安逸的香港成为他的精神陷阱。他无法自救，借酒浇愁，麻痹神智。在对杨通宜、荣漱仁夫妇的拜访中，杨先生对我说，当时他们夫妇在香港，宗公的死与喝酒大有干系。各方宴请甚多，他趁机大醉，直至喝到高烧不退，脑溢血症发作，不治而亡。他在香港只呆了一个月零六天。临殁之际，气微喘急，其声唏嘘，仍以实业救国为念，除了交代企业的安排，对于家事无一语道及。他对家人语曰："余手创各厂为国家社会服务，非以之自私自利，汝等善守即为尽孝，余亦瞑目。"

荣宗敬不该如此绝望，他不清楚酒精只会将满腔愤恨烧得更旺，以至于自毁强悍的生命。这位实业救国的首倡者和实业报国的实践者，其脉搏的最后一跳，奉献给了为之搏杀一生的未竟事业。所以说未竟，是如果时势相济，世人难以估计荣氏实业王国将是何等的规模。

荣宗敬的国民精神和大师级经营策略，不仅为当时国人称道，也惊动海外，被西方媒体誉为"中国实业界的拿破仑"。在家乡无锡，太湖杨湾张山口小山头上有他的墓园，是懂得风水的弟弟亲自为兄长选定的寿地。多年前，我从山下往上爬了约一百米，在墓园入口处伫立许久，两边石柱上刻有"创业精神楷模，民族经济先驱"的联句。不知道勒石者为何不署上自己的名字，是上天给出的评介？

墓地也极简朴(此墓现已重修,由无锡市人民政府公布为市级文物保护单位),令我想起不是为了撑起与身份相符的场面,他不会买下西摩路那座大洋房。他一生大排场、大手面,死后回归本性,住得如此简单。他始终未忘14岁到上海打工,饿肚皮帮老板家倒夜壶、洗尿片的日子。

荣宗敬逝世后五天,国民政府行政院举行第350次会议,议决案共30余条,刊于首位的是决议通过院长关于褒扬荣宗敬的提议。两天后,各大报于头版刊出国民政府的褒扬文字:

荣宗敬兴办实业历数十年,功效昭彰,民生利赖,此次日军入沪,复能不受威胁,避地远引,志节凛然,尤堪嘉尚,兹闻溘逝,悼惜殊深,应予褒扬,用昭激励,此乞。

荣宗敬之死令人感怀处不在最高当局的表彰,而是时任申新总公司秘书朱复康老先生向我述说的鲜为人知的一个情节。

荣宗敬的灵柩从香港运回上海后,暂厝荣公馆一幢米黄色的偏宅,几年后,又运回家乡无锡下葬。日本占领军为防范太湖游击队的袭扰,沿湖设置炮楼,搜查一切过往行人车辆。当眷属们在通向张山口的公路上扶柩而行时被日军凶恶地拦截,喝令打开棺盖,要瞧瞧里面装的究竟是尸体还是别的什么。这是眷属们无论如何不能接受的,僵持许久之后,家人不得不向侵略者说明这是谁的灵柩。一位军曹跑上炮楼向长官报告,长官闻讯奔下炮楼,喝令全体士兵整队肃立,持枪致敬,灵柩在敌军的仪仗中通过。

生命的光芒令敌人也敬畏。

这一天是1943年9月14日,临近中午。躺在棺材中的荣宗敬不知是何感受,他是在咬牙切齿诅咒近卫文麿政府中死去的,而且死不瞑目。

原来,日本人视荣氏为日本国人的楷模,将荣宗敬的事迹编入课本,借以激励本民族的进取性。那位日军长官早年读小学时,就从课文中悉知荣宗敬自强不息的创业精神,成为他心目中一位了不起的男人,遂有上述一幕。荣氏兄弟之死,令我信服以下结论:人类对死亡的思考以及对物质与精神关系的发现,使哲学这种人类全新的思维形式有了诞生的可能。

上海滩容易犯历史性的痉挛,然而,荣宗敬不止喜欢更是热爱上海。他从这个舞台上瞥见了欧洲工业文明,也瞥见自己国家的未来,他死也不相信中国人比不上西洋人。上海滩曾令他饱受屈辱,还有失败,但上海滩国际化的残酷的商业竞争反而激发了他的智慧和勇气。他从未忘记少年时代在外滩发下的誓言。当汇丰银行的印度巡捕只允许他从后门进入时,他更加坚定了占领大上海的决心。

他发誓要为中国人争一口气。

或许，他有过无数次出人头地发财致富的狂想，但当他的个人事业与国家民族的命运相联系，当他把一切欲望投射到国家民族身上，奋臂一呼，喊出了“实业救国”的时代强音。他是一个倔强而且不会流泪的人，但在五四运动中，他满脸热泪地呼吁同行：“诸位先生深自反省，我辈能不剖腑以白爱国之忱，以救危亡！”“宗敬当与诸位同仁慨然而起，捐热血之躯，举国中实业，以挽狂澜塞漏卮为己任，拓富国强民之道，会所求者厥为清白良心，无愧于衷。”这时候他活着就不再属于自己。为此，他得罪杜月笙，与孔祥熙顶牛，敢与北伐时代的蒋介石较劲。他注定要忍受更多的风险，但是，他的信念不会动摇，以向有的快捷步伐，勇往直前。荣氏兄弟对大上海有开拓之功，可以这样说，没有荣氏的上海依旧是上海，但不是后来的那个上海。

宗公出于寒微之家，生于飘摇之世，负浩大之气，遂爱国之心。每欲自任天下，其事业精神，罕有其匹，堪称大丈夫！

荣氏兄弟的人生是一部关于成功的《资治通鉴》。

他们的经济活动，起步于中国第一次现代化浪潮因日本发动甲午战争消歇之时，贯穿第二次现代化浪潮的全过程，并站在了这一浪潮的潮头之上，在这一历史背景下抒写出一部生命的史诗。

兄弟俩天禀有别，个性相异，但两人合在一起便成一个完善的“人”，就是这个“人”步李鸿章、盛宣怀、张謇后尘而事业胜于前，缔造了国中首屈一指的实业王国，被称为“面粉大王”和“棉纱大王”。他们生前共同构建的一整套经营理念和经营方略，足资后世研究借鉴。自上世纪末开始，经济界出现的热门新词，诸如：技术引进和吸收，竞争力，品牌价值，可持续发展，兼并重组，集约化和规模经济，以及科学管理和人性化的企业文化机制，荣氏兄弟早在上世纪初叶已经运用得十分娴熟。企业王国就这样被打造起来，大得谁也啃不动，并且开创了中国工业史上华商购并外商的先例，令外国资本这头神秘的斯芬克斯在竞争中魂不守舍。荣宗敬说过这样的话：“从衣食上讲，我拥有半个中国。”弟弟德生一改儒家的谦和收敛，满脸堆笑说：“事业几满半天下。”这是自清末以来，一个衰微中的国家能够听到的豪气万丈、声震天地的声音。

人类生活在时间的深度上，要靠少数先驱者生命的闪光将它烛亮。他们是智者，也注定是人类痛苦的忍受者。不管他们选择什么道路，只要历史车轮感受到他们的力量，历史就应该铸刻上他们的名字。

荣氏兄弟的人格精神属于国家和民族。

荣氏兄弟身上体现的生存意识属于全人类。

基督只有一个，人死不能复生，然而，精神可以复活。

光凭荣氏兄弟死的情节就让人感到是有声有色有风度有深度的生命。从贫寒农家子弟到一国实业巨子，神秘的生存力量来自何处？命运因何向他们而不是别人露出不常有的笑容？这两个引起人们兴致勃勃探讨人生的人究竟是怎样的人？

这对急于改变民族和个体命运的中国人永远需要。

荣氏兄弟具备的卓越人类的精神世界太有诱惑性了。

人虽死，气尚在。

历史应当说出真实的感受。你不说，我帮你说。

就让我在缭绕的气息中，讲述他们的故事。

写于2012年11月5日

一、兄弟同心　其力断金

桑树田里，每片叶子闪射耀眼的光芒，显得神采非凡。

这是些会说话的叶子，有性情的叶子，也是神性的叶子。在桑蚕之乡荣巷女人眼中，它是上天对人间好恶的表示。人得罪天，它就得罪人，于是人间就有了善良。心形的鼓足了劲的叶子描述着一个好年景，田野里四处震颤兴奋的声音。“春茧半年粮”，眼看头遍蚕铁定丰收，女人们心中踏实了。

垄头地脚，阡陌田埂，梁溪河畔，小溪石桥，无数双急促掣动的尖尖小足震动大地，发出噔噔的回响，一支支怪异的队伍从各个方向向荣巷汇集。

太阳高斜西天，荣巷的女人们已经不约而同地走在了回村的路上。这一日是公元 1882 年（清光绪八年）暮春小满，黄帝元妃嫘祖圣母的生日，若不是为了祭祀这位植桑养蚕的始祖，女人们怎舍得提前一个时辰离开她们的桑树。

队伍继续向荣巷方向汇集。

女人们只靠趾端的大拇趾行走，腰无法直起来，手里拿着锄头，肩上挑着装满桑叶的大竹篰。为了维持平衡，她们不能不撅起屁股，挺起胸，边走边摇晃身体，显得婀娜多姿。北宋是一个艺术创造的大时代，汉代艺术女人的腰，北宋艺术女人的脚，“三寸金莲”就这样打造出堪与瘦金体媲美的时尚。至于对脚的再造造出女人的第二性器，是艺术创造中常有的意外惊喜，中国男人为此沾沾自喜了一千年。艺术女人这件事从来没有停止过，妇女解放了，也只是从艺术女人变为女人艺术自己，隆胸、整容、7 英寸的高跟鞋，替代裹足，向男人兜售自己的性感。

女人能把自己一双天足贡献出来，还有什么不愿意为男人贡献的呢？荣巷的女人便是这样一群女人。她们的男人多数在外面闯世界，哪怕男人赚不回一两银子，也有勇气把男人们丢下的家独自支撑起来。

“三寸金莲”支撑颤颤巍巍的身体，迅疾地移动，挑战物理学原理，然而勿要担心，尖尖小足插向土地的每一步十分坚定十分倔强，就像一场超水准的表演。17世纪风行欧洲的芭蕾舞，不过是盗用了中国男人想出的一个最歪的点子。荣巷就由一双双伶仃小足支撑着，中华民族又何尝不是?

江南女子与桑蚕相濡以沫已有四千余年历史，但对荣巷而言却只有十多年时光。这就需要说一说人群中一颠一颠移动尖头鞋，又怀了身孕的荣熙泰的老婆石氏了。石氏与其他小脚女人相别之处是有商业头脑，她是无锡惠山北麓富安乡石巷人，出嫁时的嫁妆是几十棵桑树苗，随嫁的当然还有植桑养蚕的技术。翌年，荣家媳妇养起一遍春蚕，卖茧子的利益远远超过种庄稼的收入，惹得巷上人群起仿效。不过数年，地处无锡惠山南麓开源乡的荣巷便治桑成风了。

石氏身后有一个8岁的小男孩，背上驮着装满桑叶的箩筐，箩筐上压着一个同样装满桑叶的大布袋，喘喘地蹬蹬地跟随着母亲的脚步。他嗷嗷降临在四周布满桑园菜田的村庄，跟着母亲在桑园中学步，留下歪歪斜斜的幼年。谱名荣宗铨，字德生，取义于《荀子·非十二子》:“不知则问，不能则学，虽能必让，然后为德。”后来，他真的成为荀卿笔下的德人，欣悦地骄傲地接受宿命。不过，巷上没人叫他名字，也忘记了他的名字，都叫他“二木头”。出生后3岁不会说话，4岁那年春天总算勉强能说几句话，又整天不愿意开口，一副呆呆木木的样子，因排行第二，巷上孩子给他取了个悲摧的绰号:“二木头”。

一座不足一竹竿宽的底檐矮户坐落在荣巷西浜头。荣巷街上，不乏书香门第的华屋绣楼，商人富户的深院大宅，这两间荣熙泰家的屋子属于可避风雨一类。

母子俩穿过前朝客堂，天井，进入二进的居所，卸下身上重负，歇下来喘口气。终于到家了。两间上半部是空斗“鸽子棚”的破旧小屋是祖传遗产，推开虚掩的闼门，尽管旁边那扇小方格明瓦窗顶了起来，屋里依旧昏暗，依稀可见石鼓墩上的木柱撑起芦蓆铺底的屋顶，悬于半空的矮阁楼堆满各式杂物。在木板拼隔的屋子里，一半矗立着蚕匾架子，传出切切嚓嚓吃桑叶的声音，蚕像它们的女主人一样也有念不完的经;另一半，是一家人吃喝拉撒睡和摆放布机纺车的地方，挤得转不过身来，连水缸也摆在了门外。如果不是祖上庇荫，留下两间旧屋，荣熙泰一家人连栖身之所也没有。他的父亲荣锡畴，梁溪河上摇摆渡船出身，后来，沿着这条河走出去，往返沪锡跑单帮，也就是倒爷吧，将家境倒成殷实。自洪杨起事，太平军打到江南，战火烧毁大半个荣巷，家中财产尽失，12岁的荣熙泰被父亲送进当地一家铁匠铺当学徒。父亲死后，家境是越发的窘迫。他家这一

阏门是荣巷贫户的住房

支因为战祸乱离在荣巷无近亲，母亲逝世没钱下葬又没处借钱，荣熙泰为尽孝卖光家产，按礼数安葬母亲，家中除却两间黑咕隆咚的老屋也就别无长物了。寻思无计中，荣熙泰像他的许多族人一样，将扭转家运的希望寄托在渺茫的远方，扔下一家人，游走他乡。

嫘祖的神龛上已有外婆摆好的供品，有蹄膀、鲤鱼、肉酿面筋、笋干百叶，还有几样干点心，是荣家饭桌上见不到的菜肴。每个铜板都会在石氏手心攥出水来，今天是一年中最大的手面。嫘祖这位人文女祖，不止是衣食父母，还是她心目中有求必应的神明，譬如她求个愿，接连生下两个儿子。

身处愁苦，既无苦也无忧，石氏总是乐呵呵的，笑着的，她的笑显现出人世的喜乐与美好，而辛苦与忧患全被收藏进梦里。她与人世两两相亲因而相知。8岁的德生问老妈为何总是这般高兴，她说有饭吃有衣穿有老公有儿女，为啥不高兴呢？你看蚕宝宝吃桑叶吃得多开心啊！笑是一天，不笑也是一天。人活一辈子，不顺心多于顺心，已经很苦，勿好再难为自己。这番话，德生记住一辈子。他也是乐观的，豁达的，人到中年自号“乐观子”，行走在他的六千人的工厂里，沿途女工窸窸窣窣说：“弥勒佛来了！”

石氏亲自点燃香烛，嘴巴喃喃有词，带着8岁的儿子磕起头来。嫘祖生日的到来，意味春蚕上山的日子不远了，正是大忙而且关乎一年收成的季节。德生磕完三个响头，端过一条长凳，爬上爬下，依次给架子上的蚕宝宝喂桑叶。石氏舍不得点油灯，伏在织布木机上忙碌起来。坐在木机上是她劳碌一天后应得的休憩。腹中的孩子告诉她家中将多添一张嘴，她没有压力唯有高兴，只是不敢怠慢每一分钟，每日操劳到深夜。她织出的土布，布贩子乐意收购，不愁换不到银子。

狭窄的幽暗的空间被咔咔的木机声充满而生机四溢，木布机的动力来自三寸金莲，石氏脚下的两块木板有节律地飞动起来，难以相信，一双完全被摧毁的脚怎么具有如此强大的能量。

石氏的力量来自夫妻间一项约定。

丈夫远行前，她对他说，家中一切开销由她支撑，不用牵记，而你赚的钱积攒起来，作为日后儿子的事业本钱。女人的判断力和深谋远虑时常超过男人。石氏料定丈夫至多适合做师爷、账房一类，荣家要有大转机，必得靠儿子。荣熙泰听完老婆的主张，吃惊地盯着她说："难怪女人也能做皇帝！"

喂完蚕，"二木头"坐在木机旁边扎黄钱。祖母袁氏生前怕这个孩子闷坏，老是带他到邻里乡亲家串门，外出念佛也带着。德生 5 岁那年祖母病亡，母亲将外婆接来帮理农务家务，外婆没像祖母那样带他串门，而是教他扎黄钱，戒厌气。扎一万黄钱可得铜钱 120 文，5 岁小儿就这样开始人生的第一笔生意，挣回家中每日油盐酱醋开销，惹得邻家小孩也都成了黄钱仔。

"二木头"稚嫩的手指显然已经僵硬得难以动弹，依旧咬紧牙，蹙起眉，将黄钱用力扎实，不容许有一点歪斜。他做事的认真周全似乎与生俱来，凡是他扎的黄钱从来没有因为不合格被克扣过工钱。咔咔的布机声鼓舞着他，身边澡盆里扎好的黄钱已经堆得满满的了。他不善言语，心里却明白，母亲为一家生计承受的重压时刻触动他的心而不能自主，唯有加紧扎黄钱。

黄钱扎得愈多，母亲的叹息愈重。

在文风蔚然的江南，每个母亲都在儿子身上寄托望子成龙的梦想。男孩满 5 岁就要开蒙入塾，家中再穷，母亲也会从嘴边省下粮食供儿子读书。这是一场赌博。母亲们乐此不疲地投入这场赌博已有八百年历史了，到明清更是变本加厉，不乏赌赢的先例。具有五百年历史的荣巷，在它出现之日起就加入这一赌的传统。"二木头"已经 8 岁，早该像他哥哥一样读私塾，无奈天性懵懂，"打他也放不出一个闷屁"，做母亲的怎能不焦躁？

外婆戈氏在灶台上忙碌，4 岁的妹妹塞进一把柴火，灶堂里噼噼啪啪爆响起来。一阵触鼻的香味弥漫开来，"二木头"嗅嗅鼻头，忍不住叫一声："好香啊！"

他一边扎黄钱一边纳闷，今晚干吗做好吃的？

油灯好歹飘飘忽忽地闪亮起来，照亮角落里一只抱窝的母鸡，母鸡正用尖喙啄蛋壳，一副力不从心的样子。"二木头"停下手中活计，跑过去看得津津有味。此时，比他大两岁的哥哥从私塾放学回家了。哥哥谱名宗锦，7 岁入塾，后来自取字曰：宗敬。寓敬业乐群之意，语出《礼记·学记》。宗敬每日回家，总是先到鸡窝旁观察一番，着急老母鸡怎么还未将小鸡孵出来。此刻，终于从破损的蛋壳中瞧见幼雏湿淋淋的绒毛。他等不及了，决定帮一帮母鸡的忙，伸手将蛋壳剥开，将小鸡取了出来。母鸡魂飞魄散，慌忙跃出鸡窝，连声报警。塾师殷省甫称这个弟子少负大志，伶俐有奇气，视为非常人。宗敬破壳取雏的动作，算不算"奇"与"非常"？

母亲过来了，她好生安抚那只老母鸡，将剥开的幼雏放到灶仓边烤火。小鸡在兄弟俩的注视中摇摇晃晃地站立起来。

母亲喊道："宗敬、德生，快过来吃晚饭吧，肚子该饿了。"

桌子上坐下 5 人，母亲、外婆、兄弟俩、妹妹。

这是一顿非同寻常的晚餐。

石氏对两个儿子比他人寄予更高的期待，不知道出于何种理由，她从不怀疑自己的儿子将来有出息。可以猜想的依据是，大儿子读书用心，每至夜深；生得天庭饱满，地阁方圆，有一个标准截筒鼻，是相书上说的大富大贵之貌。二儿子 4 岁才会说话，天生异象，是大器晚成的征兆，将来必定大有作为。今晚，她就要考证两个儿子是否真的有出息。

晚饭按例喝白粥，两碟小菜，咸菜毛豆子加白萝卜干，都是自家田里的出产，今晚破例多加一道菜——五香蚕豆。主材是著名的惠山蚕豆，相传乾隆皇帝南巡，驻跸惠山寺，食后赞不绝口。这蚕豆又糯又嫩，来自石氏娘家，刚托人捎来，新鲜得散发开泥土的清香。平时，烧蚕豆只放盐花，今日石氏特地嘱咐外婆放入八角、陈皮、香叶、白糖，将豆子烹制得咸甜相宜，香气扑鼻。不吊足儿子的胃口，今晚失败的是她。

五香蚕豆火候足够，十分入味。兄弟俩连声说好吃，筷子不停地往碗中伸，伸出的每一筷母亲都留心看在眼里。德生说，外婆将蚕豆烧得这么好吃，可到街上开店卖钱了，我来收账。外婆说，你扎黄钱扎烦了，想换行当？德生说，白天帮你卖蚕豆，晚上扎黄钱，两不耽误。

宗敬开口了，要开店就要开到城中崇安寺。哈哈，外婆当大老板了！

桌上的气氛融洽而又诙谐，女儿的筷子忍不住往碗中伸去，刚夹起的豆子被母亲用筷子打落下来。平时，母亲偏重两位哥哥，有时吃些荤腥尽往他们碗中夹，今晚吃蚕豆子也这么偏心，小女孩受不了，委屈得直流眼泪。

石氏安抚女儿说："乖点儿，哥哥们吃剩下全归你，总好了吧？"

女儿不晓得这碗五香蚕豆对母亲的重要。

今天这个日子的意义不止于祭祀蚕花娘娘，还要在这位女神的见证下做一项事关家族命运的测试。儿子是否有出息？家庭能否振兴？她是否是一个合格的母亲？最后，都将由饭桌上那碗五香蚕豆给出神奇的答案。石氏一个劲劝儿子多吃点，两个儿子吃着，都说从未吃过如此美味的蚕豆子，时不时将豆儿搛到妹妹的碗里。

晚饭结束了，碗中的五香蚕豆，小粒的吃完了，大粒的豆子留在了碗里。石氏脸上漾开狡猾的笑容。

她问两个儿子："你们将大豆子怎么全留了下来？"

宗敬回应道："给母亲和外婆吃呀。"

德生说："刚才娘不是说剩下全给妹妹吃吗？"

母亲对他们的回答太满意了，她的考试获得圆满的结果。那些剩下的大豆子向她宣告：这个家庭有发达之日，他的儿子不是一般的儿子，将来有大出息，成大事业，没准儿还是人上人，人之杰。她禁不住热泪盈眶，眼泪爬满脸上的沟壑，默默擦拭起来。

宗敬不知道母亲好好儿的怎么就哭了："姆妈，谁让你伤心了？"

"哪里伤心了，我是高兴！"

石氏在圣母嫘祖的神龛前跪下，磕了三个头，愣了一会儿，尤嫌不足，捣蒜般磕起来。差不多磕晕了，才摇摇晃晃地站起来，将两个儿子搂在怀里。

她自信她的两个儿子将是鸡窝里飞出去的凤凰男。

她抱着他们的头说："娘的辛苦今晚有了回报，我会几夜睡不好觉。哪户人家吃豆子，如若吃剩下的全是大豆子，这户人家肯定会发达。有言道：'兄弟同心，其力断金。'荣家的将来靠你们打拼，记住娘的话：相信自己行！"

这一夜，荣巷西浜头两间老屋里的布机响到天亮。趴在布机上的石氏是兴奋的，咔咔的布机声也是兴奋的。

这一年的中国，除了康有为到北京会试回程上海，看到西方的强盛，启悟他挽救危亡中的国家外，别无值得记录的事物。对于无锡开源乡荣巷而言，更是日复一日的平淡。除了上天，没有人知道，就在这日复一日的平淡中，已有一种不平淡开始萌动。

剩下的事，对石氏来说，是着急送"二木头"入塾识字读书。她写信给丈夫，丈夫来信劝慰说不要急，急坏身子骨，家便整个儿塌了，9 岁上学也无妨。德生反倒热爱上扎黄钱这份工，每日埋头苦干，说不上几句话。为了让他散心，母亲经常差遣他上街购物，凡油盐酱醋，零星杂物，全交由他购买，从未发生差错，一文钱没少过。奇了怪了,母亲惊诧地想:“二木头”不木呀!

这一年9月,在浙江乌镇冶坊当账房的父亲返家,带回三百个方块字尝试教德生。“天地君亲师”五字,德生念几遍就能背诵;以下“父母伯叔兄”也是几遍即能背;一个多月后,三百字悉数背熟。接着教九九表,不久也背熟了。父亲对母亲说:“此儿已开智,不木可教。”二儿子明年终于可以上学了,石氏喜出望外,搂着德生亲热了半天。宗敬在塾已有三年,父亲返回浙江后,他负起塾师的责任,德生入学启蒙必读的《百家姓》、《千字文》一一传授,兄弟二人念读每至夜深。

第二年,光绪九年正月十九日,德生热望的私塾开学的日子到了。

母亲领着德生踏入先生荣云章的“经畲堂”塾馆,他头一眼看到的是先生桌上那根长约尺许、厚不足两寸的桑木戒尺。巷上孩子都知道它的厉害,只需打两三下,手便肿得发酵馒头似的。有一次,宗敬回家后左手插在裤袋里始终不伸出来,晚上睡觉时才告诉他挨了戒尺,德生抚着哥哥肿胀的手,心疼至极,偷偷到灶上烧水为他焐手消肿,同时懂得为什么只打左手的道理——右手要写字呀。可左手也不能打啊,要不然怎么帮母亲干农活杂务?他发誓入塾后一定恪守规矩,万万不能挨戒尺。

先生开始问话,已受启蒙的德生逐一作答,老师答应将他收为弟子。接着,进入拜师仪式。塾馆正面墙上悬挂着大成至圣先师孔子像,德生是多么敬仰这位万世师表啊,虔敬地拜下去,以额触地,不想起身。先生连连咳嗽提醒,他才明白过来还有先生等着磕头;于是,站起来,对坐在太师椅上的先生又一次以额触地,算是认了师。

一个9岁的孩子和一群5、6岁的孩子一起念书,人高出一头,不是孩子王也成孩子王。第一年从《千家诗》起,读完《大学》、《中庸》;此后,历年读公冶长、子罕、子路、阳货,滕文公、离娄,《诗经》、《易经》。他没日没夜读、背,懵里懵懂吞食一肚皮经书,又牛似的慢慢反刍出来。他喜欢的课是先生“开讲”,经先生一讲,心中豁然一亮,原来自己读的文章中有那么丰富的内涵和深刻的道理。于是,晦涩别扭的文句与他称兄道弟,压抑已久的探究知识的欲望释放出来。他与同室的“小老小”说古道今,把他们听得两眼发直,一愣一愣。

文化令他视野开阔,思维活跃,开始琢磨起自己的将来。

荣巷西浜有进士第,就在近侧;街上有“七报弄”,有位荣姓族人后代中有七人夺得功名,官府先后七次进入弄内报喜而得名。德生老去那儿转悠,也想有朝一日金榜题名,入仕做官。荣巷又有经营钱庄当铺的大财主,做棉花进出口生意的大商人,德生寻思将来经商也不错。他还对制造工艺上瘾,书桌里刀钻工具一应俱全。塾师的第二职业是当郎中，每逢先生外出行医，他被指定代课，教完后就取出工具制作各种物件。总之，兴趣广泛，追求日新，他不知道自己日后究竟干什么却在想着一定要干什么。至少，他已经是一位非常称职的农民，从 13 岁开始什么农活都能干，是一个好把式，只是从未想过当一辈子农民。

有一件事情让母亲石氏开心了好几天，她的“二木头”读“子曰”读到骨子里去了。

临近过年的一天，家中正准备年夜饭的菜肴，母亲差遣德生上街打酱油、黄酒，他从西街走到中街的“明记烟杂店”，店铺里挤满人，好不容易从大人堆里钻进去，提着两个满当当的瓶子钻出来。当夜，他与哥哥读书到深夜，忽然算起账来，轧出白天打酱油多找回两个铜板，令他无法入睡，连夜敲门，把余钱退还给困梦瞎搭出来开门的店老板。此事母亲本不知道，后来，店老板在街上撞见石氏告诉她，盛赞“二木头”自小见仁者之风。回家后，母亲高兴得连连对他说几个“乖”。“乖”是石氏语汇中囊括一切的行为准则，她不像别的母亲轻易吐这个字，一旦吐出来便是对儿女极高的表彰。

当晚，母亲为了嘉奖他，特地做了一碗咸菜肉丝面，说：“乖孩子，吃吧，你要记住，长大后一定要做好人。”

德生是这样回答母亲：“姆妈，做好人一定不吃亏。我现在每次去打酱油，店老板把竹筒拉得特别满，我不是还独吃一碗咸菜肉丝面吗？”

“子曰”这玩意儿，藏匿着无数机巧疑义，后代讨论两千多年也未讨论出大名堂，犹如《圣经》，各取其义，至今还在瞎折腾。大抵这就是它们被称为经典的原因。

几年中，兄弟俩有了共同的话题。从私塾回来，每晚在同一盏油灯下念书，探讨经学，日日不怠。德生偏爱孔孟，对《易经》也饶有兴趣；而宗敬则偏爱《算书》和《范文正公集》，不止于读，还喜欢抄，《算书》以及范仲淹的诗词，抄了许多遍。由爱《算书》爱及算盘，每晚街上店铺打烊后，宗敬向店主借来算盘，在九十一颗珠子上操练自己的手指，演算完毕，便以抑扬顿挫的吟唱解乏：“不以物喜，不以己悲……然则何时而乐耶？其必曰：‘先天下之忧而忧，后天下之乐而乐’呼！噫，微斯人，吾谁与归？”他晃着头，整个身体摇摆起来。

一日，两人读至夜深，就《中庸》争论得不可开交。焦点是《中庸》第三章，子日：“中庸其至矣乎！民鲜能久矣！”

放肆了吧，触及中庸等于触及中国文化的核心，两个孩子竟认为自己得出的结论最完美。其实，他们是想利用这一哲学命题对各自的读书生涯做一个总结，说生命的表白也行，何必吵得那么凶！

德生首先阐发自己的看法，他说："中庸是大道，是人高尚的德行，执两用中，乃人生处世行事之最高境界。"

宗敬回说不然，"中庸是妥协、折衷、和稀泥，是人情世故的雅称而已。请问：水与火怎么妥协？白天与黑夜怎么折衷？又有哪一个朝代更替是和稀泥和出来的？依我之见，历代帝王将相，有志于建功立业者，没有一个执两用中之人。"

德生一时语塞，无以作答，沉思一会儿说："仲尼曰：'君于中庸，小人反中庸。'你说的那些帝王将相并非天降大任之人，不外乎是肆无忌惮，专走极端的小人。"

宗敬说："唐太宗堪称明君，嗜杀兄弟而有天下，宋赵匡胤，明朱元璋不也相仿？照弟所言，自舜尧之后便无明君了？试问：若人人为舜尧，便无朝代更替，迄今社会尚停留于石器时代。《易经》强调变，世间万物都在变化中是至理。我中华数千年历史呈进化之势，看今日中国，丧权辱国，国衰民弱，已达极点，朝前进化当是必然！"

在宗敬凌厉的词锋前，德生绝不示弱。他是认死理的人，凡是相信的事物就要坚持，额头青筋暴凸，用的依旧是平和的声调。他说："不偏之谓中，不易之谓庸。中为天下之正道，庸为天下之定理。凡事过则失中，不及则未至，故子曰：'中庸之为德也，其至矣乎！'"

宗敬把情绪放缓说："圣人有言：'君子和而不同，小人同而不和。'我总觉得此话与圣人提倡的至德不对版，不同而和是虚伪，说白了是放弃是非标准；不和而同反倒给我做人磊落的感觉。弟弟啊，中庸不可用以修身，尤其想做一番事业者绝不可以，中国人已经被中庸害得够惨了！"

德生反驳道："中庸之道即修身之道，至德之道，不修身又怎能妄言行道？"

"世界哪一天不偏不倚中庸过？连佛家都有'路见不平，以手按剑'的偈语"，宗敬反问德生，"如果谁都中庸了，人都成为一种人，没有性格，没有天性，没有精神意气，这样的社会难道不可怕吗？"

宗敬越说越激昂，几乎是在喊叫，压过母亲的布机声。

石氏迈动小脚噔噔噔走过来，喊道："念书念到吵架啦？洗洗睡吧，明天还要上学呢！"

不知道这一夜兄弟俩是否能够睡安稳。在这天夜里，他们袒露各自的思维空间、行为方式、入世姿态，分歧将会延续一生。他们属于完全不一样的两种人，仿佛来自不同的星球。

假如有人怀疑他们日后不能携手创业，他们的母亲可是从来没有担心过。

二、十四岁魔咒

没有人料到中国近代史会在停泊于南京下关的一艘英军旗舰上开始，更没人预见在这艘军舰上签订的《中英南京条约》，除了屈辱与悲愤还会给国家带来什么？历史不能预见。历史就像踢足球，踢到哪儿是哪儿，但无论踢到哪个地方，那儿便对最后的胜负具有重要的意义。足球现在踢到南京下关，直至后来，人们明白此后一百年中国历史发生的所有事件，都与这条英国军舰有关。

潦倒的被绑架的中国从此被迫开启现代化之路，封闭封建的农耕经济在西方的工业化面前认清自身的猥琐，一个狂妄自大的帝国的白日梦被大炮震醒，原来那些被要求行跪拜礼的西方蛮夷，已将自己甩开二百年。当大清王朝还不太情愿从心里承认这一点的时候，一个欧洲城邦在上海的出现证实了这一事实。在这个"国中之国"，现代工业、商业、金融业、娱乐业，以及政治、法律制度，一一呈现。魅力四射的万花筒每分钟转动着，叫人目不暇接。这是在世界东方出现的第一个现代化城市，拖着"猪尾巴"的中国人打量这片天地像阅读一部天书。屈辱的情绪被惊讶替代，终于读出西方为什么强，中国为什么弱，一个曾经称雄世界的强国怎样走向了没落？

当中国社会陷于巨大阵痛，不知所向的时刻，开放的上海成为生气蓬勃的热土，欣然接受对未来中国应该承担也是无可推诿的使命。南北交汇、中外合一的上海专为中国自强而出现，似乎是又一个梦境，一个可以用手指触摸的梦境。

新兴城市上海迫使资源向它自由流动，谁也挡不住。饥饿的资本，怪兽式的机器，称为淫技的科学发明，来了；官僚，政客，改良主义者，革命者，来了；捎破皮箱的外国人，从几十个国家出发了，弥补错失的淘金新大陆的机会。更多的是来自本国的廉价劳动力，从陆路水路海路来了，从江苏浙江福建广东来了，江河中流泻着满载农民的船只。看上去像一支溃散的军队，又像赶一场盛大的庙会，他们不知道自己其实是中国最早跨入现代社会的群体。也有人中途恍惚，止步不前，不经意间推动了那个区域的城市化。扔下锄头的农民中不乏混出像模像样的角色，这驱使更多的农民涌进上海这座新兴的都市，使它成为十足的移民城市。于是，在无锡荣巷的西浜码头，定期往返沪锡的信船应运而生，说不清这条巷上有多少小伙子被大上海抓了壮丁。

荣巷北靠惠山，南临梁溪河。山，有驰名遐迩的“天下第二泉”，为唐代茶圣陆羽评定，宋徽宗下令建亭护泉，御题“源头活水”，月进百坛享用；大文豪苏东坡未敢落后，留下“独携天上小团月，来试人间第二泉”的吟咏。河，是上古自然河流，是沟通无锡城区密如蛛网的水系、京杭大运河与太湖的纽带。凡岁有水涝，经梁溪河泄入太湖；旱则太湖水由此溪返回，借以灌溉田地。因溪水有回性，自古以来有无锡人“不能远出，出则怀归”一说。流水依旧，沧桑无限。现在梁溪河的回性，再也拉不回无锡人的脚步。在中国社会陷于巨大阵痛和迷茫转型的时期，荣巷人的目光盯住了120公里外那片生气蓬勃的充满机会的热土。

公元1886年(光绪十二年)，时值初夏，梁溪河水涨满西浜码头大部分的石级，丝茧船、小巧的草鞋船在碧波中晃荡；运输土纱土布陶瓷响器诸类货物的毛舡把河塘挤得水泄不通。信船即将启航，船主细阿胖从石码头拾级而上，将缆绳扣紧在刻有“南无阿弥陀佛”字样的石缆桩上。细阿胖30多岁样子，他那把橹将多少14岁的荣巷少年送往上海，自己也说不清了。除了跑单帮的小商人，信船以运送前往上海打工以及探亲的家眷为主。他没想到几十年后自己会成为牛人，动不动以惯有的大嗓门在茶馆里叫嚷：“大老板二老板都是我用一把橹送到上海的，‘二木头’到上海不敢登岸，哭鼻子，我一直将他送到了十六铺。”

细阿胖亮开嗓门，方圆三里听得见。他粗嘎的嗓门叫响了：“诸位客官，家

荣巷西浜信船石缆桩

眷,登船吧!带信带物的,赶紧!"喊罢,顺着尾音唱起朗朗的山歌。

荣家一家子正在匆匆赶来的路上,荣宗敬一边走一边向弟弟交待着交待不完的事情。两人昨夜倾谈一宿,天微曙才合眼。昨晚谈抱负志向,现在说家长里短。母亲和外婆颠颠地移动小脚,赶得气喘吁吁,8岁的大妹和4岁的二妹提着装满零星杂物的网兜被甩开了一段路。当德生将哥哥的铺盖卷放到码头上,母亲和外婆累得坐在铺盖上发喘。

宗敬蹲下来,帮母亲和外婆抚背顺气,平缓她们的喘息。身为家中长子,备受二老疼爱,平时不让干家务,农忙时也只是搭搭手,还时不时吃点儿特供小灶。即刻就要离别,过往的点点滴滴涌现眼前,两眼禁不住热泪迸流。

母亲的手指不停地梳理儿子一头浓密而又坚硬的头发。她有一百个不放心,但她一千遍地对自己说,为了儿子的前程,为了荣耀门庭,她必须将儿子送往上海。她相信嫘祖圣母的庇护,相信自己的儿子有出息。

石氏说:"宗敬啊,到上海要乖,老板老板娘的话句句要听,脏活累活事事要干,再苦也要咬紧牙关,苦过去便有出头之日。人不会累死只会闲死,记住了吗?"

"姆妈,你放心,儿子记住了!"

"周舜卿、祝兰舫是你爹同学,都是贫苦出生,十几岁到上海学生意,吃尽苦头,苦尽甘来,现在成为大老板。娘不指望你像他们那样风光,但指望你为祖宗争气,为爹娘争气,记住了吗?"

"姆妈,你放心,儿子记住了!"

石氏从怀里掏出一枚银元,塞进儿子手心里:"这枚银元你带着,不到难时不要瞎用,记住了吗?"

"姆妈,你放心,儿子记住了!"

临走前,该给母亲说些什么呢?

宗敬恻然。父亲远游在外,常年不归,母亲是指望他完成父亲做不成的事情,将振兴家业的希望完全寄托在他与德生身上。宗敬抹干眼泪,凑到母亲耳边轻声说:"姆妈,我一定干出人样来,做第二个周舜卿、祝兰舫!"

石氏听愣了,醺醺然,好似灌了一坛十年老黄酒。

细阿胖站在船头举起竹篙,用力扎入水底,大声唱道:

"南无甘露王如来,

南无阿弥陀佛,

求你万里吉水,

佑我一路平安。

开——船——啰!”

按明清惯例，幼儿一般5岁入学启蒙，经十年寒窗成为童生，通过县、府、院三试合格者，取得秀才资格，算是有了功名，归入士大夫阶层；秀才经进一步深造后，总得比试一下吧，于是，便有了三年一次，在各省省会举行的“大比”，亦称乡试，乡试及第者称举人。凡中举者已具备做官的资格。举人进京参加最后一轮中央政府的会试，及第者称为贡士，贡士再参加由皇帝老子亲自主持的殿试，不再淘汰，好歹能做成进士，等级不同罢了。一甲三名自然是最荣耀的，称状元、榜眼、探花。封建末世，商业兴盛，许多人在读书做官和经商谋富之间选择后者。14岁左右出塾后拜师当小学徒，吃完三年萝卜干饭，升任账房、跑街之类，做成白领；而不满足白领地位的人，没准儿就做成老板。

14岁是一个魔咒。冥冥中的施咒者迫使你接受它的魔法工具，告别童年，离乡别亲，走出决定一生的脚步。至于你这一生过得怎么样，在于你是否听懂似是而非、扑朔迷离的咒语。父亲荣熙泰12岁进本地一家铁匠铺当学徒，荣宗敬14岁坐在了细阿胖的信船上；三年后，荣德生逃不开这个魔咒，15岁坐在了同一条信船上。

荣宗敬背靠船舱，闭目无语已有两天。饿了啃一块母亲做的麦饼，是加了芝麻的。船上，那些到上海探望丈夫或儿子的女人们叽叽喳喳说个没玩，令他心烦。更令他烦躁的是，荣巷像他这种出身低微的人，至今没一个在上海混出人样来，这对他的自我是极大的挫伤。他要做人上人，人中杰，但那个狂妄的自我却是那么胆怯脆弱。他在母亲耳边讲完那句话后就溜得找不见了，以至他怀疑自己是否真的讲过。其实，脱口而出讲这句话，只是临别前不知道该怎样哄母亲高兴。

不知为什么，他总觉得与上海有莫名的缘分，听得见那个方向的呼唤。尤其到出塾那年，无数次想象奇妙的上海，想象自己的将来，沉浸在童话中。他相信人一生下来不等于就被注定了人生。他一天也不想再在乡下呆下去，写信给父亲为他谋一份工，前提是非上海不去。终于等到父亲的回函，父亲出道后一直在铁铺冶坊做活，托旧友在上海南市铁锚厂为他找到饭碗。这不是理想的行业，但毕竟是在上海，他当即上学堂告别先生，回家收拾行李。

躺在家中床上与坐在信船上的感受完全不一样。离上海越近当大老板的梦想就离他越远，心中揣着的范文正公不知跑到哪里去了，悲剧！他深深地吸一口气又把它缓缓地吐出去，显得疲惫不堪。

第三天早晨，信船在上海苏州河锡金码头靠岸，又一个新移民踏上这片到处是诱惑的土地。已经有难以胜数的外来人融入上海，不管来自何方，都得接受它的文化，同时也以自己的风俗理念丰富它。上海长于基因识别、基因剔除，也深谙基因排序之奥妙，从而使自己获得良好的基因，至今陶醉在优越感中。凡是不适应这片土地的人都将落荒而逃，基因重组令上海成为一个独特的强健的充满活力和各种可能性的城市。

荣宗敬站在锡金码头的荒地上，眺望城市的风景线，远处，西洋水泥桥横跨在河上，英式羊角马车踏踏而过，沿岸洋楼、货栈次第而立，大烟囱吐着浓烈的烟雾，蒸汽机吼出的回声令他毛骨悚然，有意给他一个下马威。眼中是前所未见的事物，陌生的空间开始令他胆怯。

这不是一个好兆头。

他感到沮丧，一路问询，穿越英法租界，病怏怏地走向南市。

南市沿南黄浦自十六铺向南，全长不过两华里，而依次罗列着二十多个大小码头。大街小街纵横交错，舟车如织，百货山积，万商云集，组成租界外的大商埠，是上海的商业经济、物资吐纳中心。各行业像群居动物那样挤在一块儿，在同一地段形成店多成市的格局，只要看街弄的取名，便能找到你想找的行业所在。咸瓜街多腌鱼腊肉和地货瓜果行，蔑竹弄中多竹器篮头店，花衣街多收棉处，豆市街多米豆杂粮行。荣宗敬穿过钱庄当铺集中的鸿升码头豆市街敦二里一段，在那儿流连了一会儿。他喜欢算学，与数字打交道，他操演算盘的圆熟程度不是 14 岁，至少 20 岁。钱庄是他理想的职业起点，但父亲就这点能耐，有什么办法呢？父亲解释说，自开放口岸与欧美通商后，钢铁、棉花、运输跃升为热门产业，有前景。父命不可违，他只好端起父亲好不容易为他觅到的饭碗，吃完三年萝卜干饭再作打算。

穿过南市老城厢，他在小南门附近找到铁锚厂。所谓铁锚厂其实是一家大铁匠铺，十几只大铁炉在风箱的呼啦中烈火熊熊，交错的叮当声震荡着大工房的铁皮顶。他被引往厨房旁的一间柴间屋，屋角落有一张竹榻小床，这儿是他的安身之地。

进铁锚厂本是任账务见习，出乎意外的是连账本算盘也看勿见。老板家的家务杂事压在他身上，做成不用支付薪水光管饭的男佣。

每天早上，起床头件事，是帮老板洗夜壶。他在家中是被宠惯的，自己的夜壶都是外婆或者母亲倒，何时做过这等差使。老板口味重，喜食大蒜，提起夜壶恶臭直冲鼻子，更甭提将尿液倒出来的恶心，还有洗刷时的尴尬。他歪着头终于将尿液倒了出来，再用清水荡一荡就算完事，有时一不小心水星儿溅到面孔上。时间久了，夜壶内结成尿垢，再也倒不干净，恶臭不再由他独享而由老板一家共享。大肚皮老板娘十分生气，一手撑腰，一手提他的耳朵训斥道："夜壶不会倒，还学啥个生意，满师勿要想，今朝倒勿干净，回老家种田去！"

荣宗敬想起母亲叮嘱的那个"乖"，丝毫不敢计较老板娘扯耳朵的行为。耳朵啊，你就忍声吞气吧，反正疼的不是你，是我的心。

荣宗敬花半天时间，用铁条竹丝将尿垢一一刮除干净。即便上海是个鬼地方，他也不会离开。他对自己说：我离开，他们会认为我是狗屎。坚持下去，某一天，我会让他们认为自己是狗屎！

这么想着，他对倒夜壶开始变得淡定。日子一长，生出成就感，他竟然能将夜壶洗得如此干净，当茶壶用也可以了。

老板娘认为自己将无锡来的小乡巴佬调教得不错，很是自鸣得意，也就愈发低估这条 14 岁的生命。在她坐满月子后，一日早晨，将一盆尿布放到门外，指着沾满屎迹的烂布片对荣宗敬说两个字："汏忒！"

不容违拗的口气，令宗敬骇愣，内心几乎崩溃，觉得被侮辱。

他站在那儿足有 5 分钟没动弹，到最后也没相信眼前的事实。老板娘见他一副不情愿的样子，悠悠地撂下一句话，软软地走了："勿汏勿要紧额，明早卷铺盖跑路。闯上海滩的人勿要比蚊子还多啊，啥人在乎啥人呀，侬讲是伐——"

老板娘太损了。宗敬除了弯下腰，端起那盆尿布，没有别的选择。从此，他不仅是仆役还是兼职丫鬟。

饭从来没有吃饱过，一碗白米饭外加几根萝卜干，还得蹲在吃饭间外面吃。想盛第二碗，老板娘就咳嗽，眼光像手电筒一样直逼他。有一次，他装着没听见，老板娘干脆拍桌子，起身时不小心碰疼了孩子，一阵詈骂像潮水将他淹没，令他无处躲藏。

日子为什么过成这样，每一天长得像一年。

傍晚，他到南市街上逛逛，沿途飘来葱油拌面的香气，生煎馒头的肉鲜味，像可恶的手指头从他喉咙里抠出无穷的馋水，他使劲地咽下去。肚子饿啊，他站在弄堂口的羌饼炉子前。羌饼是南市最便宜的食物，3 文钱可买一大块。他手伸在裤袋里捏着母亲给他的那个银洋，几次掏了出来，最后，母亲"不到难时不要瞎用"的叮嘱战胜了咕噜作响的肚子，他不得不满脸愁苦、依依不舍地向羌饼炉子告别。

他多么希望过年,可拿到2元压岁钱,上街吃一顿饱饭。

人在饥饿时是最无尊严并且什么事都干得出来。他终于开窍,低声下气讨好厨师,帮他洗菜刷锅,点烟捶背,倒洗脚水,为了厨师盛一碗白饭给他躲到灶仓里偷吃。

生活对他而言艰难而且荒谬,以至于无法定义它。原有的思考和想象全被搞砸了,虚无了,内心的苦难却是那样真实具体。他没有向家中泄露自己的境况,并且拒绝同乡的探望,他很要面子。他在家书中总是说吃得很饱,过得很开心,自己的苦自己担当。四十年后,荣宗敬在他的茂、福、申新总公司大楼内挂起一副亲笔书写的《宗敬阅历谭》,以谈心方式劝诫员工勤勉敬业,恪尽职守,他写道:“到此时而欲求一枝之寄一榻之借一粥之饱且不可得。虽欲望苛刻之待遇,烦琐之工作,微薄之薪水,而不可得已,遑论其他哉。”他在书写过程中一定回顾到这段刻骨铭心的经历。

每到夜间,荣宗敬取出藏在枕头下的《范文正公集》阅读,这是令他忘记处境的唯一有效的途径。在烛光下读到睁不开眼,书从手中掉下来,和衣而睡,也就忘记了白天。必定要到来的白天是毁灭性的是梦魇的重复。对他来说,白天是地狱,黑夜是人间。他硬着头皮,胆怯地走进白天却又不肯承认自己的软弱。他时而忆及母亲在码头的交待,“你要乖”成为他熬在铁锚厂的唯一理由。

范仲淹“断齑画粥”的典故对他是一种激励。文正公的父亲很早过世,母亲改嫁,小时生活十分清贫,住到庙里读书。每晚用两升小米煲粥,将凝结的粥划成四块,翌日早晚就着腌菜各吃两块。文正公的艰苦玉成,多少给予他一些安慰,“先天下之忧而忧,后天下之乐而乐”不是没来由的。他对文正公简直妒忌得要死,想像一升小米粥灌下肚那种涨鼓鼓饱得打嗝的感觉,而他哪天不与厨师套近乎,就会有一把钝刀子反复割肠胃。

荣宗敬没等到他巴望的饱餐一顿的压岁钱。

在深秋的一个和衣而卧的深夜,他持续高烧,腹部肿胀,脉搏缓慢,疾病来势非常凶猛。到早晨,他发现身上满是鲜红色的斑疹,顿时惊慌起来:难道我要死了?

他患上了伤寒症。这种恶疾起源于食物、饮用水遭到粪便污染(是否与洗尿片有关),重度营养不良、贫血(这两条确实全沾上了)也是发病的重要原因。这是一种能迅速传播造成大流行的疾病,人们开始像躲开瘟神那样躲开他。他支撑起软得像一团烂泥巴的身子,用歪歪斜斜的字迹给母亲写信。向来有主意的母亲接信后六神无主,请小姑过来商量,结论是立即赶往上海,带儿子回家。

又一个伤不起的小农民被 14 岁的魔咒毁了。

石氏一双伶仃小脚噔噔地走上苏州河畔的锡金码头，又噔噔穿越大半个上海，赶到南市铁锚厂。儿子的病情已经十分严重，满嘴胡话，认不出娘来了。母亲也认不出自己的儿子，连续的发烧、腹泻使他两眼发直、形容枯槁、表情淡漠。死亡萦绕着他。石氏从他梦呓般的声音中，勉强分辨出"尿布""夜壶""卷铺盖""蚊子"几个字音，心想儿子肯定在上海受到大委屈。宗敬心中是宽慰的，母亲连续的呼叫终于唤醒他仅存的意识，他知道母亲来了，他有救了。

儿子身上积满污垢，发散冲鼻的酸臭味，不知有多少天没洗澡了。母亲给他打水擦身，儿子右手握拳死不松开，石氏掰开他的拳头，手心里出现一枚银洋，是她半年前给儿子的那一枚。处在昏迷状态中的儿子，嘴里喃喃："……不到难时……不要瞎用……"石氏拿起这枚银洋，捂住嘴不敢哭出声。

石氏当机立断：连夜雇船带儿子回家，即便死也要死在家里头。

小船穿梭在江南的水道上，撑船的王毛六比荣宗敬大几岁，平时靠在黄浦江、苏州河运送水果混口饭吃，人年少却已练出绝好的身手，篙起篙落，将船撑得飞快。石氏在船舱里将儿子紧紧抱在怀中，担心一松劲，死神就会从怀里夺走她的儿子。自从宗敬入塾读书，她就没与儿子有过如此亲密的身体的接触，她时不时整理一下儿子浓密的黑发，亲一亲他的额头，似乎她的亲吻是灵丹妙药，足以延长儿子的生命。她能做的是频频地念佛诵经，用哀伤的调子向她的两个女性神祇——嫘祖和观世音祈求。"观音娘娘，大发慈悲！嫘祖娘娘，救我儿子！"石氏的嘴巴不停地蠕动，为了念她的十六字经，一整天没进食。这打动了王毛六，他也就一宿未歇气，船儿将一座座村庄，一片片桑园、稻田，甩在了后面。

第二天拂晓，船过苏州，中午驶近望亭，看来，傍晚可到荣巷西浜码头，相比信船，节省了一天一夜的时间。

船过望亭，石氏依稀听到一声"姆妈"，怀疑是幻觉。她停止念经，儿子又叫一声，真真切切，是从儿子喉咙里喊出来的；再摸一摸儿子的额头，热度退了下来。神明显灵了！他放下儿子，在船舱里向她虔奉的两位女神连连磕头，磕得舱地板崩崩作响。

一个重症病人的转机出现得太突兀，太难解释，寻找不出世俗的理由，那就肯定是天意。儿子命大，菩萨护佑，将来不是平常之人。石氏这么想着，又崩崩地磕起头来。

传奇人物总是有传奇的，此时，在荣宗敬身上真实地出现了。看来，世上有关传奇人物的传奇故事不尽是瞎掰。上海滩也太着急了些，没满半年，就将这个来自无锡荣巷的小乡巴佬驱逐出去，上海滩日后将忏悔自己的无知。

回家后，延医调治，加上母亲的悉心护理，荣宗敬痊愈了，但他的个子再也长不高了，一头坚硬浓密的黑发掉得一根也不存了；第二年，光头上生出稀疏的头发，勉强扎出葱那样细的辫子。巷上孩子见荣熙泰家多出一个怪模怪样的儿子，干吗不起个绰号呢？

“小辫子”“小辫子”，就这样叫开了。

三、广生钱庄

狼狈地逃离上海后，荣宗敬没等掉光的头发长出来就心魂不定，整天落落寡欢，寻思无计。白天德生上学，他在家摆弄棋谱，以楚汉厮杀纾解躁闷；晚上，两人一同在灯下念书。他变得很少说话，以沉默表达一切。

有一晚，兄弟共读《庄子·知北游》，读到"人生天地之间，若白驹过隙，忽然而已"，宗敬干脆把书撂开，坐着发呆。德生明白哥哥的心境，为了给他减压，也放下书，摆开棋盘与他下棋。棋子摆放停当，宗敬久久不伸手动子，德生耐心好，等着，等来的是哥哥的发问：

"卒子过河前为什么不能横走？"

"如果可以横走，卒子就会死赖着不过河，打仗毕竟有丧命之虞。"

"过河卒子为什么不能后退？"

"后退就是溃败，仗打输了！"

"为什么允许横走呢？"

"横走是为了寻找机会往前冲啊！"

"那么，我这个过了河的卒子该怎么办？"

"横走，养好身体。"

宗敬喊道："我头发是掉没了，但身体比从前强壮了。你不能再在娘面前叨咕养身体、养身体，该说我比原先还棒。再闲着，人就闷坏了！"

"撒谎？我还没学会。"

宗敬见德生依旧固执，提议与他拗手臂，究竟谁的劲头大。德生不干，他向宗敬透露，母亲发过话，不养满半年不准出门，半年后还要看情况。她在信中也对父亲这样说，父亲一口赞成。信是他写的。

宗敬哀求道："弟弟，你难道不该帮帮我，除了你，没有人站在我一边。"

“你还是想去上海?”

“你诊断得真准啊!”

在德生的记忆中,禀性倔强的哥哥从来没有用这样的口气哀求过谁,他的心理一下子垮塌了。

回家四个月后,春蚕上匾的时刻,荣宗敬如愿以偿回到上海,后脑勺拖着一根葱一样细的小辫子。这范儿另类,招引好奇的目光。在离开上海的日子里,他痛骂这个抛弃他的城市,但始终给不了自己诅咒它的理由。事实上,尽管上海不喜欢他他倒是更喜欢上海了。没有一个城市像上海那样充满吸引力,到处是新鲜事物和出人意料的变化。他怀念外滩的洋楼,怀念黄浦江上呼啸的邮轮,怀念南市的喧嚷。他热爱大空间、大场面,放弃在这儿打拼等同放弃人生,放弃历史给予的这一代人的机会,老了会后悔。

这一回,他是到南市永安街源豫钱庄习业。

在朝廷被迫开放口岸和国内市场后,钱庄业在进出口贸易中大显身手,迅速做大做强,而外商银行水土不服,华商银行尚无踪影,本土的钱庄脱颖而出成为沪上“百业之首”。多年间,啃读算书,苦练算盘,总算派上用场。荣宗敬如鱼得水,充满挥斥方遒的感觉。没满两年,他表现出的理财天分让老板惊叹“少年可畏”。他已将钱庄的生意路径、运行规则、行情变化如在握中,没满师便独当一面,在南市传为佳话。这时,在家读书务农的弟弟呆不住了,来信希望哥哥推荐

20世纪初叶南市东门路

职业。当年如愿离家，痛恨撒谎的德生豁出去帮他撒了一次谎，告诉母亲哥哥身体恢复得很好，拗膀子一下把他拗输了。为了弟弟，宗敬也豁出去了，在南市转悠多日，凭人缘口才，让人信服他的弟弟是何等勤恳踏实，在同一条街上新开的通顺钱庄为德生谋到饭碗。

德生接获哥哥来信是在中秋前几天，信中说接信即要来报到，不然，位置就会被人抢走。中秋日有船，德生顾不上过节登上信船连夜开拔。到达上海后，荣德生像发现了恐龙，吓慌了。信船沿苏州河一路停靠，就是不敢上岸，在船舱里哭鼻子，眼看船中单剩下他一人，细阿胖动了怜悯之心，一直将他送到宗敬的住处。当夜，在源豫钱庄小阁楼上，兄弟俩合被而睡，聊开了，把一张二尺阔的小竹榻压得叽叽嘎嘎响。

"'二木头'，你何时才能不木？赖在船上不敢上岸，坍招势，叫细阿胖送到这儿，真丢我面子！"

"哥，勿要搔脚底，初到上海，我心底发慌啊！"

"上海吃人吗？"

"那副架子摆出来，我看会。你不是被吃过一回？"

"一次历练而已。'天将降大任于斯人也，必先苦其心志，劳其筋骨，饿其体肤，空乏其身'。"荣宗敬见弟弟也搔他脚底，用《孟子·告子下》回敬。倒夜壶、洗尿片的日子已成为掺杂伤感与亲切的回忆，沉浸在苦难中只会使人更加沉沦，"上海之大之叵测，恰是大丈夫好男子用武之地，有志向者当在此建功立业，方不枉活一世。"

德生未被哥哥意动神飞的气势打动："大地方怕有大麻烦。"

"人活着就是一个麻烦，怕麻烦除非不活着。"

兄弟俩对上海的分歧几乎持续一生。这会儿，他们各自幻想未来的世界，而那个世界并不存在。翌日醒来，兄弟俩发觉怎么都睡到了床底下。

荣宗敬三年萝卜干饭吃完，捧着蜡烛包，跳槽到南市鸿升码头里街的森泰蓉汇划字号任跑街（对外业务员）。汇划钱庄是加入上海钱业公会的一线大钱庄，只有汇划钱庄才能开具庄票，开出的庄票享有崇高信誉，商界公认，通行无阻。凡出货、定货、汇兑、贴现，庄票被视为无上保障，等同现金。在外资银行严格的信用评估系统中也享有 AAA 最高等级。

进汇划行考跑街，与科举类比的话，考上等于商场中举。森泰荣老板对荣宗敬另眼相待，面试时只在洋厘涨跌、汇率变化的分析预测方面出几个难题，这些也正是一个优秀的汇划行跑街的吃饭本领，决定着钱庄的利润来源。森泰蓉老板对这位青年才俊满意极了，不出半个钟头，他示意荣宗敬打开蜡烛包供财神爷，他被录用了。

在森泰蓉票号，荣宗敬专管无锡、江阴、宜兴三地汇兑收解。这一业务板块是该行庄的重要利润来源。无锡是国内四大米市之一，宜兴是陶都，江阴不仅富庶而且隔江连带苏北的生意，让荣宗敬生出“天降大任”的得意。汇划庄跑街这份工，包揽外商银行中几个专业部门的业务，他既是市场分析师、风控研究员，又是外汇交易员，弄不好损本失利，白干一场；操作得宜，汇率差形成的利润就可超过利息。一个出色的跑街先生可以自己开钱庄。荣宗敬希望有这一天，但是资本在哪儿？月俸十几大洋，他到老也赚不到。

他属于上海滩起得最早的一批人。一早研读报纸，分析隔夜海外行情及商品走势，做足功课；接着，分析银行和大行庄挂出的洋厘与汇率牌价，作出判断，付之行动。这使荣宗敬精神亢奋，脑神经天天有兴奋点。他踏入都市商业的核心部位，在那里探索大上海的秘密，解读它的机巧，觉得自己是为上海而生，与它前世有缘。

又一个新移民融入这座城市。

夜间，荣宗敬挺喜欢到租界闲逛，从十六铺沿江向北，站在洋泾桥上眺望外滩，欧洲的文明气象迎面扑来，有了置身西半球的感觉。中国难道不也应该这样，却又为什么不是这样？在这样的自问中，他窥见历史的必然走向，相信自己国家将来也会这样伟大繁荣。谁说中国人比外国人笨，打死他也不相信。这里是英法租界交界处，傲慢的比肩而立的楼宇，电光四射的外国银行、洋行、石油公司以及豪华会所，令他既振奋又压抑。江上的晚风吹飞他的小辫子，也令他的神思遄飞。范仲淹自任天下的胸怀变得非常具体，成为他的胸怀。他沿着黄埔滩路（今中山东一路）一路走去，在汇丰银行、渣打银行、英商美商大洋行的门前徜徉，对那些需要抬头仰望的楼宇，他默默喊道：

“大丈夫亦当如是耶！”

这一年，他 18 岁。

上海滩听见这个狂妄的声音，开始琢磨怎么教训这个不知轻重的乡下小子了。

正当荣宗敬干得游刃有余，意气风发之时，中日甲午战争爆发了。森泰蓉受累天津的小麦生意，产生巨亏，倒闭了。他转眼间下岗，成为孤独的街头流浪者。这一切来得太快，出乎意料，但大上海就是这样阴险，亲吻你一下然后在一分钟后将你抛弃。

这一场意在搞垮中国经济的战争达到了预定的目标。就金融业而言，上海多米诺骨牌式地倒下一批钱庄。当日本海军看见北洋水师的舰只上晾满水兵的内衣，就看到胜利在望，不打你除非傻了。一支硬件跻身世界前沿，由英德法军舰武装起来的大清舰队如此不堪一击，中国之弱究竟弱在何处？凡是有识之士看得十分清楚，这个苟延残喘的政权已经无可挽回。

任何战争不是没来由的，而且包含着战略目标。

这个原本与中国一样的半封建半殖民地国家，抢先通过政治制度改革和社会革新使国家获得重生，野心勃勃地制定霸占亚洲、称雄世界的计划，而大清朝在“自强”、“求富”的洋务运动中出现中兴景象，成为它实现野心的巨大障碍。日本的战略意图是必须摧毁中国的现代化进程，而他们在甲午年发动的这场战争就是为了实现这一目标，覆灭的不只是北洋水师，还有以洋务运动为开端的现代化运动，除割让台湾、澎湖及其附属岛屿外，偿付战争赔款 2.3 亿两白银，合日元 5.1 亿，而日本的年度财政收入只有区区 8 千万日元。日本朝野欣喜若狂，战争竟是如此美好，令一个国家一夜暴富。他们用赔款中 80%投入工业建设和购置军备，10%用于发展教育，10%用于改善每天只吃两顿饭的皇室的生活。日本由此走上军国主义道路，而中国历史从中兴跌入更为凄惨的衰微末世。

历史真的会重演。公元二世纪，古罗马帝国前后发动三次对马其顿王国的战争，控制马其顿后遂扩张成为横跨欧、亚、非称霸地中海的庞大帝国。两千年后的中国成为“马其顿”，日本对中国发动的侵略战争恰好也是三次，甲午后，1931 年“九一八”事变侵占东北、控制华北，而 1937 年发动的全面侵华战争，彻底击溃了中国利用一次大战提供的机遇掀起的第二次现代化浪潮。

甲午战争对荣氏而言，目下看到的后果是敲掉荣宗敬的饭碗，以后将会看到，荣家兄弟与这场战争的延伸纠缠了一生。在他们坚守的阵地上，面对的第一号对手是日商资本，赖此激发斗志，以无比的勇毅出演一场威武雄壮的大戏，以至下一个世纪的人仍在叨念他们，他们得感谢他们的对手。

荣宗敬失业两年了，赋闲家中，毫无头绪，在长吁短叹中度过每一天。这一回，大上海驱逐的不是发高烧满嘴谵语的少年，而是善于思考、抱负远大的 22 岁男人，后脑勺拖着一条风也能吹飞的小辫子。

荣德生的运气远比哥哥好。上天的偏爱显而易见，注定一生是福将。三年钱庄的学徒生涯可谓潇洒，一个勇敢前卫的城市，为他改造内向封闭的性格提供了勇气，为他天生的学习精神提供了教材——上海滩的事物哪怕再微小也透现着微妙。富有人性的银子教会他精明，钱庄业务赋予他行事的谨慎认真。奇妙的物质世界无力改变他的世界观，但唤醒他对新生事物的关注。为了弄清跑马是咋回事，他特地到跑马场观看了两场。这一点非常重要，荣家兄弟所以成为民国时代的奇观，恰恰起始于他们对新事物的敏感度。

在通顺钱庄，荣德生从九九表开始，狂补数学，三个多月后悉数掌握，已到过年时日。他每天晚上，窝在宿舍练九成宫帖。老板见他的字挺上眼，以至成为通顺钱庄的专用书法家，平时贴出的广告都由他书写，过年时大排门外的庄名招牌也出自他的手笔。他不差钱，每月有月归钱 200 文，早晨喝粥吃不饱，常买粢饭团吃，3 文钱一个，他与小伙计合买两个，省下一个铜钱。糯米食品给他的肠胃非常扎实的感觉，这种感觉太好了，一直传递到心理成为定势，由此他一生喜欢吃死食。年底老板发压岁钱，几枚叮当作响的银元拿在手心里是什么滋味，他真切地感受到。上街购置鞋袜衣帽，刻意打扮一番，成为当时的型男。凡是别人不情愿做的事都由他做，师傅和小伙计乐得惬意，他也是惬意的，因为别人偷懒他才那么快学会记账、结账一切本事。学徒第三年，店中两位先生每日外出跑业务，已无须操心店内事务，诸事皆由他处置了。三年满师后踏进家门，他让母亲大吃一惊："二木头"完全变了个人，坐言起行，风度儒雅，活脱脱一副师爷范儿。

荣德生从内心不怎么喜欢以钱赚钱的生意，回家过完年，没有再去上海，跟父亲到广东三水河口学做厘卡收税事务。他以他的认真从帮账做起，五个月后便代理整个河口的账席。闲暇练书法，遵照父亲指示读《曾文正公家书》、《曾文正公大事记》。在准衙门过日子，官场风景赫然在目，做官俸禄那么高，令他不能自控。幼年在七报弄和进士第晃荡时产生的入仕念头，不可抑制地缠绕他。他权衡了一下，在厘局干死了至多做师爷，父亲似的没有大声色。有人撺掇他花 200 银元先捐一个从九品做起，再图升迁，正中其意。通晓周易的父亲为自己卜过一卦，卦辞是 45 岁有子入泮池，这不对上了吗？厘金局总办朱仲甫是知府衔，正六品，是他的奋斗目标，他有足够的耐心爬到这个位置，朱仲甫年收入三四万两，太诱惑了！

三水河口厘金局是广东税务系统中的一份大差，此地通江达海，乃珠江两大支流北江、西江与绥江汇集之地，是广州通往粤西、广西的门户，沿北江而上可达清远、韶关，逆西江上溯可至肇庆、梧州，向南可抵佛山、江门，每天有数百条大货船过往，税收非常丰厚。在北江大堤外的桥西街一条小巷深处，有一栋二层砖瓦小楼，趟栊门，屋檐雕花，在当地是普通房子，但与荣巷老家两间旧屋相比，可谓天上人间。小楼与位于江滨的厘金局甚近，父子俩下班后，沿着青石板路，悠闲地回到这幢租用的房子里歇息。

一回家，荣德生躲进楼下客堂后的小间，为捐官做系统性准备，阅读从政、官阶升迁类书籍，吃力地研究纲鉴、易知、录对、诗韵，时不时站起来学习官场的方步、作揖、上下轿的礼仪规矩，算做伏案后的小憩，每晚辄至深夜。他在楼下不发出一丝动静，荣熙泰是发现灯油耗得太快，才知道儿子天天熬夜。这一晚，父亲一觉醒来，下楼梯查看一下儿子的夜生活，推门进去，脚板被正练方步的德生踩疼了。

父亲问他在干吗，他老实交代练方步。父亲问练方步干吗，他老实交代捐官的念头。满以为父亲会夸几句，却出乎意外地遭到父亲的训斥："瞎胡闹！"

难道"有子入泮池"指的不是他，是宗敬，不会吧！他卖相这么好，身材魁梧，脸容方正宽厚，一副勤政爱民的形象。

他说："我想先捐一个从九品，不花许多钱，踏踏实实做，一步一步升迁，朝廷不会让我吃亏的！"

"你何时变得口气这么大，200 两算少？"

"我两年省吃省用也就够了。"

"唉，你多烧灯油我都心疼，每个铜板都该省着用！"

这倒是的，父亲舍不得吃穿，有时回家除给母亲剪几尺样布，十多年来，没从广东给他们买过礼物。

"你不是说过，45 岁有子入泮池吗？"

"世风日下，官场萎靡，当小官得资不正，不堪供父母，大官没本事做。当官总得七品以上吧，七品正印是知县，既不容易得，得到了你也当不像。"

一盆冷水当头泼下，只好作罢。

荣德生供职厘局，按月 20 元收入，外加 2 元补贴，膳食全免，收入比跑单帮那批倒爷好多了，而且无风险，不需本钱，但他不认为是终身职业。官是当不得了，他的事业前途在哪儿？父亲的两位同学好友周舜卿、祝兰舫从无到有，经商得法，已是上海的大买办、大商人，他想投入门下，但父亲脾气怪，就是不肯推荐。荣熙泰确实不必远游谋生，凭这一层关系，做一个高级师爷如囊中探物，无奈他生性高傲，过于自尊，在两位昔年好友面前只觉得自惭形秽，连面也不愿见，更不用说开口请求了。荣德生陷于望不见地平线的迷茫，在这种迷茫的折磨中苦苦寻找，说等待更恰当。他的目光搜遍世界，尚未发现一种让他心头猛然一跳，甘愿付出一生的事业。

父亲因在广东患黄疸病回无锡家中休养，他陪同父亲到御医马培之处看病。

马御医家广庭大宅，气概阔大，门庭若市，日进斗金，每次去，见几位门生忙不暇接地望闻问切，来不及开方子，让德生羡慕得发呆。他终于感觉到自己的心跳。哇塞，做名医有身份有地位，又有大把银子进账，是一等一的职业啊！俗话说，相由心生。马御医从他面相中看出医生必备的良知和勤勉，一口答应收为门下弟子。但是有前提，马御医说，这里的收银员也需要有初等的医学根底，凡收为门徒者，必须粗通医理，通读医书，直至能背诵的地步，你努力吧！荣德生根据马御医的指点，买回《本草纲目》、《医宗金鉴》等一大抱医学书籍，闭门不出，日夜诵读，全副精力扑在当一位名医上，再也不想做其他的选择了。

荣熙泰躺在病榻上，腹痛，恶心，萎靡乏力，尿黄如茶，自知不治，来日无多。

三年前，他为两个儿子前后成亲，盖了这座新屋。卧榻之上，他丝毫不为自己的生命担忧，而终日思量着如何为两个儿子，为振兴门庭做最后的付出。

荣熙泰为拯救败落的家庭，前后十六年常年无暇回家，一生的精力已经耗干。先在浙江乌镇一家冶坊当过五年账房，随后，跟调任广东的原太湖水师提督王庆山赴粤，巧遇粤督张之洞门下要员、远房族叔荣俊业，得其力，当上月薪31两8钱的税吏，跟随总办朱仲甫在广东磨刀口、三水口厘局当了十一年师爷。

去年在广东三水口厘局任上，他开始胃口大减，心动过缓，不肯问医，后因德生嘴上生了一个硬块，陪同儿子看病，医生说他必须服药。身体稍见好转，德生多次催促再去看病，他固执着不肯再去，闹不清为了什么。年末回家过年，妻子见丈夫一脸病容，逼他看医生，马御医确诊为黄疸病，吃了几服药，也是稍好即止。这一年过年，阖家团圆，很是欢乐，德生将从广东带回的大条鞭炮在家门口燃放了足有半小时，为父亲驱邪，引得四周乡邻涌来观看。父亲的身体成为全家隐忧，一过完年，妻子逼他再去看病，马御医警告说此病不可轻视，开出一方，他吃了二三回也就不再服用。

荣熙泰并非与吃药有仇，他为自己算过命，寿数将尽。药可救病，不能救命，既然吃也白吃，何必糟蹋钱？此话不好与家人挑明。

荣熙泰病情日深，胃口已到无香燥不能进食的地步。

他叫来石氏，对妻子说："我这辈子远游在外，家中一切，孩子成长，悉数仰赖于你，委实愧对。你为荣家立下大功，看样子，我此病难起，唯有来世报答你了。"

石氏闻言泣不成声，一个劲劝丈夫可不能胡思乱想，安心养病，一起白头偕老，坐享儿孙之福。荣熙泰的心情倒是极为平静宽放，此生的不顺遂，令其专心学易，通晓奇门八卦、风鉴地理。他信天，信命，信冥冥中神明的刻意安排。他好生安慰坐在身边的妻子，掏出手帕帮她抹去满脸的泪水，丈夫的亲热之举使她忍不住哭得更凶了。

荣熙泰说："两儿业已成人，几经历练，且已成家，该有自己的事业，不可再耽误。我占过卦，他俩的八字五行，流通有情，财气通门户，又有官星护财，命中注定富贵。"

"我相信他们有出息，荣家会发达，一碗五香蚕豆早就告诉了我。"

想起来，已是十三年前的事。荣熙泰春节返家过年，石氏报大喜那样讲述儿子吃蚕豆的故事，他高兴之余是震惊，不得不重新审视自己的妻子，她的贤惠不止于农妇的勤勉劳苦，而是足以与孟母、岳母媲美。这样的女人是上天赐予他荣家的。

"我历年从广东带回的钱有多少？"

"除添置几亩桑田，造新屋外，分文未动，计有 1 500 元。"

"我意将 1 500 元悉数取出，给宗敬、德生拓一事业，你意若何？"

这是丈夫一生省吃俭用积蓄的钱，用命换来的钱，应该先给他看病才对。石氏突然恍悟过来，难道丈夫老说"身体勿碍""吃药无用"，不愿意出门看病，是怕动用这笔钱？

石氏面容肃然，坚决地说："儿子的事可待来日，这钱一定要先给你治病，不可头浑啊！你若不想活，我也不活了，跟你一道走！"

荣熙泰紧握妻子的手，以此传递无法言说的感激："好吧，我听你话。病可看，但这笔钱一文动不得。你将宗敬、德生叫来，我有事关照。"

兄弟俩在父亲的病榻前恭立，不忍心瞧他像黄表纸一样的脸和肌肤。矮个子的哥哥比弟弟矮半个头，是他正当发育时在南市铁锚厂饿的，被伤寒病害的，真是作孽啊！荣熙泰念及大儿子受过的苦难，全由他这个无能的父亲造成，心情黯然，内疚钻心，长长地叹息一声。

荣熙泰伸出枯瘦的手，拉起儿子的手，让他们在自己身边坐下。兄弟俩马上意识到将有一次非比寻常的谈话。

荣熙泰支撑起身体，坐起来。

"为父不是称职的父亲，幼时离你们而去，尚望谅解；然而，一切作为无不是为着你们。怨我此生无能，既不能光耀祖宗，亦不能福荫子孙，你们自小清苦度日，将来前途全靠你们自己打造，我此生没有相信过自己，但相信你们。"

"爹爹，你怎么说出这些话来，"宗敬阻止父亲继续说下去，"我们都是二十几岁的人了，未能让父母坐享清福，是做儿子的大不孝。爹爹劳碌一生，至今卧床；

姆妈操持里外，无分日夜，做儿子的实在无颜面对双亲。”

荣熙泰握着大儿子的手，颤抖起来：“最苦是你，两次去沪皆不顺遂，吃苦尚在其次，几乎丢了性命。每见你那根小辫子，爹爹心痛沁骨，不忍目睹，想你们投错人生，该投到官宦富绅人家才是。”

没想到父亲反而说出更加悲切的话。德生劝慰说：“爹爹，何不说些开心的话，你在肇庆府知府任上任总账那一年，给我俩带回两块端砚，还是刻花配盒的。”

聊及往事，荣熙泰心情松弛一些：“那是沾皇帝的光，光绪帝大婚之年，才允许开采东西洞。佳者悉数贡入北京，人人不能私取，办完皇差，私人各买若干，价贵雕工亦贵，不然，我会多买几个。”

沉默。

该言归正传了。

荣熙泰说：“你们该有自己的事业了！”兄弟俩心里一怔，听父亲继续说下去，“我与你们娘商议，拟拿出一生积蓄，计 1 500 元，让你们兄弟创一事业。钱庄有利可图，百业依赖，你们又是钱庄出身，办一个钱庄吧！切望兄弟协力，内外同做，两人合为一人，等把钱庄做好，再图其余。德生，你不必学医了，学医不易，即使学成也要到中年，不如开钱庄容易发展。”

深藏到此刻才公开的家庭财务机密，令兄弟俩愣愣互望，十分诧愕，父母这辈子尽是为他们活着。

德生不由忆及三水口桥西街小巷深处那栋趟栊门小楼。1 500 元是父亲以一生之劳挖来的一桶金，难怪他处处节俭，将手指缝抠得那样紧。他后悔想当官那阵子浪费了那么多灯油。这笔钱拿在手里，心发颤，手发抖！

荣熙泰接着说：“你们在沪呆过数年，该知道上海滩金融业最有前景，看外国银行造的房子就明白。近阅报纸，朝廷开始筹借第二期对日赔款，英国政府声称此次如不向它借款将诉诸武力。你们看，银行老板在英国有多牛皮。金融为一国命脉，若被外人操纵，贻害无穷，故我国金融业必能发展。”

看来，父亲经过周全考虑，想让兄弟俩将来成为中国的银行家。

宗敬在上海风风火火干了八年，养成“事既定，必风行”的习惯，马上提出一个至关重要的问题：

“地点选择何处为宜？”

“上海为适宜之地。”

这是父亲特地为他安排的吗？宗敬想，赋闲两年之后，他又有进军大上海的机会了。

德生说:“以我的观察,可以上海为中心,生意沟通苏南各市、县,乃至苏北、外省,更有可为。”

荣熙泰高兴得拍拍二儿子的肩膀,以示夸奖。这个儿子貌似老实巴交,思维却是敏锐快捷,时不时爆出一些好设想。然而,年轻人难免躁切,不知进退,荣熙泰感到有必要重点交待:

“你们兄弟年轻,信用不足,提防者大有人在。凡事格外小心,多多磋商,开支省俭,事业方能持久,否则,不过百日,麻烦来矣,甚至是大麻烦!”

此话像是专门交待宗敬的,他诺诺称是,问:“何时动手办理?”

荣熙泰说:“明天你随我去上海。”

父亲病成这副模样怎能去上海?可他不去,事情又怎么办起来?兄弟俩实在没法说什么。

“周舜卿、祝兰舫二位乃我学友,我一生忒要面子,未曾求助过他们,你们日后若有过不去的坎,可请他们出手相助,想必看在我的情分上,会拉你们一把。要记住,不到极难处不求人,我活到今日,未曾给谁添过麻烦。”

“爹爹放心。”

“仁义为人之本性,人心不思不用,而失仁义。仁,互爱也;义,合乎正义与公益也。你们要记住,仁义是人生最大的利益,勿失大利以求小利。”

“爹爹放心。”

“你们一旦事业有成,不可自顾一家,做我未做之事,以尽孝道。治家立身有余,顾及族及乡,如有能力,即尽力社会,以一身之余即顾一家,一家之余顾一族一乡,推而一县一府,皆所应为。”

“爹爹放心。”

这不是父亲在交待后事吗?兄弟俩惊慌失措,阻止父亲继续说下去。这时,父亲撩开被子要下床,兄弟俩连忙上前扶起,将父亲安置到藤椅上坐下。

母亲进门,端一碗汤药,伺候丈夫吃药。

荣熙泰推开药碗,示意先放到一边。

石氏埋怨道:“你怎么老犟着不吃药呢?人非神仙,该按时吃药,保重身体才对。跟你说了多少遍,孩子用不着多交待,你就是喜欢瞎操心。”

妻子又在暗示吃豆子的事。荣熙泰觉得,他的交代或许真的多余,他对自己的这种判断感到兴奋,精神振作起来。他用死劲握住两个儿子的手,传递对他们的爱,以及信赖。

为了安慰妻子，他还是将汤药喝完，对石氏说：“我今天有胃口，晚上做点好吃的！”

饭桌上，德生问父亲：“钱庄名取好没有？”

“广生，你们觉得如何？”

广生，既含广开财源之徵，又寓广为民生之意。德生连声赞：“好字号！”

宗敬已在谋划细节，问：“1 500 元股本太少，牵累信用，如何是好？”

父亲答道：“自出一半，招入一半。用人家的钱，便多一份责任心，对你们有好处。”

荣熙泰最后想为子孙后代做的一件事，是指定一块风水上佳的坟地，以自己的尸骨福荫子孙，带来家族兴旺、万事顺遂的大好局面。晚上，他将德生单独叫到身边，从枕头下掏出一本卦簿。在连日的冥想中，他已将自己坟墓的方位形式，注在了这本卦簿上。这是事关家族命运的重中之重。他抓住德生的手，千叮万嘱，一定要找到他规定的坟地才可落葬，几乎是哀求。

他说：“这块地一定灵验，找到了，兴旺五族十世。”

翌日早晨，荣熙泰拖着沉重的病体，携宗敬赴沪，在南市鸿升码头相中一处铺面，招股聘人诸事也安排舒齐，集资 1 500 元，股份合计 3 000 元。嗣后，荣熙泰先自回家，由宗敬在沪料理装修布置一应事务。

公元 1896 年，光绪二十二年二月初八日，广生钱庄在漫天的鞭炮声中开张。这是拥挤在南市的几十家钱庄中资本既小又不起眼的一家。四个月后，荣熙泰心情平和地离世，时年 48 岁。

本年二月，盛宣怀在上海徐家汇创办南洋公学；七月，维新派在上海创办梁启超任主笔的《时务报》；九月，孙中山因广州起义失败亡命海外。国势呈激越冲撞之象，国运寓幽暗未明之妙，革新图强似在破晓之中。一家小小门兑钱庄的开张，如同马路上一个黄包车夫的喷嚏，不值一提。但因其是荣氏事业发轫之始，它便有不一般的意义。

这么说吧，没有荣氏兄弟的上海依旧是上海，但不是后来的那个上海，就像一幅画掉了油彩，一场话剧少了叫好的精彩。

四、话别苏州河

公元1900年(清光绪二十六年),夏日,一个傍晚。

两个年轻的身影在黑暗中一颠一颠地耸动,前面那个矮个儿习惯掣动急速的步伐,把后面那个中等个儿弄得吁吁发喘。事情颠倒了过来,仿佛不是为弟弟送行而是被弟弟送走了。

似乎这就注定了他这辈子在行动上永远也跟不上前面那个人的脚步。

天未黑透,荣家兄弟离开设在鸿升码头的广生钱庄。过了洋泾浜上的三洋泾桥,从法租界进入英租界,一路朝北折入苏州河南岸。沿途,瞧不见穿长衫拖辫子的国人,也碰不上一个欧美外侨,商号悉数打烊,堂子门上加锁。上海滩从来没有如此悲摧,不见人影只见满地垃圾,成为一座死城。

19世纪末期的苏州河畔

历史追求戏剧性的热闹场面。

紫禁城里那个聪明老太婆脑供血出了问题，忽然智障起来，相信义和团的符咒神拳、刀枪不入能灭掉洋鬼子，大清朝由此再现辉煌。“杀一洋人赏 50 两，洋妇 40 两，洋孩 30 两。”激励机制充满诱惑，可叹洋人没杀掉几个，相反招来更多的洋人，带着枪的。

这时的大清朝就像一个癌症病人，只是没有诊断出来，或者有人诊断出来病人不承认，反而要杀诊断者的头。它的整个循环系统出了问题，虽仍有个人样，但只能任人摆布了。当八国联军攻破天津直抵北京，智障老太婆猛然醒过神来，找回丢失的聪明。头件事是想出“西狩”一词，第二件事是决定化装成民间老太婆，乘骡轿一路朝陕西方向逃窜，将国家和老百姓扔到屁股后的烟尘中。没等她跑出河北地界，北京城便变成屠场和烈焰中的废墟，她应当嗅得到腐尸的气味。你大清朝不是钱多得没处使吗？后来，洋人勒索的银子就此创新高，达 4.5 亿两，38 年还清，按复利计息，本利总计 9.8 亿余两。中国已经饿殍遍野，太多活着的人也形同骷髅，不知道还有多少银子可以流出去。

在上海这个超级敏感的都市，怎能不风声鹤唳？一日数惊，物价大涨，地价大跌。两宫太后都挟废帝跑了，谁还傻呆着？官僚溜没了，商人亡命了，有些钱的躲到内地避风头，只有下只角的草根和道台衙门的石狮子没法跑。

上海滩瘫了！

荣宗敬坚守着他的柜台。

他搭上命也不能离开维系着家族命运的柜台。沪上大钱庄举目皆是，而他的钱庄小得连一个脚趾头也说不上。大钱庄的股东都是官僚和商界的实力人物，成为钱庄信用的背书。他没有，他靠勤奋用心和细致周详的服务建立信用。正因为他没撤离，许多客户在逃离上海前提取到银子，使广生有别于其他钱庄。

广生钱庄问世后，由宗敬任经理，总揽全局；德生任正账、无锡分庄经理，兼营江阴、宜兴等地汇兑业务。开张三年，店中汇兑颇有起色，业务推至江南各地，招来不少熟客，就是没赚什么钱，原因是不敢放款生利，失去主要利润来源。父亲以一生之劳积累的血汗钱，攥在手里真的会发抖，兄弟俩就怕赔掉，在营业上谨慎再谨慎。一年下来，年终分红不够股东过年，埋怨这笔投资不如卖大饼油条。第三年，三位各投 500 元的股东熬不住了，提出退股。股本缩小一半，兄弟俩不敢对外声张，生意更难做。资本是条狗，不喂饱它就吠叫着欺负你，吃饱喝足了摇头摆尾与你亲热。现在，他们好歹摆脱了狗的欺负。

这一年时来运转，由于战争爆发，北方粮荒弥漫，沪锡等地粮食源源运往北方，广生钱庄的汇兑业务爆发性增长，盈余数倍于股本，荣宗敬从未见过这么多白花花的银子，他不能离开他的柜台，似乎一离开，银子就会不认门跑到别的地方去。这一年，他开始从年终盈余中提成作为捐助公益的经费，以了父亲的临终托咐。因助赈晋陕灾荒得奖同知衔，德生得盐提举。

不知道商人中有几个像他这样坚守在大上海。

兄弟俩在锡金公所码头上立停。码头下带篷的信船在晚潮中晃荡，船中是逃难避祸的荣巷人和他们的家眷。兄弟俩谁都不想分手，显得心事重重。

临别之际，做哥哥的该向弟弟叮嘱些什么话呢?

荣德生是从广东经香港乘海轮抵达上海的。两年前，原来的顶头上司朱仲甫来信要德生去广东，在厘金局给他留下位置。那时，德生孝服未除，一门心思按父亲的指示找坟地，先后请七八位风水先生，各说一套，明显混饭吃。德生决定不靠他人，亲自操办。他将一堆地理风鉴书抱回家中，白天打理分庄业务，早晚埋头研读，尤其对《地理辨正》、《一贯堪与》展开深度研究，直读到自己有主见，一不留神成了易理专家。前后三年，他终于按图索骥，搜寻到父亲的坟地。父亲落葬后，他将无锡分庄人事安排妥当，就去广东就职，任省河补抽税局总账房。河补抽税局是全省第一等差使，总办月俸 100 两，年末按所收税额分账，年收入不下 4 万元。做钱庄哪里能赚这么多钱，他又羡慕起来，还是做官风光，报捐布政使经历六品虚衔，指望日后获得保举，入仕做官。

25 岁的荣大师爷毅然往仕途上打拼了。

人生如果是人想象中的逻辑就不叫人生。一年后，八国联军烧了圆明园，为防止“扶清灭洋”的大火烧到南中国，南方三省总督商议东南保境条约，而外国联军已经迫不及待开进广东。一场政治玩笑，几乎粉碎了所有国民对清政府的信心。陷身天下大乱之中，德生反复思量觉得还是做自己的事业好，捐官的钱自当被小偷偷了去。庚子事发后，家中母亲不断来信催德生回家避难，他也担心晚走一步，陷于天各一方的困境。

此次赴粤没满一年，本年六月末，德生回到上海。

“德生，回家后请在老母亲及你嫂子面前问安。母亲年事已高，连年望孙不着，忧伤羸弱。兄长落身在外，不能躬奉高堂，恪尽孝道，还得由你多加劝慰。”

荣宗敬对弟弟吩咐道。这不是他要说的话。这次见面，他发觉弟弟一反常态，终日神思恍惚，不知道该怎么劝诫他，就只好把关照过的话再重复一遍。荣德生推了推压在额上的瓜皮帽，心不在焉地“嗯”一声。广生生意兴隆，蒸蒸日上，哥哥忙得瘦了一廓，而他弃走广东自问有愧，兄长毫无责备之意，又多一份歉疚。言语中，宗敬只是希望他从此同志合力，按照父亲生前托付，一心往银钱业上图发展，这使他一路盘算的雄心勃勃的计划变得欲吐难言。没有谁比他更懂得哥哥的禀性，宗敬属于这样的一种人：一旦认准目标，便专心一意，全力以赴，不顾一切地追求，泰山套上脖子也拉不回；而且，他又极其自负，不听他人劝阻。德生拿他有什么办法呢？

无语。

没有一丁点儿月光，月亮跌落在泼墨样的云层中，荣德生的满腹心思恍若云中之月，欲吐欲掩。15岁那年，德生只身乘码头下的那条船到上海，苏州河边只有纤夫踏出的小道，两岸是荒芜的农田。十年过去，河两岸矗满外国人开办的洋行、工厂、大班的别墅，以及堆满舶来品的巨大货栈。德生对夜幕中神秘诡谲的建筑物视而不见，他眼前如同白昼，一片明晃晃的雪白在跃动，吞没了物质世界的一切。这些日子来，他就被这种真实的幻象残酷地折磨着，激励着，弄得神魂不定，就连黄浦江方向传来的巨轮野兽般的吼叫也没听见。

又一艘洋轮进港，汽笛的嘶吼使人感到旷荡的夜原来潜伏着噬人的阴森。荣宗敬的神经像被锥子刺了一下，下意识地回头。他身后是黑咕隆咚的上海滩，这头怪兽随时吞掉每一位试图抗拒它的人。他对洋轮的吼叫声有一种本能的厌恶，就是这种嚎叫阻止他蛰伏上海不能出头，这对倔强地做着发财梦和事业梦的他来说是件十分痛苦的事情。

他在金融业厮混了十数年，洞悉资本的力量，贸易的顺逆，黄浦江的航道被日益频繁的外洋货轮挤窄，窒息中国商人的财路。他死死地守住筚路蓝缕在上海开垦出的小得可怜的地盘，目睹国势日衰，民生维艰，少有大志的他也不免发出“丈夫在世，无以善国”的叹息，甚至自嘲当初在外滩发出的誓言不过是少年妄语。他纵然满腔风云，但区区钱庄小老板凭什么挽狂澜于既倒呢？

他有情绪，然而不是情绪化的人。他至少懂得坚持，父母亲已将坚持的信念植入他的基因。于是，他不相信这辈子会这么窝窝囊囊地消磨掉，固执地等待命运的转机，向敌视他的大上海挑战，哪怕是一种幻象他也不想驱逐它。今年，广生钱庄的大转机令他瞥见一丝希望，或许命运正在眷顾他，毕竟上海是充满奇迹的土壤，没有什么事不可能发生。家乡前辈中不乏有人从小学徒做起，成为海上显达。父亲曾经不止一次用一串名字教诲他，这正是他追求的。

他将纸伞递给弟弟，抬头充满忧虑地瞥了他一眼。

“德生，这趟回锡，广生分庄业务全仗赖于你，望你专心此业，不再游移，勿忘先父遗愿。”

“我此生誓以父训为守，阿哥尽管放心。”

“可是你心神不定，似有不专之意，着实令我担忧。”

荣德生黯然无语。他眼前又闪耀出那片明晃晃的雪白。他在这片广阔的雪地里踯躅。

哥哥的担心不是没有理由。这位兄弟从小木讷少言，却又不安本分，心思繁多，迄今25岁，还没专上一业。在合伙人收回钱庄股份的节骨眼上，一封来信就把他的魂勾了去，一心步入官场，用什么办法才能圈住他的心呢？大上海不是一个好玩的地方，一不小心就会再次卷铺盖回老家。他不想有第三次，多么需要兄弟携手，共谋发展。弟弟天性谨慎，行事踏实，很能弥补他骨子里的冲动。

面前无语的弟弟证实了他的担忧。长兄为父，他感到有必要代父执言。荣宗敬不客气地说：“年轻人切忌好高骛远，三日打鱼两日晒网，到白头之年一事无成，悔之莫及。以前的事不多说了，目下店中刚有起色，你当倾力投入。父亲在毫无痛苦的心情中离世，你别让他死后痛苦，不要忘记他弥留之际执你我之手的千叮万嘱！”

“先父之言，岂敢不遵，吾兄之言，句句金玉。”德生字斟句酌地回应，“小弟各种事业无一不想，然而，放眼南北商人，除旧有事业兢兢业业外，别无新思想。就拿做钱庄来说，一年赚钱数千已不易得，凭此难以实现先父的夙愿。”

“你还想做官？”

“不。”

“学医？”

“早成隔年皇历。”

“做甚？”

“实业！”

德生眼前那片明晃晃的雪白变得异常真实了。在九龙尖沙咀码头，他一边踏着雪地里的脚印一步一步走，一边沉思。他从广州出发，乘鲤门号海轮回上海，船到香港，获悉上海局面危垂，在香港停留了五天。他每天到轮船码头探问起航日子，走到弥敦道南端，远远瞧见海滩上一片雪白，耀得他睁不开眼睛。惊诧中，随着击岸的海浪，苦力的呀唷之声不绝于耳。走近后，他简直难以置信，抓起一把细细察看，竟是从洋粉袋中渗落出来的粉屑。就凭这一片白皑皑的海滩，输入多少来自海外的面粉！

回首看，码头工人从洋轮中卸下的面粉塞满几座仓库，又在外间堆积成山。

洋粉大量进口，每年少说不下千万包吧，他在厘卡管理着204种货物的税捐，按照中外通商条约规定，唯有洋粉借口供外侨食用免予进口税以及各关卡的厘税。洋粉充斥国内市场，国家每年要损失千百万的利权，长此以往，国家民食仰赖于外人，如何得了？

茫然中，已非惊诧而是惊心。

他在雪白的海滩上徜徉，踏着码头工人留下的杂沓的脚印。西洋人的算盘很精，不惜万里之遥将面粉运来，无疑有可观的利润。中国四万万同胞，超过欧美各国人口总和，洋人利用四万万张嘴巴天天赚取利润，一年将流失多少银子？长此以往，中国不是要被掏空了？

这次滞留香港，与19岁那年初到香港时情形大不相同。那时香港，只有上环中环下环三条马路，维多利亚公园旁是一片荒山野岭，几条小划子在海湾来来往往，隔海的九龙野兽出没，压根儿见不到人迹。这一回，他多次到皇后大道溜达，夜幕降临，乘爬山吊车到山顶，眺望满山灯火和沿海马路上恍如珍珠串儿的电灯。不过七年光阴，香港夜景已成为世界著名风景之一。烟囱环岛而起，太古糖厂、火柴厂、制罐厂、食品厂、电灯厂、自来水厂……以及新办的矿业公司，蔚成一片。19世纪中叶欧洲达到全盛时期的工业繁荣，半个世纪后在远东掀起波澜。西风东渐，洞察时势，沐浴新知，德生胸襟顿然大开。

他已经迷茫十余年，是到结束迷茫的时候了。他在尖沙咀那片雪白的海滩上踯躅的时候，问自己为什么每天在此地徘徊，在弥敦道走着走着，怎么会情不自禁蹭到这儿？灵光乍现，答案就在问题里。投身实业，创办面粉厂，解决民生之需，不但于国于民有益，而且可赚大钱！

这一时刻太棒了，他知道他是谁了。

机遇重组人的命运，谁错过，人生再也拼不回应有的样子。荣德生发现了他的机遇，死死抓住它，再也不让它溜走。

在广东河抽补厘局，有一位吃空饷的委员，以擅长风鉴卦术闻名，是抚台大人的座上宾。发薪水那天，德生请他看相，委员呷完一口茶，像古董商鉴定古董反复打量，说德生异路气色已露，明年升官，不是大帽子官，不是商，是实官；又说35岁前可露头角，45岁大佳，名利双收。德生问他何谓实官，对方愣愣顿顿找不出词儿。此时回想，德生窃笑起来，他口中的实官该就是实业吧！

多种偶然聚合成一种必然，将他送到现在伫立的位置上。也许，人世间压根儿没有偶然，也没有必然，唯有天意，但上帝也说不清楚天意是什么。

尖沙咀成为荣氏的圣地。

多谢尖沙咀。

德生回到上海，原想把自己的主张向哥哥和盘托出，见宗敬全身心扑在钱庄业务上，不遑他顾，热情高涨，说出来不合时宜。在任何事情上，德生总是听从长兄的决定，怕被哥哥否决了，事情就搞砸了。不如先找朱仲甫商有头绪后再与宗敬通气，事情或许好得多。然而，在这临别的最后时刻，他还是情不自禁地表露了心迹。背着哥哥去干什么，对他来说太难做到。

荣宗敬骇愕于弟弟的新思想。就是这个念头把他折磨得人不像人、神容憔悴的吗？素向谨慎的弟弟竟然提出他连想都不敢想的生财之道，以至于感到弟弟忽然陌生了。

他在黑暗中打量德生，双手不安宁地搓动。

兄弟俩的眉眼长得十分相似，广额、浓眉、大眼，一个正直英挺的鼻子，下撇的嘴唇充满毅力，表达着农家子弟的坚毅。但是，他们又让人觉得完全判若两人，同一个模子里刻出的五官显示出迥异的精神气质。德生慈眉善目，老成持重，看上去反而要比哥哥年长些。他的眼睛始终在寻找，使他眉宇间不无忧伤情调又显得深不可测。宗敬的面部线条刚锋锐利，习惯紧抿嘴唇，略长而隆起的下巴颏如同一块坚硬的臼石，含有冷峻悲壮的意味。尤其那双眼睛，放射出逼人的睥睨一切的目光，毫不掩饰地泄露忧世感时、怀才不遇的心境。

这会儿，他就用这双伤感的眼睛瞥视弟弟。

“办粉厂？你给我一个理由。”

“祖宗已经给出理由了。就说母亲吧，晚间纺纱织布之余还要用石磨磨粉，你我也都磨过，多累的活。直至母亲老了，磨不动了，她才同意买一头牛，那副牛磨至今还用着。土粉洋粉岂能比肩而论，你不是说过，洋粉是小姑娘的面孔，土粉是老太婆的手背？”

“我有这样说过吗？眼下办实业的都是官宦子弟，我俩出身寒门素族，一无资本，二无靠山，白手难以起家。”

“可将店中余利投资实业，目下各业平淡，唯有面粉畅销，粉是无捐税之货，大可仿制。”

荣宗敬早先在永安街豫源钱庄当学徒时，钱庄业务偏重于农产品的抵押、收购、卖出，懂得棉麦产销的知识；自己开设钱庄后，业务以汇兑为主，发现汇款中由上海汇往江南各地采购小麦的款项，数额巨大，办面粉厂确实可以赚更多的钱，但这仅是理论上的推理，真要投资下去就无退路，弄不好会把父亲创办的广生钱庄赔了进去。目下每月有数百两赚头，丢掉现成银子去做一项完全陌生风险难测的生意，值得吗？再说，在他的观念中，金融高于一切，是他最为钟情的行业！

“不可轻举妄动，”宗敬坚持说，“权重才高如李公鸿章、盛公宣怀，办实业也未见成效，上海永远张开血盆大口，不费力就会把你我之辈吞掉！”

“赚钱就要赚大钱，赚大钱就得有远大目光。机器生产必然兴起，此乃世界潮流趋向，机不可失！商业贸易尽管有利，以我对世界商情的观察，反不如实业稳当可靠。事业当以实业为主，实业以衣食为先，尤以食为民天。有四万万张嘴巴为依托，何险之有？难道兄长忘记了母亲常常唠叨的话？”

当劳累不堪的母亲伏在布机歇一口气的时候，对灯下读书的儿子发表过她的国情见解：有吃有穿，天下太平；吃有余穿有替，便是太平盛世。“人生必需，衣食二门”，是她经常挂在嘴边的话，她说这话时是在叹息，泄露出对一家生计的苦恼。

德生添说道：“我在尖沙咀海滩向码头苦力打听过，那些面粉都是由香港转口运往中国各地销售，可见销路之畅。国人自己兴办粉厂，不仅堵塞漏洞，有利民生，而且赢利是三个手指头捏田螺，稳拿的。广生规模小，只能就近做一些汇兑生意，沪上钱庄多如牛毛，轧在一道抢饭吃，不是什么好事。广生想要发展成汇划的‘大同行’，没有十年八年难以指望，而兴办实业，国人尚无意识，抢占先机，等同抢占市场，抢占财富，一座金山摆在不远处已经看得见，光芒四射，耀花眼睛，你难道不动情？”

跻身金融界大老板的行列，是宗敬全力追求的事情，想要扭转，对他这一类型的人谈何容易！弟弟的话不是毫无道理，成功者之所以成功，是周围的人还在徘徊怀疑，他已经开始行动。只是弟弟的提议来得太忽然，他像被人在背后猛喝一声，愣在了那儿。需要认真想一想。

“新花样不是好耍的呀，尤其在上海。”他叹息道，本能地抵御着。

“可在产麦之区，譬如家乡无锡办厂。”

“财力不抵。”

“可以招股。朱仲甫已离仕途，也想从事实利事业，他老人家愿意与我们兄弟合办。”

这一位荣德生父子在广东厘金局办差时的总办，出身于江苏太仓富室，24岁捐道台，以知府衔到广东候补，到40岁未轮上，一直以吃家产为生。后来遇见荣家兄弟的远房族祖，粤督张之洞的幕宾荣俊业，凭大老乡这一层飘渺关系，凭荣俊业的一句话，他当上三水口总办的肥缺，一生潦倒的境况从此辉煌。足见关系是中国自有社会以来，掌控这个社会的无形铁网，屁大的事没关系办不成，天大的事有关系立即兑现。既然人的价值由关系决定，中国的人道精神也就只有人道而无精神了。飘泊中的荣熙泰以及后来荣德生在朱仲甫手下任总账，也出于回报关系的关系，由此两家结成世交。追溯起来，远房族人荣俊业成为关系的枢纽，没有这一关系，荣熙泰一生赚不下第一桶金，而荣家兄弟如果没有这一笔初始资本将会如何？往下的故事是，如果没有朱仲甫的投资，他们又如何能够投身实业？

好在没有如果，好在关系可以撬动中国人的人生，它通常被叫做缘分，值得庆贺。

这次荣德生抵达上海后，已到洋行探问机器价格，忧虑资力不足，差得远了去了；他还到美商增裕面粉厂参观，洋人规定不许看出粉间，毕竟逛了一圈，对面粉厂格局大致有数。前两天，过三洋泾桥，正在沿浜马路上边走边为资本金伤神，恰有一老一少从弄内走出，德生猝不及防与老者撞个满怀，对方正待发作，德生定睛一瞧，正是从前的顶头上司朱仲甫。朝廷更变税则后，朱仲甫从广东卸职归来，虽然宦囊甚富，但觉得坐吃山空，终非长久之计，想做实业，这天带儿子去购置几架木制织机，准备回苏州开毛巾厂。朱仲甫见德生紧蹙双眉，似有难处，于是邀他到住处聊聊别后情形。头开茶未饮完，耳闻德生创办面粉厂的设想，极为赞成，愿意投资，约定到苏州详议。

宗敬久久不啃声。

哥哥性格亢奋，行事果断，怎么一下子变得婆婆妈妈？他不是曾经在外滩对着洋楼发誓："大丈夫亦当如是耶？"当年的勃勃雄心这会儿哪里去了？

德生说："你记得幼时手破蛋壳的事吗？"

"你说什么？"宗敬哪里记得那些积年旧事。

"幼时，家中母鸡孵小鸡，母鸡正在啄蛋壳，我看得津津有味，你看了没一会儿，嫌其迟慢，剥开蛋壳将雏鸡取出来。眼下，恰是破壳取雏的时刻。圣人曰：'民以食为天'，创办粉厂是千秋万代的大事业。国内粉厂仅有四家，来日必风行南北。这一次在香港，我满鼻子嗅到西方的气息，工厂遍于全国的日子不久将会到来。朱世丈人老心未老，比我还着急呢！"

一阵强烈的晚风袭来，满树的叶子摇动起来，撩起兄弟俩的布长衫，荣宗敬感到被人推了一把。说实在的，他有点动心了，更确切地说，他为弟弟的新思想激动。在暗无月色的夜中，他依稀看到了一线亮光，深藏于心底的想在上海滩占一席之地的念头再次蠢动起来。难道机会就这么快地到来了吗？他来不及整理纷繁的思绪，显得窘迫不安。

“此行回锡，乘路过苏州之便，你先去会会朱世丈。”他终于说。

“好的！”德生很兴奋，这是他预想中的最好结果，哥哥松口了。

信船上亮着一盏豆油灯，挤满逃离上海急于回家的荣巷人，女眷们聚在船舱叽叽喳喳，死寂的苏州河稍许有了生气。细阿胖把篙竿弄得乒乓作响，做起航准备。

“‘二木头’，快上船吧。”船主的大嗓门叫响了。

几个女眷挤到舱口指指戳戳。荣宗敬常年蜗居上海，她们对他十分陌生也更有探讨的兴趣。他不戴瓜皮帽，背后“一根葱”，让人一眼认出来。

“看，那个矮短筋就是‘小辫子’。”

“不错，头顶无发，据说在上海发大财了。”

“不知道讨小老婆没有？”

“你手里不是抱着吗，嫁了吧？”

一阵嬉笑打骂，信船晃荡起来。竹篙发出溅水的声响，信船马上就要开航了。

德生把纸伞夹在胳肢窝下，打算告辞，又不放心这么走。

“宗敬，你不能让我上苏州白跑一趟啊！我敢说，实业将成为大事业，赶早不赶晚，你说是吗？”

“是。这下总该满意了吧？快上船，你这个‘二木头’，脑袋瓜倒是一点儿也不木！”

苏州河听清楚兄弟俩的对话了吗，玩味出这一场思想碰撞的意义没有？理念缔造人生，缔造未来的生活；理念越有远见，便会将绝大部分人抛在后面。若干年后，这条河的两岸，以及黄浦江畔，矗满了兄弟俩的工厂，将民国年代的工业史照亮。

这一切，源自今晚河边这一场理念的激昂。

五、渡僧桥

橹，咿呀咿呀低吟，摇晃着一豆灯火，在九曲飘绕的吴淞江溯江而去，在太湖平原密如蛛网的水系穿梭，一路经昆山、苏州，最后将停泊到无锡西乡梁溪河畔荣巷的河塘里。

信船在吴淞江上游拐入一条小河汊后驶入水面宽阔的古运河。两岸村庄阒寂无声，偶尔传出狂烈的狗吠。船舱里的人七倒八歪，睡得死沉。后舱顶棚上悬着一盏油灯，德生在灯下孜孜读书。他近来摆脱了风水命书的纠缠。他在香港接连泡几家书店，介绍西方文明和工业制造的书籍杂志买了不少，当他在九龙买到《美国十大富豪传》时简直如获至宝，阅读不知多少遍了。落魄移民、底层草根一跃而为商界举世巨擘的传奇故事，扩张他的血管，点燃他的野心，被儒学盘踞的柔软胸怀装进西方工业社会的传奇，激越着刚大勇毅的豪情。

德生与生俱来的羡慕心，现在专用于羡慕美国十大富豪，他要做中国的卡内基、洛克非勒、库洛克、摩尔根。

> 石油大王洛克非勒者，当一千八百三十八年生于纽约州塔阿加郡利奇华特之孤村，父躬耕陇畔，有先民之风，渠六七岁时即从事劳动，或从其母往山下拾柴，或随其父在田间拔草，凡农家事靡不协助之，所谓美国富豪多起于贫家者，洛克非勒其一例也。渠年十四，渐思自食其力，冀得报酬，夏日佣于邻右农家，出作入息，终朝劳作，日则曝背于畦间，夜则栖息于茅屋，……日复一日，渐成一刚健坚忍勤俭朴实之好。

完全是在叙述他自己的童年，帝王将相，宁有种乎？儿时，他跟母亲种菜植桑，一年蜕几层皮，什么苦没吃过，十几岁就是干农活的好把式。5 岁时，家穷徒剩四壁，他扎黄钱补贴家用，除非母亲差遣上街买盐打酱油，他埋首阴暗小屋从未上街玩过，直至9岁上学堂拜孔夫子，念方块字。

《美国十大富豪传》是特地为他撰写的人生大辞典。他从中寻找希望、信心、坚忍不拔的意志力，令他百读不厌。百读不厌的书依旧崭新如初，归结于他爱惜器物的嗜好。

书页翻过去，接下去是介绍钢铁大王介姆斯舍尔的篇章。他总是怀着特殊的兴趣读这一章，钢铁大王不仅出身于勤劳节俭的农家，而且自小颖异，体躯短小，头颅特大，被人呼为“大头儿”。颖异之人可成大事业。老祖母在世时就满村子宣告小孙子大器晚成。他读着，遐想着，得之于天的优越感在心间弥漫。

翌日晚上，天亮前才迷蒙入睡。他处在狂热状态中，睡觉成为多余。

水道尽头，苏州城雄伟的城楼在曦光中隐约。两岸桑绿柳新，信船在人字形波纹中慢吞吞游走，正是“烟销日出不见人，欸乃一声山水绿”的情致。细阿胖忘情了，清清嗓子，用嘹亮的歌喉喊醒江南迷蒙的早晨：

我有一段情呀，唱畀啦诸公听。
诸公各位静呀静静心，
一把竹篙(么)撑呀(么)撑到底，
风大(那个)是风凉，浪高(么)好行船。

北京城里(么)全是外国兵呀，
紫禁城里吃喝又拉屎呀，
太后(那个)索索抖(么)一呀一阵烟，
逃得(么)看呀看不见。

老百姓(么)心里厢(么)勿高兴，
养一群(那个)狗官刮地皮。
跑出去(么)赚银子呀，外滩轧满仔人，
赚勿着(么)勿要怪我(么)阿胖官。

细阿胖自编自唱，粗野的嗓门因为忘情成为天籁。河道狭窄起来，细阿胖停止他的歌唱，将心思用在避开船与船的碰撞上。信船在阊门外渡僧桥下塘的码头上靠岸了。

细阿胖见舱内半天没动静，用竹篙敲敲船帮，大声喊道："'二木头'，到码头了！"

德生闻声惊醒，适才，他听歌听入神，被"一把竹篙撑呀撑到底"震撼，他觉得细阿胖挺伟大，《美国十大富豪传》想要告诉人的，不就是这句话吗？

从舱内钻出来，他站在船头舒舒服服伸了个懒腰，将手中拿着的《美国十大富豪传》举到空中。苏州到了，能否办成面粉厂，就由这座城市决定。

"小胖官，信船什么时候再路过苏州。"

"少说也得六七天。"

"太晚了，"德生皱皱眉头，一旦与朱仲甫商定，他就得赶回无锡筹办，捱误不得，"信船可否泊到午后再走，我可搭乘回家。"

"什么事这样急啊？"

"小辈要办大事业哩。"

口气大得吓煞人。十年前，这个不敢上岸哭鼻子的"二木头"，一眨眼摆出打天下的架势。

德生施礼恳求："请小胖官千万帮帮忙。"

"成全你，"细阿胖爽快地回应，"让搭船的婆娘上岸逛逛石路、观前街，两全其美。"

细阿胖女人从船舱钻出来，把布囊递给德生，埋怨道："这么沉，装些啥劳什子，是赚的银子吧？"

"都是内地觅不到的事业杂志、机器样本。"德生说着从腰里掏出一枚小洋，递给细阿胖女人，"一角钱，权充两夜灯油钱。"

德生提起布囊，上了码头，向古运河上的渡僧桥走去。

"渡僧"两字富含意蕴，德生甚为欣赏。此处本无桥，据传东吴时，有僧呼渡，渡船不应，那僧人一生气，折杨柳枝浮水而渡，众人惊异膜拜，借此神异募建此桥，名曰"渡僧"。德生眼下的处境恰如呼渡过河，他的渡僧桥在哪里？

桥是拱形石阶桥，圆洞下舟楫往来，繁忙不下于桥上人流。桥之南堍，南濠码头桅樯如林，装运南北海货、药材、布匹、颜料的船只，赶庙会那样闹猛；桥之北堍，七里山塘街是乾隆六次下江南必到之地，市面尤为繁盛。"天垂玉蛛通濠堑，地近金阊重股肱"，桥侧的一副对联向德生指明，他置身于以渡僧桥为中心的江南最大商埠。

岸上，店肆栉比，抬轿驱马，运送货物的板车吆喝着从人堆里穿过。沿街有福来康益记参号、泰来德药行、恒泰兴酱园、艺兰堂纸号、元昌典当等，德生倘佯在下塘那一片商号中，安闲不起来。这些字号耳熟能详，其中有他用过的货色，譬如老字号恒泰兴酱菜，艺兰堂宣纸。恒泰兴酱菜别具风味，虽然比普通酱菜贵两倍，但让他食后不忘，觉得值。今天到原产地可以破解其中奥妙了。德生在恒泰兴柜台上与账房先生闲聊起来，得知恒泰兴已传五代，有二百年历史，创始人有句口头禅："扔掉"。凡是他品尝的酱菜不够味，就下令"扔掉"，扔得他手下一群师傅害怕，于是更加用心，也就不再扔掉了。临终前，他的遗言也是"扔掉"两字，写下来传至子孙，挂在了店堂中。凭着"扔掉"精神，他留下的产业真的"恒泰"了。

德生默默谛听，钻入耳朵的全是真知识，这位创始人人格高尚，可敬可佩，堪称商业之圣，令他崇拜。恒泰兴的酱菜做工之精细，用料之考究，配方之独特，是外间人完全想象不出的。产品要做成最好，不比考状元公容易。恒泰兴肯定是发大财的，同样的瓜果蔬菜，到他们手里一摆弄，高出两倍价格，人家还是情愿买，一边吃一边啧啧称好，其中道理值得寻味。

产品即人品，他的产品也要创字号。

恒泰兴酱菜就这样让荣德生懂得品牌的价值，品牌的内涵，品牌必然具备的高溢价、高收益。恒泰兴账房先生告诉他，在渡僧桥买东西尽管放心，找不出"冲泮货"，哪家糊弄人不出三天就关门。河对过那家盛元馄饨店，店阔不足一丈，却是接待过乾隆帝的，乾隆帝说它的馄炖比御厨房做的饺子好吃，特地吩咐随身御厨讨教，就是学不像。单说一碗清汤，里面的鸡蛋皮丝不兴带一点焦黄，哪位客官找出来，馄饨汤包就白吃。最早时，这家店就是靠蛋皮丝打开了招牌。

绝了，打招牌大有窍门，店主真聪明，脑筋动得巧！

过桥到达桥南堍，沿上塘街一路行去，两边尽是店铺，不乏叫得响的大字号，沐泰山堂药铺、赵天禄茶食店、吴世美茶叶号、孙如号南货铺等，都是行业佼佼者。渡僧桥聚集如此多远自明代，近也康乾的著名品牌，荣德生明白此地为何顾客盈门，各地批发商络绎不绝，难怪外地人都说"热闹就在渡僧桥"。热闹靠一批叫得响的牌子，叫得响的牌子带旺一地经济，一区、一国又何尝不是？渡僧桥不想成为江南最大商埠也不成。

品牌是企业核心竞争力，企业生存之本，长远之策，财富之源，立于不败之地的武器，等等。现代流行的理论，大抵是今人将古人的表述用现代语汇翻译过来，却毫不脸红地自称"发明"，标榜为"大学问"。如同"以次充好"、"假冒伪劣"这些词，古人用两字就说完："冲泮"。"泮"是古代学宫前的水池，不读书的人伪装成读书人进学府，一副贼头贼脑、慌里慌张的腔调，你说形象不形象，生动不生动?

在尚未得到资本之前,荣德生得到比资本更有力量的东西。他已经有了办厂的“资本”。收获来得有些意外,德生感喟道:“世间万事皆需用心啊!”

桥南码头空地上建有永济亭,是本埠商人集资兴建,供过往行人歇脚休闲,眼下暑热季节还向路人免费提供凉茶。过永济亭,找到盛元馄饨店,德生踅进去,准备吃过早点再上太平巷朱仲甫府邸。

他临窗坐下。外城河在窗下打了个弯,朝枫桥方向泻去,那是通往家乡无锡的水道。日后工厂该设在水道边,可得交通便利,德生盯视着悠悠流水想。堂倌侧着身子,在窄小的店堂里鱼一样穿梭,托在空中摆满碗盏的木盘着魔似的平稳。两笼汤包外加一碗蛋皮清汤摆到德生面前,他用筷子翻看鹅黄色的蛋皮丝,果然未见焦黄色。清汤飘着细细的葱末,香气盈鼻,肚子里辘辘地响动起来。

他先饮一勺鲜汤,润润嘴唇。

朱仲甫宦海沉浮数十年,饱尝世味,宦情已淡,投资实业应无问题;如将自己在渡僧桥获得的感悟,与他老人家交流,那就是三个手指头捏田螺:笃定。

世风日下,办事业少了游宦有年的官僚作后台恐怕也不行。他愿意出多少钱呢?德生到上海瑞生洋行接洽,订购美国粉机至少需要10万两,采用老式法国石磨也得化2万两,加上购地、厂房建筑一应费用,得筹足3万两才行。他希望朱仲甫出大头,待会儿就凭他的嘴上功夫,老天爷,你帮帮忙。

“尊容不凡!”他被一声喝彩吓愣。

来人布幡上书有“预卜未来,点破天机”八字,长袍皂靴,颈根上插一把特大的折扇。相面人在他桌上不邀自坐,晃头晃脑打量他,即兴论相,滔滔不绝,为发现一张罕见面孔激动,不愿放弃评论的机会。

“吉人自有天相,贵人自有相助。先生福人福相,大富之局,日后必有作为。”相面人未开价钱,说书人那般先说一番套话。德生素向不齿街头混饭的脚色倌,但下面的一句话他还是听进去了:

“先生明年可得一子。”

婚后四年,妻子丁氏生有两个女儿,嫂子陈氏所生二胎也是女儿,母亲望眼已穿想要孙子。单凭这句话,他往相面人手中放入2角小洋。

离店前,他到厨房考察摊蛋皮的平底锅,将奥妙找了出来。此锅不同于他锅,锅底厚实,在炭火上烤一会儿,由于离火后热度持久,不焦的蛋皮就制作出来。干什么活,再有本事的人也离不开设备器具。想象未来的工厂,设备要好,机器要新,但钱从哪里来?

阊门内大街，历代是江南烟花金粉之地。一路有轿子、黄包车招徕生意，马车轹轹地从石子路上驰过。荣德生仪表堂堂，一副师爷派头，轿夫黄包车夫死心塌地要做他的生意，被一一回绝。到城中太平巷朱府路不熟，得步行好几里地，宁愿两条腿受苦。“自己省用一文钱，即向人少借一文钱”是他贯彻落实“开支省俭”父训的具体措施，这样想着，懊悔向相面人手心丢下2角钱，是否手面太大了一点。

从皋桥折入吴趋坊之后，荣德生穿行在姑苏城的水巷幽弄中，宛如八卦阵。沿途都是机户、布坊，轧轧的织机声中，织女们在满屋子的提花机上各自织出罗、娟、绫等花缎；布坊尽是男工匠，热气腾腾，一派繁忙景象。染匠们在监缸师的指使下将布染色，然后漂布，沿街一路晾起来，空气中充斥着颜料浓烈的异味。晾干的布拿到踹坊，赤膊跣足的踹匠玩把戏般地站在元宝石上，左右甩动屁股，布匹就在元宝石下压平而有光泽。踹匠想让元宝石上哪儿便上哪儿，真是妙极，几十名匠师这么玩着，将踹坊闹成杂技场。

荣德生左右环顾手工作坊，是明代建筑式样，元宝石年代更为久远，在他眼中显得滑稽古怪。国内纺织也应谋根本改善，亟待引进西方技术，他不敢深想还是在想着。

彳亍亍，走晕了头。苏州城的水港小桥叫人不知所向，一路问讯，穿巷过桥，到了察院场。有人肩上扛着一捆货物迎面而来，他上前谦恭地问：“大先生，有礼了，请问到太平巷怎么走？”

那人抬起头，正是朱仲甫儿子朱和卿。

与朱家人在街头两次不期而遇，是天意吧！看来，事情还真的有指望。

朱和卿眉飞色舞告诉他：“我办的毛巾厂织出提花毛巾来了，你看货色如何？”

质地不坏，几可与香港毛巾媲美。荣德生赞美之余，叹息道：“可惜办毛巾厂范围太小，事业不能扩大，不如从衣食两项着手为佳。”

“所言极是，家父近日时刻盼你来，商洽创办粉厂事，愿做大股东，快去吧。”

实在太好了！

六、商人好当还是官好当

事情刚开始进展得颇为顺利。

保兴面粉厂厂址选定无锡西门外傍临护城河的太保墩，水陆交通方便，靠近西乡产麦区。国内仅有的四家面粉厂，家家拒绝参观。日产300包面粉的4部法国石磨已由荣宗敬向德商瑞生洋行订购。朱仲甫与江南商务局局长吴硕卿为粤省老同寅，呈督抚批复，保兴面粉厂拿到营业执照，获准创立。到十月，购地契约签订。前后四个月，兄弟俩将一应事宜料理妥当。

荣德生的精细在于喜欢将事物翻过来看看它的反面，进展太顺利反而使他生出几缕疑虑，老是怕有意外事，直至太保墩17亩购地契约在地方立案，才彻底放松。

小篷船离开太保墩，沿护城河绕入古运河，再走完梁溪河四五里水程，便是到家了。阳光明丽，稻菽迎风，田畴里一派仲秋风景。不料，小篷船驶到仙蠡墩，突然狂风大作，昏天黑地，嘎一声吹断桅樯。风大得无法行船，荣德生只得弃船

投身实业从法国石磨开始

行走，到家已是半夜。

这一夜，他通宵失眠，白天那场莫名其妙的狂风不是好兆头。

果然，荣德生很快陷入困境，怎么也招不满股。在苏州与朱仲甫商定集资3万，各出一半。上一年广生钱庄创历年所无，盈余4 900两，兄弟俩罄其所有，将箱底全倒出来，也不过6 000两，其余9 000两，德生满以为容易找到股东，但他失算了。社会重仕轻商，毫无实业思想，投资实业等同沦为三等公民。凡士绅人家，资产以房产土地为主，也投资钱庄当铺坐享红利，他们利用商人为赚钱机器却用眼梢看他们，用鼻子与他们说话。无锡城中最有钱的是缙绅富室，名门望族，那些阀阅子弟谁瞧得起你这个乡下小农民，同你一起办事业是丢身份，上门不把你赶出街沿石算是客气。上海人脑筋新，但对石磨小厂不屑一顾，荣宗敬奔走数月，招股寥寥无几。兄弟俩再也拿不出一个子儿来了，机器设备已付款订购，造不出厂房等同废物，真是急煞人！

荣德生四出无望，受尽奚落，陷入绝境。

一钱逼死英雄汉。他现在进退两难，无法自救，到了被逼死的地步。怎么向朱仲甫和哥哥交待？怎么向长眠地下的老爸交待？他老人家创建的广生钱庄这回可是栽在他手中了，他凭何苟活人世？陷阱是自己挖的，后果只能由自己来承担。在命运的谑嘲中，进退无路的荣德生只好吞食一个异想天开的念头结下的苦果。

万念俱灰，希望泯灭，只有死亡才能超度。

他躲开所有人，包括家人，独自在荣巷街头闲晃。人世不要他，他也不要人世了。这一日，他又晃到街上，呆呆木木，蹒跚而行，发觉走过头，又回头晃到中街"明记烟杂店"门前。他自幼在这家铺子买盐打酱油，店主见他面色十分难看，关切地问：

"二老板，近期身体不舒服啊？"

"还好。买一包火柴。"

"你不抽烟，怎么买火柴？"

"嗯，学着抽。"

店主取出一盒火柴给他。

"不是买一盒，是一包，一大包。"

一大包火柴二十盒，店主觉得荣家老二今天有些怪，火柴买多还潮，他家从未买过一大包。

店主疑惑着将货取了出来。

荣德生一摸口袋，啊呀，钱没带："可以欠吗？"

"这话说到哪里去了，不过几包火柴的事，"店主说，"你忘了的事我记着，早年你半夜敲门将我多找的钱还回来，那年你 9 岁。"

多亏他记着，荣德生取了火柴，恹恹地走了。

第二日早晨，他走进北塘蓉湖楼茶馆，一副丧魂落魄的样子。此地是大运河芙蓉湖北岸的繁华之区，无锡称四大米市便是这儿了。柳枝花树掩映的蓉湖楼为米谷交易中心。每日上午 9 时，所有行家，买卖双方，租桌子泡茶馆，一边吃讲茶一边谈生意，近百张茶桌天天爆满。买者品茗坐待，卖者持样兜售，即席论价，江浙皖数省的米粮就在桌面上流通，做成无数生意。茶桌之间，自然少不了掮皮箱、掼破镬子的投机客。

荣德生垂着暗昧的眼睛。他连续几夜不能合眼，辗转反侧，寻思无计，除了结束 26 岁的生命没有他路选择。什么"大富之局""名利双收"，算命不过是算计你裤袋里的钱罢了。丢人现眼不若一死为快。他不知道为什么要蹓到蓉湖楼来，大概是到此打听过麦子的行情，糊里糊涂地走来了。以前为办厂，现在寻找一了百了的归宿。

米粮界的精英荟萃茶楼，扰扰攘攘中，谁也不在意一个走投无路的人的存在。荣德生找角落坐下，要一壶清茶。等跑堂给他斟完茶离去，从怀里掏出一包红色药粉。买土膏、砒霜花钱多，吞金代价更大，据说不一定死得了，还很难受；一大包红头火柴只需两角钱，是最便宜的自戕术。他背着家人将火柴头上的磷粉剥取下来，分量足够药死一头牛，现在要将它吞下肚。世界是可爱的，但他已经没有了希望；告别亲人是痛苦的，但他活着将使亲人更痛苦。

他嘴里喃喃，不知道自己在说什么。

当他仰起头，张大嘴巴吞服那包红色磷粉时，抬起的手臂被人捉住。

"小兄弟，什么事啊，这么急着走？"

德生不认得面前这个多事者，没理他。

"生意人总有失意之时，我朱大兴也曾自寻短见，在最无望时硬挺下来。不几日，时来运转，发了大财。"

朱大兴原开小米行，是米市掼破镬子的人物，投机生涯令他倾家荡产，悬梁时被家人救下来。今年，他买通官府，包办漕运。江浙两省都在无锡米市采办漕粮运京，本来以大运河为唯一通道，朱大兴头脑活，思维新，见海路已通，改用海运，相比河运既直截便利，又省去不少费用。加上朝廷与洋人开战，北方粮食奇缺，他靠无本买卖大发横财。

“我是势蹙力竭，难有转机了！”

“小兄弟究竟有啥难处？”

德生潸然泪下，向朱大兴倾诉满腹苦衷。

朱大兴得知事情原委，劝导说：“小兄弟听说张先生么？”

德生摇摇头。

“乃是西太后六十寿辰那年，举行恩科会试，殿试第一名的状元公啊！”

德生才知道来客说的是南通张謇，驰名遐迩的人物。恩科会试那年，他在广东三水河口厘金局任账务，对金榜题名的状元公羡慕过一番，对只读过6年私塾的他来说，是一次最徒唤奈何的羡慕。

“张四先生创办大生纱厂，最初招股无着，几乎自投黄浦。后来奔走南北，奋斗四年，终至于成。大生已于去年投产，小兄弟岂能以一时烦恼而毁终生？”

“张謇乃仕林魁首，扛鼎之才，小弟出身低微，人轻言微，事业前途踮足难望，有谁愿意理会？”

“错，愿意理会者近在眼前！”朱大兴击案说，“敝人漕米海运，往返京津沪三地，可是开眼界，知潮流，开办面粉厂必有发展。目前国内也只几家粉厂，日后将有数十上百家。别理会那些狗眼无珠，没人入股我入股！”

德生纠蹙的浓眉顿时展开，起身俯身拜谢：“朱先生处世以义，救我一命，胜造七级浮屠。只是缺数甚巨，还差9千两。”

“我填不足，可为你另招股本。有位吃米行饭的朋友，年事已高，想找地方投点股防防老，就投到你的粉厂中嘛！不过，后生家，我不是做慈善，是指望你帮我赚银子。丑话说在前面，这个行业有前景，就看你能不能悉力去做，今天你就给我一句话。”

荣德生又施礼道：“朱先生，你押的是钱，我与兄长押的是命，不拼命怎能保身家性命？天心可见，请先生尽管放心。”

一场要命的险厄就这样化解了。

世界的存在为了让人看不懂，然后欣赏你的莫名其妙，目瞪口呆。它编造太多离奇的故事，令生活比演戏更好。茶房不断给他们续水斟茶，两人谈得正酣，荣德生猛然想起非走不可的一件事，起身匆匆告辞。

回家后，他从枕头下翻出一份遗书，上面只有一行字：欠明记烟杂店小洋贰角。

过完大年，德生不亦乐乎地忙开了，在城中租屋子作为筹办处，料理一切，头头是道。

临过年的时候，紫禁城里那位老太婆向全国人民送惊喜，一个政策大礼包。这个惊喜澄清她已患老年痴呆症的传言。她总是做出乎人民意外的事，以至让人弄不清她下达的旨意究竟是在正常还是非正常状态下作出的。力主变法的维新派被她杀光了，她下诏变法，实行新政；洋人没杀光干脆睦洋，“取外国之长”“去中国之短”成为她的口头禅。话没错，你早干吗了？4.5亿两银子赔得冤不冤！朝廷下达的诏书中，有成立商部，提倡和奖励私人资本办工业的最高指示，对荣家兄弟是一大利好。筹办中的保兴面粉厂碰上这等好事是运道，荣德生就像中了大奖一样。在这个一眼望出去就能瞧见几个绅士的城市中，他来自西乡的草根想创业，特别是新兴产业，心里一直虚豁豁。现在好了，有中央政府撑腰，他底气十足，踌躇满志。

由乐如记洋行绘制设计的工厂图样摆在德生桌上，这是一家建造上海南洋公学的大建筑商，体现了荣宗敬的作风，要干就要像模像样地干。十多年的彷徨、煎熬、挣扎，浓缩在面前这叠图纸中，他感喟道：“人生之难，在于不知啊！”他也是骄傲的，保兴面粉厂开始整理地基，建筑材料陆续进场，即将正式动工，当第一根大桩子夯进大地，那将是震动整个无锡的大事件。父亲一定听得见打桩的巨响，为儿子的骄傲而骄傲。保兴是一只老母鸡，日后生出一窝鸡来，老父留下的1 500元，势必数十数百数千倍翻番，那时，父亲“如有能力，即尽力社会”的遗愿将大放光芒。

人遇好事会到天空漫游，德生悠游于无限的幻思中。

传来敲门声，将荣德生拽回到眼前的这一刻中。

来客是地保潘阿昌，见是老熟人，德生起身迎客。

潘阿昌说：“德先生，新年好。过年时，你可曾到图董江先生处讲讲你的兴办大略啊？”

德生听话听音，脸色一沉，话中有文章啊！翻译过来是：你荣某人一点也不懂事，塞银子的事还要他人提醒？他皱一皱眉头，我是糊涂啊，尽管诸事冗集，过年去图董家拜年怎么就能忘了呢？事实上，他去了将会更麻烦，他根本不懂潜规则，至多提些火腿礼盒过去，礼盒里还真是礼品而不是银票。他舍不得花钱，股东的钱来得容易吗？再说了，朱仲甫把省里各部门的关系全都走通，该省就省了吧。

图董相当于社区主任，官不大，但总管一图事务。地保是图董手下跑腿的，豁翎子这种事是日常事务，自然豁得有水准。荣德生，你千万别不识相，以为“见得阎王，还怕小鬼”，事情偏是“阎王不好见，小鬼更难缠”。地头蛇坐地龙万万不可得罪。人家想的是，你办厂为赚钱，我先要赚你的钱；你造大厂房，我就不该置宅买地，娶二奶三奶？这么大的机会来了，忍心放过你?!

此刻的荣德生处于想到却想不开的危险境地，只见他迟迟疑疑，装聋作哑，一点儿也不爽气。他或许找不到破财出血的理由，就是没想到人家是怎样的念头。地保见德生拎勿清，转身要走，被德生请回来坐下了。他平日对潘阿昌不错，小恩小惠，香烟老酒钱是有的。不久前，阿昌娘得重病，他特地请马御医上门诊治救活她，负担全部医药费，阿昌娘儿俩跪在他面前磕头，被荣德生以“折寿”的理由拒绝了。

“阿昌，我们老交情了，怎么打点，你给个主意。”

“我不是图董肚皮里蛔虫，不好讲。通常与用地、投入资本数目搭界，百分比嘛，我不好讲，你看着办。”

项目未动工先要分红利，还要付账人定百分比，算什么生意经？荣德生感觉碰上黑社会，那帮流氓才专做无本生意。他对清末社会构成处于文盲阶段，图的概念完全变了，他不知道。一图一公司，图董之董即董事长，制定经营策略，掌管业务开展，决定利润分配，虽无股本金却绝非空壳公司。相比权力，银子算鸟。

荣德生犯难了，捧出尚方宝剑：“朝廷鼓励民间办实业，从中作梗，是抗旨呀!”

谁抗旨了，没人不让你办厂啊？面前这位读子曰读成了三岁半孩子。阿昌见荣德生傻成这样，打心里为他着急：“德先生，我今天实在不想来找你的，图董派下差使，不来不成。你是我的大恩人，我是扇了自己两个耳光才进的这道门。我好歹读过几年书，实话实说，当官的都将圣人之言挂在嘴上扮清廉，清廉好是好，无奈银子这样东西更好。鲨鱼见血，欲罢不能，管不住自己要伸手。现在，人的嘴巴除了钱没别的词了，这叫世道潮流。既为潮流，谁不跟着走就把你毫不留情地甩掉。我一个小地保实在不好做人哪!”

荣德生瞧着阿昌的面孔，生出恻隐之心，试探着问：“你能否给我交个底?”

“德先生，什么底都能对你交，你要什么底?”

“百分比的底。”

“3个点。少给的话，就会折腾你，交到够数为止。”

黑啊，股本3万两，3个点即900两，开口也不托住下巴颏。德生抿嘴不啃声，脸上一片感时伤世的愁云。

阿昌见荣德生这般情状，觉得有继续开导他的责任：“当今人心已由银子当家，干点事，脚下的路要用银票铺出来。你做大事业，必得咬紧牙关，习惯心痛。到哪里都一样，区、县、府、省，哪怕天子脚下，好不到哪儿去。你知道龙光塔为什么倒掉吗？宝塔立在锡山顶上将无锡城里的事情看个遍，看个透，看伤心了，它就倒掉了。哪个官光靠俸禄过日子，都把朝廷给的印信当做盖银票的戳子。”

这么说，大清朝的官场臭得像个粪坑，这是真的吗？荣德生寻思，不大愿意相信。

为了让荣德生信服，阿昌举例说明，有些当事人是荣德生的朋友，平时喝茶都未听他们声张过呀，看来银子派出去还得装哑巴。

德生记起母亲娘家山北乡有位陈图董，因为受贿被撤职查办，便有了话题：“阿昌啊，山北陈图董犯案，你是知道的，我怕弄不好反而害人家呀！”

阿昌莫名其妙地大笑，德生问他为何笑，阿昌向他道出事情原委。

陈图董自命清高，从不伸手，该办的事照办，不该办的事给再多钱也不办。结果怎么着，反而得罪人，成为另类。日子过得难受也罢了，还被人以“贿赂公行”罪名告到上头，都察御史将文批到县里，孙知县派典史从速办理。要知道，真有事倒能查出来，没有的事怎么查？查来查去，停职查办两年也没查出一二三，人憔悴得不成人样，未坐牢已经像囚犯。最后，生一场大病，气绝身亡。

阿昌说：“我是逼法无路，在世道中跟着一道混世界，不然，没有人搭理我亲近我，地保当不成，我娘怎么办？我饿死不打紧，娘不能喝西北风啊！唉——”阿昌叹一口气，舒服了一些，“做官的狮子大开口，我小地保混吃混喝，有机会捞几两银子，不算伤天害理，心里还是踏实的！”

德生听愣，窘在那儿发傻。阿昌见他半天不吭气，走上前笃笃敲几下桌子。

德生总算醒过神来，听见阿昌说：“德先生，图董掌管‘鱼鳞簿’，要阴损谁很容易，你千万要留神。我走了，啥也没说啊！”

“鱼鳞簿”是为征派赋税和保护土地所有权而编制的土地登记簿册，册中将田地山塘挨次排列、逐段连缀，绘制在一起，标明每块土地的所有人、四至、亩数，因其形似鱼鳞而被称为“鱼鳞图册”。阿昌豁翎子，暗示“鱼鳞簿”是图董手中利器，弄不好受坑害。

“阿昌啊，多谢开导，今日领教了。”

一个小时前还是中奖感觉，现在被电闪雷鸣击倒，荣德生倒在椅子上闭目养神，脑子里一片混沌。朝廷圣旨在他心目中向来是神圣庄严的，应当不折不扣执行的，怎么到下面像从来没这回事一样，放个屁还能闻到点臭气哩！他用十年时间追寻时代新思想，但社会在他追寻的过程中已经垮塌。“真的到末世景象了吗?”这诘问问得犹豫,他不愿意相信。单说家乡,明山秀水,礼仪之乡,至德之区,怎么会变成这样?

行贿与他的道德标准相去太远,他的手伸不出去。好不容易募集来的股本往水里扔,他心痛。他半天动不出脑筋,这事需由大股东拿主意,按照分工,征地事宜归朱仲甫负责,荣德生随即写信到苏州,请他速来无锡处置。

江图董可是等不及了,当天无音讯也罢,第二天不见动静心里老大不高兴,第三天中午开始拍桌子骂娘。等来大宗生意却做不成,郁闷啊!他邀来朋友朱老板商量,两人一算计,先在鱼鳞簿上做手脚是必须的,制造荣氏侵占公田民地之罪名,然后告到衙门,才能乖乖逼出银子来。关键是谁出面当原告,学问很大。

朱老板是古董贩子,人微言轻,力道远远不够,但城中一批士绅名流是他客户,知县也不敢得罪的。凡新知县到任,屁股没坐热,就得到他们府上一一拜望,否则县官做不安稳。撺掇他们联手具名,状子递进县衙,就有好戏看了。

这一天,绅士们正在毛桃巷荷香院吃花酒。席间,讨论事关当地文化、福利两大议题,一捐集资金修缮孔庙,二建造孤儿院、普济堂。因有妓女列席旁听,会议气氛热烈,达到预定效果。酒后尚有余兴,会议主持者高举人提出赌一把,于是娘姨清理干净台面,诸位搂着妓女玩叶子戏。在清代,上自公卿大夫,下至百姓黎民,绣房闺阁,莫不好赌叶子戏。打“马吊”倾家荡产的事,老百姓耳里也听出了老茧。一堆堆银洋码放于桌上,六十张牌拆开,发牌有序,殿牌不乱,举止文雅有节。各自手里拿着宋江李逵鲁智深,以三对一,合纵连横,开始豪赌。

艳赌正在兴头上,高举人见朱老板蓦然闯进,心想好事来了,问道:“朱先生,寻到这里来,该是‘吴门四家’的画觅着了吧?”举人醉心于唐寅、祝允明、文征明、徐祯卿“江南四才子”画作,凡是有货,必入囊中。

朱老板作揖回道:“正是,扬州有一幅文征明《惠山茶会图》,为后期绝世佳作,这两天即为你去看货。”

高举人眼睛瞪圆,垂涎不已。此画与本地著名胜迹惠山天下第二泉有关,更添一份意趣,连声道:“拜托拜托,一定要给我弄到手,至时赏银当丰。”

“勿用客气的,给个脚步钱即可。今天,倒是有一件关乎全城的要事需向举人禀报。”

“什么事尽管讲来,只要我办得到。”高举人是位退休县老爷,不能在原籍五百里范围内当地方长官是大清的反腐措施之一,他从江西挂冠归里已有三年。说退休,其实是退居二线,他热衷地方事务,继续发挥余热,在公共领域表现出官员身份，是本地士绅集团领袖之一。他与县老爷天津人孙襄成交好，或者说孙襄成必须与他交好，成为影子知县，在本地没啥事办不成。

朱老板见计谋立竿见影，高举人的胃口已被吊足，趁势问："高大人，西乡荣巷荣宗敬、荣德生兄弟，你熟否？"

"从未耳闻，荣巷凡是上得台面之人我都熟悉，此二人是商人吧？"

在座其余人也纷纷摇头。

当朱老板通报，荣巷两个乡下人要在城里建造面粉厂，规模极大，烟囱极高，不仅冲煞无锡千年好风水，还竟然胆大包天，跨界侵占公田民地，并出示鱼鳞图为证。牌桌上像被扔了一颗炸弹，人人无心再赌，脸色陡变。

无锡自泰伯让王，文明开化之后，晋有顾恺之，唐有李绅，元有倪云林，宋有李纲，明有东林诸贤，清有乾隆年大学士加太子太保、上书房总师傅行走稽璜，向来文风蔚然，"一榜九进士，六科三解元"之盛举曾惊动朝野，传为永世佳话。大烟囱毁坏风水，罪莫大矣！当场在座各位，骂了荣家十八代祖宗。两个乡下小儿也不撒泡尿照照面孔，胆敢到城里瞎折腾，做大市面，书香门第往哪儿搁，士族精英还有脸面吗？别说侵占公田，没这事，也绝对不能让他们把工厂办起来。

"真的世风日下了，还有王法没有？"

"把他们赶回荣巷种田去！"

"到县衙告这两个畜生！"

"好主意！"

屋子里充满绕梁的愤怒。最为愤怒的是杨举人，尽管他的愤怒有点莫名。他把家产耗尽在毛桃巷几家妓院里，眼下要到省里候补，缺盘缠尤缺打点各方的银子，而两个乡下人竟有花不完的钱，心理哪里能平衡。他一拍桌子，吩咐鸨母速取笔墨，当下起草状子。

不数日，荣德生接到县衙信差送来的"饬地迁移"的谕单。他随即派人去县衙将状子全文抄回。这份状告保兴面粉厂的状子写道："……荣氏将公田民地围入界内，有违大清治法，道德伦理，请令饬地迁移。锡地自古文风蔚然，才俊辈出，大烟囱扼水冲天，必碍风水，千百年文风就此荡然不存，城中父老莫不忧心如焚……祈盼斟酌尽善，据实公断。"

下面是四五十位本地绅士的签名。

荣德生一一读完姓氏，气塞胸膛，怒怨交叠。状子在他手中瑟瑟抖动，悲悯着他的渺小。

纯粹的愿望伤不起。

无锡城被毁坏风水的讯息挤爆了。

上老虎灶泡水，下石码头洗菜，邻居开门见面，尽是谈论此事，更不用说饭馆、茶楼、酒肆里的情景。沉闷的城市好不容易有了共同的话题以及看好戏的娱乐心态，没有人说一句公道话。老百姓偏向士绅集团，他们历来是民众依赖和翘首仰望的偶像，唯一能代表当地社群向官府沟通保护利益的有效管道，而低檐矮户无不梦想成为由马头墙和砖雕门头组成的"六扇大墙门"。荣氏兄弟被推上风口浪尖，这一下，名不经传的荣家兄弟倒是谁都知道了他们，而且被憎恨讥讽着。由于谕单上写明"谕令饬地迁移"，情况紧急，朱仲甫派儿子朱和卿赶到无锡，与德生商量应对办法，自己则到省衙运动。

中央政府的新政和省级政府批文，县令巴掌大的谕单就把它们变成废纸，让荣德生感到不可思议。危机处理第一步是如何答辩，实地测量工厂地块究竟有无占用他人土地是前提。德生将区书记和地保潘阿昌请到太保墩工地，区书记翻开鱼鳞册一一查对。这本鱼鳞册与图董那一本稍有差池，按后者标定的四限测量，多出一亩多地。鱼鳞图本是手绘复制，如果有出入，当以区存图册为准，但是不管如何，图董那一份鱼鳞图已完成使命，士绅集团凭它发难，掀起了一场风波。只要有绅士们涉讼就好，因为他们不会输也从来没输过。下半场会更精彩。这时候的江图董喝着小酒，唱着小曲，只等好戏连续开演。

不是没有一点瑕疵，有部分黄沙堆出界限，但是，工地围墙尚未修筑，将公田民地围入界内的事实根本不能成立，将黄沙之类建材收拾进界内不就没事了。

无锡知县孙襄成被这个案子害苦了，日子过得比双方当事人还难熬。他是举人出身，好不容易运动到谁都眼红的肥缺；他了解这帮绅士的潜在权力，一直延伸到督抚衙门、中央六部，容你坐稳交椅是给面子，他哪里敢得罪？他明白绅士们真正意图所在，出身微寒的他从心底同情荣氏。绅士们闹得太豁边了！

这不，一份加"急递"字样的公文递送进设于县衙二堂的签押室。孙襄成拆开一看，是江南商务局敦促县衙秉公处置、保护工业的公文。江南商务局系两江总督兼南洋通商大臣刘绅一奉旨在江宁（今南京）设立，为辖区最高商务行政管理机构，在上海设有分局。事发不过三天，商务局就出面干预，这在他官宦生涯中尚未见过，衙门是为荣家开的？他雾中看山，隐约看出山势的雄伟。有大人物给荣氏兄弟撑腰毋庸质疑。孙襄成顿时觉得自己不是熬而是在火上烤着，不由叹气、摇头、顿足，后来，干脆眯起眼睛做气功，努力让自己安宁下来。

眼睛睁开，已有主意。秉公断案是犯傻，从快结案是找死，有太多的案子由上方的招呼说了算，将皮球踢到总督府是上上之选，然后以总督衙门的批复行事，对错便与他无干了。至于总督衙门将会做出怎样的批复，就看原被告双方谁钱多、关系铁，你们两条腿扛在肩胛上去跑吧。

他让执事差役请主簿前来见他，命主薄起草一份呈两江总督府的公文，特别强调："禀上峰核夺"的理由务须有理有据，以免上峰责怪他推诿。六天后发出。六天是恰当的期限，既不能怪罪他办事延宕，又达到拖延的目的。孙知县的名言是"三天后的事不要今天作出决定"，后来，根据形势需要，改为"明天的事不要今天作决定"。他屡试不爽的官场经验是：拖延战术是解决官场一切麻烦的万应之策。凡是棘手事，时间拖得越长越有余地，最好把它拖没了。当官绝对不能着急，多少急家伙被革职回家，获罪坐牢，戊戌变法一干人不是一着急就掉了脑袋，连皇帝也成了笼中鸟。

荣德生可是孙襄成的钢丝，认为他是朝廷忠臣，凡是与人提及，对他的评介只一个"好"字。他勤政廉洁，亲民爱民，脚踏实地，真抓实干；在决讼公断、劝农赈贫、兴养立教诸方面皆有作为，有老百姓口碑为证。他甚至觉得这位知县某些方面与他相似，譬如作风严谨，认真细致。他上任后，整顿吏治，严打不正之风；县衙内机构臃肿，人浮于事，衙役竟有三千人之多，其中不少是不实际服役的挂名衙役，花钱买来，为的是可逃避徭役，又可借公务名义向老百姓勒索。没有一个衙役不从事某种贪赃，将这一岗位视作捞钱的机会。他大力整肃裁撤，将衙役编制降到一百人以内。前年，江南遭遇洪涝大灾，平地水深三尺，洼地房屋漂没，他脱下朝靴，下水带领民工挖渠排水。事后，跑省里要来拨款，疏通河道，围堰筑堤，亲任工程总指挥，做到工不浮、财不费、农事不伤，被老百姓誉为治洪"迴澜手"。在三年一次的地方官政绩评估中，经知府推荐，督抚复审，孙襄成因政绩卓著被列入第一类，向吏部推荐，不仅大有升迁的希望，还具有谒见皇帝的资格。

荣德生对他在讼案中表现出的软弱，不怨恨而有体谅。将心比心，他自问他来当县太爷又将怎样？谕单要他"饬地迁移"，并未见强制手段。他相信他最终会主持公道。他很想去拜会他陈述一切，但怕坏了规矩。大清自康乾开始制定非常系统、详密、严苛的反腐倡廉的制度法规，其中包括县官和手下主要助手都必须居住在县衙内公廨，不许杂处民间，除非上公堂不准在衙门会见私客。他觉得这当口去见孙襄成绝对不妥，会让他沾上受贿嫌疑。"这不是害他吗？"他这样对自己说。

皇帝将臣僚的权力关在了笼子里，但忘记在笼子上装门，鸟随时飞出来遨游，这使大清成为历朝历代最腐败的政权。荣德生拎勿清，满以为笼子是装了门的。

朱仲甫听说案子送到总督衙门，心想孙襄成这家伙真会玩啊，便赶到江宁找两江总督刘绅一去了。两家上一代有交往，朱仲甫在广东把持肥缺时，帮刘绅一安排过不少族人乡亲。凭这么铁的关系，不几日，总督府下达批示。孙知县捧起督批，反复斟酌考量起来。督批曰："……有士为四民之首立论，尤当持平，烟囱既隔城垣，何谓文风有碍？该商将公地民地围入界内，是否属实，有地方官查明，秉公办理。"

孙知县暗自叫苦，叹道："既然已批，为何半批，不批个干净彻底呢？皮球踢回来，我得罪不起士绅，你督抚可是得罪得起的呀！"

其实，督批已经给力。强调无碍文风，已为孙知县解了天大的难事，断明是否侵占公地民地大不了再测量一遍就是。问题纠结在绅士一方死掐以图董的鱼鳞图为准，他们不死掐就丢尽脸面成为永远的笑料，也是伤不起的。孙知县明知士绅一方无理，但无锡城里的世家，根深蒂固，连声同气，开罪他们他就别想在地界上混了。说穿了，他端坐在县衙大堂，首先是为豪门办差，想帮荣家兄弟的忙也是有心无胆，他能做的事还是老办法——拖。

荣德生见到督批是另一番心情。他悲哀主宰每个人生死前途的为何不是公理，偏偏是印把子？没有手握大权的官僚相助，他纵然有万丈雄心，也将脸青鼻肿，一败涂地，办实业徒然论影而已。督批把话说得那么明白，无数张指责破坏风水的嘴巴该闭嘴了，没有占用公田民地，事实清楚，保兴面粉厂马上可以打桩动工了。他已听见西洋打桩机打桩的巨响，全身毛孔里都是激动。

秉承母亲的基因，他是乐观主义者，凡事喜欢往好处想，因为喜欢踌躇满志的感觉，这使他容易生活在梦里。

督批既下，朱仲甫特地从苏州赶来。

"德生小弟，见你面容劳瘁，这一阵辛苦你了！"

"朱世丈，真的苦不堪言啊！"

朱仲甫安慰他说："好在苦出名堂来了，在中国做点事，朝中无人想都不用想。我 24 岁以知府衔到粤，至 40 岁未得差，为什么？自命清高，不肯求人，不肯花银子。到厘局任职，我才明白过来，原来大家都在混，不跟着混就混不出人样来。你在厘局，只管做账，晚上练字，目闭耳塞，现在告诉你吧，我年入数万两银子，每年不拿出三成来孝敬，能干十五年吗？第二年就叫你喝西北风去了。我如果拿出五成来，笃定当道台，权衡之下，将钱留下养老算了，从此倦于仕途。我把养老钱给你办厂，是想赚几个正当钱。德生小弟，说实话，昔年当总办，底下人塞银子，我照拿，不拿白不拿。”

德生庆幸自己未做官，做官也做不像。

朱仲甫问：“孙知县那边打点过没有？”

“不曾，不是督批已下，执行就是。”

“唉，你这个书呆子，老是梦擦擦。县官不如现管，放在督抚身上也一样，督宪哪能天天过问，下面可以造出一百个理由拖着，拖你半年一年，买来的机器在露天烂掉，你就急得脚脚跳了！”

德生本来已经听傻，听见机器烂掉，吓出一身大汗：“朱世丈，如何是好？”

“容我把话说完，”朱仲甫说，“这次去江宁拜见督宪大人，在督署大门外撞见对方也去跑门路，瞧见我闪开了；后来，我坐在二堂东侧议事厅与刘大人谈事，隔天井看见他们踏进西边的启事厅，心想不妙。那里是僚属佐贰人员办公之所，督署中幕宾书吏无锡人好几个啊！总督只管定夺大事，幕宾行参谋、执行职责，时常代官出治，当刘绅一半个家，故有‘幕宾半总督’一说。总督有迁调而吏无变更，这帮师爷久操其事，奸猾世故，尽是厉害脚色，什么脑筋都动得出来。待我见到督批，他们果然在行文上大卖私货，将全批化为半批。刘大人是洋务运动干将，执行新政不遗余力，他当我的面拍桌子，申斥绅士混账、胡闹，该发配充军。督批前半部是刘大人原话，后半部原话是‘地方官查明不属实’篡改成‘是否属实，有地方官查明’，移花接木，改橘为枳，可恶至极！”

朱仲甫跟荣德生分析权衡目前形势，保兴胜六成，但绅士集团凭四成足以胡搅蛮缠一阵。何时转圜，机关握在孙襄成手中。荣德生终于明白为什么要打点孙知县的道理了，但他是清官呀，银子送上去，反受其辱那就尴尬了。

荣德生也真是的，一堆湿柴点不起火，朱仲甫没可奈何地朝他摇头：“德生啊，华佗治不好你的幼稚病。天开眼，你幸亏未做官！”

朱仲甫告诉他，进总督府办事，除了大门口的石狮子不要钱，从门军开始就得塞红包，此后门房、堂役、胥吏、长随、幕宾，道道关节挨着来，数额依次递增。他们光靠束脩（薪金）是过不了日子的。没人向你伸手要，也没人订规矩，你不塞不行啊。门为何物，用来不让人进，赚开一道门，仅靠关系几十年前还行，现在要用银子当敲门砖。走到督宪那里松口气，尽管交谊不浅，空手见面多不好意思，送银子是侮辱他，名贵字画，文房四宝，挑稀罕的送一二件，才显得文雅有身价。说穿了，他啥都不缺，送上去的礼物看都不看放进仓库积灰尘，但他心里是愉快的。再说当官，按私规，从九品往上，按品级都有标价。孙襄成到财赋之地当知县，以不花冤枉钱为前提，没有 5 万两休想。投入的本钱必然变本加厉收回来，故目下对官员的评介，不以贪廉之分，只有好坏之别，贪了钱依旧为百姓做事便是好官。官场也是生意场，商人不做亏本生意，当官员的为啥就该做？“三年清知县，十万雪花银”，这本账是掐得很准的。

最后，朱仲甫说：“你说孙知县不贪，打死我也不相信。各人自有生意经，你敢与我打赌吗？”

德生木然无声，回到“二木头”年代。

贪渎弊病真的像深秋的落叶那样多吗？政以贿成，天下大小事都由银子决定，圣人在世，怕又要游走六国，奔命呼号了！《官场现形记》看来不是李伯元瞎编出来，尚且都没他听到的这样精彩。德生寻思着，脑海跳出“金钱万恶魔”五字。这五个字烙在他脑子里，记住一生，也告诫自己一生。

朱仲甫吩咐荣德生取笔墨、信封。

朱仲甫提笔舔墨，在信封上写下“县尊　孙襄成大老爷亲启”几字，落款是保兴面粉厂。

孙襄成的一天又在他的谨小慎微中开始。一早上，在大堂断完一桩民事案件，就到二堂签押房处理成堆的公务。头上那顶花翎确实得之不易，他生于天津寒微之家，十数载寒窗苦读，中举后，又是近十年漫长的“候缺”。人到中年，只剩下买官这条路可走。钱是向好友贷来，计年息四厘，约定事成后聘他为师爷，陆续偿还本息。好友成全他是冒风险的，结果赌赢，官场潜规则看来畅行无阻。他也就拿到大红关书，聘为幕友。按此种契约成为幕友的，称为“带肚子师爷”，意即带债权上任，孕妇般等候孩子落地。

身后墙上悬挂一副木刻对联，宝石绿颜色勾勒出他的手书墨迹，右联：笃而不显功藏无名，左联：将勤补拙以俭养廉，横额：勤政爱民。这就是荣德生眼中看到的好官了。楹联计有二十字，事实上，他已经踏踏实实地做到十八字，养廉二字就差得远了去了。除衣食住行由公银报销外，他年俸 60 两，养廉银 1 400 两，加上按陋规允许的额外进账约 800～1 000 两，正当年收入约 2 500 两，各位看官帮他算算账，他凭何养廉？再克制，每年至少贪 1～2 万两才行啊！

每次面对手书的座右铭，孙襄成窘迫不安，以自比宋公明安抚破碎的心，一百零八将不也是逼上梁山的吗？不管怎样自嘲，欠哥们的债还得清，子民们的债却是永远地欠上了。正是为此种负疚心理折磨，他唯有更加勤奋更加尽责地为人民服务。

保兴方面派人送来的公函摆在桌面上，他拆开一看，并无公文，只有一张银票，面额 800 两，慌忙将银票塞进袖筒。

这一数字，按百分比接近保兴股本 3%，取 8 为数，是朱仲甫为图吉利。

翌日，孙知县花翎、补服、朝珠，一一穿戴整齐，鸣锣起轿，亲自将督批送到具呈人高举人府上。一帮人正在花厅喝茶抽水烟，还有两位掐在卧榻上点泡泡，一股诱人的古怪的香味便在花厅间游荡。对于本案事实，孙知县是明白的。他对绅士们说，督批未全批，纯粹是给你们一个台阶下，可要理会总督大人对乡邑领袖的一片爱护之心。这句话的内核是你们识相吧！高举人几位研读督批之后，也觉得收场为宜，发展实业毕竟是皇命，督宪一光火扣上抗旨罪名，那就没有下场势，后果堪虞。于是，士绅集团一方听从孙知县的劝告，但要给足他们面子，采取和解方式。

惊天动地，西洋打桩机以强横的气势震撼城池，荣氏实业王国的第一根桩基夯进大地。太湖平原自生成以来首次感到地球人开始探索它的纵深。这是有非常意义的一天，宣告平原从此踏入新的历史界面，工业化进程在太湖平原上发轫，此后的一百年时间证明，它始终以上天赋予的智慧和活力，敢为天下先的勇气，在各个历史时期展现自己的风采。在未来的一百年中将会如何，不妨拭目以待。

雷霆般的轰鸣有节奏地震响，没玩没了。绅士们在六扇大墙门内听得心惊肉跳，就凭他们加快一倍的心跳，风水不坏才怪！新事物出现之初都像一头怪兽，他们在怪兽的吼叫中感到自身气场的萎缩，被逼领略两个农家小子的大市面。于是，又一个士绅集团迅速形成，而且更牛逼，光进士出身就有几个，在三开间五开间或者七开间的客厅里痛骂高举人的无耻和软弱。他们豁出去了，宁可下狱坐牢，也不能让厂房建起来。几十人再次联名具呈，理由剩下一条：大烟囱毁坏风水。

对峙双方重新在总督府里展开较量，兵不血刃，寒光闪闪，经过一场错综交合的权势与智慧的激战，士绅集团的呈文打回，无功而返。

面对挫败，绅士们出一绝门奇招。往日他们让孙襄成办事，都按规矩从不让他白忙活。按此逻辑推理，孙知县对他们的背叛，无疑因为收受了荣氏的好处。不数日，县太爷收受厂方巨额贿金的消息满城飞扬，变作众口一词的事实，将孙襄成推上风口浪尖。民众心目中的好官原来是腐败分子，是两面三刀的小人、伪君子，孙襄成让他的拥趸彻底绝望了。

歪打正着。孙襄成整天在签押房内急得团团转，虚汗不断。这一次具名人的名单让他扛不住。他反复寻思，权衡利弊，想要证实自己的清白，恢复民众的信任，只有签发谕单，责令保兴面粉厂迁址另建。他明了这是一着险棋，但要拯救自己，舍此别无他法。凑巧的是，绅士方面这会儿给他送钱来了，是保兴方面的五倍。交易的标的物是孙襄成写几个字，然后盖上他的印绶。

荣德生本来沉浸在无比喜悦中。两房兄弟结婚多年，没生下接嗣之子，一向高高兴兴的母亲一点笑容也没有了，身子骨日益虚弱。这一年 4 月，妻子丁氏终于养下儿子，取名“清和”。工厂正在打桩奠基，也是他即将出世的儿子，一下子拥有两个亲儿子，世上还有比这更完美的事吗？县衙再次发来“谕令迁移”的谕单，像一阵狂风吹没了他的好心情。他整日无语，愁眉郁结，叹息：这个世道已经分不清正邪了！

荣宗敬闻讯赶回无锡，他的到来注定以强硬的方式进行危机处理。六个月后，从法国订购的机器将运抵无锡，工程决不能停，而且要日夜抓紧。让谕单见他妈的鬼去吧！让道貌岸然的绅士们哀号吧！文雅人不讲理了，我是农民我怕谁，干吗按他们的规矩出牌？他将孙襄成丑骂了一通，当县太爷前来工地查勘，他陪在一边，孙襄成讲任何话他只当没听见，只好溜一圈走了。常州府也派员到现场调查，见公事房（办公楼）、厂房、栈房（仓库）、码头，各建筑物都已动工兴建，也没辙。谁想拆，得掂掂分量，朝廷毕竟是下了新政的。

打横来，粘地皮，地方绅士没料到荣家兄弟来这一着，不甘心生米将要煮成熟饭的局面，分兵几路，四出斡旋，动用威权阻止工厂的建造。下级政府的请示报告一次次递往总督府，在幕僚的操作下又一次次模棱两可地批回来，怎么理解都可以。用字行文之高超精妙令所有读书人感到自己是庸才。胶着中，朱仲甫将衙门当自家门跑，累得老年气喘病大发作。

荣德生陷在极度的紧张中，忧愁不堪，这对他向善乐观的生命是一种否定。妻子生完儿子不久罹病，两个月后病危，幸而服用“参苏饮”后转危为安；继而宝贝儿子生病，他无法分身，两个亲儿子不能两顾，他选择的是工厂。在长期高压下，他几乎崩溃，站在那儿也会睡着，躺下却又整夜失眠。总觉得什么事被遗忘，一想事就会头痛，手抑制不住发抖，经常自言自语。典型的神经衰弱、慢性疲劳综合症症状。

直至刀笔吏江郎才尽，在两江总督府下达的第七次督批中，保兴方面才显现胜象。

是时候了，荣宗敬想。在保兴筹办处，荣家兄弟与朱仲甫老先生商量对策。

胜负天平出现有利于厂方的倾斜，怎么了结这场风波，就看最后一手怎么玩法。荣宗敬提出乘势而进，不管使用什么手段，来一次彻底的了断。问题是需要一个点子。他推一把德生，将他弄醒过来，揶揄说："德生，用火柴棍撑住你的眼皮，等事情了结，我陪你睡三天。"

朱仲甫说："德生弟，你话不多脑筋好使，蛮有主意的，这辰光再困也不能昏睡呀！"

打完一个哈欠，荣德生来些儿精神："有劳朱世伯再去面见总督大人，事情才能了结，且有圆满结果。"

荣宗敬补充说："厂方需自备禀文，交由总督当面亲自批阅，让师爷们不好再做手脚。"

"以我之想，要么不跑，这次跑部院，一定得让刘大人批死。"朱仲甫发狠了，他不想再跑第九次。

"写好禀文为第一关要，跟师爷们学一手，以其人之道，还治其人之身！"荣宗敬说。

这两天，德生一直在思考宗敬说的"第一关要"，人被逼疯什么事都干得出来，哪怕有违德行他也不怕豁出去。他说："办法尽在三十六计中，你们看哪一计最适用？"

朱仲甫与荣宗敬都未研读这部集兵家智慧大全的计谋学，荣德生出于对其中阴阳变化之理的兴趣，倒是有过研究。既然他们一方处于优势，就该用前三套，其中第一套《胜战计》中第一计最为适用。

他说："瞒天过海。"

朱仲甫连忙说不行，"欺蒙督宪大人要问罪，我这条门路是金不换，万万不能断送。"

德生说："瞒天过海之谋略与欺上瞒下、掩耳盗铃不可混为一谈，《易经》曰：阴在阳之内，不在阳之对。太阳，太阴。我们一不造假，二不虚构，何罪之有哇！"

宗敬马上明白过来："朱世伯，德生的意思说厂房是实实在在的，谁都看得见，至于里面尚未妥当，无碍根本，这就是'阴在阳之内，不在阳之对'。"

朱仲甫依旧懵懂，转不过脑筋，德生只得与他挑明。禀文上声明厂已造成，机器全部到齐，这是事实吧？尽管机器尚在安装，各项配备尚待时日，可以虚掩不提，以下再禀明本厂正在预备不日开工等语。让督宪大人知道，一座设备齐全的面粉厂完整摆在这儿了，这可是国内第五家粉厂，是给他争面子，也是他落实新政的政绩，向朝廷呈递奏章值得写上一笔。终于听明白后，朱仲甫一拍大腿，颔首称是。

宗敬进而提议："朱世伯，干脆写上'至时恭请督宪大人莅临教正'如何？"

朱仲甫说不妥："他要是一高兴真的来，不是大出洋相？"

"不是说不日开工嘛，《康熙字典》没规定不日是几日吧？"

目下，机器正在安装，工人尚未招收培训，招聘的机匠原是缫丝厂工头，外行转内行，上手的确得花些日子。没有三个月机器转不起来。

第八次督批终于下达，德生遣人前往县衙抄录如下：

"知县办理无方，先行摘顶，以观后效，具呈阻扰人查取职名，听后详参，着刻日详复，……"

……

保兴面粉厂举行正式开机庆典那天，鞭炮锣鼓此起彼伏，隆隆机器声显得格外兴奋。荣氏家族第一家工厂的诞生，宣告由银钱业转向工业投资的开始。各路宾客赶来祝贺，比惠山街庙会还要热闹。唯有荣德生笑不起来，他为一个儿子的出世耗尽全部精力，而失去了另一个儿子。这个会说话的、血管内流淌他的血的儿子因病死亡，母亲因此元气大伤，突然苍老了许多。他对这条五个月的生命和白发母亲怀着永远的歉疚。他自问儿子与工厂哪一个更重要？发觉问得很愚蠢，这是任何男人都无法作出回答的。他只觉得，他的工厂也是会说话的，与他血脉相连。

一场旷日持久的风波，在荣家兄弟的谦让下以和解了结。厂已建妥，城中第一根大烟囱矗立在护城河边，该争的气既已争到，便不再争意气。荣德生秉承"执两用中""和为贵"的原则，让中庸之道显示了它的实用性。为了士绅集团有台阶下，显得有面子，他痛快地答应对方向厂方提出的三项要求，其中涉及生态保护的条款，原本是计划中该做的事。双方签订和解协议后，案件获批注销，绅士保住功名，免受处分，孙襄成调离他任，干戈化玉帛，各得其所。

在庆典仪式上，荣德生与各路宾客应和酬酢，荣德生从来宾中见到孙襄成的身影，穿着平头百姓的衣袍。

他迎上前拱手道："宰公，大驾光临，鄙厂不胜荣幸。"

孙襄成还礼："今日前来，一为祝贺荣先生事业齐天；二为辞别，末官将调缺他去；三么，一年来，所做不周，得罪处请予谅鉴。商人好当官难当啊，不过，这个官么，我还是不得不当下去。"

孙襄成哈哈地大笑起来，德生发现他笑出眼泪来了，他的笑以苦笑结束。

德生回道："宰公何时启程，在下当洒酒相送。"

究竟是商人好当还是官好当，德生也苦笑了起来。

七、拱北楼早面

沉湎于希望的幻觉是人的天性，世上的真理不一定得到验证。

保兴面粉厂投产后，精工细作，注重品质，麦子筛三遍，面粉筛两遍，法国大石磨泻出色泽洁白、富有弹性的面粉，却堆在仓库里卖不出去，因为洋粉一问世就带有大逆不道的色彩。市场份额被黄不拉几的土粉强硬地占有，令荣德生充满挫败感。

机制粉不好吃，加了药粉才变白，无营养、不耐饿、有毒，奇谈怪论，层出不穷。是否是建厂风波中败下阵来的地方绅董放出的流言不得而知，反正，老百姓真心告诫自已：这玩意伤身害命，不吃为妙。精英都不敢吃了，草根的命不值钱也是命啊！

这场有关食品安全的传言很快变成定论，保兴面粉厂开工没多久就积滞数千包库存，照此下去，年终亏本无疑。

一批活跃的士绅是拱北楼面馆的老吃客，不去品尝一碗早面一天就过不舒服，这家著名字号也就成为本地权威的新闻发布中心，控制着当地的舆论走向。当他们于谈笑风生中訾议面粉，其余面馆点心店闻风附和，店老板全都不敢购买机制粉。早晨的消息不出二三小时便在巷陌间风传，老百姓谈虎色变，本来身体哪里不舒服就怪罪面粉，肚子好好的也会马上疼起来。可怜的是干面行的小业主，压死的货卖不出去怎么办呢？他们的招式是将机粉搀入土粉出售，价格标得比土粉还贱。

荣德生坐在公事房内一双温和的眼睛注满忧伤。世界总是把无法预料的事件突然横亘于人前，苦心孤诣创建的面粉厂出现此种荒诞的局面。从众效应已使大众失去理智和起码的判断力，他拿不出任何办法。到这份上，荣德生无奈地引用当地的一句市尘俚语："急碎卵子也无用。"

工厂好歹创立起来了,这比什么都重要。

拱北楼面馆开设在北门外游山船浜,与北塘米市隔河相望。这一带是土纱号、米行、山地货、窑货客商和四乡班船聚集之处,也是太湖灯船的歇泊处。创建于同治二年的拱北楼面馆,其营销策略是以高品质吸引高消费阶层,再由高消费阶层带动中档消费人群。它使用两大绝招打造出金字招牌:之一是高汤,汤隔夜熬,放入猪骨、鸡、鸭,不同处是还要放入足够多的黄鳝骨。该店先将脆鳝、响油鳝丝做绝,做成无人不晓的招牌菜,于是每日便有大量的鳝骨,太湖水孕育的鲜味儿整个儿融在了汤中。这是其他店想学学不像,任何人工调味品所无法替代的。之二是将产品细分,从大锅中撩出断生、立直、健、烂四种品种,满足不同口味、年龄、性别的喜好。如若货不对版,凭食客一句话退货。这不仅要用特殊方法将面条做得细长而又劲韧,更需要精确把握生面在水中停留的时间。水在锅边冒泡撩出为断生,面条带骨子;锅心微开为立直,面硬有弹性;健是锅心沸开,面条熟而不烂;烂面则是在大锅中滚了几开的面条。前后不能差十秒钟,每碗面需在一二秒内完成。保兴的机制粉上市后,一度使拱北楼门面轧瘫,眼下,端上八仙桌的面条短粗,色如黄泥,改由土粉揉制。

荣德生清晨就出北城门,在游山船浜踱来踱去。游太湖的富家子弟忙着上灯船,灯船绘彩披锦,弦管缭绕,歌女舞姬伺候。船娘又烹得一手好船菜,正在摆弄着拖在船尾的几口丝网,里面尽是银鱼、鳜鱼、活虾、大闸蟹之类湖鲜。到了湖中,随时将活货捞出来烹饪,以佐美酒。雅玩一天花金一两,德生听说吓得伸一伸舌头。拱北楼附近布满小吃摊担,专供乘班船的市民农民食用。他喜欢吃死食,见路边有糍团摊子,价格与十多年前在上海南市一样,一个 3 文钱,两个 5 文钱,他花 5 文钱买下两个,就近买一碗豆腐花吃掉一个糍团,另一个包着藏进怀中,净省 1 文钱。

他不喜欢面食,今天踏进拱北楼,是要看看这家可恨的面馆是怎样糟践他的面粉的。

拱北楼楼上辟有三个大堂口,其中一个是专供商贾吃面谈生意的茶会,一个是各界名流、士绅、豪门聚会的雅室,再一个是小康市民的大堂口。各设 12 张大理石台面八仙桌,窗明几净,一派众星拱卫、业中最尊的排场。每天早上,主宰无锡地面的名士绅董就在这儿吃早饭,纵论天下之事,上至朝廷下诏变法,下至哪家寡妇改嫁,均入桌上谈资。于是脆鳝、活炝、蟹粉豆腐,以及各式小炒,也便更有滋味。

老吃客喜欢吃头汤面,天亮后就去坐等,从一锅清水撩出的面自然最好。虽然水腻了会换，但高汤用少了师傅往里补的是清水。于是，拱北楼的头汤面成为食客的最爱。

现在，在布置精致的雅室，已经就坐好几位了。

一个宿儒说："机制面粉颜色太白，看着就头晕，不如食用土粉放心。"

另一位老绅士跟着拿腔拿调："不搀进洋药，粉色怎么能白，故而有毒无疑。朝廷对荼毒民生的事体竟也放任自流，太脱攀了。"

"难怪吃机器面屙肚皮，一泻几天。"

"昨日，听说有两口寡妇孤女吃死了的！"

"白种人吃白面，黄种人吃黄面，是天理。"

"对呀，中国人吃了几千年活得很好，四大发明照样一件件发明出来。外国人不安好心，他们的怪名堂决不可相信。"

一个绅士凑到另一绅士耳边，神情很神秘："吃了机器面，下面那样东西不派用场，老婆骂山门。"

无锡本是充满理想富有进取心的地方，不然不会成为文风蔚然、经济繁荣的财赋之区，可现在啥都不缺就缺了理想。它随着王朝的没落而没落，变得迂腐守旧，古怪滑稽。于是，便有窒息得无法熬下去的人离开这座城市，有的信仰改良主义，做成洋务运动的干将；有的跟随孙中山闹革命，力图推翻现有政权；有的出洋留学，寻求救国强民之道；还有像荣家兄弟这样，以兴办实业表达自己的志向。

今天，他们聚集到这家面馆吃头汤面。

德生呼吸几口从窗外河面上拂来的新鲜空气，听到那帮封建遗老的言论不禁面有愠色。有个绅士朝他睨一眼，见穿着蓝布长衫的脚色坐进雅室，咕哝道："世道乱了，天下已无纲常伦理，乡野鄙夫也敢踏进来了。"

德生邻近桌上是几位同他年纪仿佛的新派人物，不是出身名门，就是科举出身，是渴求新思想的有志之士，出国留洋归来。有吴稚晖、胡雨人等。前者举人，曾在上海南洋公学（今上海交通大学）任教，后留学日本，归国后与蔡元培等人发起成立爱国学社，他刚在上海张园发表了一通言辞激烈的政治演说回到无锡；后者秀才出身，提倡兴办新学，趋向科学维新，从日本归国后全力投身教育事业。

荣德生与两档子人身份悬殊，不啻霄壤，落寞在一旁发窘。新派人物高谈阔论，抨击朝政，畅议世界大势，瞥见那头一帮本邑耆宿的胡扯，无可奈何地摇头。

吴稚晖，又名敬恒。此人放浪不羁，常以滑稽行为对付天下滑稽之事，八股做不好，经学名气却大盛，且以为天下打抱不平为己任，人称"吴疯子"。早些年，在南菁书院读书时，江苏学政公然请客坐画舫，吃花酒取乐。吴稚晖约同一位学友，穿四开裤、箭袖袍，头上插杉枝红萝卜，手持草纸一束，口称“生员参见大人，请赏花酒三杯”，故意一跌，两人四脚朝天，把那玩意露了出来，引得四下一片哗笑，将学政大人痛痛快快地羞辱一番。

那一头，宿儒们的奇谈怪论愈发不堪入耳。

“保兴面粉厂的大烟囱竖起时是用童男童女献祭的。”

“有人亲眼目睹，后来被那个荣姓乡下人花钱封口。”

“此事已成街谈巷议，不然，这么高的烟囱怎么竖得起来?”

危言耸听。吴稚晖盘算如何整整这帮迂儒劣绅，他终于脱下靴子，朝他们的大理石桌子扔过去，似不过瘾，又脱一只，朝另外一桌扔了过去。“砰砰”两声，将桌上的盆盏打翻，扣在碗内的活炝虾满桌子活蹦乱跳起来。

绅士们被没来由的袭击吓慌，不明此物来自何方，哪里来的臭瘪三竟敢如此胡闹？见那头吴稚晖正在哈哈大笑，却又不敢轻举妄动。说实在的，吴稚晖已经给他们留足了面子，不然，他准会掏出裤裆里那物件朝他们撒一泡尿。

一位重要人物出场了，他的出现，令两档子人感到同样的惊喜。惊魂甫定的老绅士一一起身，唯唯诺诺，向他作揖问候。

来人薛南溟，出身于清末本邑第一名门望族。祖父薛湘，道光二十七年殿试赐进士出身，其诗赋自成一体，时称“薛调”。历任外省知县、知府，在湖南学政任上与曾国藩结好，学问为曾国藩敬佩而拜其为师，晚年客死湖南，褒赠光禄大夫。一生洁身自好，为官不图钱财，家无资产，以至儿辈从无锡北乡进城读书，不得不寄寓外婆家。

其父薛福成受时代影响，致力经世实学，长期供职于曾国藩、李鸿章幕府，为主要文案，被称为曾门古文四大弟子之一。光绪元年上《应诏陈言疏》，意见被采纳而名闻朝野，四年后写《筹洋刍议》，力主变法维新，倡办洋务，影响甚巨。为近代中国著名的外交家、早期资产阶级维新派代表人物，一生坚守国家利益，反对不平等条约，提倡工商立国。曾任湖南按察使，出任英、法、意、比四国公使，授都察院左副都御史衔、从二品顶戴，从一介穷书生而成为清皇朝显官名宦。光绪二十年，薛福成回国履新，从伦敦乘船抵达上海，因一路劳顿又染上流行疫病，在上海病逝。

薛南溟清癯颀长，风仪翩翩，与几位本地绅士酬酢，显得没有什么架子。他举人出生，入李鸿章幕内，以候补知县衔任天津县、道、府三署发审委员，专门办理华洋讼事。他深感官场无趣，乘父丧丁忧回家，从此弃官经商。中国丝绸是欧洲王公贵族的奢侈品，历来为对外贸易大宗商品，鸦片战争即由丝绸出口令英国产生巨额贸易逆差而引起。他投入酝酿已久的发展丝绸业的计划，广开茧行，鼓励四乡农民植桑养蚕，在广生钱庄开办那年，他在上海七浦路创办永泰丝厂。数年后，以“金(银)双鹿”牌白厂丝享誉国际市场，获利颇巨，成为八省丝绸公会公董。在他手中，父亲的旧宅重建为占地1.2公顷的钦史第，中西合璧，园林焕然，为江南第一豪宅。原是尽孝让父亲回籍安度晚年，谁料父亲病逝上海连门都没进过。城里城外，“薛家半无锡”的说法倒是流传了开来。

薛南溟瞥见德生独守一隅，兴高采烈地喝道：“德生吾弟，保兴粉厂生意兴隆吧？粉厂开办之际，我因厂务滞留在沪，未能亲往祝贺，你不会怪罪吧？”

荣家利用老屋开设茧行，广生钱庄兼营收茧业务，故与与薛家有业务往来。薛南溟思想豁达，热心实业，见邑中有人创办粉厂，心里为之高兴。

德生凄然一笑，摇摇头：“苦衷难与人说，日后，有赖南溟先生多方关照。”

“哎，你我同是实业中人，少说客气话。来，我给你介绍这几位喝过洋墨水的后贤。”

薛南溟爽爽快快地把德生请过去，一同落座。

“这位是雨人兄，日本弘文学院师范科毕业，同盟会会员，鼓吹新学，为本城近代教育开拓者，近来又设师范传习所培养师资，带动北乡一带办起了不少新学堂。这一位，吴敬恒先生，武进雪堰桥人氏——”吴稚晖一脸严肃，打断他的话，纠正道：“稚晖籍贯无锡。”

严格说，吴稚晖应为武进人，雪堰桥桥北为武进，桥南为无锡辖境，吴家世居桥北。他自小在无锡读书，说一口无锡话，嫌武进县小，硬与无锡攀同乡，曾引起耻笑，后来干脆将家宅造在两县界河两岸，心安理得地以无锡人自居了。

薛南溟继续介绍说：“这个冒牌无锡人是不怕死的角色，在日本带头造公使蔡钧的反，押入监狱，递解回国。不甘受此大辱，跳河自沉，若不是被人救出，拱北楼就没有这么热闹啰。雨人兄当年一同参与造反，对这本账是最清楚的。”

吴稚晖肃然道：“士可杀不可辱。敬恒欲兴国家，以尸为谏，唤醒群梦，唏嘘悲哉。然而，中国官场之腐败为二十四史所少见，靠改良已无指望，如不革命，黄种人将尽奴于白种人，岂不可哀矣。”

“你这番话，我在看《苏报》时已见识，是在张园发表的演说词吧？”薛南溟调侃道，“革命军中马前卒，敬恒想做邹容第二？”

吴稚晖沉湎在往事的回忆中。他是为蔡锷等一批自费留学生打抱不平，与仇视维新的公使蔡钧闹起别扭，结果被押送法兰西邮船递解回籍。梁启超前来送行，就在神户羁留的那晚，他跳河自尽。新闻一经披露，震动日本，山阴蔡元培恐中途再发生事故，亲自到神户陪他同船回国。外界都怀疑他是革命党而不敢聘用，常回无锡闲居。

薛南溟问："敬恒兄日后对革命有何谋划？"

吴稚晖答："中国人独缺血性，唯有《苏报》见骨气，章士钊已出任苏报主笔，我拟借此报一角，图个嘴巴痛快，宣传革新，鼓吹革命，以免做亡国奴，看狗屁大清朝敢拿我怎么样？"

吴稚晖望着德生问薛南溟："这位先生尊姓大名？"

薛南溟介绍说："本邑荣巷人氏，立志兴办实业，保兴面粉厂经理荣宗铨先生。"

德生一直做听众，不说些话显得不上台面，他接过吴稚晖刚才的话头说："国，不会亡在外国人手里，更不会亡在老百姓手里，老百姓个个指望国家兴旺；国若亡，一定亡在贪腐平庸的官僚手中！"

吴稚晖大笑起来："看来，《苏报》有广大的读者，商人也要革命了，商人中若有一半揭竿而起，革命肯定成功。爱国学社中已经有若干这样的商人。"

薛南溟说："民主我赞成，反清我旁观。敬恒，我比你大三岁，为兄在此说一句不该说的话，搞政治不是比谁胆子大，小心再小心，勿吃眼前亏。"

吴稚晖不屑理会薛南溟，对德生说："荣先生，幸会，先生创办实业，堵塞漏卮，挽回利权，实为有利国计民生之大事业。明治维新之后，日本国富民强，遂有三井、三菱等大财团。荣先生前途也在无可限量之中。兴办实业为潮流之趋，环顾世界工业，进步之速，推行之广，殊令人望洋兴叹。吾地大民众之国，不应只此寥寥数厂，可惜国中如荣先生这样有胆有识者太少矣。"

胡雨人也感慨万端："大清迫于形势，不得已练新军、办实业、兴学堂，以求富强之道。然而，朝廷无能，举国荒芜，不可期待。富国之根本在于兴办新学，有识者无不忧时兴学，变法图强，此亦为今后工商建设之实际需要与可循之途径。日本明治维新成效显著，也是得力于教育，愿荣先生事业发达之后，负起教育民众、救贫裕民之责任。胡某一生夙愿，是望邑中烟囱林立，学校林立！"

两位海归侃侃而谈，颇长德生见识。他们对他的厚望不啻是一种诙嘲，使德生尴尬，面孔涨得通红。他用哭泣般的声音说："两位先生过于看重荣某，城中吃食店一概拒用机制面粉，百姓听信谣言避而远之，何谈事业发展。适才，那边桌上种种谬论，谅已耳闻。"

吴稚晖翘起光脚丫子："没见我赏了他们两只靴子吗？"

同桌人哄笑起来，把薛南溟弄得摸不着头脑。他眼下野心勃勃地开拓实业，准备摘取国内丝茧大王的桂冠。近年常驻沪上，对地方势力阻扰荣氏办厂有所耳闻，没想到手段如此卑鄙，弄清事情来龙去脉后，对那帮缙绅的所作所为大为光火。

“忒过分了！若是他们办厂啥事没有，但是，他们能办吗？没这个志向也没这副脑子，只晓得饱食终日，狎妓玩乐，吃高利贷。农民子弟又怎样，欠他们什么了？美国之强盛不都是农民子弟做出来的！”

薛南溟看不惯城中那些遗老逸少有些年头了，平时接触，也曾规劝他们要有理想，投入新事业，推动地方经济，结果塞耳不问。欺负荣氏到此地步，他认作是这座城市的不幸，出手相助是他的责任。有言道：路见不平，以手按剑。

恰巧堂倌将薛南溟点的老式面端上桌子，果然是用土粉制面，他将走出一丈远的堂倌喝回来，为了让那几位缙绅听见，大声喊道：“跟你家老板说，我要吃机制粉，不吃土粉。”

不一会儿，拱北楼老板急吼吼从楼下拾级而上。刚才，胡雨人说“烟囱林立”四字时，把那边绅士们的耳朵拉直。薛南溟上楼后敷衍几句把他们撂下已是疏冷，又横戳枪要吃机制面，分明要他们难堪。他们可以随心所欲修理荣德生，对这位城中的阀阅子弟，头号绅士不敢有丝毫得罪，全呆坐着脸上发讪。

拱北楼老板向薛南溟哈腰、打躬、作揖，求他多多照应。

薛南溟不冷不热说：“李老板，放着净白的面粉不用，拿黄不拉几的玩意儿搪塞我，是怎么回事啊？”

李老板压低嗓子说：“我的生意靠那些老爷，他们喜欢吃土粉。”

吴稚晖忍俊不禁，“扑哧”一笑：“炎黄时代，不臼而食，何故不连麸皮砻糠一齐端上来，也好让吴某人长点见识。”

李老板一个劲“对对对”“是是是”地点头哈腰，侧着脸往雅室那半边瞥去，老吃客嘟嘟哝哝地说着，准备起身离席，心中暗自叫苦。

薛南溟再次大声说，分明要用自己的话为他们送行：“马上摇出机器面来，我等着呢！”

李老板啼笑皆非，他到哪里去买机制面呀？

薛南溟指着荣德生告诉他，这位就是保兴面粉厂老板，他那里的机制面要多少有多少。

李老板苦着脸说；“现做也来不及啊。”

“今天我就坐下等着了，等到中午无妨，黄昏也可以，机制面是一定要吃的。你还有话要说吗？”

李老板正待离开，薛南溟又将他叫回来，交待说："再有，从今起你的馆子全部改用机器面，到荣老板厂里拉几十板车回来，插上'拱北楼'旗号，沿途让人看得见。如果生意做亏，到我府上结账，由我悉数补给，如果做好，给我磕三个响头。"

李老板怎么敢让薛南溟掏腰包，硬着头皮答应，退下了。

吴稚晖一把拖住他："喂，老板，请你把我的靴子给捡回来，要不，我就成《西游记》中的赤脚大仙啦！"

薛南溟把拱北楼给整治好了。德生想，他的日子该会好过些了。

今天在座三位，日后都与荣氏的事业发生密切的关联。薛南溟三子、薛家事业的主政者薛寿萱娶荣宗敬二女儿卓仁为妻；胡雨人为荣氏兴办教育的推动者、主持人；吴稚晖在日后荣家数次陷入政治经济危机时，挺身而出施以援手，得以安度。

何谓人世，前缘相生，因也；现相助成，缘也。

其间种种情形，无妨借用章回噱头：且听下回分解。

八、从保兴到茂新

荣德生一觉醒来，曙色临窗，满屋子清芬流漾，把他隔夜的忧郁荡涤得干干净净。是窗台上那盆春兰在今晨哆唇而开了。

入睡前他愁云满面，心里不痛快，没想到睡足之后精神会变得如此振作。屋里空荡荡，不见人影，只有隔壁房内传来 8 岁女儿素蓉哄骗醒来妹妹的声音。懂事的大女儿差不多当半个家，照管着两个妹妹和两个堂妹。

他穿好布衫马褂，套上一双补了又补的老布袜，将双脚插进圆口布鞋。这是妻子丁氏从纳鞋底开始亲手制作的，每次穿鞋时，他总要感怀妻子料理家政的贤惠，母亲给他娶了个好媳妇。他自己动手收拾几件替换衣裳，衣裳上压上一本日记簿，把行囊束紧。

他要出远门。

不远处是世代祖居的歪歪斜斜两间老屋，全家七口人团在里厢，眼下用来养蚕储茧。每从老屋门前经过，德生总是驻足停留，产生幻听，狭窄的空间里传出母亲纺纱织布的木机声，昏暗灯影下，他坐在小板凳上一边扎黄钱，一边听外婆讲述形形色色的故事。

老屋不是物质构成，而是精神造像，融入了他的血液。

他望见不远处的桑树田里，老母亲带着两位小脚儿媳妇在采摘桑叶。桑树田连片相衔，地气上升，白雾缭绕，婆媳脚灵巧，手灵动，把桑叶一把把捺入胸前的大布兜。她们天不亮就下田干活，田埂上的大篰篮已贮满桑叶。

早年的几十棵桑树苗变成一望无尽的桑田，而且在继续延伸中，荣巷几乎见不着稻田了。德生为有这样的母亲感到骄傲，觉得她是人世间最完美的女人。她默默地活着，活得自信有尊严，不认为要为人世创造出什么，而人世因为她们才存在。欣悦的是，她母亲又打造出两位与她相似的女人——他的妻子和哥哥的妻子。

透过雾霭，他发现妻子正朝他这边走来，步履艰难，背后用布包袱扎着隔年刚生下的三女儿，腹部鼓鼓凸凸又怀上了。他渴望这一回生出儿子，好给日益衰弱的老母亲一些慰藉。

妻子丁氏走近后，他对她说："孩子娘，族中发起捐款开办小学，我们兄弟捐款二百两，你筹措停当后即给送去。"

妻子见他身负行囊，问："你这是要上哪儿去？"

"杭州。"

"别忘去灵隐寺送子观音座前烧炷香。"

这个他倒没想到。

德生对妻子说："明年成立荣氏家塾，拟建新校舍，还需出资，家中经济得由你多加调度。"

"还要出钱啊？"婆媳三人养一年蚕，收入不过一二百元，丁氏不由心疼。

德生一脸不高兴："女人家应明事理，否则何以教子女。有能力就得造福乡里，须对社会地方稍尽公益义务，这是先父生前遗训，你难道不乐意？"

女人不吭声了。

他兀自朝船码头走去。

自荣巷去无锡城有往返班船，再从大洋桥水码头搭船去杭州。他听说杭州新开一家官营面粉厂，保兴是因简就陋建起来的，运行一段时间后设备需要改良，譬如韩福记制造的洗麦机导致出粉潮软，石磨影响产量，官办厂必定设备优良，决定前去观摩取经。

出乎意料的是那家官营面粉厂，与保兴一样也是石磨，虽由府班出身的官僚主持，开工不久就停产，准备出租。官营企业竟是这副样子令他扫兴。他乘便游湖，雨中西湖迷蒙飘渺，若隐若现，一阵风拂过便换一派景象。荣德生雅兴大发，各处风景名胜一一走过，将常年累积的疲倦扔在了明山秀水间。

为了节省开支，他住在通益公纱厂的客房内，里面住满了原料供应商和四处前来订货的客商。纺织业生意竟然如此兴旺，令他震动和惊喜。他一直将衣食两项视为事业方向，现在被验证是正确的，从自己的理想蓝图中看到了满天的阳光。他找到该厂总办高懿成，也是府班出身，却是勤俭踏实之人，两人意气相投，毫无隔膜。高总办热情地陪他参观全厂，德生将厂房、设备、工艺流程，一一记入日记。他在通益公纱厂客房内一住七天，多次观摩，日记本里挤满了各种图形数据。

面粉厂尚在起步中，棉纱厂又挤进他的思维。他相信这本日记本日后将派大用场。

荣德生搭班船早出晚归，往返于西水墩和荣巷之间。

班船悠悠晃晃，人字形水波向两岸鳞次栉比的鱼塘展开。鱼塘外侧是麦田桑园，间有一片一片金灿灿的油菜花，正开得亮丽热闹，镶嵌于碧青色的麦子中格外赏心悦目。牧童水牛缘河而行，鱼池内鱼群唼喋，一派水乡风光。

荣德生的心情与沿途景色相悖，郁闷，阴沉，焦灼。他全身心扑到厂务上，继无锡、苏州之后，在烟台、上海也设立了批发处，准备大干一场。可结果并不如意，开办首年，盘点存货，结算总账，除去保兴开办费用没赚钱，看来今年也无改观，打平就算好事。大股东、总经理朱仲甫住在厂中盯着，见营业不景气，都不太愿意上办公室。有一天，朱仲甫这么对德生说，"做实业乏味，保兴与你的前途，似难发展。"他当初为办厂四出奔忙的劲头消失了，明显有打退堂鼓的迹象。德生一再劝说，"目下虽不发展，是时机未成熟，日后必有前途。"朱仲甫含笑不语，他的笑容其实已经将意思表述得十分清楚：年轻人，别一根筋了，我后悔当初就不该听信你。果然，不久后，朱仲甫干脆指定代理人，自己回到苏州闲住去了。他做惯大差使，管理30多个工人的小面粉厂自然觉得乏味，重新犯上官瘾，做官银子来得快，一年几万两，而广东方面正邀他去干老本行。

德生陷入十分尴尬的境地。他得知，近来，朱仲甫与广东旧同僚书信频繁，东山再起，重归仕途，似在不日之间。朱仲甫指定的代理总经理怕承担亏损责任，至今不肯接手，他只好硬起头皮顶着。一旦朱仲甫真的撤手，保兴前途莫测。

该来的终归要到来。

德生去苏州看望朱仲甫，原想是规劝他回心转意，往实业路上走。刚在朱府客厅坐下，沏好的茶端在手里还未来得及喝，朱仲甫对德生说："德生弟，做实业太累，毫无希望，你将一生捆绑于此是没有前途的，不如跟我去广东厘局当总账吧！"

德生一个寒战，不知道该说啥。广东铁了心不会再去，他永远不会忘记白茫茫的尖沙咀海滩。他嗫嚅着说："近年，国内新建八家面粉厂，如果行业没前景，不会有那么多人看好！"说完，他自己也觉得底气不足。这些面粉厂的财务指标不比保兴好，有几家甚至产生严重亏损。

朱仲甫微笑，风雅的微笑，深沉的微笑，带着一些揶揄的微笑。这微笑令德生汗毛直竖，他终于听到了以下的话："以我之见，办厂要上当，中国人能办好工厂,外国人要回外国去了。"

中国人为什么办不好厂?德生没敢把这句话说出来:"我们兄弟从事实业,从大处想是要挽回利权,从个人而言是利在其中,钱不能全让外国人赚了去。"

年轻人冲动一下也就罢了,朱仲甫弄不明白荣德生为什么还坚持着冲动。他又微笑起来,此时的微笑是对幼稚无知的诙嘲。

他说:"国家利权有国家管,你我还是过好自己的日子吧!"

他接着彻底摊牌,告诉荣德生工厂已经停工,正在盘点清理,他已决定出让全部股份。

德生最担心的事发生了。保兴是凭借朱仲甫的热情、势力和财力一手办起来的。他觉得在这个世界上真的孤立无援了。人在孤立的时候,常常会横下一条心。德生沉吟了半天,说:"朱世丈,我荣姓股份决不让,你的股份我砸锅卖铁,能吃多少是多少,粉厂必能发展,你老不防拭目以待。"

德生担心的是谁来接替大股东位置,一旦控股权落入不合适人手中,保兴就全毁了。他办这家厂容易吗?他要朱仲甫答应,所出让股份由他寻找买家,朱仲甫爽快地应诺。

德生心如火燎地回到无锡,他怕大股东退股引起火烧连营的局面,连忙约请无锡两位股东朱大兴与伍永茂到望湖楼见面。后者是当年朱大兴力挺荣德生办厂帮他招来的股东,探明他们的态度非常重要。

德生走过三年前吞食红头火柴的桌子,回转身,在这张桌子上坐下。不一刻,朱大兴与伍永茂到来。朱大兴打趣道:"二老板,你倒是情有独钟,还未忘记这张桌子?"

德生起身作揖:"解脱生死之地,小弟岂敢轻忘!"

"这么说又有为难之处了?"

保兴停工清算之事已经传扬开来,朱大兴已有耳闻。经德生介绍详细情况后,他反而诘问德生:"这座蓉湖楼会败吗?它要败,米麦交易歇菜,全国一半人要饿死!蓉湖楼不会败,面粉厂岂会没有出头之日?"

这句话,也是救命的话。不过,德生要敲钉钻脚地问清楚,否则,心头还是虚豁豁。

"朱老板,你的股份做何打算?"

"你都让我坐到这张桌子上了,还有什么好说的",他拍拍胸脯说得干脆,"只要你荣姓股份在,就有我的股份在。"

德生起身作揖谢过,接着又问股东伍永茂:"伍老板,你意若何?"

伍永茂说："你不是说过'你们出的是钱，我出的是命'吗？凭这句话，我不信你信谁？"

荣德生相信天无绝人之路，信的有道理。

无锡股东稳住，德生跑到上海找哥哥商量。

荣宗敬坚守在广生钱庄中，头脑里尽是狂热的想要发财的念头。庚子后，租界再次扩大，上海更加繁荣兴旺，一日一变，富有出乎想象的生命力。他的野心随着租界的扩大而扩大。他看到了希望。钱庄的运行得心应手，他通晓一切路数乃至微妙，连续三年每年盈利 5 000 余两，今年将会赚得更多。但他始终觉得自己是穷鬼，因为他十分清醒：在这个由财富积堆起来的城市中，有资本才有未来，大资本才能干大事业。他等待着那一天，能从广生钱庄这条壕沟中一跃而出，在上海滩打下属于自己的地盘，做有头有面的大生意人。

宗敬见德生被煎熬得眼皮耷拉下来，为之心疼。他属于那种一旦认定就不会后退的人。弟弟谋事有成，稳重老练，为创办保兴劳苦功高。弟弟兴办实业以衣食两项为主的思路没错，切中国家之根本，民生之仰赖，事业前程赫然在目。他让德生别急，保兴一定要办下去，控股权也决不能落入他人之手。他愿意拿出广生钱庄的钱扩大投资。当初，德生劝他投资实业花尽吃奶力气，眼下，兄弟俩手挽手站在了一起，要为自己拥有的新思想新观念争一口气。当这两个人合成一个人，将产生多大的能量，拥有多大的气场，在以后的日子里将令大上海目瞪口呆。此刻，他们为获取一家小小面粉厂的控股权，取得高度一致的意见。这一点非常重要，这是一个迈向实业王国的起点。

保兴的财务数据是一堆沮丧的士兵，兄弟俩切磋着，哪些需要剔除，哪些需要治疗，哪些可以培养成勇敢的士兵，为了打赢下一场仗，需要补充多少兵源、武器弹药。荣宗敬将算盘拉到手边，噼里啪啦拨动珠子。珠子在他的指头下矫健有生命，他的手指生来是为算盘长的，算盘是他手臂的延长，身体的一部分，灵魂的呼喊。他今生的命运要由这把算盘衡量，作出所有的决定。在一阵迅疾的击打之后，荣宗敬将一系列的数据告诉弟弟，钱庄账上现有 1.5 万现银，全部拿出来投入保兴。由于接收后粉厂必须增资扩股，用于改良设备、补充流动资金，故只能吃下朱仲甫 1.5 万元股份的一半，另一半得找人接手。虽然广生因流动资金的匮乏将使营业受损，但为了挽救垂危的工厂，值！

上哪里去找新股东？一个设备低档、无业绩可言的企业，要找到投资者极其困难。上海滩挤满了赚快钱的人，如能找到有远见的投资人实属运气。但毕竟这儿思想要比无锡开放，新股东还是在上海找为宜，而且由于地理原因，新股东对工厂事务的干预会少一些。谁肯接手呢？兄弟俩首先想到的是大买办荣瑞馨。

宗敬与德生一同去拜访荣巷族人荣瑞馨。

虽是巷上族人，同住一条街，荣瑞馨的出身与两兄弟有天壤之别。论辈分，荣瑞馨要比宗敬、德生小一辈。其祖父荣剑舟早年在上海开设荣广大花号，历经两代人的经营积有巨资，成为清末我国四大花号之一。荣瑞馨从英国汉密尔顿纺织学院毕业归国后，从父亲手中继承祖业，同时当上泰和、怡和洋行买办，生意如插翼生翅，扶摇而上，几乎垄断中国棉花进出口市场。此人挥金如土，极尽排场，位于无锡荣巷西街的大宅院像一座衙门，别墅旁停泊一条以 3 万两白银买下的游艇。在上海乘坐的四轮马拉轿车是耗资 10 万两在英国定做的，鎏金饰银，招摇于市，丝毫不下于大不列颠王公贵族的派头。凡逢上海道上任，抑或出席西洋社会招待会，就向他借用这部马车。在上海滩，这辆马车无人不晓，也无人不知荣瑞馨其人，他是一个最早征服大上海的家伙。

荣瑞馨的表情充满同情，对兄弟俩的恳请迟迟不答复。他是保兴的小股东，当年甩一点银子让兄弟俩做事，已是支持，不退股已尽同族之谊。他是上海赚快钱的第一好手，不想再扔银子出去，但他也是要面子的人，断然拒绝显得不合风度。

矜持半天，他说："听说邑人祝兰舫有意投资实业，你俩无妨先去找老先生聊聊，如何？"

荣瑞馨皮球踢得蛮漂亮。意外地提醒荣家兄弟，祝兰舫是父亲的同学加好友，父亲去世前遗言遇有万难之事可去找他，还说他此生未曾打扰过他，儿辈有难当会出手相助。眼前的麻烦，关乎他们一生事业的走向，可谓大矣，两家上一辈有交谊，也合适做股东。

荣宗敬想将人情留待以后，抓住荣瑞馨死缠烂打："瑞馨，你先借我 5 千两总可以吧？一年后连本带息付还，如何？"

荣瑞馨说："实不相瞒，几天前，刚向英国厂家汇出几笔巨款。租界扩大数倍，抵沪的洋轮装满外国人，连国人都时兴洋布啦，我生意做大一时难以周转。宗敬，你是懂的，生意越大钱越不够用，尚望谅宥，I'm very sorry！"

荣宗敬的行事风格是不达目的不罢休，他本来想说将广生钱庄抵押给他的话，死活要从瑞馨口袋掏出银子来。德生在一旁拉他的袖子，示意该收场了。

出门后，宗敬问弟弟："做啥拉我衣裳管？"

"我脸皮没你厚，瑞馨死活要做铁公鸡，你轧不出苗头？"

“我是将他军！别信他的话，一只袋袋角落就能抖出5千两。”

赚钱，赚钱，更多更快地赚钱。有钱不求人的日子才是日子。荣宗敬一肚皮闷气，从荣瑞馨公馆走出来，向自己发狠。

看来，只有找祝兰舫了。

荣家兄弟几天找不见祝兰舫，多方打听，他近来经常泡在张园安垲地大洋房里。张园位于麦特赫司脱路(今泰兴路)，兄弟俩一路打听，摸到那里，其实是一条大弄堂，在南京路以南的那一段里弄找到张园。

张园主人张叔和是又一个在上海租界发财的无锡移民。张园原称味莼园，有三四幢洋房，为西人格农所筑。清光绪八年，他从格农手中买下，以姓名园，于是有张园。三年后，园主将花园对外开放，当作游乐场经营。在“海天胜处”的剧场里，由女子京剧班演出“髦儿戏”，电气屋内装置电灯、电灶、电扇、电铃，以及参观者揿一下就叫起来的电叫子，以各式西洋新鲜玩意招徕游客。此外，园内辟有网球场、照相馆等，展示欧洲生活方式。

生意日好，花样日增，张园迅速从20余亩扩至70亩，更加五光十色，为十里洋场一大亮色。最著名的就是那座叫做安垲地的大洋房，内设餐厅、酒吧、舞厅，平时供应西菜茶点，外国掮客、商人、外交官在此聚会，也是中国绅士淑女必去的时髦场所。各种政治派别依仗治外法权，在这里发表演说，保皇派、维新派、改良派、革命党荟萃一堂，各抒己见。章太炎、邹容、吴稚晖等人就在这儿慷慨激昂地宣传共和政体，号召推翻帝制。

祝兰舫确实窝在安垲地咖啡厅与中外商界人士闲聊，闲聊不因为无聊，他的心思一刻没闲着。别看他乡气十足，“土老儿”一个，坐在安垲地，手持白铜水烟壶噗噜噜吸着水烟，却是怡和洋行和上海英商电气电车有限公司买办，自己的产业则有专营进口煤铁五金的源昌商号，源昌机器碾米厂，如果时光可以超视，可以看到十年后中国的“电气大王”便是他也。

祝兰舫是又一个掮着铺盖卷，挤在移民堆里，奔赴上海淘金的穷小子。无锡南门伯渎港人，5岁丧父，一家生计无着，靠其母织布和做针线活勉力维持，自幼生活在贫苦中。17岁入冶坊当学徒，与荣熙泰同行。后他由父亲设法介绍到上海一家商店当学徒。一天，有一位英国人来店购物，临行时遗忘了一只皮包，包内除票据、电报、文件外，还有很多现钞。祝兰舫发现后，将包保存起来。英国人发觉皮包遗失后，返回查询，祝兰舫将原物奉还。英国人一查看，包中物品丝毫未动，取出50元酬谢他，祝兰舫谢绝不受，让英国人深感惊异。一周后，身为怡和洋行大班的英国人再度来店，这回不是购物，而是邀请祝兰舫到他洋行任职员，负责仓库保管。他勤勉诚实，不负厚望，捧上洋饭碗成为他发迹的开端。

祝兰舫一边抽水烟，一边对闲聊得来的各种信息加以分析、归纳，一边对以下课题做出判断：在上海开办第三家面粉厂的可行性如何？水烟筒引起几位西洋男女的好奇，走过来对这一时髦玩意儿进行交流，祝兰舫用英语客气地敷衍他们，继续自己的思考。

安垲地这个信息交换中心告诉他最终的答案。上午，他约请几位日本人喝茶，中午请俄国驻沪领事吃一顿法国大餐，他心中有底了。经他分析，日俄两国为了争夺在东北和朝鲜的利益，迟至明年开战，交战区将在中国东北，至时面粉的销路势必大好。他在运输方面也占优势，他旗下源昌商号拥有数条新式海轮。在上海开办第三家面粉厂不存在疑义，应当在半年内开出来，只是眼下需要保密。

他正想起身离开，荣家兄弟站在了他的面前。

"祝世伯，你老人家把我们找得好苦哦。"

"喔，是荣家两位世侄，来来，坐下！"

这种洋气十足的场面，两兄弟从未见识过，德生且不说了，宗敬常年埋身南市，有时到外滩、英法租界遛弯，但此等高级会所未曾涉足。祝兰舫见哥俩拘束，将他们安顿下来：

"想吃什么随意，好久不见，今天要好好请两位侄子。"

宗敬点了一份咖啡，德生要一杯洞庭碧螺春。

"见儿如见父，一转眼，熙泰已去十年有余了。"

提及父亲，德生的热泪滚落到脸颊上，宗敬强忍住也已经两眼潮红，都沉默着。

祝兰舫接着说："你俚父亲确是大好人，不给任何人添麻烦，惟是心气高，要面子。我和舜卿与他同学多年，叫他到上海发展，做个高级职员也好呀，偏不愿来。不为别的，说好听是自好，说到底是觉得在我们面前难为情。你看，他宁愿劳苦一生，从不向我们开口。"

德生说："先父未成之事，当儿子的当努力而为，以尽孝道。"

"此话说得有骨气，熙泰在天上听见该大笑。"

两兄弟闷在那儿不吭声，满脸是忧愁。

"你们找我是有什么难处吧？"

宗敬答道："确有难处，故前来搅扰世丈。"

“尽管讲来听听。”

德生先叙述保兴办厂的前前后后，他善用简练的话，合适的声调，说出三年间遇见的磨难、困窘，以及应对之法，令祝兰舫动容。

“两位世侄为父争气了。你俚有无想过出让全部股份，我愿将保兴全部买下来，你们兄弟拿回资本专心于钱庄一业，在上海立稳脚跟，以展宏图。”

祝兰舫胃口之大，令德生陡然变色：“祝世丈，我们已把命搭在这家工厂，原大股东的股份你可购进一半，我荣姓之股决不能让，还要扩股，面粉业必能发展，前景不可限量。”

祝兰舫心想这位侄子倒是挺有眼光。

此时，宗敬说话了：“世丈，你老将保兴拿走，还得操劳；你入股是我们操劳，你赚省心钱，岂不是好？目下，农民进城，江浙各地城市人口膨胀，无论职员工人还是老板，为图方便，面食益多。大饼油条店，面店馄饨店，面包房蛋糕店，在上海几近十步一见；再有者，租界越扩越大，西人纷纷来沪，他们都以面食为主，国内粉厂何止区区数家，仅以上海计，至少会有一二十家吧？保兴重组乃因祸得福，世丈尽可宽心，等着坐收银子吧！”

祝兰舫寻思这位大侄子登高望远，目光犀利，口辞潇洒，还给他创办面粉厂找出又一条令人信服的理由，将来必是商场上长袖善舞、举事开阔的脚色。荣熙泰两个儿子不可小视，怎么与老子完全是两码事呢？

荣宗敬不想给祝兰舫更多思考的时间，来干脆的，直接把事情挑明了说：“世丈，保兴收股改做，我们兄弟倾尽囊中，还差8千两，尚望世丈鼎立相助，成全我们兄弟一份小小事业，拜托拜托！”宗敬说完，起身向老人家深深鞠躬。

到这份上，祝兰舫还能说啥。他喝口茶，噗地吹燃媒头，捧起白铜水烟壶咕噜噜吸一阵，吹熄引火。既然不能独大，也就没多大意思，面粉厂还是由自己另办一家吧，但这个忙肯定是要帮的。

他说：“两位世侄，这样吧，我出4千两，另外，我再找一人入股4千两，可否？”

祝兰舫以征求意见的口气说出不可更改的决定。德生还想说什么，这一回轮到宗敬拉他的衣裳角了。

出了张园，德生说：“老话说得不错，还真是‘十借九不足’。”

宗敬说：“这是逼我们多多赚钱啊！”

保兴增资扩股后，兄弟俩的股份从6千两追加至2万余元，占总股本5万元的40%以上，成为第一大股东。重组后的保兴，德生为经理，宗敬为批发经理，全套班子重新配备,设备稍加改良,兄弟俩终于有了一家可以体现自己精神意志的工业企业。

旧名不能再用,取什么名好呢?

荣德生颇费心思,凡是涌入脑海的词都不合适。当年在蓉湖楼吞红头火柴的情景呈现在眼前,朱大兴与伍永茂这两位原始发起人是他永远不能忘怀的恩人。有了!从他们姓名中各取一字,不是最有意义的厂名吗?茂、兴,都是好意头,他反复念着"茂兴""茂兴",觉得二字同义,力道不够。这是一家将以全新面貌出现的工厂,他眼前跃出"茂新"二字,这两个字,在他视觉中不断地放大。

茂新面粉厂诞生了!

公元1903年(清光绪二十九年)3月,4部法国石磨再次隆隆地运转,荣德生望着护城河边那根大烟囱,感慨万千,忍不住热泪涌流,放声大哭,为他永远失去的亲儿子,也为眼前这个重新回到他怀抱的亲儿子。

同年,祝兰舫的华兴面粉厂在上海苏州河畔锡金公所码头旁耸立起来,全套英国设备,日出面粉1 200包,是无锡茂新的四倍。德生想去参观,心想不会像以前几家面粉厂那样受阻,找到该厂匠头,匠头说老板不许讲,也不肯放人看。竞争面前无友情。他不愿为难匠头。祝兰舫没想到的是,多年以后,他会到张园安垲地找荣宗敬,洽商转让华兴面粉厂之事,而且是半送半卖。

股东退股,是因为保兴不赚钱,不赚钱是因为面粉销路受阻。生产型企业的现金流和利润取决于市场,销售渠道不打开,茂新将重蹈保兴的覆辙。对于保兴遭遇的挫折,荣宗敬感到有自己的一份责任,他埋头钱庄业务,在协助弟弟销售方面忽略了,因而,在二人商议人事安排时,他提出自任销售经理。

荣宗敬开始不停地往四马路跑了。

四马路是条奇特的马路,既是出名的红灯区,又是闻名的文化街,也是繁忙的商业枢纽。这条马路上的青莲阁茶楼是沪上的商品交易中心,各行庄老板亲自出马,跑街们陀螺般地在茶桌间兜旋,在茶会上作成一笔笔现货生意。荣宗敬在这里包下一张桌面,一天没来便想念这张桌子,离开这张桌子的休息不是休息,上这张桌子打仗等同休息,他喜欢这里浓得叫人沉醉的商业气息。

青莲阁楼下是百戏杂呈的游乐场,幻灯片、西洋镜、打弹子、畸形人,五花八门,逗人取乐。宗敬对这一切全然不感兴趣,甚至埋怨做生意的茶会何故要设在这种五方杂处的所在。他上了楼,茶楼堂前供着"关圣帝君"的银像,照例被香烛祀奉着。茶会上,"白相人"借茶馆吃讲茶,妓女搔首弄姿,星相术士川流不息。

他刚坐下，就有相面人走近来说："先生气色好，将交大运。"

他一扬手将他斥走，他从来不相信能从天那里询问到什么讯息，冲跑堂喊："泡一壶元宝茶。"

一口无锡腔惊动邻桌的年轻人。王禹卿蓦然回首，拖在背上的辫子甩动了两下。他略作沉吟将自己的茶壶统到荣敬宗桌上。

"先生是无锡哪乡人士?"王禹卿也是一口地道的无锡道白。

"开源乡荣巷。"

"小弟王禹卿，祖居扬名乡青祁村，与先生隔一条梁溪河。"

宗敬打量着面前的这位陌生人，要比他年轻六七岁样子，生得十分神气，白净的面孔，薄薄的嘴唇，一双鼓突的大眼睛炯炯有神，泄露过人的聪敏和精力。不过，他神色阴郁，满肚心事，一副潦倒失意的落拓腔，身上那件烂布长衫证实宗敬的眼光。

荣宗敬问："王先生在哪家字号发财?"

王禹卿说："在恒来油麻店当跑街。先生宝号坐落何方?"

"南市广生。"

机警善辩的王禹卿，知道眼前这位神气高爽的小辫子就是乡人传说中经营有方的广生钱庄经理荣宗敬，王禹卿曾经在烟台帮客商那里，遇见有人推销保兴生产的飞虎牌面粉。

"久仰久仰，荣先生昆仲在家乡创办面粉厂，为锡地一大盛举，可贺可喜!"

王禹卿祝贺一家充满麻烦的工厂，令荣宗敬面色顿时一阴："弹丸小厂，承蒙先生错爱。"

王禹卿说："有言道：千里之行，始于足下。以小弟之见，有始便有终，始不只是开始，结果也在其中，全凭开局如何，善始者必有善终。"

荣宗敬体会对方绕口令般的言辞，这位小老乡非等闲之辈呀，他很想进一步了解他，交个朋友也好。

"先生之言，颇具意味，愿闻其详。"

"刚才说到'善始'，'善始'者即头要开好，拿投资而言，即行业选对头，合乎民生所需、世界潮流，便必得'善终'。"

他与德生正是基于此种理由投资面粉业，这些道理德生讲得更透彻。他是来卖面粉的，不是听人说教的。连日来，虽然做成几笔生意，但不尽人意。

"可惜办厂易销售不易，一时难有发展。"

"推销之道实为财源之道。推销得法，破烂也卖得出去；不得法，则黄金以为铜也。再者，产品往何处销大有学问，譬如灯泡是西洋好玩意，卖到无电之区，一个也卖不掉，因无需求也。”

开始讲实在的了，宗敬来了些精神，喝一口元宝茶，问道：“就面粉而论，王先生有何高见？”

“南方主食米，北方主食面，面粉的广大市场应在山东以远，直至东三省，而国内粉厂仅有一家贻来谋设于天津，销售偏于江浙沪锡一带当然难以打开局面，而贻来谋仓库里不曾有过存货。”

“王先生对北方市场熟识？”

“岂止熟识，与天津帮是熟得很，天津乃是北方最大的面粉批发码头。”王禹卿在恒来油麻店做销售，因业务往来常与天津同行交往，也乘海轮往天津跑过几趟，而荣宗敬一直窝在上海，对北方一无所知。

面前这个人出口不凡，很有经营头脑，寥寥数语击中事情要害。荣宗敬开始赞识他，发觉遇见了一位商场有识之士。如招为手下，不失为踏破铁鞋无觅处的好帮手。恒来油麻店与广生钱庄相隔一条马路，人海茫茫，无缘相识，在这儿邂逅也算缘分。

王禹卿在恒来油麻店混不下去了，跳槽到同乡门下正是他迫不及待的事，他不能放弃迎面撞来的机会，凭他的敏感，加加温就能实现。他凑到荣宗敬跟前，神神叨叨耳语一阵，把荣宗敬彻底征服了。

他跟荣宗敬说，日俄在东北即将开战，俄国人在东北开的面粉厂到时不是减产就是停工，而交战国的需求增加，到时面粉畅销东北，而作为集散地的天津，将大量囤积面粉。

荣宗敬问：“王先生薪水多大？”

“按月 6 块银洋。”

“你如愿意帮我经营，给足三倍之数。”

18 元！王禹卿怀疑听岔了。恒来油麻店大账房也拿不到这个数，他哥哥王尧臣在上海当账房先生，不过月薪 12 元。

王禹卿心高气傲，自命不凡，却又怀才不遇，过着落魄的日子，属于上海滩的屌丝中极为典型的类别。他出身农家，父亲在乡里做私塾先生，白了胡子也没考上秀才。老头脾气特倔，既非孔孟子弟，过文庙也就不入，发狠两个儿子将来弃学从商。王禹卿与荣宗敬一样，逃不过 14 岁魔咒，读了五年书，于 14 岁乘船到上海，在亲戚开设的胡亦来煤铁油麻店当学徒，18 岁兼外账；后来，他嫌店小无出息，经人介绍进沈元来当跑街，没多久干得不顺心，又跳槽进恒来油麻店，被派往烟台、天津、营口等处兜售货物，营业额胜于前任数倍，就是加不到薪水，而他性好白相，在花花世界里一拨弄，钱就花没了。他读私塾对经书无兴趣，对司马迁的《货殖列传》倒情有独钟，父亲叹曰："此子于读书无缘，将来其为富商乎！"为了将他打造成富商，父亲针对他聪明好嬉的天性，下达不容违拗的指令：不混出人样来不准回家。一天，他接到父亲托人捎来的包裹，打开来一看，是一双白鞋一条白束腰，明白母亲已亡。活不能见，死不能亲视含殓，他放声大恸，抱恨终天。从此，发誓非要在上海滩干出名堂来。然而，老天爷不见怜，从没给他好运气，在上海厮混十二年，依旧一身烂布衫，至今不能回家见父亲。

荣宗敬听完年轻同乡的叙述，回顾自己的来路，顿生相怜相惜之心。面前这个落魄的家伙甚至令他联想漂母乞食的韩信，相信他将来是一个大有出息的角色倌。

荣宗敬为了留住人才，继续加码："18 元是起数，生意做好，每年一加，年终有红包。"

"我不拿工资，获利享受分成，可否？"

荣宗敬吃了一愣，在商场厮混那么多年，没见过不要工资的，看来面前这一位真不是混饭吃的货色，胸有大志啊！好，羊毛出在羊身上，你想赚大钱，我成全。

"自然可以，"荣宗敬说，"日后凡你做成的生意，本钱归我出，扣除一应成本，利润四六开，你取四成，我得其六。"

"试问荣先生，可给我多少包面粉合同？"

"先给 5 万包。"

"啊，荣先生，我——" 王禹卿不知道该说什么好了。一筋斗跌到青云中，没遇见这么痛快大气的老板，"三天后，我即到广生拜望。"

王禹卿担心恒来油麻店老板阻扰跳槽，需要三天时间。

第三天黄昏，广生钱庄快要打烊时分，王禹卿扛着铺盖卷儿，心力交瘁地出现在门前，用尽最后一点力气把铺盖扔到地上。

荣宗敬在木栅柜台后丢开手头那把算盘，大喜过望："禹卿，我都死心了，以为你不来了。"

"一言难尽，真差点儿来不成。"

王禹卿回店中，就向老板辞职。这位手下人功盖过主，老板本来就阴嫉其能，一跳槽再将生意带走怎么办，于是格外地刁难他。先是答应加薪，不成，又答应做生意获利分拆，说什么也够不上荣敬宗那份气魄，王禹卿依然一口回绝。老板盛怒之下与他结账，结果支亏店中 8 元。老板阴阴地说:“你有龙门跳，谁也不拦你，但不结清账，被头铺盖不准取走!”

王禹卿二话不说，回头出店，借钱去了。在南市逛了两天，没有着落，身边又无可当之物。第三天午后，总算找到一位熟人，这个老家伙正在搓麻将，已将钱输得精光，听说他的难处，倒是爽气，就把身上的皮袍脱下让他去当，赎回了铺盖。

王禹卿说:“跑遍沪上，借不到 8 元钱，够叫人伤心的了。世道逼着人要发财啊!”

从此，王禹卿成为荣氏团队中最得力的拍档、合作者。这会儿，他无法想象能成为什么等级的富豪，但已被 8 元钱刺激出强烈的必须赚钱的念头。人在一生中总是不可抑止地生出想要发财的欲望，不敢梦想成为皇帝和总统，却敢梦想做一个阔佬。

又一个敢于向大上海挑战的人出现了。

九、袖筒中的章程

上海北京路寿圣庵钟磬木鱼之声不绝于耳，不住地回旋起唵唵的诵经声。庵内道场肃穆，全体女僧人身穿法衣，手持法器，为禳除灾害举行祷神的祭礼。

公元1906年，光绪三十一年七月初七日，荣瑞馨借寿圣庵为母亲做阴寿打醮，请吃素饭。到场的有荣瑞馨在怡和的同事祝兰舫、帅初洋行买办周舜卿、茂生洋行买办张石君、西门子洋行买办叶慎斋、横滨正金银行买办叶敏斋，还有大丰布号老板和保康当铺老板，是上海口岸开放、设立租界后的首批受惠者。

宾客们在大殿一侧的东厢房里一边呷着洞庭碧螺春，一边做方城之战。骨牌声稀里哗啦不协调地掺杂在钟磬木鱼声中，几位诵经的老尼姑忍不住皱起眉头。

洋行大班与中国买办

唯独荣家二兄弟姗姗来迟。

怎么回事,荣瑞馨有点沉不住气了。荣宗敬既是裕大祥的股东,又是一条村巷的族人,他为母亲做阴寿,兄弟俩不该迟来慢到。

他唤来仆役,吩咐用马车去接。回到东厢房后,一把将桌上的骨牌全都抹掉,感到有必要谈点正经事。

他说:"日俄战争结束后给东亚各民族以重大刺激,中国民众反抗列强侵略的意志不会消沉,接踵而起的是绅商掀起收回利权运动,民间资本投资实业。我们现在吃洋饭,发洋财,风云一变,洋人说不准哪天在上海呆不下去,我等便失去生路,我意该趁早有所谋划。"

"瑞馨之言,并非耸人听闻,大清国正在革新,气数尚在。洋场十里,好比戏文一出,锣鼓一停,就要曲终人散。办厂固然重要,但亟待创立的是银行,可免使金融操控于外人手中。我打算首创我国私营银行,报请政府给予印发钞票的特权。"周舜卿说。

周舜卿头戴红顶瓜皮小帽,脚穿粉底缎鞋,身着团花纺绸长衫,腰束镶玉带子,完全是上海华商显达人物的装束,与一身洋服的荣瑞馨等人大相径庭。他与荣瑞馨一样,起家洋行,数年后在上海开设升昌铁行,在国内各地和日本长崎设立分号而获大利,成为巨富。后来,又与同乡薛南溟在沪合资开设永泰丝厂。他在无锡老家东埄乡置田上百亩,辟街道、造市房、设店铺、办学校、建医院,改东埄为周新镇;又向清政府奏办立案,在镇上创办无锡首家机器缫丝厂裕昌丝厂,他的荣归故里是将原先只有十几家农户的小村子,改造为功能设施齐全的现代城镇。

祝兰舫酸酸地说:"舜卿兄弟与庆亲王奕劻之子义结金兰,又是朝廷商部顾问,头上有二品顶戴,自然可以创办私营银行,我等平头之辈,还是多办两家工厂吧! 不过,依我之见,洋场的锣鼓是不会收场的,袁世凯将兵练得再好,也顶不住西洋武器。"

张石君在茂生洋行当买办,那是一家杂货商开的洋行,没多大出息。他成为裕大祥股东后,大做投机生意,感到应有一份实利事业,于是说:"商人没有实业缺乏根基,兰舫兄和荣氏昆仲已办粉厂,我看纺纱业将是更加有利可图的事业。"

"石君兄所言极是,"荣瑞馨取出银质纹花烟盒,拎起一支名贵的哈瓦那雪茄放到鼻孔前嗅一嗅,将尾端剪开,咬到嘴里。他的荣广大花号为外国人收购原棉,自己办纺织厂是乘风顺水的事,"橡皮股票,火油股票尽管放手去做,纱厂也要办,最好与英国人合办,不妨取名振华,含振兴中华之意,也好为我们这档吃洋饭的人正正名声。”

“妙！”几位买办一致赞同。周舜卿与祝兰舫没附和表态，前者专营丝业，想开银行，对棉纺业兴味索然；后者暗忖荣瑞馨挥霍无度，可以跟他喝酒吃饭，却不可同干事业，留了一手。

金碧辉煌的四轮羊角马车在南市沿浦马路上行驶。

南市的银钱业集中在鸿升码头豆市街敦二里一段，左右着上海华埠商业的金融。广生钱庄租赁了此地的一间小楼。荣宗敬成天抓着一把算盘，坐在账房间注视着货财横溢的繁盛商市，成天琢磨他这叶小舟如何成为破浪大船。四轮羊角马车在鸿升码头那里拐进拥塞不通的内街。小贩脚夫，店伙行客，一概看傻了眼，手中的生意都歇下了。马车被浩浩荡荡看热闹的无聊人簇拥着，挪动着，艰难地向广生钱庄所在的豆市街行去。

荣氏兄弟躲在小楼上，他们刚刚作出一项重要决定，德生正在一份手折上疾书着什么。

两年来，呈现时来运转的迹象。广生钱庄信誉日升，营业日隆，这头奶牛是愈发的健壮了。茂新面粉厂开始盈利。由于法国石磨产量低，售价又比机器面粉每包低二角，在日俄战争期间面粉业的盛宴中只尝到全沥，而祝兰舫的华兴面粉厂大发横财，兄弟俩向怡和洋行机器房订购了 6 部英国主机，进行设备更新，每天出粉 500 包，连同石磨可出 800 包，只要市场平稳，每年赚一二万两没问题。荣宗敬不嫌日长，但恨钱少，他现在认清实业投资是方向，但钱庄这头奶牛再壮健挤出的奶也总是不够使。他对那些在上海转眼间爆发的外国冒险家羡慕得眼睛发红，他为什么就不能大发横财呢？他意识到，在日常繁杂的钱庄事务的压抑下，心底渴求财富的炽热欲望熄火了，“大丈夫亦当如是耶”的誓言溜得不知去向，钱庄小老板不是他想要的人生。他的快速发财的欲望炽热地燃烧起来，像发高烧病人那样在寂静之夜胡思乱想，冒出种种谵妄的念头。他要在上海滩开拓大地盘，甚至幻想有朝一日主宰上海。正因为万花筒那样的十里洋场让他太过压抑，他想亲自转动这支万花筒！

他对自己的迷狂状态，一点也不觉得有什么不妥，胸臆中唯有自信。

他在炼狱里经历了一次精神的冶炼，追求的是诱惑本身。

从此，只要能赚钱，他什么生意都想做。他做了一笔熟煤生意，可惜失败了；今年，茂生洋行买办张麟魁主持开办一家投机字号裕大祥，几个无锡籍买办都加入了，荣瑞馨让他也入股，这是人家瞧得起我呀，不跟着买办赚钱还跟谁？尽管德生对此满腹忧虑，他还是以个人名下的资金出资，成为股东。

荣德生这次赶到上海，是为了却一桩搁在心头的未了事。眼见民间力主变新，是到与哥哥商议创办纱厂的时候了，他预见纺织业必将成为中国的新兴产业，已经展望到它的前景。

这一夜注定兄弟俩不用睡觉了。

“宗敬，童年时常见母亲早晚纺纱织布衣被全家，乡居风气，习以为常。苏州布坊规模甚大，布匹远销各地，但工艺过于落后，以机器代替木机势在必行，不愁销路不畅。”荣德生躺在床上对哥哥说。

荣敬宗是跑街出身，长于了解市场行情，中国四万万人口，眼下只有寥寥几家纱厂，不足10万锭，实不供国民需求，乃至仰息外国，痛心之事莫过于此。供求关系注定纱布价格要涨起来，又一个发财的时机降临。德生倡办纱厂的主意与宗敬一拍即合，但是，荣宗敬自忖对纺织业一无所知，办厂无异于瞎子过河。

德生笑嘻嘻地从包袱卷里取出一本日记簿，递到哥哥面前。这是两年前，他羁留杭州，参观通益公纱厂时记满了的那本日记簿，到派用场的时候了。

当宗敬详细翻阅德生记载在本上的种种数据、车间分布、机器图形、生产流程时，他几乎就像到纱厂参观了一遍。你小子原来早有打算了，怎么从未听你说起过呢，与阿哥也做肚皮里文章啊！但宗敬为弟弟感到骄傲，老弟办事勤谨踏实，头脑里始终活跃着思想，富有远见，谁说他缺乏魄力呢？

宗敬躺下，两眼盯住天花板，心神跃入无尽的夜空，说出的话与弟弟希望听到的离题万里。

他长喟一声：“人生不过百年，而立业的重要时期，恐怕也只二十寒暑，德生呵，你我都过了而立之年，抚躬自问，能不凄然？”

德生说：“凡事心急不来，总是要一桩一桩，踏踏实实去做的。”

宗敬对德生的不理解无可奈何，碍于手足情谊，刚刚见面，不好多说。宗敬垂髫之年就读于殷省甫先生，先生见他为文倜傥奇峭，叹曰：“此生聪颖过人，慷慨有奇气，非凡才耶。”从童年起，他就想出人头地，可铺在他脚下的却是寒微子弟必然的出路，在乱世人间难伸壮志。尽管他极力忘记倒夜壶洗尿布的不堪日子，但老板娘指着一盆沾满屎迹的尿布片对他说的两个字“汰忒”，又钻进他的耳朵。

宗敬说：“从倒夜壶洗尿片开始，厕身上海快二十年了，而今仍无成就，发愤图强岂能悠哉悠哉，以后的岁月不应像以往那样虚掷了！”

德生不想与兄长探讨人生课题，他需要与他详细商量创办纱厂事宜。见兄长慷慨失度，心气过盛，抚慰他说：

“自从两年多前西衡山父坟改向，九曲水出明堂，可望家中富贵多子，现在种种迹象颇为应验，大展宏图，当在来日，哥哥尽管将心放宽。”

“唉，从来创大业，成大名，享天年者，岂由命定?”宗敬从床上倏然坐起，“从来有为之士恃乎气。气以达才，才达则业建。气以奋志，志奋则名立。项羽负拔山盖世之气，故卒成霸功；尧舜秉高明博厚之气，故德为圣人。其气充乎内，溢乎外，发为才志精神，垂为功名事业，浩然而独存。纵览古今，大丈夫必有刚大之气，而后才能挺立于世，岂能将命运寄于幽冥?”

德生在那张小床上忍受哥哥的攻讦，闭目而听。他不想与哥哥拌嘴，再次翻阅日记簿。“工房公事房占地 20 亩。英国著名度白生牌老厂纱华棉细纱机 20 座，约计 7 200 锭子。布机 150 台，另外附设轧花工场。洋匠薪水每月英金 40 镑……”兀自读出声来。

宗敬穿过李鸿章创办的杨树浦洋布局织的斜纹布，却不知道布是怎么织出来的。弟弟早已将纱厂的制造工艺、机械设备、营业概况摘录于本上。他掀开被子，对德生说：“欲办则快，眼下掀起收回利权运动，各业呈新气象，别让他人抢在头里。”

“谁不想快，只是资本不足，办一家纱厂少说也要二三十万两。招股吧，四周之人缺乏实业思想，这次来沪便是与你商量资金怎么筹措。”

宗敬暗自盘算，广生盈利加上茂新近年的收益，兄弟俩只有六七万资金，不妨全部投入。他不认为会被招股噎死，在上海踉踉跄跄走到今天，早已信了“船到桥头自会直”的老话，弟弟忧虑过度了。

他说道：“人生落地就需衣裳，纺织业定然是日后最大事业，上海商界人士比无锡人有眼光，当在上海招股，上海不是也有大把发财的无锡人吗?”

德生从床上一跃而起，披起布长袍，在房内忧心忡忡地踱来踱去，不住发出一声叹息。洋纱充斥国内，漏鮀之巨，实难估算。他似乎徘徊在尖沙咀白茫茫的雪地上，喃喃道：尽区区之力，也要填其万一。

《美国十大富豪传》中名列榜首的是钢铁大王卡内基，逼于生计从苏格兰到新大陆谋生。29 岁那年，宾夕法尼亚铁道木桥事故频发，需要改架铁桥，当时没有人敢于承揽，卡内基当机立断，与二三有志者组织铁桥制造公司，首先在爱荷华河上造成百米大铁桥，奠定事业成功之基础。目下，国内时势云诡波谲，同盟会在东京成立，身为商人也应当机立断，敢于承担，尽管他的肩膀很软弱。

他感到头顶有点冷，踱到床头去取那顶离不开的黑色瓜皮小帽。瓜皮帽扣上头顶，帽沿压着一份白绫裱糊的请帖露了出来。这是荣瑞馨请吃素饭的请帖。

有办法了。他以少有的敏捷旋转身，把哥哥从床上拖起来，兴奋地喊道："有了，有了。"

"什么有了？"

"资金有了。"

"在哪里？"

荣德生喊出三个字："寿——圣——庵。"

"办纱厂得靠上海滩兜得转的闻人，瑞馨是族中人，了解我们兄弟为人，他一松口，身边的买办阔佬肯定跟着来。"

宗敬明白过来，将弟弟狠狠捶了一拳："你这个诸葛亮，怎么不早点说！"

德生说："不是将请帖压在瓜皮帽中了么。"

宗敬看天已大亮，催促道："德生，你一手毛笔字写得漂亮，不要委屈了你的练字功夫，赶快起草章程带往寿圣庵，上海学外国的样，不靠嘴巴靠文件办事。"

十多联的手折从清晨起草，临近中午写满，德生从头校阅一遍，王禹卿上楼来了。

"二老板，什么时候到沪的？小弟该请你吃饭，洋泾浜新开一爿陶乐春川菜馆，正宗川味，没几天就蜚声南北市了。"

"禹卿，如今我们是出窝兄弟，何必客气，破费钱财。我鸡鸭不吃，蹄膀不吃，偏爱素菜豆腐，命里注定不是上馆子的胚子。"

王禹卿穿着玄绸长衫，哔叽西裤，脚上套一双英国纹皮鞋，中西合璧，面目焕然，气派比布衫布鞋的荣家兄弟还阔绰。长衫的领子二寸有余，特别高，支着两腮，使他一身装束显得格外的正儿八经。当年的烂布衫屌丝现在已然是十足的上海滩时髦华商的派头了。他被正式聘为茂新面粉公司销售主任，刚从东北返回，在那里与各客帮广联声气，市面越做越大。除推销茂新面粉外，还兼销美粉，帮钱庄打理汇兑业务，从荣宗敬处分得不少红利。

王禹卿说："日俄战争之后，粉销大畅，面粉一业前途大有可为，茂新还得添机。"

德生说："机器开得再快，也赶不上你出手快呀。"

"哎，德生兄过誉。若不是宗敬决胜千里，给我舞台，我纵有天大本事也施展不开啊！"

街上掀起一阵哄闹之声，王禹卿临窗俯视，发现一辆华丽的四轮马车从不远处驶来，认出是荣瑞馨的自备马车。

穿着红色号衣的马车夫将马车在广生钱庄门前停下。

“二位老板，瑞馨的车怎么开到这儿来了？”

宗敬到窗前探视，果真是族人的马车，催促德生赶快完事。德生校阅完毕，将折子收起，塞到袖筒中，跟宗敬匆匆忙忙下楼去了。

荣家兄弟的身份与华贵的马车相去太远，他们在南市里街爬上马车时，让人们惊得眼乌珠掉出来，荣宗敬却与眼乌珠掉出来的人挥手打招呼。

“这是帮我们打免费广告啊，瑞馨这辆马车大增广生的信用！”荣宗敬对弟弟说。豪华马车穿过法租界进英租界，在北京路下车时让蜂拥的围观路人大大失望，从马车上下来的不是他们想要见识的上海滩大亨，而是两个布衫布鞋的土佬儿。踏进寿圣庵，透过东厢房的梅花窗，他们就瞧见扣着蝶形领结的荣瑞馨，此外的人物，个个雍容华贵。洋行帮中的红客是十里洋场的骄子，华洋地界的巨富，荣宗敬在这些视为榜样的前辈面前总是不知所措，事后又为自己的自卑难过。倒是德生常常不卑不亢，泰然处之。他们进入东厢房，房间里的大亨停止交谈，朝两个小辈审视起来。荣宗敬今日决心消除该死的自卑感，朝他们适度地举拳行礼，扫视全场，同他们含含糊糊打招呼，不卑不亢的腔调装得蛮像。

荣瑞馨摸了摸蝶形领结，不满地问：“什么事忙得两位脱不开身呀？”

德生满怀歉意地说：“早上到怡和洋行机器房看机器样本去了，耽搁了辰光。”他实在没有撒谎的才能，在座祝兰舫是怡和买办，话刚出口，德生就后悔得怦然心跳。

精心烹制的素菜端上桌面，庵中杂役将绍兴花雕一一斟满。没有艳姬歌弦侑觞，虽有美酒，一向吃惯花酒的荣瑞馨也感到宴席太冷清，难以尽兴。

“宁波路上有个好去处，世界各国的娘们都有，也很干净，葡萄牙女郎热得像火酒，日本女人温得像鲜奶，不知各位光临过没有？”荣瑞馨用妓馆风情佐餐，消解桌上无聊。

“外国女人都是天足，不忍目睹，四马路长三堂子新近到一位倌人，脚小得能一把抓在手心里，平时由娘姨背来背去，哎哟，那才叫起性子。”大丰布号老板徐庆云接口说。

“不，不，中国人都将三寸金莲当春药，实在是可笑的事情。外国女人饱满的胸脯才是真正的壮阳。上了年纪的男人都喜欢到宁波路找外国女人。石君，去尝过新鲜没有？”荣瑞馨说。

茂生洋行买办张石君是四马路会乐里高级妓院的常客，在飘散着幽幽鸦片烟醇香的华屋内进入飘然欲仙的幻境，从年轻的江浙姑娘身上寻求快活，第二天到洋行一丝不苟地办公事。近来，他开始厌倦女人，会乐里也不大去了，显然对荣瑞馨推介的洋妞有兴趣。

大丰布号老板问："洋娃娃真有这等回春之力吗？"

荣瑞馨说："待会儿乘我的马车去风流一下。言传不如亲临，保你去了又去，对那里的天鹅绒沙发床留恋不舍。"

泡妞术的交流在继续。看来，不添加一点荤腥，满桌的素菜难以咽进喉咙里去。

德生感到很不自在。张石君这个又老又瘦的老头子趴在洋女人身上气喘吁吁的景象令他恶心。他眼前闪动着一片耀眼的雪白，是棉花纺出的细长的棉纱，深怕巨富们吃完中饭拍拍屁股走路，藏在袖筒里的章程就白写了，乘早和盘托出为妙。

德生说："聪明才智之人已开始投身棉纱业，我们无锡人的性格喜欢创造，取人之长，追随潮流，在实业上从不落于人后。各位乡里贤达，资本充足，何不创办棉纱厂，一定可获巨利。"

荣瑞馨赞赏道："英雄所见略同。刚才席间发起在沪上与洋人合办振华纱厂，已成定局。你们为何不早来呢？如欲投资，尚可协商。"

德生需要一家自己管理的纱厂。他重乡情，这家厂最理想是办在无锡。他放下筷子，愣了一会儿，力图扳回成局。

他说："在沪上办不如在内地办。诸公既为国家挽回利权，为何不由国人自办而和英国人合办？内地土地、工资便宜，开支俭省，接近原料产地，又可避洋人锋芒。事业尤忌集中上海一处，地不限南北，务成物之利，而种植不虑为枳。既然各位有意办厂，何不造福乡邑，功在桑梓。"

德生侃侃而谈，将了同乡们一军，而这些同乡虽贵为富豪却未忘家乡水土，买办们相顾左右，无人挑头。周舜卿不无遗憾地说："如早说，确在内地好，我正想把上海的丝厂迁往无锡。"

荣瑞馨说："只能候机会再做了。"

荣宗敬机警地从他的语气中捕捉住一丝懊悔之情。这些发大财的邑人皆好名声，他懂得怎样刺激他们："家乡亟待振兴，大清政府倡办实业，各县设立商会，无锡也已成立，舜卿世伯便是会长，各位游身在外，如能出资出力，推动家乡新气象，令丝、纱、面三业皆成规模，乃是功德无量的善举。"

德生露出笑容，用温和的语气往火上加油："所谓慈善事业，捐点钱图个良心安稳罢了；创办工业，积德胜于善举。慈善机构周恤贫困是消极救济，而办厂兴业，是一人造厂则百家无冻馁，一地有厂则各业皆兴旺。大兴实业乃是对社会尽最大义务，是世世代代不倒的功德牌坊。”

在座的几位买办开始歉疚不安，他们中若干人发了横财却少有造福乡里之举。

“长于地方，愧于桑梓，应尽绵薄。”有人感喟。叨陪末座的大丰布号老板徐庆云说：“可以再做一局，一则繁荣家乡，扶贫救弱，二则不是慈善，有去无还，何乐而不为呢？”

荣瑞馨慢慢地咀嚼完嘴里的菜肴，又掏出一根哈瓦那雪茄烟衔着。他今天老觉得领子里不舒服，调弄领结。德生对办纱厂的事情感到已有七分把握，将手伸到袖筒里将那份折子掏出来，递到他手里。

荣瑞馨被详尽完备的章程吸引全部注意力，投资总额、资金分配、设备详细、招股办法等等，写得清清楚楚。凭这份折子，他相信行事踏实而又精力充沛的德生能把纱厂办起来。全部股额为 30 万，他要么不加入，一加入就想做大股东。

他将折子递给同桌人传阅。折子回到他手中后，别人就看他脸色行事了。

机制棉纱利厚畅销，在座各位买办心知肚明，谁也不会为造福乡里赔本，他们中没有蠢货。荣瑞馨需要排除所剩不多的犹豫，最后说：“繁荣家乡，责任使然，然而，在无锡办厂其利弊得失，请德生贡献具体意见。”

德生说：“无锡地处沪宁沿线城市中心，交通便利，植棉取材，接近常州、江阴、沙洲和苏北产棉区；产品销售，苏州、常州一带家庭手工纺织业发达，锡澄地区尤以著称，对棉纱的需求面广量大。时势艰难，民生贫困，农民丧失土地，招工决无困难。如此产供销完全可望解决，只需向国外订购机器设备，则锡沪近在咫尺，到港数日之内必到无锡，并无困难。在锡地开办棉纺织厂，一定有前景。”

“既有上海振华，再创无锡振新，一胞双胎为大好事。有意者各认一份股额，不足有我补满。这些钱，开销省花一点也就有了。”

一锤定音。荣瑞馨大大咧咧地说完，席间数人同声附和。

荣瑞馨接着指着德生说：“征地由你负责是逃不掉的，办保兴将地方摆平，这回就看你的身手了。”

只要能将纱厂办起来，再脱一层皮也愿意，德生一口应承。

一家想象中的纱厂在杯酒之间化为实实在在的东西，这日子真是太妙了！难怪有人说，想象力是灵魂的财富。

回家路上，兄弟俩心情从来不曾这般兴奋过。

德生说：“宗敬，你早上说的‘有为之士恃乎气’很有道理，所谓气就是一种精神吧，你看我们白手起家，是凭精神办实业。”

宗敬说：“志足以一气之盛衰。说到底，气由志出，只要立志，天下无难成之事！”

两人穿越租界，进入路面不平、人头济济的南市街道。从沿江码头开来的载货驴车与载人独轮车、黄包车交驰而过，在围着各种货担讨价还价的男女间磕磕碰碰，不住引起一声尖叫和唾沫横飞的恶骂。一位老绅士两腿交叠躺在黄包车里，荡在车后的长辫子与他一样惬意，甩来甩去直达地皮，喧闹中依然有闲适。

街头空气混浊，人声喧腾，垃圾味、酒味、烂水果和阴沟里的臭味，小吃铺的油烟味香味酸醋味，氤成一片叫人难以分辨的味道。这味道浸透了挑夫的吭唷和摊贩的叫卖。上海华界的居民非常适应生活在这种环境里，随地拉下的热气腾腾的驴粪也不见得肮脏到哪里去。

走到凝河街乔家小弄旁，德生见栅门内一间小屋摆有两张桌子，几条长凳。这爿小点心店顾客塞拥，吃着刚出锅的擂沙团。德生被这种外拌炒绿豆粉的糯米团子馋得不想走了。抬头望一下写得不成字体的招牌：乔家栅。

宗敬知道弟弟喜欢吃死食，准备请客，让弟弟品尝一下乔家栅声誉日隆的擂沙团。

店堂没有空位，兄弟俩站着吃。豆沙猪油馅甜而不腻，半透明的水磨粉极有韧性，由于外面别有心裁地拌有绿豆粉，便有了与众不同的味道。德生发现，里间掌灶的店主竟是十多年前绰号“小光蛋”的老面孔，那时，他挑一副担子在通顺钱庄附近叫卖粢饭团，自己是他的老主顾。

“那不是小光蛋吗？从一副担子到今天，实在不容易啊！”德生吞进一口擂沙团说。

宗敬说：“小光蛋很会做生意，他的一本账我是一清二楚的。他见粢饭团谁都能做，营业平淡，就改做点心，用料讲究，色色精绝，挑一副汤团担到城中文庙左边叫卖，因其汤团、擂沙团做得好，不久便出了名。顾客日多之后，便将露天担子歇定在乔家小弄栅门旁，再赚了钱就开店迎客。店虽小却誉满全市，连大马路上的五芳斋、沈大成也相应逊色。大马路请他去开店，他不去，说乔家栅是他的客人捧出来的，上大马路，客人过去不方便，宁可少赚钱。”

德生咀嚼着擂沙团，神移于外，品尝出滋味来了。渡僧桥已经告诉他很多，今天，小光蛋又告诉他，不能将顾客当作购买你商品的人，要当作兄弟姊妹、父老乡亲，处处时时惦记着。

德生对宗敬叹道：“小光蛋是一本书，上面写着做实业的根本道理。”

宗敬心领神会:“对啊,5 文钱也能买到大学问。”

是年,荣氏广生钱庄信用日盛,茂新面粉厂重组添机后赢取大利,振新纱厂宣告成立。

试问:国中面粉大王、棉纱大王何在?

答曰:犹已胎孕。

十、男人的缺憾

荣德生登上土石相间的假山，堆砌自然、错落有致的山上有亭两座。他在南面的“舒啸亭”内光顾留连了一会儿，就走到北面的那座“至乐亭”内，在造型别致的亭中，远眺虎丘、西园一带的无限风光。

这是在留园的西部景区，十余亩的狭长地带上，假山逶逦，水榭兀立，花木交错，是一派浓郁的山林田园风味。在精工雕琢出来的富丽堂皇的留园中，别成一种美学，形成鲜明对比。尤其是“至乐”、“舒啸”两亭契合德生的心情。刚过正月，树木萧瑟，他在通幽度壑间生出似曾相识之感，原来是造园人将他熟悉的太湖景色凝聚到一小片天地中，尽显自然之妙。

人愉快，山水也增色。

振新纱厂的创办在寿圣庵不过半日敲定，是德生颇为得意的事。该厂共集资 27 万元，兄弟俩各认 3 万元，当日回钱庄第一件事就把银票开了出去。茂新面粉厂形势好得出乎意料，于上年添置 6 部英国钢磨，大获成功。德生在经营上处处留心，把质量当成自己的命脉，品质大大提升，产品受市场追捧，东北销路大开。王禹卿特地从烟台批发处转赴营口，仅三个月就销出面粉 20 余万包，至年终结算，茂新获利 6.6 万两，各股东回报丰厚。自投入商界以来，这是兄弟俩赚到的最大一笔银子，从梦中都会笑醒过来。

粉厂之外又添纱厂，荣德生忙得不亦乐乎，为了出入近便，在工厂旁边建屋四间，早起晚归，每夜只睡 6 小时。沾了满身的粉屑机油回到家里，人歇思维不歇，满脑子的理想，一心想着下一步事业如何发展。振新购地虽然又引起地方绅董的一场风波，但花些钱也就和解了。厂址择定在茂新厂西南，待寒冬一过，马上破土动工。这一次，他到苏州为买地建造仓库而来，每回出差，先工作后游览当地名胜，发发雅兴，放松心情，已成习惯。

这似乎是梦中才能有的生活。广东那位吃空饷的相面人，说他 25 到 35 岁可露头角，45 岁大佳，名利双得。事情正在微妙地进行着。

德生在至乐亭中享受着人生的至乐，心底的羡慕心又不安地蠢动起来。

“游览已毕还留恋不去，真不愧称留园。德生，这个园子你最喜欢哪一处？”陪他一同游园的友人徐子仪问。

“最喜欢脚下这一块。”

“中部和东部是全园精华所在，你怎么独独青睐西部一角？”

“西园是自然山林风光，虽不见宏敞华丽的厅堂，却有怡神冶性的疏朗境界。将来，我也想自建一园，供人游览，忙碌之余，也有一个清静的去处。”

友人吃了一惊。留园是历经明清两代大官僚扩建修葺而成的，有“吴中第一名园”之誉，荣德生的心思也太野了吧。不过，他还是客气地说：“那我就坐等游览你的私家花园了。”

“不是私家，”荣德生纠正道：“不管来自何方，凡男女老少，任凭进出，我连园名都想好了。园中将广植梅花，取名梅园。梅花历尽磨难，先天下而春，其品格高尚，任何一种花木难以匹比。”

当天离开苏州，荣德生就乘火车到上海去了。沪宁线全线通车是破天荒的大事，沿线的农民退到远处观望风驰电掣的怪物，显出心惊肉跳的神色。德生坐在三等车厢里，化一角小洋泡了一杯茶，借铁路两旁呆呆伫立的男女打发无聊的时光。天未黑透，抵达上海，雇一辆黄包车驰往南市沿浦里街的广生钱庄。

荣宗敬在账房间里劈里哗啦打算盘，一笔笔来去很大的数目使他眼神锋利，精气神全在此种目光中透射出来。现在的算盘，有时与钱庄业务无关，算盘珠得拿出相当的精神来计算那些陌生的往来，时常为特大的数目惊呆。自从投资裕大祥后，资本牵动，广生汇兑略减，然而余出门板漂来木排，荣宗敬的神经紧绷地投入裕大祥的投机生意，从中窥探发财致富的捷径，发现了深奥莫测的上海。

裕大祥除了死人骨头和苍蝇蚊子不做，其他都可以是它炒作的标的物，经营较多的品种有花、纱、布、粉、麸、杂粮等。这家投机字号将大推磨推得隆隆作响，整个大上海听得见。荣宗敬在投身其间的新生涯中认识了自己。他发现自己适合干高度冒险的事。这给他带来兴奋。冒险的结果不是成功便是失败，而上海滩的失败是吗啡，刺激人下决心继续冒险，博取成功。无可讳言，这儿毕竟充满无法想象的奇迹。

他卷入上海滩的惊涛骇浪，不觉得有什么可怕，快速发财给予他心理上的满足。汇丰银行户头上的数字在逐日膨胀，预定的目标达到后，他并不兴奋而是谴责自己保守，设定更高的目标唤起潜在的激情。资本等于地盘等于未来等于价值，资本的光芒是如此耀眼诱人，为了在上海滩活得有头有脸，他必须投身于资本的法术中。在潜意识中，这是他对上海滩的一种报复心理，这个该死的地方将他两次驱逐出去，差点儿丧命，他要让上海滩知道，他是赶不走的，活得非常好，让它后悔、蒙羞。他还想让他倒过的那只夜壶知道，他荣宗敬是什么人。

荣宗敬终于心神不宁起来，一种甩也甩不掉的烦恼，再次弥漫全身。

他与德生合计生下六个女儿，就没一个儿子，母亲望孙心切，致使伤身，病体愈见虚弱。他从上海给她带去上好的人参，与弟弟一起找名医为她治疗，但母亲的心病不是药物可以治疗。兄弟俩请一班和尚为母亲祷告延寿五年，五年中总该有孙儿出世了吧，只要孙儿出世，母亲没准就能再活十年。

在荣宗敬心目中，他的母亲是伟大的女人。没有母亲便没有这个家。兄妹四人由她含辛茹苦拖带养大，用一碗蚕豆卜知荣家的未来。14 岁那年得伤寒症乘信船回家，母亲将他搂在怀中，滴落的泪水打湿他的脸、他的衣衫，无分日夜，这是怎样的母爱啊！她不识字但教会儿女怎样做人，她无大志但让儿女有志气。天下人喜称皇帝圣明，他的母亲扛得起圣明的分量。他从自己母亲身上看到汉民族女性的大气象——通天之道，达地之德。

小时，母亲不管开心还是生气，都叫他“冤家”。他喜欢母亲这么叫他，巴不得每日听一遍。“冤家”不是随便喊的，蕴含母亲的全部辛劳、快乐和对儿子的期许。就凭这一声“冤家”，做儿子的就不能让母亲伤心，让母亲伤心必惊动十方鬼神。

“我怎么这样没用呢，结婚 13 年，活到 34 岁，连个儿子也生不出。”荣宗敬恨自己，用力扇自己一个耳光，接着，用另一只手又狠狠扇了一个。“不孝有三，无后为大。我大不孝啊！”

自从过完年回沪，荣宗敬就没有摆脱过对母亲的愧疚，时常心神不定。这次在家中，早上他怕到母亲房中问安，每见母亲满是沟壑布满忧伤的脸，免不了一顿自责。

他生气地撂开算盘。马上觉得再怎么也不能把算盘当出气筒啊，又将它拉回来，对这位知心朋友叹苦经：“唉，你说说看，没有儿子，我这辈子忙什么，不尽是瞎忙吗？”

德生在面前蓦然出现，使荣宗敬一愣，离家没几天，是家中出现什么变故吗？他试图从他脸色判断凶吉。

“德生，怎么会到上海，弟媳不是近日就要生养么？”

德生讷讷无言。他就是因为这个缘故才跑出来散散心。老婆马上就要见分晓，他已有四个女儿了，担心这一回又是女儿，那就大出洋相，呆在家中还有日子过吗？既无颜面对老母，也难以抵挡巷上人锥子般的目光，先开溜是上策。照直说出，怕引起哥哥连锁反应，他也未养下接嗣之子，被断香火的心情折磨得透不过气来。

德生终于找到理由："我们两房十几口老小，房子嫌小，此趟来沪，专为找你商量购地造屋。"

宗敬盯视德生什么也藏不住的面孔，明白原委："别瞎扯了，你是出来避风头的吧？"

"你我半斤八两，一对难兄难弟，谁说谁呀，不要触心旌好不好？"

"房子事你看着办，最好是等生下儿子再说，在家时不是给你说过了？"

于是，德生又扯办学的事："朝廷既已宣布预备立宪，有识者也应力主变计。眼下，新学渐成气象，我们早先创办的荣氏家塾应改为公益小学，实施新式教育。两年前秉承母志兴办女子学堂，待后也当改为新学。我们自造粉机麦机，虽然成功，但由此深感我国人才不多。人才不多，实由教育不普及之故，今后，对于教育的投入，是多多益善。"

"好的，办学育人，百年受惠，该花的钱尽管花。"荣宗敬开始心不在焉，他的思维重新陷入买进卖出无穷的连环中。

"还有族中议修宗谱，多加文字，扩充各省，以补前所不足。我打算负担全部费用……"

德生一时冒出许多需要商议的事，这连他一路来也未曾想到有这么多事。宗敬姑妄听之，他正在谋划一桩大买卖，无暇过问琐屑。办教育办公益，他极力赞成，尽管去做是了。王禹卿被他委派为茂新驻天津分销处主任，兼裕大祥天津分号经理，据来信，外粉正竞销全国，他今天在算盘上反复算进算出，进口美国面粉价格若干，运费若干，出数如何？算盘将得失利弊明白地告诉他，如果直接从国外购进整整一船面粉，不仅价格低廉，运输成本也可大大减少，从中必获巨利。现在剩下的事，是如何向国内各大粉号抛出栈单（期货提取凭证），收取货款，然后用这笔款子去订购美国面粉。这可是一笔不必花本钱的大生意！

宗敬着急脱身。广生钱庄所在的豆市街，米豆杂粮行麇集，而沿路的大小客栈内住满了各地客商，一吐一纳，数额就是几万两，连同租界中人的粮食也由豆市街供给。资力雄厚的豆市街是他兜售美国面粉的理想场所，他把弟弟撇在家中，喊上几位手下人，独自出门去了。

这些日子来，荣德生一直为哥哥担忧，他反对裕大祥及其股东的投机生意，兄弟俩自出道以来，所办企业都是共同投资，这一回，他坚决不投裕大祥公司的股份。他离不开脚立在大地上的踏实感，一旦离开，他就晕了。唯有制造业令他心安理得，自得其乐。眼见哥哥忙得日渐消瘦，他心疼。他曾几次规劝哥哥离开投机场，而宗敬嫌他噜苏，一意孤行，碍于人伦纲常他也就不便多说。但是，他不安地预感裕大祥公司终有一天要瘫掉，这一天不会太远了！

德生弄不清楚哥哥是什么时候回店的。一大早，他被砰砰的敲门声震醒时，发现哥哥和衣躺在旁边床上。是电报局的邮差敲门，德生拆开电文，狂喜地奔上楼梯，推醒酣睡的哥哥。

"宗敬，生儿子啦！"

宗敬神经质地跃身而起："你说什么？"

"儿子！儿子！"

宗敬抓过电报，溜过一眼，望着手舞足蹈的弟弟，不知道该说些什么好。他为弟弟高兴，又为自己恻然。

"你给起个名字！"德生用兴奋得变音的嗓子说。

宗敬手持电报，窘在床上，矮小的个子似乎又缩小一壳，良久，他说："取名鸿增吧。"

鸿，盛也；增，加添也。德生意识到哥哥的复杂心情，垂下头收敛自己的狂喜劲头。鸿增成为荣家第一个男孩的名字。后来，德生将鸿增改为伟仁，他儿子的名字都带仁字，他喜欢这个体现了儒家核心的"仁"。

南黄浦江为大小舟船泊满。趸船码头上靠着往来南北运载货物的大沙船，江中几条海轮投下象鼻似的铁锚，江面上频繁穿梭着运送鸦片的帮会小舢舫，海关的汽艇在中间兜来兜去，装模作样地缉私禁毒，而腰间早就被青红帮的银子填得弯不下腰去。码头上，横七竖八矗立着的桅杆和吊杆，苦力低沉的和挑夫高昂的号子，塞满这个混乱、喧闹、充满热力的空间。

荣宗敬几天来老往码头上跑，王毛六，你这狗东西跑哪儿去了，你做了鬼也非把你找出来。他被与生俱来要生一个儿子的念头折磨得痛苦不堪。侄儿的出世加重他的焦虑。没有儿子，他干什么事情缺少力量，似乎也难干成。荣巷那边议论甚多，热心为他寻找生不出儿子的原因，有的说法简直不像话，令人愤慨。他的少年抱负和对世界的欲望使他立志成为大丈夫，而他感到自己连个完整的男人也算不上，这真是要命。

大丈夫没有儿子不行。

有一天，穿行在闹市的人群中，他忽然听到“爹爹，爹爹”的呼叫，声嘶力竭，充满惊慌，似乎是走失的孩子在呼喊父亲。他怦然心跳，不知道为什么猛然回头去寻找那个声音，人群中根本找不见那个孩子，可那个声音分明是在叫他。当他继续朝前赶路时，“爹爹，爹爹”的呼叫又冲破市声，频频传来。

从此，这个声音与他纠缠上了，不时从宁静中传来，搅得他心慌意乱。他变得十分无助，既无法拒绝，也无力驱逐，听凭它捣乱。这个声音叫得那么认真，一点儿也不含混。它强韧得无可比拟，可以穿透时空和一切物质，任何能量都不能将它征服。

他就这样心慌意乱地过着日子，忍受着“爹爹！爹爹！”的呼喊震响耳膜，刺戳心灵。好端端在马路上走着，这个声音就会在不远处叫响，充满惊慌，这种状况出现已有多次，简直要把他逼疯。

为了不至于真的疯掉，他必须找到王毛六。

这一天，南市沿江一带特别热闹，拥塞的人流使冬日的阳光变得温煦。荣宗敬淹没在人潮中，不明白今天怎么有这许多人。人潮往邻近的五号码头涌去，把几个扛着方箱镜的摄影师挤得踉踉跄跄。很快，秩序被上海道巡警局的兵弁维持下来。一群华洋巨贾和记者面前出现一辆乌亮的奇怪的车子，正从洋轮上卸下来。摄影师钻在黑色罩布里，校正值得纪念的镜头。快门对准的车子里坐着怡和洋行的年轻职员，那位洋人只是坐在驾驶盘前装装样子，上海没有人懂得发动引擎。一群苦力用绳子拉动汽车，慢吞吞走着，给中外记者留出足够的拍摄时间。当冒牌司机戴着白手套的手搭在驾驶盘上，另一只手高高举起时，镁条在空中燃烧成一片，快门咔嚓咔嚓响开了。

中国的第一辆汽车运抵上海。

脑后拖“猪尾巴”的中国人对西洋的新鲜事物充满热情，恨不得伸手去摸摸那辆漂亮的车子。荣宗敬的“猪尾巴”细了点，但毕竟也是中国老百姓。他对这辆叫做“罗尔斯·罗伊斯”的轿车充满兴趣，心想自己日后一定会有这样一辆豪车。他感到正置身于一个开创性的富有历史性意义的场面，但不能多加留恋，他要去做更加重要的事情。

他每次回家与妻子陈氏同房，怀着明确的要养儿子的目的，性的欲望退居次要，或者只是个过程。妻子理应为他养儿子却只给了他女儿，他已经绝望；而德生儿子的诞生令他感到再也不能等待，他决定娶一房侧室。单身寄寓上海那么多年，男人的日子里也总得有个女人才行。

涌到眼前，筛选后认为非她不娶的是一位船家女，按照上海滩歧视性称呼，叫“网船婆”。他见过她，但连话也没说过，她身材匀称而又强健，屁股长得蛮大，是生儿子的胚子；更重要的是，她的母亲一口气生下过五个儿子。

当年那个把气息奄奄的荣宗敬送回无锡的18岁的船夫王毛六，因为荣宗敬把运输面粉的生意挑他做，让他赚了不少钱，现在成为一条大沙船的船主。在他沙船上摇橹的幺妹子，就是他的猎获对象。他到码头上寻觅王毛六的沙船，几天不见踪迹，今天就看他的运气了。

十八年前，他刚到上海学生意时，码头遍布的外马路还是江畔沙滩，潮水一来尽行淹没，他从家乡乘信船到江边，客船不能直靠江岸。他扛着铺盖卷从信船跳上小舢板，摆渡到岸上。现在，填高浅滩，驳砌码头，黄浦江岸从里马路伸至外马路，沿岸布满公众上下的大码头和各行各业的专用码头，成为中国最繁忙的港口。

在米粮业的专用码头上，没有找到王毛六。荣宗敬挨码头耐心寻找，一溜换了五六座码头，最后在万裕酱园的专用码头上发现船头画着两只眼睛的王毛六的沙船。

王毛六来自苏北扬州，凡客帮船只不仅身受码头流氓帮会的压榨，还揽不到固定的运输业务，在不为荣家运面粉的空当里，只好到别的码头讨生意。酒酱业是南市的大行业，各乡镇每日到万裕码头批发油盐酱醋，满载而去。王毛六的船靠在一边，等待商号雇用。

荣宗敬从驳岸上了船，伛腰吸着蹩脚纸烟的王毛六足足比他高出一个头。

“荣老板，你脸色怎么这样难看，遇上什么麻烦了？”

“我看上去真有那么绝望吗？”

“那么，是身体不舒服？”

“是找你找的，我都快要脑血栓了！”

“有生意挑我做？”

“毛六，坐下讲。”

在船舱里，荣宗敬掏出英国纸烟请他吸。王毛六将洋烟打量半天，夹到耳朵上舍不得享用。他妹子在船艄上忙晚炊，荣宗敬盯住她看，暂时只看到屁股，他盯住屁股看了好一会儿，就凭这壮硕的屁股没理由不为他生出壮壮硕硕的儿子。他知道她长得蛮漂亮的，两只眼乌珠滴溜溜，一个俊俏的鼻子透着灵气，这脸盘子为他续种能丑吗？她背对着他从江里打上一桶浑浊的黄水，淘米洗菜，瞅空又朝黄泥行灶里塞进一爿木柴。黑烟飘散开来，弥漫在黄浦江的波涛上。

“毛六，我打算纳小，请你把小妹嫁给我。”荣宗敬开门见山地恳求。

“‘网船婆’你也要？门户不当啊，你是大老板，既开钱庄又开粉厂纱厂，相貌标致的娇女子上海滩多得挑花眼，我妹子一个乡野鄙妇，怎配得上你荣家门楣？”

“哎，你说错了。本人祖父也是摇摆渡船出身，恰恰门当户对。你瞧我是那号拥艳姬玩风月的登徒子吗？”

他说的是真话，他对女人的身体至今未存过分浪漫的想象，而眼下只要一个能养儿子的女人。

“我不想高攀，穷家女嫁过去，没好日子过。”

“我是娶克尽妇职、善持家政的女人，别无他求，日后保证善待她。”

“你们江南人不是讨厌江北佬吗？”

“我才不管那些乡俗偏见。”

“要是她不愿嫁呢？”

“非娶不可！”

事情陷入僵局。

天下哪有这样讨老婆的，连个媒人也不找，自己跑上门胡搅蛮缠，是王老虎抢亲啊？王毛六妹子在船艄听见纳了闷了，鬼鬼弄滴冬，这哪里是想我嫁给他，分明是要我拒绝他呀！她打算整整这个古怪男人。她将几根木柴泼上水，塞进灶肚，没一会儿，浓烈的黑烟升腾开来，她又用扇子搧上那么几下，黑烟便直往船舱方向弥漫，把荣宗敬呛得连连咳嗽，眼睛睁不开不说，倒是迸出眼泪来了。

王毛六知道是妹子玩的鬼把戏，心里好笑，嘴上又不便说什么，只能静待浓烟散去。他正好需要时间，以便搜索拒绝这门亲事的理由。

王毛六一时无词，是因为寻找不出荣宗敬钟情他妹子的理由，他玩的是什么名堂呢？也寻找不出继续拒绝的理由，该说的说完了。船家女通常嫁一个小船主已是好去处，换一条船摇橹。如要登岸，则无非嫁苦力、工人等草民，连小店员也不会要的。王毛六他妈一连生五个儿子，歇了好几年，心想不会生了，最后却得了个闺女。全家疼爱，女孩儿自小聪敏伶俐，眼珠子总在想心事。老妈死后，小老妹就由大哥王毛六带着，从 13 岁上船摇橹，迄今已有六个年头。王毛六见妹子年岁已大，一直想把她嫁出去，至今未找到合适人家，原因是妹子心气高，横竖瞧不上眼。

王毛六终于搜索出若干个拒绝的理由。

王毛六说：“我妹子是大脚婆。”

荣宗敬说：“是小脚我就不上这儿来了。”

王毛六说:“我妹子不识字。”

荣宗敬说:“我娘也不识字,比识字女人更贤惠。”

王毛六说:“我妹子与你年龄相差15岁。”

荣宗敬说:“这你就不懂了,英国男人结婚都找年龄比自己小一半的,老夫少妻才恩爱。”

王毛六又没词了。

他妹子在船艄边忙晚饭边寻思这个男人,内心被他排挞一切的气势震撼,这倒是她喜欢的男人的类型。奇了怪了,她开始莫名其妙地挖掘这个男人的若干优点了。我见过这等执着的男人吗?在这样的自问中,死皮赖脸的概念不存在了,而且后悔施放那阵烟雾了。这个男人面相也是她见过的男人中最英武神气的了,可个子矮了点,那根葱一样的小辫子简直令人丧气。一个男人没一根像样的辫子是男人吗?但他毕竟14岁到上海打工,受尽磨难,当年哥哥一把橹把垂死的他送回无锡老家,回到上海创出自己一块地盘,谁说他不是一条硬汉呢?王毛六妹子心里理性和感性吵架,否定与肯定摔跤,一般而言,女人折腾到这份上,只是想寻找一个最后说服自己的理由。

王毛六至此依旧想不通荣老板是怎么回事,但他心底是兴奋的。出自本能的心理防线正在溃散,与荣宗敬邂逅相遇二十年,毕竟懂得他的为人,对他“保证善待”的话没理由不信。且不说妹子从此结束“网船婆”生涯,过上富贵日子,他的运输生意也不用再发愁。

他不想太便宜求婚者,得拿一拿关节,他也只剩下最后一招了。

王毛六说:“就怕妹子不肯做小。”

荣宗敬回答得很干脆:“只要生下儿子,就是两头大,不分正侧。”瞧你王毛六还有啥说的!

王家妹子听见这话,心头一乐,这倒来事的,不信,生个给你瞧瞧!

是哪辈子祖宗积德遇上这等好事,尽管事后王毛六想想就会傻笑起来,可目下犹豫着是否该马上定下这门亲事。不定下吧,是有风险的,荣老板喜欢船家女,黄浦江上多得是,一旦错过,就没他的事了。

荣宗敬性子急了点,王毛六如此不痛快是为礼金的事吧?

“毛六,你我相识多年,至于聘礼,你开个口,跟我回钱庄拿银票。”

“虽说‘无礼不成聘’,荣老板你看着办好了,随意。”王毛六压根儿没想到聘礼的事,荣老板自动送上来。

“放心吧,不会少给你。”

荣宗敬朝船艄望去，王家妹子正伏在船板上吹灶火，使劲一吹，灶火轰然而起。凭她结实匀称的身体，黧黑健康的肤色，撅起的有力的屁股，还有吹出的那股台风般的气，他再次对自己说，要是她不生带把儿的，世界上的孩子就尽是没把儿的了。

他说："毛六，你今天就把妹子带过去。"

辣块妈妈，王毛六妹子在船艄听见直傻眼，你个活德，穷急吼吼，这不嚼蛆么？

翌日，荣宗敬从广生钱庄楼上精疲力竭地醒来，黄浦江上的朝晖透过小窗将一抹阳光投到他枕头上。爱是人类本性中最原始、最根本、最炽热的情感，倾注爱的最终方式是肉体上的结合。昨夜的狂欢没有爱，只有明确的目的，但对他来说是一个庄严的时刻，紧紧抱住充满热力的大地，时空中洋溢着生命的躁动，当一股神奇的力量将他提升起来，他没有被毁灭，与紧抱着的大地融为一体。这一刻的表现，似乎注定他这辈子再也离不开这个女人，就像他离不开大地。

走入他生命的船家女将继续扮演摇橹的角色。

荣宗敬懒洋洋地躺在床上，昨夜的狂热依稀去的十分遥远，梦那样不真实。醒过神来，才发觉身边的女人不见了。楼下传来拖地板抹桌子刷洗推槽板的干脆利索的声响。推槽板一年洗两次，王氏进门就干开了。"这是我的老婆，"他快乐地想，"女子以能治家为上，她多么像母亲啊！"他怀念远在家乡的母亲，希望母亲活着看见长房长孙的出世。他的命运从来不曾顺利过，是母亲的坚韧使他获得勇于面对挫折的禀赋。从 14 岁患伤寒大疾到至今没有儿子，证实这一点。

上天没有辜负他。

这一年，他连得二子，无锡陈氏生下长子鸿元，王氏生下次子鸿三，同属马，"双马"后来成为申新棉纱的一个牌子。

十一、神秘的斯芬克斯

上一年，尽管仍有地方势力阻扰、起讼，振新纱厂终于还是建成了。德生任监造，起早摸黑，勤谨处事，土建、购置和安装设备、自造配套设备，以及接待外国工程师，安排无不仔细周详，忙了一年多，一切妥当。开幕典礼一结束，他就不忙了，大股东都是上海买办，此厂日常经营由他们管理，德生仅担任“监造”闲职。

家中人口渐多，兄弟俩决定在荣巷建造新屋，这自然又是德生料理的事。他造过两处厂房，再怎么也不能造得太小，购置 5 亩地造了 19 间房，处处省算，连照墙披屋围墙在内共花 6 千元。

新屋既成，振新厂那边的现状却让他不安，开工半年，已欠上海裕大祥公司 30 余万两，股本才 27 万两啊，净资产负债率超过 110%。他预感风险降临，到年底巨亏不可避免，靠买办经营实业看来靠不住。让他欣慰的是茂新面粉厂的营业蒸蒸日上，他创办的学校学生越来越多，不少学生已经升入中学。他要多多兴办新学，相信旧式私塾必将淘汰，他要为这一天的到来出力。

看来，到上海找宗敬沟通一下振新的现状非常必要。他登上茂新自备的小火轮，不出一刻钟就到大洋桥，上岸几步路便是火车站。随着上海租界日益繁盛和工业化进程的加快，无锡的城市化快速推进，气象大好，电灯电话等西洋玩意儿接踵而来，火车站大洋桥连通水陆运输，成为城中最为闹猛繁华的所在。工厂陆续建立起来，这个原本以农耕经济为主的水乡进入了江南重点工商业城市的序列。

荣德生登上开往上海的火车。车厢内拥挤不堪，已无空位，这是打工者、升斗小民、跑单帮的小商人聚集的三等车厢。他在成为国中巨富后也不坐头等车厢，连二等车厢也少有光顾，这时，自然站在了三等车厢中。

下车后，他雇黄包车直奔南市。广生钱庄找不到宗敬的影子。自从荣宗敬

洋泾浜上的石桥

入股裕大祥，抽走钱庄资金，营业大为减色，他本人无心经营，扔给手下人打理，跟着裕大祥股东们做大生意去了。见到钱庄的衰微模样，德生深感凄恻。他好不容易打听到裕大祥股东都在观盛里作方城之战，赶紧赶过去。

观盛里是跑马厅旁的高级西洋公寓群，是味道十足的新古典主义建筑，上海滩二奶三奶的集中居住地，衣香鬓影，粉黛暗动，充满安乐奢华气息，令人感觉置身于巴黎九区某块地方。上海被称为“东方巴黎”，观盛里尽了力。荣瑞馨在那里养了个歇夏的妓女，裕大祥股东时不时聚在那儿搓麻将，金屋藏娇处兼成买办群体的私人会所。

德生看见门口那辆鎏金的马拉轿车，知道到了荣瑞馨寓所。进到客厅，只见几个丰韵流动齿白唇红的女子，嗲声嗲气侍候着这帮老爷们，细腰丰臀浑身扭动，唯独两寸长的刘海齐刷刷贴在额头上不动。她们是这里的空气。两个娘姨来回忙碌，手中的福建漆盘不住递上名贵雪茄、法国红酒、格雷伯爵茶、意大利巧克力。

这是一群被金钱宠坏了的家伙。

德生皱着眉头，发现振新经理一把手张笠江居然在座，他纳闷他竟然能在这儿坐得住。德生与他们隔一张桌子的距离，却觉得隔一条黄浦江那么远。尤令德生每夜睡不安稳的是，裕大祥的营业规模愈发巨大，除了振华、振新两家纱厂，在上海还有面粉厂、油号、保险公司、专营进口布匹和面粉的营业部，这家公司不仅操纵商品价格，将市场搅得风起云涌、飞沙走石，各股东还各自做橡皮股票、火油股票成为证券市场的大鳄，简直发了狂。当德生在无锡听说橡皮股票接连涨了一二十倍，惊得眼珠子都要掉出来。坏了！裕大祥离倾塌不远了！宗敬要出大事了！德生内心喊叫着，他埋怨哥哥为什么要入股，与这帮买办混在一道？

一局牌打完，德生将哥哥叫出门外。

宗敬满面春风地走了出来。他的股票账户上已赚了足够造一幢大楼的钱，这一圈牌打完，没准儿这幢大楼又可以加高两层了。他的踌躇满志不仅显现在脸部，也进入肢体的微妙动作中。

宗敬眉毛一扬，告诉弟弟："刚才牌桌上股东们已经聊过，主管经理泡在上海不管事，副经理书呆子不懂生意，有人提出当初就该让你当经理，但瑞馨以你已有茂新顾不过来阻止了，只说让你兼理。"

"你好歹是董事长，难道一句话也说不上？"

"我这个董事长只是印在名片上骗骗人，有限公司是大股东说了算！瑞馨是大股东，虽是族人，但我轧出苗头他骨子里不放心你我，什么副理，分明将你吊在火上烤，做好应该的，做坏责任全归在你身上，我干脆给你回绝了！"

"回绝得好。你看他们热心研究骨牌不研究商业，以为躲进金粉地就能赚钱，只想把我当牛使。只是工厂是我辛苦一年多办起来，让他们再折腾下去挽救也难，不免心有不忍。"

"这里是上海，不比无锡，一边豪玩一边做生意，玩得越放浪钱也赚得越多。无论官营、私营都是这样子。尤其官商，四马路长三堂子里最有风情颜色的妓女都被他们包养下来，那些女人戴的是玻璃翠的镯子，手指上插满外国的金刚钻、祖母绿，反正朝廷的钱尽管花呗，工厂倒了不关他们屁事，换个地方照常做官。"宗敬放低声音，凑到弟弟耳边说："瑞馨为了从他们手中拿到生意，就送了这个数——"宗敬伸出三个指头。

"3 千两?"德生往大里猜。

"再加一个零。"德生想，这可是茂新半年的盈利啊！

"出手越大赚得越多，瑞馨赚进——"宗敬三个手指一直未收进去，在弟弟眼前晃了三下。

德生无语，上海滩这么玩下去肯定要瘫掉。他对哥哥进入裕大祥是愈发地不安了。上海滩真的瘫下来，他们兄弟的事业必受大牵累，他如临悬崖，脚开始发软。

他感到必须警示哥哥："宗敬，投机生意碰不得，你该清醒了！你要将广生守好，不可撂给他人，钱庄不但是我们的立业之本，也是先父亲手创办的呀，我做梦都梦见广生倒闭，大门外挤满讨债的债主，而且牵累无锡茂新，半夜吓出一身冷汗，被子都被打湿……”

“杞人忧天了吧，上海滩充满奇迹，闻闻这里的空气就知道，想要发大财就得大刀阔斧，我荣姓将来要在上海滩造大楼，与外国人别别苗头，比比本事。”

“你还站在地球上吗？想象很诱人，但总归是想象！”

兄弟俩正争执着，荣瑞馨从门里走出来：“德生，大老远跑过来，怎么站到门外说话，进去上上手。”

德生说：“不会不会。”他一辈子讨厌赌博，听见麻将声头皮发麻。

荣瑞馨说：“我正要找你谈事，进去喝杯茶吧。”

牌桌上的麻将声稀落起来，德生随荣瑞馨走进前朝起坐间，西门子洋行买办叶慎卿、横滨正金银行买办叶敏斋、禅臣洋行买办张石君、大丰布号老板鲍咸昌等诸位振新股东一一在座，对德生形成包围态势。

荣瑞馨的开场白是这样的：“诸位先生，今次会议是两年前寿圣庵的继续，上次决定创办振新，现在讨论振新的发展，有振新的倡议者德生先生参与，我相信今天的会议一定会有成果。”

荣瑞馨颇有绅士风度的讲话充满无赖气，德生明显觉察出霸王硬上弓的意味。果然，叶慎卿用客气的态度不客气的言辞将他一军。

“德生弟，督办造厂劳苦功高哇，诸位股东都是看在眼里的，振新既由你发起，想必德生弟不至于不管不顾。善始善终，做人有道；慎终如始，则无败事。你的为人，我等素向佩服。不然，也不会凭你从袖筒里掏出一个折子，就把事情定了。”

张石君接着说：“德生弟啊，你们兄弟各有股份 3 万，这 6 万两莫非准备丢落？”

德生力辞不允。骡子再老实硬上套也是不肯走的。这个协理的职务无职无权也无法施展，有权的人在上海吃喝玩乐，不问不顾，他拼死拼活，处处掣肘，将落入寸步难行的境地。

叶慎卿见德生不松口，看来不加码不行：“德生呀，听说你素向以人为本，在家乡办起不少慈善公益，有些名声了。你们兄弟作为股东，撒手不管，怕是要遭乡人议论，如说日后还有人与你们合做事业，惠山寺的菩萨相信，我也不相信！”

德生喝了一口茶，沉默。话说得十分难听，倒是击中他内心的软弱部位，没辙了。他心中开始盘算如何协理振新，首先是欠款、存货一一查明，接着，将纱号一一招来，哪怕降价也要出清存货，还清欠款才能恢复信用；而后，到太仓等棉花产地直接购进仔花，合轻成本；再以后，就是低消耗、高产出，提高出纱率，提高产品品质，市场销售及渠道重组是贯穿始终的要务。此外，是人事、财务管理协同配合的问题。

这辆陷在泥坑中的车子，不拉也得拉。

“好吧，”德生说：“不过，我只做一年，明年此时决不再做，切望诸位至时勿再赘言。君子之约，一言为定！”

德生恍若天人，上海滩真的瘫了。

一场浩大的“橡皮股票”风暴席卷走上海滩的无数财富，留下一地枯枝败叶。尽管这座被洗劫的城市若干年后重新衣冠楚楚，眼下只剩下一条裤衩了。

事件缘于20世纪初世界汽车工业的迅速发展，对橡胶的需求与日俱增。在英国伦敦，橡胶牌价升至每磅12先令5便士的最高记录，而橡胶生产成本仅为18便士。在基本面的拉动下，国际资本市场上橡胶种植类公司股价扶摇直上，与西方市场同步而又缺乏理性和法制的上海，橡皮股票市净率最高达二十倍，股价猛升八九倍者比比皆是，人们被财富梦激动得夜不能寐。商界、金融界、衙门官员、升斗小民全都疯了，在“闭着眼睛也赚钱”的误会中，趋之若鹜地投入大规模的投机炒作。一些公司毫不脸红地将刚刚种植树苗的土地描绘为成熟的橡胶种植园，更有在东南亚圈一块地就敢声势浩大地招股的公司。最臭名昭著的是成立于上海的英商麦边开办的兰格志拓殖公司，上市前在沪上各家报纸刊登长文《今后之橡皮世界》，描述公司的广阔前景，随后刊登巨幅广告，许诺高额股息，声称投资可获巨利。高溢价发行的股票受到股民如痴如狂的追捧，转瞬之间抢购一空。在投机风潮中，许多人将毕生积蓄投入其中，更有卖田宅当家产的投资人。

橡皮股票的股价扶摇直上，要命的是炒股者认为它明天、后天还将扶摇直上，兰格志拓殖公司的股票哄抬至发行价的27～28倍！

人的心对应着世界的广大和无尽的欲望，而世界上有一批聪明人善于利用这种欲望。正当人们沉浸在股价升值的快感中时，幕后操纵者在高位大肆抛售股票并在人间蒸发。消息传出，股价狂泻，外国银行宣布停止股票抵押，追索以前的抵押贷款，这一利空雪上加霜，导致手中的“橡皮股票”根本无法抛售，因为再也没有买家了。股民们在血本无归后方才恍悟：令上海变成金矿的，原来是一些根本不存在的东西。

在这个造就无数发财梦的圣地，人们身边的谎话太多了。

上海作为中国最大的资本市场深深地陷入这场金融危机，大钱庄、大商家纷纷倒闭，数十家工厂被迫停工，市面一片哀号。倾家荡产者放目皆是，服毒、跳江自杀者难以统计。江浙两省的经济重镇，在诺米尔骨牌效应下遭受重挫，全国各大商埠风声鹤唳，陷入恐慌。据估算，卷入橡皮股票的投资金额达 4 000 万两之多，将近清王朝半年的财政收入，大都被外国冒险家们席卷而去。

荣宗敬在倒闭的广生钱庄楼上昏睡了一整天，醒来更加迷糊。为什么短短两天时间，他的一切全都毁掉了？想象中的大楼连一片瓦也找不见。生活在梦里的人不会了解自己的梦，也弄不清所有的厄运怎么就毫无征兆地出现了。荣宗敬从来没有这样沮丧过，一下子没了自信。他觉得命运原来无法把握，明白世人为什么相信周易占卜、相面算命那一套。现在，他无法面对眼前惨象：裕大祥在风潮中无可挽回地倒了，赔 40 万两，其中有他的 6 万两；茂新面粉厂因自然灾害出现麦贵粉贱的局面，加上美国面粉倾销国内，累亏 2 万两。他几乎将所有的钱投入股市，包括广生钱庄的大部分流动资金，为了寻求更高的收益，大比例透支投资橡皮股票，本来翻了十个筋斗，想等一等再多赚一些，结果户头被彻底打穿。广生钱庄眼下只剩空壳，负债不下 20 万两，不偿还即涉讼，势必查封无锡茂新、振新两厂股权。

两家工厂是绝望深处透出的一线亮光，是运之寄，命之系，将来翻本就指望它们了。他将保住这份资产的希望寄托在一艘正从大西洋、印度洋驶来的货轮上，这条轮船装满了他订购的面粉，可以赚几万两。但厄运躲在暗处，准备在他做最后挣扎的时刻将他揿到水底。轮船途中触礁沉没，荣宗敬听到这个消息晕倒在地，彻底崩溃。他想不通自己怎么就这么倒霉呢？

抛出的面粉栈单到期后货主追讨，由于无货偿付上公堂，一场官司打下来，净赔 5 万。他被巨大的债务窒息，完全搞砸了。算盘沮丧地告诉他，他们兄弟俩已是负资产阶层。二十年岁月付之东流，东山再起已无可能，他已经拿到上海滩下达的逐客令，将他第三次驱逐出去。

他的人生已经崩塌，生出想死的心。海上轮船千百艘，怎么唯独他的那条船沉海了？这分明是上天不给他活路，他不明白上天为何这样恶待他，不就是要他死吗，那就死给你看。

他下楼，准备出门。每天有人跳黄浦，没有什么事比死更简单，一抬脚而已。

钱庄关闭已有多日，父亲创办的广生毁在他手中，他到阴间也得躲开父亲。他看到王氏背着用包袱扎起的儿子，拖地抹桌，将柜台、桌椅打扫得铮光净亮，正在擦拭他的算盘。他内心发酸却有一种感动，这个女人用自己的行为鼓励他不要泄气，对他寄予一如既往的期待，财富没了信赖依旧。他觉得有负于这个女人。

他咬咬牙跨出门槛，回首向坚守了十二年的广生钱庄作最后的告别，他将随着广生的消失而消失，当他以急促的脚步，想尽快甩开身后的妻儿时，传来妻子的呼喊："宗敬，家中来电报了！"

王氏递给他一封德生发来的加急电，拆开一看，是母亲病危，医生已通知德生准备后事。他浓眉纠结，不得不搁下死的主意，吩咐王氏道："收拾衣衫，我要动身回无锡。"

这次回家，荣宗敬首次住进德生谋划、督造的新屋中。弟弟任何事都会办得完善圆满，只花 6 千元，造出气派阔大又利落简约十九间宜居之所。

荣宗敬来到母亲房中，他坐到床边抚摸她枯槁的双手，叫一声"姆—妈"；石氏使尽力气，应了一声"哎"。他从这个为荣家竭尽劳瘁的女人脸上，再次发见人性的光明。母亲的一生是一本无字之书，让人读懂慈悲，读懂是非，读懂什么叫义薄云天。母亲历尽困苦，但一生的话语中没有"难"字，没有听到过放弃，真的没有。在生计最艰难的日子里，为了他与德生的前途，也决不动用父亲留下的积蓄。他这辈子读不少书，怎么就没专心读一读身边的这本无字书呢？

他坠入了绝境，不知道跟母亲说什么好，唯一可以告慰的是，他终于为他养下两个孙子，在生命的最后一年里，让她住进一栋占地三亩的新屋。

母亲要宗敬将她抱起来靠在床上说话。

母亲说："我要见你爹爹去了，你能不能给我一句话，说你不会灰心，快说，这句话，我要带给你爹爹听。"

宗敬先是泪崩，继而放声嚎啕。母亲的话刺戳他内心正在溃烂的伤痛，人生所受的委屈这一刻倾泻出来。用嘴巴回答母亲是容易的，从心里回答很难，他的嘴巴从不做违背心灵的事，更不忍心欺骗母亲。看来，母亲已经悉知他的不幸，是谁告诉她的，他心里很是埋怨。

母亲说："人活在世上都一样，不容易，但心里要想着容易。灰心等于败定，坚持还有来日。我就是这样想着想着，一转眼将你们养大了。"石氏抚摸着他身后的小辮子，"当年，我赶到上海把你接回来，抱着你死也要死在家中的念头。在信船上第一夜，我搂着你，转念怎么可以想到死呢，改变了想法，后来，我一路念经，不敢合眼，结果船过望亭，你活过来了。"

"姆妈，别说了，我，我答应你，我不会灰心。"

宗敬的答应十分勉强，更像是安慰。母亲抖抖瑟瑟，从怀里掏出一个小布袋，递给了他。打开一看，是一把二尺长的头发。这是石氏当年收集的儿子头上掉下的头发，扎成一束，保存在小布袋里。看得出，布是母亲在木机上亲手织出的布。

母亲抽噎起来："14 岁那年，你头发一把一把掉下时，我心疼啊，哭啊，不知流了多少眼泪。我每天将它们一根一根收起来。你长年在外闯荡，想你时取出来看一看。听说你生意做得好或者不好时，也取出来看一看。这把头发在我怀里藏了二十二年了，说不清看了多少回，现在，我要走了，你的头发交还与你，我要你不忘记你的 14 岁。儿啊，你连死都挺得过来，还有什么挺不过去的?"

"病中让你添忧，乃是孩儿大不孝啊!"宗敬忍不住再次泣噎。说实在的，他今天才完全认识母亲。他以前只了解母亲的刻苦坚毅，原来她还是一位柔心弱骨，情意绵长的母亲。他的母亲博大高尚，洞明人间，是他精神的指向，足以母仪天下。

"姆妈，你放心吧，儿子懂得怎样去做了!"

"那你再跟我说一遍，不会灰心。"

"我不会灰心。"

宗敬的回答很平常，但心理上足以对抗这段痛苦的经历了。

母亲开丧后，德生病危。宗敬明白，德生病重虽由丧事劳累而起，但与他闯下灭顶大祸有脱不开的干系。他把德生的忠告当成耳边风，将他们俩共创的事业拖入泥沼，深感愧惶。

荣宗敬在无锡陪弟弟多天，见他病情已有转机，急着赶回上海料理烂摊子。他完全知道，连锁引爆的危机在等候他。

钱庄倒闭后，荣宗敬在三洋泾桥临平里沿浜租用一幢旧式房屋，因为租金便宜，荣宗敬把宽敞的二楼也租下了，楼下是面粉袋制作工场，楼上做账房间。门前挂一块"茂新面粉厂上海批发处"牌子，自任批发处经理。

其时，洋泾浜华洋杂处，繁华闹猛，三洋泾桥是分界点，桥东至外滩耸立着几幢欧式高楼。浜北松江路属于英租界，英商亚细亚火油公司，专营报关业务的北恒茂、金源亨行，墙上写着"仕官行台，安寓客商"的大客栈，临街而立。浜南孔子路为法租界，有法商汇理银行，汇德丰驳运公司若干栋楼宇。三洋泾桥向西，沿浜两岸差不多是中式市房、茶馆、赌台、烟窟、幺二堂子和野鸡堂子，无所不有，间杂着洋人开设的西餐馆、酒吧间、面包房。包探、巡捕、帮会流氓、扒手瘪三之流视此地为乐土，以勒索娼妓商家，敲诈反清志士为生。洋泾浜与木桥下停泊的垃圾船、粪船一样，散发着浓重的秽气。

到东方寻梦的捎破皮箱的外国屌丝登岸后，先在这儿停留，娼妓是这个国家送给他们的最好礼物。在淘到金后，他们会转移到西区幽静的洋房享受人生，出入豪华场所。洋泾浜居住着来自南北各省的本土移民，也集中着来自二十几个国家的西方移民，可谓华洋交错，中西兼容，杂交出一种洋泾浜文化势所必然。当洋泾浜文化日趋成熟被整个上海认同，意味着这座城市特有的集体性格及思想观念的形成，有别于中国其他任何地区的海派文化诞生了。

从流行的口头禅足以窥探这种新型文化的特征，譬如"弄清爽"是对传统人情社会的否定，凡事厘清事实，分清是非，是西方法律观念的融入，"搞七念三""瞎胡搞"则成为反义的常用语；"勿要管闲事"针对街坊邻里好管闲事，干预他人空间的陋习，体现出尊重人和人的价值的理性思考，堪称欧洲人文精神在东方的滥觞；再说"小心点"，原是洋泾浜流氓横行作祟，当地人专门用做告诫语，后来引申为现代社会急剧变化，生存竞争风险隐伏，亲朋间不离嘴的好心提醒。上海人过日子确实很"小心"，朋友分手往往不说再见，说"小心点"。

在物质方面，上海人生活在自来水、煤气、电风扇、收音机、以及 20 世纪 20 年代中期就出现的空调组成的现代空间里。他们对生存环境的优越感体现在将其他所有区域视为乡下，落脚上海没几年的无锡、苏州人，对从老家城里来的亲戚，见面会用不怎么地道的上海话问："侬今朝从乡下上来勒?"听得亲戚发半天闷，我什么时候成了乡下人?

洋泾浜英语因为表明了空间的现代性，曾是上海人颇为自豪的新语种。尽管只是洋泾浜可毕竟是英语呀！在华洋杂处的上海，操练洋泾浜英语成为生活的要素，谁不会说几句就上不了台面，事实上也没法混日子。不识字的黄包车夫用这样的英语问外国人："油狗惠罗康怕奶"（你去惠罗公司吗）？开价两角钱说的是"爱泥特土角"，苏北籍人士则会说成"爱泥特土格"。自以为多懂几句英语的人就敢给洋人当翻译，当他说"生个油饭来卖去"（非常感谢）或者"累得死"（女士们）时，让雇用他的洋鬼子直抓头皮。其实，洋泾浜英语要比英语优美有味，集中体现了中国人的幽默风趣，也大大丰富了汉语词汇使之风行各地，譬如"瘪三"、"门槛精"、"十三点"，多棒的词，仓颉造不出来。

洋泾浜文化说到底，是一种"趋时骛新、洋为中用、崇尚创新"的生活风尚，在英语不再那么洋泾浜的年代里，在不是洋泾浜的洋泾浜地块上，在以后的一百年乃至更长的历史时段里，将继续着这种文化追求，但是请不要忘记，这种追求从洋泾浜开始。

作为英法租界分界线的洋泾浜，不管是地理上还是文化上都是中国大地上沟通中外的第一条走廊。大概出于这个原因,荣宗敬在洋泾浜三洋泾桥租下一栋房子作为他的“恶非死”(办公室),一呆就是十年。

洋泾浜沿岸的老柳树在深秋最后的日子里凋落光了。黄叶在乌黑的河水上漂逝,也洒满洋泾浜两岸的马路和几顶石桥、木桥。三洋泾桥桥北美商泰晤时报馆旁的弄堂口,飘飞一条白幡,上写“王乔松占课”几个大字。临近年末,巴望好运气的男女纷纷踏进那条弄堂,占卜问仙。

荣宗敬躲在批发处楼上疗治满身创伤,疗伤的药物是一堆有关国际工业发展趋势和企业管理的书籍。在他的案头上方,贴着这样一张纸,上面写道:“战战兢兢,生时不忘地狱;坦坦荡荡,虽逆境亦畅天怀。”是从母亲“不灰心”的临终遗言演化出来的偶句,是他刻骨铭心的生命体验,也是他度过这场致命危机必备的精神状态。他成天不吃不喝,瘦得只剩下一副宽松的骨头架子,矮小身躯里却迸发出无穷的精力。他不再将自己的惨败看作是一连串偶然事件的结果,承认自己的无能;同时,又叹息他的魄力和智慧未在生意场上施展开来就遭此不测。他正在重新建立信心,若不是母亲临终嘱咐,他不知道现在将会怎么样。每天有人投黄浦江,或许他早已成为其中一员。王禹卿见他返回上海,大吃一惊,有人躲债躲得包打听也找不出来,问他跑回来干什么?荣宗敬回答他:为了人品信用,为了债主对他有信心,为了将来,除了上海他哪儿也不该去。

王禹卿自裕大祥倒闭后自天津收缩回沪,任批发处账房兼销售,目下,他的主要工作是磨嘴皮子,或者说“拆弹专家”,将冒烟的引信巧妙地摘下来。他在账房间以杰出的应付口才,与纷至沓来的债主们应酬,在开诚接洽的气氛中把他们一一打发回去。嘴皮子毕竟没有银子管用,他快对自己的应付技能缺乏信心了。

本来,荣宗敬结交一批洋行买办是想必要时有人能施以援手,而他们突然在一夜间从上海滩消失得无影无踪。荣瑞馨输得地皮精打光,观盛里房产被钱庄收去,鎏金马车连同英国马也被债权人拉走。裕大祥的股东们全都隐身躲债,不知所向,据说有人逃亡日本。张笠江在橡皮风潮后依旧当买办,他找到门上想与他商量商量,敲了半天门,门总算敲开了,仆役告诉他老爷不在家,而他刚才明明听到他的咳嗽声。

亏欠往来行庄20余万两,天哪,这对他来说是一个天文数字,他从来没有赚进这么多钱。他想,首要的事是先稳住几家划汇行,才有周旋余地,大行稳住,见大行风色行事的小行也就稳住了。今天一早,他怀着一线希望,奔波于四川北路和虹口的银钱业,那里的钱庄关了一半,侥幸剩下的连钱庄收解都拒绝见他,受尽奚落,声称不还债要到无锡封他的面粉厂。他不再是长袖善舞的荣老板,信誓旦旦许下的诺言等同放屁，人家恨不得捂住鼻子。世道只论眼下，不看你的过往，更不想知道你的将来。当他一文不名的时候，在别人眼中，享受着街头瘪三的待遇。

他恹恹地从虹口往外滩方向走去，通过落成不久的全钢结构的外白渡桥，沿着外滩公园朝南走去。

英租界的精华外滩，原本是一条鼓舞人生斗志的风景线，今日让他看到自己的不堪一击，每幢高楼和楼顶的旗帜都在笑话他。他沿江蹒跚而行。脚下是波涛汹涌的黄浦江，马路对面是傲然耸立的各国金融机构和西方托拉斯的洋楼，他们掌控上海乃至全国的经济命脉。戴着高筒礼帽的英国绅士挽着头戴鹅翎帽的淑女正在花岗石台阶上进进出出，人流中随时瞥见装束笔挺的欧美军官和一身全黑的传教士。几辆来自英国德国的轿车在沿江大道潇洒地奔驰，羊角马车避在一边轻松地穿梭。在上海这个被出卖的城市里，西方人才是真正的统治者。外国大班从早晨开始就在办公室的阳台上呷着威士忌同朋友们聊天，吸着雪茄眺望黄浦江的轮船和卸上码头的堆积如山的洋货，海关时钟的实际意义是计算每一嘀嗒从中国流出多少白银。晚餐桌上，有西班牙雪利酒，法国红葡萄酒和中国醇香的白酒，在精致的中国菜肴间，不住地添进几道地道的本国大菜，加上印度的咖喱汁、馅饼、奶酪，最后还有咖啡和更多的雪茄。他们轻而易举地从中国赚进无法计数的白银，他们的罪均以上帝的名义被宽赦，而无人可怜他因他们的罪恶带来的灾难。踏上这片土地的英国、美国流浪者，抑或是波斯人和伊拉克的犹太人，往往从一个穷鬼变成腰缠万贯的巨富，他一直想成为像他们一样的幸运儿，然而，却被无情地踢出门外。外国人从中国潇洒地掘走无数的金子，中国人却在自己国家的土地上苦苦挣扎。

这是为什么？荣宗敬伫立在江风中思绪茫茫。

“大丈夫不亦当如是耶?”当年，对着汇丰银行那一片洋楼发下的誓言，像一片冬日的树叶凋落，被风吹得不知所向。过去变成荒唐，将来一片微茫。他痛苦不堪地垂下头，嘴唇焦裂，脸色憔悴，只有往日睥睨一切的眼瞳中保留着一点儿傲而不服的神气。

他走到钢骨水泥的外洋泾桥下，桥下竖着一块写有“QUAL DE FRANCE”（法兰西外滩）的界牌。他在界牌旁边岗亭式的烟杂行买了一包烟。站在桥上，眺望不远处的金利源码头，又一艘白色的邮轮在领航船的引导下慢吞吞靠岸，在泊满各式各样货轮、煤轮、平底沙船、驳船、帆船的码头上鹤立鸡群。又一批上帝的骄子降临东方，他们被一群挑夫和穿着破旧长衫操着洋泾浜英语的人包围起来，走向上海滩深处，活在神话的情境里。中国人和西方人居住在同一个星球上，却又如此不同，真是太扯了。

就在荣宗敬点烟的时刻，刚刚经过的外洋泾桥上，传来嘶哑的喊叫：

“救人哪！”

“有人跳江了！”

男男女女往桥上蜂拥而去，没有人下水救人，就像看一场演出，他们愿意成全那个自沉者。这样的高台跳水每天发生，多次发生，绝望的人选择这个人群嘈杂的地方自杀，明显为了表示对这个城市的抗议。

上海，你究竟是一个怎样的城市？你像火焰那样诱人，人们为你奋不顾身，虽然达到目的却发现自己远未满足。你让人以本能行动，从不让人思考将会失去得到的所有。人一踏上你的土地，就会丢掉道德包袱，让自己成为谎言。难道在商业社会中就不该有耶和华与佛陀吗……上海如同崛起在东方的斯芬克斯，吞掉每一位无法猜出它谜语的人，被他吞掉、嚼碎的人，不知道自己是怎么化为齑粉的。

独具慧眼的人才能解读它的谜语，这样的人出现了吗？

荣宗敬重新登上外洋泾桥，看到跳江的男人被洋泾浜湍急的水流一直冲到黄浦江中，在漩涡里沉浮几下，永远地消失了。又一个破产者在这个灾难沉重的城市里湮灭，翌日将由报纸刊出：“某某经营失败，不堪逼债，投江自尽”的短闻，为他做一生的总结。

适才的惊呼令荣宗敬颤栗，“死”这个字，闪电般地击中他脆弱的神经。他的处境或许比那个自杀者更糟糕。他有一千条死的理由，但他已经答应过母亲“不灰心”。

“你是一个甘愿认输的弱者吗？”

“不！”他回答自己。死是容易的，活着才需要勇气。死了，什么都完结了；活着，说明事情正在进行。“灰心等于败定，坚持还有来日。”他比任何时候都感到需要活着。活着本来就不需要理由，更何况他有那么重要的理由。他不会让上海滩第三次将他驱逐出去，被生活击倒不要紧，要紧的是重新站起来。

荣宗敬摇了摇头，矮小的身体可怜巴巴地伫立在外洋泾桥上，心情重归平静。他站在英法租界的交接点上，从这个外国人搭建在中国的舞台上，看到与往日不一样的东西。少年时眼红一幢洋楼把它作为人生目的只是赌气，此刻，他从这个舞台上瞥见的是欧洲的工业文明，是西方为什么强，中国为什么弱的原由。

荣宗敬从欧洲的工业文明瞥见自己国家的未来，中国现在可以比西方弱，但中国人不比西方人弱。他死也不相信中国人比不上西洋人，发誓为中国人争一口气，征服对他充满敌意的世界。

“大丈夫不亦当如是耶！”不知天高地厚的少年誓言拥有了新的内涵。

人在悲痛的时刻最清醒，信仰让人忘记所有的烦恼，走向未来。

十二、拯　救

静得下心来的人，在朝廷被迫推行宪政的扰攘声中，已经听得见王朝根基坼裂的响声。紫金城里那个老太婆终于闭眼。民间疯传，她在自己闭眼前二十个小时先让他的傀儡儿子闭了眼。封建制度进博物馆的日子不远了。时局诡谲，人心浮动，商界人人自守，上海市面上银根愈发地紧了起来。除了白花花的银子，人们不再相信谁。

荣宗敬除了获得新的精神支撑没什么别的，每一天都在埋怨太阳为什么不落山。债权人梨膏糖似的粘在门上不走，往来行庄、粉号对他的不信任愈演愈烈，有钱人不愿意和他打交道。他患上瘟疫似的，谁都远远地躲开他。在人们的心目中，他不仅是不幸的破产者，还是一个毫无经商本领的碌碌庸人，不可能东山再起。荣宗敬死也不明白别人为什么这样看待他。他信任的账房先生黄松年卷去钱柜中最后一点现钞，逃得无影无踪。内外交困，他的处境糟糕透顶。

为了躲债，他只好到黄浦江边当马路天使，面对江水长吁短叹，行动迅捷的他开始变得木讷。他从怀里掏出一只镀金打簧怀表，看了一眼。他在裕大祥做投机生意发财时买了一对金表，另一只送给了德生。现在正是午休结束上班的时候，在钱庄里是借不到钱了，逼迫无路之中，他试图通过汇丰银行的熟人商借一笔款项。他做投机时，在汇丰的户头里常存有一二十万两白银，每回去都由理财经理专门接待，享受免费的咖啡和英国红茶。他朝马路对面的汇丰银行望去，这家银行在他眼中是本次金融风暴的同谋，他正是在汇丰的虚假宣传下，将大把银票存进去，开户购买橡皮股票，然后以 8 折抵押融资继续购买，结果，汇丰在金融风暴掀起后在地板价上私自清了他的仓，扣除透支款，他原来赚了近十倍的账户余额只剩下 2 个英镑。后来的事实是，如在复牌后的反弹中抛出，他至少能收回三成本金。

过了马路，到了海关楼下，隔壁就是汇丰银行。他向汇丰走去，正要踏上台阶，印度锡克族巡捕一声将他喝停在那儿。他闹不清怎回事，印度巡捕举起警棍说："Get away from me!"（你给我滚一边去）他没理他，抬起腿踏上第一级台阶，印度巡捕一把抓住他肩膀，将他拽回来，用警棍指着他来的方向大声喊道："Beat it! you insipid little man!"（滚！你这个人渣）推推搡搡，一直将他赶到十丈开外。

晚上，他回到家中，整晚不说话。

王氏见丈夫天天在街头晃荡，快要顶不住了，每次天黑回家，望着他一双专注而忧伤的眼睛，心痛如绞。她将二楼顶上一间带老虎天窗的储物间收拾干净，作为躲债密室，荣宗敬就不必再做街头幽魂了。荣宗敬蜗居其间，把全部的精力耗费在书籍上，商务印刷馆出版的《实业须知》、《工厂管理》，介绍欧洲工业革命的书籍，欧美洋行的机器样本，他在空白处涂满眉批心得。案头上方，依旧贴着那张纸："战战兢兢，生时不忘地狱；坦坦荡荡，虽逆境亦畅天怀。"

"办工厂不外制造与营业两端。营业购进原料，推销热货，往往为环境支配而不能支配环境。制造则不然，出品之多寡优劣，系乎机器之良窳，尤视乎管理之方法如何。"

他惯用硬毛笔，写出的笔划像干戈刀戟。写着读着，体味着自己留在字里行间的文字，继而在一篇介绍泰勒制的文章上这样批道："美国自 19 世纪 90 年代重视科学管理，进步之速，令人叹奇。欲制造进步，必先留意管理，成本减轻，货品精美，方能摆脱商务仰息外人之困境，不令外人得计……"

不远处，三茅阁桥法租界总巡捕房的大自鸣钟当当地敲了三下，是午后三点钟了。他将白乃里司最新式粉机的样本塞到皮包里，准备出门。他将扭转命运的希望寄托在茂新、振新两家工厂，尤其茂新兄弟俩是大股东。前天，他到美商恒丰洋行索取样本时，机器房买办说可分期付款购买白乃里司工厂出品的最新式粉机，今天宗敬准备上虹口恒丰洋行，一是谈价格去，二是首付要少，三是分期付款期限最好谈到五年以上，他就可设法找钱定下机器设备，再用设备押入钱庄贷出款子。

他刚要拉开小门，就被楼下传来的气势汹汹的吵嚷声吓住，偏偏债主这时候逼上门来。

"杨先生大驾光临，欢迎欢迎，几日不见，十分牵记啊！"王禹卿一边泡茶一边平缓庶康钱庄账房杨松年的情绪。

"我上无锡跑了一趟。荣宗敬掼死蛇，粘地皮，不见面，只好上无锡找二老板去。”

“二老板没让你白累吧?”

“只付8千两。”

“可是不算少啊!”

“这点钱不付,告到官府,茂新必破产,而茂新是荣家的最后一点家底,他敢让我白跑一趟吗? 今天荣宗敬不把余账还清,老板要卷我铺盖,我只好在这里坐宿了。”

“唉,杨先生,据我所知,德先生是将自己田单和苏州栈房土地的单契作押,好不容易凑出8千两来,他既然诚心将己产抵出,其余也不至于赖账的!”

“赖账不至于,本号银根收紧,要的是周转。”

“杨先生,生意人总有互相周济照顾之时,放人一码,胜造七级浮屠。”

“不行,我要找荣宗敬。”说着,起腿往楼上去。

荣宗敬在门后听见,下意识地缩到门角落里,哀伤自己落到做贼的地步。

王禹卿挡住驾,觉察出杨某是故意做作,无非自己想捞点好处。他和悦地说:“荣先生也不在,上洋行定粉机去了。”

杨松年惊诧得瞪大眼睛:“你说什么? 订粉机? 叫化子讨饭顾得上买金边饭碗?”

“杨先生一向卓有远见,说这话就目光短浅了。从洋行欠入新式粉机,就能保证出产,销路一开,你们钱庄上万两银子还不说还便还清了。杨先生宽怀仁慈,器量宏大,尽管放心回去,到明年余款一定还清,由我立据负责,怎么样?”

王禹卿说着,从抽屉里取出包扎停当的20枚大洋,顶住杨松年的腰眼。

“这是我个人的一点私用,聊供杨先生做茶资而已。”

“禹卿兄弟,你的信用我还是相信的。既然如此,那请立据为凭,我回店也好交待。”

又一位债主被王禹卿打发走了。

“禹卿……”荣宗敬下楼走到账房间门口,叫了一声,欲言无辞。他对这位助手投去深情一瞥,目光中注满了感激、友情、理解和期待。王禹卿也满怀同情地注视着他。主人是越来越憔悴清瘦了,凹陷的眼窝下是突凸的峥嵘的颧骨,后脑勺拖着的细小的辫子过早地夹杂着白发。

“宗先生……”王禹卿吞吞吐吐,茫然低首,有一肚皮难以启齿之言。

“你我兄弟,有话照直说。”

“几位茂新股东来过,不相信你们兄弟有转机之日,要将股售出,每股贱价仅十余两。”

每股面值一百两的股份跌到十余两，使荣宗敬恻然，然而，这已是他希望听到的不坏的消息了。他想象的要比此严重，担心王禹卿在频遭挫折时离开他。事情既非如此，他舒了一口气。

“售出股份计有多少股?”

“14 股。”

约 200 两。茂新因市场变坏亏损，振新在德生管理下略有盈利，荣宗敬分得一些红利，正巧够数。

“禹卿，要知道凡事不进则退，只要有人肯卖，我就要买，请代我将股份买下，你我各半，茂新也该有你的股份了。”

王禹卿就这样成为荣家企业的股东。

每天深夜，荣宗敬小屋里的那盏灯亮着，妻子王氏送来的饭菜他吃几口就撂下。他远离食物，远离女人，远离一切享受，关在小屋里过着苦行僧式的修炼生活。在这间屋子里陪伴他的，是比他本人大几倍的摇曳的身影。他就喜欢这样一个人呆着，以极端的孤独抵抗极端的压抑感。地狱般的生活反而是他内心的需要。这对一般人来说或许不理解，但对男性特征极强的他就是这样的。

上海滩停止了白天的痉挛。洋泾浜沿浜马路上，阒寂无声，留下满地的垃圾和登岸外国人扔下的破烂，回忆着白天的纷扰繁忙。洋泾桥下停泊的过夜船在黄浦江涌来的晚潮中摇荡着，除了风声、潮声，还有不住传来的野鸡拿腔拿调的招客声。

几天前，宗敬到美商恒丰洋行洽谈购机。该洋行是东印度公司在华垄断时期结束后来到中国的，不似怡和、宝顺、旗昌等老牌洋行靠私贩鸦片大发横财。它迟来慢到，规模较小，开宗明义是以承办制造品输入为特点的代理商。洋行急于推销新式美国粉机，不仅价格被荣宗敬压得便宜，且可放款，定机时先付二成，其余八成分二年还清。一套粉机约需 10 万两，首付 2 万两。钱从何而来? 荣宗敬可是财力全无只剩人力。

宁静的夜是容易叫人产生幻想的，荣宗敬就是这样拿定了再押上 10 万两赌注的决定。他将希望寄托在最新式的美国粉机上，这件事还得征求德生的意见，信早已发出，德生何时能来沪一晤?

他在孤独中怀念弟弟。兄弟俩入市以来，相依为命，遇事共商，德生不尚空想，脚踏实地，尤多细心策划，具体布置。他觉得自己是一条腿，弟弟是另一条腿，没有另一条腿，他便站不稳。他又想，两人天禀有别，个性相异，但两人合在一起便成一个完善的“人”，这个“人”才能干出一番大事业。回首以往，荣宗敬觉得在有些问题的处理上专断独行，不愿多听弟弟的意见，不然，何至于广生钱庄倒闭，弟弟拿出自己的田单作押，他感到愧为兄长。

他揉揉发涩的眼睛，他的眼窝终于湿润。

透过楼底板，传来哒哒的缝纫机声，在宁静的夜中显得特别亢奋，连脚踏板也发出哐啷哐啷的金属声。楼底下有缝制面粉袋工场，王氏带着一帮女工在那儿制作粉袋，而后刷上飞虎牌商标。女工们早就下班，这会儿王氏料理3岁儿子入睡后，又到工场间缝纫粉袋。

缝纫机声无限地放大，在荣宗敬耳中变作吞没一切的音响。他从这种音响中得到很大的心理安慰，同时又为女人的坚韧不拔感动。他与这个船家女之间缺乏交流，他从来不把那些倒霉透顶的事告诉她，宁愿独自忍受，但她理解他，尽自己的力量帮助丈夫度过绝境。他听懂了机声传达的语言，甚至觉得妻子是为了给他鼓气，才把缝纫机踩得那么急促。

他从书籍上抬起头，谛听机声，接着喃喃地喟叹起来：“历境弥艰，神志益奋，业乃日拓。”

机声停止。他的心里陡然空荡荡，阒寂无声的夜仿佛静得随时要爆炸。俄顷，缝纫机声透过楼底板再次震响起来，这一回，他从震响中听到女人的呼喊：你要顶住！你要振作！

他感谢她。她与他患难与共，是甘愿为他奉献的人。这样想着，他的精神多了一种依托，变得充实些了。

荣宗敬下楼，踱到妻子身边，拉着她的手要她站起来，这少见的亲热使王氏不自在起来。他拉着她的手，又一起走到饭桌边坐下。坐下后，倒是王氏先开口，看来，有些话她憋在肚里有些日子了。她说她是摇船出身，要讲一讲他哥哥的那条沙船。她问宗敬，沙船既能行走江河，又入得大海，郑和下西洋的宝船也是沙船，你知道为什么吗？

宗敬当然不知道。王氏从沙船独特的造型结构讲起，讲它的优势功能，使风性、适航性和安全性。

她对宗敬说：“沙船方头、方梢、平底、浅吃水，甲板面宽大，在浅水中也能行驶，因能坐滩，不怕搁浅。在海里行驶，海浪打上来马上能排浪，不会储水。特别是风向、潮向不同时，因底平吃水浅，受潮水影响小，在风浪中也很安全。”

妻子突如其来讲沙船，而且讲得有意味，她是借此比喻商海行舟的道理吧。

宗敬让她继续讲下去。

“沙船上多桅多帆，桅高帆高，利于使风，又加上它吃水浅，阻力小能耐浪，所以沙船能远航。”

这不是在讲商海的抗风险能力吗？做生意要吃透形势，观察风向，借风借力，才能做得好，走得远，而他的失败就因为看错风向，借错力。

王氏见丈夫开始听入神，接着说：“沙船可以逆风驶帆，甚至逆风顶水也能航行。”

宗敬发呆，沙船竟有此神通？商海无常，顺逆不定，只有第一等的商人才能“逆风驶帆”，倒要问问如何驶得逆风船。

王氏没有立即回答他，“只会顺风驶船的人是不能当老大的，老天爷不顺人意的时候多，想当船老大必得学会见风定舵，八面驭风，不能有丝毫差池。俗话说：小心驶得万年船，不小心阴沟里翻船。”

这些话，宗敬听在耳中难辨滋味，老婆不是在骂他吗？他抚摸着光滑的头皮，听王氏怎么往下讲。

“开逆风船的秘诀是辨明风向，随时应变，转动船帆，使船帆与风向成一定角度，便能驶后侧风或侧风；要是遇到逆风，便调转船首，使逆风成为前侧风，照样可驶船。逆风驶船，走的是‘之’字航线。”

宗敬“哦”了一声，妻子的话字字玑珠，句句精辟，讲的尽是经商立业的大道理，是生意经上未曾载录过的。他起身，亲自为妻子泡茶，犒赏犒赏，替代学费，却被王氏一把拉住。

“谁要喝你的茶，我可不敢劳动大老板的大驾。”又像撒娇又像讽刺，王氏从来没有这样在丈夫面前说话，她完全放松了。妻子的调侃在荣宗敬耳中别有一番意味，成为融洽亲密的家庭情趣，而且是他第一次体验到的。原来王氏不是专门来给他生儿子的，也不是随便差遣的老妈子，她是一位聪慧、贤惠、有见识有情义的好女子，是他前世修的福分。他对以往的亏欠感到内疚，日后一定要加倍补偿她。不，补偿现在就开始，荣宗敬在老婆脸上狠狠地亲了一口。

沙船的故事还未讲完呢，王氏用手背擦一下脸上的口水，将丈夫重新按到靠椅上。

“茶今天我肯定吃，等把话讲完，好吗？”

还有更精彩的情节？荣宗敬很听话地坐下。

“中国人是特别聪明的，你不知道，从一条沙船上可以看出多少灵巧奥妙，外国人造不出这样的船，他们只会造尖底船。沙船上有‘出艄’，那里安装可以升降的舵，遇浅水可以把舵升上，出海时舵叶降到船底以下。装在船舷两侧的披水板用来增加水的阻力，使船不发生偏航，披水板根据不同情形可以调节。船尾太平篮中有压舱石，凡遇风浪，石头压在舱底，船也是稳稳当当。沙船将航行中各种好坏都考虑周详了，不落下一点纰漏，它就能造得大，多装货，一条沙船能载四五千石的货，风浪再大也不怕。”

讲到办实业的核心上去了。商场风云莫测，惊涛骇浪，一家企业等同一条船，应当未雨绸缪，周密布局，遇事有应对，逢凶可化吉，方能立于不败之地！不过，他对沙船也有不满意之处，他想要的是具备沙船优势的一条铁甲船，有强大的动力，大烟囱冒着浓烈的黑烟，乘风破浪，驶往他理想中的港湾。

王氏的话题并未结束。

她说，有次沙船出吴淞口，海潮倒灌，身后西北方向突然刮起七八级黑风，她害怕得两手发软，舵把稳不住，眼看船要侧翻，正在调帆的哥哥大喊着用身体压上去，脚顶住底舱楞子，这才躲过一险。风浪过后，哥哥刮我两个大嘴巴子，说你慌什么，再晚五秒钟船就翻了，兄妹俩就没命了。脸上肿得眼睛都没了，一礼拜才消肿。

“老公，翻船是一眨眼的事。你是掌舵人，不能像我当初慌了神。心要定下来，浑身的劲使出来，恶潮黑风终会过去，千万不能在风浪平息前倒下去！”

日卿妈妈，今天老婆讲了一堂谁也讲不出的生动形象的大课，他还是老婆吗？那口气简直就像是老妈。今天晚上的收获来得出乎意外，他感谢她，为有这样的妻子骄傲。

难熬的一天又过去了，荣宗敬知道明天该怎样熬过去。

荣宗敬，这个几乎是你强抢来的女子，走入你的生命，注定不会离开，你今后还得感谢她！

当生命滑入低谷时，通常出现三种状况，一是再也不能爬起来，就此认命，任其垮掉；二是恢复到正常状态，等待东山再起；三是在战胜内心痛苦的过程中，发现自己真正活过，身心从此属于自己，挫折是上天赐予的重大机遇，以主宰自我的勇气向前迈进。荣宗敬在两个女人的帮助下，成为第三种人，这一类人往往创造奇迹。

荣宗敬在南市里浦的小街上踌躇，像一头受伤的驴子。临近鸿济典当铺，他四下张望一下，见没有熟人，便折了进去。

店堂后部倚墙布满储存质物的木格，用纸包布包扎紧捆实挂上木牌，静待质主赎取。司柜正在仔细查验一件袍子，令宗敬想起王禹卿当年质押的那件皮袍而哀伤自己现在的窘况。司柜开始出价，与质主当面商定当本后，便开始高唱起来：蓝色，花缎丝棉袍，一件，八成新，银三两。唱完，写票人已将唱词记入大账，然后再写出当票交到柜台；当摺包员将花缎丝棉袍捆缚停当，质主也就从账房那里取走了他的银子。

荣宗敬从怀中掏出瑞士打簧金表，走到肩膀那么高的带栅栏的柜台，撇开司柜，直接递给主管经理，喊一声："朝奉，看货！"

徽州朝奉什么生意都做，但最拿手的还是开典当。朝奉在古时是官职，在近代以商贾为第一等生业的徽州风俗中是生意人的尊称，类同上海人口中的老板。徽州人的典当铺开遍南北，典当业中的掌柜称朝奉。朝奉在外省略带贬义，以徽州籍人士胡适的解义，是表示商人别的不管只顾赚钱，含有刻薄的意思。

朝奉见来了高价值的质物，掂量了一会儿，用行中隐语与司柜商量起来，出了一个数，让荣宗敬惊愕，仅值市价一成呀！他不大知道行规，穷人典当是为填饱肚子，当铺会将估值适当放高，比如积德行善，上城隍庙烧香；富人典当是支付急用，于温饱无关，何故不将估值压至最低？

回购茂新股份花掉了最后一点钱，荣宗敬当掉金怀表是为维持茂新上海批发处的日常开销，另外，要给王氏买两丈上好的洋布回去，让她穿得漂亮点，高兴高兴。他跟朝奉说，适才看见汪老板进去了，烦请让他的法眼也过一下目。朝奉听得一口带无锡腔的上海话，有探身一看的兴趣，柜台下果然是荣宗敬。

朝奉给面子，将金怀表拿到里间去了。

汪老板是老法师，一眼能看出货色真假贵贱，朝奉进去这么长时间却未见音讯，怎么回事？荣宗敬在店堂里走来走去，正在他不耐烦的时候，铁门哐啷打开，朝奉说："荣先生，汪老先生请您进去小坐，喝杯茶。"

在账房间里厢，有一间古朴风雅的茶室，茶座上摆放着黄山祁红、毛峰、银钩、顶谷大方等各式上等好茶；室内装饰，凡屏风、挂落、窗棂，均是冠绝超群的徽州木雕，或浮雕或透雕，梁托、斗拱、圆柱则是精缕细刻的圆雕，简直就是一座徽州木雕博物馆。且说那屏风上的百荷图吧，一百朵荷花开合不一，姿态各异，不知出自什么年代，非是名匠手笔而不能有。

迎面朝南墙上楠木框中镶嵌一副景德镇瓷板对联，宗敬朝对联溜了一眼：

种十里名花何如种德；
修万间广厦不若修身。

汪老先生蔼然相迎，请荣宗敬坐下喝茶，他在红木圆凳上不安地坐下。

此人安徽休宁汪厚庄，比宗敬年长 20 余岁，是在沪徽商中实力最雄厚者。此人很早从事房地产开发，屯溪老街上半条街的商铺都是他的，当地有“休宁汪厚庄，屯溪半街商”的民谣。房地产生意又从屯溪做到上海。他在上海的商号除拥有名噪申江的祥泰布庄、几家鸿字头典当铺外，还经营聚生钱庄、祥生钱庄。聚生为南市同行之冠，别的钱庄要到它那里打听当日行情后才敢开市。这样一个富豪却脚穿土布鞋，一身竹布短打，倒像他家的佣人。他不坐轿不骑马，常年青菜、萝卜、腌菜、豆腐汤，很少与鸡鸭鱼肉打交道。告诫家人的名言是：“要知家苦不忘本”，不能“吃了白米饭，丢了乞丐棒”。屋角落有一把旧纸伞，便是他挡阳避雨的随身之物。虽然同在南市，但宗敬的广生钱庄与汪氏的钱庄并无交往，同业公会开会见过面，人家是业中大亨，他不想逢迎巴结。目下，汪厚庄已将营业悉数交给各位经理人打理，自己过起闲云野鹤的日子，每天早上必到此间茶室一边读书一边喝家乡名茶，也在此会见亲朋旧友，今天意外遭遇荣宗敬。他以慧眼识人著称，南市流传一个段子：有一个 14 岁到他祥泰布庄打工的族中小辈，跟管事学了几年生意。有一次，一位布商愿以半价将一批布料卖给祥泰，经理贪便宜答应收下，那位小辈却发现这批布已受潮，大吼一声：“断断不可！见利忘义将会砸了‘祥泰’的牌子！”见经理坚持，他就干脆辞职不干了。店东汪厚庄得悉此事后立即做出决断，该跑路的是跟他干了二十年的经理，取而代之的是他重新请回的小辈。这位族中小辈便是日后布业的风云人物，上海布业公会公董汪宽也。他英年早逝，行业中人为纪念他，在豫园给他立有铜像。

汪厚庄并无荣宗敬想象中的架子，正提壶给他斟茶，绝色的祁红流入景德镇洁白的盖碗中，显得尤为生动。两人素无来往，荣宗敬内心恍惚，不知道老先生为何如此厚待他这个谁见了都怕的人。

“宗敬弟，你的事，我汪某已有耳闻，未料到竟是到了当物度日的地步啊！”

丢人现眼。他悄悄溜进当铺，就为避人耳目，结果还是被逮个正着。他满面愧色，觉得说什么都不妥当，不如沉默。

“若你愿意，可否将你的困难情形说来给我听听。”

荣宗敬将失败的经过和在各处遭受冷遇的情况大致述说一边。汪厚庄仔细听着，不由动恻隐之心。他本来看好荣宗敬的广生钱庄，1 500 元本钱，不几年赚出一家面粉厂，又几年，股本扩至 6 万两，赚了钱再投棉纱厂，好手段，是人才。他看好这位荣姓年轻人。汪厚庄侧身海上数十年，洞悉投资实业大有前途，一是后辈无能，自己年岁已大，精力不济；二是一生在银钱典当业厮混，对经营实业一窍不通，就未涉及。他请荣宗敬进来喝茶，已动救助之念，只是需要做进一步了解，银子总不能闭着眼睛扔出去。

“宗敬弟，请问日后有何打算呀？”

“小辈以往糊涂，反复自省，痛心疾首，从此发愤，专心实业，先做好茂新、振新两厂，踏踏实实往赚钱的路上走。长辈如有高见，在下颔首俯听。”

“具体如何做法，鄙人愿闻其详。”

汪厚庄那双流溢同情和几分关爱的眼睛，足以给等待救赎的疲乏困顿的荣宗敬带去希望。他从欧洲的工业革命说起，再说办工厂不外乎抓制造与营业两端，如何引进西方设备，注重管理，确保品质等等。指出衣食两项乃民生之本，也是国之本，前景远大。他还告诉汪厚庄，眼下，茂新正筹划分期付款从美国引进最先进设备，今后每年产出多少，盈利多少，由于设备先进，产品质量将比他人高出一头，每包面粉至少可多卖二三角钱，将会大受市场欢迎。

荣宗敬在快要没饭吃的困境中谋划未来，这让汪厚庄吃惊也感到高兴。他从他身上看到一种闪亮的精神，几十年前同样属于他的精神。凭这一点，他相信面前的神色憔悴的人，会有发达之日，前程无可限量。

他对自己说，这个年轻人值得一帮。

他问荣宗敬，需要多少钱才可喘过气来。

荣宗敬盘算着需要20多万两，但怎好意思要这么多呢。10万两，这个口开得还是有些大。

“8万两。”

“好，汪厚庄一诺而成。年息愿出多少？”

“橡皮风潮后，市场利率大涨，钱庄都以年息5厘放款，荣宗敬加20%，报年息6厘。”

汪厚庄表示满意。

“借款期限？”

“至少一年吧。”

“那就二年吧，宽舒一些。”

“谢过，要否抵押？”荣宗敬除了人可是没啥可抵押的了。

“可以不要。你这只金表摆在我处，算是抵押吧！”

金表身价突然长了一万倍。

汪厚庄舔墨挥毫，写字据交给荣宗敬，叫他去聚生钱庄找孔经理办理借款事宜。

荣宗敬对面前这个商场前辈充满敬意。命运是人间无法理解的一样东西，你信它它不会来，不信它它反而来敲门。坚持就是命运。母亲就像先知，说得多好："灰心等于败定，坚持还有来日。"

荣宗敬年轻了十岁，精神焕然，被债务压抑了一年后，他从地狱重返人间。上海有各式各样的神奇，神奇第一次出现在他的身上。他觉得上海还是可爱的，他不止是喜欢而且热爱上海。回到三洋泾桥家中，当他把奇遇向妻子述说一遍后，两个人在大白天拥抱在了一起。

王氏将她收藏的算盘拿出来，荣宗敬已有许久没有触摸这把算盘了。

"拿算盘做啥？"

"你不是说算盘是你小老婆吗？有了 8 万两，还不与小老婆亲热亲热？"

"你真是我肚皮里的蛔虫！"

靠聚生钱庄放款 8 万两，偿还不到一半的债务，总以为可对付一阵。不料，没讨到债的钱庄联名上衙门告他，上海道派人上无锡茂新贴封条，于是，荣宗敬又请求聚生钱庄放银 4 万两，再次得到汪厚庄的扶持，平息了风波。

几日后，荣德生出现在通向三洋泾桥的江西路上。他走到桥北泰晤时报馆旁边，抬头朝风中飘扬的幡子望了一眼，向算命摊问讯。

"仙师，请问茂新批发处在何处？"

"你是找那位蚀得精打光的无锡人吗？来找他讨债的人太多了。过桥，沿浜那幢二层楼便是。"

荣德生看到了那幢灰不溜丢的老式房子。

荣德生接到哥哥的信，乘沪宁线早班车抵达上海。裕大祥这个投机字号无可挽回地倒了，广生钱庄无可挽回地倒了，如果不是他处世细心，早作安排，茂新、振新也就一同卷入了旋涡。振新纱厂经他经营整顿有盈利，被董事会正式任命为

老上海江西路钱庄街

经理。他用振新分红的个人所得在家乡办起竞化女校，被县衙任命为开源乡扇董，兼任劝学。

德生踏上狭窄的三洋泾桥，不慌不忙走着，即便久别的哥哥就在那幢触目可见的楼里，即便这段日子来一直为他的处境忧心如焚，走出的每一步依然享受脚跟着地的踏实的感觉。很久以来，德生就羡慕美国粉机了。收到宗敬的信后，他穷思极虑一夜，茂新股东在连续三年小亏的情况下决不肯掏腰包，自己无力购买，也只有再度举债，以图将来发达。对于将来，他无法把握，心头发虚，唯有到处寻找与神对话的可能。

王禹卿坐在账房间听见响动，以为又有债主登门。当他喜出望外将德生带到宗敬独处的小屋子里，德生被哥哥变形的面孔吓愣了，他惊骇地盯住他看了半天。厄运袭来，德生的表现相对沉着，这从他没有发生太大变化的脸庞上看得出来。

"啊，德生。"宗敬招呼说。

德生急忙走过去，抓住哥哥的手："宗敬，你是病了吗？怎么瘦到这种地步？"

"没啥，我现在完全好了，一切从头开始了。"

德生眼下尚不理解哥哥发生的一场精神上的血火洗炼，但从他的口吻中感到他的身上潜伏着一种可怕的力量。

"你来了，太好了，我们三人共同来研究添机的事吧。"

宗敬让两位在床上坐下。小屋里家具除了一张旧桌子和一把椅子，就只剩那张木板床。

宗敬说："从此确应发奋用力于实业，除此而外，在上海滩无法立足，你我之辈就只能打铺盖回老家种田去。"他接着说出深思熟虑过的话："茂新不添机就不能增加产量，也就不能合轻成本，增加盈利，故而非买美机不可，多一座钢磨也即是多一还债机会。"

"需银多少？"

"我已谈定美制钢磨 12 部总价 10 万。定好后先付两成，得花 2 万，外加厂房、400 匹引擎、锅炉，也得花 1 万 7 千多两，目下，需有 4 万两方够开销。"

"除却举债，别无他法，金融上非有帮忖不可。"德生叹息道，"禹卿，你消息灵通，长于市场分析，对今后数年面粉销售作何估计？"

王禹卿摇摇头："自八月初，两宫升遐，宣统继嗣以来，市面因时局大坏，对于今后市场走向难做估计。"

宗敬在躲债期间去天津考察过市场。他了解到去年全国共进口面粉 450 万担，数量大增，市场并不坏，问题在于国内面粉厂设备陈旧，出品质量逊于外货，才造成销路受阻。他主张进口美国最新设备，就出于此因。他的意见是，只要拿出高品质的产品，市场不是问题。

德生暗忖：无论事业，还是个人，再也经不起一次波折了。他的心提了起来，惴惴不安。毕竟一个3岁孩子做皇帝，虽有他老爸摄政王载沣监国，但以载沣之软弱能否驾驭全局是个大问题。在国运衰微，政局动荡之时，他心中难以踏实。

商量了半天的结果，德生与王禹卿的意见是：机器要买，但要看清形势，选择合适时机。没有说出口的话是：眼下不予考虑。

宗敬知悉弟弟内心的盘算，即使清王朝覆灭了，老百姓也要吃饭呀，他以排挞一切的口吻说："既与洋行谈定，何必回顾瞻望，忧虑重重，再说，等时局明朗，机器也不是这个价格了。"

德生在往日总是尊重宗敬所做的决定，但在债务累累的敏感时期，他不敢轻易屈从，久久地缄默。

场面陷入僵局。

王禹卿斜倚在床上，仰天深深吸一口气："唉，生意人命中注定吃风险饭，若能得神仙指点，包发财就好。"

德生神容为之一动，记起美商泰晤时报馆旁边飘扬的幡子，那里有个算命摊，这不是一个与神沟通的机会吗？

"禹卿，我们到桥北起一课怎么样？"

他们两人说走就走。宗敬无可奈何地摇头，仿佛说，别搞那一套啦！命好无须算，命不好不必算，知道命不好，活着多没劲！他害怕算命先生一旦说"不"，他的构想就搞砸了，这使他烦躁不宁，在屋子里不停地踱来踱去，老是走到北窗户前探头探脑。他不得不向自己承认此时他在为自己算命。

德生与王禹卿过三洋泾桥后，折入弄堂。王乔松淌着清水鼻涕，正躲在挡风布帐后瑟瑟缩缩，呵气暖手。

德生给钱问课，占得"拔茅连茹"。

仙师问："这家厂是自做还是帮人做？"

德生想了一想。全靠欠人，赚下还钱，回答说："帮人做。"

仙师说："甚好，三年中必发财回来。"

德生说："眼下财力全无，能借到钱吗？"

仙师说："《易・泰》曰：拔茅连茹。王弼注：茹相牵引之貌也。无茅，怎能连根而出呢？"

德生连连作揖："多谢仙师指点，多谢，多谢！"

十三、再拯救

命运之轮在浩茫时空转动，人们各做各的事情。

事情正在朝好的方向发展，处处呈现出起死回生的迹象。

茂新面粉厂的美国白乃里司粉机定下后，没找工程师、建筑设计师，德生包揽下一切，照恒丰洋行的样本计算厂房位置，打好图样，由魏清记承包交房后，又亲自动手，带着一帮匠人机师，把12部粉机安装停当。天天满身油污地回家，辛苦备尝。新机落成后出品优良，南京、镇江新设批发处，销路甚爽。兄弟俩商议产品改牌子，宗敬灵感突发，眼前出现那条他日夜想象中冒着浓烟的大轮船，这是一条富有战斗力的大船，他的“两头大”的妻子已经详细描述过这条船的性能。

“兵船牌！”他叫道。

德生唱和：“有气派！”

兵船商标于是诞生，摆出一派与欧美一争短长而后快的架势。一艘冒着浓烟乘风破浪的巨轮旁边，书有“中国制造顶上面粉”，“商部批准概免税厘”两行字，顶头除一行“无锡茂新面粉公司”汉字外，其余全用花里胡哨的洋文装点，外貌装潢完全是外国面粉的样式。充满新意和挑衅性的商标，惊动市场，惹得各路外商慕名来厂参观拍照。

振新纱厂在经理德生的管理下也顿然起色，从把控原材料质量入手，在用料、消耗、流程、生产效率上大下功夫，产品与日本蓝鱼牌棉纱等价出售，产品成本在华商纱厂中最低，每件纱开支不出20元，可赚近10元，利润率创行业最高。在外纱竞销的情况下是件了不起的事情。茂新的面粉和振新的棉纱，在朝廷举办的南洋劝业会上双双获三等奖牌，一时荣耀。

也有不愉快的事。譬如振新申、锡股东吵架。中国人碰到一起没事找事，互相拆台，头破血流，以至于荣德生发出这样的叹息：“一个中国人与一个外国人斗，中国人保赢，两个中国人斗一个外国人，那个外国人笃定睡觉。”看透了也就不以为然。吵架的结果是上海籍股东的股本并给无锡股东，振新成为清一色家乡人的天下，倒是遂了注重乡谊的德生的意。荣宗敬以背水一战、艰难弥坚的精神，重塑自己的尊严，再次被全体董事推举为振新董事长。兄弟俩招徕族人、亲朋以及在南市一道学生意的家乡熟友进厂，人手一时整齐。

种种新气象常令荣德生感恩于王乔松占的卦。拔茅连茹正在应验。茂新扩建半年，赢利 7 万两，一年可收回全部投资。“此卦乃日后接连造厂之谶吧，”这个意念在他脑海回旋。既然没有资本也能办厂，以后如法炮制，为什么不能多多办厂呢？他那沉静温和的外表下是活泼通达的思维。一片明晃晃的辽阔的雪白，鬼使神差地闪动在面前，那是他们兄弟的工厂生产的面粉和棉纱，亮得耀眼，遍布全国市场。这片耀眼的雪白，足以覆盖尖沙咀海滩烙在他脑子里难以排除的雪白。

他被眼前自己制造的幻象激动了。上海，南京，徐州，连云港，郑州……荣氏工厂分布全国，哈，有一天能够出国办厂，那才叫真正的事业！

宣统二年，立秋的时辰是在午夜。立秋后天气依然酷热难耐，遇上“秋老虎”。“朝立秋，冷飕飕。夜立秋，热咩咩。”应了吴地民谚。草鞋船载满立秋西瓜来往于城中河港叫卖，“叫浜瓜”叫到振新沿河，德生一身夏布短打正在码头上查验棉花质量，见有载瓜小船驶来，便把船家叫停。

他嗜爱西瓜，认为西瓜是奇妙的养生之物。两年前母亲逝世后，他大病一场，十分危险，没吃药光吃西瓜，疾病转机痊愈。德生抱着两个西瓜回公事房，请茶房叫来手下的总管、账房、收花、办料，会集一室，请客吃西瓜。《诗经·豳风》是他百读不厌的篇章，内有“七月食瓜”一句，吴地风俗吃立秋西瓜盖出此意，也算一桩雅事。

西瓜刚吃到一半，上海道台蔡乃镍派出的官员带着上海商会的人员，在兵丁拥簇下，手持封条闯进来，一屋子人瞠目结舌。搞错没有？荣德生股栗欲坠，呆坐在那儿立不起来。

“橡皮股票”风潮过后，荣瑞馨从上海滩冒了出来，到丰泰洋行当买办。为了偿还亏欠巨款，他从保管振新纱厂地契的姻亲那里将地契借去，到茂新批发处骗取盖上董事长章，押入汇丰银行借款还债。这个输光的洋行买办到期无钱赎回，汇丰银行将案子提交上海道台衙门，上海道接获洋人案子，岂敢怠慢，从快从严从重处理，派员到无锡限日交款，否则，将工厂查封抵偿。

正在节节上升的振新纱厂面临不测之灾，消息一传开，掀起满城风雨。凡与振新有日常往来的银行钱庄急得直跺脚，涌到厂里穷凶极恶地追讨借款。裕宁钱庄呈请两江总督转县查封。信成银行无锡分行经理蔡兼三亲自出马，豁出老命，紧盯在德生屁股后面追讨，摆出决战姿态，德生连家也回不了。蔡兼三在商界是有身份的人，竟也"塌死做"，夜里陪坐不让睡觉。想睡吗？拿钱来，行话称"坐宿"。两年后，1912 年，荣德生应民国农商部之邀，赴北京出席第一次全国工商会议，同行中有蔡兼三，在火车上，德生调侃说，兼三兄，你"塌死做"那一夜，我坐在那儿顶不住，摇摇晃晃做梦，给一声汽笛声惊醒，醒来迷迷糊糊同你一起坐在火车里，就像今天。

信成银行，即周舜卿在上海首创的中国第一家私营银行，由朝廷特许，拥有发行货币的特权。荣德生在公事房坐到拂晓时分，吃不消了，朝天连打几个大哈欠，对打哈欠打出眼泪的蔡兼三说绝对不会为难他，周舜卿是他父亲的老友，愿去上海找周老先生通融。蔡兼三心想他这把老骨头熬不过三夜，才肯让他脱身，德生有了到上海与宗敬商量的机会。

荣德生一路哈欠，匆匆登上开往上海的火车，在三等车厢坐下来，一个瞌睡醒来，火车已进上海北站。出站后，德生在转角处买粢饭团充饥，想不到 2 文钱便能买一个。他询问周围摊担的价格，色色便宜，这使喜欢在日记中记录物价的荣德生心中一沉：面粉不是也要降价吗？在空前的橡皮股票的投机风潮中，银子被外国人席卷而去，上海被西方凶狠地轮奸过后，瘫痪了。

德生咬着粢饭团，火急火燎，赶到三洋泾桥商量解救之计。

在经历了上次的巨大痛苦之后，荣宗敬已能平静地忍受一切磨难，并对别人的苦难抱有同情。他没有像弟弟那样诅咒该死的荣瑞馨。他坐在账房间里那张高背大沙发里冷静地抽烟。他矮小的身体喜欢这种高背的沙发或是高背靠椅，不知是为了弥补生理的缺憾还是获得心理上的满足。

德生向宗敬报的账是，要把振新纱厂从汇丰手中夺回来，需要银子 16 万两，这笔钱从哪里来？

宗敬说："先稳住局面，裕宁钱庄也得设法处置，一旦督署批示下来，局面无法扭转，后果不堪设想。雪上加霜是银钱业惯用手段，其可恶就在于此。"

德生说："此事当据理力争，可请无锡商会会长华艺三老先生代呈阻止。钱庄的脾性固然可恶，外国银行的手段更为恶毒，从汇丰下毒手这件事，我可把列强的嘴脸看清楚了。"

宗敬说："哪里还有什么理可争，借钱还钱是法理，既然股东都无能力为荣瑞馨垫付巨款，挽救振新唯有转押一法。"

德生愁容满面地说:“事业刚刚复苏,在金融方面我们兄弟尚无多少信誉可言,银钱业肯办转押吗?”

宗敬说:“只有四出求人,我相信天无绝人之路,船到桥头自会直。”

当晚,德生赶回无锡,请求上海道派来的官员宽容期限。翌日一早,又赶往上海,托人借款,一次次地失望而归。借钱难,对没有根基的荣家兄弟来说更难。连续三十多天,他早车到申,晚车回锡,白天奔走游说于上海南北市,晚上处理两厂事务,还得伺候好两位上海道的委员。宗敬也是四处奔忙,借款无着,时间临近宽容期限,他不得不厚着脸皮再次走进汪厚庄的茶室,怀着试试看的心理走进去,以感恩不已的心情走出来。

救援过荣氏兄弟的汪厚庄答应再次放款 4 万两,振新、茂新两厂凑出 4 万两,再向上海钱庄通融活期 4 万两,还差 4 万两。

德生每日往返沪锡之间,他的力气用尽了,心也操破了,但想要继续生存下去,就必须求助于人。

宗敬说:“只有最后一个人可找了。”

德生说:“谁?”

“周老板。”

上信成银行?德生已找过周舜卿一次。周舜卿见是荣熙泰的儿子前来求助,痛快地解决了信成银行无锡分行逼债的麻烦,人家已经给过人情面子,哪好再次登门,就怕吃软钉子。可除了这位父亲的昔年同学好友,视野所及,确实无人可以相助。

“我们一同去吧。”德生央求着,似乎长兄一同去,他的脸皮就厚起来,舌头灵巧起来。

宗敬眼神黯然,他比弟弟更要面子:“你先去吧,先摸一摸底,如果不成,我再去求他。两人一起去,像讨饭叫花子上门。”

德生孤身一人离开茂新批发处,上信成银行碰碰运气。

上海钱庄多如牛毛,南市且不说它,租界里的江西路、四川路、宁波路、天津路、北京路,各式钱庄招牌挤满马路,望不到头;连兴仁里短短一条弄堂,也挤挤插插布满十多家钱庄。真正意义上的私营银行当数信成商业储蓄银行,总部位于南市大东门万聚码头,路不远。德生心事重重,好像永远走不到。

信成总行总经理的账房间是典型中式气派,红木案椅,四面布置贵重的古董字画,颇像宦海显贵的书房。引人注目的是,正中墙上挂着总经理的结义兄弟清朝王爷商务部长载振的照片,连该行发行的纸币上也印着振贝子的肖像。没有这张肖像压阵，信成银行一天也办不下去，有太多的官僚子弟凭招呼凭条子来骗取贷款。

周舜卿适才从英国领事馆回来，尚未来得及换常服，顶戴上的白玉翎管里插二品特赏花翎，朝珠袍套，装束整齐。平日，他坐镇在这儿，统管总行，天津、北京、汉口、无锡等地的分行。这位 16 岁搭信船到上海利昌煤铁号当学徒的无锡小乡巴佬，敏锐地发现他应当成为中国最早会讲英语的人。每逢周末，他乘小舢板摆渡到浦东上英语补习所。有一次，小舢板被大轮船撞翻差点就送命。后来，他就凭是中国最早一批懂英语的人进入洋行，成为帅初洋行买办；之后，这个煤铁号出身的小学徒做成中国的煤铁大王。临近花甲之年，他创办第一家华商银行的理想又实现了，身份愈发显赫。清政府给以资政院议员等职衔，委督苏、松、常、杭、嘉、湘六郡农工事宜。账房间里端坐着的行员一律身着团花马褂，大多与富商大贾、缙绅豪门沾亲带故，背景不大的寒门子弟即便插足其间，亦难以长久立足。

那时侯，很多商人既有理想又有菩萨心肠，似乎赚钱是为了做成菩萨。周舜卿为社会公益慷慨解囊，先后独资兴办多所小学和廷弼商业中学，开办养老院，巨款赈济北方灾区。前一阵，置义田千亩在家乡设立周氏义庄，让丧失土地的农民安居乐业。他是近代中国城镇化的先驱，他创办的周新镇已越来越接近他的想像，面积不断扩展，其行业设置、工商业态，几于现代化进程中江浙城市同步，连时髦的邮电局也有，成为微缩的无锡城。乡下人成为城里人，农民成为工人、商人，或者半工半农、半商半农的群体。

布袍呢马褂，德生穿着一套出客服装踏进账房间，觉得处处受窘，脊背骨感到烙满乜斜的目光。他惴惴不安地在苏绣鹅绒蒲团上坐下，不敢在总经理这张接客的太师椅上坐舒服。世上他第一佩服的是完成天地大业，立下传家之教的曾文正公，其次怕就是隔几而坐的庭弼公了。宦海商海皆得意，他从心底里羡慕他。尽管后来又折服于南通状元公出身的实业家张謇，在造福社会方面处处仿效，但这是几年后的事情了。他终于获得巨大的成功，在事业和社会公益两方面均超越以上这二位先人。

“一个人大富大贵，都是相貌注定的。”他瞧见周舜卿饱满福态的面孔，心里这么咕哝。

“啊，德生世侄，找我有啥事体?”

“实言无隐。我目下只有一条出路：就是求周老伯帮忙。”

“你还有什么难处呢?”

“奔波三十余天,唇焦舌燥,心力交瘁,尚有 4 万两借款无着落。”

周舜卿捋着胡子咳了一声,没吭气。他对于发放信用贷款太有经验了,以严控风险为第一要务,有赚钱本领的客户尽量放款,无实在资本的厂商婉言谢绝,十分谨慎。不是不肯救援这位家乡子弟,他患上固执自负的老年病,在他心目中,有才能的实业家在中国尚未出世,荣家兄弟办的两家工厂风雨飘摇,老不顺气,他怕风险啊!上次德生找他帮忙,他二话没说,指令无锡分行挂账,若是坏了也就坏了,已尽父辈之谊。若说周舜卿冷观荣家兄弟坐以待毙,倒也冤枉了他,4 万两不是小数目,但再想从他口袋里掏钱,他必须说服自己。这就要摸清荣熙泰的儿子究竟有无能耐,经济学问如何,事业精神如何,说到底,有无还款能力。这需要考一考。

德生搬出挨门挨户重复了上百遍的话,振新每日出纱多少,近三年如何改进,所出棉纱与日本蓝鱼纱等价出售,茂新添机以来面粉的质地粉色经线如何……诸如此类,不带一点噱头的大实话说一大套,老人脸上毫无表情。

周舜卿感到失望,不客气地诙嘲:“世侄,你是一知半解,凭这点见识就想办厂?合轻成本,注重品质,是连铁匠铺小匠师都懂得的道理。我便是铁号出身。”

完了!德生的腿微微发抖,脑壳嗡嗡地响。他不是社交场上那种手腕玲珑、长袖善舞的角色,被对方突如其来的打击震懵了。

周舜卿继续出题:“大清政府提倡兴办实业,国人纷纷响应,然而并不轻而易举,德生弟,你以为毛病何在?”

德生面前霎时跳出九龙海滩那片明晃晃的雪白:“外人统治市场,外货竞销,外厂林立,致使起而竞争的国人难以伸展。”

周舜卿又用拉长的声调问:“嗬,国人在商战竞争中缺乏何种思想呢?”

“世界目光。”德生振振有词回答,“小侄洞察世界潮流,欧洲达到全盛的工业繁荣以母机厂为根底,国内不设母机厂而依赖洋行代理购机,漏卮难以根绝。政府应大力耗资,兴办轮船、火车、农矿、军械、制造各项母机工程,并由国家发起招商,并送学生出洋,培养自己的工程师。以利国之铁、中兴之煤,自炼钢铁,其利不可胜算。……”

周舜卿颔首称是,德生得了个满分。4 万两看来不至于扔到水里。周舜卿奖掖有加地说:“德生世侄,你遇此难关,从容照办,条理井然,而且度量不浅,目光远大,只要坚持用心,可成经营之才,此乃荣熙泰之福分也!”

阿弥陀佛。德生暗自嘘叹,听口气,或可绝处逢生。

周舜卿招来账房间协理,吩咐道:“马上给荣先生发放 4 万两信用贷款。”

德生想磕头，却被周舜卿起身阻止。

“起来，起来，本人替人办事，从来不受报谢，包括磕头。”

德生重新在苏绣鹅绒蒲团上坐下。当他接过协理递来的支票时，却立不起来了。他的肛门处痛得要命，股沟里突然泻出湿漉漉的一滩。

三十余天的过度劳累，使他在最后一刻痔疮发作。这是他 19 岁刚到广东时贪吃荔枝落下的病，后半辈子为此受尽痛苦，直到晚年死在这种疾病上。

十四、受辱汇丰银行

第三十八天。

荣德生登上开往上海的早班车。他上踏级时抬不起腿，被白袍子白马褂的茶房一把拖上车。蹒蹒跚跚，步履艰难地走向座位，屁股上夹着一块尿布，怎么也感到不习惯。

振新查封的危险即将排除，满城风雨也将平息，押在汇丰银行的振新地产可以赎回了事了。

汇丰银行是一座带有文艺复兴古典风格的英国建筑，大门外四根大理石圆柱支起二楼宽大的半圆形阳台，颇似伦敦郊区王室贵族的夏宫。日落西山之时，银行大班、副班，以及其他外籍职员带着闲情逸致步上阳台，眺望黄浦江的黄昏

19 世纪末的汇丰银行

景色，然后到英国俱乐部或是外侨社会各式各样的社交晚会上去，在灯光幻影肉欲弦歌中尽兴消遣，忘记置身于东方的古老帝国。汇丰银行在鸦片战争时期应运而生，1873年从南京路花园弄迁到外滩，眼下，这座三层洋楼与它拥有的庞大财富极不相称，又显得过于窄小了。在整个中国，中外银钱业都要以汇丰银行九点钟挂出的汇兑牌价为准。大班只要在挂出牌价的时间上稍许压一压，就能赚到足够建筑一座大厅的钱，可大班就是不愿把钱投在这上面。伦敦议会大厦中，国会议员对中国的政治前景达成一致的观点，延续了两千年的封建专制制度即将分崩离析。位于议会大厦旁的伦敦政治经济学院，有顶尖的东方研究中心，以"探知并了解事物发生的缘故"著称，预测中国政体的更迭最多不超过一年。《泰晤士报》的评论员以惯有的英式幽默提醒读者，每天早晨从梦中醒来，你们都有可能读到关于中国改朝换代的新闻。在此种政局不明的情形下，汇丰银行自然不会在上海再建一栋新楼，以免白白拱手相送。他们需要等待那个从梦中醒来的早晨的到来，再作打算。

汇丰银行大门两侧是铁栅栏围起来的花圃，荣家兄弟沿铁栅栏走着，在一棵楝树那儿折向大门。还未走近台阶，守卫在拱形大门下的工部局印籍巡捕发现两个一高一矮的中国人，大喝一声："Stand(站住)!"

上一次，荣宗敬的脚刚跨上第一级阶石，还未踩踏实，就被一个超猛的印籍锡克族巡捕揪住，驱赶到十丈外；今天又被喝住，妈的，印度阿三究竟想干吗？

兄弟俩在大理石圆柱前方停住脚步。包着红头布的印籍巡捕散步式晃过来，两只大拇指插在枪皮带里，瞪视两个不起眼的中国人。

"你这个猪头！"荣宗敬骂道。

"干什么骂人？"他们原来会讲中国话。

"你不是猪头急什么！"

"懂这儿的规矩吗？"

兄弟俩不懂进门还要什么规矩，难道像进中国衙门一样要塞钱？

德生老实巴介掏出16万两十天期庄票，心想这下总该可以进门了吧。

印籍巡捕瞧都不瞧，也懒得再开口，举起右手挥了一挥，示意他们从后门进去。偏偏这时候，就有几个外国佬从那扇拱形大门鱼贯出入。在橡皮股票风潮发生后，汇丰订立新规矩，中国老百姓办理银行业务，必须从后门出入。自然，中国的官僚们除外，他们是汇丰的优质客户、大金主，清朝的王公大臣争先恐后将贪污受贿的赃款、克扣的军饷存进去，然后通过汇丰放贷赚取更多的利益，而享有治外法权的汇丰银行则确保他们资金的安全。上海银钱业也将数千万庄票无息解进汇丰银行，以便在周转头寸时开出汇丰支票，显得格外有信誉。上海的富人无不以拥有一个汇丰账户沾沾自喜，似乎就有了超国民的待遇，在茶馆喝茶，见面第一句问候语是："汇丰户头开了伐？"说到底，这家银行的运行逻辑是用中国人的钱赚中国人的钱。当荣德生听见谁在汇丰银行开户，就会对他说："无异自杀！"

兄弟俩绕过大楼，在楼后来回找了几遍，汇丰的后门也挺气派，但那不是，终于找到一扇不像门的后门。

宗敬呆在了那儿，觉得面前这扇门更像是狗洞。

德生如此文雅温厚之人骂出一句无锡地界上最恶毒的臭话，铁青着脸不想挪腿，忿忿道："外国人凭什么在中国国土上侮辱中国人？"

宗敬一直用沉默保持自己的尊严，接着，放松地笑了起来，对德生说："老弟，咱们就钻一回狗洞吧，听我口令，起步走——"

进了门，宗敬对德生说："终有一天，我会堂堂正正从大门进去，踱着方步。"

"去存钱？"

"不，借钱。我们用外国人的资本与外国人斗，这叫做'用他的拳头掌他的嘴'！"

兄弟俩从小门穿过几条冷僻的甬道，进入写字间交相比邻的走廊。写字间的职员都是洋人，他们中间没几个能跻身于伦敦摄政街与牛津街的绅士行列，很多是被不顺心的境遇驱使到东方寻找命运转机，就连葡萄牙籍的澳门人也变得神气活现，好像头发已经变黄了似的。

兄弟俩在迷宫般的走廊里东张西望，找不着要去的地方，一个好心的茶役走过来问："二位主顾找谁？"

"办赎押手续。"

"那请上买办间去吧。"

买办间在走廊尽头。

汇丰银行大班、副班之下有大写、二写等职，写字间的职员均由大写选用，一律外籍人。买办间的职员则是由买办雇用华人。洋大班通过这些中国通大发横财，而买办从中分尝余沥，个个腰缠万贯。买办间二十几名雇员忙忙碌碌，荣家兄弟进去后，没人招呼，德生皱着眉头熬受痔疮的疼痛，溃烂部位疼得他吃不消。

老半天，才有一个小账房出来接洽。

小账房收过庄票，就跑到里边一间厅房去了。那是买办和跑楼（副买办）的办公室，荣宗敬早就听说清廷大官僚如北洋大臣李鸿章，闽浙总督左宗棠，邮传部尚书盛宣怀,每到上海,都要来此移樽就教。为了开支军费,造铁路,付赔款,就是从那里借走大量款项的吧?汇丰是连朝廷也要仰承鼻息的所在,荣宗敬发觉走进了上海最重要的空间。这一点,他在来的时候没有想到。他在上海滩不屈不挠地挺了二十多个年头,此时他才觉得真正踏入上海,进入上海的心脏。相形之下,他感到自己多么势单力薄,渺小卑微。他不愿多想这些。汇丰银行把他们兄弟整得够惨的了,这使他痛心,身躯中桀骜不驯的精神却又活泼起来,"走着瞧吧!"他站在那里默默地说,安抚着受损的心灵,又像是向整个大上海宣战。

德生是什么也不能想了。屁股上夹着的尿布全湿了,血正从该死的痔疮里涌出,淋湿大腿,他疼得面孔煞白,却没有人请他坐下来。

小账房好歹出来了,他手中拿着的不是地产契单,还是那张庄票。

他把庄票退还给德生。德生发愣地溜了一眼,买办未在上面盖章。

小账房解释说:"自从投机风潮发生后,钱庄信用受损,银行洋大班提出要上海道台衙门出公文担保,庄票才作数。"

这一下,老钱庄荣宗敬真的光火了:汇丰,你凭什么污辱上海所有的钱庄!

折腾半天,还是白跑一趟。

荣德生赶紧要走,他屁股眼夹着的尿布不换不行了。

十五、上海滩这一次玩大了

男人剪掉猪尾巴。女人放开缠脚布。衙门变成同盟会军政府。中天换日，神州变样！

上海滩没像别的城市那样，为剪掉猪尾巴呼天抢地，顿胸捶足。内地男人将剪下的辫子收藏起来带进棺材，上海男人“咔嚓”之后随手扔进了垃圾筒。剪掉辫子的上海商人穿洋装，戴西洋大礼帽，手上玩着一根司的克，逢人握手发名片。租界的外国人比中国人还兴奋，在社交场合举杯庆贺中国民主共和是不可缺少的节目，当成他们自己的胜利。总之，上海的出现就是为了给这个不幸的国家不断捣乱。事实上，中国发生的历次重大事件也真的与上海有关。就说这一次改

20 世纪初的上海外滩

朝换代吧，如果不是上海橡皮股票风潮导致清政府为弥补巨大财政赤字向西方列强借款，就不会宣布铁路国有，出卖铁路修筑权，从而引发保路运动；而点燃保路运动的引信是川路公司一位财务高官挪用公款到上海炒橡皮股票。这位仁兄把“股市有风险，投资需谨慎”当做耳边风，350 万两银子全打了水漂。清政府在回购川路公司股份时坚定地不为这笔亏空买单，按说这是常理，然而，保路运动就此触发了，四川的枪声引爆武昌城这座大火药库，眨眼间震塌了维持两千余年的封建专制。

上海滩这一次玩大了，将自己也玩了进去。

改朝换代势必引发剧烈的社会震荡，经不起惊吓的工商业患疟疾似的在痉挛中挣扎，市面上流通的现银突然消失。上海滩见不着银子了，别的地方还有日子过吗？

荣德生在长吁短叹中度日，振新纱厂已经停工一个多月，大烟囱不冒烟，小烟囱也便不冒烟，工人纷纷催促开工，但是没有现银发工资怎么办？亏他脑子好，琢磨出购物卡这一概念，按照钞票图样请商务印书馆印两万张工资票，由他签字生效。由于有实业担保，工人就能凭票到指定店铺购物，总算度过难关。

临近年关，银行钱庄的跑街纷至沓来，要求结清旧账，茂新振新库中货物悉数卖完也不够数，为了维持信用，德生将 300 包棉花栈单以 5 千元估值押入上海聚生钱庄，拿出钱来应付无锡钱庄的欠款，无锡银钱业应对时局的办法是只收不放，把他的帐户也给消掉了。过年后，荣德生面临贷不到款，进不了原材料的尴尬处境，他召集董事会，商请诸股东垫款 5 千元从聚生赎回棉花栈单，结果，有钱人的应对之策与银钱业是一样的，捂紧口袋，没人肯掏一个子儿。

正月初五，离天亮还有一些时间，荣巷上荣、中荣、下荣三处淹没在沉寂中，期待重要时刻的到来。初五日是琳宇梵宫诸神中一个挨不上号的路头神诞辰。路头神是五祀中之行神，不过，在江南民俗中当做财神菩萨供奉已有六七百年历史，岁末送走路头，初五就要虔备牲礼，接回东西南北中五路财神。《吴歌》云：“五日财源五日尽，一年心愿一时酬。提防别处迎神早，隔夜匆匆抢路头。”生怕财神爷被别人家抢接去，隔夜就将祭祀物品准备妥当，路头神成为不可轻慢的伟大的神祇。每年此日，镇上商铺最早鸣锣燃炮，以此为号，家家户户的锣声爆竹声就争先恐后地爆发开来，烟雾弥漫，巨响震耳。

是日，小镇西街头有户人家毫无动静，荣家兄弟作出一个违反常理的决定，今年不拜路头神。

荣德生一夜没有睡安稳，怕错过时间，老是从假寐中惊醒过来，瞧一瞧朝南的一溜窗户，当木格透出一丝曦光，他起床了。

天极冷，五更寒气从玻璃透进来。他穿好棉长袍，又从柜子里取出皮马褂护身。虽然剪掉了辫子，他还是喜欢那顶瓜皮帽，拎起帽子顶上的红珠子戴上，压紧，离开空荡荡的只有几样简单家具的房间，到了门外走廊里。

宅子里静得没一丝声息。他悄悄地拉开二朝门的门闩，从青石砌的门框中走进前朝。住在东厢房中的仆人披衣而出，帮主人打开六扇低矮墙门中最靠右手的一扇。

德生出了门，沿着自家的围墙往后走，住宅尾部置于小街西端的尽头。街面上的商铺透出零落的灯光，等候一个微妙的时刻。德生从宅后小街走向东浜头，那里开辟了一个比西浜气派得多的石码头。三面石驳岸围着颇为宽敞的河塘，茂新小火轮的灯亮了，引擎发动，在德生登上轮船驶入梁溪河的时刻，身后接财神的大幕拉开，鸣锣燃炮，烟雾弥漫，炮竹燃亮将明未明的天空。

荣德生今天要到上海聚生钱庄不花一文钱取出300包棉花栈单，让振新纱厂开工。他在火车站票房用工资票换好车票，与振新纱厂账房李友常一同上了早班车。他的路头神在上海。沿途，他再次与李友常磋商即将演出的戏文，敲定细节，排练了两回。他一副厚道相，施点小谋略，特别见心计。

如果他有现钱，早就将款子垫出，问题是他连百十块也掏不出。家中大小十几口人，省算省用，仅花不足20元钱把年过完。过年时，家中不备烟酒不请客吃饭，有客来访是清茶一杯。

李友常说："荣先生，看你的心情，事情包成一样，我就怕出纰漏，戏演不像砸了台盘，我无所谓，你是不能丢面子的。"

李友常缺乏信心，戏就没法唱下去。荣德生说："你得定定神，不要为自己找不舒服，我们骗栈单不骗人，我保证十天内还钱过去。再说，我不为自己想也得为工人想，过完年口袋都空了，他们眼巴巴等钱花，机器不响哪里有银子的响声？"

"我尽力去做，一旦弄勿像，你勿要埋怨。"

德生见他还是没信心，该教他懂得一些历史了："有常，只有你上半场把'苦肉计'唱好了，才有我的下半场。'苦肉计'是三十六计中成本最低见效最好的一计。唱'苦肉计'唱至极致者，当数诸葛孔明吊周瑜一出。孔明本是借吊丧机会深入东吴挖人才，周瑜部下个个想杀这个冤家。你看看人家是怎么演戏的，《三国演义》写道，'孔明祭毕，伏地大哭，泪如涌泉，哀恸不已'，像真的一样。东吴众将领中了邪，一个个神经错乱起来，相谓曰：'人尽道公瑾与孔明不睦，今观其祭奠之情，人皆虚言也。’鲁肃是有头脑的柱国大臣，也忽然傻了，从内心叹曰：‘孔明真是个多情的人啊！’这出戏让人眼界大开，一场好戏可抵十万兵耶！”

李友常终于开窍：“诸葛亮所有的计谋是把人脑子搞晕，让人弄勿清。”

“聪明，”德生为了鼓舞李长友的信心，将“空城计”演好，继续说，“聚生钱庄大老板汪老先生是看重我们兄弟的为人和事业精神的，12 万两都肯放给我们，区区 5 千两来去，底下人也会通融。尽管大胆出场，角色一定要扮像样！”

车到上海，账房李友常到南市聚生钱庄按计行事，德生则到麦特赫司脱路张园坐等消息。

张园的存在出于园主意外，它站在历史风云中制造风云，不仅是西方思想、哲学、文明的汇集之地，而且成为中国风起云涌的政治中心。革命党、改良派、保皇派在这里争雄斗狠，伏尔泰、卢梭的天赋人权，孔德的实证主义、普遍人性，斯宾塞的社会发展论，亚当·斯密斯的国家论，成为革命党的枪炮弹药，硝烟味十足。一个原本娱乐国人的张园，一不留神娱乐成同盟会的革命圣地。

去年十月，革命成功。孙中山结束了十六年海外流亡生活，乘“香港”号邮轮抵达上海。邮轮下碇吴淞口，换乘沪军都督府都督陈其美派去迎接的“建威”号军舰，在法租界金利源码头登岸。那天码头上万人攒动，鼓乐喧天，中外人士以一睹集国家重任民众期望于一身的革命家仪容为快。金利源码头离三洋泾桥不远，德生闻讯赶去，孙逸仙被一群暌别已久的同盟会老同志、中外记者包围着，他挤不动密密层层的围观人群，直至孙逸仙被贴身卫队拥簇上汽车，驰往法租界宝昌路大洋房下榻，他还未瞻仰到淹没在人海中个子矮小的同盟会总理的身影。

委实是一件终身遗憾的事情。德生对孙中山仰慕已久，最初是从他的《上李傅相书》中认识这位济世之才的。孙中山的睿智宏论绝非狂士欺世大言，先农本而后工功，十分契合德生的心意。读《上李傅相书》，他如同身入深井，探得巨大的宝藏，足够享用一辈子。后来，当他在《民报》、《苏报》上接触到孙中山倡导的民族、民权、民生主义，也颇赞同，认作是拯救中国之道。未能认认这位济世之才的贵相神貌，德生遗憾终身。

这世界充满巧合，而他的运气总是不坏。金利源码头的遗憾，两天后得到弥补。那天，孙中山突然想去视察为革命党人提供政治舞台的张园，拜晤园主张叔和，这个园子在他心目中可是中国的海德公园。上海立宪公会乘此机会，在张园举行欢迎同盟会总理孙逸仙的盛大集会。张叔和忙得屁滚尿流，亲自在安垲地布置一切，眉飞色舞告诉正巧前来看望他的德生，欢迎孙总理的大会马上召开，叫他切勿走开。张叔和在申锡两地股东不和时，替补成为振新纱厂股东，德生本是来向他讲一讲厂里的经营状况，不料遇上这等大好事。德生不禁自叹："我的命真好！"

下午 2 时，孙中山与胡汉民、黎元洪、黄兴、蔡元培、陈其美，在满园的彩旗和鼓掌声欢呼声中进入会场。翘首以待的德生，拍了几巴掌就被中国革命领袖的风仪倾倒。孙中山容貌俊逸，度量宽宏，精神专一，确是出诸天授的伟人。德生希望在孙中山后面看到邑人吴稚晖，然而愿望落空，这个冒牌无锡人未改不肯抛头露面的怪脾气，不知道正在上海哪个角落侃大山。无锡城中和上海锡金公会内，时下都以这位怪人为话题。邹容被捕后，吴稚晖带一家老小去伦敦当排字工人，用半生不熟的无锡腔英语在海德公园发表演说，鼓吹革命，反对清廷，毫不介意听众的嘘笑声。流亡伦敦的孙中山得悉后为之感动，打听吴稚晖的住处，特地去拜访他。邑人纷纷猜测吴稚晖要做大官。结果没错，今年元旦，孙中山在礼炮声中于南京就任临时大总统，吴稚晖就跟在他身边。

欢迎大会开始，孙中山以坚定不二的口吻，发表了以革命武装力统一中国，彻底扫除北方专制余孽的演说，宣读同盟会刚刚通过的重要文件《同盟会本部宣言书》。会后，孙中山与全体立宪公会会员在安垲地大洋房前摄影留念，由于张叔和的安排，非会员荣德生也占有一席。他今天是取这张照片而来。

今日是张园接过五路财神后首天开市，各色人等，熙来攘往，风仪翩翩，到处可闻拜年祝贺声。那些在家中一憋多天的党团成员要紧到园中聚会，他们嗓子眼已经痒得熬不住，占据安垲地，纵论时势，高谈阔论，打打嘴仗，消化一下腹中过年的积食。

张叔和住在园中一幢米黄色的别致小洋楼内，客厅迎门墙上挂着财神像，下面案几上供奉猪头、全鸡和弹动的活鲤鱼。老人正在阅看亲友新年投来的飞帖，一边如法炮制，填写一份口红单刺，差遣仆人回送。

见德生蓦然而至，他感到诧异。"德先生，你怎么初五就急着出门？"

"俗称破五日嘛，欲有所作为，必此日始行之。"德生不想把真情在股东面前和盘托出，故意以调侃的口吻说，"再者，特来向张老先生拜年，园中生意好兴隆啊！"

"托你的福，甚好。辛亥革命以来，差不多天天有团体在园中开会。江亢虎、唐文治的'共和建设会'，戴季陶、李怀霜的'中华民国自由党'，黎元洪、章太炎、汤化龙组织的共和党，还有中华促进会等等，均在安垲地相继建立，我都说不周全。”

“园中可有德商禅臣洋行的人来？德国大铁箱尤其好，我想买两只，以后用来装现洋，你看时局一紧，市面上现银断绝，钱庄不放款，还是财务上自由往来的好！”

“这行吗？”德生常有一些迥异于他人的特别之想，引起张园主人的迷惑。

“试试看。”德生坚持说，“张老先生，上趟的照片加印放大好了吗？”

“已由园中照相师弄舒齐，清爽得很。”

德生乐不可支地捧着张叔和从内室取出的长条照片，在后排靠边找到他站立的位置。照片凝固一个永恒的纪念。“无锡城里谁都会羡慕我的，”德生心里说，“这是多么荣耀的时刻啊！”目下，谁与孙中山有过一面之交，甚至八辈子不搭界的人，都自称为孙先生的学生、同志，何况这是货真价实的凭据。

吴稚晖与李石曾在此时自天而降，吴稚晖进门就张开大喉咙喊道：“拜年，拜年，张园今日好热闹啊，开市利达，张老先生，你又有铜钿银子赚了。”

“稚晖雅兄，你跟大总统上南京没几天怎么就溜回来了？”张叔和吃惊地问。

“唉，长话短说吧，我原任奔走之劳，责无旁贷，跟汉民、仲凯一起和中山先生办公，辄至深夜，共宿总统府。谁知住了四天，中山先生要求我担任教育总长。敬恒乃山野闲鹤，自由惯的，当官卖相要好，我这个丑八怪会坍政府的台；当官穿戴要整齐，我邋遢惯的受不得拘束，对中山先生说了句‘做官我是做不像的’，就回上海商务印书馆和文明书局当编辑，做回老本行，好不畅快。”

哪里有吴稚晖哪里就有故事或者笑料。这个对什么也不操心的快乐主义者说完就哈哈大笑起来。

“你个脚色倌，弄弄就脱攀，只会瞎胡闹！”

张叔和对他埋怨了一句，就向他介绍荣德生。吴稚晖记性特棒，记起光绪十八年，在无锡拱北楼与这个愁眉苦脸的小厂主有过一面之识，又放声大笑起来。

“哦，敝人曾为你扔过两只靴子，有这回事吧？”

德生憨厚地笑了，对比他大 8 岁的同盟会老会员说：“元老嫉恶如仇，义气浩荡，我没见过第二个这样的人。你的靴子扔过去，比一门大炮还厉害啊！”

吴稚晖领受下奉承话，用手掌抹抹清水鼻涕，手心对手心揉着。“听说你们兄弟在家乡大兴粉纱制造，可钦可贺，日后可望成为实业巨擘。然而举步亦难，中国软弱非一日而成，上则因循苟且，粉饰虚张；下则蒙昧无知，鲜能远虑。我中华民族之大病，约有五端：首曰愚，次曰弱，三曰贫，四曰散，五曰私……不矫正上述民族五病，难以自救振兴，什么事都干不像样。”

德生深有同感，两颧上的肉朝上鼓起，显出惯有的忧郁："芸芸众生，仅想做做吃吃，以无冻馁为自得。"

吴稚晖添说道："不做，饿亦无妨。不幸中国人堕入宗教而安贫乐道，知足常乐。让美英等国人民去讲神学吧，中国人只可信奉卢骚的革命哲学。古圣人有言曰'知之非艰，行之惟艰'，此种畏缩保守思想贻害民族迨数千年，中山先生推倒圣人，力倡'知难行易'说，乃是以图强国、以雪国耻的革命哲学。"

德生不知卢骚为何许人，却沉浸在对孙中山的钦敬中。他端详着手中照片上端坐正中的中山先生，说："大总统品格伟大，献身于宣传主义，就靠他挽狂澜于既倒了。"

吴稚晖倔傲清高，喜欢摆摆谱儿，接过话议论孙中山："逸仙之为人，敝人知之甚深，平易待人，热忱无限，领袖风范，但作为政界中人，或许显得过于宽容厚道。早年留学日本，同学约我到横滨去看孙先生，我还摆臭架子，怀疑其为八猎庙里的人物，自己一榜举人，怎可下就去见他呢？现在提及，只好付之一笑。后在伦敦有幸面晤，那时，孙先生穷到房钱付不出，却把友人救济的40英镑悉数买书，从此我看作榜样，追随其后，不以世俗之见衡量一个出类拔萃的革命者。"

荣德生听得出神，联想自己出身低微，毫无背景，自进入商界受尽士绅官府欺负，面前这个与孙中山过往甚密的家乡人，至时是否可以期待呢？

吴稚晖自管夸夸其谈，将文绉绉的李石曾冷落在一边。张叔和说他该歇会儿了，将荣德生介绍给李石曾。李石曾出身官宦之家，其父李鸿藻乃清同治年间军机大臣，同治、光绪二帝太傅。1902年，李石曾随清政府驻法公使孙宝琦赴法留学；1906年8月加入中国同盟会，出版《新世纪》周报，与吴稚晖、张静江等在巴黎发起组织世界社，宣扬革命；去年回国参加辛亥革命，为国民党四大元老之一。他与吴稚晖相约张园，是为商议在北京创立留法俭学会之事。

荣德生见李石曾儒雅中透出伟岸之气，两眼闪射深邃凌厉的目光，中山先生的阵营可谓人才济济，革命成功是势所必然。他连忙起身施礼："李先生，今日幸见，日后望多指教。"

吴稚晖介绍说："这位是邑人荣德生先生，孙总理实业建国的忠实拥趸，投身粉纱二业，实业之余，资助公益，学校办了几座。在旧时代，社会不公，意识落后，饱受封建势力欺压，一路走来，实属不易。"

李石曾向德生表示敬意，安慰他说："中山先生领导革命，就是要建立一个公平、公正、公理的社会，人人享有尊严和自由，尽管社会堕落已深，积弊已深，但这一天终究是可以期待的。"

荣德生说："李先生所言极是，商人们都在盼望这一天。商人都是爱国的，没有国他怎么做生意，故应予商人平等地位，使其受尊重、有志向，经济势必发展起来。"

荣德生再遇李石曾是在1920年北京，他作为全国实业会议代表赴京开会，建议政府向西方各国要求退回庚子赔款，并资助李石曾等人出国考察交涉，获得成功。其时，荣氏兄弟已有面粉大王之称。

宾主交谈甚欢，德生见账房李友常兴冲冲闯进来，不用开口，知道上半场戏演得很成功，该到他出场的时候了。

德生起身告辞，到南市聚生钱庄拜年去了。

且说李友常进得聚生，迎面见到忙忙碌碌的账房浩然先生。钱庄过年封关后头天开市营业，浩然见往来厂家老熟人出现，先已一惊："李先生，何以今日来申？"振新纱厂按例应在今日开工，大账房该在厂里忙碌，怎么有空到上海闲逛呢，莫非厂里出了什么问题？浩然心神一乱，难免作种种臆想。

李友常忧愁交加地回答："振新去年因利大，将货出清，因时局未定，无锡各庄往来还清后没给开户，原料告罄，开不出工了。"

"拿5千元来赎棉花栈单不就行了？"

"股东不肯垫款，僵了，振新不知哪天能开工呢，我一家子要吃要喝，只能来申另寻生意。浩然兄，你我结交多年，看着往日情分上，帮忙觅个差使做！"

李友常故意把喉咙放得震山响，把聚生账房唬得心惊肉跳。经理孔先生就坐在里厢，听见后肯定要中风。陈年老账，连同为赎回振新地契放出的4万两，荣家兄弟挂在聚生账上的债务数目惊人。工厂开不出工，就永无偿还可能，势必牵动聚生资本，钱庄不就赔了进去？

浩然先生嘘一声，叫他小声点儿："振新与我处关系极大，此话切不可让里面听见，听见要吓煞。新年伊始即搁浅，于我庄大不利，你们快想办法。"

"无法可想。这趟来申，寻不到生意做，我就不回家了。浩然兄，我在上海别无亲友，是真心诚意求你帮忙，除了你，我还能指望谁？念在我一家老少份上，你得帮帮我！"

浩然的面色一青一白，聚生这次是被拖下水了，巴不得荣德生出现在面前，问明情由，商量办法。

聚生与振新的命运捆在一起，同生同死，是没可奈何的事情。

李友常见火候已到，装出漫不经心的样子说："听说德生先生也到上海来了，不知为什么事？”

浩然喜出望外，立即说：“最好不过，你能找到他吗？请他快到聚生。”

德生正洒脱地行走在前往聚生钱庄的路上，沿途观赏着比家乡崇安寺还要闹猛的新年景象。

进入南市，锣鼓喧天，满目风情。男女老少衣着鲜艳，而士绅人家飞轿生风，不是往寺院进香，就是到城隍庙逛街市。各店小伙计在商店供三牲接财神后，拎着祭神的活鲤鱼到城隍庙荷花池中放生。亲族好友之间互相登门拜年贺岁，络绎于道，即便静巷幽坊，概成闹市。

位于豆市街东阳里的聚生钱庄，格局颇似一座地主富绅的大宅子，廊下两口大红灯笼分别书有“聚生”“银号”，精美的木雕挂落上缠满红绸子，两边几扇对称的木格窗棂装饰着延伸的外墙，门厅内笨重的大门朝南洞开，一派汇划大行庄的气象。德生登上石阶，在门口小桌上摊开的新年门簿上草书完姓氏，抱拳贺道：“开门大吉，恭喜发财！祝宝号日进斗金，大小先生年年有余。”一本正经的新年应酬话。

德生的贺词没有回音，账房先生浩然被德生抱拳前放在桌上的物件愣住，顾不上回礼。他拿起镶在镂花木框内的照片反复端详，最后将目光转向德生：“德先生，你忒结棍了，忒牛皮了，竟与大总统一起合影，这个人真的是你吗？”

这个道具，这个情节，是他编撰的剧本中没有考虑到的，出现了奇特的效果，像煞是草台班随口爆出好词带出满堂彩，德生很是兴奋，今天的大结局又添胜算，而且无疑以喜剧收场。

他满脸是诡秘的笑：“不是我能是谁，你画一个上去给我看看？”

“上面尽是国民政府的大亨，内阁成员，各部总长，你与中山先生熟识？”

这可不是个好问题。德生尴尬，他这辈子尚未有过说谎的勇气，素向将诚实认作最重要的品质，人诚实了，才对得人这个称呼。他斟酌怎么回答才好，总算寻找到比较中性的说法：“有幸交识。”

“德先生这下大发了，将来也会到政府当要员啊！”

“商人的本分是做好生意，政治嘛还是由政治家经营。”

“新年新世，在下祝贺你了，适才李君来过了。”

“哦，他来过了？我若不是上禅臣洋行订购大保险箱，何至耽搁如此。”

剧本原定的台词开始。

“购保险箱作甚？”

“德国大保险箱世界第一等，放银子最放心，能撬开的贼还未生出来，足以高枕无忧。只待振新开工,钱财源源而来。”

“嗯?”

德生见浩然傻在那儿,添说道:“时局如同弹簧,压抑愈甚,弹力愈强,发财在不日之间。目下,南方国民政府正在组建军队,北方军阀也在补饷添丁,亟需供给。打仗离得开棉布面粉吗? 不几日,行情肯定看好,价格上涨是必然之理。聚生的生意亦会蒸蒸日上,可别错过天赐的发大财的机会哦!”

德生上聚生志在取栈单,却压根儿不提这码事。打从李友常走,浩然先生就忐忑不安,寻思是否该借出栈单,此时沉不住气了。

“荣先生,茂新那边新年后有何动作呀?”

“形势大好,已派员携款前往苏北产麦区收购麦子,我为茂新也订购了德国大保险箱。”

“振新不开工是何故呢?”

“我想开,各位大股东不想开,我与宗敬是小股东,总不见得娘舅不急急外甥。振新倒了我还有茂新,倒要看看谁挦得过谁?”

说出“倒”如此不吉利的词,荣德生看来真的要撒手,他一撒手振新还真的会倒,聚生放出的银子就放汤。

账房浩然劝说道:“德先生可不能意气用事,一家厂塌下去很容易,将它扶起来就很难很难了。”

火候已到,剧情的发展取得预定效果,是到甩出最后一句台词的时候了:“那些股东眼光只有三寸长,其实,赎回栈单不过十天八天就能周转过来将借款归还。只要纱机一转,百事不愁,无锡钱庄自然会开户放款,除非他们不想赚铜钿。”

讲的句句是理呀,浩然很同情德生的处境:“德先生,别与那帮无眼光的股东计较,省点精神做你的事。喏,栈单在这里,交与你,这可是我作的主,你可要对得起我。真人真话,你大致何日可将5千元款子归还?”

“荣某为人,从来不失信用。过元宵连本带利如数奉还,决计不误!”

十六、品牌：发轫之始

驰名中外的京杭大运河，以一个优美的圆弧，绕过古城无锡，飘飘展展而去。北塘商市就在这个圆弧上。两岸建筑椽摩栋接，就着石驳岸坐落成各种姿态，间或斜柳绿桑，疏疏朗朗，绰约可见。这里的行号商铺前店后河，都有码头伸进河边，有的码头出奇地坐落在凌架水面的屋子下。运货船就在这些码头上来来往往，进货出货，几千石的大趸船则聚集在宽阔的公用码头，没日没夜地装卸南北东西的货物。

自清末推行新政开始，活跃的民间资本替代官僚资本，将这个城市闹得水起风生，无锡作为充满朝气的工商城市，成为江南经济民生的晴雨表。

在无锡城北的北塘商市，可以读出晴雨表刻度上的数字。

此地有桥横跨运河，称大桥。当地人说到大桥下等同上海人上南京路。无锡有小上海之称尽由北大街而起。北大街是桥南的一条商业街，又是无锡的金融中心，钱庄密集，以财神弄口的信诚银行无锡分行为鹤首。气派非凡的百货

无锡水巷

店、银楼、绸缎庄、南北货、参茸药材店，以及出售泊来品的各式货号罗列于大街两边，西洋派头的建筑夹杂其间，撩人眼目。大桥之南，有布行弄、竹场巷、笆斗街等，沿河两侧下岸有芋头沿河、桃枣沿河、麻饼沿河……光听地名，就知晓此间色色皆有，百业俱全，一派货物集散的盛况。

近来，阴雨连绵，北方各地更是大水为灾，苏北逃到苏南的饥民也多了起来。昨晚又是一场连夜豪雨，近午终于放晴见太阳。午后，荣德生与办麦主人浦文汀到惠山天下第二泉喝完茶，上北塘溜达来了。北塘是他观察经济走向，分析行业形势的场所，产品供需、价格浮动、品质类比，溜一转心中皆有数。无锡城中，有人见荣家兄弟以 4 部石磨起家，生意越做越大，都将面粉制造视作有利可图的行业，纷纷争相模仿，不数年接连办起五家面粉厂，气恼的是茂新产品质量不低于他人，市场偏要压他的价格，凭什么？德生始终心存不服。沉重的竞争压力令他透不过气，尤其是竞争对手依仗雄厚的财力，以资本优势倒逼荣家，大量收购麦子达上百万担，摆出釜底抽薪，断他原料来源的架势，可谓其势汹汹。水灾之后将会出现麦贵粉贱的局面，拿荣宗敬的话来说叫“板贵棺材贱”，这是让所有制造业恐惧的局面，对资本薄弱的荣氏兄弟可言，更是雪上加霜。

“人取我弃，以观后来”，是荣德生的一时之策。在众多竞争对手面前，如何胜出，以弱转强，独占鳌头，是他追求的目标。他很清楚，扭转竞争中的劣势，首先要寻找自己的优势才有活路，这是他必走的生存之道。人以名立世，产品亦同。兵船牌商标是注册了，就像人有姓氏，如何叫这个人站立起来，受人敬重，是他不停琢磨着的大事情。渡僧桥以及乔家栅已给他足够的启示，产品即人品。对人而言，凭诚信、德行立于人世间；对产品而言，要有胜人一筹的品质。将兵船牌掼的像恒泰兴酱菜和小光蛋的擂沙团那样响，不是件容易事。

兵船牌商标

夕阳西下，柠檬黄的水淋淋的太阳，从天空中下坠，极不情愿落入两岸布满房屋的古运河。“日黄黄，雨晃晃”，老天还要下雨啊，荣德生在北塘运河沿岸边走边寻思，茂新没钱大批进麦不算坏事。

日光从悠悠扬扬的水面上返照到墙上，在石驳岸上晃动悠悠扬扬的水光，美妙如同神秘的天书。荣德生对这天书有兴趣，注意力集中到这一发现上。他从公码头搬运货物的苦力堆中穿过去，站到河边仔细观察，从天书中破译出一些名堂来了，叫来他的办麦主任，一同察看。

凡是伸入河中的石码头半淹在水中，在临河窗户中，女人不用放长绳子就打上一桶水来。对面驳岸上的水渍有三尺高，这是昨夜下大雨发大水，河水退去后留下的痕迹。

“不好，麦子已变坏。”荣德生叫道。

办麦主人浦文汀也傻了，是啊，发这么大水，仓库肯定进水，麦子还能好得了？

大雨成灾，麦子受潮，受潮必发热，发热必受伤，这一切皆与面粉的粉色、经线、口感、营养有关。

荣德生说：“眼下正值麦收季节，今年的麦子出问题了，热坏僵麦决不能收，你这个办麦主任得死死给我把住关节，切记切记！”

办麦主人浦文汀在控制原材料质量方面是一把好手，但荣德生还是敲钉钻脚地交代他。

荣德生接着说：“茂新存入库中的麦子肯定也已受损，立即动身，上接官厅堆栈取样试验。”

两人取样回来检验的结果，麦子果然受潮变味。运河边的意外发现至关重要，荣德生看到的不是损失而悟到打响品牌的契机。他等待许久的机会不期而遇地到来了。这是天赐的生财之道。别的厂家舍不得剔除受热变质的麦子，他就要舍得；别人会贪便宜收进混有坏麦子的原料，他将反其道而行之，宁肯出高价也不能收进一粒坏麦子。

他大声交代浦文汀：“不准一粒坏麦子进入机器，办麦时给我把住关；仓库里已经受潮的，全部剔出来。谁要砸我的牌子，我就砸他的饭碗，包括你！”

老板素向和蔼温存，他今天怎么啦？荣德生一直将办麦主人视为家人，也难怪浦文汀来脾气：“砸就砸呗，朝我发什么火！”

荣德生留意到自己失态，又用平和的语气问：“文汀，你说，其他厂会不会剔除受热的麦子？”

浦文汀反问：“你是想要他们剔除呢还是不剔除？”

两人哈哈大笑起来。

不久，当各地面粉厂的面粉因麦子浸水受热而有霉味，味道恶劣得难以下咽时，德生却在留心办麦，发动工人剔尽热坏变质之麦，出粉色味远较他厂优质，大受用户和经销商欢迎，驻各地的办事处纷纷发电报催货，产品畅销大江南北，也在上海打出一片大好局面。当时，国内面粉的第一品牌是上海阜丰面粉厂出品的“老车”牌，“兵船”以无可争议的品质优势压垮“老车”，尽管定价超过“老车”，各地经销商却只认“兵船”。从此，“老车”在销售方面再怎么动脑筋也一直竞争不过“兵船”，在业内就有了“老车不敌兵船”的说法。

兵船牌像久阴之后的一轮朝阳，照耀着广大的市场。各厂滞销唯其独俏，兵船兵船，从此无人不晓，招来巨额利润。

荣德生笑了，他得逞了，兵船原来是用来装银子的。

品牌打响，一本万利。为取得规模效应，兄弟俩处心积虑地添置新机，扩张生产能力。在前一次危机中，幸有茂新冒险添机，扩大规模，才有今日财利广进，转危为安。不仅偿还了债务，而且手握余银，得以规划更大的局面。机器设备可以是印钞机，也可以是一堆废铁，就凭经营者有没有智慧。市场对品牌必将给予加倍的回报，就这么简单，搞复杂了，经营者自己就被搞糊涂了。

茂新添机。振新添机。拆除旧式机器。民国初年，是荣家兄弟忙碌，充满活力和美好想象的年头。十二年的惨淡经营，历尽磨难，到这一年成为荣宗敬荣德生昆仲经营实业的发轫之年。

德生忆及当年的占卜卦辞，感到惊异。命运正在一页页地兑现。“天意”为它的存在又寻找到一个根据，让人们对它莫可奈何，于是宁信其有。但人们不太愿意深思兄弟俩经历的无法想象的艰难困苦。正因为“无法想象”，幽暗的命运总是诱惑人进入而又只玉成少数经得起它捶打的人。

人类就这样生存着。

营业的转机，使荣德生有常去惠山喝茶的兴致，他在那里会会商会中的同好和各界人士，尤其喜欢与教育界人士泡在一道。

景徽堂坐落在惠泉山麓，老茶客喜爱坐在堂前的大敞台上喝茶，边把壶品茗边欣赏惠泉山下的秀丽风光。左边是殿阁四起的梵宇，右边是蜿蜒起伏的山房曲廊，“天下第二泉”的泉眼在景徽堂下依次罗列。最后一眼大方池中螭首不绝地吐水，碧澄厚重的泉水中几尾金红色大鲤鱼游来游去，巧妙勾画出茶客的闲情逸致。

“雨人先生，公益学生考入南菁之后，学业如何？”荣德生提起紫砂壶，给胡雨人斟茶。

“都很勤勉聪颖，只是校中经费匮乏，甚少变化。”胡雨人顶了顶长脸上的金丝眼镜。

胡雨人身为中国首批留洋学生，加入同盟会后，既不像吴稚晖那样热心政治，也不像其他学友投身商界或当买办，生活中只有一个信仰：教育。归国后，辞去北京女子师范学堂督学(校长)，回乡兴办胡氏公学。他矢志不入仕途，现任无锡南菁中学校长，德生创办的两所小学有不少学生考入该校。这位献身教育的乡贤在各校任职，向不领薪，把薪金悉数捐给经费匮乏的学校，就连在校伙食费也自理，靠家产度日。德生对他钦佩至致，在兴教育才方面时常向他请教。

“胡先生。”德生敦厚的有些松弛的面孔呈现忧伤的表情，每当这样的时候他不是遇上麻烦就是沉湎于往事。“我垂髫之年即入钱庄当学徒，幼时没读过几年书，饱尝无知识之苦，对农家子弟贫于经济，缺乏教育深有体会。先父遗训我们兄弟治家修身之道，推其有余，致力社会，我决定添办学校，尽力去做，使学校遍于乡间。”

胡雨人兴奋地抚弄着一头浓黑的短发，双目在镜片后炯炯生光。“荣先生立志公益，胸怀诚达，鄙人忍不住为你喝一声彩！”

“与胡先生的热忱相比，我所做实在太少。”

“要改变中国人的愚昧状态，须从兴办教育着手。”胡雨人两颧隆凸而又瘦长的面孔上布满忧国忧民之情，“以实业之利办教育，教育又必改进实业，看来荣先生深谙其理。”

“清廷计九朝二百七十六年，以摄政始而摄政终，一不能兴才，二不能使才，其得失有关。一国如此，办实业又何独不然？”

“你可听说太仓唐文治，其为国学大师，却把南洋大学办得有声有色，招揽辜鸿铭为教务长，设铁路、电机、商船等科，又设立电机试验厂，中国学校之有电机科，由此为始。广为输送人才，工业便如椅之有背。”

“我有这样一所学校就好了。”荣德生暗暗思忖。他那老是不肯安分而又无所不想的思路再次敞开。

目下，他最感困难的是缺人才，厂内职员如工程师等，只得借材异地，平时需要最多的是工人，既未经专门的训练，又无相当文化，大都连名字也写不上，仅凭聪敏勤苦，由匠师传习技艺，而匠师也无文化，都是靠死练实做而来，因而陈陈相因，缺乏创新思想。工厂要靠这些人改良发展，如同缘木求鱼。如果使用自己培养出来的人才，岂不是好。“必为职工谋文化学识之增高，方能有济于企业。”德生已经想了好久了，除了兴办更多的小学女学，还要创办内设工、商两科，并附实习工场的中学。

他对胡雨人说："德生欲办工商学校，让农家子弟读完小学再入中学，只是缺乏领导人才，雨人先生若愿下就，德生至时当三顾茅庐，邀任为校长。"

"好主意，敝人一定效力。"胡雨人呷了一口茶，满口答应，"不仅办中学，事业发达之后，尚可办大学，厂内高中级职员也就无虑缺乏了。"

这超出德生的想象，他的事业难道真的可以发展到这一步吗？他摇了摇头，不敢奢望。不过，在三十余年后，他真的在家乡太湖之滨办成一所综合性的江南大学。

近年时来运转，荣德生热心社会公益的兴趣愈来愈浓，萌生许多设想，不限于办学一项。

"人生天才究属少见，全恃书籍吸取经验，读书为学识之根源。有鉴于此，我欲在乡间创立图书馆，用以启发民智，让后生有藏修之地，如何具体布置，亦望雨人先生不吝指教。"

胡雨人正把茶盅端到嘴边，听到此话就不喝了，把茶盅顿回原处，起身撑住桌面，目光灼热，望着荣德生。

"此为锡邑盛举啊！荣先生发财不忘大众，自今以后，必有笃行力学之士蔚起乡间，何其幸也。"他坐下接着说，"史籍经典、艺文专著、工商物产、名流胜迹，皆可广为搜罗，尤其孤本绝版之书，为一国文化奇珍，更为难得，收入馆中可防遗佚。"

两人谈得欢洽，无锡商会会长华艺三从二泉亭旁的石阶上拾级而上，上了台阶，老远就冲着荣德生喊：

"德生小弟，赶紧回家打点行装，随我赴京参加全国工商会议。"

荣德生参加北洋政府召开的全国工商会议，回到家中，已是一个月之后。下火车站后，雇黄包车直返荣巷家中。黄包车在西门外远兜远转，沿山麓小径曲行折返，直至薄暮时光，黄包车才在八字照墙前停下。交通的不便，使他想到众人的不便，想到家乡无路又怎能因应形势而发展，颠簸在黄包车上的他萌生出开辟无锡第一条城乡公路的念头。

妻子丁氏接获丈夫返家的电报后，从早晨开始就坐在大门处守候，终于等来丈夫，把一袋早已准备在那儿的大米，约摸三十来斤，赏给车夫。这是丈夫订下的老规矩。车夫收下那袋米，连声道谢，高高兴兴地走了。

"你累了吧。"妻子充满情意地打量着头戴呢毡帽，忽然变得洋派十足的丈夫。

"不累。"他说。他瞥了一眼大门口那张椅子，知道妻子守候他一天了。他两眼湿润，相对无语，他感激她，真切地疼爱她，没有比这张椅子更能说明夫妻间的深情。他不会像新派人物那样卿卿我我，搂搂抱抱。他忙得顾不上关心她，对她深感欠愧。爱情的标识除一大堆儿女外，是他每次出差总会给她带回当地的特色产品，如杭州的团扇、丝织品，常州的木梳。

"进门呀，去吃点什么吧。"

"不饿。"

"先到客厅歇一歇，喝杯茶吧。"

"不，你跟我进房去。"

荣德生拉着丁氏的手，进了家门。他很少在光天化日下作出类似的亲密举动。穿过天井，到了住楼下，二楼的木栏杆和走廊上方的挂落使他感到生疏，似乎离家很长时间，远远不止一个月。这段时间对他来说太重要了。儿女们挨个儿向父亲请安，德生一反往常，来不及与他们抱搂亲热，拖着妻子往西边卧室冲去，把丁氏弄得丈二和尚摸不着头脑。

踏进房间，德生打开小藤箱，取出几张报纸。

"你瞧，上面刊登的是什么？"他拍打着报纸说。

"看什么呀，我什么时候学会识字了？"

人一高兴就会糊涂的，德生明白过来。

"报上是我在全国工商会议上的提案：一为扩充纺织，通过。二为设母机厂，通过。三案为资送学生出洋学习工艺，以资借鉴国外而兴实业，也通过。三个提案京都各报都登了，总理赵秉钧特地派秘书长到会上找我叙谈，说议案必行。"

这就是这回北京之行给妻子带回的礼物，他觉得必须由她首先来分享。

妻子发觉丈夫从来没有这样兴奋过，每根眉毛都在抖动着。她不想弄清丈夫的提案对国家到底有多大用处，她为丈夫的高兴而高兴。而德生又为妻子的高兴而高兴。二十年来，风风雨雨，操持全家，妻子未曾有一句怨言，德生觉得单凭手中几张报纸远远不够报答她，或许一辈子都难以报答。

"这么说，你上京城当上大官了？"

"这趟上北京，倒是有机会做官，但做官不能成大业，且做官非贪污不能发财，故不屑做。我这辈子还是做无印的官吧！"德生笑着说。

"瞧你高兴得像啥样，以为抱官印回家了哩！"

"妇人之见吧，只有兴办实业，方能使国富民强。我办的工厂都是与民众休戚相关，此乃人生最大乐事啊！”荣德生接着问，“晚饭有好菜没有？”

妻子说：“家中规定每日花那么点菜金，不敢违反，晚上只有剩菜了。”

“没关系，我有佳肴，”德生从藤箱中变戏法似的拿出一只肥大的烧鸡，还有五六斤干烧牛肉，“沿途食物甚贱，这么大的烧鸡才二角一只，一元钱买牛肉五六斤，够吃几天的。”

荣德生继续兴致盎然向妻子介绍一路风光。回途中他遨游了济南、徐州、南京，商业、地理、教育、名胜无所不谈。丈夫襟怀开阔，谈吐潇洒，与以前有许多的不同。丁氏甜甜地凝视头戴礼帽的丈夫，认真地听。

7岁的大儿子伟仁放学回家，在大门口听仆人说父亲回家了，一溜风奔进房间，扑在父亲怀中。

“爹爹！”他在他怀里充满爱意地大叫一声，把父亲的呢毡帽套到自己头上。

“爹爹，我像个大富豪吗？”

“像，像。”

伟仁从父亲身上滑下来，挺胸凸肚在屋子里来回走动，装出大老板的模样。小家伙忽然记起什么，奔回自己房内，取来月饼盒子。

“爹爹，你没在家度中秋，这是我们兄妹给你存着的月饼，快吃快吃！”

德生确也饿了，掰着月饼皮慢慢吃着。皮是薄薄的酥油面，吃完后，留下硕大一块馅心，不吃了。

“吃呀，爹爹，百果馅可甜啦！”

“孩子，吃掉可惜，留着明天包糯米团子吃，它不是很甜吗？”

“对，爹爹喜欢吃团子的！”

十七、兵船驶向上海

1912年(民国元年)的中国,天空中飘荡着一支乐曲。人间以深沉的忧怨向上天倾诉自己的宿命,低回宛转,带着骨子里的哀伤。

四万万人中痛苦莫过于孙中山,他以临时大总统的职位向袁世凯换取清王朝的退位,但政体的变更并未带来社会的变革。历史的尴尬,民主共和的渺茫,使所有想要改造中国的先行者们伤心欲绝。

大部分人没有听到幽怨哀伤的旋律,他们善良,怀着永不湮灭的希望在期待,甚至认为这个国家谁当家都可以,只要让他们过上好日子。他们对好日子的概念是不挨饿,不受冻,如若能让孩子上学,那就是大好的日子。就是这样的期待也难以到来,他们愿意忍声吞气地继续期待。

上海意识不到这种历史的尴尬,城市冲破文化自闭和传统经济的羁勒,具有与欧洲同步的多元开放形态。这里的人依赖租界的治外法权生活在另一种体制中。历史时常发脾气,而且是坏脾气。历史一发脾气,上海首当其冲地震荡起来,却又能最早平息震荡。这一年,袁世凯就任大总统后,上海以业已生成的内驱力,迅速恢复以往的喧嚷,马路上到处是步履匆匆的人群,好像什么也没发生过。

与前不同的是,一大批辛亥后避居上海的资深封建士大夫赖在此地不走了,成为新的移民群体。譬如大牌士大夫康有为果断下海,投资或入股不少项目,盈利颇丰,鬻字换金也为他广开财源,他住在豪华别墅和郊外的度假别墅中,过着妻妾成群的快活日子。改良派首领张謇也从南通移师上海,出手大干一场,赚的银子没处花,就放给汇丰银行委托贷款。大批四品以上巡抚级别和六品以上府道级别的前清官僚,成为上海的寓公,他们带来的资金充实上海的金融市场。比较拮据的官僚也能维持旧日的生活水准,社会上的收藏家和附庸风雅者,对于他们的书画作品有极大的需求，至于价格则取决于昔日官品的等级以及身份的显赫程度。

士大夫移民组成的新族群，对上海这座都市的文化的最终形成起着不可小觑的作用。日后主导上海时尚的一批名媛大多出自这一族群，人们将她们视为海派文化的标志，属于一种浅表的短视的见解。高阶层文化人的介入，使没有历史的上海有了历史，使只在地图上属于中国的城市加深了文化的归属感。在中西文明直接交汇冲撞之地，当一种高级形态的堪与西方文化相颉颃、相磨合的中国文化出现的时候，海派文化的形成在心理、气质和意识自觉诸方面便出现大幅的提升，而且充溢着创造的冲动。一个具有多元文化底蕴和雅俗二元风俗的城市总是可爱的，于是，导致在以后一二十年内，大批的知识精英、文化精英向上海汇集，五四新文学运动寻找到最佳的承袭之地，流派纷呈，百花齐放，名家辈出，随便翻翻中国现代文学史、艺术史，有多少大师级人物出自上海。三十年代的上海，不仅是中国第一个真正意义上的现代商业化都市，而且，无论从产业状况还是艺术现象而言，已然是引领潮流的现代文化都市。

三洋泾桥茂新批发处还是老样子。这幢灰暗的二层建筑物已由租界工部局电气处安装电灯，又请美商上海电话公司安装电话。荣宗敬手把着算盘，把算盘珠打得稀里哗啦，一笔笔账匡下来，最后火冒乒乓地把算盘甩平、推开。茂新每月可赚万把两，振新每年也有八九千两的分红，到手的钱右手进、左手出，尝付各项到期负债，没几个属于他的。

上海教训了他。他不再指望靠投机快速暴发，然而每天都在梦想暴发。吃饭、睡觉、走路都在想。进入不惑之年，他终于把握住命运的契机，那就是发奋用力于实业来谋取自己的一席之地。然而谈何容易，办厂离不开钱，钱庄只知道连本带利索回债款，不愿意再放款。他们才不管你有什么抱负志气！

他今年40岁，其中二十五年泡在上海，埋没在喧嚣的尘世，经受贫困、屈辱、冷遇和挫折的煎熬，度过郁郁不得志的岁月。再有二十五年，垂垂老矣，这辈子他何时才能干出名堂来呢？期待有所作为的焦躁心理，和无可奈何的叹息交织在心中，他总是在半夜醒来，脑子里想着第二天要做的事情。这个充满机会和诱惑的空间弄得他坐立不安。

在每一阵袭来的郁闷和妄想过去后，他总是在一番自我告诫中冷静下来。三十而立，未立；四十而不惑，不可再惑。坚忍不拔的含义，需要他自己来回答。

有一个目标，他十分明确：他的生命属于上海，他的人生誓言属于上海，他的实业蓝图也属于上海。他已经懂得上海了——当他大得连斯芬克斯也吞不下他，他就立于不败之地，彻底赢了。上海欢迎有本事的人，向他挑战的人。上海有大的空间、大的市场、大的辐射，也有大的风浪，他已经领悟沙船的奥妙，有了战胜风浪的智谋。在大上海获得成功，那才叫真正的人生。

上海不会记得失败者的名字，只留下成功者的名字。

前一阵，他去天津一带考察市场，深入民间，发现北方地区竟然有一半人吃不饱肚皮，这一现状令他看到面粉工业的巨大市场。吃在先，穿其后。他制定了在上海以创办面粉厂起步的发展规划，扩展“兵船”的品牌价值，品牌里面有赚不完的钱。

一年又将碌碌无为地逝去。这一年有所安慰的事，是他在茂新无钱购买麦子眼看停产时，赊到一大批川麦。货主因辛亥事变急于返回四川，愿将货交给他加工，卖掉面粉后再归还货款，他由此获利。商场的信任永远是稀有的，他分析此次信任，结论是信任的不是他这个人而是品牌——兵船牌。

振新纱厂为了降低生产成本，扩大规模是情理中事。临近岁末，德生与德国霭益奇厂和英国爱萨理司厂来华推销纺织机械的经理洽谈购机，外国人急于为本国制造业寻找市场，国与国之间大打价格战，选择英、德两家厂一起谈，因而合同条款对购买方十分有利：以先付一成，其余九成每三个月交一成的分期付款方式，订购细纱机 1 万 8 千锭，价格计 30 余万元。这样连同老机共有 3 万锭，每日夜出纱达 70 余件，扣除一切开支，每日可结余 600 元左右。德生乐滋滋写信告诉他，合同将在 12 月 5 日于无锡正式签定，“每部车独用小马达运转，为国内首创，连日本也不曾有！”

宗敬内心不免遗憾：“唉，可惜只有 3 万锭，3 万锭能赚几何？”

12 月 7 日，荣宗敬又收到德生发来的一封急信：

> “……十二月五日签字完毕，晚间九时正，请外交部施君，正上大菜，忽闻栈中起火，急往救视，已不可收拾，抢出花衣不多，其时正堆满，有值十万元之花纱，只保险四万，拍卖火烧栈底约可挽回二万，损失四万元，设先一日之慎，此字不签矣。”

宗敬没可奈何地叹气，算盘上又损折一个四位数；然而，令他更郁闷的是，王禹卿近来神思恍惚，行踪飘忽，账房间里接连两天未见身影，他干什么去了？哪天不见他的面便觉得失落，艰苦奋斗多年，结成兄弟情谊，似乎不可一日不见。

王禹卿近来四处奔波，但恨日短腿少。办麦主任浦文汀也不住背着荣德生溜到上海，与他私下计议。这天晚上，他们约定到老城隍庙前六霞轩酒菜馆碰头。

王禹卿跑弯腿未在各处行庄借到一文钱，刚才神色疲惫，在庙内后街的“燕子巢”香了一筒鸦片，顿时意气风发、如步青云。这个被父亲评介为“聪明好嬉”的家伙，最近喜欢上鸦片了。鸦片一给力，杯中之物也能品出平时体会不到的醇味，他在菜馆一坐下，连连自饮两杯再说。

浦文汀见他精神大好，暗忖事情有了眉目。

“禹卿，今天跑下来定有大收获吧？”

王禹卿摇摇头：“个个都是徽帮出身，怎肯放款给我们这类小脚色，我算是死心了。不过，地皮倒是已有着落，有族人介绍闸北光复路几亩地，沿苏州河，适宜建厂，厂房建筑费估计需 4 万两。”

浦文汀伸了一下舌头：“此外还需购买机器和运转资本，规模再小，没 10 万两别想转念头。”

“我东拼西凑，罗罗刮刮，只筹到 8 千元。”

“加上我口袋里的狮子（现钞），也不过 2 万两呀！”

上海滩又多出两个被它的空气蛊惑的人。

浦文汀出身无锡南乡，也是被 14 岁魔咒驱赶到上海南市学生意的小学徒，与荣家兄弟是一条街上的出窝兄弟，后来被招为茂新办麦主任。祖上无遗产，与兄长浦文渭二人只能凑出 1 万 2 千元。王禹卿与浦文汀在荣家兄弟手下干了多年，眼下已不愿甘居附庸，想要自己做老板了。王禹卿推销面粉数年，对粉业前途有深度了解，于是私下笼络浦文汀另树基业，共同发展。一个是销售主任，一个是办麦主任，前者对销售神通广大，后者办麦富有经验，在麦庄麦号中很有信用，要创办面粉厂是就轻驾熟，水到渠成，无奈先天不足，老祖宗没给他们留下银子。

浦文汀喝闷酒喝得两眼通红，转动着手中的酒盅：“命数啊，命定我们只配做人家伙计。”

鸦片烟的奇妙作用使王禹卿处在神思遐飞，无所不能的状态中，怎肯轻易认命：“我找大老板借钱去，看着多年效命的情分上，他说不出那个‘不’字。”

“这叫与虎谋皮，异想天开，弄不好，借债不成反伤情谊。”

“你愿意一辈子寄人篱下？你我不办，自有人办，工厂谁都能办，宗敬理达情恕，待人以宽，对此想得通。”

“碰上这种事就想不通啦！”浦文汀决意不去讨没趣。

王禹卿这回儿上天也有梯子在，在空中做了个坚决的手势：“你不去我去！”

浦文汀听之任之:“你就去碰碰运气吧!”

上海城门定例晚间十时一律关闭,两人到老北门,已过时限,在城门下高喊一声:“对牌!”管门差役应声而至,接到两角银币就将城门开出一条缝,一班不愿花钱挤在城门口“挨城门”的脚色,趁机跟着进去。两人就这样进入通宵达旦的法租界,到了洋泾浜,两个人在桥畔告别。

“宗敬兄,我有一件难事求你帮忙!”

“缺钱花?”

荣宗敬的敏锐让王禹卿一愣。

“是。”

“要多少,说吧!”

“5 万!”

王禹卿怎么啦,抽鸦片抽掉这么多钱?是造大洋房还是从堂子里赎回走红的妓女?荣宗敬心一沉,他手头可以调度的资金只有 2 万,不过,他还是说:“禹卿,这笔钱派啥用场?”

王禹卿不想隐瞒:“与浦家兄弟合办面粉厂。”

荣宗敬脸色陡变。你们这是要釜底抽薪,分庭抗礼呀!他们兄弟得力于两位伙计效命,如今要另立门户,不啻是重大打击。他已经送给王禹卿茂新股份,尤不嫌足,世上人心也真是忒狠了。荣宗敬强迫自己沉住气。他既不甘心手下干将离他而去,又不能容忍增添商战对手。如果有资本办厂,他自己早就办了;两位伙计没钱也想办厂,他感到好笑。然而,他很快为他们的想象力震撼,发现自己的胆魄怎么愈来愈小,这是怎么搞的!

“禹卿,你我兄弟一场,你有什么难处,理该鼎力相助。然而,饭店门前开粥店,我绝不会答应的,就是拿得出这个数目我也不借。别说 5 万,5 千、5 百也不借,你是聪明人,其中道理你懂的!”

王禹卿沮丧地别过了头。一言顶到南墙,还有什么话可说呢?此刻,他办厂的决心丝毫没有动摇,他想办的事非要办成功。他被荣宗敬呛了一通,清醒了过来,为自己犯傻感到懊悔。

王禹卿打算告辞,朝荣宗敬含义深长地瞥一眼,说不清表示歉意还是憾恨。

荣宗敬挽留他。他衔上一根老刀牌,也给王禹卿递去一根,连连擦火柴,划了好几次总算擦着了。乘点烟的时光紧张地思维着,然后平静地吸烟。

“禹卿,我手头有 2 万元,我们合股投资吧。荣、王、浦三家兄弟好不容易聚到一起,苦斗多年,刚刚立住脚跟,比方一根麻绳,拆开了,怕就拉倒了。”

荣宗敬喷出一口浓烟，透过白色烟雾，盯住王禹卿的神色变化："当年在福州路青莲阁喝元宝茶那天，你就懂得我的为人，怕我荣宗敬日后亏待你们吗？"

王禹卿精神上最抵挡不住的就是荣宗敬倒翻账，搔脚底，顿时陷入窘状。那道由雄心设立的防线开始崩毁。昔日一件烂布衫，现今比家乡的地主还阔绰，这一切是谁恩赐给他的？荣宗敬在向他咄咄逼人地提醒这一点，逼着他回答自己。

多年恩主，情不可却，王禹卿垂下头。

"宗先生一向诚恳待我，王某岂是无情之人，合办可以，但你手头也财力不足啊！"

荣宗敬这回被逼上了梁山。早先心中强烈的在上海办厂的愿望，现在变成不顾一切办成的决心。这是上天非要逼我干的呀！他一时不知道怎样办成这家徒有虚影的面粉厂，硬着头皮问：

"今晚商量办法，你地皮看好了吗？"

"苏州河边有一块地，原是鸿章纱厂老板准备盖栈房出租用的。"

"好地段！"荣宗敬夸道，神经质地追问："你说什么，鸿章老板盖栈房出租？"

"是啊！"

"有办法了。"荣宗敬脑海闪过一个念头，被这个想法激动得站起来直搓手，回到桌子上拨动算盘珠，我与德生两人凑出 2 万，加上王、浦的 2 万，合共 4 万元。再向鸿章纱厂老板商量，把原来预备盖栈房的计划改为建造厂房，厂房就不用自建，交换条件是负担较高的租金，以年利一分算，先付一年租金 4 千元。他随手在算盘上减去 4 千元，还剩 3 万 6 千元；向洋行订购机器设备，设法取得分期付款，首付 2 万多，如此下来，其余费用也都有了。

一家新厂十成是在上海办成了。

王禹卿听了宗敬的谋划颇为敬服，生姜还是老的辣，还有一点疑问："上海新厂能用茂新厂兵船商标吗？"

"当然可以。兵船牌驰名大江南北，产品不愁卖不掉，新厂还能在市场抛售栈单，减轻周转资金，这是你们单独办厂不可能做到的。此外，品牌也是有价值的，按西方规则，应评估价值后折成股本，看在我们多年兄弟份上，算是我送的一份人情，德生那里尚未商量，就由我先作主吧！"

句句话都是刺。王禹卿浑身难受，好不狼狈。转念自慰，洋相这样东西出足了也就无所谓了。使用兵船牌，投资无风险，他要真与浦文汀合办厂，玄乎！

他的聪明在于想要扳回一点局面："宗敬，文汀在各地麦行麦号中已有牢固信用，可把两家厂的原料麦搭在一起办。"

荣宗敬是什么人，他听到的话是：没有浦文汀，你们兄弟连办麦都有问题。

荣宗敬莞尔一笑，装作没听懂。他是钱庄"老克拉"，深谙往来汇兑的诀窍。真是妙极了，两家厂，一沪一锡，连办麦都不用花钱，自能周转。

他说："流动压底的资金不用那么多，尽可拿出三分之二，多订机器设备。"

王禹卿转动眼珠，莫名其妙地盯着荣宗敬，想不通。

荣宗敬给小学生讲课似的，耐心解释："这个你就白丁了，不用心听还真听不懂。拉长耳朵听好了：办麦时，在麦购进之后，向无锡钱庄即日卖出申汇，取出款子后将钱付予麦行。无锡钱庄将汇票寄到上海结汇，上海钱庄见票之后，照例有几天期限才付出。奥妙就在下面，注意听——小麦在无锡购进之后，即日装上轮船运到上海厂里入仓，只须花一夜的时间。入仓之麦即可动工制造，再花一二天便可出厂。货未出厂，批发部即已将货单抛出收到现款，把收进的货款用来偿付无锡购进小麦需要承兑的申汇，时间上绰有余裕。"

怎么这么绕呢，听起来像独角戏中的拗口。王禹卿琢磨半天，才"哦"地明白过来："宗先生，钱庄没白开啊，今天是什么吉日，一切主张胜过神示！"

荣宗敬跑遍上海几十家洋行，终于在茂生洋行赊购到 200 筒美国面粉机，王禹卿也托族人向鸿章纱厂老板取得租地租屋的通融。由荣宗敬任总经理的上海福新面粉公司创办起来，这是一家只有无锡茂新一半产能的面粉厂，然而，它的意义不可小视，它是荣宗敬占领上海的第一步，是他的实业王国夯进上海滩的第一根桩子。

1912 年年末的一天，荣德生下班后到临近火车站的陆稿荐肉庄买肉骨头，正巧肉庄小开陆辅臣在店中。此人不甘心沿袭父业当肉店老板打发一生，在钱

福新面粉厂车间

庄谋一份工,与茂新面粉厂常有业务往来,也与荣德生交上朋友。

肉骨头、惠山泥人、油面筋是无锡三大土特产。德生喜欢吃肉骨头,俗话说:“好肉出在骨头边”,他不时到陆稿荐、老三珍以及三凤桥慎余肉庄买酱排骨调调口味,但从来没有买得这么多。

“三斤?荣老板,家中来了一群客人?”

“是啊,宗敬回家了,上海福新面粉公司股东碰头,打算留他们吃晚饭。”

“又办新厂,可否让我入一份小股?”

“难得辅臣兄这样有实业思想,早说可以,本公司可惜股数已定,只有再待来日了。”

“我很想见见你家兄长哩。”

德生心想也好:“那就跟我一同上荣巷吧!”

荣宅前朝西厢房是日常会客之所,设有桌椅,沿壁几口大书柜里,置满从上海福州路大书店,以及河南路扫叶山房、文瑞楼等书铺购买的一万卷图书集成,还有各种诗文集,备建图书馆之用。主客坐下,菜肴尚未端上桌面,大门外就传来詈骂声,一帮男女聚在荣家大照墙下骂山门,由城内通往西乡的第一条马路由县呈省,批准动工,沿途农民结怨于发起修路的荣德生。

宗敬皱皱眉头,说:“出了钱讨骂,岂有此理!”

德生说:“不数年后全部完工,加铺石面,无人不称便利,那时,乡亲们便能理解我们扶助社会事业的良苦用心。”

在上半年由北洋政府召开的又一次全国实业会议上,德生结识了前文提及的南通状元出身的实业家张謇。这位士林魁首,奔走南北,大声疾呼倡办实业,先在家乡创办大生纱厂,后又进军上海,赚了钱兴办师范院校、纺织学校等社会教育,还办起了中国第一座博物馆,堪称举国推望,令荣德生敬佩万分,着力效仿。添办小学,筹备图书馆,开拓马路,这些早先的夙愿在加紧付诸实施。他还在东山购地植梅,没有钱,就先购地种上些梅树,把梅园的名声先打出去。荣家是士族城绅眼中的暴发户,在地界上惹人瞧不起,创办湖滨第一座园林,享誉社会,让那些势利眼刮目相视,那么,实际财力虚空的荣家兄弟在事业上就更为有力了。

大门外的叫骂声还在继续。“断子绝孙”,“天火烧”,娘们的胡搅蛮缠令人恶心。菜肴摆上桌面,除了陆稿荐的肉骨头没别的,满以为有若干道精美佳肴的来宾,不知道荣家兄弟葫芦里卖什么药。

带有肋骨的酱肉黑里透红,浇满酱汁,散发出特殊的诱人的香味。坐在主人席上的荣宗敬一个劲叫吃,给每位来宾面前的碟子内搛上一块。

席上除荣家兄弟外，有王禹卿、浦文汀、浦文汀的哥哥浦文渭，以及不速之客陆辅臣。

王禹卿咀嚼着焖得极熟的酱肉说："久居沪上，难得享用无锡肉骨头，色香俱佳，油而不腻，入嘴即化，陆先生，你家的牌子真是名不虚传。"

浦文汀附和道："滋味真不差。陆稿荐家传悠久，想必在烧煮上有独得之秘吧！"

德生说："辅臣兄，透透你家祖传秘诀，以飨各位。"

陆辅臣哼哼哈哈，光赔笑脸，就是不肯漏一点嘴风。

王禹卿催促道："快说快说，我拉长耳朵听呢，在座各位反正不会开肉庄与你家抢生意，说也无妨。"

无锡肉骨头南北四城门的熏腊熟肉店家家都有出售，最著名的早先是南门外黄泥桥附近的黄裕兴老号，据称黄裕兴有乾隆年间传下来的老汁，每天用来烧肉，汤汁从来不倒出来，年代愈久，那老汁便成了精，将肉炖得美味无比；加之烧煮方法独特，滋味特别鲜美，昔时吃客甘愿老远赶到南门外去购买，生意十分兴隆。后来，陆稿荐肉庄在城里开张，挖来黄裕兴老师傅主持烧煮，老师傅又偷来百年老汁，所以出品和黄裕兴一模一样，声震全邑。由于地处闹市，城北城东百姓皆成陆稿荐的拥趸，每天早晨8点，主锅师傅一揭开锅，香气直达两里地外，那香气直钻肺腑，振奋精气神，路人无不感冒似的使劲嗅鼻子，咽下满口涎水，做成第一等的嗅觉广告。下火车的外地人闻见，纷纷称奇，先不忙别的事，追着香气一路寻去，作成陆稿荐的生意。

陆辅臣一心想当荣家企业股东，被逼到这个份上，只好稍稍透露一些商业机密："一是选料精，购入上等好猪；二是作料好，不能舍不得香麻油，二里远的香气离不开它；三是火候到，烧至连骨头都酥掉的地步。如要说独得之秘，只有一句老话奉告：让肉烂在锅里，老汁不倒出来。"

"此言甚妙。"荣宗敬为这句话特地举杯敬各位一杯，"今晚请各位聚餐，不开盛筵，单备肉骨头，其道理全在于此。我们荣、王、浦三家兄弟，齐心创业，难道不也该恪守此道，不把老汁倒出来吗？"

各位面面相觑，尚未悟到话中奥妙。

荣宗敬了解王、浦二人有贪近利的心态，而无大干一场的雄心，两兄弟一商量，不如乘召开股东会之便，请他们吃肉骨头。

德生慢吞吞地说："'老汁不倒出来'是本城小孩都知道的肉庄的公开秘密，福新公司开办后，各位能否三年不收官利、红利，将全部盈余投入公司，用于增机办厂？老汁不倒出来，福新的规模方能做大，日后必将声震沪上。"

王禹卿和浦家兄弟这才顿悟这顿肉骨头不是白吃的，也就一迭声说："好，好，就此认定！"

宗敬心满意足地喟叹道："既已议决，另订专章，规定三年不分红。勾践复国，卧薪尝胆也是三年，各位幸有勾践之志，大展宏图之日近在眼前！"

他于是取出股单合同，计五份，分递各位。

股单上写道："上海福新机器面粉合资公司，为发给股单事：本公司遵照规定商定合资股份公司章程，尊奉商部批准注册，计本公司筹集股本银元四万元，分作四百股，每股计股本银元一百元。认定股数，各执股单一张以资信守。……兹立此合同股单五纸，各执一纸，交执可凭。"

王禹卿读着，心情黯然。三家六兄弟，独缺他哥哥王尧臣。在推选福新公司职务时，按照伦理规矩，弟弟退让在后，把兄长推出来。荣宗敬当公司总经理，浦文渭当副经理，德生因有无锡两家厂挂名公司董事，他与浦文汀照常，一个销粉，一个办麦，经理一职留给王尧臣。可是老兄洎在祝兰舫开的华兴面粉厂任账房，不肯跳槽，王禹卿答应送一半股份也不受其惑。

德生说："禹卿，尧臣那里发函没有，赶快请他上任呀！"

王禹卿说："他用'王命在身'四个字把我顶了回来，毫无办法，目下，又到天津为祝兰舫销粉去了。"

"为何不向令尊告状，王命大不过父命！"

这倒也是。父亲是个倔老头子，父亲一出面，这事准成。

随后，由德生执笔，另写一纸三年不取股息的条款，各人欣然签字。

陆辅臣心直口快，生性暴躁，被撇在一边早就沉不住气："德生，下次一定招我入股，不能食言，写一份保证书给我。"

德生说："看你急的，等创办福新二厂时让你大小做个股东，好不好？保证书就免了吧。"

对于一家企业来说，每年有 20%的盈利投资人就愿意干，有 50%的盈利就能驱使他们铤而走险，而上海福新面粉厂开工不到几个月，由于有"兵船"品牌，销路大畅，赚回 4 万余元，对本对利，这足以使荣宗敬豁出一切。

高盈利使他处在亢奋状态中。重要的是他在上海开始有了自己的地盘，享受着扎扎实实站立在这块土地上的感觉。福新的成功展示出命运的图像，唤醒长久以来压抑心底的挑战大上海的勇气。势如破竹地打下自己的天下，大显一番身手，是他目下所追求的。

创办福新第二面粉厂的欲望已经不可抑止。资本不足没关系,福一营业昌盛,租用的中兴面粉厂在他的调理下,也由一只瘟鸡变成产蛋的鸡,只要把全部盈余拨付投入就可以了。他弄不懂别人为何办不下去,愿意租给他赚钱。其中原因值得借鉴,以防蹈其复辙。他分析的原因有二:一无品牌意识,停留在小商小贩的意识上;二厂主因循守旧,不明白不进则退的道理。

早上醒来,荣宗敬一睁开眼睛就意识到今天要干什么,然后快刀斩乱麻式处理缠身的事务。他总是以迅捷的动作掀开被子,像 20 岁小伙子从床上蹦起,睡在身边的王氏总是更早地起床了。

楼下传来哒哒的缝纫机声。底层现已改成机械化的缝袋车间,梁上吊满皮带盘,成排缝袋机随着马达的旋转啸叫。工人们背对背缝制面粉袋,把几斤重的塔形线团耗成瘦小的筒棍。童工们则穿梭于缝袋间内,把制成的粉袋装束成捆。他的妻子在这里督理一切,闲时用那台保留下来的老式缝纫机过过手瘾。

佣人服侍荣宗敬用早餐。早餐桌上首先端上的是一小碗面疙瘩,外加一碟太古白糖。刚刷完牙的荣宗敬要用最敏感的味觉品尝面疙瘩。为了严格监督面粉的质量,他让佣人用自己工厂生产的面粉做成不加任何调味的面疙瘩。荣宗敬用筷子搛起一块面疙瘩咬开,先观察粉色,再慢慢嚼,细细咽,除口感外,还要品味面疙瘩在牙齿间咀嚼的感觉,通过食道的感觉,味蕾告诉他口感不错,牙齿告诉他韧性很好,咽喉告诉够滑爽。他点了点头,开始蘸上白糖食用。福新面粉厂的产品,就这样通过了最后一道也是最权威的鉴定。

他一边吃一边拆阅餐桌上堆着的公文。“贵福新工厂定购美国胡尔夫厂 30 吋机磨 21 部计 800 筒已由敝行洽购妥当,不日即由海道启程来申……试机时,将由胡尔夫厂派工程师汤姆生临场指挥。”是虹口美商恒丰洋行的来函。下面是福新一厂账房间报来的财务数据,除已拨付二厂股本 4 万 4 千两之外,还将在下年度往来项目下拨给二厂 4 万 4 千两。对于一厂禀报的令人惊喜的财务数据,荣宗敬不由高兴得把嘴一咧。

接下来是销粉主任王禹卿用大头针夹起的一叠订货单。他大声叫唤佣人,晓得主人讨厌温吞水,佣人急急忙忙赶来。

“将算盘拿来,以后一早就将算盘摆在饭桌上,不要忘记!”

他开始打算盘。福新一厂每日夜产粉 1 300 包,加上租办的中兴面粉厂共每日出粉 3 200 包,算盘珠告诉他,要抛卖半个月的栈单才堪应付订货单。货在车间没生产出来,便为各地客帮订购一空,牌子硬,销路畅,他觉得磨子间磨的,平方筛上筛的,都是亮得耀眼的银子。

以下是一摞信札。最上面的是弟弟德生写来的信,毛边纸上的红色竖道旁是饱满遒劲的行书。

宗敬吾兄台启:

……霭益奇纱机连同大小马达到齐,机到即装,工程师朴克,德人也,其夫人为法人,和蔼文雅,夫妇谦和,望之钦仰,稍改对于西人之恶劣印象。半年来未见高声疾呼,分寸恰好,夫至工场,妻不前去,去亦不说话,恐分心也。请人通译,谈谈甚洽。对接手人慎之又慎,切实指点,卒能开机,半年如一日,颇佩其人格。装齐后,全开三万锭,常出七十余件,每日可余六百元,以此推算,一年可余二十万。

……近年,兴致甚旺,至乡或在厂,常计划社会事业,东山之梅园,再植梅树,已成雏形,免费开放,游众日增,邑中百姓得一怡心畅神之去处。弟六年前游留园便有此想,甚感慰藉。取名梅园,一寓兴办实业磨苦弥坚,报春人间之意,二寓我们兄弟高洁清白,为天下布香之品德,昭示以善济世,造福桑梓之宗旨,亦是先父之遗愿也。由城去梅园之开源路动工数月,进展甚快,土方费用由我担任,不数年后全路完工加铺石面,西乡开天辟地有公路通畅,当无人不称便利矣。

弟在锡潜心研究厂务管理及劳动安全,参照欧美杂志样本改进工场设计,尤注意人事选拔,佐理人员大都取才具干练、勤俭兢业,无恶习气者,各厂均有余员,因日后企业发展人手必乏,可充任要职。

……

弟弟不愧为精细之人,想得周到,将储备人才问题提出来了,总是弥补着他的不周之处。荣宗敬读到信尾,署名"乐观子",不禁有点纳罕。德生又在玩什么风雅名堂啦!他念着"乐观子"三字,轻松地笑起来。事业上正轨,前途无限量,是该乐观啊!

丁梓仁和王尧臣到了。

他们每日一早准时到福新总经理餐桌上碰头,而后各自分散行事。丁梓仁是荣宗敬姻亲,原在无锡厂中供职,是开往上海的第一批佐理人员,现任租办的中兴面粉厂经理,兼事福二筹建,是未来福新二厂经理。

荣宗敬夹了一口面疙瘩放入空碗中,推到姻亲面前:"你尝尝福一的出品,昨日我用的是中兴的面粉,不及福一精良,请在三日之内改进。谁砸我的牌子等同扇我的耳光,别怪我不给情面!"

荣宗敬对手下亲戚特别严格,这些人不管好,带坏头,整个团队乱套,连他这个老板也当不成。

丁梓仁咬了一口,咽下后说:"近日筹划福二建筑,中兴那边稍有疏忽,三日内如无改进,不用你开口,我卷铺盖回老家。"说完,取出一份图纸。

这是由通和洋行设计的福二蓝图,四面围墙之中,有厂房及栈房(仓库)二座。公事房和厂房是一幢钢骨水泥的六层大厦。

丁梓仁说:"厂房已经破土奠基,约摸六个月可以粗成。"

"为何不是三个月?"

"三个月无论如何是来不及的。"

"为什么来不及,还要'无论如何'?"

丁梓仁无可奈何地耸了耸肩。六个月还得抓紧干,又不是小孩子搭积木,一句话就把工期减半怎么成?

荣宗敬说:"梓仁,时间就是金钱,这种道理你还不懂?早一日投产早一日得益,提前三个月能多赚多少钱,这本账小学生也能算出来。不要忘记,眼下是抢钞票的岁月。"荣宗敬把算盘推到姻亲面前。

丁梓仁还想辩白,荣宗敬不容他开口:"就这样,在这儿磨嘴皮子,不如早些到工地去。"丁梓仁转身要走,荣宗敬将他叫回来交代说:"刚才你将三个月多赚的利润算过了,拿三分之一出来给匠师工人发奖金,我不信完不成!"

总经理对王尧臣客气得多。王尧臣16岁时先在无锡染坊当学徒,后来到上海瑞丰衣庄当合伙人,以后又入同乡祝兰舫开设的华兴面粉厂任会计,主持面粉销售业务达七年之久,是行业专家。他被老父亲臭骂一通后,不得不到福一担任经理。福一的昌盛与这位面粉业行家的管理分不开。

餐厅兼为客厅,沿壁有几张茶几桌椅。荣宗敬请王尧臣在靠椅上坐下。

他说:"尧臣兄,福一这只老母鸡十分辛苦,下蛋孵出福二新母鸡,你劳苦功高,德勋昭著。不过,我的脾气是从来不知餍足,还得多多生蛋。"

"万事须有余地,依我之见,待福二办成后,再徐图发展。"

"你想当瘟鸡?"荣宗敬挠一下光秃秃的头皮,斜视王尧臣。小辫子剪掉后先留文明头,没多少头发呀,又剃成时兴的短平头,不过,他的短平头差不多成了光头的样子。过度紧张的工作使他两颧突出,腮部出现明显的方轮廓,沉毅的目光喷发炽烈的精力。他始终用尽目力注视着什么,仿佛要把什么都看透,这使他的目光获得一种凶猛的力量。

他像陷于大危机时那样，又一次消瘦了。不同者，脸部表情显示出锋利沉毅的男性特征，刚才说笑话的时候，隐藏的严峻冲破温厚的外表暴露出来。

他整日盘算大事开拓面粉事业，对于下一步的发展早有构想。他对王尧臣说："福一旁边不是还有四五亩空地吗，俗话说螺蛳壳里做道场，再矗一幢六层大楼勉强够。我打算在那里建造每日夜可出面粉4～5千包的福新三厂。"

王尧臣默然不语，算出这种规模的面粉厂，约需资金15万元。老板念头也转得太快了，银子会从天上掉下来，地里长出来？

荣宗敬继续描画想象中的美妙的工厂，眉飞色舞，侃侃而谈，不停地划动着手臂，可以知道他在难眠之夜构筑那些细节时曾经被怎样激动过。

"这家厂钢磨、平筛、圆筛、练粉机、麸皮机、收麦机、打麦机、刷麦机一应俱全，用370匹马达3座，职员二十人，工人则八十人已足，紧使紧唤。产销经营完全与一厂合并进行，资金全数由一厂赚下付出，钱现在躺在经销商口袋里，我的口袋拍得再凶不会有什么响声了。"

荣宗敬站起来，用双掌接连拍着长衫前襟口袋的部位。

真正会做生意的人，钱永远是不够用的。

王尧臣知道劝阻完全是白搭。福一日夜开足，超负荷运转，只有以改进技术来满足总经理无底的欲望。可是，他对具体做法尚来不及思考，没一点底。荣宗敬却好像蛮有把握，一派乐天模样。这是谵言妄语，还是成竹在胸，王尧臣糊涂了。他沉吟着说："福一这只老母鸡一天要硬生两个蛋，唯有改进技术，舍此别无他法。"

"鬼使神差，你我想到一块去了。"荣宗敬一挥手喊出声来。

外国引进的面粉机器，生产能力的限度有较大保留余地，原套机器依据本国麦品情况排列，而中国产麦区差别大，品种多，泥灰夹杂，所以清麦设备麦门关小，产量就少。荣宗敬每天下工厂泡车间，鼓励本国机师和领班摸索，得出的结论是设备改进后可以每日多产1千包面粉。

荣宗敬从怀里掏出记事本，上面画着参差罗列的方块圆圈，何处设置立直打麦机，何处加添风箱，一一在谱，还在一个表示圆筛的符号上画上问号。

他将那一页撕下来递给王尧臣。

王尧臣看着图纸，又用更多的时间探究他的总经理。再孵出一只新母鸡或许有指望。

"我该走了，"王尧臣抓起压在茶几上的呢毡帽。

"喂，老兄，记住，产量上去，可别让我吃面疙瘩时打恶心啊！"

已经跨出门去的王尧臣把套在头上的毡帽拿起来抬一抬，算是回答。

十八、申新破啼而出

上海容易犯历史性的痉挛症，它是这个国家一根最敏感的神经。

时过一年，天空中飘荡着的那支凄凉乐曲，被连天的枪炮声轰散。袁世凯派刺客在上海暗杀了候任内阁总理宋教仁，二次革命爆发。孙中山从日本赶回上海，发动武力讨伐袁世凯的战争。由国民党控制的省份先后宣布独立。1913 年 7 月，上海讨袁军进攻高昌庙江南制造局，屡攻不克，火光冲天，把沪南的半爿天空映红。自恃无恐的上海什么都不怕，但战争一来立即筛糠，商业瘫痪，银根收紧，老百姓躲在床底下不敢露头。虽然四个月后，天空中飘荡起更加绝望的曲子，但此时上海的表现比任何一座城市都脆弱，谁让它集中着中国的大部分财富呢？

在三洋泾桥茂新福新批发部，荣家兄弟谛听着猛烈的大炮声，忧心如焚。正值大事开拓之年遇上大麻烦，资金调度十分困难，荣德生担心战祸蔓延，力主暂停发展，兄弟俩发生了一场意见相左的争论。

宗敬调侃弟弟说："乐观子怎么不乐观了。百业凋敝，粉销尚好，我们所做的是衣食两项，仗打得再凶也少不了吃饭穿衣，别那么愁眉苦脸。"

德生以深思熟虑的口吻说："每当政局动荡，沪地首当其冲，不是久待之地，事业尤忌集中上海一处。"

宗敬听弟弟糊涂到说出此种话，开导他说："上海自古以来为江海通津，水陆之会，自鸦片战争后开埠，更成为全国交通经济中心，坐享西方科学文明，各项事业蓬勃而起，金融调度、电力供应十分便利，事业理应集中于此。"

德生说："上海滩总有一天要瘫的！事业集中于此，到时全军覆没。"

宗敬说："杞人忧天了吧，欧美诸强尚且垂涎上海，设厂立业，纷至沓来。外国人算计深，目光远，他们可不是戆头！"

“唉，外国人是来捞银子，我们是立业，事业应分散全国，到内地原料产地办厂，开支简省，可避风险，方为上策。”

“不，你要懂得上海滩还早呢，有本领的人应该在上海打天下。”他本来还想说“让蔫包到内地办厂去吧”，咽到肚里没说出来。

德生被哥哥不客气抢白一通，不吭声了，图个安顿。

宗敬的地盘正在上海滩拓开，怎么愿意离开这个人生的拼搏场呢！“大丈夫不亦当如是耶?”当年夙愿刚露头角，种种爆发迹象是上海这片奇特土地的恩赐，无边的欲望正在内心膨胀。弟弟为什么总是不理解上海，对它充满疑惑和恐惧呢？将“上海滩要瘫的”这句话当做经来念。而荣宗敬野心勃勃有朝一日主宰上海，一种植根于天性的占有欲弄得他不知天高地厚。

事情弄僵，很长时期中，德生都难以淡忘这次不愉快的争论。

春雨霏霏，连绵不绝，转眼又是一年。春天，三万六千顷太湖成为烟雨蒙蒙的巨大空洞，无锡城塌陷到湖底，没完没了的雨把人们的心都快沤烂了。

西郊梅园的一千三百株梅花不开而凋，遍地落英。园林初成，树小石黄，仅有香雪海堂屋数楹，兀立在萧条风景中。三月过后，仲春的艳阳才照临江南，世界忽然变得亮堂堂，明晃晃，叫人目眩。逝去的春雨还不住溜回来飘洒一阵，把天气弄得时阴时晴。

德生的心情与天气相同，忧喜参半。振新纱厂利用盈利添机后利益已稳，气象阔大，堪称内地第一家大纱厂。然而，由于公司股东无一愿意追加投资，荣家兄弟只得采用分期付款方式购买新设备，每三个月缴一成货款，无现金分红，股东们的抱怨情绪愈演愈烈。德生自顾到内地考察，在郑州订购下站西首 40 余亩空地，打算日后再开一家纱厂，土地费用不及上海四十分之一，仅需 2 千元，等同白捡，回来却被董事会毫无道理地否决，他唯有忍气吞声接受现实。

荣德生走出公事房，往沿河码头那边走去。祝兰舫和英商怡和纱厂工程师开福今日抵锡，参观振新纱厂，派往火车站迎接的小火轮很快将在码头停靠。

码头附近有一座茅厕，屋后是积粪池，被雨水泡满。他从茅厕旁经过，伫立在那儿不动了，望着积粪池，宽厚的嘴唇紧抿着，显出忧伤的情状。随后，摘下瓜皮帽，搔搔头皮，无可奈何地叹息了一声。

粪池中飘浮着许多白色的纱团、棉花团，是工人们擦屁股之后扔下的。

他把瓜皮帽在头上压实，在不远处一株小槐树上折下一根树枝，蹲到粪池旁。粪池正在发酵，刚蹲下，他被刺鼻的恶臭冲晕。连忙站起来，定定神，再蹲下去，用那根细树枝把棉纱一团一团撩起来，在粪池沿上粪汁淋漓地积了一堆。跟在他身后的办料荣永达是荣巷族人，用手帕捂着鼻子，远远地缩在后面。

“永达，以后按月给工人发草纸，要买足。”他痛心疾首地说，心境糟透，心想工人不讲道理，平时“荣先生”“荣老板”喊得亲热，却在擦屁股的时候糟蹋他。要不是祝兰舫和洋人开福参观振新厂后着实夸耀一番，他的心情几天也好不过来。

祝兰舫和开福都是一身英国高级哔叽装束，前者的服饰不过是由上海南市的上等裁缝制成长衫马褂，而后者是高筒帽黑领结燕尾服，大不列颠工程师的典型打扮。祝兰舫踌躇满志，不仅拥有粉厂，还开办了一家纱厂，近来升任上海首屈一指的怡和洋行总买办兼上海英商电气电车有限公司买办。第一次世界大战爆发在即，怡和洋行总经理接到英国政府的征召，返国入伍参战。手下几位中国买办都认为英国大老板一走，行务一定交给他们，偌大的怡和洋行谁不觊觎大班位置？谁知临行前，洋大班在全行大会上宣布：“此次应召回国，行务交由祝兰舫任总买办，主持一切，大家听他全权调度。如果我不幸战死，此行就由中国人接办；若得胜利归来，各人辛劳之处，亦应重酬……”全场震惊。祝兰舫自从受洋大班青睐入洋行，向以办事认真深得赞许，从仓库保管员做起，直至升任代总经理不啻是奇迹，由此成为无锡人口中传诵的在上海发迹的代表人物。

“涵甫公，锡人在沪，数你最有成就了。”参观完毕，回到公事房坐下，德生说。

祝兰舫老先生是素不服人的，考察完工厂心服口服，对家乡晚辈也以“公”相称了：“德公，纺机全用单只电机为国内第一家，一年可赚20万，实是吓煞人的奇迹，日后成就难以估量！”

开福也用一口熟练的上海话说：“工厂新颖整齐，独树一帜，连敝人供职的怡和纱厂也相形显得陈旧落后，所出产品可与外资竞争，其竞争力不言而喻，足以代表中国纺织业的前景，本人谨表衷心祝贺。”

荣德生心中得意洋洋，嘴上却谦谢不遑：“敝人不能尽发中国实业，衣食天下，而仅治一乡而已。振新略具雏形，全是我兄及乡中父老操持，我不过是乡间一大俗人而已。”

祝兰舫说：“德先生，你做粉厂纱厂年年赚钱，我的厂时赔时赚，有时还要停工，可否教我一招？”

荣德生笑着说：“我开钱庄关门，前辈能教我复开吗？”

连开福也开怀大笑起来。

荣德生接着说：“欲纺织业之发展全在认真。目下，若无洋布进口便有冻死之虞，国中纱厂卒成一重要实业，实则国人于此问题根本尚未认真。敝人一再思维，只有先从认真入手，尽力研究，尽中国人的一份责任。开福先生，对于作为机器纺织发源地的贵国来说，我不过是邯郸学步，远远落于尘后。”

“荣先生的认真，已使外国厂商感受威胁。东西方民族各有长短，根据我的观察，你们正是用认真来弥补自身的许多缺失。”

荣德生心里说：与外人抗衡，与外货竞争，除了认真还有什么别的更好的办法吗？看来，外国人怕中国人认真。

祝兰舫依旧沉醉在参观后的感受中，问：“振新添机共费多少资金？”

“50 万两。”

“怎么没听说招股，哪里来的钱？”

“欠来的，分期归还洋行。”

“哎，我一直有心改善自己的纱厂，不敢放胆举债购机，现在由你先办成功了，”祝兰舫慨然道，“古人言‘丈夫为志，穷当益坚，老当益壮’，穷当益坚不错，老当益壮却非至理。我老了，白首之心，年之将衰，难展鸿图啰！”

临别之前，德生将一份礼物赠给两位。那是一册刚刚出版的用红丝绦束起的书。名曰《无锡之将来》，由无锡锡成印刷公司印行，著作者一栏中署名：无锡乐观子。

开福饶有兴趣地将丝绦拉开，阅看目录内容，发现作者在书中对无锡的工业、商业、市政建设、太湖风景区有周详的筹划和预言，设想将这个湖滨城市建成东方日内瓦，顿时感到眼前这位工厂主明显有别于他在中国所认识的生意人。

“荣先生不仅是中国一位声名日上的实业家，还是一位社会学家和城市设计师，相信你的家乡将来可与日内瓦媲美。”

“富国强民之本实在于工，已被外洋各国证实。无锡之将来，中国之将来，归根结底，依赖于科学和实业的振兴，我此生无缘科学，故致力于教育，实业一行则亟愿身体力行。卑下很愿意与开福先生成为老朋友，以冀在开拓纺织业方面学到真知识。”

这是真心话。德生在许多想法上比哥哥先行一步，纺织业多半操纵于外人手中，是国内最薄弱也是漏卮最大的产业，也是比面粉业更加有利可图的新兴产业。他已决心将毕生精力寄托在发展纺织业上，诚恳地握着开福的手，道出心愿。

开福说：“为荣先生这样的实业家效劳，是十分愉快的事情。今天的会见，将使我重新评估中国工业发展的前景，我也变成‘乐观子’了。”

在登上小火轮前，祝兰舫在德生耳旁透风：“瑞馨再三想在上海福新面粉厂入股，被你们兄弟婉言推辞，赘有烦言，话说得很难听。”

德生说："此人烂糊拆过头，谁不想躲开他呢？"

坐落在荣巷镇小街中段的六扇高大墙门前，车水马龙，宾客不绝。荣瑞馨在建筑宏阔的花厅内酬宾宴客，赴宴的都是振新董事和无锡商会中的人物。他投机一再失败，在上海输得已无存身之地，狼狈地回到无锡。他的财产只剩下无锡振新纱厂的股份，眼下要做的事情是将振新大权揽入手中。

这次盛宴过后，荣德生被董事会从总经理降为经理。"这大概是因为我兼顾两厂，太忙的缘故吧。"荣德生愿意把事情往好处想，在荣巷西街宅中每晚为如何早日归还购机巨款动尽脑筋，感到自己责任的重大。他新娶一房侧室，女子姓程，出自世家，家道中落，父母双亡；程氏心地善良，勤劳体贴，进门后诸事悉心，阖家融融，当是治家理事的好把式，挺合德生的意。

后来，德生又被董事会降为副经理，又传说要解聘他手下几位办事亲信。他依旧忍气吞声，未有反应，不过，他内心是气闷的，每晚守在振新账房间看书，几位愁眉苦脸的亲信陪他闲谈，那气氛令人窒息，一派"山雨欲来风满楼"的情状。

一日晚上，德生和主管收花的吴昆生在账房间下象棋，一局有五个铜板的赌注。德生又输一局。这一阵，他心不在焉，老是输棋，把五个铜板从桌上推过去。

吴昆生冲起的额头下生着短而粗的眉毛，塌塌的鼻子在下部隆起，目光锋利冷漠，一瞧就不是那种甘受欺负的厉害脚色，对老板的窝囊劲终于憋不住了。

他解开长衫领口说："德先生，这个纱厂是你一手办起来的，你该站出来说话，拿点颜色给人看。"

德生劝诫他："目前机款尚未还清，让我做小工也不辞，责任使然。办事调度应照常进行，你们得听我的，赚钱，还债，还清后再卸肩胛，唯以图客气为主。"

"不，"吴昆生大声叫道，"应该让工厂垮下去，叫洋行向董事会逼债，董事会就会一颠一颠上门求你！"

"不能啊，这有失交易信用。"

"人家面孔都青了，你还与董事们扮笑脸，不难受吗？"

"我也知难合，不怕不能再办厂。但是，外债还清，才能欠第二次、第三次，我要办厂就得向外国洋行欠款赊机啊！"

吴昆生终于明白过来，不吱声了。

这时，办料的荣永达慌里慌张冲进来。"不好了，"他嚷道，"瑞馨买通账房李友常，乘吃晚饭的时光将全部账册下船装走，要查你的账！”

吴昆生猛拍几下桌子，像是拍李友常的脑壳：“荣先生，这个李友常是你信任的，对他不薄，怎么一抹脸将你卖掉，良心被狗吃了？”

荣永达说：“都说他拿了瑞馨多少钱，有的说瑞馨答应在城里送他一幢房子。”

德生勃然变色：“人心只是肉，金钱万恶魔。”他想尽一切努力避免的事情无可挽回地发生了。

四十天后，董事会登报召集股东，在振新纱厂公事房召开股东大会。大小股东横眉竖眼，要借这个场子出出无现金分红的牢骚冤气。

荣德生踏进会议室，浓重的火药味扑面而来，就差划一根火柴炸开。很明显，摆出了逼他下台的气势。在这之前，账目纠纷引起官司，涉讼后，他坐守候查，被勒令四十天不能出游；后来，转由无锡商会出面查账，官司总算打赢，但他的心已被伤透。四十天的苦思，他得出“有限公司不可为”的结论。有限公司董事会是股东会的常设执行机构，通常为大股东控制，也即大股东说了算，令他处处受掣，无法伸展抱负。他对有限公司深恶痛绝，日后决计再也不搞这套玩意儿。

火气上升，痔疮老毛病又犯上了。他屁股眼上夹着讨厌的尿布，忍着痛苦坐到给他留下的位置上。这是被告的席位。长桌对面的主席位上坐着大股东荣瑞馨，股东大会不过是体现他意志的一个过程，被他整得狼狈不堪的荣德生已经无法在振新呆下去。荣宗敬身为董事长本是“摆摆炮”，一再来信叫弟弟别参加股东会，手下人也都这么劝他，可是，荣德生偏要来，拒绝任何人陪伴，单刀赴会。他的脾气执拗起来谁的劝告都不理会。

荣德生坐下后，态度从容，在座诸位以为他不会参加股东会，竟是来了。举目四望，瞥见几张陌生面孔，那是荣瑞馨请来助阵呐喊的不相干人。股东到齐，张园主人张叔和也连夜赶来，心神不宁地坐在那儿。

没人开口，倒是不相干人先放一炮。

“股东们投资而无分红，人家各有妻室儿女，一家开销，荣先生一边弄人家白相，一边自己讨小老婆！”

荣德生慢吞吞地回答：“想拿大钱，便要扩大规模增加产出，放眼未来，不失为智，照原先的一万锭能赚几何？”

一个股东恶狠狠地发难道：“购机到底花多少钱？每年盈余去路走法，你说个清楚！”

“账本已经说清白，且经商会查验。”

又一个股东接着质疑：“民国元年栈房失火，栈底究竟挽回多少，不见得没有虚头吧？”

德生平静地答道：“你应当看过账本再提这个问题，现在去看还来得及，我在这儿坐等。”可是，他立即被荣瑞馨不阴不阳的话激怒了：“股东们全成饿煞田鸡，你倒是手面越来越大，动辄捐助公益，沽名钓誉，过于好名了吧？”

不相干人马上接腔：“办学校，设图书馆，辟公路，化费颇巨，挪用的是公款！”

又有人附和：“造梅园，遣雅兴，享艳福，你潇洒了，我一家没法过日子了，你不是口口声声崇儒为仁吗，于心何忍？”

七嘴八舌的挑唆，攻讦，股东们个个情绪激昂，鼓噪成一片。一个股东靠卖卖吃吃过日子，指望入股后有笔稳定收入，急花眼，冲到德生面前揪胸脯，冲他嚷道：“你荣德生要无赖办不到，今天不把事情说清楚，休想走出这道门！”

另一位小股东隔着桌子大声辱骂，德生听其辱骂一声不响。这位小股东反而被他的镇静激怒，抓起桌上的茶杯朝他扔过去，茶杯擦过他的瓜皮帽在墙壁上砸碎，水淋淋的茶叶片儿湿了他一身。

出现无法收拾的场面，既出乎德生的意外，也高出荣瑞馨预期的效果，真是太妙了。德生被揪胸脯时站起来后就没坐下去，脸上布满愠色，紧抿的嘴唇使下巴变得更短。在旁人眼中是一副可怜相，然而，那是因受怨抱屈导致的极端的愤慨。他一有余力即办社会事业，始终未曾支用厂内一文钱，全由私人名下支付，是用勤俭节约下来的钱以及茂新面粉厂的分红，因陋就简办起来的。他一向只求实用不求形式，因为他也没有宽裕钱，怀着少花钱多办事的意愿办成那些公益。难道办公益有罪？做好人有罪？在粗暴无礼的股东面前，他根本不想辩白，他因尊严被无端伤害而麻木，连屁股眼的疼痛也感觉不到。

但他知道，他与这些人不属于同一个世界。

一直缄默不语的张叔和出面打圆场，扶他坐下。

荣德生沉思着，掸去土布长衫上的茶叶末子，又掏出手巾把脸上的茶水擦拭干净。

“德生不才，但修德以身，处世以义，君子节操，不越先圣经纬，每事必衡之以信义。自从娘肚皮里下来，先父取谱名宗铨，而后自改德生，以此明志。财富与品德孰重？在德生看，假令得全世界财富而失其全部品性，其人也终不足挂齿。德生处世行为向以圣人之言为准，仁心齐家，以德为准，从不贪求非分之财。培育人才，热心公益且不说是造福乡里的善举，也是我们兄弟省俭节约下来的钱财，我一不抽烟二不喝酒三不求穿着，箪食陋巷，终不改颜，除办厂外别无一样嗜好，难道诸位对此视而不见？”

荣德生激动得满脸通红，不住拍打胸脯，以示问心无愧：“你们投入的初始股本，至今增值五倍，账本上写的清清楚楚，这是你们传世的资产。商场的法则是残酷的，如若不添新机器新设备，如若不图事业发展，振新将在竞争中垮台，至时，仅得一二小钱而股本已无，莫非这是你们想要的结果？”

股东们从各个角度瞥视怒不可遏的荣德生，想不到一贯温良恭俭让的他发了如此大的脾气。他穿着土布长衫土布鞋袜，头上那顶玄色的瓜皮帽历经洗涤开始褪色，衣袍鲜丽的股东们还有什么话可说呢？他们之中谁都要比他活得快活。有的股东并不想除掉荣德生，眼看振新在他主持下日日兴旺，指望为他们赚钱，只是因为眼下拿不到现钱而大动干戈罢了，这类人的面色开始显得尴尬起来。

荣瑞馨敏锐地感觉到会议气氛由于荣德生慷慨陈言而出现不妙的因素，极力要把局面扭转过来。他说：“各位董事，各位股东，目前总经理尚未明确人选，先请副经理谈谈今后几年的经营打算，拿出分红办法，供会议裁夺。”

荣德生微笑，是冷漠的微笑：“环顾世界纺织业，日新月异，望尘莫及。较之东邻日本，可畏而又可羡，今日纺织业应仿邻国已效之法，振新不应只用 3 万纱锭。真人嘴里不吐假言，如我经理此厂，决计要造振新厂四所，二厂在上海，三厂在南京，四厂在郑州，方可稍许挽回国家权利，免除外帮纺织业强宾夺主之患。有志于实业者，不应盯着红利纸醉金迷，譬如无锡肉骨头，老汁不倒出来，味道越来越鲜美。恭请在座各位垂察。”

牛头与牛头对着干，德生干脆将股东会变成抒发事业理想的讲坛。大小股东被激怒了，刚刚平息下来的气氛再次喧嚣起来。

“是赚钱还是打天下，你的理想关我屁事！”

“姓荣的，你这个王八蛋分明想让股东永远拿不到钱。”

“连孙子也休想拿到，混账！”

“宁愿到街上找瘪三当经理，位置决不可再让他占着。”

甚至有人大叫：“荣德生，你现在就给我滚蛋吧！”

张叔和老先生也嗔怪道：“德生，你总得每年让股东们香一口啊！”

荣德生对乱哄哄的场面闭目不视，等着会议室重新平静。

火气与声浪掀起的狂潮终于停息下来，荣德生从袖筒中掏出一张折得整整齐齐的纸，留在桌上转身便走。这是他早已准备好的给董事会的辞职信。

荣瑞馨对这一动作记忆犹新。他清清楚楚地记起，十年前在上海北京路寿圣寺打醮那天，迟来慢到的荣德生就是这样把倡办振新纱厂的章程办法在手折上预先写好，变戏法似的从袖筒中抽出来。

以此始又由此终，真是太有戏剧性了。

荣德生离开振新后，回到毗邻的茂新面粉厂。茂新的大烟囱矗立在沿河路边，旁边是搭着骑街凉棚的上下货码头，他以从未有过的急速的脚步从凉棚下穿过，码头上的苦力被老板的面色吓呆，知道出大事了。

他走进公事房，忠诚的茶房王荣照尾随而进侍候他，却被摒斥出去。他把自己关在写字间里。

自创业以来，屈指十年，其间大抵苦境多而乐境少，未有自逸之日，经营缔造，历尽艰难，而白手起家，经济支绌，更是夙夜操心，苦心孤诣。外界皆以大老板呼之，谁能尽知内中困顿辛酸！德生瞩望着窗外的大烟囱，当初矗起它曾闹得满城风雨，又为招不到股试图了结一生。回顾平生，心绪浩茫，罔思之极，振兴实业的志气反而愈加坚定。他今天就是赌气去的，这口气要赌下去，另创一番天地，与那帮坑害他的家伙别别苗头。

老式大写字台上，置一方圆形大端砚，是父亲临终前交与他珍藏的宝砚。德生从瓷盂内打几勺水到砚中，双手握住一截粗大的徽墨在砚堂悠悠研磨，借以安心怡神。墨划着往复无穷的圆圈，墨汁渐浓，他的心情也平宁下来。

德生拉过右手一份隔夜申报，舔墨挥毫，开始在报纸上反复书写“猥湖”二字。

他的毛笔字饱满圆润，极像他的脸盘子，而细察笔划，遒劲有力，似乎憋着一股与生俱来的执拗劲。他的字原本鸡鹅鸭鸟，15 岁时初奠功底，用老板给的压岁钱、月规钱，买墨买纸，死练九成宫。九成宫练成了，眼睛却近视了，心想将来眼睛不好难做大事，每日早晨望远处青绿色，从春至冬，树叶凋尽，再望对面屋上瓦楞，每日不间断，凭这份毅力耐心，屋顶上的瓦楞果然看得十分清晰，把近视眼硬是治愈了。到广东厘金局当差后，常年坚持练字，厘金局中师爷书契成堆，封关的大堂对却由他来写，很出了一番风头。

“猥湖”二字，布满在旧报纸上，写得没缺陷，可是他老是不顺眼。猥，污浊也，那座桥为何要起这么个倒霉名字呢？猥湖是无锡西北乡钱桥一带的小湖沼，有一座猥湖桥，年久失修，乡里见荣老板热心公益，请他捐资修桥。桥已建成，请他重题桥名，勒石纪念。猥湖，猥湖，他怎么念怎么难受，无锡话中，猥湖与威华同音，他妙思倏至，威华多好，含振兴实业，威震中华之意。他铺开宣纸，笔墨飞动，写出“威华”二字。从此，无锡西北乡就有了一座“威华桥”。

茶房王荣照引领庞眉皓发的张叔和进门，老先生在德生离席后当选为经理，会一散，随即到茂新拜访荣德生。

张叔和坐下就说：“德生，今日的事真叫人遗憾，但你知道股东们的方针吗？”

“不想知道。”

“让我接手，请你帮我做代理。”

这又见荣瑞馨的心机了，他得知德生与张叔和交情不浅，安排这出戏。德生仰天大笑：“我知道戏本子谁写的，自度维经，有人肯演才行呀。一厢情愿，决不可为！”

张叔和慌了神，他能将张园经营得盛名满天下，办厂是两眼一抹黑，打躬不迭：“这就难煞我了，做工厂无论如何做不像，尚请德生弟看在你我往日情分面上，帮忙料理。”

德生扶起他说：“实不能从。我是他们告到公堂的贪污犯，瑞馨觉得合适我不觉得合适，此等人再也不能合作共事。老先生不如向振新董事会请辞。”

老先生机警地问：“莫非德生弟想另创纱厂？”

德生一笑：“物极必反，坏事变好，正是瑞馨成全我之处。我务工多年，学业初成，为何不做呢？不久将来，我得感激这个败家子！”

“对对，新纱厂拟设何处？是在本地吗？”

“还是设在上海罢！”德生记起与宗敬的争辩，不愿违拗兄长的意志。

“上海我忒熟了，各国地皮掮客每晚集中张园做生意，我可以托他们选择合适地盘买下，一个礼拜就能给回音。”

“拜托拜托，只等老先生回音。”

“没有如此省事，”张叔和闪动着狡黠的目光，“要互惠互利。”

“让我代理振新？”

“如能那样则更好。君创新局，必得让我入股，到时不可退让，股额不少于三成。”

德生谐然一笑：“不怕亏蚀，把上海滩大名鼎鼎的安垲地赔进去，政客掮客就只能荡马路了。”

张叔和摆出一副老道的样子：“吃花酒，我要跟瑞馨，白相得痛快；做生意要跟你，稳可赚钱。”

计划尚在悬空中，有人抢着送钱来。达到这一步，他花出多少心思多少辛苦多少烦恼，在这一刻得到报偿。这令德生更加坚定自己的人生理念：活在世上，做人要紧，做认真的人更要紧。

申新纱厂破啼而出，逼在眉捷。

因王、浦意欲另起炉灶而有福新，因振新股东巧取豪夺将有申新，看来，成事业者往往是被逼出来的。这是事物运行的一种逻辑吗？

十九、“有一个铜板本钱做十个铜板生意”

荣宗敬成为1914年上海滩最忙碌的人。时间咄咄逼人，他的日子以分数计算。

早上，每当吃完面疙瘩坐到办公桌前，他就被各种各样的文件和电话铃声包围。话筒不能压到舌簧上去，一压上去准又响起来。他发疯地工作，还是忙不过来。“一个人能做的实在是很少很少。”每晚困乏至极之时总是这样咕哝。他像一匹三条腿站立睡眠的战马，随时可以奔跑。每晚只睡4小时，翌日一早，浑身精力充沛得如同窗外的朝阳。旺盛不衰的精力从哪里来，连他自己都无法解释。他看来找到了令自己满意的岗位，并且毫无疑问地要在这个岗位上竭力奋斗，赍志以殁，直到欲壑填满，理想实现。

三开间的写字间还是老样子，只是迎面高悬着一块北洋政府大总统题赠的“裕食推仁”巨大匾额，嘉奖荣氏兄弟在推动民食方面所作的努力。矮个子中间经常涌现意志坚定、气魄宏大的人物，荣宗敬就是这样。他什么都喜欢大，大写字台，大靠椅，大空间，就连空荡荡的写字间他都觉得不够大。

他把大部分时间都耗在苏州河两岸的天地里，他的面粉厂分布在那儿。目下，福二厂房在三个月内粗成(这是他的规定时间)，却又在着手筹建福新三厂。地皮主要是从与清王朝一同倒运的家乡人周舜卿手中买来，六层钢骨水泥厂房在崛起，向茂生洋行订购的美国爱立司厂的600筒面粉机正在穿越大西洋、印度洋的海道上。老汁又煮出一锅喷香的肉。作为主要股东的荣、浦、王三家兄弟，没掏一文钱，全部费用由一厂盈利支付。福二、福三是上海规模数一数二的大面粉厂。压人一头的“最”字使他感到快乐。他喜欢这个“最”字。福三投产以后，福新系统的面粉产量占全上海的一半以上，足以傲视同侪，这使得他获得满足，但满足只是瞬间的事情，很快，他觉得三家厂好比一张三条腿的桌子，必须要有第四家厂。他竭尽全力无限制地扩展，成为上海滩上最有野心的人物。

在理想的自我投射中，他看到自己未来的身影——一个叱咤风云的工业明星！

他又要出门到苏州河边去了。临走前，接到最后一个电话是德生打来的。

“宗敬，我在张园，下午去周家桥，恐怕要到傍晚才能到你那儿，有要事商量。”

“好，我等着。”

荣宗敬穿过三洋泾桥朝北走。

浜北的英美公共租界和浜南的法租界，经过几次扩展令上海成为远东最繁荣的港口和经济、金融中心，亚洲首屈一指的国际化大都会。南市和闸北两块被分割的由中国管理的华界就像它身上的囊肿。法租界在本年度扩展了7.1倍，“十里洋场”已然不带丝毫夸张色彩。洋泾浜两岸的沿浜马路势必繁华起来，新添出不少西式酒店、餐馆和出售欧美日用品的洋行，但依旧有浓重的中国风情，挽着竹篮的缝穷婆和修鞋匠在桥堍和弄堂内沿门叫唤，卖臭豆腐干的担子和卖馄饨的骆驼挑临街而立，投圈游戏、西洋镜间杂出现，玩把戏声称“刀枪不入”的好汉忽悠中外热情观众的钱财。穿过几条东西向的横马路，进入南京路，完全是令人目眩神迷的景象。文艺复兴古典式、巴洛克式、罗马式、哥特式、热带殖民地式，西方流行的各种建筑式样被洋行广泛采用，无奇不收，蔚成万国建筑博览，其间夹杂少许单调平直的中式楼房，使街道葆有褪不尽的东方情调。沿街东西洋货，奇珍异产，光彩流溢。有轨电车从十里洋场最为繁华的地段通过，羊角马车和洋包车穿梭在来自地球各个角落的洋人堆里，外国大亨以及高等华人则安坐在敞篷汽车中兜风，观赏日盛一日的繁华景象。在这里，你决计瞧不见沿途叫喊的贩夫走卒，他们一旦出现就被袖口上带三道杠的英籍巡捕用警棍不客气地驱逐出去。

神秘的东方斯芬克斯披上了华丽的外衣。

荣宗敬坐在有轨电车里，在叮叮当当的音响中穿越十里洋场。他与小市民挤在一道，英商电车公司老板将车厢分成“头等”和“三等”两种等级，头等在前面那个车厢，专供外籍人士和上流社会华人使用，荣宗敬坐在后面的车厢里。现在，他沉得住气了，坐在“三等”并不意味人“三等”，他其实需要这种精神的对峙，“三等”向“头等”挑战的感觉。人们总有一天会认识他。上海滩不过是一个娼妓，当你有了金钱、地位，也就有了尊严，她会无耻地巴结你，讨你的欢心。

他在临近跑马厅的终点站下车。隔着短篱望去，骑师跨在马上等待比赛开始，马蹄踢踏不安。希望中彩的普遍心理使观众激动不已。市民、工人、小职员不是站在马道边高处，就是站在长凳上观望，富家子弟雇着扎着彩绸的四轮马车，围绕游走在场外，成为流动看台。马赛结束，他们中间准有人因为买马票倾家荡产而沦为瘪三、骗子、强盗，或是自杀，成为报童叫卖的社会新闻。

他一向不理会彩票、马票一类游戏，这种不具有智慧和商业性质的赌博，与学校门外小女孩玩的摸袋袋游戏并无二致。他已经远离投机场，每当从跑马厅边缘擦过时，他觉得还是在赌，以前下的注是银子，现在把整个生命押了上去。上海就是个大跑马厅，他相信自己能跑到前面，在自己从事的行当中取得辉煌成就。因为，他终于猜出东方斯芬克斯的谜语：事业必须扩大再扩大，大到令上海这头怪兽无法吞噬你，你就能立于不败之地。他精于此道。

沿西藏路北上就到了苏州河边，越过钢铁的新闸路桥，桥堍沿河光复路上是毗邻的福新一、三厂。福新三厂沿河三个梯形大码头已于昨夜竣工，门楼也已结顶，二楼三楼有可以凭眺苏州河风光的西式阳台，很有外国洋行派头。希腊神庙式三角楣下“福新第三面粉厂”的招牌也镌刻好了。六层钢骨水泥机器房正在加紧赶造，以便美国粉机从海道运到就能装机试车。荣宗敬没有什么不满意的。他转而踏进旁边的福新一厂，那里的几幢大楼被粉末染得白蒙蒙，临街楼顶上的旗帜也被染白了。河道里氽满横七竖八运面粉的船只。一些空舱大沙船只能暂时泊到对岸等候，一条中等敞船摇着橹从夹缝中钻到码头这边来抢着装货，一派生意兴隆的景象。

荣宗敬径自到经理室找王尧臣，不料推门进去，王禹卿一脸眼泪鼻涕，顾不得和他招呼，趴到会客的榻几上去。

王禹卿的鸦片瘾愈发严重，一日无此君便惶惶不可终日。这会儿正难受得狼狈不堪，“叭叭”地使劲吸，向烟筒索回丢失的灵魂。

荣宗敬耐心地等待他吸完，自己燃起一支英国雪茄。过足瘾后，王禹卿马上变得神清气爽，劲头十足，高领团花绸袍使他翩翩有风度，爆凸的眼睛炯然有光，正是社交场游刃有余的派头。

荣宗敬发现从前的王禹卿已从他身上完全消失了。

王禹卿抚弄着头发，将它整理成整齐挺刮的小分头。

“宗先生，你来啦!”

“怎么还抽!”荣宗敬把两道眉毛皱成一高一低。

“熬不住，香一口。”王禹卿脸上发讪。

“跟我上福二去。”

福二在西苏州路，与福一相隔三四座桥，那里矗立着上海最为显眼的钢骨水泥的厂房大楼。围墙尚未砌好，满地是拆开的涂有美国胡尔夫厂英文字样的包装箱，通和洋行的道奇车从坑坑洼洼的路上颠簸着开进去，卸下最后一批附属设备。全副 800 筒面粉机在西洋工程师汤姆生的指挥下装齐调试。

荣宗敬没带王禹卿进福二，而是绕过厂房后面一片蔬菜田，转到仓库西边的垃圾堆上。垃圾堆占地二三十亩，公共租界的污物堆放在此地。垃圾堆再过去便是他租办的中兴面粉厂。

荣宗敬与王禹卿在臭气冲天的河边溜达。苏州河在这儿连续打了几个大弯，一条游蛇那样急于进入繁华租界而扭曲着身体。受窘的河水在他们脚下不安地翻滚着发黑的波涛，苏州河被越来越多的卷烟厂、油厂、棉纺厂和面粉厂污染了。

“禹卿，你是哪年乘信船来申的?”

“14 岁。”

“我也是。昔时，我们扛着铺盖卷儿上岸，那时我就立誓要有出息。”

“我也一样。一心做大老板。”

“你看苏州河已被工厂污染，商战竞争由此可以窥视。我们基业初成，任重道远，天下尚未打开，你就开始糟蹋自己。应该清楚，我们不是靠实力办实业，而是靠精神办实业，但你的精神已在鸦片烟中烟消云散，早年的青云之志不过是吸足鸦片烟后的清谈罢了，历尽险厄得来的名利地位将毁于一旦。”

“宗先生，我也想戒，熬不住要吸一筒。”

“连烟都戒不掉，你还活着干什么？再过三年，我怕你沦为沿街捡破烂的瘪三，你那时见到我会怎么想？或许，你已不认得我，但我认得你。你伸出枯槁的手向我乞讨，我一个角子也不会给你。我会使尽力气给你一个大嘴巴子，再朝你脸上啐一口唾沫，然而扬长而去。”

“求你，别说了！”

“我还会到你双亲坟上，说：我对不起你们，我没有带好你们的儿子。嘿，王禹卿，我为什么非要将你挖过来，让你在油麻店当小伙计比现在好，我为此恨自己！”

王禹卿实在无地自容，再次哀求荣宗敬。

“不，你听我说完。当今之世，舍你我其谁？你要像一条好汉那样活着，我少不了你，我为你急得简直想跳窗户！”

王禹卿忍受不住刺激，左右开弓，劈劈啪啪自打一阵耳光，嘴角上渗出血迹。随即，他用手背擦去那道血迹，睁大眼睛，一副目眦尽裂的样子，似乎要唤回当初的抱负，脸上溢出决断的神容。

“真的不抽了？”

“真的！”

“我凭什么相信一个灵魂被掏空的人说的话？”

王禹卿痛苦地在河边蹲下，腰被一个硬物顶住。有一次，他回到无锡青祁村老家，强盗用一根竹竿爬进宅子半夜抢劫，他和妻子冒充来王家走亲戚的人躲过一劫，从此备上护身手枪。

“仁者之勇，雷霆不移。”他从口袋里掏出手枪交给宗敬，“以后看见我再抽那劳什子，一枪把我崩掉。”

荣宗敬没接手枪，朝他微微一笑：“到时你对准自己脑袋上放吧。”俄顷，他觉得不妥，又伸手抓过手枪：“好，我答应你。你须立下生死凭据，由你哥哥鉴证签字，到时我的手指头绝不会发软！”

他俩沿垃圾堆走着。垃圾堆连同福三地皮，沿河足有 130 丈，荣宗敬在这里盘桓多次了。他在河边立停，挥手在空中划了一个大圈，摆出席卷天下的气势：

“禹卿，我要在这儿建满厂房，数厂并列，阔大整齐，为苏州河之冠，足可惊爆沪上，震动全国。”

“江南各埠的原料全收来也不够呀！”

“中国之大，产麦何限于江南？还有山东、安徽、河南、湖北诸省。粉色口味好坏取决于种子，产品品质要从根底抓起，否则，机器再好又有何用？外国面粉为何好，价格贵？全在于麦种优良。我决定延请农业专家选择良种，分送农民种植，而后悉数收购。先选河南、湖北两省施行，再及其余省份。但求品质之佳，路途遥远在所不顾。”

王禹卿听完荣宗敬深思熟虑说出的话，觉得老板与从前完全不一样了。他似乎瞥见雁列一字长形矗立在苏州河边的工业区。

“好啊，设想深远，魄力宏大，上海以王者称行业之首，面粉大王之美誉非君莫属。”

“可恨这片污臭垃圾堆每亩也要开价 1 500 两。”荣宗敬对越来越惊人的地价充满感叹。

“那么，老汁还是一点也倒不出来？”

“倒出来换鸦片？”现在，荣宗敬喜欢上一句他频频使用的口头禅，添说道：

"滚雪球，在雪地里越滚越大！"

荣德生此时也在苏州河边。

他在退出振新后的第六天抵达上海。

张园继续着海德公园的使命，政治风云翻腾于园中。白天是筹安会杨度、严复一伙为袁世凯称帝进行鼓吹的场所，反对帝制的革命党不招自来，针锋相对，发表措辞激烈的讨袁演说。到了晚间，则是另一派景象，各种地皮掮客在安垲地的舞池餐厅内拱来拱去，为外国银行、外国财阀在上海设立的房地产公司大搞房地产投机。张叔和很快为荣德生找到一位意大利掮客雪尔佛尼多，此君专为大做房地产生意的法国教会捎皮箱，有两位中国人办织呢轧油厂未成功，将房地产以 4 万 1 千两押入教堂，慈悲的上帝牧着的教会愿以原价出售。

雪尔佛尼多驾着漂亮的马克斯韦尔车穿越上海市区，把德生带到沪西郊野，英国爱萨理司厂远东经理一同陪坐后座，他是荣德生特地请来一同去看地皮厂房的。

意大利掮客为推销这块地驾车白跑多趟，对此行能否成交不抱多大信心，教堂愿意原价抛出不是没有原因的。一路上，他沉默寡言，倒是英国人谈兴甚旺。

"密司脱荣，请原谅我的坦率，两度接触使我感到你这个人似乎很矛盾，'中庸之德，恢弘之志'，贵国圣人是因为心理矛盾才成为后世景仰的偶像？"

"其实并无矛盾。中庸，天下之正理，人之大德也，彰显我中华民族格物知性之精神。中庸即自信，即坦荡，即进取，在责任面前丝毫不推让，故而，圣人又有'当仁不让'之说。你们西方崇尚自我，故而不能理解。"

荣德生戴着五年前在北京开实业会议买的呢毡帽，头一偏，很显商人模样。他对爱萨理司厂远东经理说："如你认为厂址适宜，真能装现货来华吗？"他脑子里尽是借锭的主意。

"敝人到中国，未遇见像荣先生这样办事认真的人，对他处自然不可能。西方有完善的信用评介模型，本厂欠给湖南 4 万锭，由于违约至今尚未开箱，Xenophobia(令人恐惧)，要他们及时归还机款比骆驼穿过针眼还难。与荣先生交易已是第二次，上次阁下给本厂留下极为深刻的印象，厂中至今还在谈论着你。"

"如果八月货到，我十月保证开车，请安利洋行今日就开列账目，速速行动。"

"我发电报直接到英国厂中订货发运，不是更快吗？"

荣德生不知该怎样感谢爱萨理司厂的经理了。

汽车驶到白利南路尽头，进入周家桥一带的荒野，没有马路，也没有建筑物，在土路上吃力地颠踬。“那些人为何要在这儿办厂呢?”荣德生纳闷地想。少顷,马克斯韦尔车开进油厂旧址,汽车将停未停时,荣德生却要雪尔佛尼多一直往前开,在苏州河边停下。

两位外国人莫名其妙地跟他到河边。

吴淞江自北新泾进入上海市区后,在这里打了一个九十度急转弯奔流而去,至外滩逶逦七公里,计有九曲。河内正在涨潮,恰巧到脚下的急弯处为止。

德生在河岸上徜徉,观察方位、地势、潮流、风水走向。他的堪舆地理学问令一般风水先生相形见绌。这是他们兄弟在上海创办的第一家纺织厂,必须寻找吉祥福地。两位洋鬼子以为他在观赏风景,觉得难以理解。

在他弯下腰察看一块碑石的时候,意大利掮客轻嘲他说:“密司脱荣,难道河滩荒野比你家乡的太湖还要美丽,我可曾在那里留连忘返!”

荣德生没理他。碑石上的题勒使他兴奋得压根儿未听见意大利人说什么。“吴淞九曲出明堂”完全符合堪舆之说,这里是吴淞江的第九个弯,而且子午涨潮到此地为止,是财源茂盛滚滚而来的象征。一块超级棒的风水宝地!

“这儿办厂一定发。”荣德生心中大声叫好,但脸上不显任何动静。他终于明白别人为什么在这儿设厂,进而又不明白他们为什么破产败业。

接着,考察厂房。雪尔佛尼多带着买家和爱萨理司经理走进阔大的油厂旧址,厂门内东西向有楼房两座,旁边有单层厂房一座,是前油厂的榨油间。屋宇虽旧,建筑坚固,稍加修葺,即堪应用;而且空地很多,日后能大规模扩建。公事房,物料间,栈房可设在楼房内,拆除油厂的引擎炉子就能改装马达。德生在那所单层大厂房内停留了很长时间,用脚步丈地,横向竖向一一测算;他一米七身高,一步有三尺,丈量过后,复步一遍,不错,足可容纳1万3千纱锭,只是旧厂房过于简陋,需要添置门厅,重新装修,使之有气派。

照此计划,无需添造,就可建成纱厂。

“你对这个地方满意吗?”德生对爱萨理司经理说。

“比我的燕尾服还要好。我们的合作又一次成功了,我赚荣先生的钱,荣先生赚中国人的钱,如同在耶路撒冷圣殿做买卖,双方各得其所。”

“我办厂为图事业,如以饱暖坐食而论,终生尽可足用,何必再辛苦钱财?”

“荣先生办企业难道没有个人目的吗?”爱萨理司经理大加诘问。

“这叫‘道足以忘物之得丧’,你们英国人是弄不懂的。”

爱萨理司经理摇摇头,丝毫不想排除自己的怀疑。他忆及一路上这位中国朋友说的话,发觉中国人活得很神秘。

雪尔佛尼多为兜售这块荒僻的地产在张园白泡几个晚上了，眼下只等收取教会的佣金了，临上汽车前，他想证实一下自己的运气。

“密司脱荣，你是作出最后决定了吗？”

“需要和我兄长商量一下，明日一早听回音，在安垲地碰头。好吗？”

临晚，荣宗敬在三洋泾桥等待弟弟到来。楼上依旧没有专用会客室、书房，这些他都不需要，闲下来有一把算盘、几张报纸就行。他的手离开算盘就很无措，不知往哪儿摆放。抓住算盘才是理所当然的正常生活，眼下，算盘不仅是他手臂的延长，躯体的一部分，已是生命所赖，所有的决策他说了不算，最后由这把算盘说了算。

此时，他的神情中充满迷恋，算盘正在告诉他下一步该干什么，怎么干。

卧室里有几样简单家具，还是从南市搬来的。与王氏结婚已有十年，他依然只有两个儿子，王氏后来只为他养下一个女儿，虽然很遗憾，但他连为此烦恼的功夫都没有。

面前摊开一份租界工部局出版的地图。他看不懂弯里曲拐的洋文，但在苏州河两岸标出了他的工厂。北岸的福一福三，南岸的福二福四，还有在上游周家桥一角刚标出的记号。他连这家纱厂的名字都取好了，在方块空档里写上“申新”二字。申，表示他扎根上海的决心，也表达他对上海的热爱；国家需要万象更新，新字不能少，新产业、新思想、新计划，新是一个富有朝气的字，地图上每增加一个新字，他会年轻几岁。原定的福四，由于申新的蓦然出现有所改变。一阵算盘打下来，没那么多钱，垃圾堆西边是他租办的中兴面粉厂，对方曾来谈过，愿意出售，卖价仅为中兴原投资额的四成左右。他本来认为建新厂好，现在发觉蠢极

今日之无锡申新三厂一角

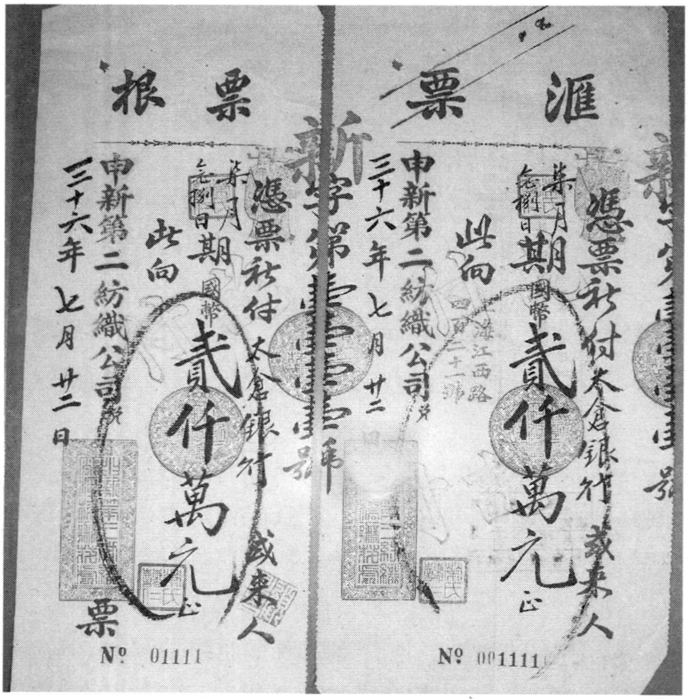

申新的汇票

了。收买旧厂，半卖半送，不仅比建新厂便宜，而且并进一家即减一商战对手，应对竞争也就更为有利。他甚至悟到兼并重组将是他的事业在上海迅速扩大的重要策略。“迅速扩大”是他朝朝暮暮向往的啊！“这就叫穷办法，人在穷的时候会变得更聪明，而在有钱的时候就忘乎所以。”他喃喃地自言自语。“有本领的商人，有一个铜板本钱做三个铜板生意，我荣宗敬有一个铜板本钱，要做出十个铜板生意来！”

他以自矜的神态眯细眼睛，凝视地图。杂色斑驳的地图如同万花筒，转动出无数迷人的色彩，叫人不知所向。它将一个小乡巴佬诱惑过来，像猫玩老鼠几乎将他玩死。而现在，是他玩转它的时候了！苏州河两岸还将增添更多的属于他的标记，他要占领苏州河，占领由几十家外国银行和上百家外国财团控制的上海！这个从意识深层冒出过无数次的狂妄念头，他没敢向自己明确承认过，现在敢于承认了。他自信有这样的雄才大略，他的精神在自信中得到一次升华。从这个黄昏开始，他将以全部热情和才能，对宏伟华丽的人生目标进行新的追求。

十岁的二儿子鸿三跑进来。小家伙要买西洋玩偶，母亲不答应，大胆地闯进来缠父亲。

“爹爹，我要钞票。”

“做啥？”

“买玩偶。”

“要几铜？”

“30 块。”

好大的口气！宗敬被满不在乎的儿子吃了一愣，板着面孔问：

“爹爹雇一个工人一月才拨八九块，饭食还要自理。我搭侬爷叔小辰光，讨一个铜板买糖人都勿敢开口。”

“30 元也算多啊？我长大赚了还拨侬。”

“侬能赚大钞票？”

“侬能赚，我做啥勿能赚，赚得比侬多，满满一房间。”

儿子挥舞手臂在空中划了一个圈子，比老子还自信。少负大志，是他的种，荣宗敬为之开心。

“爹爹，你画啥名堂劲，一串臭豆腐干，是伐？”

“嗬，小赤佬，看清爽，究竟是啥么事。”

“噢，我晓得勒，是侬的工厂，为啥只有几间呢？”儿子觉得太少，提起笔在苏州河的两边添加方块，“上海嘎大，为啥定要盖勒河旁边”说着，在地图上胡乱画上许多符号。

儿子的行为给宗敬极大的心理满足，他把他搂到怀里，亲他，拍打他的脑袋，从来没有这样疼过他。儿子被突如其来的短而粗硬的胡茬扎痛了，在他怀里挣扎。

有些符号画到黄浦江两岸，有的画到出海口方向，浦江两岸广大的农田吸引了他的目光。儿子不经意的乱划开启他的野心。近三十年，他目睹上海不断扩张发展，它将以更快的速度变成真正的大上海。那么，除了苏州河，他应当抢先布局黄浦江，占领黄浦江，是明智之举。

他望着儿子对自己说，迭个小赤佬有灵性。

“爹爹，铜钿快点拨我呀。”

“好，拨侬！”他爽快地把钞票“啪”地压到桌上，犒赏这点钱不算多。王氏向她投来责备的目光，他向妻子嘻嘻笑了一下，意思是情有可原，待会儿向你说清楚。

荣德生踽踽而进。

“爷叔，”小家伙一眼瞥见他喊道，“答应拨我个惠山泥阿福带来勒伐？”

“哎呀，忘了，下回一定带。”荣德生自退出振新以后，一直抑郁不欢，怎会把这等小事记在心上。

“爷叔常庄忘忒，忘、忘、忘，记性嘎推板。”

“跑跑跑，小囡一眼勿懂规矩，跟姆妈去睏觉！”宗敬斥退儿子，但小家伙没有走的意思。

“爷叔大老板，打扮一眼也勿像，像煞弄堂口卖杂货个山东人。”

孩子歪着头说。小家伙梳着西装头，穿着合身的小西装和擦得铮亮的皮鞋。荣德生捏着他的鼻子说：“你倒像煞是洋行大班。”

“我要么勿长大，长大就要做大亨。”

德生刚才瞧见兄长掏这么多钱给孩子，心里老大不舒服。子孙不可以不教也。他居家守旧，督教甚严，大儿子伟仁与鸿三同岁，上学只许穿寻常百姓家衣服，不给零花钱，西装皮鞋压根儿不许穿，将勤俭朴实视为传家根本，以建立不败的家业。

“鸿三，做大亨也不能像外国人那样滥花钞票。人生应该自奉节俭，才好得人心之平，得我心之安。这些道理你长大后自会懂的。老板平时要俭朴，那么，工人看见老板生活朴素，他们也就不会讲究排场，用钱节省，工资也就够开销了。开支得当，生活安定，就不会像外国工厂那样动不动闹罢工。”

小家伙似懂非懂，还想说什么。父亲怕他胡言乱语，把他赶跑了。

宗敬对德生创办纺织公司的进行办法一一同意。弟弟柔中寓刚，在振新风波中受的怨气只能以开创新厂来熨平。看他这次抵沪，精神起色大好，温和的口吻中显出勇毅不二的神气，是该让荣瑞馨瞧瞧他们兄弟能耐的时候了。

“德生，你看，我连名字都取好了，叫‘申新’，申为上海别称，《离骚》中又有‘申三其詈予’句，寓反复不休之意。有申一，必有申二，申三，申四……你带领无锡人手，开到上海，大干一场吧！”

德生说：“我们筚路蓝缕创立的振新不明不白被人夺走，教训惨重，愤于有限公司股东之掣肘，申新宜取无限公司组织。”

宗敬说：“我也反复思量振新的教训，以后一切企业均采取无限组织，我荣姓方能总揽全权，伸展抱负。中国国情有别于欧美，尘俗间目光短浅，贪图近利，股东出钱欢迎，决策则要无条件听从于我们。”

荣宗敬主张采取无限公司形式，还因为他有主宰人物和事件的权力欲。他的抱负越来越驱使他去指挥别人，而不是去服从别人，这是他这一类型人的爱好，融入血液的特征。他野心勃勃，试图功成名就，出人头地，是摆脱不了这种欲望的。他在担任福新面粉公司大股东、总经理的几年中，集权一身，个人意志畅通无阻，已经唤醒潜藏在血液中的权力欲，从中得到充分的满足。人，凡是要在社会中取得一席地位，必须始终如一，运用一种驾驭一切的才能，付出取之不竭、用之不尽的热情。而这种才能唯有在担任一项重要工作时才能得以发挥。荣宗敬长期以来屈从社会和他人的处境，在对自己一块领地的统治中获得补偿。他为了实现他的宏伟理想再也少不了驾驭一切的权力。无限公司股东不能把持有的股份转让于局外人，只能转让于内部股东，这样荣家兄弟在自己的实业体系中就永远是说一不二的君主。

“尘世间，远见卓识者少，胸无大志、谋取近利者多，生意场中无不把将本生利视作唯一目的，将投资实业当做投资钱庄、当铺。实业乃一国之根基，如若国人思维不改，振兴实业何时才能实现？在此背景下，只有排除董事会的纠缠，我们的事业才能一往无前。”荣宗敬舒服地倒在靠椅上说。

德生说：“因是欠款购机，洋行方面提出要保证金。”

宗敬以很牛的口气说：“在上海滩，有一个铜板做三个铜板生意，已算有本事的商人，我荣宗敬一个铜板偏要做出十个铜板的生意来。今年，上海福一至福三，无锡茂新，将各有十几万两盈利，悉数用来投资面粉业和纺织业。上海申新纱厂办成后，估计十月开车，当年就能赚回 2～3 万，这只老母鸡，又将孵出一群鸡来。目下，可把申新纱厂土地厂房契据抵押给洋行，欠款未付清之前，全副机器也可押入洋行作为保证。对于事业前途，我今晚仔细琢磨过，工厂不管好坏，只要有人肯租，我就租，肯卖，我就要买。我虽没有钱，人家肯欠给我，我就要借。办成一家厂，不妨押入银行做押款，借钱再办一家，如此数年，家大业大，人人侧目！”

德生心里咕噜道：这样做太冒险了吧。他不想扫哥哥的兴。他内心也被强烈的办厂愿望控制，他嘴上说出来的话是：“今年处处吉祥之兆，看来，大发展业已胎伏了。”

宗敬指着桌上那张地图说：“我欲买进中兴改为福四，正等你来商量呢。你瞧，孩子的雄心比我还大，把全上海都画满了。”

德生频频点头：“汉口为国内面粉主要集散地之一，那里的面粉制作粗糙，杂质颇多，远不如兵船，日后也可设厂；另有河南、山东等产麦区，皆须办分厂，以占地位。尤为关要的是，纱业应尽早发展，以国而论，富国强民，纺织为先；以私而论，谋利立业，纺织亦为先。”

宗敬被弟弟“纺织为先”的新思想震撼，他觉得十分有道理，纺织业势必成为中国经济的新兴产业，领军产业。就面粉论，北方食面，南方食米，而衣服天南地北之人都要穿；就行业进入门槛论，面粉业进入容易，纺织业投资大，技术含量高，但也更来钱。再说，采购原料麦在初夏，采购原棉在秋季，在资金调度上也不冲突。国内纺织业的弱小为这一产业提供了巨大的发展空间，难怪英日等国先知先觉的资本已在上海抢滩进入。推理下去，荣宗敬预感日后在纺织领域将会有一场中外对决，与外国资本一较高下是一件多么快意的事，谁是英雄或者狗熊，走着瞧！

“德生，你说的‘纺织为先’四字理应成为我们事业的主旨。”

宗敬跳跃式的思维倏然冲得老远，起身在屋子里踱来踱去。最后，面壁沉吟：“我们出自寒门，一介商人，受尽欺负，此次被逐出振新感触犹深，看来，光是埋头办厂不行，亟须在政界军界找靠山，方不致再受欺凌。”他说完，又开始踱步。

“政客都是骗子，与那些人轧朋友要上当，还是坦坦荡荡，以实业在政界取得地位，以督促国家对工商实业的发展，积极向前。”

宗敬听着，忽然旋转身，对弟弟说：“二木头，你依然木头脑袋，忘记创办保兴的坎坷了吗？”

二十、荣宗敬速度

繁荣的盛气凌人的欧洲消失了。

如果说上海是一个被强奸的城市，那么，强奸者家门失火，穿穿好裤子，慌里慌张跑回家救火去了。如果说上海是一个被勒索的城市，那么，勒索者也被勒索，丢下上海对付另一帮强盗去了。

萨拉热窝事件将巴尔干半岛这个火药桶再次引爆，第一次世界大战令欧洲成为烈焰中的地狱。报纸成为上海滩的抢手货，不再是报童追路人的屁股，倒是路人追着报童买报纸，不用叫喊“卖报”“卖报”，报纸一销而空。报童开始了他们的幸福日子。

上海的故事既然开始于那块遥远的土地，那块土地上的战争势必刺激它的神经。商人们从神经末梢捕捉着任何微妙的讯息，从中窥探商机，也窥探自己的命运。

荣宗敬是追着报童屁股买报纸的一个人，他将在证券市场养成的对信息的敏感移植到实体经济中，他的眼睛紧盯住战场的一举一动，嗅觉中尽是欧洲的气息。《申报》、《新闻报》、《时事新报》，以及英文的老牌报纸《字林西报》、法文的《法国七日报》，也买来让他的文牍（文秘）上翻译馆译出头版消息。十年前发生的日俄战争，令他所在的钱庄倒闭，也让他呆在家中失业两年，给他留下深刻的印记，他每天瞪大眼睛观察欧洲，那里发生的一切对他来说太重要太重要了。

当报纸刊出“参战国日益增多，战线日益扩大”的特号新闻时，荣宗敬感到战事的深入对中国并非坏事。不久，他看到外文报纸上连续刊登出几组战地照片：其中有农田里布满壕沟、弹坑，坦克倒在水沟边，树林烧焦只剩主干；老百姓住在巨大的帐篷里，大部分人受伤，饿得面黄肌瘦，吃着政府救济粮。还有一张是一片工厂被炸毁，工人倒毙，有的厂房顶上染有白色，分明是面粉厂！这些来自欧洲的信息令他恍悟：上海的机会来了，他的机会来了。他做出的判断是：一、这是一场持久的战争；二、对欧洲的工业将有出乎意外的破坏；三、农产品供应严重不足，原材料将出现极其匮乏的局面。进口洋粉洋纱不仅将在中国绝迹，交战国还将从海外大量采购这些战略物资。结论还用说吗，外国资本自顾不暇，他的面粉和棉纱供不应求！

财神爷正从巴尔干向他走来，愈走愈近，听得见他的脚步声。

欧洲的战火愈烧愈旺，战争从壕沟、铁丝网、大炮、机枪和沼泽地构成的地面战扩展到天空和深海。上海，这个硕大的东方斯芬克斯开始魂不守舍，无力地垂下头，打起瞌睡来了。被绑架被出卖的上海可以舒展一下自己的筋骨了。租界内坐落在洋楼和花园中的洋行业务清淡，门庭冷落，原来倾销中国市场的舶来品失去货源。洋行大班和高级职员接连应召入伍回国参战，很多物质由过去的出超变成匮乏，洋行能做的大宗买卖是为本国政府大批采购战略物资——面粉和纱布。协约国和同盟国日夜赶造各自需要的坦克、战斗机、远程轰炸机以及潜艇，其他工业随之萎缩停顿，一场耗资 4 千余亿金卢布的战争看不见尽头。

历史性的机遇使上海布满欣欣向荣的气氛，民族资本的盛宴来得意外却是十分豪华，街头到处是暴发起家的百万富翁。各种新工业如橡胶、煤铁、面粉、纱布、丝绸、香烟，无不大发其财，城市固有的潜力一拥而上。荣宗敬庆幸在机会到来之前办起那么多工厂，每家工厂成为日进斗金的财源通道，穿梭在吴淞口的远洋轮船，装满茂新、福新公司的面粉销往英、法、澳大利亚及南洋各国，供不应求，盈利激增。

“万事皆由天定，天助我也。”他在喷涌的财富面前，不能不这样来解释命运的大转机。他没有抱着金钱睡觉，坚定地执行他的宗旨：不顾一切地扩大产业规模，更大胆地投入资本运作，他的理想离他越来越近了。

洋泾浜已成为宽阔的马路。这条从下水道不住飘出尸体和粪便的英法租界界河，租界当局出于卫生的考虑，填浜筑路，用英王爱多亚第七之名命名为爱多亚路。本地人依旧习惯将爱多亚路和江西路交叉的那一段称作三洋泾桥。

三洋泾桥那栋二层楼房门前，现在挂上“茂新福新申新总公司”的牌子，总公司的首席执行官荣宗敬盘踞在与招牌不相称的旧楼里，不愿抛头露面。他发奋用力，将全部时间倾注于事业。他没有了自己的生活，他的生活就是赚更多的钱投入他的企业。厕身上海以来，他总算过起扬眉吐气的日子。

深夜，爱多亚路临近外滩先后翻造的高楼大厦在夜幕中显影出巨大的轮廓，英商亚细亚火油公司、英商友邦银行的灯光渐次熄灭，唯有几家大饭店的辉煌灯火一直持续到天亮。荣宗敬在账房间打算盘。他去汉口、广州、南京等地考察市场刚回来，顺道回无锡，在家中没住满两天就回上海。上海快速发财的气候太有诱惑力，一眨眼属于你的机会就会丢失。茂新、福新、申新，近十家厂的大笔利润加上去，最后，他对着算盘翘起下巴发愁，眼神和隆起的两腮透出无可奈何的神气：钱不够使！

再多的利润也无法填平他无限止扩张的欲望。老厂无不在增资扩充，新厂一一在没完没了的想象和深思熟虑的推敲中勾画出来。他在福一旁添建福三，兼并收购中兴恒记面粉厂为福四，又亲赴汉口于硚口上游宗关买地，规划福五工程，正在动工兴建。福六，却因为租办祝兰舫的华兴面粉厂先自诞生。德生在无锡也收买了一家面粉厂成立茂二，同时租办了其他两家面粉厂，无锡一地共有五家面粉厂，他经营着其中四家。

荣家兄弟弄不懂，这么好的年景，别人的工厂为何办不下去要租出去让他们赚钱？这要归结于在品牌意识和规模化经营上，荣家兄弟先行了一步。

自从德生提出纺织为先的思想后，荣宗敬一直为此谋划。凡是已经确定的目标，他就要不遗余力去实现。继申一利用丰厚盈利增设织布厂后，创办申二、申三在他的欲海中浮现出来，轮廓越来越清晰。钱，只是算盘上一个数字，他拨一下就消失，然后，消失的钱化为苏州河边多出的一家工厂。利润来得再快也吃不消他算盘珠这么一拨拉，这真要命。自一次大战爆发以来，日本也大发横财，迅速由债务国变成债权国，日本财阀趁机而入，向中国的实业家提供剩余资本。荣宗敬想要扩张地盘，钱从哪里来？有一条他不大愿意走的路子，将工厂抵押给日本银行；他拨动算盘珠，一连串加法之后，计算出至少举债七八十万日元。

翌日，他约好王、浦两家兄弟在福新一厂碰头。

福新一厂的机器永不疲倦地转动，原料仓库里堆满从姜堰、高邮、泰州、扬州，以及山东、安徽、河南、湖北的麦庄源源不绝运来的麦子，麻袋包顶着屋顶，成品库内空空荡荡，面粉一出车间，时常等不及入库就被手持栈单的客户装走。沿河新辟了码头，苏州河还是被拥塞的货船挤满，过往舟楫都在这里挨堵。临河的办公大楼与不断新建的工厂比，已经显得陈旧。公事房大楼西边有四间二层仓库，外场的搬运工在原料仓库和码头之间往来劳作，连擦汗的功夫也没有。苦力们“杭唷杭唷”哼着号子，腿部的肌肉挺得铁硬，踏上悠悠颤颤的跳板，一麻袋麦子扛上岸后，在仓库门口伸手拿一根筹子，再用一根筹子换七个铜钱，七个铜钱换一枚铜板。

操着苏北、山东、湖北等地外省口音的苦力，都是流入都市的新移民。他们的老乡或者亲戚，也正告别祖居的村庄，成群结队，从田野、水道、铁路，从各个方向向上海越走越近，喂饱这座爆发中的城市对劳动力的饥渴。荣家兄弟，王家兄弟，他们的前辈周舜卿、祝兰舫，曾是他们中的一员。上海向所有的人敞开胸怀，它需要各种各样的人填补它越来越大的空间，给懂得它的人以发达的途径，给懵懂的能力低下的人遮体果腹的衣食，也给不想以正常手段营生的人踏入黑社会的机会。自然，也有人饿毙在这座满地财富的城市中，被慈善机构用芦席包裹投进义坟。

中国的以官僚资本为主的第一次现代化浪潮，自被日本帝国发动甲午战争终结后，现在，第二次现代化浪潮正乘西方自顾不暇的机会，在民间资本的推动下再次启程，如同从吴淞口涌进黄浦江的大潮，发出尖锐的呼啸。与上次一样，它依然以工业化和城市化为动力，呼唤更大体量的农业人口流入城市，不同者，是一批谋求个人前途的知识阶层、抱有各种政治信仰的理想主义者，选择上海作为实现人生的目的地，注释着第二次现代化浪潮的不同性质和规模。上海的房源变得异常紧张，闸北、普陀的棚户区不用说它了，租界内的市民阶层，晚上饭桌下面得睡两个人，冷寂已久的房地产成为暴利行业。

在苏州河两岸工厂里，码头上的劳动者群体来自五湖四海，愈来愈庞大，分为湖北帮、湖南帮、山东帮、浙江帮、安徽帮、苏北及苏南帮。日商纱厂用更高的待遇抢夺劳动力，这让荣宗敬感到忐忑。为避免同行的非议，他不能单独提高工资，怎么办呢？为了吸引素质较高的劳动力，他在周家桥申新一厂旁创办职工子弟学校，让职工子弟免费入学。

忐忑之后还有忧患，日本的商业势力也正利用西方自顾不暇的机会，汹涌地杀入中国市场，成为与华商激烈竞争的国际对手。在过去的二十年内，他们挤压中国的传统产业，替代中国成为国际上最大的丝绸、茶叶的出口国，眼下，他们将目标确定为刚刚在中国崛起的主流产业——棉纺织业。日本的纺织巨头正在成群结队进入中国，批量快速地建厂，抢占国内市场份额。在上海的日资纱厂就有丰田、日华、上海纺织、公大、裕丰、内外棉不下十数家，占上海纱厂的三分之二。荣宗敬不能不关注攻势最为凌厉的日本内外棉株式会社，让他感到他们的野心比他更大，步伐迈得比他更快，这怎么可以？内外棉依仗雄厚资本接连在上海圈地建厂，1911 年，它在上海只有一家纱厂，近二年间接连办起三家，连同青岛一家已有四家，而且规模很大，另外两家已在计划筹建中，在上海买好了地皮。日本内外棉只有一厂、二厂设在本国，其余六厂都设在中国，他们究竟想干什么？他们还要在中国办多少家？荣宗敬感受到沉重的压力，内心盘旋巨大的疑问，在这个老钱庄眼中，资本的力量可不输于枪炮啊！如此下去，不出数年，资金薄弱的中国商人将丧失时机，永无出头之日。他同时不能不从心底佩服日本，这个国家的工业生产力在五年内增加四倍以上，设于大阪的内外棉原来是初始资本仅有50万日元的小公司，却在二十年内变身为日本的纺织托拉斯。他投入商海至今也有二十年了，出息远不如人家啊！他日后一定要去日本考察，他要弄清楚这个国家到底凭什么迅速地暴发了起来。

荣宗敬感到日商资本的威胁，但他此时尚不了解日本内阁的战略方针。日本政府在扩充军备的同时，制定了大力发展出口工业和海外经济扩张为中心的国策，内外棉株式会社只不过扮演了一个打冲锋的角色罢了。尽管这个国家日后沿袭甲午年的老套路，用发动战争的方式终止中国生机勃勃的第二次现代化浪潮，可眼下，人们看到的只是在上海这块地盘上，日商新建扩建企业的高潮，他们的投资已经迅速超过英美国家。

上海是一个与西方接轨的市场开放和充分竞争的自由经济体，想与日本人别苗头，首先得攒出资本来。荣宗敬今天邀集王浦两家兄弟就是商议此事。

洋包车从英租界冲下新闸路桥，往左急转，避开一辆运送弃婴和尸体的粪车，在福一临街的公事房大门前好不容易刹住。荣宗敬大步流星走进厂门，连守门人的问候也不答理，或许压根儿没听见。在上二楼经理室之前，他先到磨粉间、打包间巡察一下。

打包间内满耳无锡常州口音，地轴在地板下震动，沿窗一长列的缝口机上，工人在满屋粉尘中缝好袋口，将粉袋拎到皮带运输机上，进入仓库。皮带上躺满印着兵船、宝星、福寿商标的面粉袋。苏州河两岸的福字头面粉厂所用包装袋，由位于上游的申新一厂织布间日夜开工织布，方够使用。那里的1 100台织布机，占当时全国民族资本棉纺厂布机数量的三分之一。

荣宗敬闯进打包间，一些躺下休息的人弹簧似的蹦起来，还有几个偷闲赌博的打包工连忙藏起骰子，正在吃饭的连忙将含着的饭菜吞咽下去，呛出一阵咳嗽。所有细节表现出工人对老板天生的畏惧。他对刚才目睹的惰懈和不轨行为只当没瞧见，向来不屑于插手这些琐碎小事。

荣宗敬走到一台缝口机旁。粉袋套在出粉口上装满面粉，而后过磅。每袋面粉50斤，差5钱，退回重来。面粉分量符合标准后，由专人在袋里放入5枚铜元，作为“彩头”。

荣宗敬将手伸入粉袋抓一把面粉，干爽的面粉全都从掌心滑落。

“太干了一点。”他叨咕一声。

同时，他发现工场内散落几颗烟头，这不是存心坍他的台，砸他的牌子吗?

内场总工头以及打包间的小头目听闻总经理到厂检查,连忙赶来侍候。刚进打包间大门,发觉地下有一枚掉落的骰子,内场总工头拾起来,不问情由扇了附近工人一个大嘴巴。

“你赌,赌输了偷面粉,歇你的生意!”

打包间小头目接着在他腰间踹一脚,把那位工人踢倒在地,吩咐旁人道:“把他的铺盖扔出去!”

荣宗敬蹙了蹙眉头说:“歇掉生意谁来养活他,饶他一回吧!”他说这话时想起自己的14岁,耳边回荡起那个声音:“汰忒,勿汰勿要紧个,明早卷铺盖跑路……”

那位工人连滚带爬匍伏到老板脚下,磕头谢恩,荣宗敬叫他起身,工人不敢。

荣宗敬对他说:“人言人生最惨是生死离别,我道最苦是失业赋闲。买米升斗告贷无门,路见亲朋歧途相避。小兄弟呀,做工务必刻实认真,切勿看轻。有辰光赌钱,不若多学本事,捧牢饭碗最要紧!”

内场大头脑叱喝道:“脑筋拎拎清,起来!”

荣宗敬指着地下对工头说:“我看你也拎勿清,垃圾堆也比这儿干净。”

内场总工头识相地不吭声。打包间小头目涎着脸说:“偶尔弄脏了,一早还挺干净的。”

荣宗敬睨了他一眼:小头目拖着破皮鞋,连裤腰也歪着没束好。平和地说:“邋里邋遢的人会管好工场,我不相信。你哪一天把自己装束得文明了,工厂也就整洁了。我一再申令各厂严格保持整洁,你们难道当耳边风?“

大小头目点头哈腰,一个劲地检讨,荣宗敬没听就走了。

荣宗敬离沪多日,他对福一的现状大体满意,除打包间外,秩序井然,节奏紧张,基本上以他制定的厂务管理条例运行着,无时不刻地为他赚取真金白银。对出现的异常之处,看来须制定更为严厉的措施。福一采取的分工制度以及奖励技术改进的一套治厂之道,他早已下令各厂仿照推行,以福一推其余,他感到满意。

王家二兄弟和浦文汀在经理室鹄候。荣宗敬进门,坐到高背沙发上。这张沙发是福一经理特地为总经理下厂视察准备的。

寒暄之后,荣宗敬作开场白:“目下正值欧战之季,国内各项实业颇呈发展之相,此行外出考察所得印象,纺织面粉两业尤有蓬勃之势。宗敬自思不进则退,唯有进之再进,方能立于不败。各位兄弟想必与我同执此愿。”

各位赞同。

宗敬接着问:“禹卿,近来粉销情形如何?”

"日日看涨,日商三井、三菱,英商祥茂、祥生等洋行需求甚殷,处在战线外的国家,因参战国退出市场,也纷纷来华采购,都是大宗买卖。"

荣宗敬从王尧臣面前抓过算盘粗略一算,仅上海福新各系统靠这笔额外利润在一年之内可多赚 50 万。

"栈单抛到哪一天了?"

"三个月向后。"

这就是说眼下无法再抛出远期栈单,借以筹措资金。荣宗敬脸色一沉,等同失声般叫一声:"糟糕!"

王禹卿觉察出总经理脸上的阴晴变幻,他习惯直言不讳,加重了荣宗敬心头的沉重。

"因面粉获利甚多,上海一隅新设粉厂如雨后春笋,除已开的信昌、元丰、长丰新厂外,和大等厂亦在酝酿之中,计有七八家新厂,竞争对手越来越多。"

"竞争不是坏事,"荣宗敬本来就想找几位主要助手谈谈竞争的问题,就抓住题目发表自己的见解,"自然界物种竞争,留强汰弱,才有今日之世界。竞争逼我们清醒,逼我们奋发,逼我们练好内功。尤其注意培养人才,各厂实行练习生制度,总公司将制定详细办法,通知各厂切实推行!"

浦文汀接口说:"练内功自然好,办麦的功怎么练?采购原材料的竞争十分激烈,一下子新开那么多粉厂,僧多粥少,到年末就怕原料难继,各办麦处已纷纷来函申述困难处境。"

"那些新厂规模有多大?"

"最大的也只及福一一半。"

"尽多购进新麦,栈房不够立即扩建,分发农民种的良种麦要悉数收回,价格望上抬一抬也无妨。"

这一招厉害。

新麦登场,抢先大量购入,可确保长期生产。而其他规模较小的面粉厂因资金拮据,只能随购随做,在市场上买不到原料时只得停工,而茂新、福新就能独占其利,总经理的这一手将挤垮许多同行。

荣宗敬犹嫌不足,随即吩咐:"欧战不是打一二年能结束的,要做四五年准备。文汀兄,立即挂电报通知各地麦庄,不必与其他厂家麦庄一致行动,统一行市。悉听上海本部指示,不怕抬高麦价,以便尽多地购进原料。"

统一行市是驻产麦区各麦庄为压低麦价统一行动定下的规矩。王尧臣不安地说:"这样做怕有失妥当吧。"

王禹卿与哥哥另一风格，直陈其词反对："抬高行市，势必成为众矢之的，我不主张这么干。"

主管办麦的浦文汀听懂了荣宗敬的意思，所以没吭气。茂新、福新公司占有很大市场份额，市场行为确可不受制于他人。抬高收购价收进大批麦子，若干天后才会牵动市场抬升麦价，令麦价进入上升周期。当下求大于供，粉价势必随麦价升高，利润不减。要点是在麦价上升的每个周期中，如何利用那个"若干天"，更多地收进原料麦。这颇有技术含量，如何蒙蔽麦庄，分化对手，散布信息，引导舆论，浦文汀身为办麦专家游刃有余，是一把好手。

"我主张适者生存，以强汰弱，让赚不了钱的人哭鼻子去吧！你不这么干人家干，明里不干暗中干，难道想等人家压垮我们？"荣宗敬反驳王家兄弟，手臂一挥，显示不容违拗的力量，"公司信誉靠社会公评，道德良心自在品牌之中。兵船牌目下已是出口标准粉，畅销英法等国，伦敦面包房也乐用，产品以经销商和老百姓的信任度见高下，管他什么其余。"

荣宗敬决心既下，其他三位也不便多说什么，但他们摸不清老板今日约他们来到底要商谈什么重大事情。

"各位，你们了解近年来棉纱市场行情吗？"

"已一改几年前价格低下的窘状。去年纱价开始回升，今年估计继续走高。"王禹卿说。

"宗敬此次到广东，考察那里棉纱市场，粤地因近香港南洋，商情尤为敏感，二十支细纱每包价格由 100 多两而跃至 200 两以上，涨势空前。欧美方面，仗往下打，棉花价格将因陷于战争出产减少也将爆涨，而国内产棉区远离战场，要涨也有限，有利可图的大好时机到来啦！实业界经营纺织厂势必继面粉厂之后接踵而起，历久奄奄不振的纺织业将顿然起色，我辈不能等闲视之，错失时机，应当未雨绸缪，及早布局。"

"这么说，申一年内可大余 60 万，股本不过 30 万，一年内翻出两座厂！"王尧臣精于计算盈亏账，约略拍一拍数字，为丰厚的利润激动不已。

"可惜只一家纱厂，纱厂也有粉厂那么多，我们就氽在银子上面睡觉啦！"浦文汀不无感叹地说。

"工厂是人办的，即所谓英雄造时势，上海一隅，穆藕初君已创厚生，聂云台君创恒丰，规模特大，我们唯有力谋发展，即速筹办纱厂，不可落于人后。"荣宗敬说。

"用申一盈余再办申二？"

"不，申一全部盈余用于本厂扩充设备，我打算再添美锭 2 万 5 千锭，布机

400台。福一盈利历年来划拨他厂，劳累不堪，也该增资扩充。今天宗敬找各位，就是商量创办申二资金筹集之事，你们都要松松口袋喔！”

听闻此言，三人愕然，舌头差点儿掉到地上。

“福新各厂多年不分红，我的钱光够开销花费，哪来现钱，指望老天爷下银子？”浦文汀频频摇首，有句话他没用舌头说出来是用喉咙说，“太疯狂了，你还有完没完！”

“我也没钱，家母六十寿辰，理应铺张一番，适才与尧臣商量，仅请亲朋好友一聚，草草打发。”王禹卿说。王家兄弟在申一创办时，搭入一点儿股份，是捧个场的意思，当下不愿再掺和。

王尧臣淡定，但不代表他没有话说。

荣宗敬已让他的追随者感到害怕，他们谁也跟不上他的速度。因为他不光知道人生的价格，还知道人生的价值。他的磅礴大志和非凡的行动，击穿了他们所能承受的心理底线。

荣宗敬拿出一根雪茄咬到嘴里，点燃后深深吸一口，他知道他们有钱，捂紧口袋不肯拿出来罢了。他把烟雾喷尽，冷冷地说：

“我看起来像一个白痴，是吧？可是，日本人早就疯了，你们数一数，他们在上海新开了多少家纱厂，为什么要开这么多厂？他们要将市场尽收囊中，断我国人后路，如若我们守成不思发展，等同自戕，申新一厂也将在竞争中死去，诸君不信，拭目以待！”

没有人回应他的话，这让他感到绝望，连多年的兄弟都不能理解他，这个世界上他注定是孤独的。

王尧臣终于开口：“与日本人血拼，恐怕先会伤了自己，他们毕竟财大气粗，腰圆膀子壮！”

“我们为什么要低估自己的生命呢？我们现在所做的就是先把自己养肥，再和他们斗！”

眼前的三个人没人吭气，窝窝囊囊，一点也不爷们。

荣宗敬猛烈地抽烟。五分钟过去了，又一个五分钟过去，这十分钟比他躲债时躲在门后还糟糕。

“申新二厂非办不可，眼下只剩下一条路可走，我打算把申一，连同福一福三抵押给日本财团取得贷款，你们有何意见？”荣宗敬用极为平静的口吻说，就像上当铺当一件衣裳那样轻松。

王、浦两家兄弟被逼上梁山。他们是福一、福三的股东，王尧臣又兼两厂经理，对总经理的这一决定感到惊骇。这可不是闹着玩的，战争中什么事情都有可能发生，一旦碰上金融风潮之类变故，工厂尽归日本人所有，他们的身家性命押在福一、福三的股本上，到时叫苦不迭，受累无穷。

王尧臣说："福一、福三为事业根基，发轫之地，申二宁可慢慢办，也毋冒这等风险。宗先生与德先生商量过没有？"

荣宗敬斜睨着王禹卿说："我们兄弟从不意见相左。"他的目光请求王禹卿在这一刻无论如何要给予支持。

王禹卿遇事一向不肯草率处置。他只服从本人的主见，对于这一点荣宗敬是理解的，所以，他从来睥睨一切的目光才变得如此恳切温和。通常情况下，王禹卿会反对荣宗敬这一过分大胆、铤而走险的动作。发生在欧洲的战争，对上海而言是双刃剑，利弊得失，他需要认真权衡。

王禹卿点燃一根雪茄抽起来。自从戒绝鸦片后，他抽起了雪茄。

荣宗敬办厂心切，不能容忍别人的犹豫，在屋子里踱来踱去。

"观物有疑，心中不定，则外物不清。天下令大丈夫壮志难酬无外乎犹豫二字。你们跟我干了多年，什么事没成功？民国元年办福一，股本 4 万，先后盈利 160 余万，翻了四十几个跟头，你们如今都变成上海滩说得上的老板了。眼下多买一只锭子，就像多得一支枪，集结一支庞大军队才能确保打胜仗。看不清这一点，未免妇人之见了吧？"

王禹卿忍受着他的奚落，他要排除最后一个疑点。

"欧战近况和前景如何？我是生意人，历来不问政局，不知宗先生清楚否？"

"已请教过《申报》史量才先生，中国已决定参加协约国方面作战。自去年德国以精锐兵力进攻法国要塞凡尔登猛攻不克之后，战争进入持久的阵地战，还要打下去。这等于说，办纱厂几年内将大有斩获，赚取的利润足够再办一家厂，两家也在情理之中！"

"尧臣，文汀，我看此险无妨一冒。"王禹卿说。

"何险之有，怎么老是险呀险的当《金刚经》念！"

"那就一试吧。"王尧臣惶惶不安。

"请老天爷看顾。"浦文汀叹道。

商量的结果是，王、浦两家兄弟不愿入股申二，但同意将福新的股份作为贷款的抵押物。看来，只有向日本银行贷款了。这对荣宗敬而言，已是不坏的结局。

荣宗敬眉毛飞动，兴奋得咧开嘴巴："今晚我请客，上哪儿都行，为申二的出世痛痛快快干一杯！"

二十一、诵豳堂

荣德生退据无锡，兢兢业业地经营着一小块地盘。在基业奠成大势发展之年，宗敬身兼茂福申三新各厂总经理，而他本人只任茂新一厂以及最近收购的茂二经理之职。他乐于这样做，长兄在前，弟应克让，合乎人伦纲常。

身边亲近的人说："德先生，你怎么退让到这种地步。"

这个问题，兄弟俩在幼时用一盆吃剩下的五香蚕豆回答过他们的母亲。德生至今还记得母亲讲述"田氏紫荆"典故的嗓音，那是悠长的飘渺的，能让人倒回千百年前去的声音。田氏兄弟的紫荆树不会枯槁，他与宗敬的心与信念永不分离，同样茂盛如故。

几乎每天下午 3 点以后，他让洋包车夫拖着，驱驰在开阔的开源路，从城中直达梅园。马路是他历年捐资 20 几万修筑的弹石路。沿途的桥梁一概加阔加固。进入分野之地，山清水秀，田园宁静，令他心情豁然开朗。

梅园正在大事建设。雕樑画栋，亭台水榭，在浒山之麓错落有致，参差罗列。登高而望，波光旖旎的太湖借入园景。每至梅园，他沿着山道的驳路到工地视察指挥，与园中游人插肩而过。他挤在前来观光西乡新景区的市民中，心头被造福乡梓的乐融融的情韵缭绕。

各处巡视过后，他穿过"香雪海"三楹堂屋，步入楠木厅诵读《诗经·豳风》。各处建筑均有名家题额，他走过"香雪海"堂屋前总要抬头凝睇一下头上悬着的匾额。这是他最为得意的一块，使园子显得异彩熠熠。"香雪海"三字出自一代名彦康有为手笔，是他派人去上海耗费巨额润资觅到的墨宝。

楠木厅正厅正中悬有"诵豳堂"匾额，两侧悬挂颜体《豳风》八章，四周还挂有其他时流硕彦的匾额、对联、书画。长几、茶几、放置花盆的玄地几，都是清代格式。"诵豳堂"古朴雅致，恰如主人心意。

他迈进正厅之后便踅入一侧的配厅，从案头的《诗经》中翻开铜尺夹住的部分，是《豳风》八章。

“七月流火，八月萑苇。蠶月條桑，取彼斧斨，以伐远杨，猗彼女桑。”先祖在芦苇荡里拓荒垦殖，祖母、母亲、妻子一代代人在桑田里辛勤劳作，摆满农具和蚕匾的二间老屋……光绪元年七月初四辰时天气清朗的一天，他在桑园掩映的村庄里呱呱堕地。掩卷沉思，他不会遗忘自己的来处，发现天地之恒理和国家赖以生存的根基。国内农业日益衰弱，麦棉难以自足，依赖进口，资金输出，其影响又必伤及农业。“农业不可不兴，乃是实业基础”，许久以来，他很想为自己取号，一直找不到适宜的名字。“乐农”，他头脑里闪过两个字，这不是一个很好的号吗?

这时，几位游客踏进诵豳堂。看来他们懂得一点训诂，对李梅庵题写的“诵豳堂”匾额评头品足。

“听说荣先生没上过学，怎么会取这么个刁钻古怪的堂名。”

“附庸好古。”

“他识这个豳字吗?”

“哦，我明白了，这是有学问的人在嘲弄他。”有人扑哧一笑，“看，豳字可分解为山字和两个豕字，荣老板夫妇同年而生，属猪，山上两头猪，取笑他们是无知无识的猪猡吧?”

一阵哄笑。

荣德生在配厅内听得一清二楚，哭笑不得。他惹谁了，惹他们什么了，不就是他成了人们心目中的富翁，反遭无端取笑吗？世俗啊，人心啊，你何时才能变得公道一些？人家总以为荣德生捐助公益花许多钱，家中必藏有数十倍于此的钱，但青天可见，他的钱全都投在了工厂和社会公益上，没有一点儿私蓄。说与人听无人相信，故而荣德生懒得说。人既慕富又仇富，慕富是因为钞票是好东西，仇富是得不到而心生怨愤。这种心理，只要世界上需用货币购买商品，是永远不能消除的了。

德生常在楠木厅诵读《豳风》，对描绘先秦古人劳动和风习的诗篇百读不厌，故将堂名取为“诵豳”，寓不忘农本，不忘出身之意。想不到因此遭受污辱，悲叹之中，德生感到他该悲哀的是混沌的世俗，反倒对污辱他的人浮出同情之心。

“何必与他们计较呢，再怎么说，毕竟是梅园的客人啊!”他劝慰自己。

江南的春天，可入眼帘，可入胸臆，却是难以入笔墨。浩荡的湖水蓦然间变成一湖清澈的靛蓝，微风吹拂，湖面像发亮的缎子那样飘拂。零落的岛屿与安详的鱼帆在湖中投入清晰倒影，楚楚动人。当湖畔渔村里的男女来不及卸下寒衣之时，梅园里数千株梅花凌寒而开了，争相漫溢，亭台楼阁浮现在花潮之间。

张勋带着六千名辫子军到北京发动复辟，龙旗挂了没几天，就被段祺瑞的讨逆军打得七零八落。南海康有为参与此事，失败后回上海蜗居，心情惨淡。让他尤为伤心的是，担任讨逆军首席参赞的竟是他的学生梁启超，这太八卦了。

春天降临，康有为到江南山明水秀之区消消满腹闷气，听说无锡荣氏新辟梅园，特地前来赏梅。梅花高雅孤傲，凌寒独立，此种情韵十分配他胃口。

荣德生隆重迎接名流莅临。陪同康氏游园，两人同样装束，瓜皮小帽，玄绸长衫，外套马褂，脚蹬布底圆口鞋。为接待学阀名绅，德生从柜子里翻出一套最挺刮的装束。

入园处，一块紫红色巨石上书有“梅园”二字，字迹隽逸苍劲。

“荣先生，此字何人所书？”

“乃敝人涂鸦。”

“颇有气派，可见胸中浩气。”

“南海先生过奖了。”

进园后，数百上千梅树在阳光中疏影横斜，香气如握，湿润的泥土上敷着薄薄一层香雪。花瓣从枝头起飞，于是洋洋洒洒，飞舞起无数只蝴蝶，天空里便尽是梅花的香馨了。

进园不远处凿有洗心泉，泉水清冽。洗心泉刻石镌有“物洗则洁，心洗则清，吾浚此泉，即以是名”的题跋，署名“乐农居士”。

康有为将铭文读了一遍：“乐农居士是先生雅号吧？”

“正是，乐农取不忘农事之意。尘俗之人，心中甚多无形之污垢，浚此泉借以警策清白为人。”

“孔子之道不行久矣，民不行善，国不知治，权贵为贼，世风日下，我辈也只能洁身自好了。”

沿着甬道往上走，是天心台。台侧三面有石砌小溪萦绕，上架小桥名曰“野桥”。款款行在桥上，很有“骑马过小桥，独叹梅花瘦”的意境，把南海先生的心境弄得颇为悱恻。

天心台画甍高翘，西侧有揖蠡轩，敬轩、敞亭兀立其东。透过梅枝，可见太湖和蠡湖一角。湖边歇着一排排单桅双桅渔船，被风雨侵蚀的赭色的渔帆落在下部，把天空留给了无数根桅杆。湖滩上晾晒的巨大的渔网，被竹竿撑起，如同一道镂空的围墙。渔村炊烟飘绕，往湖的方向逸散，渔人在村舍隐现，等待风汛，扬帆远航。天水之间，浮云在湖面上投下靛青的倒影，云朵挡住阳光之时，银灰色湖面上逼真地勾勒出线条优美的波纹，有意暗示湖的观赏者：太湖无论阴晴都是美不胜收，览掠不尽。

康有为陶然忘情，口中低语吟咏，政治上的失意消失得干干净净。荣德生见天色不早，请他上诵豳堂饮茶小憩。

走到香雪海堂屋下，荣德生挽住康有为，指着上方的匾额说："德生为乡野鄙夫，劳驾南海先生挥毫赐墨，文光谢斗，真是三生有幸啊！"

康有为先是一愣，而后仰天大笑："荣先生，你被敲了一大笔竹杠吧，此字乃伪冒老夫手笔。"荣德生顿时窘极，简直不相信他花大价钱请来的墨宝竟是假冒伪劣，那笔钱画贩子怎么拿得下手？

进诵豳堂后，康有为无意坐下，被满屋的楹额对联吸引住。室内有一副隶书对联题曰：

发上等愿，结中等缘，享下等福；
择高处立，就平处坐，向宽处行。

颇耐玩味。康有为吟哦着，完全领悟身后这位实业家的德操和处世之道。他捋须托颐地赞叹，联中寓意与他信奉的哲学大有相似之处。

康有为说："古今为人之道囿于一联，甚佳，世人不知至理之所在，迷而忘行，好高骛远，于是有风波作于平地，国家罹难，人民遭殃。"

荣德生不在乎康有为话中糅杂的私货，附和道："历来有志之士，其志惑于欲。小弟虽然致富，而不忘社会民生，自奉节俭，不为物使。比较人之所以异于禽兽，不就是这么一点差别么？我们兄弟之志，在于举国中之实业，尽力发展而进图之，使天下无一人被冻馁，虽历尽困厄，仍不改初衷。"

"君子谋道不谋富，可说至仁为德，一如既往做去，势必事业满国中，声誉满天下。虽少陵广厦，白傅大裘，范文正公以天下之忧而忧、后天下之乐而乐，亦不过是也。"康有为由此及彼，不由怀念起老朋友、江浙立宪派首领张謇。

"荣先生认识张四先生么？"

"曾有一面之识，对其钦慕之至。"

"你们一在江之北、一在江之南，声气相连，改良社会，一意维新，精神可嘉。"

"小弟岂敢与张四先生相提并论。"

荣德生请康有为在堂中坐下，茶房王荣照早已将两盅龙井茶沏好在八仙桌上，两人夹起细瓷茶盅啜饮。

“德生小弟，世人皆言外洋以商务立国，此皮毛之谈也。不知外洋富民强国之本在于工。实业为养民之大经，富民之妙术，不仅为御侮计，而御侮自在其中矣。我辅佑先帝变法维新，乃出此虑。中国唯有徐图改良，且离不开君主，然而，自孙文一党兴兵称乱以来，国家已无长治久安一词了。”

“南海先生，”荣德生不敢苟同，他敬重孙中山胜于任何人，敬他的人品和平民般的伟人风度，敬他宏伟睿智的思想，对眼前这一位，则是敬学问名声而不敢敬政见，但又得给老先生面子，于是转移话题：

“张四先生的实业据说办得十分兴盛啊！”

“状元公的兴致比之荣先生广泛得多，除衣食外，尚有肥皂公司、轮船公司、铁工厂。另外，热衷兴办教育、文化之类社会事业。”

“小弟望尘莫及，限于资本、才智，不求一步登天，但求量力而动，从易处做起。”

“此言有理。中国总是要变的，变为天道，为物之理，然而进化有渐进，欲骤变而不能也。”

荣德生与康有为谈得算是投机，本来就想请这位博学通儒留下墨迹，那幅匾额定为伪迹后，此种想法更为殷切。康有为临告别前，一册手卷连同文房四宝已由王荣照在侧壁的长几上铺摆停当。

手卷上尽是游园名流的品题赠句。

“谨请南海先生题写香雪海一额，以去假存真，为陋园添光。”

康有为欣然命笔，在手卷上重题“香雪”二字。随即，朗朗有声，吟诗一首：梅园不愧称香海，劣字如何冒老夫。为谢主人濡大笔，且留佳语证真吾。

荣德生从王荣照手中取过一本薄薄的《理财刍议》，这是由他撰写，并在去年大公图书馆开馆那天分送各地来宾，颇蒙赞许，因而赠送康有为指教。

康有为翻开小册子，大致浏览一下，书中所述是有关币制、中外实业对比、世界经济竞争，尤多自立生存，对外平等一类社会经济思想。

“吾视德生小弟，当以国中最有头脑之实业家名之。”

“德生但愿为一真正商人。”

这一晚，德生在香海花径中边漫步边沉思，反复咀嚼着康有为治国处世的理论。其中“进化渐进”、“骤变不能”的思想，颇合他的处世哲学，认作是治世治厂治事业的真道，根植于心中。

翌晨，刚进茂新面粉厂公事房，荣德生一夜的好兴致被彻底毁掉了。

他像往日那样比所有职员来得都早，在厂门口下了洋包车，然后步行走向公事房。一路上遇见职员工人，和颜悦色地朝他们点头微笑。然而，情况突然变得异样，厂子里不见往日和融轻松的气氛，遇见的人个个神思恍惚，惴惴不安，勉强和他应酬。他脸上堆着的笑容也就凝结成尴尬。

莫非出了什么事，他暗忖。

他的写字间里，挂着一幅新裱的对联：饱暖千家怨，金钱万恶魔。时值欧战，面粉畅销，供不应求，市面上一帮奸商借此机会把米价粉价抬高二成，敲诈老百姓，把社会人心弄得很不安宁。荣德生感到应该挺身而出，为民生行公道，他指示他经营的四家面粉厂核算原料成本，不求厚利，平价抛售大量面粉，把价格抑平，米价随之也平稳。

出于愤慨，他写了这幅对联，愤而疾书，用尽心力，笔力雄健，今天已裱糊好由王荣照挂在画镜线上。他一边欣赏着自己的书体，一边喃喃叹道："金钱之物，用之得当，可为事业上之工具，用之失当，实为万恶之大魔，离社会而独自饱暖者，必行其千家之怨啊！"

不久，他感到不祥的宁静。上班时间已到，不见有机器声传来，难道夜班下班后，早班工人没顶上去？一个念头涌进脑门，他正想呼唤茶房王荣照问个究竟，茂二经理陆辅臣气急败坏地闯了进来。

"德先生，出乱子了，三家面粉厂的夜班日班工人全罢工了。"

"真的？怎么会？"

荣德生瞪大惊恐的眼睛，脸部的肌肉拉直了。这一消息对他不啻五雷轰顶，他最不愿意看到的劳资冲突发生了。

他委实难以明白。在他厂里打工的工人要比别的厂工资高些，而且他宽容待人，平时对职工不讲一句重话。手下人有错，也不像有的老板那样随便敲掉别人的饭碗。他要使工人们懂得吃他的饭是长饭，如果停歇出去，这样的机会就难找了。他相信工人们也是这么想的，才为他那么巴结地干活。可眼下的现实把这一切全都粉碎了。

"德先生，茂一、茂二、九丰三家粉厂工人集中在大洋桥堍'第一楼'茶馆开会，要求增加薪水。"

"去告诉他们，九块钱一个月，生活可以过得蛮好。我到上海去一次，除去火车上泡一杯茶，花掉二只角子外，什么钱都不用。生活过得不好，不是钱不够，是贪吃浪用的结果。办工厂，大家有饭吃，老板是要担风险的。没有老板，他们就没有饭吃！"

"这种话我讲过不晓得多少遍了。"

“其实，工人也都懂得道理，只是被少数激烈派操纵罢了。对这些人拿出威势来，企业管理不能马虎。”

“我威胁工人说，如果不开工，全部开除，也没有吓倒他们。他们硬挺着要求增加三元工资，不然不开工。”

“狮子大开口，每人增加一二斗米钱还不行？”

“坚决不答应。”

荣德生伤心透了。不久前米价上涨，工人们要求加薪，再三商量之后，他答应月薪从九元加到十元，但是米价落下时仍须还原，工人们也就没有再争什么。这次故态复萌，来势汹汹，看来难以平息事件。

他难过地说：“吃饭忘记种田人，是没有道德的。”

“那群刁钻之徒说，不能厂主富，工人穷，换来的血汗钱养不起一家老小。老板投公益花钱大方得很，为何苦我俚？”

荣德生愁闷中听了陆辅臣的话，顿时受到冤屈那样，慷慨陈词：“我兴办实业，目的是专在利己致富吗？所谓富，是实业家增进社会幸福，助长人类文明对于其功劳的相当报酬。譬如乡下农民竭胼手胝足之劳，积春耕夏耘之苦，到秋季获得丰收，五谷满囤，这有什么不适当？再有，我捐助公益招惹谁了，总是有人以此为说辞，简直岂有此理！”

陆辅臣想，对我发这通火有什么用呢？我的硬柴脾气厂里无人不晓，平时满身汗气的打工佬对我都是老鼠见猫似的，这下发再大的威势也不管用了，该由大老板出面收拾局面。

荣德生冷不丁问：“难道没有办法了结工潮吗？”

陆辅臣迟疑一下，说：“我没啥法子了。你出主意吧！”

自从上门陪吃肉骨头后，陆辅臣投入荣氏门下，赤胆忠心，待下严厉，和工人们的关系闹得够僵的了。你老板平时对工人没有一句重话，不能老让我扮红脸呀。

荣德生在屋子里踱来踱去，最后回到座位上，对陆辅臣说：“你快点到‘第一楼’茶馆去，同工人谈判。记住，不能动真刀真枪。”

“条件放到什么尺度？”

“总是要给点恩惠嘛，增加块把钱吧。”

荣德生坐在茂一写字间内坐等事件平息。工厂一家接一家兴办起来，工人老闹罢工怎么办？这使他大伤脑筋。他俭朴自持，表率上下，可是工人们不认门，这个单打一的办法毫无说服力。

他苦思良久，预感改善劳资关系今后是个大课题，一时也拿不出锦囊妙计。

二十二、新抹布、旧抹布

短命的工潮仅仅延续两个钟头便告结束，劳资双方最后达成协议，工人们虽然未尽其愿，但也算争得实惠，按月可多拿一元二角小洋的薪水。

这是平生第一遭碰上的头痛事，今后也许就没个完，事关企业发展大局，荣德生对此充满忧患，即便事件平息，心情依旧抑郁，思想倒是活跃起来。商人与商人之间的生意好做，有时还能买个交情；商人与工人之间的生意就难做了，除了掼铜钿别无他法。这不是微观的问题，是一个宏观的问题；也不光是宏观层面上的经济问题，牵涉到社会和政治问题。用什么策略方法才能使劳资和谐，企业长治久安呢？这件事注定将占据他的思维空间，赶也赶不走了。

每天下午 3 点后，他让洋包车拉着前往梅园，到诵豳堂的配厅内读书写字，而后踏着夕阳，在荷池山林间徜徉，看白云消长，霞飞日落。他的内心有两种生活，在商场上拼杀了二十余年后，该享受一下尘世之外士大夫式的悠闲日子了。

这一天，他的心境大为好转，早早地离开梅园，洋包车夫在大公图书馆门前停下。馆名“大公”，标榜着他“大公无我之心”的古仁者之风。

大公图书馆是一幢二层楼房，嵌水泥缝的青砖墙面，带法式浮雕的圆拱门，洋味十足，比他的住所要考究得多。里面贮藏新旧图书已有十余万册，其中有一批宋、元、明的稀见之本。1956 年，荣毅仁遵父遗命将其一生藏书悉数捐给国家，其中 1 千余部近 2 万册善本占无锡图书馆馆藏善本总数的 93%，收入《中国善本总书目》的有 600 余部，又有 45 部进入第一批《国家珍贵古籍名录》。当荣德生联络各地书店，书贩子闻讯络绎登门，其中也就有李鬼混杂其间，他们很快就要出场了。

荣德生穿过矮矮的带木栅的围墙，踏进图书馆。一式的硬木玻璃书柜安静地立在楼上楼下的藏书室内。光线从屋顶四周的玻璃气窗中散射进来，使进门

大公图书馆

的阅读室颇为敞亮，室内迎门挂着"请君卧百尺楼上，尚友在十万卷中"的联句，一群乡间少年伏案专心研读，瞧见荣老板到来，惶悚地从座位上立起。

"大家坐下读书。"家乡僻处农村，无良师授业，所以兴办学校，无图书参考，故建立图书馆。荣德生见众多家乡子弟潜心坐读，人才可望兴盛，得意之情油然而生。

一位十三四岁的小家伙在啃《周易》。德生是临去上海学生意那年在私塾中读易的。回想自己 9 岁上学，是塾中的老大哥，对卦辞、爻辞尚且读不通，弄得哭笑不得，这位小家伙能读懂书中玄妙之理吗？

"小官人，你喜欢读《周易》？"

"荣先生曾到学校说，易是东方科学。我什么书都爱读，也就找来一读。"

"不错，博而后精，确应广为涉猎。你为什么爱读书呢？"

"人才之兴，良师、益友、书籍，三者不可缺一，这也是荣先生到学校讲过的呀，我一直记着。"

"那次泛泛而论，尚未说到点上。我办图书馆，是为了让你们从小有眼界，不打小算盘，打大算盘，国而忘家，公而忘私，以造福社会为职旨，那么，纵使贫寒子弟，也能志存高远，成就大业。"

荣德生踏上饰有雕花栏杆的坚实的楼梯。楼上，主持馆事的族人荣吉人在那里带领三名馆员，日夜分类归目，然后再将书籍依次列入玻璃书柜。楼上七八个藏书室大都是主人依据《书目答问》一书购办的经史子集，高质量的珍本善本自然收藏在楼上。其中有镇馆之宝——元版《范文正公集》，据版本专家鉴定是清代四大藏书家之一的山东聊城杨氏海源阁散出。

在临近楼梯口的房间内，荣吉人正与苏州文学山房的江老板谈生意。大公图书馆创设后，这位书贾是跑得最勤快的一个。荣德生爱搜罗无锡历代名人著作，他便投其所好，神通广大地弄来许多宋明善本。

荣德生进房后，被桌上摆开的几部珍本吸引了。一部是《尚书注疏》二十卷，卷一末尾有“至正辛卯孟夏德星书堂重刊”的牌记，卷端题头钤有“乾隆御览之宝”的圆印，鹅黄色的封面上墨书“元版书经”题鉴和“经筵日讲起居注官太子太保文渊阁大学士臣嵇璜恭进”一行字。还有几部是无锡历代名人著作，其中有宋代尤袤著《东都事略》，明代安希范著《名山记游》等书。荣吉人出身于书香门第，可算是荣巷的饱学之士，但不谙版本鉴定，用放大镜翻来覆去查看货色，虽然未发现破绽，还是难以放心，书贾今天背来的书太贵重了。

荣吉人摸着上髭，把头上顶起的瓜皮帽拨正压紧。“德先生，你来查验查验。”

荣德生从他手中接过放大镜，挨本仔细辨认，他也发现不了什么毛病。放大镜停留在《名山记游》上，这是作者手稿本，封面上题“锡山安希范”撰，旁边钤“稿本”一方长印。

锡山为无锡别称。安希范是什么人呢？德生问荣吉人。不等荣吉人回答，一直伫立在旁边的书商说：“荣老板，乃是你家乡的名士俊彦，明代万历年间进士，光绪年《无锡金匮县志》卷三十九记载，安希范著有《名山记游》等书，这是他的手稿本，尤其稀罕。”

德生了解的本地明代进士有东林党首领高攀龙、顾宪成等不下几十，现在又有个安希范冒出来，他为家乡的人文蔚然而高兴：“吉先生，你核对过县志吗？”

“核对过了。”

“此书我买下了。”

放大镜接着停留在乾隆御阅的《尚书注疏》上。德生颇通书法篆刻，看出这部书的鹅黄色封面，确是乾隆腊笺，那方“乾隆御览之宝”的圆印也没错，在别处见识过；书商怕他不识货，解释说：“至正为元朝年号，德星书堂是当时最有名的刊刻社，这本书不仅是元刻本，而且还是大臣的进呈本。这位大臣非别人，乃是有清以来，无锡城中官位最高的太子太保、上书房总师傅嵇璜，请先生雅赏。”

荣德生起身，逐一察看封面上那行小字，“经筵日讲起居注官太子太保文渊阁大学士臣”之后，果然有“嵇璜恭进”四字。面部神色未露，两手却已合掌摩挲起来，被文学山房江老板瞄在眼里。

荣德生当然知道嵇璜，城中学前街临河有一座五开间阔三丈多高的嵇三阁老石牌坊，是朝廷表彰嵇家祖宗三代的，隔马路是嵇璜阔大的府邸。嵇璜是雍正八年进士，乾隆年间历任南河、东河河道总督，工部尚书，礼部尚书，特准在紫禁城内骑马，肩舆入值。乾隆五十年朝廷举办千叟宴，因德高望重被推举为汉大臣领班。他与乾隆同庚，又是乾隆的好哥们，几乎离不开，晚年打报告退休回乡，却接到乾隆赠诗一首："还乡未可便从尔，恋阙依然尚悯予"，"同庚待我归政后，南北应同林下居。"你可怜可怜我吧，我皇帝未做够呢，你就得陪着我；等我哪天过够皇帝瘾，咱们就天南地北一起去享受隐士的生活。一个大臣能让皇帝低声下气惨成这模样，他进呈的宝贝该值多少钱？

留有邑人嵇璜手迹的乾隆御览之宝，在重乡情的荣德生眼中，别具价值，又举起放大镜看了再看。

"荣先生是社会瞩目的实业家，有志于搜集祖国文化遗产，此种国内流传稀少的宝物进你家门，世代保存，我是放心的，换上别人想要，我也不敢轻易脱手。"

"难得有你这样热心肠人，看得起我，此书我也买下。"

江老板指着另外一摊古籍："那些也都是善本珍本啊，你也买下吧，荣先生。"

"自然也买下。"

荣德生买书从不讨价还价，把书商背来的书照单全收。苏州文学山房老板始终声色不动，这会儿乐不可支，得花力气来强压内心的狂喜。他又从荣老板腰包敲了大大一笔竹杠。

书商利用刻印流传的古书作伪，恶习由来已久。或抽去重刊书序，或补改换，伪钤藏书家印记，以巧取暴利。他们有本事让李逵觉得自己是李鬼。自从荣德生创办大公图书馆以来，便有人上门，将不是无锡名人撰辑刻印的书改成无锡名人所为，普通古籍伪装成珍本善本书，以此蒙骗荣氏，大发横财。这位苏州文学山房老板不仅豢养着几位造伪匠人，他本人就是身怀"剜、补、贴、盖、添、印、抽、拆"八大绝技的行中高手，为了推销这批书，他关在房中干了整整一个月。那部《尚书注疏》二十卷，原是明嘉靖的注疏本，从另一部书剜下一块"至正辛卯孟夏德星书堂重刊"的牌记，移花接木贴在这部书的卷一末尾，然后用笔加添墨圈，掩盖贴补痕迹，制作精微，为此花了三天时间，一般人难以识破；再伪造乾隆圆印和嵇璜恭进那行字，更令此书身价百倍。至于那部《名山记游》，竟是《徐霞客游记》的清抄本，书商依据《无锡金匮县志》记载作伪，将《徐霞客游记》十二卷重做封面，内页未动。众书商对荣德生以及主持馆事的荣吉人的古董根底早已心中有数，怀着百分百的把握拿来诓人，诈取钱财。

荣德生如数开出银票，递给苏州来的江老板。

“拜托日后加意搜罗，有什么好书得先尽足我啊！”

“自然，谁不愿意为荣先生这样的德人当跑腿呢！”

荣德生将新购的书一一再次翻阅，图书馆逐年添购物色，他对此颇费心血，眼下又有一批中华文化遗存得以收藏，内心很是舒坦。

“看书为增加学识之根源，学识为人才培养之基础，故历来凡藏书之家，后裔必出人才。吉人先生，此种文化上的财富，实较企业更重要啊，你以为如何？”

荣吉人撇着嘴，两眼正发愣，苏州文学山房老板的过分神通广大引起他的迷惑，他颠来倒去把那些书侦查两个钟头，没敢放盘，主人一到，很快做成这笔生意。这会儿，他正担心是不是受了书商诓骗。

“德先生，今天的书价开得过高了。”

“吔，人家老远跑来，送书上门，得让他们赚些钱嘛。”凡是古籍善本，他向来不计较价钱。

“我，我怕这里面有伪作。”

“不至于吧，我看江老板不像做丧天良事的人，他的面相很善，再说，即使有假，不会都假，出于良心人家总得给我一些真货，你说是吗？”

在荣德生眼中没有坏人，至少没有坏到根的坏人，善良好德的他总是愿意从好的一面去看人思量人，他认为人的良心天赐，不至于泯灭，灭了也会良心发现。就连荣瑞馨如此整他，也是将心比心为他想：他败得没饭吃了，人总要有饭碗，何况他是大股东。他愿意看世界的正面而不想将它的反面看个究竟，善于思考和发现的他从来不思考：人世真有他想象的那么好吗？也许，只有像他抱有这种观念的人，才能充满入世的热情，奋力营造自己的理想。反之，以冷峻目光看透世界的人，不是出家便是投身革命了吧？

大公图书馆后面一溜瓦房是他创办的竞化女校，围墙角隅有门连通自家院子。女校已经放学。荣德生从那儿径直回家。院中空地不少，那幢刷着红漆的砖木楼孤零零地矗立着。天色不早，他转过砖木楼，直接上厨房吃晚饭，一家人这会儿肯定坐在餐桌边等他回来开饭。

他一进餐厅，果然一家老小全坐在那儿。德生怕闹，不与孩子同桌，在另外一桌吃。四五样荤素小菜摆上桌面，菜肴中有德生喜欢的鱼虾，还有一碗蚕豆。蚕豆皮薄粒大，色似翡翠，德生搛一颗咀嚼，香糯甜嫩，品出是惠山青蚕豆。那边桌上坐着大儿子伟仁，还有 9 岁、5 岁的弟弟尔仁、一心等一群儿女。程氏十分贤惠能干，一大家子现在全由她主政打理，彰显着丈夫“成由勤俭败由奢”的治家理念，小的穿着哥哥穿不了的衣服，衣着打扮与巷上的农家孩子没有什么两样。

德生把三个儿子叫到自己桌上一道用餐。三个小家伙捧着饭碗坐下了，与父亲同桌吃饭，显得很快活。伟仁宽面大耳，胖墩墩，极似父亲，看来是个老实巴交的孩子，已学会容忍各种事物而不多嘴插话，默默地朝嘴里送饭。尔仁生得像母亲，没有荣姓人该有的双眼皮大眼睛，长得清秀且又不太懂规矩，筷子拼命朝蚕豆碗中伸。

“蚕豆真好吃。”他说，又夹了一颗豆子丢进嘴里。

“明天还买，天天买。”一心摇头晃脑地倡议。

娘见尔仁的筷子乱伸有点不像话，就用自己的筷子按在他筷子上，提醒他在父亲面前要恪守规矩。

德生发现了这个细微的动作，宽容地说：“让孩子们放开吃舒畅。”

伟仁不满意地瞪了弟弟一眼。荣家门风弟弟总是见哥哥怕，尔仁开始老实起来。

荣德生心情其实够紧张。他老是注视儿子们筷头上夹的那颗豆子。尔仁把注意力转移到其他几个菜碗之后，又回到蚕豆碗中。他搛起一颗硕大的蚕豆，未夹稳，就被哥哥用筷子打落，伟仁自己搛一颗小豆子吃起来。尔仁糊涂了一阵，终于想明白事理，识相地挑小豆子吃。

6 岁的一心是机灵鬼，那筷子上的仗不声不响地打完后，他也开始跟着哥哥们尽搛小豆子吃。

一顿晚餐完毕，德生紧绷着的心松弛下来。碗里的小豆子吃光了，剩下的净是大的。他重复了一遍母亲当年对儿子的考试，对结果基本满意。他在心中向自己兴奋地喊道：“我家传世有序，必发无疑！”

没有比这个更值得他开心的了。比买到乾隆御览的《尚书注疏》还开心。

“要我给你们讲个故事吗？”在女佣收拾碗盏的时候，他对儿子们说。

“是不是又讲长毛打仗，听厌了。”

德生摇摇头。

“讲你办保兴粉厂招不到股。”

德生说：“你们猜不到啦，讲‘灼艾分痛’的典故。”他一边抚摩着孩子们的脑袋一边说，儿子们因为他的抚摩而受宠若惊，他们不是常有机会享受到父亲的溺爱的，“宋朝初年，晋王有病，太祖作为兄长亲往探视，为他灼艾治疗。晋王疼得失声叫起来，太祖就也为自己灼上一根艾条，为弟弟分痛……”

德生讲完，拍打着大儿子的下巴颏问：“弟弟生病，你如何对待？”

伟仁没仔细琢磨就说：“为他请医买药，还有，他扎针我也扎针。”

“尔仁，你呢？”

“他生病，我替他生病。”

一心跟着嚷嚷：“哥哥生病，我替他把药吃了。”

父亲拍打着三儿一心的脑袋瓜：“傻孩子，药给你抢着吃了，哥哥的病就好不了啦！”

父子几人忍不住呵呵地笑了。

这时，看门仆人进来禀告：“茂二陆先生登门拜望。”

“请他到花厅等候。”

陆辅臣很久未上荣宅来了。第一次登门做客是六年前荣、王、浦三家兄弟吃肉骨头，他就在这间花厅内叨陪末座。短短几年来，荣家产业滚雪球似的膨胀，暴发成蜚声沪宁线的大富翁，可是住宅没一点变化，就连花厅内依然是那几件简单摆设，字画条屏稍有更替而已。陆辅臣今晚对此有特殊的感叹，窝着一肚皮火为荣家兄弟打抱不平。

荣德生捧着一把松段紫砂壶，脚步轻快地来到花厅。

“辅臣兄，秉夜来访，定有什么急事吧？”

陆辅臣说：“振新自归瑞馨经营之后，出数少，出品次，月月亏折，心有悔意。托人来说想言归于好，仍归你经营。”

“目下纱业大振，他反而亏损，莫名其妙！我正打算在锡另创纱厂，他让天皇老子来说，我也不会动心。”

“这可麻烦了。有人给瑞馨出主意，你如不答应，就将以往账册送入商会，以清算匿账恐吓，商会多是他们手档上熟人，到时再涉讼案，依我看，前途不明。”

“清者自清，让他们胡闹去吧，我静观以待。”

陆辅臣还有更重要的事禀报，刚才仅仅扯一个开场白而已。下面的话难以启齿，有“触壁脚”之嫌，牵涉到荣姓族人以及早年为老板赤膊打天下的功臣。现在，他虽然是茂二经理、福二股东，算得上是荣家主干，毕竟后来慢到，不是出窠兄弟，怕引起荣德生误会，弄不好将他看成妒忌离间心术不正的小人。他受不了这个。

陆辅臣在屋子里转来转去，事到临头犹豫起来。他性格耿直，平时对老板常要顶撞，凭着对荣家的赤胆忠心，荣德生从不计较。陆辅臣绕着客厅中央那张圆桌不停地悠转，把荣德生的眼睛晃花了，还未对自己的忠诚建立足够的信心。

“辅臣哎，到我家，不是上演驴子推磨给我看吧？家中一定有了难事，你我之间没啥掖掖藏藏的,我帮得上忙的尽量帮!"

"德先生,你为人良善,肯吃亏,但有人挖墙脚挖至要倒的地步,我不能不提醒你。"

"有什么大到天塌下来的事呀?"德生大体明白陆辅臣要说什么,故意含而不露。

"荣永达是你信得过的族中人,在你房子旁边造起三开间的大宅子,你是瞧见的。"

"眼睛不曾瞎掉。"

"这是揩油水捞来的钱。"

德生含颔而坐,不动声色。随着一个劲地添机建厂,凡是生平友好,远近亲戚以及巷上族人均派往各厂担任要职,占了各厂职员中大半。选用职员原来都能勤勉自持,为人方正,然而,派到上海申一去的几位已生二心,营私舞弊,大捞油水,他心中有数不便说穿而已。兄弟俩发财也是靠这些人的实干。他们本来处境窘迫,现在拿高薪,还多少有点股份,良心反而变坏,荣德生对此的结论是上海风俗奢靡,邪欲泛滥,一味洋气,是这个花花世界给坑害的。上海不是宜住之处。

沉默良久,荣德生说:"作弊弄钱,用来造房子或办婚丧事,我可以不问;如果派吃喝嫖赌的用场,我就要追查。"

"先生太糊涂了。"

"我一点不糊涂。"

"永达早年在浏河口收花时就往棉花上洒水,在振新办料任上报瞎账,在上海当申一副经理后更有匿账行为。既然不糊涂,你们兄弟为什么反而将他提拔?"

"按你意见该如何处置?"

"乘早歇生意!"

"这便是市井小民的眼界了。做大人物办大事的人,应该有一点容度和气魄嘛!"

陆辅臣心想这是好心无好报呀,听口气自己反倒成小人了,"他们是在害你呀!"陆辅臣用力叫道,企图用高音震醒老板。

"害我?我看是在帮我扬名。如果职员发了大财,人家一定会说,叶从根上起,某人是靠我荣家发财的,老板有本领,虽然损失一些钱,但名誉传扬开去了,外人不会说我呆,反而说我荣某人大度包容,容得下手下人。"

“你别糊涂当聪明了！照此下去，还有个完吗？老汁要被他们倒光！”在忠心耿耿的陆辅臣看来，老板的君子德风尽是歪门邪说。

“唉，你这就看错了，一个人到一定时期是会良心发现的。只要他不离开我荣家企业，必定有所报答，更将效命卖力。”

“还有更严重的情况呢。”陆辅臣忿忿然。他的愤怒很大程度上是埋怨自己不讨好，受奚落，不肯就此罢休。

“你每日从开源路上经过，可看到一幢豪华的花园大洋房，叫做什么新古典主义式，你住老宅子，宗敬在上海也未住洋房，他倒先大兴土木，此人还是你信得过的角色！”

德生晓得他点的是申一总管严裕昆，心情显得比刚才要沉重一些。

“我啥都清楚。”

“你清楚个屁。”陆辅臣直言无讳地顶撞他。

“哈，”荣德生放声一笑，“轧轧数就明了，不便说穿而已。你看运到无锡来的面粉袋布，布轻质次，不如从前，原料哪儿去了？”

“你可知道作弊手法？”

荣德生对这个倒不甚了了，只是每当从那幢漂亮的大洋房前经过时，对内中微妙有过种种猜测。他算一算账：大洋房造价约花 4 万元，人家顶多拿出半数银子造宅子，那么便是揩了 2 万元油水。这么大油水打从哪里来，他横竖想不透。

荣德生怏怏地回答：“弄不太清。”

“棉花栈房由他掌管，一船棉花靠上栈房码头，核数后货并不上岸，让船在河道里兜一圈再来，一船棉花变成二船棉花，整整一船的钱捞进腰包。”

荣德生感到惊栗，手瑟瑟发抖，这么个玩法，他修养再好也扛不住呀。太脱攀了，真的是在倒他的老汁了。他节衣缩食，手指丫扣得紧巴巴，可人家整船整船地啃他的肉，无可容忍！

“外界沸沸扬扬地议论说，老板捱穷，伙计发财。”陆辅臣火上加油。

德生面孔铁青，向有的温和宽厚的神色被驱逐得干干净净。看来他是在下某种决心。严裕昆是做棉花生意的小伙计出身，爬至高位不知足，竟泼胆干出这等伤天害理的肮脏勾当。“唉，人的大脑真是可以创造奇迹啊！”荣德生从心底叹息，阖上眼睛养神。

陆辅臣见主人开始做气功，也就起身驴推磨。边走边侧转驴头，张望一下主人痛苦不堪的脸孔。只要他开口说话必是决心已定，至时，他将像海瑞那样奉旨肃贪，拿出向有的驴劲儿，将那些贪财乌龟一个不落四脚朝天掀翻过来。为了荣家基业他不怕得罪任何人，毕竟他大小也是个股东，锅里有碗里才有。

“金钱万恶魔啊！”好半天，陆辅臣没想等来这么一句酸溜溜的喟叹。算什么老板，真是太窝囊了！

“德先生，这帮家伙还能留着？赶快请他卷铺盖吧，你们兄弟素来不愿辞退职员，这回非得杀一儆百，以绝后患，不然，势必群起而仿效！”陆辅臣瞪圆眼睛，大嗓门一阵驴叫。

荣德生的眼睛又闭上了。

陆辅臣焦躁不安地在德生面前走来走去。他对主人的态度很绝望，要理解今天的经历，他感到太吃力。

很久很久，荣德生睁开眼睛，吊在客厅当中的灯使他目眩，屋顶晃荡起来，他不得不用手指摩挲眼窝。

他站起身，在屋子中央的园桌前转圈，这回轮上他驴推磨。

半晌，他叫陆辅臣过来，低头瞧着桌上一块旧抹布说：“你不是说有人揩油吗？譬如这块抹布，长年累月，用旧了，吸足油水，也就不再吃油了；另换一块新的，那不得了，吃油还不吃得更多？”

陆辅臣眨着锋芒毕露的眼睛盯视桌上的抹布，随后摇摇头，朝抹布冷笑，紧接着放肆地大笑，屋子里的空气被他驴叫般的笑声震荡起来。他被出其不意的妙理一下子说服，对于固执倔强的他来说，是事先无论如何预见不到的结局。

荣德生神色庄穆，认真地强调着他的理论：“一个人到一定时候还是会良心发现的，人家会知错报答。积德之家，必无灾殃，我荣某行事必诚笃，待人必忠信，勉为良善，方可上不辱祖宗父母，下不损自身及儿女声誉。”

二十三、面粉大王，舍我其谁

以前，将这个城市称为“大上海”，它还有些羞涩的话，现在，是底气十足、当之无愧了！

苏州河两岸的烟囱变戏法似的一根接一根伸向天空，势头最猛的是以面粉厂和新兴棉纺织厂为主的轻工业，重工业如钢铁、冶金也开始在浦东露脸。上海追赶着一个世纪前发生在英格兰中部地区工业革命的脚步。工业的迅速崛起撬动商业娱乐业的勃兴，而且完全是以崭新的业态呈现。“大世界”游乐场华丽亮相，给城市送来闪烁霓虹灯的海上繁华梦，市民阶层在哈哈镜面前懂得了英式幽默和娱乐；超级百货公司先施公司在南京路闪亮登场，囊括全球精品，卖货的竟然不是长袍先生而是旗袍美女，顿时照亮人们的心。大烟囱、哈哈镜、美女售货员，三桩标志性事件让大上海沉浸在现代的气息中。

就在这样的格局中，袁世凯称帝，辫子军复辟，上海人没当回事，像煞到大世界看一场折子戏。

在中国大地掀起的第二次现代化浪潮中，城市不单纯是扩大而且在升级，以租界为依托的商业圈迅速扩散，三国古刹静安寺周围形成人气旺盛的商业地带，起于静安寺南至贝当路（今衡山路）、海格路（今华山路）的广大地区，成为高等住宅区，布满顶级酒店、高级公寓以及互相毗邻、绿树成荫的花园洋房。这里原是外侨、军阀、政客、封建遗老的领地，现在，民族资本家、金融家摆出“我来了”的盛气，聚居其间。他们的公馆豪华气派，新款自备车出自欧美名厂，有些宅子雇佣红头阿三看门，以抬高不自信的身分。

上帝开了欧洲一个玩笑，把荣宗敬笑弯腰。

西方各国的货币反向涌入中国，采购的战争物质从大宗商品棉纱、面粉，到蜡烛、万金油、火柴、小五金，令民族资本快速膨胀。他的扩张及时而且英明，工厂变成印钞机，棉纱畅销各地，供不应求；苏伊士运河河口的塞得港堆满他的“兵船牌”，等待运往地中海和红海沿岸城市。

荣宗敬这个老上海是最早看懂上海的人之一，但暴发中的上海让他看不懂，周围不少人就此满足，将精力耗费在三马路、四马路、五马路的长三堂子里，为争一个刚入行的处女叫价，一掷千金。有人为争论欧洲一场战役的胜负，互不相让竟至于下赌，赌注喊到 20 万两规银，不知道吃错了什么药。昨天，他读《新闻报》，社会奇闻栏目推出“海上赌注龙虎榜”，排名第一的赌棍一晚上输掉闹市一家大商铺，价值 60 万两。这笔钱，他可以用来办两家面粉厂或者一家纱厂。人性张狂，已到扭曲变形的地步，为什么，他想不通。

荣宗敬今天应邀去见祝兰舫，他在门垫上来回擦鞋底，等红毡将鞋底舔干净后，进入恒昌源纱厂会客室。平常不过的小客栈式的房子，内部装饰别具一格。长几上供着弥勒佛，奇南香在宣德炉内吐出袅袅青烟，多宝格上置着几卷经书和一尊观音菩萨，青瓷花瓶中插着佛帚。祝兰舫夫妇笃信佛教，把工厂会客室装饰得几近禅房。

上海棉纱业的两位大亨穆藕初、聂云台已然在座，看上去，他比他们俩要大几岁。

今年初，荣宗敬曾来此与祝兰舫等人商议成立“华商纱厂联合会”。北洋政府在与各国商议增加进口关税时，日本提出的交换条件是棉花出口和棉纱进口一概免税，事关国家命脉，果真如此，中国纺织业准玩完。自欧战以来，纺织业作为中国的龙头产业带动其他产业，使经济有了新景气。荣宗敬力挺纺织业结成同盟，于是，代表江浙沪十八家纱厂利益的“华商纱厂联合会”第一次筹备会在这间屋里召开，推举棉纱大王穆藕初为议董，南通张謇为名誉会长。

得先认识一下在座的两位才俊。穆、聂、荣三人，今后将是上海实业界的“三驾马车”，或者说“铁三角”，他们奋力拉车没有散过套，唯是谁拉中间位置有所变换。

穆藕初，上海浦东人，从事西学新派人物。棉花行学徒出身，满师后进夜校学英文，后进上海江海关任办事员。1909 年赴美国，先后在威斯康星大学、伊利诺斯大学、德克萨斯农工专修学校学习农科、纺织和企业管理等，获农学硕士学位。他曾多次拜访弗雷德里克·温斯洛·泰勒，是唯一跟这位“科学管理之父”切磋过的中国人。荣宗敬最早知道他的名字，是前几年读过他翻译的泰勒《科学管理法》的有关文章。归国后，创办上海德大、厚生等纱厂崭露头角，厚生纱厂被誉为“在技术上开一新纪元”的样板工程，他是众所公认的“棉纱大王”。

另一位聂云台，年轻有为，朝气蓬勃，实业界新一代的代表人物。湖南衡山人，父亲聂辑规是曾国藩女婿，当过上海道台，江、浙、皖巡抚等。聂云台未入正式学校，从小居住上海，延请中外名师，接受精英教育，通晓英语、电气、化学工程等各学科，未出国留学却是这个国家中英语说得最流利的西式人才，并多次出国考察西方工业。由聂云台任总经理的聂家独资的上海恒丰纱厂，在他的打理下，很快以技术先进、制度革新闻名于企业界，而创办一家规模更大的大中华纺织厂已在他的计划中。聂云台身为官二代，他事业上的成功并非出于祖荫，而是由于自身的实力，他具有世界目光和通晓中西的知识结构。事实上，民国以后，思想开放，平等意识深入人心，社会风气有积极向上的一面，人立身于世依仗的往往是才干而不是出身，以至官二代羞于提及家世，甚至刻意隐瞒。后来，这个实业界的新生代接连创办多家企业，被推选为上海总商会会长，又以纺织界翘楚身份担任华商纱厂联合会副会长。陈独秀在他创办于上海的《新青年》上撰文将其誉为"我国工业巨子"。

穆藕初和聂云台在急剧变化中的上海成为风云一时的人物。他们和大多数暴发的百万千万富翁一样住进豪华的带花园的别墅，享受上等的外国消费品，不一样的是他们的日子里充满文化的优雅，陶醉在昆剧或者西方艺术中。他们深受政府青睐又在外侨社会如鱼得水，既推崇西方文明，又是铁杆民族主义者，毫不动摇地捍卫国家利益，是上海新型资产阶级的典型。

荣宗敬踏进会客室的时候，宾主三人正用英语叽里咕噜地交谈。在三位洋味十足的大亨面前，荣宗敬是乡气未脱的土佬儿。他意识到这一点。不过没什么，从骨子里讲，他是崇洋不媚外那种人，相信外国人是聪明的，中国人绝不笨；佩服欧美新发明新技术，相信中国人也学得会。他没有值得夸耀的家庭背景和学问资历，至今尚未与穆、聂两位深谈过，但他对与他们有共同语言显得蛮有把握。

不出所料，刚见面他们就谈得十分融洽，反而使祝兰舫感到冷落了。三位晚辈属于快速发迹的同时代人，生气勃勃，锋芒逼人，难怪要将自己的厂子卖给他们。老之将至，祝兰舫生出落花流水的感叹，窘在一旁感慨人世沧桑。

"宗公，荣瑞馨是你的族人吧，此公怎么就从上海滩消失了？家父任上海道时，每往外白渡桥领事馆赴宴，必问他借马车用。"聂云台说。

"瑞馨推大磨推倒了，回到无锡就把振新纱厂夺走。不夺走振新，上海也不会有申新，看来，是上帝要让中国有申新。"荣宗敬潇洒地说。

穆藕初听着，微笑着。他总是快快活活的，事业一帆风顺，没有经历过荣宗敬熬受过的险厄困苦。他面容上有天生的得意，只比荣宗敬小三岁，看上去却要年轻得多。尽管几年后欧美各国卷土重来，令他陷入难以摆脱的困境，他创办的两家纱厂先后卖给荣宗敬，此时，保养得极好的脸上洋溢着乐观自信。

“美国钢铁大王洛克菲勒君将他成功的要素归为八条，首先一条是：‘集中力’，专注一业而不遑他顾，乃所有外国企业家发迹的要诀。荣瑞馨所少的便是‘集中力’，在英国汉密尔敦纺织学院白泡了几年，可惜可惜。”穆藕初稍停片刻，以探讨的口吻对荣宗敬说，“宗公在面粉事业上从几台石磨起家而成大局，难道不也得力于‘集中力’吗？实业界凡称大王者无不如此。煤铁大王周舜卿，丝业大王薛南溟，电气大王祝老伯，面粉大王嘛，看来宗公志在必得，怎么实业界王位多半让你们无锡人给占据了呢？”

祝兰舫说：“无锡人的本事，外间是学不会的。惠山泥阿福卖的是泥巴，肉骨头将骨头卖出大价钱，油面筋好吃却是空心的，将不值钱的玩意捣弄成人人乐购、盈利丰厚的著名特产。再说兵船牌面粉，当下欧洲争抢，每进少不了几十万包，牌子由我俚无锡人创出来，是必然之理。”

荣宗敬谦谢道：“敝人不在乎王不王，但求力谋进取，造福人群，为国人争一口气。藕初以棉纱大王称天下，当之无愧，德大纱厂产品在北京赛会名列第一，让人羡慕不已。”

聂云台打趣道：“宗公以创面粉的精神闯入棉纱业，令人恐惧，你这是抢饭碗呀，只怕将来我要没饭吃！”

穆藕初跟进道：“其势汹汹，同行侧目。宗公车前有粉纱两匹马，我们单套，很难赶得上他的双驾马车。”

祝兰舫调侃二位纱业巨子说：“我俚无锡人喜欢创造，力图奋发，你们留点神，棉纱大王的桂冠不要被我这位小同乡夺走喔。”

荣宗敬随便地笑了笑，内心却在对自己说：“这是我想要的！”

祝兰舫刚才的话是想结束闲扯，几位后生把他撇在一边，议论丛生，快把请他们来的目的给忘了。

祝兰舫把华兴面粉厂租给荣宗敬改为福二之后，另一家恒昌源纱厂也成为烫手山芋。此厂本是由日人独资经营的日信纱厂，去年，祝兰舫购入后改名恒昌源。祝兰舫当洋行总买办调度有方，进销有道；办电气公司是政府特批的垄断行业，做的也兴旺；但到市场上打拼真的没本事，棉纱价格从每件156元涨到230元，依旧亏损，买来没满一年就想扔出去。今天把上海三位实业界翘楚请来，是想让他们来接盘。

穆藕初和聂云台两位应邀而来是敷衍情面。前者继创办德大、厚生之后，正筹划在郑州建立豫丰纱厂，那里是棉花产地，产销两便，没有精力接受祝兰舫的烂摊子；后者身后的名宦家族难以摆脱广置田产的地主心态，把恒丰纱厂的利润投入洞庭湖边"种福垸"大庄园，庄园东西长十六里，南北宽十里，招租佃户三千余家，占用资金甚巨。上海各纱厂在一战的黄金时代纷纷更新、扩充生产设备，他的恒丰没添纱锭，聂云台为此十分烦恼，再说，他正要筹办大中华纺织厂，收购恒昌源的可能性几乎不存在。

话得说回来，穆、聂二位是上海拔尖的精英阶层，即使财力充裕也不会买祝兰舫的那副旧货挑子，9 千 2 百锭八九年前的破设备索价 50 万，真正将它办成样子，需再投 50 万，是个无底洞。花 50 万元买块地皮，何苦呢！

唯有荣宗敬有买意，他已将纺织套上他的战车，他的申二就是它了。购恒昌源一事，荣家兄弟俩事先商量过，在三洋泾桥发生过争执。德生表示制造业宁愿地偏而机新，在无锡办厂为佳，力言恒昌源屋破机旧不合用，买下肯定吃苦头。宗敬争辩说地段好，27 亩地坐落公共租界西区，沿苏州河介于申一、福二之间的一长截空白上，数厂连成一气，声势浩大，十分符合他占领苏州河的计划，怎么能放弃在那儿创办申二的机会呢？德生说仅地段好不管用，外国人办不好，我们怎能办好。宗敬说外国人办不好，中国人为何一定办不好。恐怕这条理由占比很重，是刺激荣宗敬购买的重要因素。他要让人们瞧瞧，日本人干不好的活他荣宗敬干得好，日商纱厂为华商购得者只有此厂，他要在纺织史上放一异彩，压压日本人的张狂气焰。

荣宗敬只希望指挥别人而不想屈从别人的意志，对弟弟也不例外。争论的结果，宗敬坚持要买，德生只好不违兄意，入股四成，叮嘱他在价格上尽量压低。因为恒昌源除了地段好别无长处，不将老机拆掉，改换新机，纺不出上好的棉纱。

荣宗敬已与日本台湾银行谈妥抵押贷款合计 70 万日元，不花掉这笔钱觉着难受。

祝兰舫开价 50 万，盘子放出后，兀自拿起白铜水烟壶，吹旺煤头，咕咕噜噜吸着，等待来宾表态。

聂云台近来患腿疾，抚摸着痛处。"祝老先生，种福垸因为筑堤排涝，继续收买邻近土地差不多耗尽资金，眼下手头最多只能凑出二三十万，买恒昌源是力不从心啊！"聂云台明显想煞半价，如果作为地皮卖尚可考虑，其余谈不上。

"聂老弟专爱地皮，价格压得祝兰舫要吐血。"荣宗敬暗暗思忖。

如果不是德生叮嘱压价，荣宗敬在祝老伯面前还不好意思压价，只要满足发展的欲望，贵就贵些吧。上年申一净赚 40 万，今年肯定超过此数，工厂乃源头活水，几个死钱也就算不得什么啦！见聂云台下狠招，他要看看再说了。

祝兰舫脸已变色，捧着水烟筒发愣。

这时，穆藕初说："晚生刚在美国添得 1 万 6 千枚纱锭，企业资金不敷甚巨，不知宗公是否有此胃口？"

皮球踢到了荣宗敬那儿。

祝兰舫知道事情难办了，瞥了荣宗敬一眼，见荣宗敬一个劲抽闷烟，轧出苗头不佳，叭叭地吸几口水烟，掸掸丝绸长衫说："英国人生意经中有一句名言：'有所失才能有所得'。我再将盘子放到 40 万元，诸位意下如何？"

荣宗敬开始在红木靠椅上不安地耸动起来，压掉 10 万元，对手指扣得很紧的弟弟也许能交待过去了。刚才穆藕初的话坚定了他购买恒昌源的决心。眼下德国正以精锐兵力数度猛攻法国要塞凡尔登，协约国和同盟国之间打得不可开交，下手晚了，怕是海路受阻，到欧美订不到机器设备。听见穆藕初刚从美国添到 1 万 6 千枚纱锭，便问：

"藕公，在国外订购现货纺纱机烦不烦难？"

怎么回答好呢？穆藕初是通过早年留美同学好不容易在美国订到现货，那里情况很糟，上海洋行招徕生意接受订货，事实上欧美各制造厂很难拿出货来。荣宗敬的询问分明泄露出购厂意图，如果照直说出，荣宗敬退缩，就把祝兰舫得罪了，祝兰舫在上海名列民族资本家前茅，在上海乃至全国威望极高，是万万不能开罪的呀。

穆藕初只得耍了个滑头："祝老先生贵为怡和总办，不见得没有办法吧？"

祝兰舫说："敝行当谨遵办理，转达伦敦出口商优先发货。近年日商三井洋行颇为活跃，他们刚接手内外棉的 3 万锭订单，也会谨遵办理。"

祝兰舫耍了个更大的滑头，并且无意中击中荣宗敬的心病，令他心头一痛：内外棉，你娘的！

"多承关顾，感谢莫名。"荣宗敬的声音很坚定，"我买下恒昌源！"

荣宗敬买下恒昌源后，更名申新二厂，先拆除部分老机，订购的 1 万锭英国设备却迟来慢到。1917 年，据荣德生的记录，申一盈利 40 万元，而它的实收资本仅为 21.75 万元；申二略有盈余，失去大好的赚钱机会。

"我说买下要吃苦头，没错吧。"后来德生对宗敬说。

"什么苦头？多一家厂就是多一支军队，这支军队迟早派用场。"

"到底欠了一屁股债啊！"

“债多勿愁，虱多勿痒，债愈多愈风凉。”

德生冲着哥哥苦笑起来，惶惶不安地将瓜皮帽摘下又戴上，戴上又摘下。他发现哥哥策划运作有大魄力，但疏忽细节，急于求成，为他担忧。

“做任何事得一一想明白才是，方能脚踏实地。”

“企业家都是要冒风险的，不冒风险的企业家算不上真正的企业家。中国人喜欢‘未雨绸缪’四个字，不这样说就显得无智谋一样。命运有保单吗？什么事都‘未雨绸缪’了，那么，这个人一生根本就做不成事！”宗敬自负地冲撞弟弟，“在上海哪天不做大，我哪天心里不踏实。我今年 46 岁，50 岁时要有 50 万锭，60 岁时要达 60 万锭，70 岁时要有 70 万锭，80 岁时要达 80 万锭。要做就要做大声势，做大规模，让人家扳不倒，啃不动。真要倒，别人都要陪你倒，银行钱庄跟着倒，牵动大了，政府就会出面决不让你倒，也就永远倒不掉。身大力不亏。精壮汉子到死还能多牵三五天，我们何至于会到那种地步！”

1918 年，荣家兄弟在南北交通枢纽之地汉口创设福新五厂，次年开工，面粉产量居当地面粉厂之首。原租办祝兰舫的华兴面粉厂，以租办期间的盈余买下，苏州河边又多出一家福新六厂。在无锡，收购原租办的惠元面粉厂改称茂二，次年，在茂二附设茂三，接着，又在产麦区的中心城市济南创设茂四，其产能相当于济南原有三家面粉厂的总和。

荣氏茂新、福新面粉公司产量之多，国中无出其上，被业内公认为“面粉大王”。上海报纸为了证明自己的时事性，对此充满渲染的热情。《申报》一篇文章标题为“沪上又一奇迹：14 岁小学徒登上粉业王座”；老牌英文报纸《字林西报》、《上海泰晤士报》将荣宗敬称为“中国实业界的拿破仑”；驻沪日侨社会官方报纸《上海日报》刊登一篇关于他历尽磨难、艰苦创业的报道，这篇文章后来收入日本小学语文课本，用以激励大和民族的进取性和创造性。

荣登面粉大王王座，当之无愧。但荣家兄弟没太当回事，棉纺织业才是中国含金量最高的产业，坐在那位置上才显真本事。在面粉大王王座上屁股没捂热，他们就将目光投向棉纱大王的宝座，这注定他们将在大上海演出一场情节跌宕、悲喜交集、威武雄壮的大戏。

转眼夏季降临，这一年的夏天特别热，租界浓密的林荫道上，知了发出喊命般的叫声。

一早上，知了便零零落落地叫起来，为将要持续一整天的歌唱试试嗓子。荣宗敬起床第一件事是剃胡子。他没有头发，胡子却是长得愈发坚硬而且迅速。

他喜欢把面孔刮得光光的，有时一天刮两次。他憎恶胡子，因为过早地出现几根白胡子，它们令他自问是否老了，而他常常不记得自己的年龄。他有着无限的精力，觉得自己应该是35岁才对。他把赢得面粉大王称号当做毕生事业的刚刚开始。涂上肥皂沫之后，开始用剃刀一下一下拉起来，他从镜中发现眉毛变得粗长，生出寿眉，上眼睑稍微有点下垂，强悍的目光变得深沉。他就是用这样的目光凝视面对的世界。脸颊上从鼻翼两侧朝下隆起八字形的浑厚的褶皱，与饱满的凹槽明显的鼻唇沟一道，毫无保留地显示出成熟男性的威严。

刮上唇，剃刀发出切断坚硬胡碴的声音；然后，刮左脸颊，再刮右脸颊，接下来轮到自下而上刮下颔，最后，从三个方向包抄臼石般隆起的下巴，在那座小山岗上围剿胡子。他刮得小心翼翼，但在刮刀布上磨刀的时候却只是敷衍几下，宁愿承受钝刀带来的痛苦。

他一边用湿毛巾擦脸一边自言自语："人到走运时，弄不清运道怎么就来了，失败时也一样。"上海滩对他不再充满恶意，向他敞开钱囊，举步就是机遇，再令人惊讶的妄念也能成为现实。他擦干净脸上的肥皂泡，满意地凝视镜中的自己，你在世人眼里不再是毫无价值、没有社会地位的人，人人都称你是面粉大王。一个称号算不上什么，必须谋求行业中的绝对优势。真正的面粉大王不会栖居在这所破房子里，应该坐镇在大楼中指挥一切，那才叫王者。各种统计表告诉他：茂新福新系统的面粉产量占全国面粉产量的比例超过20%，他犹嫌不够，"如果占有30%的市场份额，便将所有对手远远甩在身后，望洋兴叹；如果占有50%的市场份额，一批对手将在竞争中倒下，剩下的干脆打消比拼的念头。建立百年基业，拥有永恒的王者地位，国家也离不开我荣宗敬。"他与镜中的他对话，让无与伦比的念头把自己的大脑占满。

跟他到上海打天下的助手现已营造宫室，住进鲜花和灌木丛环绕的别墅中去了。他暂时不存这种欲望，卧薪尝胆的日子还未到头。面粉业要继续扩充，棉纱业还刚起步，在棉纱业中占比30%，拥有绝对优势，是他真正想要追求的目标。"3"是一个吉祥的数字，他奉父命集资3千元开钱庄踏入商界，后来，与德生各出3千元投资保兴面粉厂，为实业之始。他将用更多的烟囱占领苏州河，进而到黄浦江边打开更广大的空间。他自信能做到这一点。

"好像抽鸦片，我办厂也上瘾头了。"他开心地嘲笑自己。一个大手笔开拓粉纱二业的规划这些天在他头脑中酝酿成熟，他要让占据中国地盘的外国厂商屈居胯下，让外国人提到荣宗敬的名字时肃然起敬。

太阳正在跃升，片刻工夫悬得老高。暑气上升，又到该出门的时刻了。黄昏也会在出乎意料中降临，屋子里突然黝暗下来。唉，日头太短，每一天短得可恨！

棕榈树，丁香树，还有草坪周围一簇簇鲜花被大伏天的骄阳晒得萎蔫。位于外白渡桥南侧英商的杜松子酒吧，气氛优雅宁谧，如果没有透过玻璃落地长窗的知了的嘶叫，将会更加美妙。机制冰在四隅散发凉气，大吊扇在空中不慌不慢旋转。品茶啜酒的富贾巨商置身在初秋的凉爽中眺望窗外夏日世界，烈日下的黄浦江被煮沸了，苦力们弓起的黑脊背上汗光闪闪，季节的差异令欣赏者获得养尊处优的优越感。白俄乐队在铺设红毡的小平台上奏起门德尔松的曲子。这是沙俄帝国被布尔什维克推翻之后，刚刚流亡到远东大都会的俄国音乐家和贵族组成的乐队。来自伦敦和巴黎的时装荟萃在杜松子酒吧内，条纹裤、鞋罩、黑燕尾服、银色酱红色的领结、镶嵌宝石的袖扣，举目可见。在低语和有风度的交谈中，在品味拿破仑白兰地和英国威士忌的优雅中，来自各国的洋行大班或者买办，洽谈一笔笔巨额贸易。在这儿，手拿一杯香槟比品尝它的意义还要大，当仆欧(bog)受命打开冰桶中的香槟，意味生意谈成了。

荣宗敬在英文秘书陪同下，跳下 1918 年的最新款林肯牌轿车，穿过外国绅士的丛林，与英商祥茂洋行大班同桌而坐。他的纺绸短打上，下颏那颗纽扣紧扣着。令他讨厌的稀疏头发齐头皮根剃平，饱实硕大的脑袋与他不高的身躯显得不太协调。他从白色小圆桌上接过大班的合同书，英文秘书当场将合同译成中文。他抿起嘴唇听着，下巴隆得更高。

这是祥茂洋行向福新公司订购 30 万包兵船牌面粉的合同书。合同上规定的价格比市价高出 3 角，怕麻烦的洋行不想向市场零星收购，宁愿以更高的价格直接向工厂大批量订购，然后腾出时间去消遣一箱箱白兰地和成筒的英国香烟。这种大宗买卖带来的额外利润通常只有福新、阜丰等几家大型面粉企业享有。

荣宗敬愈发体会到大的优势。他抖动手指，示意英文秘书取算盘。秘书从皮包中掏出那把被手油磨得乌黑溜光的算盘递给他。他摆出大生意人的架势打算盘，30 万包面粉计 7 千 5 百吨，足够装满一条远洋轮船运往英伦三岛，水脚(运费)比拼船便宜一半以上，一增一减，获利格外丰厚。合同条文的最后一项是交货期限，原定一个月，今日到签署合同的时候，洋行以战争急需为由，要求压缩至二十天，荣宗敬毫不踌躇地答应。他有福一至福六，德生主管着四家茂新，日产面粉 4 万余包，他愿意的话，不出十天便能交货付运。

他从英文秘书手中接过钢笔，在合同书上签上姓名。祥茂洋行大腹便便的大班在空中打了个响指，一位漂亮的白俄侍女立即端来两份香槟，她不是公爵的女儿也至少是公爵女儿的侍女。

“密斯脱赵。”祥茂洋行大班远远瞧见香港裕和洋行总理赵莲舫从大阳台跨进酒吧，大声招呼起来。

“请允许我向你介绍荣先生，”洋行大班摆出上海外侨社会流行的潇洒姿态，“他是个带有东方神秘色彩的实业家，鼎鼎有名的面粉大王，将会给你带来运气。”

“久仰久仰，踏破铁鞋无觅处，相识全不费功夫。荣先生，转了几天，也找不到你的人影儿，你真是上海滩上最忙的人啊！”大腹便便、胖得看不见脖子的赵莲舫又是抱怨又是奉承。

“多承枉顾，抱歉之至。赵先生到上海做什么生意？”让这么个胖子冒着烈日辗转几天，荣宗敬心有不忍。

“这年头哪桩生意也不及面粉见俏啊，敝人此次亲自出马，专门找荣先生合作。”

“财源茂盛通四海，生意兴隆达三江。敝公司来者不拒，多多亦善！”

“荣先生有多大胃口？”

“能把香港全埠的面粉包下来。”其实，荣宗敬是嘴大喉咙小，面粉内外畅销，难以应付，他喂不饱全香港。

“代理佣金多少折扣？”

“九八扣，油水够大了吧？”

对方认起真来，荣宗敬也当了真。他的意识中根本不存在“不行”、“不可能”一类词儿，办不到的事也要办到。他好像有无边神通，孙悟空三根毫毛归了他似的。

赵莲舫见每百两就有二两赚头，肥硕的脑袋转动着，原来他的颈根机能还未到完全退化的地步。

“什么时候详细磋商？”

“三天后这个辰光，到一品香大饭店。”

随着酷暑的过去，在欧洲，勒索者与勒索者之间的恶斗临近尾声。田野里躺满生锈的坦克，草丛里白骨随处可见，医院和临时搭设的野战医院住满缺胳膊少腿的士兵，其中有美国派出的 17 岁救护车司机海明威，医生从他身上挖出两百多块弹片后，这会儿躺在米兰的医院里构思《永别了，武器》。战火的热焰随同气温下降逐渐下降，财富依然源源不断地涌进荣氏企业的金库。茂新福新系统以兵船牌为主要商标的产品盈利率高达 100％。

林肯轿车在上海租界内疾驰。穿过具有各国风格的欧式住宅和公共建筑，驰入了布满别墅的沪西上只角，在静安寺旁愚园路庙弄内王禹卿的花园洋房前刹住。

王禹卿不在家。

荣宗敬风风火火地回到车内，轿车又飞奔起来。他走路的风格与弟弟德生每跨出一步都享受脚跟着地的感觉大相径庭，在这辆飞奔的最新款汽车里，他享受到人生的快意。

林肯飞驶入张园。安垲地楼下果然停着那辆美国通用汽车公司的道奇车。王禹卿和浦文汀穿着长衫西裤，搂着旗袍美女翩翩起舞。荣宗敬只好坐在舞池边摆拆字摊头。他对娱乐与美好的夜生活至今格格不入，让他享受斯特劳斯的圆舞曲确实难为他了。王禹卿本是应付裕如的玩家，在财富爆发和欲望爆发的大上海，玩术与日俱进，除了不敢再吸鸦片（枪还在荣宗敬那儿保存着），什么刺激也不放过，在患有商品交易与性交易并发症的上海，活得如鱼得水。为了证明自己不是时代的落伍者，他的手测量过各国女人的胸脯，与各种情调的交际花有过交往，从她们身体中寻找毁灭性的替代鸦片的快感。

王禹卿一边跳舞，一边在女郎耳边讲几句时髦的英语，出足风头。他自学英语，进步快速，操的洋泾浜尽管还是洋泾浜，因具有较多成份的泰晤士，与外商打交道已经可以把英文秘书撂到一边。一曲终了，黝暗幽秘的灯光显得明亮了一些，荣宗敬轻轻地舒一口气。

“宗先生，你得学会如何放松，开开洋荤，身材姣好的女人抱在怀里就是不一样，晕晕地，颠颠地，感觉在云中。”说着，王禹卿将身边的女人介绍给荣宗敬。

荣宗敬谦谢：“禹卿，不是不想享受，是学不像啊！”他为王禹卿至今没有复食鸦片从心底里高兴，这家伙说到做到，心底有一股狠劲，至于上舞厅妓院消遣消遣也在理中，男人嘛。

“你们尽兴跳吧，我再摆一歇拆字摊头。”

“大老板在这儿干坐，我们还怎么玩呀？”

荣宗敬找到舞厅必有要事商量，王、浦二人把舞女打发开。

王禹卿从西裤内掏出一叠纸，递给荣宗敬，是天津、营口、牛庄等北方粉庄向福新订购面粉的电报。一封电报往往要一二十万包。每年冰冻封港以前，北方就到沪锡两地大量抢购面粉北运，兵船牌在北方比阜丰老车牌吃香得多，因此北销的大批订货，客帮都向茂福新办理。

王禹卿是使兵船牌在北方打开局面的首功之人。十五年以前的窘况，像乌鸦翅膀在荣宗敬脑海里飞来飞去。每当与他们聚首之时，不免要回忆白手起家时的惨淡情景而不胜感慨。一帮早年无足轻重的乡下小子眼下都是以车代步众人瞩目的大阔佬。

荣宗敬依次翻阅电报，如看一叠现兑支票，又是二三十万稳拿的利润。

“粉销之盛，有增无减，面粉业尚需大力发展，二位仁兄，德生来信济南茂四已建成投产，我决定在苏州河边再建福七福八。要造便造每日出粉1万8千包的大型粉厂，压人一头，独一无二，厂房建七八层高的大楼。”荣宗敬要占全国面粉产量30%的计划，已在他的雄心中制定出来，现在付之实施。

“不动则已，要动是该是个样子。美国处于战场之外，科学发展迅猛，建新厂，机器马达不妨采用美制。”王禹卿的大腿在长衫下翘动。

“转个念头便是钱，享尽春风得意，”浦文汀说，“多亏德生当年打出兵船这块牌子，这回我从外地麦庄回锡，火车餐室全用兵船，外国人吃了也极赞美，天下人无不知兵船商标了。”

“各地麦庄行情由本公司的尺寸为准了吧?”

“是啊，宗先生运筹帷幄，决胜千里，各地麦庄办麦全由茂新福新的开价来定行市，我根据你的交待，让农民和麦庄都有钱赚。”

“理该如此，要好大家好。退一步说话，农民不想种麦，我们的厂都要关门。”

在办麦方面，市场也由他执牛耳，荣宗敬得意地微笑。为了获取更大利润，必须有原材料的定价权。各地办麦人员接到总公司指示之后，便抛开与同行订立的办麦条规，自行其事。小厂不敢抢先开价，因为等到茂新福新公司开价时，如果开的价比小厂小，行情跟着茂新福新的开价下跌，小厂就吃亏；如果开价比小厂高，小厂陷入尴尬，不仅遭供货方骂山门，今后进货也麻烦了。如果茂新福新开的价，麦庄麦号刻意抬价不肯出售，各厂便彼此约定暂时不吃进，压麦价。当地麦庄麦号大都资金不多，不可能大批存货，长期兜行情，最多观望几天就非得屈服降价。特别是在小麦登场时期，小麦源源而来，每天大量吃进后便须大量放出，否则资金搁死，无法周转。大厂家平抑原料价格的目的总是能实现。

荣宗敬叹道：“与麦庄斗法很吃力，今年小麦登场季节，如果不是我让禹卿兄多抛面粉来压低各地粉价、麦价，便购不到价格便宜的原料，今年也不会有这等厚利。要在商战中胜人一筹，原材料是第一道防线。”

王禹卿说：“厂家啃压麦庄，麦庄敲诈地主，地主剥削农民，最后受罪的还是面朝黄土背对青天的农民。我们都是农家出身，想起来心里还真有点那个——”

荣宗敬听见皱了皱眉头。

一曲又起。

昏迷的萨克斯吹着梗塞的音阶，带弱音器的小号奏出一连串不和谐音。酒液在旋转的彩色光带中闪闪发光，浓烈的香水味就像荡妇一样到处闯荡，裸露的手臂和玉腿继续向男人挑衅。这里真不是谈良心和生意的好地方。荣宗敬沉思不语，举眼瞅了王禹卿一眼，意思是说：我不是交代过浦文汀，让农民和麦庄都有钱赚吗？

“禹卿，令堂今年六十大寿，还是要好好庆贺一场，我要送一份厚礼。我母已逝，子欲孝而亲不在，没有比这更令人哀伤的事了，你让我羡慕得心痛啊！”

“多谢宗先生，我已为家母备上一份最好的礼物了。”

王禹卿发财后，在家乡办学，资助多项社会公益，此刻，他变戏法的地从口袋里掏出一把单据，足有三四十张，大都是老家青祁村落难乡亲向他立下的借据。他搁下手中的雪茄，划根火柴将那把纸片儿在烟缸中点燃，火光烛亮暗洞洞的舞池，烛亮贴着面孔的绅士淑女，纸灰黑蝴蝶般地飞散开来。

王禹卿说：“从此，人不欠我，我不欠人，借一炬之火感谢老父亲养育之恩，也表示我王某为人。”

浦文汀说：“人生在世，是该积德行善，不久前我也向育婴堂和施粥所各捐了500两。”

荣宗敬对赈济灾荒，辅助公益，常常大把捐款，并非出自良心受责的缘故，而是理所当然，他从来不因暴富良心欠安，而且对良心欠安者不能理解。他只知道兼并扩充，除了办厂还是办厂，以此在竞争中取胜！生存在残酷的上海滩逼得他用尽心计，使尽手段。他所做的这一切是为了什么？此刻他要求灵魂作出诚实的回答。在公开场合，他有时会高谈“堵塞漏卮”“功在国家”的阔论，那不过是用来装饰个人目标的词藻。他要出名，要发财，要在社会上占有地位，这才是他对生命本能的追求。眼下，他个人的目标正在实现，清醒地意识到这一点令他害怕，心灵颤抖，因为这意味着驱使他发狂地奋斗的力量正在消失。这个有坚强意志力的人突然觉得自己的虚弱，他需要有更充实的精神寄托。

荣宗敬神色冷峻，锋芒毕露的大眼睛眯成一条缝，面孔上多少带有忧伤的情调。

伙计们不明白总经理怎么突然变得不愉快起来。看来，总经理摸到安垲地没别的事，打定办厂的主意后激动得不可自制，不找出窝兄弟抖抖底过不了夜，他老是这样的。

王禹卿说：“福七打算建在苏州河哪一段？”

荣宗敬从内心的自问中苏醒过来："噢，福七的厂址，定在新闸路桥南堍，与福一福三隔河相对，拟买下德商打包厂 18 亩地，造 8 层大楼，要比外商粉厂有气派，每日出粉 2 万包，昔年好友均任各厂经理了，造福七是专门让你这位销售主任当经理的。"

浦文汀问："福八呢？"

闲扯半天，终于转到正题。

荣宗敬这才想起他来此找王、浦二位，就是商议创建福七福八细节的，怎么犯晕了呢？舞厅的一切，灯光、音乐、暴露的衣着、粘在一起的身体、叫人不得不转过头去的动作，原来就是把人弄恍惚，而他真的被轻易地恍惚了。

探戈的强烈的节奏顿然响起，简直就像有人抓住他的肩膀摇晃他的身体，把荣宗敬震得心慌神散。

他对王、浦二位说："赶快离开这里，咱们去咖啡厅好好聊。"

二十四、人钟当当敲响

1919 年初夏的中国，历史发出急刹车的尖叫。

昏睡的人猛然惊醒了，也被撞痛了，一直醒着的人发出愤怒的呼啸。

一个战胜国竟像战败国那样任人宰割。中国还是一个国家吗？中国人还能算是人吗？在一声声诘问中，满以为就此翻身的民族，加倍真实地感受到被阉割的痛苦。拯救，是每个被逼疯的中国人从牙齿缝中拼尽力气喊出的两个字。于是，捍卫民族尊严和人类公义的行动开始了。毕竟，中国不再是从前的那个中国，代表公共利益和良心的公民社会已然成型。这不能不说起一本由陈独秀于 1915 年创办于上海，1917 年迁往北京的《新青年》杂志；一所在蔡元培领导下“思想自由，兼容并包”的大学，和这所大学中一群教授开创的“民主、科学、人权、自由”的新文化运动。这场中国的启蒙运动比用了近一百年时间的法国启蒙运动更有效率，在短短四年内，以理性之光驱散封建专制文化的黑暗，完成了中国向现代社会的转型。

5 月 1 日，一群尊崇德先生、赛先生的北大学子在西斋饭厅就“国耻”召开紧急会议；到 5 月 4 日，一根“火烧赵家楼”的火柴棍儿点燃了五四运动的烈火。仅仅三天后，中国最大的工商城市上海义愤填膺地站出来表态了，因为这个城市对于民族尊严、正义公理有着最为深切的体验。这是中国大地上第一次由学生、市民、工人阶级、商人团体等各阶层公民，对损害国家利益和共同价值事件的令国土发生倾斜的表态。这种倾斜，已经注定两年后一个人数虽少但能量无限巨大的政党将选择在这座城市中诞生。

很像是末日将临前的抗争。六十几个社团，十几万民众走上街头，上海庞大的产业大军呼啸而起将运动推向高潮，黄包车夫、裁缝师傅、理发匠也应声介入，连洋泾浜的小瘪三也不敢勒索了，在街头挥舞起各种颜色的三角旗。上海滩找

"五四"运动上海工人走上街头

不见失语者。上海撼动中国，也撼动每一个中国人，广场和街道成为宣泄集体性不满的管道，游行示威和三罢运动令这个城市彻底痉挛。紧接着，东南数省城乡也痉挛起来。中国人从来不曾这样愤懑过，表现出赴汤蹈火，甘死不辞的壮烈情怀。

几天来，荣宗敬注视着上海的风起云涌，爆发了一次精神上的大地震。首先是人格上的挫败感，西方发达国家不把中国人当人看，国家成为"一块挂在树上的肉，只要谁想就可以上来割一刀"。他感到了被宰割的疼痛。自 14 岁到上海，他满脑子是想要出人头地、发财致富的梦想，到 18 岁仰望外滩的洋楼，发出"大丈夫不亦当如是耶"的誓愿，他骨子里是要与外国资本斗一口气，证明中国人不是他们眼中的三等公民。相比街头高举手臂、喊哑嗓子的工人、学生，他深感羞愧，窥见自己的自私。平时，不管嘴巴上怎么讲，心底里是将他的事业与个人的荣羞联系在一起的，而那些示威的人群难道是为了自己热泪迸溅的吗？现在，他做大了，在对抗外国资本的竞争中，有了拼一拼的底气。他觉得以往所做的一切都是值得的，但为自己的国家和民族付出的远远不够，应当大刀阔斧地继续下去，一种以天下为己任的情操溢满胸臆。

上午，他在申新二厂的公事房接待三位日商内外棉的实习生，他们愤然辞职，向他表达到申新效力的愿望。他被年轻人的血性感动，好不容易忍住眼泪。他问他们："沪地华商纱厂有规模更大的，你们为何愿意到我的厂里来？"几位后生告诉他："你能斗败日本人！"听此言，原来忍住的眼泪还是漱漱地滚落了下来。

让荣宗敬灵魂颤栗的是下午。他牵挂着马路，无法在办公室安坐。上海到处是伤心欲绝的人群，到处是良知发出的震响，到处是人类精神和灵魂的流淌，在这场针对未来的抗议中，民众的唯一诉求是他们爱这个国家。他途经法租界，在震耳欲聋的爱国救国的呼声中，在悲愤得红了眼的人群中，有理性而无暴力，学生游行队伍在行进中高呼口号，散发传单，一路上老百姓动情掉泪，还有西洋人向他们脱帽喝彩。但是，游行队伍遭到租界巡捕的暴力驱赶，这些来自伏尔泰的国度的人亵渎了伏尔泰，上帝为什么总是饶恕他们？

南市是这次爱国风暴的酝酿地和重要战场。当荣宗敬从大小东门一带转遍里街几条马路，见到成群的学生正在分头动员各店铺打烊罢市，遭到店主拒绝后，男女学生沿街跪下，苦苦哀求。华界的军警四处追打、抓捕跪着哀求的学生，而他们宁可被打趴下也没有一个站起来，似乎唯有这样跪着哀求着，才能释放身体内积聚的苦痛。此情此景让荣宗敬全身发颤，他宁愿替代学生承受那些在空中飞舞的棍子。

荣宗敬抓住一个军警举起的警棍，问："是长官命令你打学生的吗？"

军警说："长官命令不准罢市。"

"兄弟，如果你真是中国人下的种，就不该打中国人，更不该打学生。"荣宗敬说，"你读过《民国日报》吗？北京军警为求学生不要游行，是跪地哀求，按此理，你也应该跪在跪着的学生面前。章宗祥遭学生毒打时，在场几十个带枪军警在一旁看着不解救，为什么，因为那些军警知道自己是中国人，知道狗官该打！我现在放开你的棍子，你想打，就朝我来吧！"

几个军警不敢再撒野。

店主被跪求的学生感动，商号门前纷纷贴出"本号自今日起罢市"的告示。军警又沿途挨户强迫罢市的商店开市，店家被迫开门后并不营业，一旦军警离开又立即关门闭业。

当荣宗敬从鸿生码头里街兜到豆市街，见东阳里聚生钱庄大门紧闭，门前原本写着"聚生""银号"的两只大红灯笼蒙上了黑布，再走近些，两根大柱子上贴有一副白纸黑字的对联，柱子撑起的门庭内坐着他的恩人汪厚庄。

那副对子看得出是汪厚庄亲笔手书：

悼堂堂中华之将亡，
哀泱泱万民于至痛。

"汪老先生，你老怎么坐在这儿？"

“国将亡，坐在这儿为它吊丧！”

“老先生，切莫如此悲哀。”

“宗敬啊，辛亥以来，我见过二次革命，见过袁世凯称帝、张勋复辟，看来看去，不见新的社会起来，但见国事日非，国已不国，国家已经毁在尸位素食的官僚手中了。”

“老先生，你看见那些沿街跪求的学生没有？你看见他们满脸的泪水没有？我真想对他们鞠躬，说一声谢谢；因为从他们身上，我看到国虽弱，民不弱，我中华大中国无人甘当亡国奴！”

“宗敬小弟，你认为国家亡不掉？”

“民未亡，国家怎会亡？即便国家亡，天下不会亡！”

“然而，万民废业，外祸日逼，我是看不见国家好起来的那一天了，死难瞑目！宗敬小弟，你知道我为何放款给你吗，就指望着你们年轻一代能够振兴经济，看到国家一天一天好起来，谁料看到的竟是眼下这副局面。”

“老先生，你坐在这儿看不到国家的将来，来，我陪你到南北市转一圈，看看街上发生的景象，你就不至于这么悲观了！”

汪厚庄拄着拐杖站了起来，在荣宗敬搀扶下下了聚生钱庄的台阶。

一老一少，两个身影，消失在大上海划时代的呼喊中。

回家后，荣宗敬闷着不说话，几天来都是如此。妻子王氏怕他闷坏，老是逗他说话，他的回话是“不要烦我”。今晚，王氏又找话头与他聊天，竟然听到如此不堪入耳的话：“你的嘴巴拉稀了吗，说个没完！”要不是丈夫随后道歉，她和他没完。

荣宗敬一向忠实于自己，相信自己的感情，这会儿，他的感情在漂移。他强烈的清晰的自我开始面目不清。也许他自己也未意识到，他的烦恼正在于重新找回自我。在这个灵魂颤栗的下午，荣宗敬至少懂得什么样的商人才是合格的中国商人。他肯定自己做过的一切，否定曾经充塞头脑的妄念，寻找生命的新的支撑。

翌日下午三时，爱多亚路上的华商纱厂联合会大楼中，紧急董事会议即将召开，此次会议因事关紧急，无法通知外地董事到会。主持会议的纱联会副会长聂云台看起来十分疲倦，他身兼中华职业教育社临时干事，这一阵和黄炎培等人天天和学生领袖泡在一起，给学生出主意，努力使学生的爱国热情得到理性的宣泄。他见沪地诸董事到齐便以沙哑的嗓音致开场白。他说：

穆藕初 1876—1943

“今次政治风潮由学生罢课而起，继而商界罢市，工界罢工。全体国民义无反顾，挽救危亡，敝人感动之至。上海为东南第一商埠，全国视线所及，内地商埠无不视上海为转移，而纺织业作为我国最重要产业，应当挺身而出，站在实业界的前沿，请诸位同仁就如何配合行动，发表高见。”

会长穆藕初自运动开始以来，一直与学生与工人有接触，他从他们身上看到国家的希望：“诸位董事，我中华民族是有血性之民族，此次运动中，国民们舍身为国，生死以之，尽扫国中衰败没落之局面，可歌可泣。中国往何处去，学生们正在告诉我们。在商言商之旧习已不复适用于今日，吾等实业中人对于政治必须进而尽其应尽之责任，联合商界重要分子，用各种手段逼迫政府改良政治，以工商充实国力，跻国家于富庶地位，然后可以图存，可以御侮，可以雪耻。”

荣宗敬不是善于演说的人，一直铁青着脸坐在那儿，连两位会长的发言也未留心听。他一直在独自思考，国家弱，弱在国力，经济不发展就要亡国；中国正期盼每个汉子恪尽其责，他该为国家做什么？

董事们不乏忧国之心，无不慷慨陈词，又为罢市何时结束担忧。经反复磋商，会议一致通过以下三项决议：(1) 急电北京政府，请释放被捕学生，并免曹、陆、章之职；(2) 各批发所停止买卖，惟华商纱厂与贫民生计有关，仍宜照旧进行。(3) 俟学生放出后，应即启市。

决议通过后，已经天黑，谁也不想离开，都有一肚子的话要说，会议毫无结束的迹象。由于罢市，大老板们买不到任何吃的东西，宁愿委屈肚皮，也要舒展一下郁闷多天的胸臆。

此刻，荣宗敬感到汹涌的情绪再也无法控制，在内心发酵多日的话需要倾泻出去：

“此次我国政府不良分子不顾民心，学界罢课，商业罢市，农工辍工，风潮飘荡，全国风靡，人心一致，众志成城，实敝国数千年来第一之奇特。甚至一役一夫，亦愿果腹爱国，微末贩商，咸具爱国之诚，皆愿牺牲金钱辍业不顾，当可为诸位先生深自反省，我辈能不剖腹以白爱国之忱，以救危亡！虽然，此次之事，由本国政府不良分子措置不良，而实际乃由日本国人违反世界公理，有以造成。中国国民自鸦片战争以来，外丧国权，内有国贼，受尽侵略压迫，苦苦挣扎……”

荣宗敬声泪俱下，语言哽塞，他终于忍无可忍地喊叫道："上天不令中国人做第一等人！不，上天简直不使我们做人，然我民族注定是世界第一等民族。国步艰难，事变纷起，忧国之士，渐知以务本为要图。实业乃救国之本，宗敬当与诸位同仁慨然而起，捐热血之躯，举国中实业，以挽狂澜塞漏卮为己任，拓富国强民之道，所求者厥为清白良心，无愧于衷。"

他没想到竟会那样排山倒海地喷发感情，连自己都吃惊。他似乎把有生以来的那种丧失和被剥夺的感觉全部倾吐出来，从未这样痛快过，甚至觉得他一辈子将为今天的言辞骄傲。他以全部热情喊出的宣言，把城府最深的同行也感染了，董事会议忧心忡忡的气氛被荡涤得干干净净，变得同仇敌忾。

参会的董事想不到这位同仁竟有此等演说天赋，胜过任何一位善于煽情的政治家，他们被荣宗敬的真挚征服。在座中国第一批富起来的民族资产阶级面对他的发言，无不触摸良知，扪心自问。然而，荣宗敬胸中气息未平，意犹未尽。他说道：

"实业兴而国家兴，实业亡而国家亡。当下，沪地日资纱厂远多于华商，衣乃民生四要素中占第一位，岂容越俎代庖，喧宾夺主？夫日人之智慧，未必胜我中华国民，不必以其为我等之劲敌，而鄙视之。惟望诸位同仁振臂而起，群策群力，兴实事求是、勤俭耐劳之风尚，学英美等他邦之长而为改良之本，以冀获得最大效果，使足以与日商抗衡，或竟驾而上之。希望与责任，固如是之巨大也。"

本次紧急董事会由于荣宗敬的发言转入如何对抗日本资本竞争的议题。有人说："卧榻之侧岂容日人酣睡，当此科学竞争之际，若不急起研究，决难谋取进步而策久安。"

又有人说："有消息说，日本人正密谋在上海设立纱布交易所，以控制棉花、棉纱价格，当采取相应办法，以防市场被他人劫夺的危险。"

聂云台作为一代新绅商，以开阔的视野看到应当延长纺织业的产业链，以有利于这一国中最重要产业的发展。他提议投资 20 万两兴办一家纺织用品股份有限公司，用国产棉布为国人生产各类纺织用品。此提议立即得到荣宗敬、穆藕初等人的赞同，有聂、穆、荣三人为主要股东的维大纺织用品股份有限公司就这样诞生了。

聂云台 1880—1953

会议最后在穆藕初的总结性发言中结束，他说："适才，宗公'实业救国'之言论如雷贯耳，摇动心旌。救国确需实业，但振兴实业当随世界新趋势而进，若仍以数十年前之旧脑筋、旧眼光办理数十年后之新事业，不可能立足于世界。本人中年留学美国，考察多年，美国赖以发达而富者，在于科技工艺上引领潮流。上海之商业与世界密切相接，我等须学习世界之新学识、新经验，又付出巨大的热情、毅力去实施，而后才能竞争于商战潮流之中！”

五四运动，不仅使学生阶层、工人阶级担负起历史责任，也宣告一个新的企业家时代完全替代旧的绅商时代出现在现代的曙光中，登上历史舞台。现在，他们中的代表者就坐在这间会议室，清晰地认识到自己的使命。荣宗敬、穆藕初、聂云台，在共同的愿景、工业精神和民族主义基础上组成了上海实业界的铁三角，他们在新的历史时期将如何释放他们的能量，不妨拭目以待。

爱多亚路上，最后亮着的几扇窗终于暗了，停在楼下的十多辆自备车引擎一一发动，各分东西，消失在黑幕中。

入夜的爱多亚路旷荡无人，与爱多亚路成 T 状交汇的黄浦江晚潮汹涌，恍若白天翻滚着愤怒的爱多亚路。潮水来得如此激越，中国人的怨恨感动了宇宙。

自外滩开始，宽阔的爱多亚路上，凡是华商经营的公司、银行、饭店处在黑灯瞎火中，弄堂口冒火光的骆驼担和路灯下的烟纸摊消失了，拉客的野鸡也已绝迹。沿路墙壁上的标语被夜风吹动发出清脆的声响。“收回山东权利”、“商学一致抵抗强权”、“罢市救国，共诛卖国贼”、“誓不购用日货”，白天气势磅礴的示威游行的口号凝固在满街的潮水般的标语上。

荣宗敬坐在林肯车后座，面孔发烧，情绪激动，他这才发觉还有许多话没说完，那些未倾泻完的激奋之词在腹中与他闹别扭。车沿着爱多亚路朝西飞驰，沿途路静人稀。到西摩路后右拐往北驶去，这一带高档住宅区一片黑暗，因工部局电气工人宣布罢工停电了。车灯的光柱中，他瞥见人行道上不住出现焚烧的迹象，司机告诉他，这是学生发动居民焚烧日货留下的余烬。抵货运动开始了。自备车在西摩路上奔驰，已望见横贯在前面的南京路。马路旁出现一长截厚实坚固的英式围墙，围墙内闪过亭子、假山、树木，汽车在围墙尽头镂花大铁门前戛然而止。

西摩路 120 号(今陕西北路 186 号)。

挂着门牌的大铁门打开来，林肯车在两尊石狮间徐徐开进大院，将进门右侧的太湖石、灌木丛、花木撇在车屁股后。自备车没有绕到面对大花园的由平台和四扇大玻璃门组成的正门去，在进门不远的一株高大的广玉兰下刹停，车门正对着日常进出的小门厅。那是一座雕刻精美的罗马柱支起的半圆形阳台。荣宗敬从花岗岩台阶上进门，走在铺着彩色地砖的过道上。

这座灰黑色的具有法国古典主义特征的花园大洋房是荣宗敬新近从英国阔佬手中买下的。大楼的各个侧面由圆柱、园弧形和凹凹凸凸带槽的块面构成，带浮雕和纹饰的窗棂镶嵌其间，端庄、精美、宏伟，在空间效果和装饰上有强烈的巴洛克风格。楼内几道楼梯勾连着参差起落的层面，甬道尽头通向宽敞豪华的大厅，楼下其余部分被花厅、餐厅和几个阔大的描金绘彩的客厅占满。在三层大楼的六角形角楼顶部扣着墨绿色的球形穹顶，成为公馆的显著标志。

荣公馆厚重得像一座城堡，与新世纪精巧玲珑的风范相去甚远。荣宗敬偏偏喜欢宏大浑厚，称心如意地住了进去。

进小门厅，左边护壁板上有一排挂衣钩，那排挂衣钩正中嵌有一面镜子，镜子的位置挂得低了点，中等以上个儿的人得低着腰照，这个高度与矮个儿主人相宜，从镜子的高度可推测主人的高度约在1.6米左右。

荣宗敬从二楼踏上九级黑色云纹大理石台阶，穿过镶着黄色玻璃的梯道，便是主人日常休憩的设置英国牛皮沙发的小客厅，在别致的扇形吊灯照耀下，贴于四壁的墨绿色织锦散发着幽秘的微光。小客厅与三个互相沟通的内室构成完整的带回廊的单元，是邸宅的核心部分，用绘有图纹的护壁板和流苏收束的窗帷装饰起来，窗户和阳台带有明显的意大利文艺复兴时代风格。从小客厅直接进入的那一间，满壁被精致的雕花柚木覆盖，天花板上装缀着一簇簇金叶，镀金的莲花状玻璃大吊灯从顶上悬垂下来，梯形玻璃橱内罗列着古董，这里是散发着古典贵族气派的荣宗敬的书房。

荣宗敬在书桌前坐下，王氏闻声从隔壁卧室走来。

当年"网船婆"已成为上海滩令人炫目的阔太太，一座大公馆的掌控人。她像驾驭一条船那样轻松驾驭公馆，凡巨细事务，处理得宜，秩序井然。烫起时尚的波浪发式，身上散发法国香水的幽香。她老公的上海话至今带无锡口音，而她经过刻苦训练，彻底剔除残剩的最后一点儿苏北腔，操一口纯正的上海话。她一刻苦啥事都干得成，在语言上之所以那么刻苦，是因为她明白一口纯正上海话对她的身份是多么重要。如果想细细寻找她昔年的痕迹，唯有摇橹的手指骨无法进化为芊芊玉指。

"宗敬，夜饭吃过伐?"

"噢，吃过了……噢，没有……不不，吃过了。"他语无伦次地说着，"今晚我有点事，你先睡吧，鸿元鸿增的家庭教师来过了吗?"

"来过勒。"

“上国文还是数学课?”

“我啀里搭晓得,啥也不懂个。”

荣宗敬不管怎么说是放心了。两个同年出生的儿子高小毕业了,大儿子刚从无锡送来,一过暑假就要进入交通大学中学预科,请了家庭教师,他就能勤于治事,不用牵挂儿子的学业了。

王氏为老公沏了一杯浓酽的祁门红茶,离开前告诉老公:

“今朝街郎厢烧日货烧得老结棍,我勿等学生仔上门就烧脱了,回来一看,啱啱较还有一只日本花瓶摆勒客厅里,晓得侬欢喜箇个瓶子,想想日本人瞎诬搞,忒过分,拨我一榔头敲脱勒,侬心里厢勿要勿惬意。”

荣宗敬以赞赏的目光送妻子走出书房,坐在高背靠椅上沉思起来。楼下,广玉兰盛开的白色花朵和花园里各式花卉飘来阵阵幽香,他从中闻见白兰花和米兰的强烈香气,他还从来没有像现在有兴趣去分辨出某一种花的馨香。

处在这场政治运动的中心,原来不知道我是谁,要到哪儿去,现在他清楚了。第一次感受到生命有了全新的意义,感到国家需要他。

他问自己:“我该为国民做些什么?”政治比宗教更具魅力,他希望在答案中证明。自5月4日以来,至6月上旬,他身体内发生的持续的精神地震,使他觉得不能再把事业作为个体目标来设计。事实上,庞大的实业系统已与国家命运不可分割。他需要寻求巨大的承受点,而在这个晚上他寻找到了。他发誓为民族的自主强盛而奋斗。全身心投入实业以来所做的一切,就像是为今晚做准备。“实业救国”,这一鲜明的思想已经从他喉咙里大声喊出来,这就是他要做的,自信能做到。为国家民族负起历史责任,理所当然,义不容辞。明确这一点,他发现自己变成了另一个人,这个人无比坚强,有无穷的才能和用之不竭的力量。

在这个深夜,他的每个毛孔获得强大的感受。

一位年轻女佣给他端来冰糖燕窝,银质的条匙插在镂花的银碗中。尽管他摒除俗好,隔绝声色犬马,与大多数同仁相比过着另类的生活,但自从搬进这幢闻名沪上的公馆,每当夜深人静,在由最高明的雕花匠和贵重的中国古董装潢起来的宫室内吃着滋补品的时候,他会想起南市铁锚厂的那间柴间屋,觉得自己的人生不真实。从今晚开始,这种梦的感觉不会再有了,他是活得那么真实,他是一位肩负重任的斗士。

当荣宗敬把他的一切欲望投射到国家民族身上,超越个人名利的诱惑,他活着就不再属于自己。原本自私和主观的东西,变成了利他和客观的东西。历史上那些具有神秘色彩的伟人都是这样。

他的手指不是在算盘上跳跃，就是挠一挠头皮，看来，这一夜，他将决定许多事情。

午夜，他抓起话筒，要电话局接通无锡德生的电话。他要连夜与弟弟商量，明天都嫌晚。

德生也未睡。以胡雨人为校长的公益工商中学正式成立，他为校训琢磨了两个时辰，终于写下“和平耐劳”四字。和平，是他不希望再有战争；耐劳，是思想勤劳，精神耐苦，造福社会。德生在电话中听到哥哥的声音：“老弟啊，光绪二十六年，你为堵塞漏卮，萌生投资实业之想，如今国难当头，国民受辱，愈发证明这条路选对了。近月以来事变，显见国弱民不弱之势，为振民心振国势，你我唯有放开眼界，大肆开拓，以不负当年之志。”

宗敬的话平静而坚定，从声音德生发觉哥哥与往日的口吻完全不同，含有治国平天下的意味。德生以他惯常的平和口吻说：“己欲立而立国，己欲达而达民。此次大事变，应让工商业人士懂得事业为造福社会非为自己享福，必先正心诚意，实事求是，方能有成。”

宗敬直入话题，说出他的雄心勃勃的计划：“年内，面粉一业，我拟于上海扩充福七福八，规模颇大，福新将有八厂。申新一厂二厂都要扩大规模，增建厂房，加添美机，另开织布车间，所有粉袋用布无需外购，这个钱就自己赚了。申新系统要加快发展，申新三厂筹建进展如何？用地征下没有？贵就贵一点，早投产早获利嘛！”

德生充分理解哥哥的心情，虽然这个宏大的计划来得太唐突，他是支持的。申三征地确实陷入尴尬，地主一味抬价，更有人暗中指使他人先将规划用地买下，开几倍价格卖给他，对于这种近乎敲诈的作派，德生不可能接受。

“申三征地一事，情况较为复杂，弟当逐一解决，请兄放心。公益工商中学即将开学，分设工业、商业两科，工科设实习工场，商科有银行商店，至此，自幼稚生入校直至高中分科毕业俱全，既为贫苦子弟提供教育机会，也为我荣氏各厂输送人才。眼下，欧战结束，我想派人去欧洲实地考察，以供今后企业发展借鉴。”

“好啊，目下国内实业发展有一日千里之势，确需去欧美学习新工艺、新技术。竞争争的是人才，公益工商中学一定要办得像像样样，需用钱尽管在我收入中开支，我也欲在上海办职工养成所。另外，为改进棉花质量，该创办棉种试验场，在何地办，你老弟考虑吧。”

德生习惯早睡早起，在电话中打了一个哈欠，不过，他还有最后的话与宗敬说：“阿哥啊，你不能再窝在三洋泾桥了，茂、福、申三系统该建一栋总部大楼，你不是 18 岁那年就想在上海有一幢大洋楼吗?”

宗敬哈哈大笑起来:“二木头,你还记得这事。好吧,地方由你选,你不是懂风水吗,这下你可要充分发挥水准哦!”

五四运动的爆发,使处于事件中心和事件边缘的两兄弟获得共同的意志。挂下电话,荣宗敬仍无睡意,闭目沉思。良久,研墨铺纸,以他刀戟般的笔画,在纸上写下“人钟”两字。他品评着自己的字体,颇为满意。“人钟”昭示国民闻声觉悟,毋忘国耻,奋起拯救危难中的国家。从此以后,荣宗敬将拿“人钟”与日商的“蓝凤”、“丰年”牌棉纱一决高下,成为申新系统棉纱的头号商标,与“兵船”牌面粉那样定为交易标准,让当当的警钟响遍海内外。

荣宗敬佩服自己为产品起了这么有含义的名字,意犹未尽,又在“人钟”两字下画上一口巨大的铜钟,在钟下方画上一个青年,两手抓住一根粗壮的绳子,奋力撞钟。他希望人们看到这个人和这口钟,便听见当当的正大、庄严的钟声。

此时,天已经亮了。

“新文化史学派”认为历史是一种社会心理科学,每一个历史时期都有一种居于支配地位的“时代精神”。那么,荣宗敬笔下画出的那个青年、那口钟诠释着那个历史时代的特征。

二十五、晴天霹雳：谁对他下毒手

“宗公创实业救国之说，大气磅礴，令吾辈钦佩。”

有一天，电气大王祝兰舫在张园对小辈以公相称，由衷地说。

祝兰舫依旧是怡和洋行大买办，同时以身份之便做自己的事业，赚钱后慷慨解囊，投资教育和公益事业，北洋政府大总统特颁“敬教劝学”匾额，上海租界工部局聘其为华童公学校董。近年，除出资重修锡山顶上龙光塔外，城外的保安寺、青山寺也由他修葺一新，又为苏州西园罗汉像塑金身，成为华洋两界深受尊重的人物。

荣宗敬谦谢不遑：“世伯过誉，晚辈岂敢领此盛誉，只是思量空言无裨实际，不如多做实事，多办几家工厂而已。”

“你不是办厂，简直是搭积木，转眼办成一家，眼睛一眨，又一家开工。敝人厕身沪上近五十余年，未见此等速度，令尊地下有知，当笑得合不拢嘴啊！”

荣宗敬神色黯然，父亲活着该有多好。他老人家十数年离亲别子，积劳成疾，不为那 1 500 元，何至于早逝？直至祝兰舫意欲告辞，他才转过神来：

“世伯，小侄有事相求，不知能否帮忙？”

“有事尽管道来。”

自从荣宗敬在纱联会紧急会议上的发言在上海各报刊发后，他的“实业救国”之说在社会上引起震动。审时度势，他明白发展实业离不开西方的科学文明和先进设备，中国割不断外国脐带。本次事变，国民的愤怒指向日本，而中国实业界的头号劲敌也是日本，日本大隈内阁不但替代德国占有山东特权，还乘第一次世界大战的空隙，独占在华利益，竭尽全力在中国兴建纺织厂，图谋执棉纱业之牛耳，大有压垮华商之势。荣宗敬为了履行“实业救国”的誓言，对抗来自日商资本的强大压力，制定了大规模的开拓计划。一俟风潮平息，他就得与英美洋行以及设备制造商打交道，与他们联络感情乃是题中应有之义。他欲在家中盛宴招待欧美侨商，与西方诸大国驻沪银行、洋行、公司的大老板欢聚一堂，以示睦谊，使他的外国脐带不至于在蔓延全国的反帝怒潮中梗塞。他来张园就是为约见几位美商洋行大班。

祝兰舫听荣宗敬说完，觉得这是个好主意，他与这帮人太熟了，凡是需要他出面沟通邀请的人物，一口应承下来。

几天后，一辆接着一辆豪华的罗尔斯·罗伊斯轿车开进西摩路荣公馆，在门外受到中国式的鞭炮的欢迎。驶进大门后，绕向大花园前的甬道，在邸宅正门的花砖平台前停歇下来，便有穿西装戴领结的仆人上去拉开车门，穿新式旗袍的礼宾小姐则向女性来宾奉上月季花。宴会由女主人一手安排调度，所有细节安排得有条不紊。

贵宾踏上铺满红地毯的平台，在四扇洞开的玻璃大门前，受到荣公馆主人和女主人的热忱欢迎。王氏一身黑色丝绸旗袍，胸头两耳挂一套克拉钻饰物，是对上海滩典型阔太款的注释。她美丽优雅，风度高贵，又有中国式迎客的热情，令身穿晚礼服的西方绅士不再矜持，上前排队，挨个儿曲身亲吻她的手背，在手指上发现一颗更大粒的克拉钻。王氏在她的阔太党内经过事先训练，已经习惯西方礼节，伸手出去的时候有伦敦贵妇的娴熟。

荣宗敬穿一身薄型哔叽长衫，站在花砖平台上被王禹卿、浦文汀、严裕昆等一帮助手簇拥，在喝帖声中与步上石级的贵宾一一握手或是拥抱，然后由穿长衫的仆人接过来宾的衣服挂到专用的挂衣室，再由漂亮的引宾小姐带进门厅两厢带有锃亮铜把手的柚木门，里面是稍事休息的欧陆式大客厅，男女宾客仿佛置身于欧洲某个沙龙，举止优雅，谈吐自如。不过，他们为保持优雅付出了极度的努力，因为他们在反帝风潮中没吃没喝，别说牛肉牛奶，每天能吃上两片面包已是一种幸运。当荣公馆男女主人商量何时举办这次睦谊会时，王氏说，当然是乘他们饿得馋虫乱钻的时候。

宴会在二楼餐厅举行。这是一间颇具英国王室风格的餐厅，用白色的绘有金色花纹的拉门隔开，砌在壁内的大玻璃柜摆着中国瓷器和青铜器，一溜玻璃长槅外是室内阳台，在那里可以凭眺花园中的大草坪、网球场以及草坪尽头的蓊郁树木，耸立亭台湖石的小山。

洁白的天花板上饰有椭圆形镀金浮雕花环，使雅致的空间跳跃金碧辉煌的格调。浮雕花环下是巨大的英式餐桌椅，当一弯明月在阳台外升起，来自欧美的富绅贵妇在穿着白围兜女仆的引领下，一一入席。

宴会开始，荣宗敬致欢迎词。

他打开毛笔抄写的文稿读着，英文秘书逐句翻译："今日特备菲酌。恭请欧美侨沪诸大商家，诸位先生欢聚一堂，欢畅把臂。敝公司与诸宝行交情最深，今蒙诸位先生宠临，荣幸何极。此次敝国政府，被不良分子操纵，招致事变纷起，全国风靡，人心一致，众志成城，实我国数千年来之未见，并且历受诸贵国文明感化，虽罢课、罢市、罢工达十天有余，而仍安静如常，绝无一毫暴动，当可请世界诸大国共谅。但上海一埠，首当其冲，人心之一，甚至一役一夫，亦愿果腹爱国，以致敝公司等数日索食无处，而闻诸宝行各位，亦有索取牛羊之脯而不得，此中累及邻邦诸友，敝国人士，实深抱歉。……"

荣宗敬趁英文秘书翻译之时，扫视全场，外国人有的矜持，有的微笑，看不出多少名堂经，唯一能从他们眼神中觉察到的是不耐烦，他们无不希望欢迎词尽快结束，以便大快朵颐。在夫人的精心安排下，待会儿摆上桌面的菜肴，将使各位来宾充满惊喜，对荣公馆留下难忘的印象。

仅仅九年前，他上汇丰银行被巡捕赶出几丈远，后来去也得走后门，买办间里连个账房先生也见不上。可眼下，汇丰银行大班赫德门，这个鼎鼎大名的上海金融界教主就坐在他身边。一度认为高不可攀的老牌英商太古洋行、鲁意师摩洋行的大班刚从欧洲打完仗归来，也应邀前来，在他演讲时，他们频频颔首示意。今非昔比，天壤之别，是次宴会是检阅自己在上海力量的机会，他相信事业上将会获得欧美各国的通力合作，在他叱咤风云之时助一臂之力。

1935 年 2 月，濒临破产的申新纺织总公司度过灭顶之灾，试图自杀的荣宗敬以巨大的勇气重新挺立起来。在这次危机中，汇丰银行勾结日商非法拍卖申新七厂，他在那次激怒全国，酿成反帝风潮的事件中回顾这一次睦谊宴会时，发现自己总是好存幻想。话得说回来，凡事不往好处想，他又哪里会有巨大的推动事物的力量呢？

这会儿，荣宗敬踌躇满志地发表演讲，真诚地相信欧美商家向他的宏大计划伸出友谊之手。他尽量使浓眉下那双锋芒毕露的眼睛微笑起来，然而，两颧的天然轮廓无法不透出盛气凌人的气质。一个人想要掩盖他身上的一点什么东西真是谈何容易，尤其像他这种充分享受人的优越感的男性。

"……敝国人士，一致戒用日本国货，而欧美诸大国之货畅销敝国，至好时机也。欧战四年余，诸贵国销行东亚之货，被日本国奇攫殆尽，今公理战胜，诸贵国正可广造物品畅行东亚，今为在席诸公贺而彼此联络交谊更加密切。

"同时，本公司在以往发展中，在座各国友人鼎力相助，并结下深厚之情谊，致使本公司有今日微薄成就，敝人感铭不忘，当祈诸宝行各位一如既往，携手合作，互惠互利，当为敝国与诸贵国人士共同愿望也。”

荣宗敬收起三页讲话稿，彬彬有礼、节奏缓慢的掌声，从大菜桌上响起，像是为海顿的赋格曲打拍子。王禹卿按照王氏事先的安排，介绍今晚宴会的特色。当王禹卿用英语介绍来宾将领略专程采办的太湖湖鲜、宁波海鲜、时鲜蔬菜，以及牛羊肉时，因为罢市而饿慌了的外国大亨们热烈地鼓起掌来。

宾主频频举杯，拿破仑白兰地和白马威士忌、马蒂尼、忌廉雪利酒、杜松子酒互相碰撞，荣宗敬挤在人高马大的外国佬中间，不得不抬得很高的手臂都感到发酸了。

翌日，荣宗敬用过晚餐，步上黑色云纹大理石楼梯，到内房小客厅坐下。白天忙于日常琐务，喝下两杯酒后，处于微醺状态，思维更为活跃。这时候，正是他思考时局、分析市场信息，采取下一步行动的最佳时刻。

抵制日货运动一时导致对日经济绝交，政治因素改变自由开放的经济体系，日本棉纱的进口量锐减，荣宗敬估计到年末将减至一半或一半以上；种种迹象表明，国内纺织业迎来发展的大好时机，纱联会每日接待要货的客商就有数起。他的好日子来了，但他的厂太少了，就已有纱厂扩建是明智的。1919 年，申一纯利达 104.8 万两(利润率为 131%)，用于购进美国纺纱机 2.5 万锭，布机 400 台；申二也将纱锭扩充至 3.4 万锭。无锡申三因土地纠纷尚未动工，而汉口因有福新五厂，在那里再建申新四厂已在构想中。面粉制造方面，一次大战期间的好日子看来不再，唯有继续扩大规模，方能拥有绝对的主动权。已购买德国人 18 亩地产创建福新七厂，将建八层厂房，创上海所无，生产规模也无出其右；他同时决定福新八厂的建设将与七厂同时进行，这家厂将使用世界上最先进的美国机器设备，独占技术先进之鳌头。他设想福新八厂要紧跟七厂在年内完成。这样，他立志面粉产量占全国华商资本 30%以上，福新占上海 50%以上份额的目标就实现了。

他深知战后欧洲发生的一切都将在短时间内影响上海，为了弄清那里的现状，应对战后的复杂局面，他今晚做出的最后一个决定是派遣族兄荣月泉赴英美实地考察。

找到生存的意义之后，荣宗敬将原来属于个人的梦想瑰丽地燃烧，他要创造一个完美理想的实现。他丝毫想不到一个致命打击在几分钟后就要突袭他。

他剪好一支雪茄，悠闲地吸起来，浏览茶几上的几张报纸。他粗略地翻完

《申报》、《新闻报》和新出版的《华商纱厂联合会季刊》，接着阅读《时事新报》，头版有几篇痛斥卖国贼曹汝霖、章宗祥、陆宗舆的文章，在旁边刊发这样一条消息：

> 近日面粉市价，忽然飞涨，颇碍民食。昨经国民大会派人调查，始悉此次涨价原因，系由于福新、茂新面粉厂经理荣某、王某售与日商铃木洋行百万余包，以致有此现象，以荣某妨碍民食，特致函面粉公司提出质问矣。

晴天霹雳！荣宗敬瘫在大沙发里半天站不起来，两眼发直。

舆论把他这个口口声声爱国的面粉公会副会长塑造为无赖、恶棍，口是心非、两面三刀的奸商，既要树牌坊又要做婊子的无耻之徒。在他准备担当道义的时候，几行字抹黑他的一生，等同谋杀。他经得起对手阵地战的进攻，却经不起背后的一刀。

世道不关注真相，因为真相总是无味无趣的；虚假信息注定耸人听闻，人人乐于传播，更不用说它刊登在权威的媒体上了。

《时事新报》在国内舆论界享有盛誉，它的“论说”栏和“时评”栏，对国内外重大事件进行评述，与北京《晨报》南北呼应，以“议论最真实，消息最灵通，材料最丰富”著称，为人人必读之大日报。这就是说，全上海在这个晚上都在骂他这个“卖国贼”。荣宗敬惊悟到，《时事新报》不光是封杀他本人，还要封杀“兵船”“人钟”为首的品牌系列，是对整个茂福申新系统的致命打击，他的面粉、棉纱、棉布还能卖得出去吗？

哪一个擅长抹黑的机构对他下毒手？是结怨的日商，还是国内的竞争对手？他也想到黑社会，但自到上海后，他与黑社会从未有过纠葛呀！荣宗敬一头雾水，难以相信人竟能无耻到这种地步。我到底做错什么了？他伤心透了，脑子疼极了，疼得他狂叫一声倒在沙发中。妻子和两个儿子闻讯赶来，吃惊地扑过去，以为他突然得了急病。王氏冲到楼梯口呼喊仆人请医生。荣宗敬在沙发里弯着身子，抽搐着，眼泪从面颊上流淌下来；他举手阻止他们，嘴里喃喃地说二个字：“不要。”

一个空酒瓶撩在地上，第二个瓶子已经打开。跟他说话不搭理，王氏一摸额头，热得烫手，而且全身都发烫。丈夫摊上什么事了，向有主意的她没了主意，打电话叫王禹卿赶快过来。思量一会儿，又打电话给穆藕初、聂云台。穆藕初听到电话那头带哭的声音，撂下电话就出门了。

王禹卿首先赶到，他跟王氏说，眼下都在抵制日货，全上海，全中国没人敢做这个事，疯子也不敢啊！这倒是实话，王氏让他冷静地想一想，到底怎么会这样。半晌，王禹卿说，早在抵货前几个月是卖给过铃木洋行一批面粉，也就几十万包，其时上海的几家面粉厂都与该日商洋行有交易，怎么能移花接木，扯到现在加以訾议？

王禹卿叹道："'树大招风风撼树，人为名高名丧人'，中国的老话竟是这样有道理。"他给王氏分析，大老板发财发得太快，拓展计划太庞大，风头出得太盛，把外国大亨请到家中欢聚，同行中的竞争对手承受不了，才出此邪招。他的建议是公开登报辟谣。

唉，中国人的日子丰富多彩，窝里斗，斗个你死我活，是其中最出彩的部分。

穆藕初和聂云台赶来了，见荣宗敬被整成这副样子，黯然无语。荣宗敬见老朋友到来，大着舌头叫："来，喝酒，一醉方休，喝啊，瞧得起我就——喝，不然，——滚蛋！"

他将酒瓶套在嘴上自管喝起来。

"一群疯狗咬我，你们看见没有？"他抓住穆、聂二位的手，"我满身是血，没人救我……"

穆藕初取下他手中的酒瓶，劝慰他："宗敬，行事见于当时，是非公于后世。事情会弄明白，不会有事的。"

"你是谁？弄明白？我活着就是个事，这世道，还能……分清什么是事实？"荣宗敬四下张望，找不到他的瓶子，"那群狗日的，不就是看我钱多难受，我，一个子儿也不给，因为，因为钱到他们手中会变成垃圾，垃圾！"

穆藕初、聂云台不知道怎么对付眼前这个喝得烂醉的人，拉着他的手说："宗敬，我们都会帮你，你早点休息吧！"

"我能睡吗？睁着眼还有人要我死，不，我不能睡觉！只有你，还有你，你们俩不会害我……"荣宗敬拉着二位老朋友的手，站了起来，他想自己走，打了一个趔趄，被穆、聂两位扶住。他说："有人会到教堂忏悔，我——不——会！你们，都不比我高尚，从我个人来讲，我是鄙……视……金……钱的，我只要一……千、五……百块，这个钱不——能——不——要！"

荣宗敬说完哽咽，跌跌撞撞回到沙发，哦哦地哭出声来，直至迷糊入睡，打呼噜。

他烂醉如泥，满嘴胡话，胡话里尽是真情。

穆、聂、王三人商量事件的处置办法。荣宗敬没有靠山，从不巴结军阀官僚包括社会闻人，那么，脏水既然利用媒体泼上来，只能通过媒体来洗白。首先选择与《时事新报》旗鼓相当的报纸，那唯有史量才的《申报》。史量才不仅与荣宗敬熟识，还与穆藕初交谊不浅。同时，其他报纸也可联络，以便造成声势，由王禹卿出面公关。

王禹卿算是上海滩长袖善舞之人，接连找了几家报馆，竟然无一愿意刊登澄清事实的声明，而茂新福新的兵船牌，以及绿宝星、红绿牡丹、红蓝福寿等牌子的面粉销售已经一落千丈。有的报馆虽然当面不拒绝，收下稿子后也是拖着不予刊登。王禹卿知道上海稍有分量的报纸已被暗中收买。穆藕初直接找到《申报》总经理史量才，史量才以一身正气，骨硬如铁闻名报界，听完事情前后经过，怒而连拍几下桌子说："人有人格，报有报格，报纸不主张正义干脆擦屁股去！"他表示刊登企业声明不如由报纸出面发文效果好，一口答应帮忙帮到底。

以后几天，荣宗敬哪儿也不去，躲在公馆里，像一头受伤的野兽疗治自己的创伤。当一个男人想要展现自己力量的时候，没准儿首先等来的是痛苦，让他在痛苦中发现自己真正活着，从而避免缺乏生命价值的痛苦。这些日子里，他看着自己的内心，经得起任何道德的责问，这就行了。

他是不会倒下的，因为他有信仰，信仰能让信仰者忘记所有的烦恼，走向平和。

九天后，荣宗敬从《申报》上读到这样一篇报道：

> 前闻茂新、福新两厂王某售与铃木洋行面粉一百万包云。兹据茂新面粉公司函云：无锡并无福新面粉厂，茂新亦无王姓其人，并无售与铃木洋行百万包之面粉。盖大宗面粉出销外洋，必经过报关，并由海关监督给发护照放行，手续至繁，确可查考，断无凭空售与之理也。

文章刊出，市场销售虽有好转，但要回到以前的水准几难实现，这正是世上不断产生那么多谣言的原因。销售报表送到荣宗敬手里，溜一眼就扔下。筹建福新七厂八厂前期工作正在紧张进行中，将有更多的面粉生产出来，他有点沉不住气了，在书房里来回踱步。

妻子王氏进门，帮他将茶水斟满，这回她没有退出去，在沙发上坐下，沉默着。

她见丈夫还在踱步，没有坐下来的意思，开始说话："我喜欢你生气的样子，讨厌你着急的样子。"

老婆学会讲反话了，宗敬没理她。

“人一着急，是什么办法也想不出来的。”

宗敬瞄了妻子一眼：“你难道不着急？”

“你看我哪时着急过？我与哥哥在沙船上的时候，每遇大风浪相反格外地冷静，要是着急过一次，今天坐在这儿的就不是我。”

“你又要跟我讲沙船，倒要听听还能讲些啥名堂出来。”荣宗敬终于在沙发上坐下。

“今天不跟你讲沙船，跟你讲面粉袋。”

自己的女人到底动什么心思，面粉袋有什么大学问？

王氏说：“我在三洋泾桥带领女工做了十几年面粉袋，面粉袋是有很多讲究的。”

“讲出来听听。”

王氏告诉丈夫，面粉袋不光装面粉，穷苦人家还能拿来做衣服。当年船工和码头苦力的褂子常用面粉袋来做，她就穿过面粉袋改成的褂子，即便小康节俭人家也用来做内衣内裤。只是面粉厂为了省钱，布轻袋次，经纬稀疏，穿不了多长时间就破了，而且，袋子嫌小，做一件大人穿的短褂一个不够，两个又多，所以，那些褂子在胳肢窝下面补上一条。申新一厂新添400台织布机，为什么不织出好一些的袋布做面粉袋呢？

宗敬听明白了，妻子说的是面粉的营销策略。以前是往面粉袋里放三个铜钱用以促销，人家放五个，茂新福新也只好放五个。大家都放五个，实际上放与不放一样，丧失促销作用。在上海兼营粉纱二业的仅他一家，布由自家织，即使用质量上乘的布，面粉袋的成本也比他人合轻，以此作为产品推广手段，是别人学不上的独门绝技。

宗敬用温柔的目光凝视着王氏，默默关注他事业的妻子总是在他最困苦的时候出现，像女神为他一样指点迷津。王氏接着从身后拿出一方白布，送到丈夫手中。这是她制作的面粉袋的样品。

“这只面粉袋要比市面上的面粉袋宽大一些，我算过了，一个袋够做一件男人的短褂，两边不用添一绺，穿在身上也好看。两个袋够做一件秋衣。打工的过冬穿紧身棉袄，三个袋够做一件。吃了面粉还省下买布钱。人家不买你的面粉是傻了不成？”王氏说。

宗敬算了一下，北方五口之家按月吃两包面粉的话，一年24只面粉袋，至少省下一半多的衣料钱；南方食面少，省三分之一总是有的，这本账家家户户都会算。“兵船”牌凭此将率领整个品牌系列冲破险滩，驶回原有的航道。

“还有，”王氏继续说，“早先，见码头上那些工人将面粉袋染色后做衣服穿，不管染何种颜色，袋上的商标依旧看得出来，这是不花钱给你做广告呀！”

在这个意想不到的傍晚，他的妻子给他拿出一套绝妙的只有他能做得到的营销方案，真是他的福分啊。回想自己当年到王毛六沙船上强娶她的情景，真像一个无赖，现在看来，这无赖做得妙不可言。如果他是一条沙船，她就是他的披水板、压舱石。他兴奋地将妻子抱住，在她额头着着实实地亲了一口。门外，两个偷看的儿子嘿嘿笑着，她怎么使劲也脱不开丈夫的怀抱。

王氏又像撒娇又像抱怨：“快 50 的人了，勿要再拼命了，你要对自己好一点，省省力，享享福，养好身体。这一回该接受教训了吧，商场不是好玩的地方，你想把世界踩在脚下，就有人先将你踩在脚下。我说的话，你听见没有？”

王氏用手指头用力戳了一下他的太阳穴。

荣宗敬打量王氏，放开她，以严肃认真的声调说：

“你在说这句话之前，一直是我心中的好老婆，不让须眉的巾帼，很可惜，现在你成了一个世俗女子。”

二十六、工部局特别会议

荣德生带着一位理平头有浓重上髭的忠厚长者，还有一位二十五六岁目光炯炯的年轻人来到上海。到了西摩路哥哥家里，宗敬不知在哪一隅奔忙，先由嫂子陪着参观全宅，德生觉得这幢气魄奢大的洋楼合乎哥哥的名望地位，但对他来说，一味的欧式在风俗习惯上不相宜。吃过晚饭，荣宗敬尚未归来，德生与随同来沪的两位客人到楼上小客厅守候宗敬。

长者是荣家兄弟的族兄荣月泉，生有一双带宽宽双眼皮的大眼睛，具有荣姓血统的显著特征。他早年留学海外，学成归国后，历任清政府电政督办，第一届民国政府交通部电政司司长、陇海路总收支，多次出洋考察和出席国际性专业会议，对欧美历史和现状有透彻的了解，是中外皆通又兼具资历才识的人物。企业大肆发展令荣德生叹息人才两缺，尤其缺乏沟通海外的专才。德生听说族兄有弃仕之意，又听说他做官虽久却是清廉无钱，便以高位高薪并赠送干股将他招入麾下。荣月泉欣然出就。德生长婿李国伟在汉口筹建申四福五时，尽管爱婿毕业于唐山大学土木工程系，毕竟阅历尚浅，难以独当，德生先委任荣月泉为申四福五经理，让爱婿自副职做起。这一次，他被兄弟俩派往英美两国考察战后在政治、社会、商业方面出现的新情况，同时与设备制造厂家建立长期紧密的合作关系。

自备车喇叭在大铁门外叫了两声，荣宗敬回家了。他走进楼上小客厅，向荣月泉伸出双臂上前握手。

“这位便是家兄荣宗敬！”德生指着荣月泉说，“月泉兄识见卓越，为汉口两厂立下大功，我荣姓之人不是宦游四海便是经营于南北，以至碰头而不识其面，可作一族发达的佳话训之子孙。”

荣宗敬热情地打量着族兄。厚实多褶的额头，深沉练达的眼神，以及硕大的鼻子，都在说明足以应付一切场面的能力。他说："月泉兄阅历非凡，通晓中外，你是我们兄弟的海外事务总顾问，日后多有讨教，可别嫌我烦啊！"

荣宗敬指着那位二十五六岁年轻人问德生："这位是你新聘的秘书？"

"不不，我岂敢委屈他当秘书，姓薛，名明剑，负责筹建申新三厂，是无锡城里突出的年轻有为之人。"

宾主坐下，德生问："宗敬，你怎么忙得夜不归窝呀？"

宗敬长叹一声："但嫌腿少，只恨日短。为福七福八两厂忙得连抽烟功夫也没有。"稍顷，他转而问荣月泉："我侧身沪上多年，深知欧美科学日新月异，欲资师道，非从实地考察不可。月泉兄此次出洋考察，等同我们的眼睛、脑子出了洋，日后开拓，得益无限，不知路线如何走法？"

"先抵美国，先后赴明尼波里斯，印第安那及密尔沃基等处调查面粉产业现状。明尼波里斯为美国面粉制造中心，其最大粉厂日夜可出 8 万袋以上，详察所长，必然大受其惠。印第安那及密尔沃基则以制造粉机和电机著名，定购新机必去之地。而后渡海赴英，在英国纺织工业中心曼彻斯特住一段时间，进行全面考察调查，了解那里也就了解国际纺织业今后的走向，并向霍华特白罗厂定购申三所需的 3 万锭细纱机。"

"月泉兄不愧是中外皆通的饱识之士，如此熟悉欧美情形，考察回来，我得留你住下，聊它个三天三夜。"宗敬又不无担心地问："欧战以后，纺织业新厂纷起，机器越来越难定，定下的货也迟迟不到，就怕到英国空手而归。"

德生说："大战前我就和怡和纱厂英国工程师开福交上朋友，这次请月泉兄捎去亲笔信一封，至时找开福帮忙。"

宗敬接着说被打断的话："福七福八正在筹建中，拟用美国机器，拜托月泉兄了解何种设备技术最为先进，遴选那些出品精细、粉色洁白、每日不间断工作二十四小时者，向制造厂接洽订购，另外，还需订购最大功率发电机两套。"

宗敬站起来在屋子里徜徉了一会儿，坐回原处。他正襟危坐，用以加重语言的力量。

"我国历年受不平等条约束缚，外商享受特权，国货则受税苛重，使实业深受其困，难图发展。上海总商会虑及国计民生，多次议论派代表赴法国请愿，月泉兄何不顺道转赴巴黎，为取消不平等税务尽力，此事总商会会长聂公云台当能欣然接受。如获成功，举国工商界人士就要欢迎你凯旋归来了。"

"月泉与驻法公使陆、王诸使熟悉，当详陈利害，薄尽绵力。"荣月泉说。

"德生，申三的地购妥没有？"宗敬问。

"唉,"荣德生叹苦经说,"购地方面,再三不妥,申三造在振新旁边,荣瑞馨见我们兄弟有意怄气竞争,请地方绅董四面买地,阻碍进行,又派绅士以便利交通为名,恶意在厂址造五洞桥,我见苗头不对,走了江苏督军冯国璋的门路,下令禁止造桥,官司才告结束。但是,那些占地的绅董和附近农民大敲竹杠,抬高一二倍地价才肯出让,我迟迟不肯放盘。"

这么说,申三依然只有他的亲家薛南溟让出的工艺传习所18亩土地,宗敬想。薛南溟曾在事业初创时力挺荣家兄弟,他让最有希望继承家业的儿子薛寿芒做了荣宗敬的二女婿,丝业大王与面粉大王结为儿女亲家。这位清朝显宦名臣之后,随着专制王朝呜呼哀哉,士绅首领地位已经让位于同盟会出身的新绅士,在地界上说话不再那么灵光了,对无锡申三建厂遇到的阻挠爱莫能助。

宗敬劝说道:"贵就贵些嘛,只要发展需要,多花一二倍的钱也值得。"

德生忿忿地说:"不是钱不钱的问题,助长敲诈勒索,将使社会风气变得更加恶劣,这事做不得,宁可暂不进行。"

宗敬的寿眉纠得一高一低,申新一厂每年净赚100万,早两个月建成工厂也就赚出来了,道德账与经济账根本就是两码事,德生总是拎不清!

德生较起真来比哥哥还固执,常叫宗敬头痛。他办社会公益事业舍得花大钱,对其他钱财折损就肉痛,让他掏冤枉钱更不可能。宗敬不能容忍弟弟的延宕,时间就是白花花的银子,怎么办呢?有了,宗敬瞥一眼筹建申三的年轻总管薛明剑,待会儿,他将单独指示他如价购下土地,把涨高的部分算在他个人账户上,瞒过德生,让他只知道依旧是按老价钱买下的,申三才可能立即动工,舍此别无他法。

就因为宗敬那一瞥,一直没机会说话的薛明剑开口了:"宗公,晚生未曾接触过棉纱业,是一门外汉,但问世愈久益知非学问不足以应世,愿从头学起,以对得起你们的托付。此次来沪,想到申新一二厂实习,以及到日本纱厂参观考察,尚祈予以安排,叨扰之处,望予谅鉴。"

宗敬寻思,老弟千挑万拣,怎么弄了个一窍不通的年轻人主持申三筹建事务呢?他问:"薛先生贵庚,是哪个专业学校毕业?"

"晚生26岁,小学毕业,因家贫,考取复旦中学后无力负担学费而中辍……"

薛明剑,无锡县玉祁乡人,5岁识方块字,7岁入塾,13岁进无锡东林学堂。毕业后回老家任小学教员,过起小学毕业生教小学生的生涯。因爱文学而被报社聘为特约撰稿人,思想活跃,向往民主,热衷社会活动,辛亥革命投奔学生军时由原名萼培改为明剑。而后,历任小学校长、县教育会治事部主任、无锡公共体育场场长、省立育蚕试验所事务部主任。荣德生是在他组织的实业研究会上发现了这位新锐后生，见他见解独到，猎涉广泛，邀其加盟，他便爽快地投奔到荣氏门下。

德生说向宗敬介绍说："明剑原来每月可得 110 元，筹备申三按月只有 30 元，亲友都说不值得，你猜他怎么说——余如求新学问，尚须出学费，今得津贴，已属非分。"

宗敬评估着这个年轻人，至少是一个头脑清醒、充满活力、有远见独识之人。弟弟的眼光不错。他还想了解的是，此人对人生究竟抱着一种怎样的态度？

"薛先生，请问你是如何理解'人生一梦'四字的？"

"人生为逆旅，作短促之过客。人生于天地间，若任其自生自灭，不能有益于人，不能有传于世，以期不负天地之有此人，而人生成梦，实在有负于造化之造人也。"

荣宗敬对薛明剑的回答打一百分，觉得他的生存哲学与自己相契，很有范文正公襟怀。德生一向说"秀才为宰相之根苗"，这是他找到的一个可为宰相的根苗吧？他站起来，拍拍这位后生的肩膀："小伙子，放手干吧！给你一句话，在我荣氏门下做事，是种豆得豆，种瓜得瓜。"

当夜，老兄弟俩在这间小客厅里拉家常直到深夜。西摩路上已很少有车辆驶过，花园里的树丛在夜风中发出飒飒的声响，坚厚的大洋房内静得出奇。从出生在僻处乡间的两间老屋，跟着母亲植桑种田，到如今坐在以庞大实业为根基的欧式大公馆里，两人有不尽的感慨，反而无话可说了。糊墙的绿色锦缎在灯光下发出诡秘的微光，不住变幻着图案，仿佛暗示命运的深奥玄秘。

德生注意到哥哥头上稀疏短发茬已显出苍苍白色，眼睛凹抠成两口深井，明显精力透支，他太疲倦了。他的动作不再像早先那样风风火火，带过敏性，有时会做出温和的慢吞吞的举动，譬如喝茶时将茶杯缓缓地举到唇边，似乎沉思着什么。他以前从来不曾这样喝过茶。他的眼睛老是眯着，是老年常有的表情。

"我们都快是半百之人，老了。"德生瞥视着哥哥暗暗思忖。

"宗敬，你记得先母让我们吃五香蚕豆的旧事吗？"

"自然记得，当时母亲还说：'二人同心，其力断金'。"

"我家几个孩子吃青蚕豆，结果全剩下大的，门风依旧，不愁家业无继。"

"就怕他们做庇托祖荫的纨绔子弟，吃光败光的败家子，让我们见父母时不好交代。"

"申三开办后，我就不能常到上海来了，兄应为总经理，我当经理，驻厂管理。"

"我相信申三很快就会建造起来，乘这次来申，就请人按英美式样设计厂房图样吧，要做就要做成第一流的纺织厂。"

"天道变，世道却未变。申三受阻，遇到的风波不比创办保兴小。"

"中国要毁在倾轧妒忌之中。"宗敬回想往事，神色恻然，"我们只想老老实实办实业，可是，世道逼迫人依靠政治势力，就拿申三征地，如有官僚做靠山，不是一句话的事情？"

"军阀官僚靠不住，迟早触霉头。我抱原定宗旨，以实业取得社会政治一席之地，省内竞选国会议员，我当仁不让，以全省最高票数选上。最近，省里创办教实联合会，推我任实业界会员，我也爽快答应。"

"理应如此。"宗敬习惯搜寻最简单的字眼回答。他怕雪茄熏了德生，取出一支"大英"牌香烟衔着，划亮火柴。

德生惊诧："怎么还用红头自来火？红头磷粉有毒，早年保兴招不到股我曾想用它，以后常有人用于自杀。有鉴于此，我向省政府条陈禁止生产，市面上早已见不着，你这儿怎么还有？"

禁掉红头火柴的首倡者竟是弟弟。宗敬清楚地瞥见自己与同胞的差别。他关心社会事务，热衷地方公益，好交文士名流，流露在他脸上的宽厚善良的神情，是对古人仁义道德无保留的默契。"他是德人风范，我是上海滩的生意人。"

德生问起福七福八的建设进程，宗敬凡遇麻烦事能不说的在电话尽量不说，免得德生紧张操心，总是独自承当。现在当面问及，他就用平常的口吻告诉他也遇上一些阻力，正在化解过程中。

"说说到底有什么麻烦？"

"国人妒忌，外国赤佬也妒忌，事业做大，我们就注定得在妒忌中熬日子。工部局借口地基不牢，不让开工呗。眼下，正在设法转圜，问题不大吧；大不了拿出保兴的老办法，他打横不让造，我打横继续造，没准儿引起风潮，外国人也怕的。"说完，宗敬又补充一句："当然，这是下策，租界最好不得罪，毕竟我们的厂都在他们地界上。"

德生叹息一声："正经人做正经事真难啊，相反，不正经人做不正经事，却要风得风，要雨得雨，一片乌烟瘴气，社会这么下去怎么得了？"

宗敬调侃弟弟："乐观子怎么又不乐观了，你这个雅号是做梦时取的吗？"

说些让人舒心的事吧。

德生说，在无锡视野所及，竟然找不到筹建申三的合适人才，后来发现薛明剑是一个可用之人，他由此得出结论："事业之成，必以人材为始基。"

宗敬对此感受尤深，事业大事拓展，人才储备确为第一要务。他在上海招考练习生，开办职员养成所，就是出于此理。"凡儿子高中毕业，包括女婿，都应出国留学，将他们培养成荣月泉这样的人物，还应挑选管理人员出国考察，放开他们的眼界。就连你我，也该到国外去看看，长点见识。"

德生说："企业缺人才如人之缺脏腑。我们都将老去，是到培养接班人的时候了。我想利用梅园幽静之地，延请名师，开办读书处，以自家子弟为主，兼收他姓子弟，教授学术，伸宏造就，然后再送大学深造，将儿辈造就成堪用之才。"

"可行，此乃家业百年大计。"宗敬说："我跟穆藕初君学了不少科学管理的知识，科学管理需要行政管理人才，技术人才，研究市场及商业计划的人才，今后凡有这样的人物，不惜代价招罗进来，外国人也无妨。我已聘用美、英、法、德各国工程师派往各厂，他们不会白拿钱，做事比中国人还要精细认真。"

德生这次来上海的另一桩重要事，是催促宗敬赶快营造总公司大楼，不要光顾着造厂房。摊子越来越大，不统管协调好分布于三省一市十数家工厂，不利于继续开拓发展。他说已托朋友向盐务署商购新开河地 2 亩 1 分，面积够用，尤其是风水好，中午下火车先去那里看过，用罗盘测过了。

宗敬摇头："茂福申新总公司大楼不宜建在南市，应当让它挺立在租界中心，要么不建，要建便要规模阔大，为国中实业界第一，让中外人士抬起头仰望它。"

"地皮价格要贵五倍十倍。"

"贵也值得，如造在南市，保证你会后悔。"

"据说，江西路有块地 2 亩 8 分，可否？"

"那是一个我想要的地方！"

上海租界是国中之国，外国统治者在这个城邦式国家里拥有至高无上的权利。荣氏在上海的大规模扩展，开始使公共租界工部局头痛。欧战结束以后，外国资本卷土重来，出口商通过上海的几百家大小洋行把棉纱、面粉、奢侈品和工业品重新倾销中国，由于战争爆发而被迫停止在中国兴建工厂的计划又重新付诸实施。可是，野心勃勃的荣家兄弟却在租界连续开办规模巨大的工厂，显然对外国资本极为不利。各国驻沪商行也坐卧不宁，代理进口机器设备做的是一趟头生意，而将西方商品搬进中国产生的是持续不断的利润，因而密谋反对。工部局出手了，绞尽脑汁，在福七福八的厂址选择上找到把柄，先以临河滩地不宜造

公共租界工部局

高楼为理由，继而又借口基础不牢固为托词，不予批准。或许还能找出更多的理由，真实的理由只有一条：把市场空间留给欧美的面粉制造业。

正在建造的八厂厂房上部建筑被工部局取缔凿去，之后所用办法，与当年无锡知县孙襄成如同一撤：拖。荣宗敬据理力争 8 个月无结果。由荣月泉前往美国脑大克厂接洽订购的全副美国粉机正从海道运来，荣宗敬一面借助社会舆论，一面运动工部局华董，分化外籍董事。中国商人成本中谁都逃不脱灰色开支。工部局迫于压力，不得不召开一次特别会议来了结这件麻烦事。

福州路江西路有一幢四面见方的大楼房，这里便是上世纪初叶上海公共租界总行政机关工部局办公大楼。正中院里建有万国商团的临时兵营宿舍，宿舍下面的炮车房停放着十数辆铁甲车。不远处，另筑一座大钢骨玻璃棚，商团的华洋籍士兵正在里面操练。一辆接一辆轿车辗过院中的落叶，从玻璃棚旁的车道驶往办公大楼。车前的挡泥板上方插着代表各位董事所在银行或洋行的三角旗，在秋风中猎猎抖动。

局董们迈进沉重的镶嵌木门，在总董办公室外间的议事厅里坐下，互致问候。总董从他挂着上海土地章程和租界地图的办公室走了出来，走向长长的黑色会议桌的一端。董事们每周一次在这张桌上处理诸项事务，本周破例召开此次特别会议。

怡和洋行的华尔考是本年度工部局总董。他掏出金链怀表，皱皱眉头，敞开的百叶窗外传来街头的喧闹，叫卖声、汽车喇叭声、黄包车铃声、乞丐行乞声，还有万国商团士兵操练时发出的英语口令，混成一片灌满他的耳朵。他端起面前的苏打水，呷一口清清嗓子：

“先生们，现在开会。”他说，“关于福新面粉公司可否在苏州河边建筑高层厂房之事，将在本次专门会议上加以确认。有关文件现在分发给各位先生。”

总董把手中的一摞文件在黑色会议桌上顿一顿，然后由秘书一一分发出去。除他而外，在长桌两旁端坐 8 名董事，多半是英国人，还有美国人、日本人，董事之外另有 5 位华人顾问委员会委员，没有表决权但可以代表拥有中国一半财富以上的上海滩的富豪陈述意见。

随着翻动文件的沙沙声和挪动屁股的窸窣声，开始讨论议题。日商三井洋行的井田先生代表日本在沪利益，了解日侨中已经弥漫对“荣宗敬速度”的恐惧，他用冷静的口吻抢先发言，企图主导舆论：“诸位董事，诚如材料上所表明的，苏州河的地理土层结构根本承受不起八层大厦，发生意外事件是势所必然。巨大的人员伤亡，水旱通道被堵塞，其悲惨景象完全可以想象，我作为工部局公用委员会主席，以最坚决的态度反对福新公司不惜草菅人命追求利润的不道德行为。”

总董华尔考身为怡和洋行的当家人，将荣家兄弟视为眼中钉，这家以贩卖鸦片起家的老牌洋行在禁烟之后要靠其他生意发财，面粉棉布是他们的大宗买卖。同时，这次福七福八的机器均购自美国，将怡和无情地抛弃，令他大为不悦。井田放响第一炮后，他适意地往椅背上靠去，等待有人继续放炮。

美国旗昌洋行大班劳瑞欧抖动着手中的文件，打破了会议桌上的缄默。“这几页材料不够完备，过于想摆出一副公允的面孔，譬如对苏州河土层结构的分析虽然必要，但把底脚打得更深一些，再灌进满堂三合土不就行了吗？这只是叫中国资本家多花一点钱罢了。好斗的荣家兄弟是愿意出这笔钱的。”

劳瑞欧认为文件根本没有涉及要害问题，华尔考这头蠢猪怎么搞的？

“各位先生，”他用动听的男中音继续说，为了使发言变得自信、有力、合乎逻辑，使用了一连串反问句，“为什么偏要在苏州河边建造工厂呢？又为什么偏要在租界建造工厂呢？中国难道拥挤得容纳不下几幢厂房吗？中国商人一边奢谈民族主义，一边利用租界的治外法权干着各种非法勾当，谋取逃税利润，世界上真再也找不到上海租界这样逍遥自在的地方了。租界已经容纳了数不清的流氓、地痞、小偷、娼妓，而且成为中国商人、豪绅、官僚、政治家的逋逃薮，造成社会的严重污染。但是，这一切不是我今天要展开讨论的问题。我要涉及的是租界自然环境的污染，我提醒各位，苏州河已经开始发黑，散发臭气，如果继续容忍在河边设立工厂，那么，侨民们就无法在有损健康的环境中生存下去，最终，我们将失去租界，难道各位愿意看到这种后果吗？卫生委员会主席是否可以就工业污染问题作些具体说明呢？”

卫生委员会主席在压实烟斗中的烟草，将雕花大烟斗衔到嘴里吸着，捉摸着用简洁和俏皮的语言回答劳瑞欧提出的问题：“唯一的出路是苏州河变成第二条洋泾浜，关键在于苏州河不是洋泾浜那样的臭水沟可以填掉，要让纳税人负担这笔治理污染的费用，都该中风。”

总董华尔考用大拇指和食指伸手摸一摸卡在坚硬白领片上的红色领带，不失时宜地补充：“我真不忍心目睹一条美丽的河流从大地上消失，它是上帝在东方创造的泰晤士河，我想诸位绅士的心情和我是一样的。”说完，得意地环视着会议桌四周。

又有人接着发言，议事会出现一边倒的倾向，几位华人顾问在交换眼神。会议室中响起翻动文件的声音、咳嗽声和捏响指骨的声音。

身着中装，上髭修剪得十分整齐的工部局华董聂云台，一直冷静地倾听着几位英美董事的发言，觉得他们不是在陈述理由，而是在卖弄似是而非的台词。这位坚定的民族主义者显然很愤懑，出于礼节极力抑制情绪。他是上海工商界首领，总商会会长兼全国纱厂联合会副会长，他的发言至关重要，几位华董将目光投向他。

会场平静下来后，聂云台用熟练的英语发言了：

“尊敬的总董先生，”他语调轻松，显得心情愉快，“中国有句成语：‘杞人忧天’。我想不必把事情扯得过远，八个月来，工部局取缔建筑的理由除了河滩底脚不固，就是墙基不牢，身为中国人对上海的地理状况了解得比较清楚。被外国人称为苏州河的吴淞江是几千年前横贯于平畴沃野之上的古太湖的泄洪道，逐渐湮塞之后，才由黄浦江取代吴淞江形成近海新兴港岸，黄浦江沿岸盆地的成陆可考为唐宋之交，其土层结构比苏州河更不坚固。既然外滩能造起那么多高楼大厦，苏州河边怎么反而就不能造呢？请各位绅士予以解释，敝人洗耳恭听。”

聂云台的雄辩之词连根铲除对方的谬论，把董事们镇住。一阵良久的沉默，街上的嘈杂声和商团的口令声乘机钻进百叶窗。总董华尔考在座位上不安地挪动身子，另有几位绅士屏住面孔，不让慌恐的情绪流露出来。

沉默不表示改变主意，只是表明刚才的发言捅伤他们的尊严。

另一位华人顾问尖刻的词锋，也在反对者的心上捅出血来，他微笑着说：“福七、福八的建筑物请外国工程师设计，董事先生们不会怀疑自己同胞的水准吧？

再有，承建厂房的营造商曾经建造过外滩一带的高楼大厦，其中包括英商德罗建筑公司。他们富有经验，地基用柚木打桩，深达一丈多，如果塌下来，外滩早就成了废墟，事实我想毋庸赘言，你们每天舒服地坐在你们的洋行、银行、保险公司内，到俱乐部度过每一个潇洒的夜晚。”

这些话完全可由聂云台一人来说，为了造成声势就分开说了。唇枪舌剑，词锋锐利，具有一种难以消失的震慑力。有的外国佬开始护着耳朵将双肘撑在黑色的会议桌上，还有的接连划火柴点燃雪茄，把会议室弄得烟雾腾腾。

“敝人作为工部局董事会财务委员会主席愿意从税收的角度表明观点。”汇丰银行大班赫德门平静地说。会议桌四周的人都想听一听这位上海外侨社会重要人物的意见，不管是靠在椅背上还是侧着身子的人，全都正襟危坐，侧耳倾听。赫德门等待把全体的注意力吸引过来后，清清嗓子说：“荣宗敬先生是有责任感的开明商人，作为华人纳税者重要一员，他的庞大的实业系统将给租界当局提供更多的税款。租界内犯罪案件有增无减，警务经费增拨到全部收入的三分之一，其他各项开支也日趋增长，如果不增加税收来源，谁能提出更适当的方式来增加收入呢?”他顿了一下。赫德门希望荣家多多办厂，资金匮乏时少不了会向金融界老大汇丰银行求援，以企业群体作抵押将是无风险的生意，他甚至希望出现无法偿还的结果，因为这种结果对他更为有利，若干家工厂归汇丰拥有，这是多么好的资产啊！

于是，他感到需要加重发言的分量：“各位先生，请统计一下，申请在苏州河两岸设立工厂的外商企业有多少家，如果禁止福新在那里办厂的话，外人纳税会就不会推选我们这些家伙当董事了。”

总董华尔考头脑发沉。作为会议主持者，他至此算是保持着公正的态度，但心烦意乱得快要坐不住，干脆将议案付诸表决，免得有更加难堪的场面出现。

“各位先生是否认为现在就该投票表决呢?”总董问。

上海银行总经理陈光甫与荣宗敬交谊甚深，而且敬重荣宗敬的事业精神，将其誉为中国实业界的脊梁，而荣宗敬对他抱有同等的敬重。陈光甫憎恨外国银行喧宾夺主，控制上海的经济命脉。早先势单力薄时，他的银行几次想在汇丰开个户头都办不到，曾像荣宗敬那样受辱从后门进去。陈光甫将“服务社会，辅助工商实业，抵制国际经济侵略”定为行训，宣称自己的事业目标是与实业界携手并进，谋取中国经济的发展。他不可能失去为哥们帮忙的机会，便毫无顾忌地打乱总董的预想。

“各位先生，”这个煤栈小学徒出身的美国宾夕法尼亚大学毕业生显得情绪激动,“天地间有事物重于一切者,好感是也。本人希望外洋各国放弃引起中国人反感的做法,而得到互相之间的好感。中国的政治形势近十年间发生了很大变化,清王朝倒台,五四运动掀起,平等、自由、正义,成为中国公众的价值观,租界当局如果排斥华商,除了制造华洋恶意对立,还会有别的结果吗?……”陈光甫锋芒毕露,声音开始高亢起来,“这样做难道是明智的吗?难道是租界生存下去所必须的吗?从长远看,外洋诸国失去的将比眼下得到的多得多!”

又有一位外籍董事一边打量手中雪茄,一边漫不经心地说话了。他的洋行专营英国汽车,他的中国客户群体除了军阀更多的是荣宗敬一类的资产阶级:

“总董先生,上次的议事会,各位曾读到警务处长的报告及其附录部分,租界犯罪率的上升,文件分析原因之一是失业者的增加和大量难民流入这个城市,多开几家工厂能安排就业,对公共租界的治安不无裨益,这是很自然的。”

会议室安静得听得见一只苍蝇飞的声音。

懊恼的总董再也不想听见任何人发言,他不知该说些什么话来收场。他眼前只有一片高级雪茄的云雾在流动,完全没想到今天闹出这么大的乌龙。

“还有谁希望发言?”他转动舌头冷冰冰地问,“没有?投票表决!”

没有表决权的几位华人顾问面面相觑地等待不可预料的结果,显得神情紧张。

5:4。

工部局特别会议议决允许福七福八继续建筑。

当荣宗敬得悉这一消息,兴奋得喝醉了。至年底,他将拥有12家面粉厂,他的理想实现了,尤其理想是在战胜工部局后实现,这是他将自己灌醉的理由。

荣德生在《乐农自订行年纪事》(1920年,民国九年)中记述:福七建成出粉,规模甚大,为各厂之冠。八厂亦完成,厂屋无七厂高大,机则优胜,出数最多。沿河栈房,外观整齐。

荣氏面粉大王的宝座从此无可撼动。

二十七、眺望黄浦江

1921年(民国十年)的新年来临。

盘算着要在某个方面发动一场改革或是制定新的开拓计划的人,常常会因为新年到来而雄心勃勃,下决心将计划付诸行动。

过年的几天中,西摩路荣公馆宾客云集,前来向主人拜年祝贺的亲友僚属川流不息,荣宗敬差不多整日泡在客厅里酬酢应付,有时还不得不把来宾撇下,驱车拜会上海滩政界、军界、工商界的闻人巨头。碌碌无为的几天使荣宗敬感到厌倦,与随同新年到来的野心和急急想要行动的心情很不对劲,年后一开工,他要紧出门呼吸一下新鲜空气,看看他的工厂了。

一早,他走出带半圆形阳台的便门,在广玉兰树下登上自备车。

"先生,上哪搭?"司机问。

"申新一厂。"这是申新系统的发祥之地,他的又一只老母鸡,新年新岁,该先去那儿向老母鸡拜年。

汽车出门,就从西摩路拐入南京路,朝西飞驰,再穿越整条愚园路,在愚园路尽头放缓速度。荣宗敬早晨出门,常赶在上班前到兆丰公园(今中山公园)转一转,他不喜欢在自家园子里散步,他喜欢大,大空间、大城市、大事业。

司机吃不准主人今日是否有变化。

"先生,进不进公园?"

"当然要去。"

荣宗敬所有的习惯都是难以改变的。他们的灵活只表现在好斗以及不断想象出令人惊讶的奋斗目标。

从兆丰公园出来,再往西不远一段路,是申新一厂。当年一片荒土的周家桥,现在工人日夜往来,形成热闹的市镇。申一创办后,就有人相继在工厂附近开发房地产，建造商业设施，工部局也将原来的土路修筑成柏油马路。沿路有厂里为工人建造的一百多幢工人住房，商市兴盛。“工厂之能促进市政，于此可见。”荣宗敬倚在车座的一角，从反射着炫目阳光的黑色前车盖上看出去，得意地自忖。他在后座上坐端正姿态，看到马路旁边外观壮丽的红色厂房，那是大规模的最新式的织布厂。织布机透过密封的车窗变成嗡嗡的低沉的音响，那里 1 100 架布机日夜开工，所出布匹，除销售各埠外，其余全部用来自制粉袋，供茂新、福新系统的十二家面粉厂应用。大面积的缝袋车间坐落在新布厂旁边，面粉袋制成后在那儿印刷上各种商标。每当路过这一截围墙，荣宗敬就想起妻子，三洋泾桥穿透楼板的机关枪似的缝纫机声犹在耳边。这是他情不自禁要在后座上坐端正的原因。申一又一次扩大了，去年他为申一增添美锭 2.5 万枚，布机 400 台，新老并入一处。他将面粉厂做抵押，办起申一，又将申一做抵押，借钱办申二。光申一近几年每年向他提供 100 多万纯利润，赚的钱不是用来还债，就是投入企业再生产。他将金融杠杆用至极致，变为阿基米德杠杆，撬动一个庞大的实业王国，在大上海的风景线上冉冉升起。

汽车在白利南路上拐入两幢老式楼房夹起的通道。这是原来油厂的旧房子，现在是申一的公事房，经理室、账房间、考工处都设在里面。他照例没在公事房前停下，自备车继续朝前开，驶向写有“业精于勤”几字的牌坊式的厂门，四位身穿黑大衣的巡警向总经理的自备车举手致敬。

荣宗敬进厂巡视了落成不久的新纱厂，这幢坚固新颖的钢骨水泥楼房造了整整一年，楼下是 2 万 5 千锭最新式的美机，楼上是配套的浆纱间。一眼望不到头的锭子使他满足。外国资本正在卷土重来，尤其日本财团在快速抢占地盘，他必须迅速壮大膨胀，使自己有足够的力量与之对阵。那将是一场恶斗。他在车弄里漫步沉思，他习惯在车弄里思考工厂管理的问题，为他的科学管理思想寻找瑕疵，踩准落脚点。“对制造来说，出品之多寡优劣，系乎机器之良窳，尤视管理方法如何。”“科学管理于保全部最为重要，冀出品精良，达到全部统一，使用户信仰产品，不令外人得计。”他在日常的厂务会议，技术革新、改进管理的专门会议上一再不厌其烦强调的观点，均来自漫步车弄获得的灵感。很明显，设备先进，管理严格，是低成本、高质量的前提，是赚钱的根本，每一个疏忽都是对利润的疏忽。他发现有的锭子停着不转，损坏了。他伫立着痛惜了好一阵，就像痛惜他身体上某件坏了的器官。这是刚进口的新机啊，他感到有必要与经理谈谈管理方面最应注意的环节。

自备车在东面一幢公事房楼下停下，经理室就在底楼的敞廊内。

严裕昆肥头肥脑，眼睛成八字长着，本来高低不平的额头隆起几道褶皱，脸部的每样器官的线条显现出蛮横不可一世的气质。他一向用严厉手段管理和惩治职工。这一阵，挂着眼囊的眼睛流露出忧郁的成分，他在申一捞足油水，事闻于荣家兄弟，倒是没拿他怎么样，反而从副经理升为经理。一方面感恩戴德，一方面惶惶不可终日，他这块旧抹布除了拼死效命还能干什么？刚才，见荣宗敬的自备车驰进厂门，他就局促不安地鹄候总经理来找他。

“宗先生，新年好啊，请坐，请坐。”严裕昆谦恭问候，亲自将糖果茶水奉上。

“不坐了，你别忙。”荣宗敬客气地说。他对于手下人营私舞弊、中饱私囊一类事，比德生想得更开，认为是人之本性，只能糊涂不可计较，由此才能成全大事业。当然，底线不可突破，底线在哪儿，只有他自己知道。相对于德生的抹布理论，他创建猫理论。“好猫也会偷食吃，但善于捕鼠，如果因其偷食把它赶跑，换上新猫就不偷食了吗？说不定既偷食又不能捕鼠哩，既有喂饱了的猫也就不必另换新猫了。”他是这么对心气不平的人说的。他用人之长、容人之过的气度一时传为美谈。他一贯坚持这一原则，凡是跟他干的伙计一个个发大财，成为上海滩的阔佬，而德生的手下人相对清廉无财。德生是以自己的方式吸引一批为事业效命的仁人志士，应该说，那是儒家的仁糅合西方的理性规则形成的品性德行。

荣宗敬将手从丝绵长袍的袖筒中伸出来，置在火炉上烘烤，“裕昆兄，你认为管理方法中首要者是什么？”他转过头莫测高深地问。

“机器开足，出勤出足。”

“皮毛之谈。”宗敬平和地下结论，“到纺纱间兜一圈你就懂得道理了，那里的新机器有的已停转，有些竟然生出锈迹，你就不心疼？难道你认为锭子停了银行也会跟着停我的利息？”

严裕昆短而浓的眉毛下，八字眼弯得更厉害，摆出听任训斥的可怜样。荣宗敬没有为难他的意思，慢条斯理说：“我早就说过，添一只锭子就是多一支枪，我们是在打仗，必须像爱护枪支那样爱护锭子，在机械维修保养方面你得用足心思。新机器有钱就能从国外买回来，‘申新’二字想在纺织业中占有地位，全凭管理做出来。”

严裕昆叹苦经：“新招收的武场机工大多未经专门训练，技术能力有限，短时恐怕难以消除弊端。”

“为什么不去训练他们呢？机工养成所是干吗的？搞管理光靠面孔凶说话狠是不行的，要靠脑子靠方法。”荣宗敬说着，不由触动内心一块心病，这块心病像是盘踞在他腹中的恶性肿瘤。

国内厂家依旧沿袭清末官办企业的封建工头制，种种懈怠腐败情形，已令他无法容忍。今天，在纺纱间看到的情况又是一例。如果不改革，无论成本、产量、质量诸方面都赶不上日本纱厂，怎么与外人竞争呢？取消工头制，实行科学管理，是他考虑已久却始终下不了决心的难题，动的是制度根本，牵涉的是各方利益，闹不好整个局面乱套，这辈子他似乎只在这个问题上犹豫过，感到棘手。

“工头们今天上班没有？”

“来过，交待一下机师，兜一圈就走。别说过年，平时也是半天在工厂半天泡茶馆，喝着茶遥控指挥。”

“请的洋工程师呢？”

“他们上班倒是一分钟也不差，一是人手少，这么大厂管不过来；二是工头结帮势力大，他们也是不敢多得罪。”

看来，工头制非改革不可，华商纱厂中谁先改谁先得益，他拿定了改的决心，具体怎么改，得与德生磋商办法。

“裕昆，你怎么还未买汽车？”临走前，荣宗敬埋怨道。

“省俭点吧，无锡二老板还未买自备车呢！”

“别跟他学，这是在上海，你得坐着汽车出去；还有，凡是厂内职员都要穿西装戴领带。这是为我挣面子，市面上人见了，就会说申新公司兴旺发达，气象不一般，快买车吧，缺钱吗？”

“不，不，”严裕昆一个劲说，慌得手足无措。

荣宗敬心想你敢说缺钱，你有多少钱我是有数的。

在去福新七厂的路上，荣宗敬一直倚在车座上思考改革工头制这个大题目。林肯车穿越沪西，驶向苏州河的中心地带，在新闸路桥下折进南苏州路，到达依河而立的福新七厂。福七是用全副美国机器武装起来的日产1万4千包面粉的大型工厂。临街的公事房夹在五个粉麦仓库中间，掖直挑开，其中2号栈有悬空天桥斜达河岸，面粉袋首尾相衔，从仓库内由输送机卸入沿岸停泊的大沙船中。装卸的机械化使河道内秩序顿然好转，不再有那么多船只横七竖八地挤在水面上等待货物，堵塞河道。

汽车从悬空天桥下驰过，到公事房门口停下。

“禹卿，”荣宗敬见面冲王禹卿说，“新年伊始，上楼顶去瞭望大上海，不失为一件雅事。”

王禹卿晃晃脑袋说：“不去，不去，你凭高远眺一下，我可又是一年忙得没日子过！”

荣宗敬不由扑哧一笑：“我全是为你好，夜总会少泡泡，自己省钱又省精力，你太太是会举双手赞成的！”

有些话不好当面挑开，王太太几次找荣宗敬哭诉，要他劝劝自家老公少上夜总会。这事儿不比抽鸦片，男人碰男人怎么说？要是王禹卿复抽，他就能一枪把他给崩了。不过，他还是答应帮忙。他玩阴的，给王禹卿压任务，忙得他双腿发软；时不时约他晚上谈事，屁大的事要“研究”三四个小时。王氏听说后喷饭，老公这么损完全出乎她的意外。宗敬正色道：“大丈夫一诺千金，答应下来的事岂能不办？”

厂房在公事房后面，楼有8层，爬上去挺吃力。上到6层楼，两人走走停停，一路气喘吁吁聊点儿什么。

“禹卿，各位昔年老友均任经理，专造福七待你，我也算尽了一份情谊。”

“唉，宗先生，我活动惯了，不是一个坐得定的人，还是让家兄尧臣为驻厂经理，我挂个虚名吧。”

王禹卿想撂挑子，图快活，休想！荣宗敬还是平静地问：“你近来忙什么呢？”

“人生一场，总想多做点事业，办厂。”

荣宗敬心中一个格登，不走了，被王禹卿兴致勃勃的腔调弄得疑云满腹，莫非这位出窝兄弟又想另树基业，饭店门前开粥店？他发直的目光盯视王禹卿在楼道上一颠一颠耸动的背影，问：“打算做什么生意？”

“生民所资，唯衣与食，我的范围大致与宗先生相同。”王禹卿白皙的长方脸上露出矜笑。这几年他过得潇洒倜傥，风流快活，显得很后生，三七开分头梳得像小白脸那样油滑溜光，苍蝇站上去肯定滑跟斗。他在高处停下，用发喘的声音添说道：“衣食之外，还须添住，我打算创办砖瓦厂，用工部局发电厂的煤渣制砖，又偷来日本人的制砖技术，上海滩无日不造屋，肯定赚钞票。”

荣宗敬指东话西：“禹卿，你有志于衣，是嫌在申一的股份太少了？”

王禹卿说：“不、不，我打算在上海办寅丰毛纺厂，在无锡办赓裕布厂。毛纺与棉纺不搭界，布厂织布用你的人钟纱，这叫饭店门口摆酒摊，冷盘热炒用你的，是帮你做生意。”

荣宗敬继续朝上爬台阶。王禹卿在等他的当儿说：“曾有人劝我开大饭店，我转念想饭店免不了宰鸡宰鸭，杀生的事做不得啊！”

雄伟的生命蓬勃的大上海展现在脚下。

长江夹带泥沙形成一块冲积平原，上海就处于长江南岸河口三角洲的冲尖上。它必然要成为江海之通津，东南之都会，让所有的人，让全世界垂涎。造化之功在四五千年前造就这块新大陆，仿佛就是为了让近代中国人思考民族和个人的命运。它确实教育中国人懂得了许多本来难以明白的大大小小的问题。随着炮舰和传教士的拜访，外国的政治、军事、经济、文化势力从冲尖上向整个中国大陆辐射。三角洲犹如被人揿住的羊头，吞食和消化不爱吃的草料。屈辱者的苟且，不甘屈辱者的反抗，革命、屠杀、奋斗、沉沦、贪婪、邪恶，这里什么都能容纳。它是肿块。它是毒蕈。它是诱惑。它是欲壑。它是痛心疾首的记忆和酸甜苦辣的回味。它是充满活力的土壤和造就神话的空间，也是滋生思想以及各种政治力量的天堂。在它的街巷和屋顶下，沉淀着无数的故事和惊心动魄的场面。你甚至不能疏忽与你擦肩而过的一栋小楼，它的寄寓者很可能是进入教科书或者必将进入教科书的名人，改变过或者正在改变历史的壮士，照亮民族的记忆。后人难以相信，唤醒中国进入现代社会的《新青年》就在法租界嵩山路吉谊里一栋不起眼的房子里诞生。中国人永远不应该忘记长江南岸的三角洲，近代中国多数重大历史事件与它有关，它具有推动历史的魔力。这种魔力源自一个很平常的词：包容。这片被出卖的国土上有着诉说不尽的话题，其中有个题目是：中国人在这个外国人搭建的舞台和设置的布景上，瞥见欧洲文明，瞥见西半球人类的自信和匆匆前行的身影，凡是有志之士醒悟过来，怀着各自的目的和理想去奋斗，演出人生的活剧。

租界的存在原本是对五千年文明的羞辱，奇怪的是，中国却是选择此地为起点，不屈不挠迈开走向未来的脚步。俯瞰这个人类聚集之地，你才能读懂人类的走向，历史的必然。

楼顶上有一只容量一万加仑的蓄水柜，荣宗敬和王禹卿伫立在支起蓄水柜的水泥架下眺望上海城。他们的位置恰好处于大上海的中心。通衢小巷将上海分割成支离破碎的无数的小方块，每块碎片都是神秘。上海就这样处在永恒的产生和消灭中。除了附近偶尔传来几声新年爆竹外，塞满街道的车辆和熙熙攘攘的人群变成无声，活生生的人间忽然陌生，令荣宗敬超尘出俗。

苏州河从他家乡的方向流来，那么宁静，泛着一道银亮的波光，曲曲折折从他脚下蛇行而过，在外白渡桥汇入黄浦江。黄浦江以磅礴龙腾之势，以舒展的大回旋向长江奔腾而去。苏州河和黄浦江的曲线将上海分成均等的三部分，像一只三翼风转子，将这片土地旋转得叫人头晕目眩。

荣宗敬将目光停留在苏州河沿线。他在苏州河进入城市的地方寻找到坐落在南岸的厂房绵亘的申新一厂，目光东移，继而发现申二。他又轻易地在苏州河的一个折角上瞥见福八带塔楼的高楼大厦，福八被毗邻的福二、福四拱卫着，三厂并峙，规模宏大，建筑壮丽，沿苏州河开列四五百米，沿河厂家无出其左，把附近日本的内外棉第五厂和称雄一时的旗昌源油厂比得一败涂地。福一、福三与福七，隔河正对，福一是福新系统的老祖母，短短七年间已是子孙满堂。建福七福八时，股东没掏什么现钱，200 多万元开支费用都从老厂拨付。终于在租界内矗立起来的大楼是荣宗敬的骄傲，什么叫"有一个铜板本钱做十个铜板生意"，瞧瞧这两幢鹤立鸡群的大楼吧，它会告诉你。什么是荣宗敬的速度，站到这栋楼顶眺望苏州河，它会告诉你！

在一次大战四年间（1914.7～1918.11），茂新福新的粉机台数翻了 2.65 倍，面粉产量翻了 3.02 倍，利润增长 3.6 倍；棉纱从无到有，两年间（1916～1918 年）申新一厂的产品总值增长 6 倍，无论外国人还是中国同行——都做不到！

荣宗敬翘起大拇指，一边将大拇指朝肩后方向挥动着，一边向王禹卿通报一连串的数据。王禹卿被他的这一动作吸引，大老板以前从来没翘过大拇指呀，新年到来，豪情四射，他简直像一位江湖大侠！看样子，在新的一年中，他会把每个人折腾的够呛！

福一福三不远处是福六的西式楼房，精美得如同租界的外国公寓，厂房的外廓隐约显示出凸突的花纹。荣宗敬的目光把苏州河浏览完了，在烟云弥漫的天之尽头，他甚至看到了他的面粉厂和纺织厂矗立在无锡、汉口、济南在水道旁。他不相信这么多工厂竟然会是他的，仿佛变戏法那样变了出来。真是不可思议。

荣宗敬的目光继续东移，定定地注视着黄浦江。苏州河是他的天下了，夙愿已偿，他今天登上楼顶就是要领略一下黄浦江。面对与新年一同到来的狂想曲，他在登高一望中汲取着力量。因为他已决定将他的战场转移到黄浦江两岸，只有占领黄浦江才算得上真正占领大上海。

高天的风使劲撩动他俩的长袍，憋住腿部的肌肉，才能坚持伫立在楼顶上。荣宗敬将右手撑在蓄水柜的柱脚上打破了沉默的局面。

"禹卿，苏州河边到处是我们的工厂了，我们的战场从今年开始转向黄浦江。我许过愿，50 岁时要有 50 万锭，60 岁时要有 60 万锭，70 岁时要有 70 万锭，80 岁时要有 80 万锭，要到黄浦江边去还愿。"

王禹卿十分习惯老板不断制定大规模发展计划的癖好，每逢此时不鼓动也是顺着："是该到黄浦江边开辟天地，战后，外国人也开始在那儿办厂了。"

"是啊，禹卿，我们是处在国际性的竞争中啊，我一直想中国人被西方甩开太远了，凭什么战胜外国人？唯有靠精神！内忧外扰，民处倒悬，国家贫穷，逼得我们要自救。一个民族与一个人是一样的，可以困窘，没有出路，但不能没有理想，我们实业中人理应有担当，如果你是一个真男人，就应当有大担当！到黄浦江两岸头碰头、脚对脚，出演一场楚汉相争，这可是历史赋予我们的不可多得的机会啊！"

荣宗敬的眼里迸射着惯有的自信的目光，对脚下的大上海充满挑衅的神容。

他告诉王禹卿，他们兄弟已在宝山蕴藻浜买下 68 亩地，预备建造更大规模的面粉厂；已与南通张謇等人签下合同，成立了左海公司，拟购买黄浦江衣周塘 1 200 余亩地，将那片滩涂开发成工业区。他说，十年后，衣周塘或许就是中国的曼彻斯特、洛林和底特律。

王禹卿为大老板的谋略惊愕，他在新年期间勾画了一个十年二十年的企业发展计划，那么，大老板今天将他拖到楼顶上，是急于找个人一吐而快呢，还是要拽住他一道干？他有点吃不准。他开始后悔刚才心直口快，说那些毛纺厂、砖瓦厂干吗呢？

正当兴时，王禹卿听见荣宗敬说话了："禹卿，我想通了，别说'饭店面前摆酒摊'，我宁愿你开出一家比我更大的饭店来，这样对国家经济有利。你想干啥就干啥吧，有困难我帮你，我们依旧是好兄弟。"

王禹卿懵了，这是荣宗敬在说话吗？他发觉大老板每天在变化，变成这样子还是大大出乎他意料。王禹卿被感动得两眼发酸，接着发红，泪珠儿滴落下来。荣宗敬也是热泪盈眶，不明白自己为什么跟着流泪，为谁而流泪？大过年的时候，两个大男人在楼顶哭成泪人，令上海的天空有了悲壮的情绪。后来，王禹卿创办了他的毛纺厂、布厂、砖瓦厂，但他始终是荣氏团队中的核心人物，没有离开过荣氏企业。碰上荣家兄弟这样的老板，是他一生的幸运，他掂量得出他们的分量。

高空，助长荣宗敬的满腔意气，他继续以高屋建瓴的姿态向王禹卿阐述他的思想："欧战爆发后，民族工业呈加速发展之势，纺织业当成为我国重要的主柱产业，它的黄金时代举目可见。四万万民众穿衣靠谁？是国人还是洋人？难道我们可以容忍像租界那样把市场割让给外人吗？就上海而言，华商纺织厂目下寥寥五六家而已，日本人洞明趋势，已占先机，日商内外棉株式会社所建纺织厂仅沪西有六家，加上青岛大连加上正在建造中的，少说有十家之多。照此趋势发展下去，是日人试图将我国纺织工业剿杀于萌芽之中，就不单纯是经济问题了，我等实业中人岂能坐以待毙，而不呼啸而起!”

王禹卿是称职的经理人，但不是有远大抱负的事业家，他惊诧大老板怎么变成政治家了。政治有政客关心，生意人凭良心赚钱，管得了那么多吗？当然，王禹卿不会泼冷水，顺着荣宗敬的思路说:“宗先生致力于纺织，不愧是远见卓识之举。”

“英雄所见略同，申新办至四厂，刚起了个头，老汁还是不能倒出来，要用它煮出一锅一锅的酱肉来。茂新、福新、申新即将建造统一管理的总公司大楼，称三新总公司，你意若何？既称三新，在我的理解中，亦为思维新、精神新、办法新，方不妄称为三新。”

荣宗敬说出一连串深思熟虑的计划，声音沉稳，态度坚定。

“如此计划，继面粉大王之后，棉纱大王的称号也非宗公莫属。天下办实业者，如南通张謇，厦门陈嘉庚将无法与先生比肩。”

“古人有道：‘不自足之心，大有为之志。’自然不错，我一生做事业的宗旨，是要干便干出头，干痛快，处处争第一，这就是我的脾性。有时候我也讨厌自己，但我就是这么一个混蛋，这种臭脾气或许成全我，也或许毁了我，随它去吧。人生想多了，也就什么事也干不成了。”

荣宗敬极少向人倾吐肺腑，即使最亲密的朋友也是如此，这使王禹卿预感到这是个不一般的时刻。大老板的确是决心再干一番大事业了。

王禹卿在一阵袭来的寒风中瑟缩，他被荣宗敬的话感染，也想谈谈内心的感慨：“中国一般人生来都是穷苦，谋生艰难，生在山东跑到东三省去做工，福建人向南洋各地去，广东人到欧美当猪仔。像我们这种贫苦子弟，如果不是树一目标，创一事业，也就昏昏懵懵将求得温饱引为快乐之事。”

“无论任何乐事，不及从事实业愉快，”荣宗敬立刻引申下去，“此种愉快从艰危困苦中得来，尤为永久，尤有纪念价值。人发现内心的痛苦，才发现自己真正活着，我感激遭遇到的那些风险!”

今日，荣宗敬倾吐的尽是内心的秘密。他被自己这番话的力量陶醉，头脑里不能存有其余的思想。他下垂的目光无意中触及到沿河一幢灰不溜秋的老房子，那是锡金公所。锡金公所前面的那个小码头令他怦然心动。光绪二十八年秋天，他送弟弟乘信船回家的地方，就在那个小码头上，德生向他倡议办厂，那时，他犹豫不定，甚至埋怨弟弟不专一业……他在脚下这片冷酷的人海里沉浮，上海滩三次将他驱逐出去而不能，从一个小乡巴佬成为上海滩屈指可数、受人尊敬的巨富，犹嫌未足，这是为什么？

一瞬间,他为自己的狂妄寒栗了一下。

王禹卿袖着手,冻得快受不住了。

“宗先生下楼吧,弄不好冻出病来。”

荣宗敬两颊发烧,一点也不觉得冷。他向脚下的大上海投去最后一瞥。无论是生理还是心理上,他实实在在地感到自己像这幢大楼一样,再也不会在茫茫人海中沉沦下去。

二十八、好好先生

荣巷西街荣宅经过了一次较大规模的扩建。前朝花厅旁边加造5间大厅，厅内一侧筑有供祖宗牌位的灵堂。西边辟有占地一亩半的花园，园内池沼假山环绕，花木点缀其间，有两宜轩与戏台相间而立。老楼后面又添新楼，外表看去，新楼石灰纸筋涂壁，中式层顶，其实是一座实用而又雅致的回字形洋楼，东半边属宗敬一家使用，西半边德生让长大成人的儿女住，自己仍蜗居在老楼底部靠西的那间屋子里。

荣德生每天准时6点起床，到两宜轩中读书练字或是处理一些公益事务，然后8点进城上班。他越来越热心社会公益，上海、汉口各厂均归宗敬专管，他管着无锡、济南的申三、茂一至茂四，还有租办的常州申六共六家工厂，摊子比宗敬小得多，也不用像从前那样在沪锡之间折返来往，有更多的时间投身社会公益事业。他已办了四所公益小学，四所竞化女校，一所四年制公益工商中学，大公图书馆收藏日益增多。公益工商中学里有两个聪明绝顶的学生，一是薛萼果（孙治方），一是钱伟长，每逢到工商中学整洁的学生宿舍看望学生时，他总要拍拍两个小家伙的脑袋瓜，夸上几句。

今日一早，德生伏在两宜轩临窗书桌上，窗外的玉兰树擎着满冠花苞，七八株桂花树在寒风中簌簌作响。轩中因收藏18尊六朝石佛而显得拥挤不堪。他翻开《无锡县志》，查看地图。光线不足，他拉开窗帘，让光线从木格窗照进来，有人集议修一条通往城西北的通惠路，让他捐资。他乐意此事。自他出资开辟锡城首条公路开源路以来，城乡各支路由他先后筑成80余里，但他要考察一下这条路该不该筑，如何走向。钱不能瞎花，得用在刀刃上。

完后，他顺着链子掏出打簧金表，放到掌上一看，8点，到上班的钟头了。

荣德生走出两宜轩，绕到回字形洋楼后面，那里的围墙上开有一扇小门，他私人不备车，申新三厂的一辆黑色奥斯汀歇在小门外，瘸脚司机为他打开车门。这个人脚不好，德生见他别的事干不了，就让他开车。人尽其用，要不然他靠什么养家活口？

奥斯汀载着德生穿过西街头，驶上开源路，一刻钟，就能抵达申三。

从无锡西门外逶迤而过的梁溪河，是春秋时代越国大夫范蠡携西施驾一叶扁舟遁入太湖的路经之地，传说令梁溪河沉湎在亘古的美丽中。如今，宁静水面上倒映一排排宏阔的厂房，倒影清晰得瞧得见大面积玻璃的钢骨。渔船和大驳船驶过，倒影便迷乱起来，水面上晃动起白色的水泥墙柱。

水道交叉萦回，几座小桥把分布在那些水道两岸的纺纱部、织布部、电机部、轧花部以及大型仓库穿缀起来。码头上泊满来自各地收花部的运棉船。

这是一家拥有六千余名工人，一百余名文场职员的大型纺织企业。工厂大门嵌在1丈5尺高的坚固围墙上。门额的长条花岗岩上镌刻吴稚晖手书的“申新第三纺织厂”。吴稚晖是荣德生敬重的公贤，又极赞赏他的篆隶，于是请书厂牌。大门两旁由腿肚上扎着白绑带的巡警站岗，斜着腿姿态悠闲。这种点缀令工厂有几分衙门气息。忙得晕头转向的是抄身婆，不过，申三的抄身与他厂略有不同，在车间门口抄。冬日尚未去尽，夜班女人带一脸倦色走出车间，脱开棉衣让抄身婆抄检真有点受不了。女工们恨透这种带侮辱性的规距，便有人在口袋里暗藏小刀片整抄身婆，一个抄身婆刚将手伸进女工衣袋，连忙缩回手，哇哇大叫，手指上鲜血淋漓，引得旁观女工捂住嘴直乐。

黑色奥斯汀沿河浜驶进申三。厂门是歪着的，本该平直的围墙出现一个钝角，路过的人很难弄明白歪的道理。歪着的厂门正对远处的西新桥，河水经桥洞朝这个方向滔滔而来，水旺财旺，风水好。

荣老板下车后，与迎面而来的工人一一点头微笑，打招呼。他体格魁梧，慈眉善目，目光里总是有微笑，尤其两颧的肉因胖而下垂，全厂的人都在议论老板越来越像弥勒佛了。他对职工虔诚地喊出的“荣老板好”或是“二老板好”心满意足。来不及点头招呼的时候，招手致意。倏然，他看见一位上了年纪的人迎面走来。

那人朝他深深鞠躬：“二老板，你早哇！”

“朱老伯，你早。进厂后过得怎么样？”

“过得蛮好。”

“我早就说保你生活过得好，内地纱厂数我的这家厂规模最大，我怎么可能让你上当呢？”

“托二老板的福啊!”

这位朱老伯原是朱巷上农户,荣德生当初去买地,他舍不得卖,“地上铺满银子也不卖。”荣德生好言劝导他:“你种田种不出头,我办了厂,到我厂里来做工,保你生活得好。”后来,朱老伯终于把土地卖给了他,而德生不知道是宗敬让薛明剑瞒着他谈价,当地上真的铺满银子,朱老伯岂能不卖。

“二老板,都起风了,你还不穿皮袍子,要伤风的。”朱老伯关切地说。

“唉,皮袍子还未买呢,我们兄弟靠勤劳耐苦起家,非为个人享福,一切待遇与职工同甘共苦。”荣德生说。

“你真是好好先生啊!”

朱老伯临别鞠躬时把腰弯得更深了。

朱老伯不是向厂主鞠躬,是在向中国的一代新儒商鞠躬。

这些资本家具有超越性动机,赚钱不是为了物质享受。他们克勤克俭,苦行自律,实践着“自任以天下之重”的儒家核心精神。他们的纲领是建立天下有道、百姓安乐的社会,深信个人事业具有庄严的意义和客观的价值,并以成功的经营来证明自己才德兼备,恪尽天道。于是,商业被赋予宗教含义,诚信、不欺、专一、敬业,成为基本教义。“以义取利”、“利缘义取”的贯道原则,是他们有别于其他商人的界限,对“不言利而利自饶”充满信心。在晚清、民国年间的商业社会,涌现出一批这样的儒商,荣德生是继张謇、汪厚庄、周舜庆、祝兰舫之后,又一个走出的富有代表性的儒商。他们心中好像找不出渣子,活得心平气和,器宇轩昂,令人感到肺腑的感动。

公事房正对着厂门,是一幢砖砌的四层洋楼。楼上是文场职员宿舍,老板和全体职员在楼下大统间一道办公。德生讨厌沙发,因而写字间内,以及用板壁围起一角而成的账房间全用藤椅。只有两张待客的小沙发靠壁摆着。

德生比其他职员要到得早一些,今天栈房主任丁春舫由于荣德生隔夜关照,已在坐候。

丁春舫是德生的内侄,恭恭敬敬叫了声:“姑父。”

“春舫,过去你是我的内侄,现在是本厂栈房主任,如有过失,照样敲饭碗。”

一个不可思议的开场白。

丁春舫被搞混了,我有什么失职之处吗?他脑子里将申三开办以来的日子滤了一遍,讷讷说不出话。

德生说:“这个月栈房有多少余秤?”

“二三十担。”

德生的脸一沉："皆系吃扣花客秤头而来，花客受损再克扣花农，有伤良心。对棉花客商必须公平秤足，不许克扣，克扣一斤半两就是渎职，就是扇我的耳光。"

丁春舫真不知该怎么回答好了。按常例，所有厂家库房必须扣足秤头，进多出少，栈房主任不为老板每年涨出数百担余秤就保不住饭碗头，而他反倒挨剋，这个姑父真的很怪很特别。

"我是按例而行啊，"丁春舫苦着脸说，"隔壁振新纱厂秤头扣得更凶哩！"

"怎么用振新与我的厂相比！"德生听见"振新"二字就光火，"罪莫大于无道，怨莫深于无德。我岂是那种缺德之徒！今后库存中如有余秤，我就要认作是偷窃花客而来，追查处理，如有过分多余，撤你的职。去吧！"

丁春舫悻悻地走了。

"慢！"荣德生叫回他，"去纺纱间看看，车龙头靠壁的栏凳装起来没有，如没有，催武场头脑赶快办理，女工做工很累，设置栏凳可以让她们歇一口气。"

荣德生独自坐在大统间里，老觉得不对劲，怎么坐也不定心，有一种异样的感觉。从他的大写字台那一角，可以瞥视整个房间，今天望出去也不顺眼了。他起身在房间里转悠琢磨，到底还是看出毛病所在，有好几座写字台移动过位置，这是怎么搞的？

"阿照！"贴身茶房王荣照应声而至。他本来想说"把薛总管找来"，话未出口，才发觉自己急糊涂了，这会儿薛明剑尚在上班路上，改口沮丧地说："薛总管怎么还未到呢？"

薛明剑正被包车夫拉着，驰下小木桥。过桥不远，就是申新三厂大门，他依旧镇静地坐在洋包车里阅读。他善于抓紧每一分钟时间，来回路上必定看书读报。反正，身边那只鼓鼓囊囊的公文包里有的是书刊杂志。他身体羸弱，宽广的额头与瘦小的面颊不太相称，精气神悉数凝集在瞳仁里，使他的双眼放射出两道逼人的电光。

荣德生对薛明剑在创办申三过程中表现出的才干智慧，十分欣赏，其中包括他征不下来的地，薛明剑一出面竟如豆腐过刀。宾主结下亲密情谊。荣以国士待薛，薛以国士报之，将申三办成申新纺织系统中佼佼者。他是荣德生的臂膀、智囊、改革设计者和政治代言人。此时，薛明剑在包车中一颠一颠凝神阅读的是荣德生花数月研究水利，花几夜手拟的"修浚黄河利用水力根治水患"一文。这是荣德生打算国会召开时拿出去的议案。近年来，荣德生在关注国事民生方面耗费大量精力，既办厂，又以国会议员的身份参与国家政治。赴京参加北洋政府召开的实业会议，以监烧委员身份投入禁烟运动，资助北大著名教授李石曾等赴英法交涉退回庚子赔款，多少由庚款资助出国留学的中国学生成为栋樑之材。他还参加南通张謇先生创办的苏社，频繁往来，兴办多项社会事业。在国会，他发现议员们的提案大多无补于事，努力在每次会议上抛出振聋发聩的议案。他让薛明剑为这份提案把一把关，是否有修改充实之处。

薛明剑脚步迅疾，每当跨进公事房大门的时候，心里觉得别扭，大门上方悬着一个八卦，镇什么？他压根儿不想弄明白。他不信神道风鉴，自小在北门乡下宣传科学，破除迷信。唉，主人迷崇这一套，不舒服就忍着点儿罢。

荣德生急等总管到来，见薛明剑一阵风似的进门，老大不快活地问："明剑，桌子怎么动过了，是怎么一回事？"

"都是按老位置摆好的，昨天，我发动全厂大扫除，下了班，职员们把写字间也彻里彻外打扫了一遍。"

"不，未放到老位置上。"

总管只好不做声，无可奈何地立在那儿。

每张桌子是由荣德生测好方位固定下来，虽然朝向不顺，但每一细节无不切合风水学原理，可确保工厂平安兴旺。大扫除后，薛明剑按预先画好的记号使桌子恢复原位，老板却十分肯定地说，桌子未放到老位置上。

"阿照，把格盘取来。"格盘取来了，黄色的格盘比大饼大不了多少，绘有阳爻和阴爻相配合的八卦符号。格盘平端在手中，抖抖索索的磁针便在乾、坤、震、巽、坎、离、艮、兑的古怪符号中晃动。八级图重叠为 64 卦，密密地刻在格盘内。磁针接受天地的神秘指示，终于在壬丙兼亥己三分的方向上停住。

"明剑，把你的桌子搬过来一点。"

薛明剑和王荣照耸着肩胛一点一点移动桌子。

"再过来一点……好，停！"

总管的桌子摆停当了，荣德生让薛明剑坐下，不要动。薛明剑无可奈何地笑笑，又连忙收敛笑容。

写字间内几张桌子在格盘的指示下依次摆妥位置。

薛明剑从公文包里取出那篇修浚黄河的议案，正欲开口发表见解，被荣德生正正经经地喝住："不准动，你是总管，得坐满半小时才能起身，不然镇不住风水。"

"德先生——"薛明剑其实还有更为重要的事与老板商量。他的皮包里装着聘请技术人员，废弃封建工头制的改革方案，和一份关于举办劳工事业的庞大计划需要征求厂主的意见。看来,这一切只有等半小时以后再说了。

德生怕再听见从上海传来的任何消息。在进入冬季以来的几个月中,不断传来令他震骇的数据。临近年关,简直到达一夕一惊的地步。一年来,茂、福、申新各厂齐开,声势浩大,声振全国,北洋政府接连赏给嘉禾奖章,一切呈现出欣欣向荣的气象。然而,能让荣家兄弟亟尽所能的大好时期就这么迅速地消失了,恍若一场春梦。

小除夕降临了。是夜,家家户户明灯照室,围炉取暖,焚辟瘟丹,整个荣巷沉浸在草药苦涩的烟雾中。不住传来狗的吠叫,不祥的征兆加重了荣德生的忧患。有谚云:年夜狗弗叫,来年灾祸少。来年如何,又将是险厄莫测的一年。火盆燃得很旺,他心里发寒。从桌上拉过一份《纺织时报》,上面刊载着宗敬在华商纱厂年会上的讲话:

> 窃查近年来华商办理纱厂,困难情形达于极点,我同业无不深悉。其原因甚多,而以华商受不平等之待遇为最大原因。外商在内地采办棉花,捐税一道,通行无阻;华商则封关遇卡,捐税重重。今外厂林立,其锭数在华埠几占62.5%。外商竞购华棉则花贵,战事频年销路呆滞而纱贱,谚云不平则鸣,凡我同业似宜注意,据理力争。我华商所办之实业,全受外人之影响,摧残实业,诚不能为当局讳也。

荣德生读罢,痛心疾首:大力发展纺织业的时机匆促结束,犹如胎儿窒息于母腹。纱布日疲,申新系统的盈利减少一半多,花贵纱贱的日子近在眼前。粉业同样陷于困顿,欧洲农业恢复战前水平,满载洋粉的海轮从太平洋、印度洋络绎于途,面粉销售一落千丈;而外粉免税输入,通行无阻,更令国内面粉业雪上加霜。中国自一次大战后,面粉工业依赖海外市场,而福新面粉出口被英国借口有杂质而禁止进入,原因是战后英国政府为保护面粉加工业采取反制措施,虽聘请外国律师打赢官司,但时机已被延误。荣宗敬原定的排山倒海的发展计划被迫搁置。

企业不能再无限制地扩张了!

荣德生喜欢办厂却害怕摊子过大,半年前就主张把现有的厂办好。可荣宗敬说什么?“越是面临困难,越要谋取发展,挺过低潮,就能抢先进入下一轮高潮。”但好事一定重演吗?哥哥一意孤行,德生为他的冒险作风捏着一把汗。所有的工厂兄弟俩都是合办，唯独申四他顶牛不入股，没脾气的他来了脾气。

“嗬，老汁里放的肉太多，都煮不熟了。”德生愁容满面，自言自语。已有 16 家工厂压在肩膀上，德生失去脚跟着地的感觉。他为哥哥虔诚地祈祷，期待他清醒过来，变得谨慎小心一些。

一阵沉闷的雷声。雷声从远方隐隐地铺排而来，在宅子上空轰隆炸开，天空像炸塌了一块。荣德生下意识地躲闪一下身体，坐着的他失去平衡，在火盆前一个趔趄。

大小年夜打雷，破天荒，又是一个不祥的异兆。

翌日中午，大年夜，荣宗敬带着王氏，鸿元、鸿三两个儿子，赶回无锡过年。他太忙，除了公司堆积如山的日常事务，又投身于瞬息万变的交易所生意。他与无锡的妻子女儿女婿以及德生一家，在荣巷家宅中热热闹闹吃了一顿年夜饭，过了一个团聚年。因为他的到来，一座大宅子显得格外有生机，似乎一直期盼着的人终于出现而充满欢欣，房子也是有生命的。整个荣巷也被惊动，毕竟体现荣巷灵魂，为荣巷扎台型的人物出现了，过年聚谈中增添说不完的话题，关于“小辫子”的炫目传奇，既是励志故事，也是仰慕妒忌。荣宗敬呼吸着熟悉的空气，巷上保留着他 14 岁之前的全部记忆，在他搏杀商场的年月中，这些记忆是一杯醇香的黄酒，令他放松，给他温情。

大年初一，德生陪哥哥一家去梅园宗敬别墅住下，临近中午才返回，一家人已在饭桌上坐等，不敢动筷子。新年伊始，德生按例在开年第一日训示子女，他今天会讲些什么，儿女们都在心里猜测。长子伟仁 16 岁，次子尔仁 14 岁，三子伊仁（一心）10 岁，四子五子毅仁、研仁分别 6 岁 3 岁，加上呱呱堕地的纪震（纪仁），目下已有 6 个儿子，9 个女儿，儿子和女儿、女婿挤满两桌。

德生脱下袍子帽子，在主桌坐下，他接过妻子送来的热毛巾擦完脸，仪态端凝，神情肃穆，开始训话。每年的训示都有不同的主题，儿子逐年长大，今年该围绕财富观讲一讲，为此打了两天腹稿：

“以我目见，数十年所见富人，后代全已衰落。”他说，“家中不积财富，子孙反能有饭吃，有兴旺气象。常人全以为不积些钱留下，恐怕子孙挨穷受困，但是，从历史事实，社会经验来看，若是真心对后代好，不留一钱的人，子孙一定发达。所以，今天在此讲明，我个人此生不会有一分钱私蓄，自然也不会给你们留下一分钱，都听明白了吗？”

儿女们齐声回答：“听明白了。”

“我留给你们的是企业，经营企业需要勤勉，需要智慧，更要紧的是追求财富的态度：君子爱财，取之有道。此乃商人大题目也！孔子提倡富而好礼，富裕的人要将心比心，不骄不淫，平等待人，爱及他人，才能受到社会尊重。孩儿们啊，孔子筚路蓝缕，过着‘饭疏食饮水，曲肱而枕之’的日子，依然乐在其中，创造出传播千秋的儒家哲学。某一天，你们也许落入贫穷，到那时，也要有‘食无求饱，居无求安’的精神，要像孔子那样乐观、上进，活得有尊严，望孩儿们切记，切记！”

“记住了！”

“国家富强，人民富裕，是每个百姓的期望，也是我此生追求的目标。年轻时迷茫多年，后来悟到兴办实业为富国强民必由之路，从此与你们伯父投身其中，一发而不止步。我办实业不是为自己发财，而是为实现国家富强。矢志不移，节俭勤勉，世人当可信然。今国家为何世乎？军阀割据，政治动摇，腐败丛生，而我初衷不改，竭我一分精神，即为吾国家社会多留一分元气。愿你们继承父志，各其勉之！”

“记住了！”

两张桌子一齐传出童音、正在发育和发育完善的声音。

本年度训示至此结束，儿女们颔首体味，依然沉湎在父亲的话音中。佣人们依次将菜肴摆上桌面，都是热过的大年夜的剩菜。在德生面前摆有几样刚起锅的素菜，他鸡鸭不吃，蹄膀不吃，平时以蔬菜、豆腐为主，哪怕过年也是一样。

荣宗敬在梅园宗敬别墅过着闲云野鹤的日子，似乎从上海来到世界的边缘，感受不到地球的自转。他享受着自由却并不埋怨不自由的日子，那是他心甘情愿的该有的生活，而眼下的清闲显得很虚假。这个被大上海绑架的人，如果让他选择，他宁愿被绑架。那里才是他生命的寄托，而家乡的湖光山色只是劳累后的一次睡过头的午睡而已。

今年是他50大寿，亲友们集资在梅园建造宗敬别墅做为纪念。他不想做寿，为他祝寿的时机远未到来，他接受宗敬别墅而拒绝寿诞活动。他对德生说，到60岁时再说吧。

宗敬别墅建于南山坡，为砖木结构带前廊的平房，因为宗敬喜欢欧式，东侧特地设计圆筒形仿罗马式拱顶，绿色铁皮圆顶上竖有旗杆，是西摩路园拱顶的简化版。房舍依山向阳，宽敞明亮，沐浴烹饪，设备齐全，站在宽大的前廊，园中景色尽收眼底。

德生来了，登上别墅前的T形石阶，见哥哥短短几天内气色大好，精神焕然，说道：“家乡水土好过同仁堂的十全大补丸啊！”

宗敬携着弟弟的手进入客厅，在红木桌椅上坐下。桌上摆放几样霞飞路法国面包房的甜点，王氏随即端来一壶从上海带来的英国伯爵茶，在杯中一一斟上。在这个难得的闲暇，宗敬很想与德生聊一聊家长里短、兄弟情义。他已经记不清多长时间有过这种机会，五年还是十年？

宗敬请弟弟喝茶，他像有第六感似的，开言明义："难得有一份清净，今天我俩约定不谈生意，不谈公司事务，只聊家事人伦，享闲适之乐，尽山野之趣。"

德生说"好吧"，显得勉为其难。宗敬再过两日就要返沪，他今天来，是憋不住一肚子的话要与家兄倾泄。

宗敬说："尝一尝英国伯爵茶吧，是汇丰银行大班赫德门送我的春节礼物，为王室贵族享用的饮品。原是中国红茶，五十年前，英国一位外交大臣出使中国，在红茶中添入从桔子皮萃取的油脂，结果为女皇推崇，成为时尚。一个小小改进令一样普通不过的产品变身为风靡各国的风雅之物，外国人的脑筋生来是为赚钱长的。"

德生呷一口，不习惯那种口感，觉得还是祁红、碧螺春好。

宗敬又说："进园那天，我带鸿元鸿三到豁然洞顶上，去看当初的法国石磨，乃是最好的励志教材，两个孩子即将高中毕业，也懂事了，他们说，当年叔叔读《美国十大富豪》进入实业，我们读这几部石磨去创造未来。"

"我将石磨置于游人必到之处正是此意，让人看到我荣姓发财是不容易的，凡是事业不可好高骛远，需脚踏实地，从低处做起，方能有所成就。"

宗敬说："昨夜我梦见母亲，一直对我微笑不停，却是一句话未说。'哀哀母心，生我劬劳'，读私塾时读到《诗经·小雅》，即沉思母亲的辛劳，直到现在，每念及母亲的养育之恩，教诲之情，常常不能自已。我意梅园中应有纪念母亲之物。"

德生说："早有此念，我俩想到一起了。人子皆有其母，纪念的不仅是我俩的母亲，也是天下人的母亲。可以佛教形式建一座宝塔，务使其成为园中点睛之笔，塔名可称'念劬'"。

兄弟俩商定，在母亲八十冥寿那年举办这件盛事。

天色渐晚，德生再也熬不住腹中汹涌的话语。

近年，上海对冒险家乐园的称号愈发地当之无愧。他在无锡嗅到了上海方面刮来的恶浊空气。先是上海面粉交易所成立时，宗敬劝他投股，他一口拒绝，理由是交易所将会搞乱市场、败坏人心。纱布交易所成立后，仍然为他保留权利，他再次拒绝，力劝宗敬不要参与。不久，又有烟酒等几家交易所来约他入股，也是自讨没趣。后来,连无锡也大办各式交易所了,由此也就知道上海的投机风潮已经煮成一锅稀粥,他又一次叹息:上海滩要瘫了!而宗敬正热情高涨地投身其中,没有谁比他更了解自己的兄长,这回他没准儿又要闯大祸。

德生觉得,这次在无锡与宗敬见面,如若不能劝阻他脱离交易所的投机活动,他就是不称职的弟弟。在他的预感中,上海滩不是瘫不瘫的事,而是很快就要瘫!

"宗敬,前事不忘,后事之师。光绪三十四年,橡皮股票风潮中,你投机蚀得精打光,瑞馨可说上海第一等阔佬,也因此家产悉数败光。为弟的劝告,看在死去母亲的份上,你该听一听!"

宗敬的第六感应验了。他原想避免一场肯定不愉快的交谈,结果却还是强横地到来了,甚至将母亲也牵扯了进来。他无奈地摇了摇头,说:"瑞馨何等样人,一只修不好的坏手表,将他与我等同相视,德生,你太小看为兄了。"

一通话把德生冲闷。但他坚持说出要说的话:"前有橡皮股票交易,今有各物交易所,谋财害命,有碍道德,不是伤人就是害己,万万使不得!"

"日商在三马路办引取所(即交易所),意图操纵市场,而国人还在茶会做交易。你难道看不懂交易所对控制原料与产品价格上的制扼作用?我等华商不能坐以待毙,不以矛对矛,也得以盾对矛,与其任由他人控制我,不如我去控制他人。"

"在我眼中,上海风气败坏,已变得像阴沟一样臭。企业家应该着眼长远,集中资本投资实业,奠定经济发展的根基。如果人人都掼空麻袋,只想得侥幸危险之财,流弊所及,不光是个人经济上的自杀,也将促成国家的经济自杀。"德生赞美的那个礼的世界在上海这个典型的商业社会中已经崩毁,没人以君子为楷模,相反对道德无恐惧,以利益支配一切,包括人际关系和社会关系。他真的不喜欢这样的上海,坚持独立的思想,决不退让。

德生的话严重挫伤宗敬的尊严。兄弟情深,从来和睦相处,互相体谅,他只能以平静克制的态度将这场讨论进行下去。

"审时度势,放眼国际,西方实业早与金融脱不开关系。自两个世纪前,24个商人聚集在华尔街梧桐树下进行证券交易,到如今华尔街成为美国金融业的象征,证券交易所、投资银行、信托公司、银行和保险公司的总部聚集其间,你熟知的美国十大富豪的股票大都上市交易。我恨不能中国也有这一天,茂、福、申新三公司借上市融进大量资金,前程将无可限量。"

"大凡事业的建树,必合一国经济现状。淮南之桔,过江则为枳,不求时宜,强为移植，不仅无益，而且有害。欧美法律严明，人人懂得遵守；中国法制不全，金条美钞就是法，所以，什么事到中国就会变味。美国的商品期货做多做空，借以平抑价格；到上海肆意拉抬刻意打压，等同抢劫钱财，杀人夺命。马寅初已经给‘交易所热’泼冷水，不妨听一听他发出的清醒的声音。”

宗敬的雄辩被德生软笃笃的反驳击溃，一时无话可说。

德生乘胜追击，进而说：“企业之盛衰与品性好坏成正比，投机只会败坏企业名声。企业凭赖品性之力，可以益友，可以充资本，可以招顾客，乃至感化万物，是取富谋名之正道，切不可贪恋非分之财。”

“天哪，人道我是富豪，我自认是穷鬼。我口袋瘪瘪，钱都投入了实业。我要赚钱，永不满足，这一切全都是为了实业！富国强民难道是两片嘴皮子叫叫的吗？”

“富国强民应以德为先，从企业做起，使百姓有工做，有饭吃，过上好日子，便是利国利民利地方了。”

“听见你讲道德，日本人就笑弯了腰。一战以后，日商汹汹而来，欲置我死地而后快，他们跟你讲道德了吗？抵制经济侵略，护卫本国经济，才是中国商人最大的德行！”宗敬意犹未尽，针对德生的道德责疑，他要公开宣示自己的观念：“新世纪完全是另一番景象了，我崇拜自由竞争，崇拜适者生存，唯有重视市场经济，顺应世界潮流，才能创出更大的事业！”

“你怎么就没想到失败呢？”

“一个专门想象失败的人会有成功的机会吗？”

……

自从兄弟合力创业以来，最深刻的分歧出现了。这种分歧至死没有弥合，但并不妨碍他们日后携手再创辉煌，老母亲在他们童年就得出过“兄弟同心，其力断金”的判断。此刻，他们竭尽全力地捍卫各自的思想，自信执拗，锋不可当。

一场论战让德生明白，哥哥的性格气质从来没有因为年龄有所改变，表面的沉稳下深藏着加倍的强硬执著，眯着的眼睛透射出深沉的力量，眈视着意欲占有的一切，简直令人畏惧。他意识到争论不能再继续下去，会伤了兄弟和气，打算打退堂鼓。

荣宗敬在追求扩张和发展过程中，将自己的未来寄托在实业救国的信念上，但碰上弟弟给他摆谱也很尴尬，他在私塾读过九年子曰，晓得这套玩意的厉害。他感喟道：“德生啊，做人与做生意有时不是一码事，我有时也烦恼，为了对付外来竞争，为了自己的生存，我有时不得不伤害自己的良心，甚至手上沾一点血。

我常常感到自己身上有两个人活着，谁也不妨碍谁，要不是这样，上海滩就会再次把我扔出去，回荣巷种田。人，凡是要在社会中占有一席地位，必须站在潮流之上，我投身交易所，无非要控制全局，捍卫行业同仁的利益，了我‘实业救国’的夙愿。”

德生也是倔强的，他对自己说：无论你说什么，反正我这辈子不与交易所出入！

王氏送点心来了，将两只盛着宜兴百合的金边碗分递给兄弟俩。

“你们吵什么呢？好久没见面，叙家常还来不及哩。”

“我们吵了吗？”宗敬反问妻子，显得很调皮。

“把孩子都吓坏了，躲在房里不敢出声。”

“去告诉他们，老爹与叔叔刚才排了一场折子戏。”

德生喝下一匙甜汤，朝哥哥眨了一下眼睛，温和又无奈地一笑。

宗敬说：“德生，你就在这儿吃晚饭，尝尝嫂子的扬州干丝，我俩好好喝一杯，一回到上海，连喝酒的心思也没有了。”

“好吧，我以茶代酒，陪你喝！”

二十九、上海滩又瘫了

上海的荷尔蒙浓度太高，无法控制自我的潜意识冲动。

它那么容易紧张，狂躁，甚至邪祟，制造雷人的事件。它毫无记性，时常有荒唐的自残行为，说不清自己的真实感受。

站在地球空间看上海，可以窥见，这块土地上两种文化的搏杀，两种历史的纠结，两种人性的叫阵，对迟早要来的激荡，它自己也很无奈也很痛苦。

上海再次沉溺在险恶的投机和发财的诱惑中，忘乎所以，连黄沙碎石也成为交易所的交易标的，大概除了女人的月经带已经没什么不能用来投机。一觉醒来，准能发现这个乐园里又多出几家交易所。商人、绅士、前清寓公、失意政客、下台军人、帮会流氓、小市民、小职员、黄包车夫，乃至妓女，疯子般涌入各类交易所淘金。潜伏在上海的国民党人不是开设交易所就是在交易所当伙计，乐不思蜀。人们在梦中都在交易，却在醒来后发现，已被玩弄成套戏法的操纵者搞得头破血流。人们永远不会明白，在投机性的证券市场上，正常人是捞不到银子的；因为这个市场是反人性、反理性的，那些虚拟标的物的存在就是为了让你走向反面。于是，橡皮股票引发的金融风暴似乎没有发生过，人们怀着对银子的热爱，扎进毫无区别的新一轮投机风潮中，注释着人性的核心部位。

一百四十余家交易所的买空卖空使上海成为炼狱，每天演绎大鱼吃小鱼、小鱼吃虾米的血腥故事。硕大的东方斯芬克斯长出了更加尖利的牙齿。好斗的荣宗敬神经紧绷投身其中，德生苦口婆心的劝告，他的表示只是辞去面粉交易所理事长一职。

最初是传来日本人在三马路开办取引所的消息，该交易所原本经营粉麸期货买卖，后来将棉花纳入交易品种，并在浦东建立大型仓库囤积棉花，很明显，这是要操纵棉花价格而制华商纱厂于死地。华商纱厂联合会立即作出反应，经公决，会议制定治标治本二策，治标是各厂与该引取所断绝一切往来，并惩罚与之有往来的花行花号掮客；治本是决议华商纱厂自设棉布交易所，与之对阵抗衡。纱业铁三角穆藕初、聂云台、荣宗敬皆为筹备委员。华商与外商的拳击场就这样由实体市场转移到玩弄数字的交易所。

荣宗敬出于对金融的敏感，先是和王禹卿串连面粉业同行，发起组织“上海面粉交易所”，以兵船牌为交易的标准商标。以人钟牌为标准筹码的华商纱布交易所在爱多亚路创立后，他与王禹卿通过招股筹集3万两，组建经纪人公司，在纱布交易所设立第12、13两个经纪人牌号。荣宗敬像斗士一样投入暌隔已久的投机生涯，如果说有什么不同，他这一次不是一个人的战斗，他的对手是日商资本，为民族工业的生存而搏杀。

上海华商纱布交易所、纱联会所在地（今自然博物馆）

爱多亚路优美舒坦的弧度上，现在已是楼宇迭起的景象，80号，在河南路的拐角处坐落着一幢落成不久的大厦，这里就是华商纱布联合会和华商纱布交易所的所在地。这是一幢精致的带有折中主义风格的五层欧式建筑，顶部转角处耸立英式的园穹顶塔楼。踏进四根爱奥尼克式壁柱中间的大门，直接进入二楼，由工艺精湛的硬木门券和镶板墙裙装饰起来的大厅，便是风云激荡的纱布交易所了。

交易所被打手势的手臂和声嘶力竭的喊叫充满，荣宗敬是冷静的。他的血液喜欢大风大浪的生涯，本性中甘愿冒险的精神转移到兴办实业上后，现在又把浑身解数投入虚拟的交易中去。他没有忘记前半辈子投机橡皮股票的失败，慎之又慎，或许，他想让人们看一看他在证券市场也不是庸碌之辈。

发财的念头伴随人的一生，不是把人搞得疯疯颠颠就是伤心欲绝。尽管每天有走出交易所的淘金者沦为瘪三、穷光蛋、自杀者，但毕竟有那么几个人暴富，这就是交易所人满为患的理由了。

纱布交易所12号经纪人接到荣宗敬先吃进各月期货各500包的电话，已是午后交易所开盘前几分钟。另外，荣宗敬以新诚昌名义领到纱布交易所68号经纪人牌号，以便隐身操作。他做交易，大多通过一明一暗两个经纪人。12号经纪人在专用房间内与68号密商一阵之后，投入交易大厅厮杀。

大厅内嘈杂喧闹，哄成一片，令人头脑发昏。在成败莫测、兵不血刃的空间，挤满站立的散户，他们脚劲练得十分出色，手和嘴唇却老是发抖，明知赢的几率很小却认为自己属于很小的那部分。运气两个字实在可恶。大公司、大银行、大企业老板是投机市场中的大鱼，喝着咖啡，等待小鱼虾米入我彀中，冷不防他们也会被啄伤甚至吞吃，那是神秘莫测的具有政治背景或者外国垄断资本的财团。

电铃一响，鸦雀无声，交易所职员走上讲台。

短暂的宁静布满杀机，风暴在大厅天花板上聚集。近期的棉纱价格被打落到凄惨的价位，不用猜测便知是日商资本所为，因为只要棉纱价格再往下降几个价位，就有一批华商纱厂过不了日子，甚至倒闭。多头已经被逼得透不过气来了，今天的开盘价牵动着多空双方的神经。锤子在木板上敲了一下，主持人喊出申新人钟牌的棉纱价码，宣告开盘。

每包纱的开价160两，突然窜高的开盘价一公布就使全场骚动起来，训练有素的上百号经纪人保持着清醒。

面对这么好的行情，一个经纪人喊出末二位尾数："60两卖出。"他一边叫一边将手举起，跷起大拇指和小指，显示"6"的数字。

另一个声音随即喊："58两卖出。"

"55两卖出。"又一个经纪人大叫，声嘶力竭的声音压倒大厅内的噪浪，他向空中举出张开的五指，随之翻动一下。

68号、12号经纪人静观态势发展，等待瞬息万变中的时机。

"54两！"

"52两！"

"50两！"

空头来势汹汹，价格直线下落，似乎要掘地三丈，找到埋在那儿的金子。恐慌盘开始涌出，一直将价格打到145两。

"45 两买进!"认为价格着底的经纪人,报出买盘。

多头开始活跃。"45 两半买进!"有人愿意出高一点的代价购进,价格艰难回升到 148 两。

"48 两卖出。"12 号经纪人终于出场,他开始执行荣宗敬的战术意图,以盘中做空迫使空方抛出剩余的筹码,然后,在空头能量耗尽后再来收拾空方。

多空双方开始短兵相接,火药味在交易大厅弥漫。有人想灭火,有人想救火,形势瞬息万变,多空进行殊死的厮杀,不知道下一分钟将会发生什么情况,所有人的心被吊到喉咙口。

神经坚强的空方经纪人继续抛出:"46 两卖出!"

刚才以 45 两半买进的席位忽然拿大顶,迫不及待以 45 两半抛出,宁愿陪手续费。

多翻空,这是一个重要信号,多头的绝望意味价格将要见底。

在一轮空单甩出后,68 号经纪人终于出手,地板价真的来了,他高举双手在空中亮出手势:"43 两买进!"

此后,68 号经纪人连续喊出多单,一直将价格往上打到 153 两。

已经涨停板。

主持人敲响木板,第一盘结束。

68 号经纪人的巨额交易令场面失控,大厅内人声鼎沸,为多头的大量吃进议论纷纷,莫衷一是。唯有坐在讲台一侧的两名场账,镇静地例行公事,记下经纪人之间的进出账目。喊完当月,以下五盘按次序喊下月期票,68 号经纪人在第二、第三盘依然做多头,大量吃进,行情回升至 158 两,这是一个荣宗敬想要的数字。空方产生恐慌,交易所的牌价由于多头的大量吃进节节上升,丝毫不给空方作出反应的时间,空方经纪人脸色煞白,被打蔫在椅背上。

只剩下第五、第六盘了。68 号经纪人和 12 号经纪人休息一会儿之后,踩着电铃声,踌躇满志地走出房间。他们在交易所布下迷魂阵,先让谁都看不清,后来又让谁都看得清,形成一唱百和的多头局面。一群散户也跟着吃进,令纱价拔地而起。他们佩服荣老板的布阵和过人魄力,让空头回家哭鼻子去吧!

市场的棉纱价格陷在泥潭中,"板贵棺材贱",成为荣宗敬挂在嘴边的话。棉纱行情拉高才能扭转华商纱厂的被动局面,在实销中获得相应利润。乘多头气氛高涨,在以下两盘中,68 号经纪人将在高位暗中抛出一些筹码,明收暗吐,一进一出之间也能赚不少便宜。

第五盘一开拍,风云突变,行情急转直下。场子里不知谁放出空气,说荣老板的交易挺不住，满场哗然，跟随做多的散户张皇失措，在议论是否要割肉的时候，行情又下去一截。局面被更为神秘的力量操控，原本一败涂地的空方经纪人在神秘力量的鼓动下苏醒过来，跟随抛出，倾泻的空单势不可当，每包纱的价格直落至 150 两；此时，散户已经脸无人色，纷纷割肉出场，交易大厅一片呼号哀叫，变成疯人院。荣宗敬的两位经纪人极力阻挡，无非抽刀断水，在散户放空的助推下，纱价每包跌至 146 两。

最后一盘不可逆料。

回到房间内，两位经纪人拨通总经理的电话，报告所处的不利地位，荣宗敬镇静地命令："沉住气，等下一盘扳回局面！"说这话无非稳住经纪人的情绪，他内心清楚，今天碰上大鲨鱼了。

第六盘，财力非凡的空方大肆抛出，交易所牌价继续下降，两位经纪人奉命接连以每单 500 包买进，然而，狂澜既倒难以力挽，一场火拼之后，最后以 144 两休市。

半天鏖战，荣宗敬以损失 20 余万两告终。更大的损失是棉纱在市场实销中的亏折。如果这个挂牌价在近期内得不到扭转，那么，国内一批华商棉纱厂铁定是要倒闭了！

提价不成，反受其累，荣宗敬被啄得遍体鳞伤。这场鏖战，给他带来的痛苦不单是金钱的损失，在沪日商纱厂资本如此雄厚，背后肯定有本国政府的金融支持，而国内军阀割据，战祸不息，他的政府在哪里？

欧战以来，英国在华的纱锭数减少 10%，而日本对华棉纺业的投资激增 3.8 倍。他们一方面大量购进原棉，切断华商纱厂原料来源；一方面又在交易所大肆压低棉纱价格，迫使华商纱厂家家亏本。花纱市场被日商操纵，达至极顶。

上海滩如德生预见的那样，又一次瘫痪了。

两年间冒出的一百四十余家交易所，十多家信托公司，在"信交风潮"中接连垮塌，留下一地瓦砾。剩下面粉、纱布等四五家交易所，也成地狱之门，一时乏人光顾。轰动一时的金融风暴又卷走上海几千万以上的资金。风声鹤唳中，金融业捂紧口袋，任你出再高的利息也不肯掏一个子儿出来。荣宗敬那么多每天创造利润的工厂，原本几等硬通货，具有准金融资产性质，眼下，货不出一文钱，他的阿基米德杠杆折断了，坠入经商以来又一次严重的财务危机。

他在资本市场与日商资本的血拼中不幸败退。上海对他露出的微笑总是短暂的，最后露出一脸的阴险。

长久以来，他大肆扩张，就是想与外国资本一较高下，坚守住自己赖以生存的阵地。然而，他依旧不够大。他的失败并非个人的悲哀，也是民族的悲哀。

军阀混战，运输阻碍，商业凋敝不堪；苛捐杂税，重重盘剥，恍如杀鸡取卵。他从汉口采办棉花运到上海，出入均需缴纳捐税，转运无锡又重复征收产销等税，而洋商只需缴纳一道税，便放行全国。上海的华商纱厂已有25%停工，要不了多长时间，停50%在情理之中。

他的蓬勃大志被剥夺，"明日黄花蝶也愁"，是他对自己愿景的哀叹。本拟在蕴藻浜建造日产5万包面粉的福新九厂，规模国内第一，将无限期搁置；他与张謇等人在衣周塘开发工业城的计划也泡汤了，买下的土地租给农民养鱼种菜。总公司大楼建成后，一举一动被人关注，金融运作无法进行；他的棉纱厂全部处于亏损状态，面粉厂虽有微利但无济于事。银钱业看透他的财务状况，接踵上门逼债。他煞费苦心，收缩存货，好不容易挤出几十万两偿还贷款，但总公司账目上依旧挂着200余万两巨额欠款，他可是再也拿不出一个子儿来了。

十几家钱庄的经理、跑街盯在屁股后追他，在总公司楼上楼下搜寻他，找不见人，急得跺脚，到街头破口大骂，弄得整座大楼人心惶惶。荣公馆周围布满眼睛，他在西摩路一出现就会被讨债人盯上，有家归不得。以前，他是这座城市的骄子，众多目光的集中点，要多牛逼有多牛逼；现在，他的身上只集中债主们的目光，悲摧！

令他心痛的是，有些新老职员在处境险恶的时刻抛弃他，易职另就。王禹卿这个他一手扶持起来的"赤卵兄弟"，始终伴随左右，已十分哥们了。

他穷途末路，压力到达爆发的边缘，跌入光绪三十四年和民国元年之后的第三次危机。他在上海滩借不到一两银子，唯一的出路是在上海滩消失。他自觉地听从了命运，得到的是跌落在命运自觉的灾难中，为理想和使命感付出了惨重的代价。他没有与妻儿辞别，踽踽地离开了家，带着中国人所有的创痛。

王禹卿安排他到东亚最豪华的酒店大华饭店住下。王禹卿的家与戈登路口(今江宁路)的大华饭店特近，他哪天不上那儿找乐子哪天过得就没劲，这家饭店提供的服务，让他始终感到自己是一匹好马。从拉门的卜欧开始，到英国籍大班，上下熟透，将荣宗敬藏在那里就像放进保险箱一样安全。

英国人投资的大华饭店开业不到二年，是欧洲古典主义建筑风格的带大草坪的花园式酒店，走进它的任何一部分，恍若置身伦敦某个爵爷的宫殿。他有家归不得，大华饭店离家也就五百米，却遥远得像在另一个星球，两种距离的感觉对他来说是一种煎熬。事业的挫折，时代的抛弃，使荣宗敬患上沉重的压抑症状，瞳仁深处，保留着走投无路的困兽般的目光。白天，他可怜巴巴地躲在房里不敢出来，晚上，泡在大理石圆柱环绕的舞厅里发愣，由王禹卿找来的舞女陪着。在火辣辣软绵绵的乐曲中，从来不谙此道的他开始接受舞女的训练，做起“拖车”，进入上海滩的时尚生活。

荣宗敬没料到在艰难的处境中，发现了上海的另一半。这也是真实的上海——衣香鬓云，声色犬马，纸醉金迷，原来是广泛存在的生活。这个往返于家庭与办公室高背靠椅的上海滩最忙碌的人，过起了这辈子最放松和离奇的日子。他逐渐忘记了与家庭的五百米的距离，多方面地为受伤的自我寻找精神减压，从女人的身体上寻找安慰、排泄苦闷。男人难以抗拒美丽的女性，他不是圣人，女人成为他疗伤的药物。他甚至这样想：工作是艰难的，人生也应该享受享受。要他忘记工厂是不可能的，于是更加热衷喝酒，在交际花的陪伴下喝到发出隆隆的鼾声。他的酒量大有长进。

没多少天，荣宗敬开始厌倦庸俗的舞女，她们一成不变的对话是向无数男人重复过的，她们的温柔深不见底却可以一眼看穿，为了签单时在后面加一个零。与她们在一起，第二天醒来会后悔。

一个优雅女人的出现，还是让荣宗敬感到震憾，因为她拥有惊艳海上的绝技。这位女士对上层男权社会做过充分的研究，属于大上海夜生活中最有经营头脑的角色，提升自身价值的方式是挖掘天赋，超凌自身，以创新而不以女人惯常的本钱取悦男人。

她的才艺是给男人削苹果，只用一只右手削，削完后，向你展开一长条中间不带断裂的苹果皮，就像玩魔术。这只手是上帝的手吗，要不怎么可能？她的顾客该为这种“不可能”支付50大洋，买下这只本来不值二角钱的苹果。没有人觉得贵，全因为此种独门绝技极大地提升着顾客的猎奇心理。这一商业运作令市场人士荣宗敬自愧弗如，没见过这么打招牌的呀，原来经商要诀就是对一切陈旧模式的超越。50大洋是他工厂中一个熟练工人四个月的工资，这个工人的工资要养活一家人。荣宗敬这么想着，不免感慨起来：女人一动脑筋，做生意真是谁也做不过她们啊！

荣宗敬从婚姻中请假已满一个月，跳舞也跳出些模样来了，尤其是音乐优美、舞步简单而又流畅自由的狐步舞，可拿结业证书了。他开始觉得虚假的自由太过沉重，受到寂寞与空虚的压迫。他常常会自言自语，自言自语里全是他的妻子儿女。眷恋家人，眷恋事业，是他无法克制的情绪。为了重振失重的精神，他致信华商纱厂联合会，提议向北洋政府提交减免税务的提案；他行使国民外交之责，以个人名义致书美国当局，向在华盛顿召开的世界和平会议建议缩减各国尤其是日本的军备。

荣德生不得不重新往返沪锡二地，四处寻求贷款让哥哥渡过难关，凡是所到之处受尽白眼，跑遍上海金融界无人施以援手。粉纱销售的低迷，贷款数额的惊人，谁犯傻将自己赔进去？金融业向有"掗存迫讨"的恶习，要想借款吗，先向他们证明你并不缺钱。如果财务良好，他们把大量信用贷款送上门坐享利息；当企业需要雪中送炭，他们就和你割席绝交，一个子儿也不给。

荣德生的耳朵里灌满脏话，有人说茂福申新是空心大萝卜，也有人说荣宗敬只配到乡下种田，同业中也有不堪入耳的流言蜚语。几个钱庄老板甚至叫嚷：有钱也不填无底洞，省得到时陪你们一起跳黄浦。非但不借，还索要旧债，恶语相向。亏得德生耐心好，沉得住气，将一口口恶气强咽了下去。

兄长从上海彻底消失，到处找不见，连个商量的人也没有。他找到王尧臣、王禹卿兄弟，也说不知道大老板隐身何处。王氏兄弟在福新系统占有股份，在申一也搭了一点，有性命攸关的利害关系，三人商量的结果，借到钱才是硬道理。六条腿又将上海滩篦了一遍，王禹卿最卖力，奔波下来毫无着落，眼看临近年底，各行庄势必舍命索债，这日子怎么熬过去？

在虹口施高塔路千爱里（今山阴路二弄）41 号，也有一群人充满热情地商讨荣宗敬的巨额负债。千爱里，一个温香软玉的名字，与这条弄堂里飘逸的日本歌舞伎的尺八名实相副，但房子里那些人脑子里想的那些事儿就难说了。

这一带是上海公共租界工部局 1911 年越界筑路的延伸区域。自 19 世纪 60 年代起，在日本混不下日子的难民开始到上海谋生；明治维新后，日本人如过江之鲫奔赴上海淘金，这时他们的口袋里装着一些钱了。1895 年，甲午战争中国战败之后，依仗战胜国的气焰，日本向上海展开大规模的移民和投资活动，大财阀开设银行洋行，中小企业兴办工业商业，大肆占地开发房地产。虹口一带农田与沼泽地变成梧桐树夹道的道路，路两侧是各具特色的住宅区构成的弄堂。北四川路、吴淞路一带成为体现大和文化和由日本人统治的专属居住区，在沪日侨暴增，数量远远超过了其他国家的侨民。在这片不是日租界的日租界里，他们建造神社、寺庙，驻扎海军陆战队，设立宗教团体和带有政治企图的组织，也是日本军部间谍的落脚之地，施高塔路千爱里是其中一处。

从上海租界获取最大利益的，应当说是日本国，它促使日本发生一次扭转历史的政治革命。19 世纪 60 年代，这个国家还是一个和中国一样的半封建半殖民地国家，连一支属于国家的军队也没有。上海开埠后，一群群青年武士相继抵达上海考察，开启明治维新的前奏。最早在上海滩登岸的是日后誉为“维新三杰”的高杉晋作，上海的西化和繁华为他提供了认识西方文明威力的窗户。1862年6月，一艘日本向英国购买的多桅帆船“千岁丸”抵达上海，乘客中有另一位“维新三杰”高山晋作，日后成为日本大财阀的五代友厚，担任日本海军军令部长的中牟田倉之助等各藩人员，以及一批大阪商人。这批考察团成员回国后成为明治维新的中坚力量。两年后，幕府的西式帆船“健顺丸”以贸易为名抵达上海，此行已将上海作为考察开国的样本看待，他们深入调查上海的租界和华界，对东西方文明的差异有了确定的答案。上海促成了明治维新的实现，此后，日本用三十年时间，建成一个能同西方并驾齐驱的国家，成为东方唯一的资本主义强国。

明治维新二十年后，青年康有为也到了上海。说来有点偶然，他到北京参加会试，名落孙山，回程走上海解解闷，直观地接触到西方资本主义，点燃24岁的康有为胸中热火，立志挽救危亡中的祖国。在中国由康有为发起的戊戌变法与三十年前日本发生的明治维新，有惊人的相似之处，两者的结局却大相庭径。看似上天不公，其实，冥冥中的上苍执意要给中国安排另一条道路。

千爱里是由日本东京兴业株式会社整体开发的住宅区，日式的花园联体别墅小巧精致，拉毛的或是镶嵌鹅卵石的墙面，又使它混搭地中海风格。木栅栏围起的庭院里种植红松、杉树，走道两侧的园圃花草摇曳。41号是开发商兴业株式会社的会所，有关日本在华利益的许多决定不是在日本驻上海总领事馆，而是在千爱里41号作出。

今天坐在二楼茶室喝茶的有日本内外棉株式会社驻沪代表石原先生、日本东京兴业株式会社上海分社社长高桥久雄先生、参谋本部兼军令部参谋畑俊六先生。高桥见日本驻上海总领事馆的车子已到楼下，一拍手屏退歌舞伎，亲自下楼迎接会议的召集者、总领事矢田七太郎。

茶道的繁文缛节正式开始，不越雷池半步，不下于主教主持一场庄严的宗教仪式。喝茶似乎不是目的，全套礼节达到不出意外的效果，在座各位匍匐在对大和文化的忠诚中。

在熏香炉散发的淡雅的馨味中，谈话开始了。

矢田七太郎发表开场白，他说：“畑俊六先生是我大日本中国问题专家，对上海的研究有独到的见解，今天请他与会是征求其高见，我等洗耳恭听。”

陆军大佐畑俊六出身武士世家，以同期第二名成绩毕业于陆军士官学校，是走精英路线出来的参谋本部情报官，也即负有研究使命、向军部提供策略性报告的大间谍。最近五六年，他搜集情报的区域从北欧转移至中国，这回已经是第三次到中国考察。他的研究以上海为中心的长江三角洲为重点，他对本次考察的结论是：上海扼守长江口又是远东著名的国际商港，日后，日本在拟定占领中国的计划中，陆、海军应以登陆上海为突破口，以此试探中国方面的抗战决心和欧美列强的态度（后来日本军部果然按这种谋略制造了"一二八"事变），然后，根据试探的结果，通过长江三角洲向中国内地纵深展开军事行动。

如果日军占领上海，那么，控制这一地区经济的重要性毋庸置疑。畑俊六迫不及待地就此发表自己的见解。

他说："荣氏控制着上海一半以上的面粉工业，在纺织业所占比重也相当大。粮食棉布为重要战略物资，为了大日本战略计划的实现，应当趁荣氏陷入危机，通过现货市场和引取所的交易狠狠地打击他，彻底打趴他，迫使他屈服。他趴下了等于所有的华商打趴了。然后，由本国财团出手收购，将他的三新总公司全部收入囊中，引发一场支那工业界的大地震！"

他气喘吁吁把话说完，说完后还在喘息。一颗子弹曾经穿透他的肺部，虽然命抢救过来了，但只剩下未成年孩子的肺活量，看上去像一个病夫。

总领事矢田七太郎是个老练的外交官，他不想过问军部的计划，但无疑要执行外务省的外交政策。最近，在美国主导下，召开了意在压制日本军力增长的华盛顿裁军会议，参加国有美国、英国、日本、法国、意大利、比利时、荷兰、葡萄牙和中国。日本陷于外交孤立，加藤内阁不得不接受会议提出的"缩减舰队规模，保全中国领土完整"的要求。日本国内的评论家也猛烈批判"日本政府想要把支那变成自己属国"的政策，"对待支那政府和支那人就象对待自己的臣属和妻妾"，类似言论常见于报刊。外务省为了改变尴尬处境，给对华政策涂抹上浓厚的"睦邻"色彩，提出"两国共存共荣，实行经济合作"的外交方针。西方列强是被哄住了，日本政府背地却鼓励日本垄断资本向长江流域和山东半岛实施快速经济扩张，采取先在产业经济上占领中国的策略，并向日资企业提供资金便利和税收优惠等各项政策支持。这就是荣宗敬等一批民族资本家深感压力和忧虑的来由。

在矢田七太郎看来，畑俊六出了个馊主意，中学毕业生水平，哎，军人总是愿意把经济问题弄得充满火药味，结果适得其反。

性格温顺的矢田七太郎慢悠悠地说："俊六君，你点明了目的，但手段错误，不要以为中国还是原来的中国，五四时期表现出来的国民精神你没看见？反日抵货运动把上海搅翻了。你的思路很容易被中国方面抓住把柄，引发外交纠纷，招致又一场反日运动。这不仅有违内阁的睦邻政策，而且，我以为军部也不愿意看到这种后果。”

“总领事有何妙计，敝人愿意见教。”畑俊六说。

“听听两位经济界人士的意见吧，看他们如何运用商业手段达到你所想要的结果。”

矢田七太郎伸手示意高桥久雄和石原发表见解。尚未开口的两位见今天会议已定下调子，剩下是他们的事了。

内外棉株式会社石原说：“很清楚，欲征服中国实业界，必先征服上海；欲征服上海，必先征服荣氏。据我摸底，荣氏亏空不少于日币350万元，这是个天文数字，华商金融业不可能救他，据说荣宗敬已经去向不明，自杀的可能性不能完全排除。如果没有他，荣氏企业也就像一幢沙滩上的高楼随时倒塌，日商竞争的威胁自然消除。我以为，现在最佳选择是不作为，等到过年以后，视情形见机行事，我们现在该做的是根据年后出现的各种可能性，做出可供选择的预案。”

东京兴业株式会社上海分社社长高桥久雄说：“荣氏企业规模巨大，一旦倾覆将造成数万工人失业的社会问题，最后中国政府出手相救不是没有可能，我们岂不白白失去机会？据说，他们已向政府方面展开相关工作。”

在畑俊六眼里，商人是只会数钱的政治白痴，他压制住不屑的情绪，耐心地说：“中国军阀正在为争夺地盘开仗，直奉战争已经打响，还有打不完的仗。我国对于中国南方的国民党势力持静观态度，就是让中国社会混乱下去。指望军阀政府出手相救，除了是荣氏的梦呓，谁也不认为有此种可能。”

会议出现静场。

石原觉得有必要提醒各位注意一件事，他说，“据了解，中国的银钱业如果在除夕前收不回钱，按惯例就会将欠债转入明年，在对付钱庄压力方面荣宗敬是一张老牛皮，他是钱庄出身，熬过除夕不是难事，他的消失已经证明他的赖账计划已开始。”

畑俊六对于上海金融的研究尚未涉及银钱业习性风俗这一类细节，听了以后马上反应过来。他提出由日商银行借钱给荣氏的方案，利息要高得让借方还不起，抵押则要数倍于贷款额度，再通过市场手段打压他，到时荣氏企业必定尽归日方所有。

矢田七太郎悠悠地摇头：“太敏感。”

他的意见是不能由银行出面放贷，应以企业名义出面，对于这种正常不过的商业行为，中国方面谁也不能说三道四。

石原的内外棉株式会社是荣宗敬的老对手，今天是带着并吞申新系统纱厂的目的而来，他提出由内外棉作为贷款人。

矢田七太郎又悠悠地摇头："太敏感！"

矢田提出应由内外棉作为实际出资人，以东京兴业株式会社的名义作为贷款人，日本房地产公司大义拯救华商棉纺织公司，这种跨行业的资金援助无可挑剔，最好不过地体现了外务省"两国共存共荣，实行经济合作"的外交方针。

"总领事先生的策划非常周到，"傲慢的畑俊六不得不折服老生姜矢田七太郎的计谋，他转而向高桥久雄和石原发问："你们知道特洛伊木马的故事吗？"

畑俊六也太侮辱人了，连日本一年级小学生都懂得这个古希腊传说，高桥久雄和石原不想搭理他。

畑俊六站起身，对二位喊道，显得十分激动："你们就是日本经济打入中国的特洛伊木马，在华的日本企业都不能忘记自己的伟大使命，一旦中国的大片领土纳入日本的版图——我相信这一天迟早会到来，那么，这匹特洛伊木马将控驭中国的经济命脉。"

矢田七太郎很欣赏畑俊六的恰当比喻，附和道："这匹特洛伊木马是打造得愈大愈好啊！今日议定的商业模式可作为今后的范本，在支那各地广泛推行，将那些被击溃的中国企业尽多地收购过来。另外，向荣氏放款之事办妥后，当指令日侨社会《上海日报》出号外，日中文对照，让全上海知道这桩义举，是多么美好的事情啊！"

事情就这样敲定。

临散会时，矢田七太郎叮嘱高桥久雄，合同文本上一定要写明："获上海日本总领事之许可，存一份于总领事馆备案。"以便将来必要时，日本政府可以给予外交上的支持。

日本东京兴业株式会社愿意出手相助的消息，传到荣德生耳中。他连忙找来王禹卿兄弟商量，三人与贷款方对合同条款连续磋商三天，直到对方表示不可能再有丝毫的退让。

荣德生拿到贷款合同敲定的文本，叹道："这是卖身契呀！"

他明知刀口舔血，明知日方有鲸吞荣氏企业的企图，但是有什么办法呢？为了救哥哥，卖身也干。

合同条款规定：日本东京兴业株式会社同意贷给申新纺织公司 350 万日金，合规元银 220 余万两。日方条件的苛刻在于，一利率，比其时上海银钱业高出3.8倍，为每年 11.5%，不是通行的一年而是每六个月付一次利息；二抵押物，以申一、二、四厂的厂基、厂房、机器等全部财产作抵押品，此外，以福新面粉公司为债务担保人。这等于到期还不了债，三家纱厂尽归日方所有，不够数，连福新系统的面粉厂也要赔进去。三裁判权，合同第十九条规定：关于本合同当事人间发生异议时，应根据日本法律决定之。

合同需要荣宗敬签字生效，离过年只差十来天时间，他躲在哪里呢？

嫂子跟德生说："跟我走。"

自从丈夫失踪，她就打听他的去处。她本能地觉得他没离开上海，因为离开上海会打电话回来。她想王禹卿应该知道，冲到王家，夫妻俩答说不知道。她转身就走，发动阔太党出去打听。这帮无所不能的太太，折腾没几天就打听出荣宗敬的藏身之处，包括丈夫在那儿的所作所为。虽然丈夫离她只有五百米，但她明智地认为不可去搅扰他。她自信替代她在荣公馆地位的人还没生出来。

自备车自荣公馆开到大华饭店不出 5 分钟。王氏风风火火，带德生上楼，直奔荣宗敬的房间。上楼后在过道被两个值班茶房挡住，王氏举手一人赏了一个大巴掌，没等茶房明白过来，她已经猛敲荣宗敬的房门了。

敲了好一会儿没声响，她大声喊道："宗敬，快开门，款子放出来啦！"

她接着又敲，一举手，房门开了一道缝，一个头发凌乱的玻璃丝袜高跟鞋，从门缝钻出来，连狐皮大衣也没顾上穿。

荣宗敬出现了，安稳地坐在沙发上。

荣德生难堪地退出门外，他责备自己干吗那么急，不是还有十来天时间吗？

王氏也坐到沙发上，挨近老公，等他开口说什么，可他偏是不开口。日卿妈妈滴，你个死形，坏绝种！

王氏说："你怎么不说话呢？说啥都可以，比方身体好不好呀，在这儿过得快不快乐呀？"

荣宗敬还是不吭声，斜妻子一眼，自顾自点火抽烟。他觉得此时不开口是最明智的选择，瞧你拿我怎么办？

装哑巴是吧？王氏有的是办法，她在老公腿上狠狠地捏一把，就是不放手，疼得宗敬连声叫唤。

"原来没变哑巴呀，"王氏说："这下该说话了吧，说吧，就是别给我说没跟她上过床！"

这情节太凄惨，荣宗敬更不想说什么了。

"天下那么多女人，你为什么偏要将她们压在身下？"

这话语像刀子，荣宗敬脸上开始愠怒。

王氏见好就收，十分有分寸："你是跟我回家呢，还是继续住在这儿？"

"我干吗还住这儿，回家啰！"荣宗敬站起来，伸展着双臂。

荣宗敬对于借款合同，认可全部苛刻条件，提出一处小小改动，需对方认可修改后，他才能签字生效：借日元还日元。

荣德生、王禹卿问他为什么？

他说，以后你们会明白。

当晚，荣公馆来了一位贵宾，通报进去后，荣宗敬、荣德生连忙下楼迎接。向日商借款成功，走下楼梯的荣宗敬脚步轻松，像刚刚输过血的病人恢复了生气。上海银行总经理陈光甫却是神色严峻，没有寒暄的兴致，被仆人引入客厅坐下后，劈面问：

"荣先生向日商举借巨金，真有此事？"陈光甫消息够灵通。

"确有此事。"

"荣先生，不可为啊！"

"光甫，这是我的唯一生路，在没有生路的情况下不得已找的一条生路。"

陈光甫严重的眼神透出内疚的心情。"值此生死关头，我不能助荣先生一臂之力，尽一份辅助实业的责任，实在无颜见人。"

陈光甫的上海银行纵使后来蜚声东南，实力雄厚，但目下拿不出这笔巨款，况且他不久前被军阀请去，以饥军行将哗变，无法制止相要挟，迫令他承借一大笔钱。

荣宗敬十分体谅他的处境，"有陈先生这句话，我便十分感激了。我们不是都信奉'人争近利，我图远功'这句话么？来日方长，还怕合作机会少吗？我将来还要做你的股东，你不要拒之门外喔。"

借到债，荣宗敬风凉了，以至于有兴趣说笑。他想做上海银行股东是真的，这次危机中，各行庄铁青面孔逼债，如果他是他们的股东还会这样吗？入 20 万股本借 50 万甚至 100 万是没问题的，他以前怎么这样傻呢？他在大华躲债期间想清楚这件事，后来，他果真成了二十余家银行钱庄的股东、董事，包括陈光甫的上海银行。

陈光甫说："我担心荣先生饮鸩止渴，事业从此拱手相送。"

"！"

"东亚兴业株式会社高利息放款欺负华商，尚且不提，荣先生难道看不出日本人的狼子野心？该株式会社乃日本垄断资本，目的不在攫取高利，放款仅一诱饵罢了，乘机控制你荣氏企业，遂其蚕食鲸吞阴谋，乃是本意。"陈光甫兴办上海银行，将个人的事业与推动本国工商实业捆绑在一道，对外国势力插手中国纺织业别具敏感。

荣宗敬倒向沙发靠背，让自己放松一下，而后坐端正。

“光甫，金融业前途与实业相似，埋伏危机和灾祸。你在行业中不是以懂得‘随缘善变’著称吗？环境支配发展，应付有时而穷，所谓穷则变，变则通，能改良应付之办法，则进展开通之景象。工商实业界相继失败者，皆为不知变通之误，我既被逼入绝境，又怎能坐以待毙！”

“荣先生雄才大略，本人一向叹服。不过，你已入日人彀中，此次风险冒得太大了！”

荣宗敬极力克制住自己，还是难免向来宾流露出“杞人忧天”的表情。

“日本人腹中是容不下我荣宗敬的，”他习惯性地翘起大拇指，指着自己的鼻尖，“今日虽受胯下之辱，来日当有雪耻之时。与其说我入日本人彀中，不如说日本人入我彀中，日本人将我养壮了与他斗。我是权且借粮度荒，什么时候忘记过我的真正对手？为国家争权利，为社会服务，是我终身职旨。”

“但愿上天不负苦心人。”陈光甫见不能阻止这场交易，忧心忡忡地说。

兄弟俩将客人送至楼外平台后，回到客厅坐下。

荣宗敬怀着歉疚的目光望着弟弟，每逢危机，总是弟弟出面斡旋，为他揩屁股，令他难言情愫。这会儿他微微摇头，似乎在指责自己又似乎向德生道歉。

德生说：“出纳部主任严少兰说，快下班时几家钱庄跑街赖在总公司，不拿到钱不肯走。”

“该急急这帮跑街先生，叫他们回家陪老婆去，到大年夜来取钱，连本带利不差一个铜板。”荣宗敬想起有恩于他的汪厚庄老先生，添说道：“汪老伯的聚生钱庄例外。”

“我以为早些还款好，不就差十来天么，早还明年有点感情，以后还有用得着他们的时候。”

“上海滩最无情是钱庄，跑街尤其混账，我恨不得扇他们耳光，再在屁股上踢一脚。”宗敬被跑街先生逼得躲了一个多月，余怒未消。

“金融进出就凭信用，失信用等于失前途。跑街先生也是为老板打工，我们开过钱庄，应予体谅！”

“好吧，按老规矩，明天第一张银票开给聚生！”宗敬说。

三十、江西路 58 号

上海江西路 58 号(今江西中路 421 号)是一幢坚固得如同英国城堡的建筑,与西摩路荣公馆相比,更偏近于巴罗克风格,雄浑厚重。建筑表面是用凹槽、圆柱、巨大的穹形窗棂、雕花纹饰装饰起来的。屋顶四角,角牌图纹精致,屋顶中央,钟形塔楼为大厦增添威严的气势。它骄傲地矗立在租界的楼宇丛林中,阔大的气派与华商最大实业公司的地位完全相称。

荣宗敬的汽车缓缓地驶进天井,在装饰考究的希腊神庙式三角楣门穹前刹住。大门右侧刻有凹槽的圆柱上钉着一块厚重的铜牌:茂新福新申新总公司。左侧门柱钉着一块同样内容英文公司铭牌。不知为什么,英文铜牌要比右边那一块要矮一截。

门厅内覆有大理石护壁,整个门厅的雕饰不那么繁复,却堪称庄重。门内顶部挂着北洋政府大总统赐给的“裕良推仁,屑玉流辉”大匾额,匾额下面是一块雕有三颗五角星的小横匾。这里所有的门额上都饰有三颗五角星,分别象征着茂、

1920 年造三新总公司

福、申三大实业系统。

荣宗敬穿过门厅,既不进电梯也不上楼梯,朝右走进面积广大的大厅,大楼底层半边,除临南窗隔出三间银账房之外,其余是摆满办公桌的大厅,这里是申新纺织公司营业部,总公司总经理办公室就在大厅右角,十分简陋。

这座大楼对荣宗敬来说亲切而又熟悉,大楼的设计完全按照他构想了几十年的样子实施,三角楣门穹,罗马柱,高而厚的护壁板,短而结实的磨刀石梯道,笨重的铜把手。他置身在三十多年的梦想中,而梦想业已化成现实——这是他的王国。他在这儿擘划、决定一切,享有绝对的权威。周围到处是崇拜他的人。人类文明进程中的一切社会权威都是从父权发展而来,他觉得自己就是一位父亲,三新公司属下的工厂都是他的儿子。他将有更多的子孙,因为他对数字抱着永不满足的心理。没有比到处感受到父亲般权威的人更加踌躇满志,他在这里发号施令,他不仅是总公司的象征,还是上海的标志,中国实业界的标杆,更像一位枕戈泣血的将军,不会在失败中沉沦,向往战场上的厮杀。

职员们纷纷从办公桌或柜台后起立,向穿着长衫和圆口布鞋的总经理问候,荣宗敬和蔼地向他们招手,请他们坐下。借到债他一身轻松,一边抚摸剃光了的头顶,一边就用那只手向职员们频频示意,动作很为潇洒。惊惶不安的情绪已经在公司大楼内消失,出现人人安心的气氛。他穿过整个大统间,走向大统间最里一角用木栅屏风隔出的小间,在高背皮靠椅上坐下来。这个风风火火的人不忙干什么,而是要先休憩片刻,作短暂的享受。这张高背靠椅是他亲手缔造的实业王国的宝座,他坐在这张椅子上,权力欲得到充分满足。他在实业王国权力高峰上主宰所有的人和事件,而不要去服从任何人。他为之艰苦卓绝地奋斗一生,终于得来这片刻的享受——拿破仑式的享受,但不会满足——这张椅子不但是中国面粉大王的宝座,不久的将来,势必是中国棉纱大王的宝座,他将拥有实业界无人可与媲美的地位。

鉴于从振新纱厂被赶出来的教训,茂新、福新、申新总公司采取无限公司组织形式,负无限责任,这意味着大股东身份的总经理可以充分伸展自己的意志,成为至高无上的君主。荣宗敬的远大抱负和性格驱使他追求获得这种权力,他的思想必须畅行无阻,让三新总公司百分百地体现他的人格精神。中国人谁都梦想做皇帝,荣宗敬的帝王欲历尽磨难后在这座大楼里如愿以偿。

总公司有庶务、文牍、会计、粉麦、花纱、五金、电气、运输各部,60多名职员中家乡人差不多占了一半多。屏风外传来一片无锡道白,或是无锡腔十分浓重的上海话。今天最早进来打扰他的是庶务部主任荣吉人。他从大公图书馆调来担任此职。荣吉人告诉总经理，昨天晚上麦务部和报关部几位练习生通宵不归，天亮前从大铁门上爬进来，现在还在偏楼宿舍里睡大觉。

“是家里几位族人吧?”

“正是。”

荣宗敬敛蹙眉宇，双眼流溢出暗昧的神色。面粉出口受阻，报关部几乎置闲；粉业不景气，麦务部也没有那么忙了，以至练习生潜入十里洋场鬼混，夜不归巢。公司规定每晚十一点闭门，可是声色犬马比制度强横，怎么处罚他们呢?

庶务主任进言道:“败坏公司风气，长此以往还了得? 姑念初犯扣一礼拜薪金，倘若再犯，打发他们回老家种田。”

总经理说:“年轻人贪玩，姑念初犯，尚可谅宥，还是按老规矩办吧!”

庶务主任无可奈何地摇摇头。凡是职员有过失，不论大小，即使亏累损失，总经理均加以宽容，唯一的惩罚是念一遍《宗敬阅历谭》，这种招术灵光吗?

《宗敬阅历谭》是总经理为全体职员亲笔书写的座右铭。总经理办公室屏风与营业柜台之间有一小片空地，置几张沙发，是总经理会客的场所，《宗敬阅历谭》就挂在木屏风外侧。不一会儿，几位睡眼惺忪的练习生被庶务主任赶到木屏风前忏悔，立壁角。

练习生难为情地窘在那儿，这是最丢脸的事，喉咙里含糊不清地嘟嘟囔囔，颇似和尚念经。

“念出声来! 一字一句念清楚!”庶务主任绷着脸，瞪着荣姓特有的大眼睛命令，气得眼囊发抖。

于是，几位练习生挺直身体，盯视着那面长二尺有余高不足一尺的镜框齐声诵读。

宗敬阅历谭

古谓人生最惨是生离死别，予谓最苦是失业赋闲，失业则一受经济之困顿，二遭家室之交谪，三被亲友之冷眼热嘲，四或如苏秦父母不子。人当赋闲无事，株守待兔，日则仰屋兴嗟，书空咄咄；夜则攓床反侧，短叹长吁，所以捧牢饭碗千万宝视，切勿看轻而嫌薪水之微薄，作事之烦杂，待遇之苛刻，乃至失业闲赋复乞升斗而告贷无门，遇亲戚而歧途相避，到此时而欲求一枝之寄一榻之借一粥之饱且不可得。虽欲望苛刻之待遇，烦琐之工作，微薄之薪水，而不可得矣，遑论其他哉。宋贤书云：书到用时方恨少，事非经过不知难。现在无论工商农学政各界，一句话：人浮于事。鄙谓不然，并非人浮于事，实乃事浮于人，何也。实因平时观人，往往事情能件件会样样懂，乃到要真正请教，谚所谓：若要盘剥，性命交托。大多无事时望有机会仅占一席地已心满意足，愿竭力从公。一旦得事，则长短不适，轻重不安，烦简不宜，横弗称意，竖弗遂心，弄到介绍人头胜栲栳般，大东翁念阿弥陀佛，盼望年底快快来临。若机关、学校、商店、工厂欲求一有恒心，有毅力，肯负责任，肯尽忠忱之友朋，踏破铁鞋无觅处，岂非事浮于人耶！倘若斯人年富力强，性格温和，举止端正，语言谦虚，做事谨慎，管理周到，待人忠恕，能以己心度人之心，能负责任，不袖手旁观作自了汉，此其人尚有失业赋闲者乎？若能尽心竭力效忠处事而有赋闲失业者，我不信也。愿我同人三思此言，铭诸座右。

荣宗敬述

几位练习生齐声诵毕，心头发虚，听庶务主任一喝，两腿更是颤晃起来。

“眼下是什么月份了？”

“临近年关。”

“到荣先生总公司谋上职务是修不到的福气，看来你等不想捧牢饭碗，不打算拿来年的聘书了。”

“不，不，请求饶恕一回，下次再也不敢了。”一个练习生哭丧着脸说。

“总经理言重胜似父教。俗话说：慈父不爱无益之子。如将总经理的宽宥认作放纵，到时流落街头，做小瘪三、小流氓，哭也来不及！”

荣宗敬左手握着话筒，右手拨着算盘，在里间忙着。他无疑被交易所绑架了。他根据报来的财务数据，亲自核算一遍自己工厂生产的每件纱的成本，再与交易所的收市价比较，成本时常高出后者，这意味着不少纱厂将停工或者倒闭。他绞尽脑汁不断制定交易所的买卖方案，努力把输掉的钱捞回来。

是时候了，他甩下话筒，从高背靠椅上立起来，打算到楼上会议厅主持每日召开的生产业务会议。从木栅屏风外经过时，停住脚步，对伫立在那儿的几个小伙子瞪着眼说：“小赤佬，你们可以对不起我荣宗敬，不能对不起生你养你的父母。我到上海学生意的辰光，为老板娘洗尿布、倒夜壶，常常吃不饱饭，你们是身在福中不知福！本公司由练习生而成资本家者比比皆是，你们应从小立志做老板，若玩物丧志，无此报负，现在就滚蛋，别在这儿瞎胡混！”

荣宗敬乘电梯登上二楼。会议厅内，德累斯顿大座钟当当敲响十点。荣宗敬从茶房拉开的刻花玻璃门中走进去，进门右壁是一面上部饰板上刻有三颗星的大镜子，茶房按例给他递上一块热毛巾，荣宗敬对着那面镜子擦脸，发现自己还沉浸在适才的愤怒中，“现在的年轻人真是不知好歹，我当年——”他摇摇头，叹息一声。

会议桌上茶水已经摆放停当。王禹卿刚从二楼面粉营业部踏入会议厅，接线生就将他的电话接过来了。他抓起话筒静静听着，脸色难看。荣宗敬料定又有什么不利的事情发生了。

时运不济，自从迁入总公司大楼后，荣宗敬日子没有好过过。第三次危机好歹度过，南北军阀混战越演越烈，吴冯交战，曹张交战，江浙则是齐卢交战，工商受挫，民生潦倒，加之日资纱厂竭力在交易所中打压棉纱价格，又在现货市场上与交易所遥相呼应，平时，日厂的纱每包比华商高出数两银子，目下反而低下10两，华纱不得不与之俱跌，纱价一落千丈。他用尽心机想防止的事，不幸一一发生，再次证实他早前的判断：上海的竞争是国际资本之间的较量，他不可避免地卷入世界性经济风浪中。不建立一支庞大的舰队，是无法战胜风浪的。在挫折面前，暂时的退却和更高涨的自我陶醉在他胸臆中混杂在一道。

总公司大楼内既没有会客室，也没有人们想象中的豪华会议室，主人不讲究这些。有这么一幢宏大轩敞的洋楼足够他满足。上海各厂的经理每天上午在这间可以容纳数百人的大会场内开会，在离门不远的长桌上围坐成一圈。荣宗敬只要看与会者的脸色便知道下属各部门的情况，今天，陆续进门的各位大员神色沮丧，见到他后勉为其难地向他含笑致意。市场形势恶化，谁也开心不起来。

会议开始，临近年底，各厂通报的生产业务情况令人消沉。设在无锡、武汉、济南各厂是以邮电通讯方式互通信息，内地各厂的情况因远离外国资本而尚能立足。今年种种迹象表明，面粉系统将有一定的盈利，纱厂系统不亏便是好事，荣宗敬想争取的事是能否不亏，至少要把日本东亚兴业会社借款的利息挣出来。这需要提升士气，振奋精神。弥漫会议室的低落情绪下午就将传至各厂、各车间，兵法上将“治兵振旅”列为首要，一支精神萎靡的军队能打仗吗?

荣宗敬坐在主席的位置上，向长桌两边的佐理人员扫视着，“全遇上丧门神啦，请诸位振作起来!”他喊道，“自1900年创办实业，迄今二十余年，之所以形成今天的大局面，仗赖于持志坚强，永不消沉。我在资本蚀光，钱庄倒闭之时，人家跳黄浦江，我硬是挺了过来，由此悟到一条人生哲理：失望乃埋葬希望之坟墓。人生数十番寒暑中，不是熙熙攘攘便是怨怨切切，只须一次动摇，一生俱毁。而今，我们拥有十几家工厂，数千万资本，面粉和棉纱的生产能力各增长数十倍。势头如此，何患日后？我荣氏事业为各位共同事业，宗敬期望共事诸君一如既往，患难与共，奋发图强，持戈以待。”

总经理摆出十足的沉毅不挠的气概，却未能消释同事们心头笼罩的阴影。

长久的不安的沉默。

王禹卿身为经理兼面粉营业部主任，在总公司的地位仅次于总经理，又有与总经理艰苦创业的历史，只有他来打破僵冷的场面了。

“去年面粉价格下跌，但茂新福新各厂加强管理，减低成本，稍有盈余，可见企业尚有潜力可挖。”王禹卿的男高音圆润响亮，“刚才，汉口福五电告，因向申四供出30万两，流动资金告罄，求总公司调度，严先生能想出办法来吗？”

出纳主任严少兰摇头叹道：“总公司两间银库中拿不出什么银子来了。银库门不锁也没人进去偷，我不会变戏法啊！”

这就是说，由于荣宗敬坚持办申四，前后用了100多万两，造成资金运用上的困难，不然，日子就会好过得多。荣宗敬敏感地意识到助手们的埋怨情绪。

“多一家工厂就多一个赚钱机会。”总经理立即作出反应，“如果不办汉口申四，福新五厂制作粉袋的布只能向外厂购买，利益白白被他人占去，该算这笔账。”

福二经理丁梓仁仗着是荣宗敬姻亲，直陈其词：“今年本厂产量下降二成，究其原因，一是洋粉竞争，二是政局不定、军阀混战，导致产麦区田地荒芜，收成直下。请总公司解决小麦原料，否则，下年前途未可乐观。”

荣宗敬将福二经理的要求记录下来。申一近来情况如何？该厂一向盈利优厚，又添置了2万5千美锭。荣宗敬把目光投向申一经理。严裕昆就怕没有为主人效命的机会，申一各班开足，在资金营运上酌盈济虚，弥补着棉纱市场消疲的不足。

严裕昆说：“本厂加强管理，力降成本，除降低原料消耗外还大量雇佣童工，童工用于拾筒管、落纱、扫地等，派大人用场，工资却每天只需1角左右，故而开支减轻，尚能应付危局。以前出门抄身，偷棉纱者处以罚款，仍不足为儆，现在，若抄到棉花，一律让巡警押送，游厂示众，然后再视情节，或罚工几天，或干脆停生意。现在，谁也不敢捣蛋，漏洞完全杜绝。”

肥头胖脑的严裕昆眼睛陷在松弛的眼皮里，慷慨激昂。

申二情况就糟糕得多。经理书生气十足，花价已高，成本加重，加上管理不严，出货缓慢，乃至产品出厂，棉纱又降价，今年难免亏损。李国伟从武汉来电报说，今年申四也可能亏损。德生管的无锡申三虽有盈余，但资金被总公司统走。申三报送一份有总管薛明剑起草的《实行科学管理，改革封建工头制》的施行办法，如果付之实施，将大大降低成本，提高生产效率。但这种牵涉根本制度的事，荣宗敬需要好好想一想，不宜在会上拿出来讨论。

福新一、三厂经理王尧臣呆在座位上一直没吭声。这两只老母鸡眼下疲惫无力，产量只占生产能力的60%，其中原因是原料不足。只能通过辞退工人、降低各项成本，维持局面。王尧臣这段时间每天与总经理晤面，厂内情况用不着在会上多说，免得煞风景。他在会上的建议是进口原料麦：

“国内战祸不已，交通断绝，麦子产量下降而采购者日众，加之利率运费增高，凡此数者，有一已足以制厄粉业的发展。而今年欧洲农业生产已恢复，美国、阿根廷、加拿大农业丰收，洋麦价格便宜，运费较内地反而低廉，故可从美洲进口小麦，直接抵达吴淞港，可免国内交通阻塞之弊。”

各面粉厂经理一致赞同此建议，荣宗敬又将它记录在案。

“我茂福申系统粉纱兼备，且面粉产能国中为首，仅自制粉袋一项就比同行有颇多优势，此其一；我国地广人众，棉布需要，日见增多，纺织业的光明前途可以想见，此其二；我国纺织业的困境是日本以种种方式破坏引起，蓄心之阴险，手段之恶劣，令华商棉织业陷入恐慌年代。由此可见，如有适当办法应对，则有可能转机，此其三。日商财力雄厚，既难以在交易所斗赢它，是否可用迂回包抄之法呢？我看是有的。”

荣宗敬向在座各位介绍他深思熟虑了几天的办法：一是联络各纱厂，凡所出产品，一律不得进入任何交易所，以维持市面；二为保全成本，维持纱价，各厂自行核算定价，按既定价格出售，可加高但不得减少；三他将建议纱联会联合各厂共同出资，向纱布交易所购进棉纱数万包，以稳定市场价格，其盈亏日后由各厂按股公摊。这一招，荣宗敬吸取了以往教训，他单打独斗斗不过日本人，所有华商的臂膀伸出来，难道拧不过小日本的臂膀，他死了也不信；更不用说，华商纱厂的棉纱不进交易所后，交易所的存货大量减少，将压缩炒作空间。

荣宗敬的发言引起全场的热烈鼓掌，句句在理，他们用掌声表示，为有这样的领军人物而骄傲。

荣宗敬示意各位不要鼓掌：“诸位，把掌声留待日后，现在为时尚早，荣某人领受不起。时势艰难，各厂经理应于制造方面，恪尽职守，镇定不乱，力降成本，一切听总公司运筹调度。总公司犹如人体之大脑，各厂各部门则是五官百骸，在这患难之际，更应同心协力，共渡难关。”

荣宗敬语音未落，文牍部一位老先生慌里慌张冲进来，在空中挥舞双手，牙齿打颤，说不出话来。

他结结巴巴地说:“不……好……了,福一起火……烧光了……”

福一经理王尧臣脸色发白,瘫倒在椅背上。

荣宗敬近期所做的一切,就是鼓舞士气,让他的同仁们看到未来。这一把火把他的努力也烧得支离破碎了。他皱一皱眉头,站起来朝门外喊:

“备车!”

三十一、雪球越滚越大

公元 1923 年，民国十二年。

这一年，对中国工商业老板的敌意愈发加重了。

上一年还能吃些残饭剩羹，今年桌面上连骨头也见不着了。申新纺织系统一至四厂因军阀混战，税负苛重，花贵纱贱，全体亏损总计达 92.5 万元；福一烧掉后，茂新福新面粉系统十一家厂，除福六微亏，合计盈利 68.81 万元。幸有粉厂挹注，申新系统藉以维持。荣家兄弟的日子相对比较好过，而沪地的其他纺织厂，日企的威胁始终伴随左右，或倒闭或停工者不绝于耳，一片风声鹤唳。

一日午后，穆藕初给他来电话，请他与聂云台在大华饭店共进午餐。上海实业界铁三角聚会，无疑有要事商量，业中许多事，铁三角的三脚撑一撑也就解决了。

大华饭店因其豪华的气派和精致的中西菜肴，成为上海滩实业界翘楚的聚会之所，商界巨头朱葆三、虞洽卿、傅筱庵之类闻人也出没其间，将张园逼入二流场所。粉、纱两业的大老板在此聚首，荣宗敬总得出席，他现在是上海面粉公会副会长，全国华商纱联会副会长。

包厢内，大理石大壁炉，深棕色镶木墙裙，变形的爱奥尼克式方壁柱，在典型的英式风格中摆放着考究华贵的中式餐桌椅。桌上铺开银台面，精馔佳肴由穿着红色号衣的仆欧一一端上桌面，账房依例问要不要歌女陪酒助兴，被穆藕初一扬手拒绝了。

三位棉纱业巨头，此刻从各自的战壕里走出来，到这儿汇聚一桌。

纱联会会长穆藕初今天脱了长袍，一身大卜领西装，圆形的玳瑁边眼镜后目光沉滞，浓密的八字胡加重他脸部的忧郁程度。主人无意下箸，倒是荣宗敬先举杯："二位，有些日子未一起坐了，先干一杯！"

穆藕初是一位民族意识特别浓烈的实业家，具有一代大商人的思想高度和理想人格。他开先河在企业中引入泰罗制的科学管理方法，德大的棉纱质量胜过英、日产品，居于上海各纱厂之冠。被誉为“在技术上开一新纪元”的厚生纱厂，洞开大门，欢迎同行参观取经，令大股东很不高兴。他发表《纱厂组织法》，毫无保留地将他办厂的奥秘公诸于世，为的是大家都把厂办好，中国纺织业才有可能战胜对手。他似乎不是一个资本家，更像社会改革家。他继创办德大、厚生后，又在郑州创办豫丰纱厂，享有棉纱大王的美誉。与荣宗敬发起华商纱布交易所后又任理事长，无论是业绩还是威望，是国内纺织业的第一号人物，堪称民族企业家的灵魂。

一年多前，穆藕初还是雄心勃勃，胸怀大志，在德大纱厂南边扩建新厂，装置美国沙克络纱机 1 万余锭，赫乍灵墩线机近 3 千锭，新进的设备尚未使用，纱业危机发生了。悲哀的是，他被日益加重的人事纠分折磨得精疲力竭，太阳一升起都有麻烦，新厂尚未运转便被债主逼到拍卖的地步。简单说吧，他跌入荣德生在振新纱厂类似的遭遇中。在三家纱厂出现亏损后，穆藕初并不气馁，提出厚生纱厂由股东增资度过危机，可大股东不仅拒绝增资，反而对他的经营处处刁难阻挠，乃至人生攻击，他愤而辞去厚生纱厂总经理之职。郑州的豫丰纱厂为了摆脱困境，暂时出租给上海美商慎昌洋行。穆藕初在内外交困之中，忍辱负重，极想保住德大纱厂这块最后的领地，尽管他在这家工厂没有股份只是职业管理人，也不惜变卖家产支撑生产，直至将自己的住宅卖掉，终究独木难支大厦倾倒。这个绅士兼学者脸皮儿薄，在债主的追讨面前没有荣宗敬掼死蛇的能耐，也缺乏运作资本的玲珑手腕，在德大纱厂债务到期后，该厂被钱庄收去，令其在实业界丧失立锥之地。在丑陋的国家中，他的远大理想和满腔热情无人理睬，社会的沉疴与病痛由此可见。变成闲人的穆藕初，常与著名佛学大师弘一法师和太虚法师切磋佛理，自感大启愚塞，将信仰佛学认作自救救人最积极的无上法门，同时，他热衷于昆曲艺术，借以宽解沉重的郁闷。

又一位民族企业家的灵魂无处逃窜。东方斯芬克斯吞掉的不止是满脑子妄念的家伙，也吞掉穆藕初这样立志振兴民族经济的清醒的人。

穆藕初身心极度疲倦，眼瞳中流露的尽是绝望。德大纱厂是上海滩最早的华商纱厂，是他的心血之作，钱庄拿去后登报以 65 万元转让，他不愿它落入不善经营的同行手中，更不想它落入日商手中，希望它依然负起与外国资本竞争的责任，他的失败也就不那么凄惨了。

他将两位纱联会副会长请来，一是对自己离开纺织业作一告别，二是与同僚磋商，这家在国内具有标志性意义的工厂谁来接盘？

穆藕初呷一口酒说："我少有抱负，目击时艰，弃科举，求新学，自美国留学归还，视当时沪上大多是英商日商操纵我国计民生，遂决心投身民族工业，不料落到如此下场，惜两行痛泪，无补时艰。"

穆藕初潸然泪下，失声痛哭，场面令人难堪。

惺惺惜惺惺，荣宗敬安慰他说："国计之大，民生之要，由实业绾其轴。我辈慨然而起，以挽狂澜塞漏卮为己任，奉实业为救国之道，即使失败也属光荣，可以问心无愧。"

穆藕初讲不出如此亢奋悲壮的话来，内心有说不出的苦与委屈。

"为我国有钱者办事，无他希望，其唯一目的在乎赚钱而已。"他向荣、聂二位倾吐心声，"当纱厂兴盛，年年盈余，股东对我恭而且敬，其情形不能以言语形容；及至纱市衰落，我身受不堪之景况，耳闻污秽之语言，虽罄南山之竹，不足以描写其万一。唉，中国的富翁虽有恒产但无恒心，都是地主收租心态，必须年年旱涝保收，有远见卓识者太少了。"

这是又一个被资本这条狗咬伤的人，令荣宗敬无语。

棉纱业直线下滑，除非外商无人敢买纱厂。荣宗敬心里发痒，但手中无钱。德生近来一个劲在他耳边喊话：紧缩金融，暂停开拓。

聂云台近来周身无力，出虚汗，医生说他气阴两虚，元精耗伤，他连做梦也会从实业这个地狱中惊醒过来，出一身虚汗。这个曾国藩的外孙，实业界的一代明星，在顺风顺水时各方面表现出杰出的才干，当选为上海总商会会长，站到中国企业界舞台的中心。但他经不起商场的惊涛骇浪，几个大浪一击就被打懵了，欠缺荣宗敬那种死皮赖脸也要顶住的顽强。他的恒丰纱厂已经停工，为维持其他企业的周转，大肆举债度日，开工不到两年的大中华纱厂正打算忍痛出售，以此偿还债务。他面临的灾难是多方面的，中美贸易公司向美商订购颜料，因价格跌落损失 30～40 万两，中国铁工厂经营失利，已被债权人拍卖。经营上的失败使他在工商界的信誉度大幅降低，上海总商会会长职务被人替代，在官僚大家庭中也饱受攻讦。聂云台虽然名义上还是恒丰纱厂的董事长，实际上已从实业界的中心淡出，往日的风光转眼成了不堪回首的历史。这个基督教徒万念俱灰，看破红尘，与穆藕初归入同一个精神居所，成为虔诚的佛教居士，在阿弥陀佛中寻找安慰。

"宗公适才畅言实业救国，到此地步尚有锲而不舍之志，健而不息之诚，着实可佩。"聂云台说，"祸与福相贯，生与亡为邻，人生无为即福，跻身商界数十年，今成畏途，我打算从此息影社会，在长斋念佛中打发余年。”

什么叫欲哭无泪，这就是了。

荣宗敬想不通这位风云一时的人物竟会坠落到如此的绝望中，规劝道：“安危相易，祸福相生，岂能为一时之失浪掷一生。做生意就是有赚有蚀，不会永远蚀，也不会永远赚，蚀了就罢手，就蚀定了；蚀本时不停手，反而放手做，挺到时来运转，就能赚回来。”

这就是荣宗敬的生意经，非常朴素，广生钱庄就是凭赖这种逻辑变成了三新总公司。

“唉，”聂云台听后深深地叹一口气，“身危不安，小弟心若死水，已不愿在这个世界上争勇斗狠了。”这个充满民族主义爱国热情的人，不久前畅言“当今社会之改革，学术思想之变迁，为历史上最关键之一时期”的人，宣布退出历史舞台。

又一个被东方斯芬克斯玩弄得血迹斑斑的类型，宁愿将受困的灵魂交予佛陀解救。

穆藕初、聂云台属于适应新的国际趋势，准确认识时代和世界的一代才俊。荣宗敬从多方面向他们学到不少东西，怎么一下子全垮了呢？今天真是一个鬼日子！他一个读私塾的人尚且懂得的道理，两位通晓中外满腹学问的兄弟怎么不懂得呢？两次被赶出上海，三次陷入企业危机，他要是像他们似的，现在不知道在哪儿鬼混呢！他觉得有责任再一次规劝两位不可轻言放弃：

“二位，本人比你们大几岁，体悟入世以来的种种经历，人生熬得住才有人生，切不可因一时之难，一念之差，丢掉大好未来。我们仨是三脚撑，少一个，三脚撑就撑不住，对实业界不啻是一大精神打击，有志于实业救国的后来者也将望而却步。”

穆藕初端着银质酒杯在餐桌前踱来踱去，把领带扯松，他棉纱大王的称号是徒剩虚名了，但依旧是北洋政府农商部的名誉实业顾问，极受政府重视。这个在“五四”期间义愤填膺、奔走呼号，在历次纱联会董事会上措词尖锐、谴责外国经济侵略的棉纱业领袖，将在这个位置上亟尽努力。他以悲凉的调子说：“我一腔热血已冷，然而，求国家富强之心未泯，愿继续效力于社会国家，在实业之外为发展实业效命。”

说完，他把酒杯往荣宗敬面前一顿，“日后纱联会会务由你擘划一切，会长一职，非公莫属，望阁下当仁不让。来，干杯！”

“这杯酒不能喝，敝人才疏力薄，仅治本公司已感吃力，如何能担当这一职务？”荣宗敬立起来，拒绝干杯。

聂云台端着银杯走过来，将酒杯置到桌上两个酒杯旁边，“宗公粉纱二业互济，拥有工厂十六七家之多，谁都啃不动你，就靠你为我们斗一口气了，云台在长斋中念佛，也当求菩萨保佑你。”

穆藕初把酒杯塞到荣宗敬手中，逼着他干杯。

“你们说喝我就喝啊，没那么便宜！”荣宗敬说，“你俩得答应一个先决条件。”

穆藕初说：“喝完酒再谈条件。”

荣宗敬说：“不行！你们不答应我的先决条件，我转身就走，从此不再与你们见面！”

穆藕初问：“到底什么条件啊，还先决？”

荣宗敬说：“三脚撑不能倒。不管你们干吗去，都得撑着我！”他抽噎着说，话没说完，已经热泪盈眶了。不是他存心耍赖，他为两位曾经并肩挺立的老友哀伤，他在友情、精神、学问诸方面，需要得到他们继续的支撑，在风云莫测的战场上，他们仨依然要携手并肩挺立着。

荣宗敬的言辞将穆、聂二位的内心搅翻，难言滋味，他们发觉他竟是这样一个有情有义的人。穆藕初说：“宗敬啊，谁说三脚撑倒了，不就是你在说吗？不管到哪一天，你不是一个人的战斗，我们永远都会撑着你！”

三杯苦酒灌进肚皮。

烈酒烧灼着胸腔，筵席上长久沉默，凄风惨雨。三人陷在不尽的感叹中。穆藕初掏出手帕抹抹眼睛，以割肉般的颤颤揺揺的声音说：“债主欲将我德大纱厂拍卖，如何免使该厂落入日商手中，你们二位要帮我想想办法啊！”

荣宗敬思忖一会儿说：“找永安郭氏谈过没有？”

郭氏是上海南京路永安百货公司大老板，以经营“环球百货”为主，兼营旅馆、酒楼、茶室、舞厅、游乐场、金融等业务。五四运动后见纺织业有发展空间，招股筹办上海永安纱厂，成为棉纱业的后起之秀。在眼下纺织业倒运的年头，永安凭强大的资金实力支撑局面，调度有方。聂云台请人说项，决定把自己的大中华纱厂卖给永安郭氏。

聂云台说：“我已与郭氏谈妥，把大中华卖给他，郭氏方面恐怕无力再吃进第二家纱厂。”

穆藕初叹息道：“萧条时期，郭氏却能平安度日，不愧为后起之秀。”

聂云台说：“郭氏有商业支持，纱厂总经理郭顺又是做交易所的一把好手，套汇套息，花纱倒手，放开手脚做，赚了许多钱弥补亏损。”

荣宗敬耳朵早已发热，说实在的，他心情愈来愈烦躁，他很想买下德大，添为申五，德大在浦东，有河道直通黄浦江，合乎他占领黄浦江的战略规划，但钱在哪里，他为此痛苦着。

“藕公，德大标价多少?”他问穆藕初。

“债权人60万两拿去，估计65万两出手。”

“太便宜了，老厂有1万6千锭，新厂有1万2千锭刚安装好，简直是半卖半送啊!”荣宗敬脱口而出，他知道65万购买的不光是硬件，穆藕初的全套科学管理制度、实施细则、他培养的管理人才和技术人才，全都是白送的，这对他来说更需要也更值钱。

“我买下!”他眈着眼睛说。

“你欠了一屁股债，日本人的钱还未还，钱在哪里?”穆藕初瞪大眼睛瞠视他，骇愕不已。

“虱多勿痒，债多勿愁嘛。”荣宗敬自嘲地一笑，“人争近利，我图远功，德大被他人购去，我添一竞争对手，如果欠债购进，日后赚得更多，形势好时，申一每年赚100多万两，买厂的钱不是半年就赚回了。”

“也要有人肯借钱给你呀?”

“请藕公告诉我厂在哪家钱庄手里?”

“聚生钱庄。”

“天助我也!”

聂云台乜斜眼睛瞧荣宗敬，他的眼神在说，这是一个永远无法理解的上海滩的稀有动物。不过，他还是站起来，提议为这笔交易干杯。

午后，荣宗敬一回总公司，第一件事是与德生通电话，他觉得需要听听他的意见，请他今晚赶到上海看厂。德生觉得竟能讨这么大便宜，又能使德大纱厂免于落入外商之手，意外地没有表示反对。宗敬松一口气，装满肚皮的理由可以省去不说了。

德生只是询问:“再便宜也要钱，钱在哪儿? 无锡穷得再也调度不出钱来。”

“我也穷呀，穷得只剩下钱。哈哈，人家口袋里的钞票就是我的钞票啊!”宗敬在电话中大声笑起来。

德生赶往火车站，车站空无一人，只见有四处抓壮丁的人。月台上挤满一脸灰土的士兵，货车改成军车，来来往往，运送军队。沪宁线全线中断，军阀为争夺江浙财赋之地，正在布防设阵，一场恶仗在转瞬之间。

荣宗敬在西摩路家中琢磨着去聚生钱庄找汪厚庄的事，雪茄烟雾灌满了房间，连他自己也受不了。下楼，独自穿过网球场，在花园的树影花丛间来回踱步，接着登上石级，坐到亭子里又抽起烟来。围墙外，已无车声，唯有不远处马路转角传来卖小馄饨的叫喊声。他仰坐着，设想明天谈判的过程，将每个细节反复推敲，构思打动汪老先生的每句话，回到房里睡下，已是午夜。

翌日上午8时，荣宗敬在南市小东门下车，步行到里浦的鸿济典当铺，请账房通报求见汪厚庄老先生。

汪老先生已逾70，银发飘拂，满面红光，声音洪亮高亢，像煞人间活神仙。荣宗敬踏进那间古朴风雅的茶室，汪厚庄示意他坐下喝茶。

"昨天占过一卦，言今早有客相访，鸡年生人，五行属金，且是剑锋金，想不到是你，却是掐得很准啊。"

"汪老伯，见你老身体矫健赛后生，宗敬为你高兴。"

"难为你每年过节给我送礼，其实大可不必，商场上你帮我我帮你皆在理中，我不是也赚了你的钱吗？"

"哎，老伯对我厚爱，恩重如山，宗敬没齿不忘。"

"宗敬小弟，今朝找我，怕是有事？"

"求财神菩萨帮忙，万望成全。"

荣宗敬将事情的来龙去脉讲了一遍，他购买德大纱厂不足半价，这家厂在纺织业有何等样的地位；他特别强调此厂一旦被日人买去，便长他人志气，多一竞争对手，对衰落中的纺织业雪上加霜。

"用何物抵押？"

荣宗敬苦笑一下，从怀里掏出十几年前的那只金挂表，放到茶桌上。

老人家看见朗声大笑，而后，将金表拿过去掂着，"这只表可是越来越值钱了，上次值20万，今朝涨至65万了。"说着，又哈哈笑了起来。

玄了，宗敬心中忐忑，看样子没戏。

"据说，你将几家纱厂质押给了日本人？！"

老人家连此事也知道，依旧时刻关注上海金融市场的动态，对他的底牌摸得一清二楚。昨天夜里的乐观情绪消失得一干二净，头也垂了下来，尽量避开汪厚庄的温和而又深邃的目光。

"日本人放的款子何时到期？"

"明年此时。没有把握，我是不会向日本人借钱的。"

汪厚庄听了没反应。这种话说出来，在银钱界老前辈耳中等于没说。荣宗敬心中真的没底了。

汪厚庄手中握着荣宗敬的金怀表，久久不吭气。长时间不出声，说明事情还有希望，如果拒绝老人家早就发话了。荣宗敬对钱庄一行勿要忒清楚，外资乃至内资银行架子大，调头慢，繁文缛节，衙门习气；而钱庄土生土长，整天在地面上转，对商界了如指掌，重视的是借款人的信用。对建立信用又有交情的客户，很快开出庄票，业务量做的很大。这正是上海银行林立，而钱庄依然兴盛不衰的道理所在。眼下，他需要排除老人家的犹豫，促使他下定决心。

荣宗敬说，世上事物极必反是恒理，目下纱业急落而下，已呈见底迹象，去年各厂均亏而我未亏便是症候，犹如交易所股票跌多必涨，熊久必牛。半价购下德大为理性之举，坐待天气转晴，而太阳就在云后。他从老人家手中取过金表，说："君子乐命，一诺千金。我带此表过来是呈上我的信用，我想，此表有资格为我荣氏的信用作证。退一万步言，到时还日债时，我也会将第一张银票开给你老人家。"

这倒是实话，他的钱庄历来拿到的是第一张银票。

荣宗敬不给老先生有半点余暇，紧接着说："如老伯信不过这只金表，我可将西摩路家宅抵押给你。"

上海商界有再窘迫也不抵押住宅的风习，风声一传开，等同老板破产。

汪厚庄说："怎么可以，宗敬弟也是商场闻人，这么着吧，让这只金表再续一段佳话吧！"

汪厚庄从荣宗敬手中取回金表朗声大笑。

由此，德大纱厂成为申新五厂。次年，荣家兄弟象征性入股两万元的常州纱厂停业多年，拍卖无人问询，该厂老板是荣宗敬的朋友，于是以分拆利益的方式租办此厂，为申新六厂。

雪球在风雪中倔强地颠扑，继续滚动起来……

三十二、不改革怎么行

荣宗敬以惯常的匆促的步伐走下九级黑色云纹大理石阶梯，阶梯的上端连接着他所起居的邸宅的核心部分，另一端通向二楼的餐厅。这一间具有维多利亚风格的白色餐厅，拥有旧中国一半以上财富的商界巨头时常在此围坐一桌。早晨，当荣宗敬在英式高背靠椅上坐下，上海滩最不对称的场面出现了：华贵的餐厅和乡下农民普通的早餐融合在同一镜头中，荣宗敬面前依然是一碗白汤面疙瘩和一小碟白糖。他品尝得津津有味，从福新面粉厂开办至今，一直坚持对自己的产品进行最后一道也是最权威的检定。这个朝气蓬勃的资产阶级，意志坚定的民族主义者，从这一细节上表现出仅剩的农民气息。

现在，端上这碗面疙瘩的不是女佣而是姨太太刘氏。

有一天，晚上，他拉着王氏的手，坐在沙发里很是亲热。这一天是他们结婚十八周年纪念日。当年，王氏没戴盖头就坐在了广生钱庄阁楼的床沿上。那天也是亲热的，是生物本能的亲热，没有心灵的感应，只有肉体的交流，带着疯狂。十八年过去了，疯狂是没有了，有的是相互的持久的依赖。

荣宗敬将一块红绸展开，是王氏的头巾，盖上她的头。

他说："当初委屈你，今天给你补数。"

王氏很陶醉，享受着红头巾，"哎，你快揭呀，哪有新娘子自己揭红头巾的道理?"

52 岁的新郎官揭开了 38 岁新娘的红头巾。王氏一下子抱住他，她需要他有力的臂膀，需要靠着他坚实的富有魅力的身体。光阴无声地流逝，激情跟着消退，但爱没有减弱。荣宗敬总是能够从她身上找回自己，其他女人不可能给他这种感觉。乘此郎情妾意、沐心宜人的时刻，他想排除他认为存在的与妻子之间的阴影。

他说，忘记大华饭店的事吧，我的生命中只有你。

她说，只有你还没忘记，我早就不记得了。

他说，那时，我一个人的时候会对你说话，大声喊叫你的名字。

她说，我听到了你的喊声。

他说，有时候，我觉得自己很软弱，很无助。

她说，你终于承认了，还有什么内心的秘密告诉我？

他说，只有死亡才能把我们分开，我不能设想没有你的日子。

她说，相信是真话，我把自己的全部给了你，还想给你一个小妹妹。

世上的女人自以为把男人看得很透彻，但她们少了一点儿王氏的洒脱与聪明。王氏要给老公再娶一房太太，张罗一阵总算敲定了。以王氏为首的"阔太党"中有一位广东籍阔太，家中有一位养女，姓刘，年方18，白净漂亮，身材袅娜，丈夫一定喜欢这范儿。他在广东人开的钱庄中学过生意，会说广东话，也懂广东人。那位广东太太说你傻呀，没见过哪个妻子给自己男人娶小。王氏说，你才傻，你的心思全放在吃醋上，顾不上了解男人。尽管广东太太十分喜爱养女，最后还是遂了王氏的意。

宗敬没料到两头大妻子出此奇招，似乎难以接受。

王氏说，你见过这个姑娘，会喜欢她的。有一次，她跟女主人到我家来玩，你朝那个抱狗的女孩，认真打量过一眼。

宗敬说，我的衬衣比她还老哎！

从此，荣宗敬就由一位年轻姑娘服侍他的日常起居，王氏成为他心目中最贤惠完美的女人，而对王氏而言自有其得。她亲自布置在荣公馆北边空地上营造一栋西班牙式的小楼，供姨太太刘氏专用。

刘氏坐在一旁陪伴荣宗敬用餐，不时说几句话，丈夫今天的浓眉很舒展，产品检验算是顺利通过了。她命女佣端上咖啡，自己动手给丈夫点上一支烟。

荣宗敬吐出一口烟，问："今天的面粉是厂里送来的吗？"

"不是啦，"刘氏带着广东口音说："依嘎，听乃的吩咐，是我亲自到出粉口攞格。"

"你要记住，各个出粉口轮流拿。"

"嗨吖。"

荣宗敬的一天就这样开始了，忙碌的一天，兴奋的一天，焦虑的一天，搏杀和充满血腥气的一天。每天出门不知道等待着他的是什么，但是，有一点是肯定的，他将义无返顾地走完每一天。他下到一楼，照例要站在衣帽架中间照一照镜子。就在仆人为他披上外衣的一刻,他从镜子中找到自己的决心。古今兴亡,族群恩怨,国之成毁。荣宗敬清楚,这个国不振兴要亡,但这个国不会亡,中国有太多的仁人志士,永远有希望。

本世纪开元,国运衰微.民不聊生,凡忧国之士无不在黑暗中苦苦求索。谭嗣同、邹容被砍了头,孙文亡命海外鼓吹革命,就在西太后匆匆逃往陕西的路上,他们兄弟在上海滩僻静的一隅立志投身实业,挽回利权,栽下中国近代工业的种子,直至在五四运动中慨然一呼,喊出"实业救国"的口号,为民族的自主强盛而奋斗。不错,他有过无数次想要出人头地、发财致富的狂想,但当他把个人事业与国家民族的命运相联系,他的人生不再属于个体。这个"实业救国"的倡导者为了捍卫自己的主张,愿意耗尽自己强悍的生命。

荣宗敬到达总公司,阅读当日的几张报纸,将《申报》看了放下,放下又拿起。他不主张商人加入政治,但商人一定要关心政治。他关注每一个会对商品市场产生影响的细微末节。

1924年,民国十三年,是颇不寻常的一年,这一年决定着历史未来的走向。国民党在广东召开第一次全国代表大会,孙文推为总统,三民主义的创始人奉行"联俄、联共、扶助农工"的政策,发表"北上宣言",正在厉兵秣马推翻北洋政府。历史可能出现大弧度的回转,而经济处于周期性的痉挛中。"我的坏日子为什么总比好日子多得多呢?"他无法回答自己。"不管谁上台,都少不了我辈实业界人士吧?"他对这个问题作出肯定的回答。他对军阀深恶痛绝,对孙中山拯救中国于水火抱有若明若暗的希望,他的目光注视着遥在南方的革命军身上。

他将精力转移到大宗商品、贵金属、国际汇率等商业类行情上。报上金融经济类信息告诉他,南北战争尚未开打,市场已提前反应,金价猛涨而白银低落,棉纱面粉价格震荡向上,今年会有盈利,将改变去年整体亏损的窘况。他尤其关注外汇走向,尤其美元、日元的汇率,向日本东亚兴业株式会社借入的巨款离偿还的日子越来越近,日元正如他的预测在贬值,他做出这一判断的理由是,根据他的切身感受和理性分析,由于日本帝国主义不可能收敛对中国的野心,中日关系不可能改善,那么,日元汇率也就只会下行而不存在有上行的空间。借款合同规定借日元还日元,这让他对自己预见感到十分欣慰。

近年来,他不断发表文章呼吁救济纱厂业,以华商纱厂联合会名义向北洋政府国务总理呈文,要求禁止国棉出口,豁免花纱税厘,喊破嗓子无回音。那么,只有靠修炼内功改变局面,废除封建工头制,全面实施科学管理的计划迫在眉睫。工头制自洋务运动开始形成了一个特殊利益阶层,带有帮会性质。改革是一盘险棋，但是，向管理要效益，从技术挖潜力，也是他不走也得走的华容道。他为此组成一个由新型管理人才和技术人才为成员的团队，他带领团队人员多次到日本纱厂参观考察，制定了改革方案，目标是彻底废除封建工头制，实施企业的现代化管理。具体措施有：工头下岗给予恰当安置，辞退不合格员工；推行计件加奖励为主的分配制度；推行各项质量管理制度，提高产成品品质；以岗位责任制定员维修保养人员，充分发挥英美设备的优良性能。改革的步骤是：循序渐进，由点及面，先以无锡申三为试点，取得经验后在汉口实施，最后，在大本营上海各厂全面推开。

荣宗敬的如意算盘是工资支付总额不变(如果出现减少将是意外惊喜)，工人收入提高，企业增加盈利。

荣宗敬拿过算盘，他的十指在盘面上飞快地飞舞起来，似乎可以脱离脑神经的指令。以申三7万锭为例，车速前罗拉从现在的纺16支粗纱120转提高到220转，每锭日产量至少增加60%，每日能产纱130件，每件用花可减至340司马斤，加油、生线机工从十几人减至一半。每件纱的加工成本仅为24元，大为降低，企业抗风险能力大大增强，

由此推及全系统，他每年可降低成本20～30%，改革带来的红利对市场竞争是多么有利啊！

打完算盘，他抚摸着心爱的珠子说："改革是印钞机！"

文牍室秘书进来通报说，汪孚礼先生到。

汪孚礼不足40岁，头脑中有想不尽的问题，一看就属于那种用心超限的人物，这令他的眼神带有几分忧郁。这位沪上著名的纺织专家，本在湖南当小学教师，世纪初目睹洋布大量进口，充斥市场，戚然忧之，自费东渡日本，考入东京高等工业学校攻读纺织专业，将发展中国纺织工业视为终身事业。他曾任聂云台大中华纱厂的总工程师，该厂卖掉后，聂云台将其推荐至荣宗敬门下。

荣宗敬起身拱手道："欢迎欢迎，你看，汪先生一到，我这儿四壁生光啊！"

汪先生还礼道："宗公言重了，一进门，我便嗅到锐意奋进之气，在纱业萧杀之际，转遍上海滩也唯有你这儿才能呼吸到的。"

坐下后，荣宗敬向他请教有关改革与管理诸事，颇有收获。聂云台将大中华摆弄成纺织业模范厂是其来有自，不愧为纺织业管理革新的一把好手。汪孚礼指出，中国纱厂至今未上轨道，并以实例详析纺织业面临的重大问题，缕析精辟，切中时弊，令荣宗敬有振聋发聩之感。

他问荣宗敬："敝人刚才指出中国纺织业十大弊病，宗公以为首要是哪

一条?”

荣宗敬对这一考题一时吃不准,很怕出洋相,思考了好一会儿说:“组织复杂。”

“错!”汪孚礼以湖湘人惯有的直爽傲岸地说:“排在首位的是重市场而轻工厂,也正是你投身纱业以来最大弊病,纱业属于精细管理产业,在欧美日本皆然。试问,市场以工厂为大后方,后方不稳是历来兵家之大忌,宗公连这个起码的道理也不懂?十数年来,我见你只顾奋力在市场厮杀,纱厂越办越多,问题越积越重,市场份额是大了,也积重难返了,不如像像样样办好一家厂为宜!”

这番话如榔头夯来,荣宗敬真有点坐不住,从来没人敢和他这样说话的,湖南骡子的霸蛮他算是领教了。反向想一想,平时顺耳话听得太多,都是老板英明伟大之类,他手下缺乏的正是直言不讳之人,这样的人让他看到事物的另一面,推动企业进步。

他转过弯子,以虚怀若谷的口吻说:“汪先生的话说的也有道理,《华商纱厂联合会季刊》我每期必读,你的论文少说看过七八篇了,对宗敬甚有启悟,其中《华商纱厂与日厂之比较》最有得益,与日本人竞争光赌气不行,先得学他们的本事,拿我老家的俗话说,用他的拳头撑他的嘴。科学管理已成第一要务,请汪先生前来,便是想耳聆指教。”

荣宗敬给汪孚礼出的难题是,封建工头制弊端百出,自有纱厂以来沿袭近半个世纪,实行科学管理的前提是首先废除工头制,而废除工头制必将牵动全局,鉴于此,迟迟不敢下手,这个怪圈怎么解除?

汪孚礼沉吟着说:“湖南人也有句话:‘老子不信邪,要死卵朝天。’天下事无决心不能成,譬如动手术,早晚是一刀,晚动不如早动,愿申新系统为我国纺织业立一榜样,乃是功在国家的事。”

荣宗敬就为这番话下定最后的决心,哪怕“要死卵朝天”!

“我对汪先生仰慕已久,虚位以待,未知何时能与宗敬共事,现已物色若干青年才俊作为助手,只待你前来统领!”

“宗公言重,在你的大空间里做一番事业,实为汪某夙愿,当殚心竭虑,效犬马之力。只是老母病重,先得回湖南老家,伺奉膝下。不过,有关建议和细节,我已写成文字,供宗公参考。”汪孚礼从怀里掏出一叠纸交予荣宗敬,“不妨先做起来,待我回沪,保证不回家先到你这儿报到。”

送走客人后,荣宗敬叫来秘书,将写有几个名字的纸片交给他,立即通知今晚到荣公馆开会议事。并通知财务主任许叔娱立即前来见他,凡有来客拜访,一律明日请早。

许叔娱笑得像弥勒，荣宗敬自然心情舒畅起来：又赚钱了，而且不是一点点。许叔娱虽是孔门弟子，著有《论语类辑释义》一书，但绝不是一个老式会计，他对西洋金融学同样有精深研究，是自学成才的汇率专家。荣宗敬在借款到期前半年，大量买进远期日汇，指令他经办此事，并特许给予签字权。许叔娱陆续向各银行开户，购进远期日元，根据大老板的指令，不断套进套出赚取差价，做得非常顺手。

“大老板，今天你又该到大华饭店请我吃饭了。”

“今晚没空，改天请你到外滩英国总会开开眼界。”

“财神菩萨显灵啊，几天间又赚一大票。”

“累积有多少了？”

“按规元银还是按日元算？”

“规元银。”

许叔娱用手指打出只有他俩看得懂的暗语，荣宗敬一呆，哈哈大笑起来。日本人要和我斗早着呢！如以借入时兑成的规元银 220.577 万两算，已经赚出一大半来了，照此下去，借的钱加连年利息都将赚出来。想吞我上海三家纱厂做梦去吧，小日本的钱是白送的！

“大老板，赖你英明，当初签合同时坚持借日元还日元，这一条款价值二三百万两银子啊！”

“这是上天有眼。你好好做，我亏待不了你。”

荣宗敬对账面的浮盈持非常谨慎的态度，这一回到手的“狮子”绝不可让它滑溜掉。于是，两人研讨下一步日汇的走势，结论是一致的：日元像三春冻伤的麦子，蔫了！

许叔娱走后，荣宗敬拉过算盘，口中念念有词，为他亲自主持的纱布交易所的棉纱套做算账。自从交易所做多亏损后，他利用熟悉棉纱加工的优势，转而从事近远期套做，厂存现纱与交易所套做，以及花纱套做，持筹握算，保值增值，倒是稳操胜券，任何大鳄也奈何不了他了。他使用最多也是最无风险的是花纱套做。此刻，他的算盘告诉他获利较厚。他立即拨通申新系统采办原料的若干个棉花字号，指令订购棉花。

英国雪茄的味道，抽起来也好了许多。他点燃一支吸着，又拨通纱布交易所 68 号经纪人的电话：“买进棉纱各月期货各 500 包。”

对方要他重复一遍，六个月共进 3 000 包，这是一笔巨额交易，需要老板再次确认。

荣宗敬重复一遍，强调按老办法干："中途纱价回跌，继续补进各半，如涨全部抛出。"

实体不赚钱，从虚拟中赚回。

晚间，在荣公馆二楼书房旁那间四面裱糊绿色织锦的小客厅，荣宗敬接待三位奉命而来的年轻人。在这个公馆的私密部位，只有主人身边最亲近的人有幸光临，而主人也有兴趣在这儿翘起并且不住地晃动大拇指，与他们吹吹生意经。

薛明剑、楼秋泉、余钟祥三人局促不安地在沙发上坐下，进入这个部位说明主人对他们的重视，当然也表明托付之重。薛明剑相对镇静，他毕竟是见过一点世面的人；其余两个就不一样了，总是坐不舒服。凡到此地的贵宾，由刘氏亲奉茶水，当她将咖啡端上时，竟被楼秋泉失手泼翻，十分狼狈。

为了缓和气氛，先吹吹生意经吧。荣宗敬的大拇指习惯性地翘了起来。"在上海滩，有本领的商人，有一个铜板本钱能做三个铜板生意，我荣宗敬有一个铜板，却要做出十个铜板生意来！"这位经营大师不经意间道出经营学问的精髓。从"一个铜板和十个铜板"衍生出来的经营诀窍之一是低成本扩张，他一辈子兼并重组，尤其为兼并外洋工厂而激动，大肆扩张，连锁发展，规模越大，各个环节的成本越低，便是我们今天所说的集约化和规模化经济。

薛明剑暗忖，荣氏众多的经营机巧和谋略，不都是由此种资本运作的超强本领衍生出来的吗？是荣氏自 1 500 元起家直至称雄国内实业界的最重要的根由，响彻商界的至理。但是，做大和做精，究竟哪一个更重要，他需要请教？

薛明剑提出了与汪孚礼类似的问题。荣宗敬当时不好批驳汪孚礼，现在可以直抒胸臆了："不大，不足以与列强相颉颃，他们的血盆大口一张就将你吞没；穆藕初、聂云台的纱厂设备于我相仿，管理好过申新，被吞掉了，足以证明企业必须规模化，上规模的企业又必定是低成本的企业，所以，我不遑他顾，赶紧地大，便是出于此理。现在，我们大了，大得吞掉日本人的工厂，以后若能吞掉英国人的工厂，那才叫过瘾。

"你们知道我为何要兼并兼并再兼并吗？建新厂是件蠢事，收购旧厂半卖半送，不仅比建新厂便宜，更可以减少竞争对手；而并进一家减一竞争对手.对商战也就更为有利。只有低潮时才能低成本扩张，过这个村就没这个店，故目下谁肯低价卖厂，我就要。更不用说上海地价见风长，不说我 14 岁到上海打工时，近十年已经翻了 20 倍，以后建厂地皮都会买不起。"

荣宗敬挥动大拇指："讲完大，再讲精。精，首先在于牌子硬，品牌不是一件漂亮衣服，是整个儿人，走出去往那儿一站，有腔调有内在，大家闺秀，无不讨人喜欢。面粉有兵船，棉纱有人钟，是粉纱二业头块牌子，说白了，牌子响亮离不开规模效应。精，当然还依赖科学管理，这事再麻烦也得做。以道教精、气、神学说类比，制度为企业之精，品牌为企业之气，智慧为企业之神。企业的精、气、神调养好了，犹如人体身强力壮，百年不老！"

三个年轻人听得入神，楼秋泉原在日商丰田纱厂任技术员，年初，写信给荣宗敬要求到申新工作，信中言辞恳切，爱国之情洋溢，不禁令荣宗敬看到改革的新思维，也看到振兴本国纺纺业是国人的共同愿望。立即召见他，先派到申三担任领班，熟悉情况，眼下启用这位新人的时刻到了。

楼秋泉性格执着，今晚他想弄清楚一个问题：老板账上老是没钱，他庞大的产业群是怎么运作起来的？

"后生请教荣大老板，人都说你账上没钱，你买厂的钱是怎么来的？"

"把钱存在银行的企业家不是企业家，乡下土财主而已。我是穷又不穷，钱庄银行的钱都归我用呀，故而，我常开玩笑说：我穷得只剩下钱了！钱庄银行是羊倌，将羊放出去指望长肥一点回来，你千成不能将他们放出去的羊给杀了。资金周转方面也可借用别人的资本，面粉厂购进小麦，总付三天期票，麦购进后向钱庄做押款付出，再购再押。纱厂也是如此，一件纱派三件纱用途，一做银行押款，二进交易所，三在市场实销。资金运作，说到底全赖信用，没有信用，任凭你有再大的本事也是白搭。信用是人之立身之本，丧失一次葬送一辈子！"

荣宗敬从怀里掏出打簧金表，"你们听说过此表的传说吧，它就是我的信用，十年前值 20 万，眼下值 65 万，再过几年也许值 300 万，信用是会升值的。我借那么多钱进来，还钱从不荡人一分钱，为了还债，我将三家纱厂质押给日本人，明知有风险，但在市场失去信用的风险更大，我彻底玩完，再也没法在上海滩立足。规模可以强化信用，譬如我工厂多，粉纱兼营，兼并一厂，可以不花现钱。另外，向各位透露一个秘密，我已在各钱庄银行投入股份，为什么，到时借钱容易。"

最后，荣宗敬告诫后们生："人生在世，信用是命，望诸位切记。否则，混世界可以，做世界不可以！"

牛皮吹完，荣宗敬感到该转入正题了："适才讲到企业的精气神，今天请诸位来，乃是商议解决企业之'精'。改革势必推倒旧制度触动既得利益，阻力可想而知，但天下事若皆不作为，岂意岁月如流？不改革是不行了！成本、质量、效率等方面都赶不上日本纱厂，和日本人竞争岂不成空话？五年十年后，还有中国纱厂的立锥之地吗?”

一直没出声的余钟祥说话了,此人一腔热血,泼辣干练,属于行动派,毕业于杭州甲种工业学校(浙江大学前身),在日本纱厂干过几年。荣宗敬将他派往申三是打前站的意味,本拟给予工程师职衔,怕引起工头不满,便以“工艺改良员”不伦不类的名号名之。余钟祥对茂福申系统的工头制进行过调查,将一本调查报告递给荣宗敬。

他说:“荣总,封建工头制始于在华外商工厂,为洋人所谓‘以夷制夷’之需,后为我国官办和民办工厂沿袭,然而,外商工厂技术多由外籍人员负责,工头无权也不敢过问。而我国工厂这一权力也操纵在工头和总工头手中,因而管理更加落后,以至积重难返。总工头之下有工头,工头之下有领班,吃空虚报工人数在10%以上,每月吃扣工人工资在15%左右,工人进厂不得不举债买名额,逢时逢节,红白喜事均要送礼,工人痛苦不堪。除外,还要遭受工头欺诈勒索、打骂压迫、栽赃陷害,女工则惨遭蹂躏奸污,罪不可赦。欺诈勒索,花样百出,工资明明厂方已发下,却说未发,工人急等家用,他们便将工人工资以三分息借出,岂有此理!工头制不改则厂无宁日,必坏大局!”

荣宗敬缄默,是忍无可忍的缄默。

“工头专权专制,世代相传,集社会黑暗于一身。他们拉帮结伙,各自招收家乡人,一呼百应,成气候的已有宁波帮、湖北帮、苏北帮、山东帮、无锡常州帮。工头为保牢地位,在外面拜老头子,有些工头本人就是大流氓,譬如控制福新系统外场和部分内场的荣炳根就是,他养了一帮干儿子,乘黄包车督查各厂,其声势不下于土皇帝。详细情况在材料中一一写明,请荣总明鉴。”

荣宗敬继续缄默,脸色是越来越难看了。

封建工头制的腐败高出想象,超出他的容忍度。他的遍布上海的工厂被这一帮乌七八糟、素位尸食的人把控,简直是他的耻辱,是可忍,孰不可忍?

他终于说:“总公司已决定先在无锡申三实施改革,三位都已熟悉该厂,具体步骤如何进行,我想听听你们的高见。”

薛明剑说:“天时不如地利,地利不如人和。故而,工厂的基础为人和,改革的目的无外乎促进劳资合作,故而,以人为本是出发点。这需要厂主施行优容宽宏之道,给予职工更多的利益,以根本上调节劳资关系。”

薛明剑成为申三总管以后,改革社会的宏愿并未消退,他以“改善劳资关系、兴办职工福利”为本的申三改革方案,经过二三年的酝酿,业已成熟。他向荣宗敬强调:“企业清除封建工头制,完成科学管理之后,应在申三推行‘劳工自治’及各项‘惠工设施’,不仅将巩固改革成果,转化为企业的经济效益,对社会改良也将产生巨大的推动力量。”

荣宗敬十分欣赏薛明剑的新思维,他的构想有朝一日在茂福申全系统实施的话,每个工人都将视厂为家,与他站在一道,对付激烈的市场竞争。

他说:“让职工学文化,学技艺,日常有娱乐,生病有医院,子女受教育,自己管理自己,企业成为相助出入的大家庭,这将是工业史上前所未有的盛举。要办就要把事情办漂亮,总公司舍得花这个钱。前几年,申一附近无学校,工厂自办职工子弟小学,本来是迫不得已,结果人人夸奖厂方好,可见人心都是肉做的呀。先父去世前告诫我们兄弟:‘治家立业有余,顾族及乡,如有能力,即尽力社会。’为职工谋福利,父亲当长笑于天上。”

余钟祥建议说:“可在申三召开大会,将技术人员和工人各级岗位责任制、奖罚条例予以公布,大造声势,威慑封建势力,然后逐步达到由专业人员统管全厂的目的。为完成改革使命,我等皆愿为死士!”

荣宗敬被此种悲壮的话语深深感染,内心冲撞着年轻人那般的激情。

楼震旦提出不同意见,如改革循序渐进,势必遭到工头的强烈反扑,事情刚开始就有无法进行的可能。他的建议是一剑封喉:“请总经理立即下令辞退申三总工头沈阿福以及下属工头,改革方能扫除阻力,大步进行。”

这很符合大老板的个性,荣宗敬当即表态:“就按这个意见办,此决定以总公司名义发布,我将带领你们回无锡,召集大会,亲自宣布!”

荣宗敬喜欢这些年轻人,与他们在一起感觉得出自己的年轻。他兴致甚好,三个年轻人意欲告辞时竟有点不舍,留他们喝完一杯咖啡后,才吩咐送客。

从上海开往无锡的快车吃力地在沪宁线上行驶,途中车站罕见人迹,车厢空荡荡没多少乘客,动不动折入岔道,给频频过往的军车让路。又一辆闷罐车塞满戴平顶帽的兵弁在车窗前风驰电掣掠过。风声鹤唳,江苏督军齐燮元与浙督兼淞沪警察厅长卢永祥为争夺江南财赋之地,准备火并一场。

列车终于哐当哐当启动,在太湖平原上穿行。这片以富庶肥沃闻名的冲积平原,以亘古不变的中世纪情调展现在眼前。瓦舍鳞次的村落由网状的水道和由小桥穿缀的阡陌相勾连,田野里镶嵌亮闪闪的池塘和一方一方的鱼池,光身的农夫趴在水车上忍受夏日骄阳的炙灼,更多的人用古老的农具在连绵的水田里莳稻,女人和孩子则在桑园里劳作。荣宗敬坐在一等车包厢内,从桑园里瞧见四十年前的母亲和自己,什么时候这些地方成为工业区,中国一定是世界强国了,他看不到,他的儿子、孙子一定会看到。

一成不变的田园风光勾起他莫名的忧愁。欧美以工业革命一扫封建庄园制而称霸国际,日本步其后尘,明治维新后,仅仅三四十年便成为世界强国,涌现出三井三菱等一批垄断资本财团,恃强凌弱欺负中国人。农业可以图温饱而不足以立国,立国要素,当以实业为先。实业救国,驰行在熟识的平原上,他的心灵再一次被这个强烈的呼喊撼摇。

"我国实业尚处在萌芽时代,尽人皆知。可叹政局动荡,知之而不能扶翼之,又从而摧残之,而多数资本家束身自好,着眼于利,不作投资之想,'商人爱国'一词岂不沦于空谈?"他向三位同行的年轻人喟叹。

薛明剑在冥思中颠摇。念及四弟萼果,这会儿坐在海参崴通往莫斯科的西伯利亚大铁道上。他将萼果荐入荣家创办的公益工商中学,是想他日后步入工商界,谁料他不辞而别,不久收到寄自海参崴的来信,说要上莫斯科,叮嘱哥哥在双亲面前妥为解说,信末署名:孙冶方。改名字了。事先,他一点儿也不知道弟弟信仰共产主义。听到总经理的叹息,薛明剑如炬的目光闪动,搜寻最有力的答案,回奉总经理。

"国无宁日,实业难倡,以鄙见所及,统一中国者舍孙文别无他人,孙先生奉行的三民主义是救国之道。自辛亥以来,南北军阀横行,列强趁虚而入,买办阶级向帝国主义卖身投靠,致使民众生灵涂炭,民族工业倍受摧残,中国亟待再来一场大革命!"

荣宗敬说:"革命之后还是要提倡实业,实业救国是根本途径。"

薛明剑见老板迄今鲜明地坚持"实业救国"的口号,为之振奋。他此生为之效劳的人不是只图发财的庸俗之辈,堪称实业家中的邹容、黄兴,他回应道:"实业救国之说,应沟通各界,国人共勉,如有贤明当局极力贯彻,经济呈蓬勃之象,国富民强便有望了。"

荣宗敬开始沉默,进而闭目养神。

三个年轻人怕打扰他,跟着闭目养神起来,没一会儿,传出一片鼾声。年轻人压根儿不知道他们的总经理一点儿也没有睡意,他的头脑中两种思维正在你死我活地掐架。这场恶斗从他半夜醒过来时就开始了。

列车驰过苏州,把虎丘塔远远地抛在后面。驰过几条小河,大运河宽阔的水面在平原上展开,一艘呼哧呼哧的火轮拖着长链般的木驳船和一条双桅帆船并驾齐驱,列车过铁桥时铿锵的钢铁撞击声提醒无锡城即在眼前。

荣宗敬睁开眼,故意一声咳嗽,把年轻人惊醒过来。

他说："我昨天一夜未睡好，你们年轻人的精力还不如我老头子啊！"

三人显得有些尴尬，让他们意想不到的更大尴尬马上就要出现。

"改革之事，依我看，还是单就技术方面先改起，旧制度包括人事暂且搁置不动。你们新派和老派最好能互相合作，理论和经验结合起来，各用所长，协同配合，不是更好吗？"

总经理突然收回成命，他皮包里的文件成为废纸，半年来白忙一场，三个人傻眼，怔在了那儿。这也太无厘头了，老板为什么突然变卦，他的变卦有充足的理由吗？六只眼睛充满疑惑盯住他，企图找出理由。一向大刀阔斧、所向无敌的总经理，不该是蔫包啊！

楼震旦陷在痛苦中难以自拔，他要刺激大老板认清自己的软弱："合作不可能，就像齐燮元与卢永祥那样不可能。新旧两派存在根本冲突，水火不容，要我委曲求全我不干。荣总，你要想明白！"

"正是想明白后才做出此项决定。"

到现在为止，尚无人有本领更改总经理做出的决定。一个在半个世纪之后日本松下才推出的科学管理和企业文化机制看来注定是要胎死腹中了。

"请荣总明示，如何合作？"

荣宗敬只是想透了这场改革将会导致的种种风险，想透了目下不是推行的合适时机，但尚未想清楚新老如何合作。说实在的，他对自己嘴巴里吐出的合作两字也不抱什么希望。怎么说服火气冲冲的年轻人呢？

"李文忠公昔年兴办洋务，主张旧学为体，新学为用，最合时宜。"他说，"总公司财务部就是用了新旧两班人，旧式账簿不适应新型企业，但又不采用银行的纯新式，而是采取新式簿记并不抛弃旧式账簿的办法，以新为表，以旧为里，互相抄转，新旧并存。"

荣宗敬好不容易想出的理由，说完后自己也觉得牵强附会；而在听者耳里不啻致命打击，总经理嘴中的所谓合作，是将新派视为一件时髦衣裳。

改革"死士"余钟祥，下体被快刀阉割了一刀那般，两眼暴突，不冲撞一下老板他会憋死："荣总呀，到上海两杯咖啡一吃反而吃糊涂了，我怎么就成了一件脱来脱去的衣裳呢？听你的意思，是鸡也能生出鸭蛋来吧？"

荣宗敬不在乎年轻人的嘲讽，他理解他们内心的痛苦，因为他的痛苦甚于他们。他看到改革派的忠诚和热忱，同时责备自己理想主义的冲动。利益的固化绝非轻易能够解决，收回工头阶层的特权将会导致工厂瘫痪。他想启动的改革在眼下行不通，需要等待时机。他无法说服面前满腹怨气、头脑发热的青年，百感交集中，他用叹气的方式说出这样的话：

“我们都有理想，清醒地看到旧制度的弊端，但清醒也会是错误，要避免犯清醒的错误。”

这句话够年轻人琢磨一番。

薛明剑以敏捷的反应提出一个折中的方案，以便让老板有下场势，也让他的两位下属兼改革同路人平平气。申三有英国纱锭 3 万枚，生产成绩远比 2 万枚效能较差的美国纱锭好，他的意见是好的英国机器归工头们掌管，新派则掌管美国机器，划分后一切行政、技术互不侵犯，让事实说话。他说：“谅工头虽有精良设备，在腐朽制度下是肯定发挥不出绩效来的。”

“此法可行，可立即执行！”荣宗敬欣然同意。他问楼、余二位：“你们意见如何？”

“那也只好这样了。”两人无可奈何地答道。

事件在一个聪明的方案中出现转圜。这不是单纯的比赛，而是改革的序曲，胜负的意义至关重要。荣宗敬不无担忧地说：“楼、余二位，你们的回答太没力量了，这是一场必须打赢的战斗，你们有何具体打算？”

楼震旦答道：“我们将自清花车间起，从运转到保全，从行政到技术，多方面采取有效措施，将制定一份完整的计划报给总公司，待批准后实行。请总经理相信：改革虽然艰难，但科学文明是不会输给愚昧落后的。”

余钟祥补充道：“不将老派成绩远远抛在后面，整个中国将无希望！”

荣宗敬拍拍两位的肩膀说：“我们生在中国，要改革其已深积习，势所难能。我相信，瓜熟蒂落，皮包里的文件终有一天会派用场的，改个日期而已嘛！”

荣宗敬这次回无锡变成单纯的探亲。

他在火车上几次欲言难吐，不是距离的逼迫他还不想这么快吐出那些窝囊话来。他可以轻松地办起一家工厂，却不能在自己的工厂中痛痛快快地宣布一项有百利无一害的决定，这个世界上原来有他许多无法抵抗的事物。他感到疲倦极了，似乎在火车上说出违背本意的决定，他花费了一生的力气。回家后，要紧在床上躺了下来，忧伤着不说话，不喝水，临了发出一声长叹：天下亦有人不可为之事啊！一口气总算从心窝里透了出来。

艺术带点儿忧伤才是好艺术，生活也是这样。

妻子陈氏见他一副病怏怏的样子，担忧起来：“宗敬，你是病了吗，马上给你叫医生。”

她素与丈夫相敬如宾，长相暌隔，说不出太多的话。

荣宗敬总觉得欠愧，抚摸着她的肩膀，安抚她："我没事，我很好，你不用急，我躺一会儿就好了。"随之又嘱咐："不要告诉任何人我回家，我不想见客。"

陈氏给丈夫盖上一条薄毯子，疼惜地摸摸他的额头，体温正常，他不明白丈夫是怎么了。

晚上，荣宗敬在五间大厅和妻女团聚在一起，在天花板圆形灯座大吊灯的光芒中，一家子围坐在老红木桌旁，乡里风俗，人伦之乐，令他心情好了许多。原配夫人生养的两个大女儿卓球卓仁回娘家看望父亲，14 岁的三女儿卓霭为他捶背揉膝。4 岁的四女儿卓如在父亲身上爬上爬下撒娇。陈氏不时询问儿子鸿元，还有王氏生养的鸿三在上海的学业起居，丈夫详尽而又耐心地一一介绍，两个儿子快从交大附中毕业，是那样帅气聪明。鸿三并非陈氏亲生，但对她的孝敬甚至胜于亲母，这次乘宗敬回家又带礼物给她，光凭这个她这辈子值了，活得舒心快活了。

荣宗敬很久没回家了，五十寿辰时在梅园为他建造的宗敬别墅，也就在那一年住过几天，倒让不少时彦名流沾光，住得最多的是上海首屈一指的犹太富商欧爱司·哈同。哈同夫妇对梅园留恋难舍，回去后在爱俪园中也建一角，取名梅壑。哈同夫妇没养孩子却有一群义子，此时在父亲身上爬上爬下撒娇的四女儿卓如，后来嫁给了哈同的英国籍义子乔其·哈同，在香港举行排场堪与英国王室媲美的婚礼，这时荣宗敬逝世已有五年。

乡情和人伦之乐持续没两天，宗敬开始感到彷徨，心灵时不时冒出莫名的恐慌。

他弄不清怎么会这样。

他在大厅里踱来踱去，终于看清楚自己——他造工厂，自以为拥有了它们，事实上呢，是工厂拥有他。他这辈子卖给了它们，而且无可挽回。他不属于自己，也不属于他的家人，他已经无法离开他的工厂，无法离开上海这块奇妙的热土。家乡给了他血，上海令他的血沸腾，他习惯被热血沸腾的生涯所控制。

他决定明天回上海。

大小侄儿到五间大厅看望伯父来了。

"伟仁，兵荒马乱的年头，你爹爹竟然有雅兴上北京开实业会议。"他对大侄儿说。

"都劝他不必去，他不听，今天一早刚动身。"伟仁说。

一心抢着嚷嚷："把二哥也带去啦，高兴得他两夜没睡着。"

伟仁忠厚文静，二儿尔仁聪慧、活络、有见识，宗敬知道弟弟偏爱二儿子。

“怕又是提什么议案去的吧?”

“是的,伯父。”伟仁回答。

“我去将底稿拿来。”一心说完,飞也似的跑了。

留在无锡的子弟,由德生聘请一时名流清光绪甲午进士翰林院庶吉士江霄纬坐家课读。梅园豁然洞读书尚在筹备中,也将由前进士江霄纬主持,一群子侄和亲友小辈将关在那里潜心读书。荣德生比较注重本土教育,也不大赞成子女出洋留学,怕他们沾上坏习气。

荣宗敬作为长辈少不了关心一下侄儿们的学业。大侄儿的回答令他称赞备至。他一向喜爱这个孩子,从他身上窥见自己的过去。侄儿们长大成人了,个子比他高,衣着却很糟糕,与自己在上海读交大读书的两个儿子霄壤之别。

“伟仁,你又不像我们这帮糟老头子,怎么也穿长衫中裤。”

“爹爹不让穿西装皮鞋。”

“他这个脑筋怎么老憋着啊!”

一心将父亲的议案文稿取来了,交给伯父过目。

“……余经营事业,得力在于选择原料,注重出产品质,不求非利而实销。……然市场被交易所搅乱,各业厂家大多卖空买空,粗制滥造,实业不实,利欲熏心,致坏大局,请政府即速维护市场,修整交易所,买卖使其归实,以期实业昭苏之日。……”

议案后附有证据,是一系列交易所的交割单,是从荣宗敬那儿取走的。

提议取缔交易所。宗敬将文稿扔到桌子上,摇摇头,莫可奈何地一笑。德生是为此赶到北京去的?也幸亏去了,要不然兄弟俩又该舌战一场。荣宗敬对侄儿们说,你俚父亲埋怨交易所,说我蹚浑水,投机冒险,不以其人之道,还治其人之身行吗?唉——他不好多发议论,心底里却在嘀咕:德生啊,都什么年代了,你怎么老是一根筋?商场只讲规则不讲慈悲,该懂得市场经济是怎么一回事了!

三十三、改革流血，也流产了

时过半年，申新三厂新老两派的对台戏唱得十分成功，舞台上显示出改革力量的蓬勃生机，新职员管理的美国机器的成绩将工头管理的英国机器远远地抛在了后面，厉行科学管理法令厂务彻底改良，改革派新推出的上等纱仙女牌成为市场宠儿。情况好得喜出望外，荣宗敬兴奋得喝醉，今晚的酒为何变得如此爽口？

废除封建工头制的决定就这样做了出来。

翌日酒醒，他取出皮包里那份文件，亲手在上面改了日期，向申三发出全面改革的指令。汪孚礼已经被他招入麾下，发文任命为申三总工程师，余钟祥为副工程师，扩充技术人员，强化各车间主管人员的权力，并成立试验室、保全部，前者负责产品质量的保障和研发，后者专事机械设备的维护保养，申三实现了行政和技术领导人员的事权统一。吸取日本纺织厂有关规章制度优点的管理制度公布于众。为了不触动工头集团的既得利益，荣宗敬特别指示原工头系统的头脑，形式上不予解雇，工资照发，养他们直至退休；从小工头中选择若干可用者进车间当领班。当然，工头们盘剥克扣工人的非法收入、灰色收入，以及随意让女工满足他们裤裆里那件玩意的利益，是不复存在了。

申三科学管理制度全面地推开，为了防止出现负面影响，使企业平稳过渡，荣宗敬可谓费尽心思，看上去无可挑剔，万无一失。

他每天早上守在办公室听取来自无锡德生和汪孚礼的电话。这场被推迟的改革由于汪孚礼为领军人物，带有湖湘人文中勇于任事，锐意进取，敢为天下先的色彩；务实执着，进展快速，大有“不撞南墙不回头”的气概。大多是好消息，工头掌权期间，生产不科学，前后工序脱节，放纵工人偷懒，随意加纺重纱或放慢车速，甚至将一半纱锭停下之类事情，已经绝迹，成绩堪称卓著。纺纱车间旧时数人操作一部车，目下，女工一人操作一部车，男工一人可操作两部车，生产效率提高数倍。听到这一消息，荣宗敬在电话中兴奋地喊道："哈哈，改革的确是一部印钞机！"

他对不利消息特别关注，听后总是要沉思一番，详加分析，哪怕是一个细节也会让他作出过敏的反应，这里面集中着他的焦虑，半年前他改变主意全由此而来。要防患于未然的念头让他有行走独木桥的感觉。他没有如此细致谨慎地处理过事情，表现出精神强迫症症状。今天，汪孚礼在电话中告诉他，几个惯于偷懒的女工责骂勤勉工作的女工，认为是她导致她们敲了饭碗，最后撒泼围打，揪头发、踢屁股、扇耳光，在车间里造成不良影响。而昨天晚上德生告诉他，新职员工作刻苦，成绩巨大，但行为过于严厉躁切，发觉有人违规休息，上去就是一记耳光或者一记皮鞋脚，有个老工人背着锭带从厕所走出来，怀疑躲进厕所偷懒休息，也挨了打。德生说他已经关照管理人员，工人有错也是人，对人要有起码的尊重，工头制积累下的弊病不是几记耳光可以打没的。

德生在电话中说："已请薛明剑关注此类情况。宗敬，你想想，本来一班工作名义上十二小时，实际做不足，现在毕竟是做足的。将心比心，工人比从前累，女工大都不识字，对管理、奖惩条例看不懂，几十条记住也难，一时不习惯，要有耐心，耐心，耐心，不可躁切，事情慢慢会好的。"

有弟弟在那儿督察执行，他尽可放心。申三的改革局面趋向稳定深入，成为成功的样本，是时候了！整个改革计划中的第二步应该不失时机地进行，荣宗敬以总公司名义派出丁作霖等三员大将开赴汉口，进驻申四，实施改革，又一部印钞机将在长江中游开动起来。

德生每天早上起床后，头一件事是练习静坐。坐在方登上，双手扶膝，头略微下俯，闭目，调整呼吸节奏，把头脑中的杂念剔除干尽。几个月来，静坐进步神速，已进入三四分光景，坐上去不一会儿，便感心静体轻，灵与肉呵成一气，感觉不到自己的存在，唯有一团祥气在广漠无垠的宇宙间飘呀飘。他的目标是像苏东坡那样练出内视的功夫，看到自己的五脏六肺，养生就算养到家了。奇怪的是，入静使他超越自我，使他从思想者转变为思想的观察者，冥冥中世俗的难题不再是难题。

这间简单得没几件家具的老屋子，不再空荡荡，到处是与神对话的神秘管道。屋子中央的空地上加放一张八仙桌，置着与桌面差不多大的乩盘，乩盘前供着时鲜蔬菜水果。四壁挂满匾额、对子、镇邪的条幅，还有若干黄色纸帛上似字非字、似图非图的神秘符号，是传达上天旨意的符信。他对风鉴地理的兴趣也愈发浓厚,常常外出看地,详加考核,以图在风水方面进入更深。

时局的动荡莫测,商场的变幻险恶,人生的起伏不定,越来越加重他对中华玄学文化的依赖。

这是平平常常的一天,静坐过后,首先进入他思想的是申三的改革,一切均在正常进行并且可控之中。在经济低潮期间进行革新,一旦形势转好,申新将是一番全新景象,正如宗敬所言,新的申新不再是七家,将平白多添出几家来。

他很得意于自己有伯乐的眼光,申三之有薛明剑,如刘邦有肖何,新的申三在薛明剑和汪孚礼的双引擎驱动下,每日都在前进。他不用多花心思,以至于决定今日不去申三,该到茂新面粉厂看看了。

黑色奥斯汀载着荣德生开往茂新一厂。他心情舒畅,环境使他感觉又到亟尽所能、有所作为的时刻。公益工商中学所造就的人才充实各厂,大公图书馆的藏书愈加丰富,他出资重修无锡南禅寺的宋代古塔妙光塔,在梅园东首建造家庙开源寺,招请几位和尚在那里诵经祷神。申三改革之后,员工收入增加,厂内办起子弟小学,各种福利事业正在筹办中,员工安心本职,在工作上用心尽力。加之他以德服人,一切待遇与同事、工人共甘苦,全厂职工无不敬服。

荣德生不知道,他每天静坐之时,在惠山直街至德祠有一帮人天天聚集在那儿召开秘密会议,他们是无锡包括申新三厂在内的六家纱厂的大工头,原本喝喝茶,通通情况,发发牢骚,没几天变为一个有组织的社团,因为很简单,申三改革的效益突现出来,必将导致其他五家厂来一场同样性质的革命,与其兔死狐悲,不如同声连气,奋起捍卫赖以生存的旧制度。为确保不被赶出历史舞台,他们成立六厂工人联合委员会,建立生死同盟,申三王阿宝为常务会员之一。该同盟条款之一,是哪一厂有事,其他各厂均应响应,一致行动。每次会议的议题只有一个:如何坚决地反对申三改革,彻底搞垮新派人物,夺回他们原有的权力和坐享了二十几年利益。可惜智商差了点,一直未商量出一二三。也有人提出武力解放被蒙蔽的兄弟姊妹,但在无锡这个文风蔚然的城市中,贸然动武是不会被民众接受的。三天前情况有所不同,汉口申四的改革爆发流血事件,湖北九头鸟没那么讲究,工头组织打手将上海总公司派去的改革派围住往死里打,打得狼奔豕突,哭爹喊妈,逃命回到上海。雄心勃勃的改革被棍棒埋葬。消息通过申四无锡籍工人传来,至德祠里的委员们坐不住了,谴责自己温柔敦厚、心慈手软,不过,他们还是谴责了三天才达成一致决议:像九头鸟那样,以摧残肉体的方式摧毁改革,尺度是不见血不收兵。

荣德生在茂新面粉厂写字间坐下，抬头见到对面墙上他手书的“饱暖千家怨，金钱万恶魔”对联。投身实业迄今 25 年，从 4 部石磨起家到今天首屈一指的富豪，在这副对联面前他问心无愧，为此感到无穷的安慰。

茶房王荣照进门，送来报纸和沏好的茶水。他进门的时候，平时老是吱吱叫着的铰链，到他手里能不发出一丝声响，就连茶杯放到桌上时也无动静，像一只黄雀轻轻地落在那儿。荣德生夸王荣照修炼出神仙之功，进而是凡事皆应用心的引申。每当黄雀轻轻地落下，荣德生总是为仆人的精心服侍感动，王荣照正欲退出门外，被主人挽留住。

“阿照，坐下。”

“荣先生，我站着好了，有事请您老吩咐。”

“不，坐下来！”

下人从来不曾和厂主在办公室平起平坐过，王荣照的屁股在主人待客的藤椅边上斜着，又站起来，不敢领受这份殊恩。

“坐下吧，椅上无钉，不会触痛屁股。”主人温笃笃地说。

王荣照惴惴不安地坐下，双手搁在并拢的膝盖上，两条腿打晃，怎么也控制不住。

“阿照，你服侍我有多少年了？“

“打从 16 岁进保兴，受你老人家关照已有二十五年。”

“二十五年，人生之半，真是辛苦你了。”

“不，不，荣先生，话说到哪儿去了，我王荣照一家托你的福过上舒坦日子，能服侍你老人家是我前世修的阴德哩！”

“阿照，二十五年来，我没给你多大好处，薪水也不多，你不能老是跟在屁股后服侍我了，你不识字，干不了大事，如今厂中都由专科毕业生管理，我有心提携也难呀！”

“老话说，知足常乐，我没啥不称心的，二老板，我这辈子生下来就是为了服侍你。”王荣照哽咽着说，眼窝湿漉漉。

“你除了能沏出一壶好茶，还有啥本领？”

王荣照搔首挠耳，想了一会儿，“我能烧几样好菜，荣先生愿意赏脸的话，请你尝尝我的厨艺。”

荣德生颔首沉思，少顷，抬头和悦地注视着这位兢兢业业为他服务的仆役：“好人不会吃亏，也不能吃亏。我不会让你白辛苦，挑你发发财。这样吧，我出本钱，你到申新三厂开包饭作去吧。全厂六千人，有四分之一人吃饭，你就大赚了。

不几年，可以造楼房，开一家像模像样的饭店，一家从此安乐。不过，话说在头里，发财后要节俭自奉，一不可嫖妓，二不可——”荣德生跷起的大拇指与小指在嘴巴前比试，示意不可抽大烟，“这两样，是我平生最痛恨的。”

“荣先生放心，我王荣照给你磕头。”

王荣照扑通跪下，热泪满面。荣德生连忙上前将他扶起。“种豆得豆，种瓜得瓜，好人好报，这是理所当然。”说完，亲自将王荣照送出门外。

荣德生啜一口茶，王荣照沏的茶，头泡就能品出醇味，特别浓酽。他接连啜了两口，想翻翻手头的那份《锡报》。

陆辅臣莽莽撞撞闯进来。他与荣德生一样喜欢戴瓜皮小帽，这使他本来就饱满狭长的面孔成了两头尖的平湖瓜。他眼神迥异寻常，眼黑的顶部与别人一样隐藏在上眼睑内，底部却露出一线眼白，这双严厉的眼睛令人望而生畏，使人一眼瞥见他的凶横，是管理生产的狠脚色。然而，谁认为他是草包，绝对看走眼，紧抿的嘴唇和满脸不苟言笑的神气，泄露着他的精明。

“总督大人驾到。”德生开玩笑说。在中国面粉行业中，正在到处流传“三姓六兄弟，外加一总督”的说法，以此概括面粉王国的核心。三姓六兄弟是指面粉大王荣氏兄弟，股东王氏尧臣、舜卿兄弟和浦氏文渭、文汀兄弟，一总督则是精于面粉生产工艺和生产管理的陆辅臣。他现在不仅是茂新二厂的经理，还兼着茂一茂三的总账，荣德生差不多把茂新系统全交由这位陆稿荐肉庄的小开总制。

德生的调侃总算让陆辅臣笑了一笑。“德先生，”他把几本账簿摊开在主人面前，“去年盈利甚薄，今年如此做下去，到年底光景也未可乐观。”

德生顺着他的手指详察各厂往来账目，皱皱眉头说：“外粉免税输入，国粉加税叠叠，加以人心欺诈，原料掺杂灰沙，厂家哪能不受无形之亏折。照我研究营业的结果，盈利应数倍于此，唉，总该让做老板的有些钱赚赚，现在倒好，谁都来割肉，没办法割肉的就凑到身上咬一口。”

陆辅臣就是来消除荣德生的割肉之痛的。“今年粉厂获利殊难，我苦思再三，具体办法已设想周全，除了你我，没有第五只眼睛看得破。”

陆辅臣的话引起德生的警觉，想搞什么猫腻了吧？他正色道：“辅臣，我丑话讲在前面，不管他人怎样伤天害理，作伪作假，茂新宁愿赔也不能。你砸我的牌子，我砸你的饭碗，到时勿怪我不讲人情！”

陆辅臣没好气地一笑，知道德生误会了，他是教德生一种逃税的妙术以截留利润，这是他动了几夜脑筋想出来的。他得意洋洋叙述完他的妙术，德生攒眉蹙额不想再听下去，合上摊开的账本。

“赋税纵使不合理，只可力争，不可私偷逃漏。”

“我家开肉庄卖酱排骨，还搭一点骨头给买家呢，你净把肉头送人，工厂是你开，股份你们兄弟最多，亏了不关我屁事！”陆辅臣一下子光火了，眸子下一线眼白又翻了出来，一副狠相。也怪，德生总是能容忍他粗暴的顶撞。

“向政府陈述要害，提出建议，方为正途。近来，宗敬已向北洋政府提出议案，要求洋粉进口一律征税，而国产面粉税则减税或免税，耐心点，敬候政府公决。”

陆辅臣感到好笑，齐燮林和卢永祥的恶仗总算打完，冯玉祥和吴佩孚又在死去活来火并，段祺瑞貌似公允，实想坐收渔利，军阀只要你养活军队，谁来管你的账！

“等待政府公决如同画饼充饥，不照我的办法做，茂新前途堪虞。”

“政局总会清平。辅臣啊，你的性子就是太急，一切要循序渐进，不求速效。茂新各厂生产仍须讲求质量，麦子中的灰沙石子仍应尽数剔除，民食关天啊！”

临近下班的时刻，案首的电话铃喧叫起来。

德生拿起话筒。话筒里火急火燎地叫喊，听不清说什么。是他派往申三跟随汪孚礼学习纺织的二儿子尔仁在叫嚷，急得要哭。

“孩子，你定下心，慢慢说。”

“爹，申三出大乱子啦！工头造反，大打出手，满地是血，照这么打下去，要出人命……”

德生从话筒中隐隐听见呐喊声、嚎叫声、棍棒声和器物桌椅被砸烂的声响，嘈嘈杂杂融成一片，知道情势严重，闯大祸了。他急得在屋子里团团转，最后，回到电话机旁，拨通警察所，请求巡长派武装巡士立即前往处理。

申新三厂完全乱套了。

新职员鼻破脸肿，抱头鼠窜，在数百人汇合成的一片追杀声中，遁入厕所，躲进车弄，不幸一个个被揪出来一顿痛殴，求饶也没用，直至打伤后躺倒在地爬不动。有的新职员被接连追打数次，也没人帮帮他们的忙。改革派可怜巴巴地躺在地上呻吟，或者尽最后一点力气到处逃命，却是无洞可钻。

这种惨象的出现，与厂主依据风水原理做出的布局有关。工厂只开一个大门，厂区被水道环绕，给工头们采用瓮中捉鳖、关门打狗的战术提供了条件。下午五点前，由厂区通往厂门的申新桥早有几十人暗中把守，更多的人充作路人在附近街道商店闲逛，他们都是由工头组织从外厂调来。5 点日班放工，凡是下班的新职员从桥上经过，一拥而上，拖住痛殴，他们被打手揿在桥栏杆上，巴掌拳头棍棒雨点般地袭击，把涂了黑漆的栏杆染得血迹斑斑。职员们见势不妙，只能返身逃回厂内。这时，早已守候在附近的打手闻声赶来，呼啸追逐，加入这支暴乱的队伍，把守门巡警一一掀翻在地，蜂拥而入，追杀声救命声数里可闻。愤怒的暴烈分子在管车、领班、主任一级的新派人物身上泄怨解恨，尚不过瘾。俗话说打蛇打七寸，他们对未找到新职员的领导人物心有不甘，有人振臂一呼："将他们搜出来，打！"于是一倡百和，上百人呐喊着"打死假洋鬼子"、"捉猢狲"的口号冲向办公大楼，暴烈分子撞开紧闭的大门攻进去，人流散作几股，各占一层搜索。底楼是厂主与职员办公的大间，桌椅柜子被砸个稀巴烂；楼上是工程师和新派职员，以及小老板荣尔仁办公的地方，打手们突入各个房间，挨门搜查，见人就打；各位职员股栗欲坠，夺路逃窜，然而无路可逃，吓得瑟缩在墙壁角里。打手们冲进来，不问青红皂白，将技术人员和文职管理人员揍个半死。三楼四楼是职员宿舍，打手挨房间将职员从床底下揪出来痛打，叫爹爹叫爷爷的都有，有的真像猢狲那样跳窗户，跌伤在楼底下还赏几个耳光。余钟祥终于也从床底下被拖了出来，他的衣服被剥光，拳头暴雨般倾泻到他身上，头上打出几个大包，脸上布满刮耳光留下血印，昏厥了过去。楼秋泉头脑比较活络，身上挨了几拳后，逃到荣尔仁房中，被小老板藏进衣柜。打手们对小老板倒是网开一面，楼秋泉讨了便宜。

出足风头的新职员，在工头组织的肉体围剿中狼狈得没有一点儿威风了。

改革的总指挥、总工程师汪孚礼在哪儿，打手们挨门寻找。

汪孚礼坐在他的房间里喝着茶，怒眉竖目，一派大义凛然的气派。所有职员中也就他没逃没躲，几个暴力分子冲到他面前，反而愣住不敢动手了。

他大声喝道："汪某等候已久，打呀，怎么不动手！"

他这一声吼，令冲进来的人倒退一步。

"你们的拳头可以殴打无辜之人，但是，打不倒潮流，你们懂什么叫潮流吗?"

"你给我站起来!"

"难道你们怕我坐着吗?"汪孚礼偏不站起来，他觉得打手怕他坐着，"你们不动手，我可要送客了!"汪孚礼站了起来，暴力分子倒退着往后走，脸上带着惶惑不解。

汪孚礼狠狠将门关上了。

他听见门外低声叽咕道："他不跑，也不怕打，肯定是有功夫的。"

另一个说："这家伙留学日本，练过武士道。"

县警察局和警察第三分局的武装巡士先后赶来，工头召集的队伍仍然聚集在工厂内外,加上赶来看热闹的老百姓,不下上千人,喧喧嚷嚷,纷扰不已。直至警察一再弹压、劝谕,到晚上 8 点钟才陆续散去。风潮前后闹了 3 个小时,多数新派职员挨打,余钟祥等六人被殴至重伤。

这一场流血风潮阐述一个极其简单的道理:凡是发动伤筋动骨的变革,你就得准备好人家伤你的筋,动你的骨!

封建工头被一锅端,虽然工资照发,但没权没职,利益丢失大半。以总工头为首的工头集团不外乎由徒弟、亲戚、家属、同乡等关系组合,带有十足的封建性质,触犯其中个别人便牵扯整体,更遑论申三的改革引起全城工头的恐慌,导致对抗势力大汇集。改革虽在一家厂进行,改革派其实面对着势雄力壮的一个社会群体的保守力量。

申三职员成鸟兽散,谁也不敢踏进厂门,荣德生不得不宣布停工。

翌日,一列特别快车从上海驶抵无锡。上海总工会一行人手持小旗下了车,被一群记者团团围住。记者们最感兴趣的是那个书生模样的瘦长个子。他是上海总工会委员长、中共上海区委工委书记李立三,是特地赶来了解申三工潮的。

"李先生,你对本地工潮有何评价?"一个记者问。

"无可奉告,需要经过各方面调查,听取反映,才能下结论。"

"请你对厂主荣氏的政治立场发表见解。"另一个记者问。

"各位读到北京《晨报》上的评述没有?民族资产阶级处于矛盾遑遽状态,你们与荣氏相处一地,他是何形象,比我更有理由下结论。"

"李先生,难道贵总工会对申三工潮持观望态度?"又一个记者进逼。

"总工会完全站在工人立场上说话,维持工人的根本利益,我们的态度取决于这次工潮的发生与工人群众有无利害冲突。"

说完,李立三就在随从人员的簇拥下走出车站,到旅馆休息去了。

一场暴乱使荣德生没法每日一早静坐。他是害怕血的,无法想象改革竟能导致流血。他行事历来以仁心为准,留有余地,目下,既不能趁势收科,又不能坚持革新,他陷入了进退维艰的尴尬局面。

火气一上升,他的痔疮再次大发作。肛门溃疡,内痔掉出,出血不止,坐着也疼痛。本该遵医嘱卧床休息,但他还是熬着痛苦,到申三守望空空荡荡的工厂。警方、军方派员出面调解,但工头们不买账,坚持斥退全体新职员,恢复旧制度的立场,工厂已停工,看谁耗得起谁。荣德生拍着桌子骂道:"无理取闹!雇用职员乃厂主自有职权,不容他人干涉!"把四周的人吓了一跳,谁都没瞧见他发过这么大的脾气。"好好先生"被逼到横眉竖目的地步。

天大的风波看来难以平息。薛明剑忙坏了，闹事时他凑巧不在厂，免遭一顿痛殴，现在坐着包车四出活动，为厂主办交涉、通关节，充分发挥社会活动家的职能。他出主意说，首先要稳住上海总工会代表，德生才想起还有这桩棘手事，令他立即前去游说接洽。

洋包车拉着薛明剑一直冲到申三公事楼下，匆匆踏进大统间，见德生伏在写字桌上睡着了，臂肘下压着一张公用笺，上面写"人道须知"几字，以下有孝悌、忠信、礼义、廉耻等八卷目录，这是厂主想编纂的一本书吧，总管瞧着那张纸笺暗忖。

他在自己的桌子前坐下干点儿事，等待厂主醒来。

"明剑，见到李先生了吗？"

薛明剑回转身，瞪大眼睛一笑，德生知道事情不坏。

"我向李立三先生力陈振兴实业、富国强民的重要，并详列本厂各部情形，诉说封建工头制不合情势，对广大工人重重压迫，而实行科学管理法乃世界潮流，不仅为举国实业必由之路，也符合劳工根本利益。李先生是共产党要人，思维清晰，颇有学问，通情达理。李先生极表赞赏，他说，经调查，认为确是封建工头闹事，与工人群众无利益冲突，上海总工会不予支持。明天，李先生一行人就回上海。"

"可要设宴送行？"

"我看免了吧。"薛明剑双眉飞挑，那双目光如炬的大眼睛蕴藏着无限的兴奋，从公文包里取出一叠文件，"我将筹划在申三设立劳工自治区和各项整治设施的计划带去请李先生指教，李先生认为是国内首创，虽有尚可商洽之处，但大体可为工人谋福利。"

荣德生曾极力支持总管推行劳工自治，但此时却反应冷淡，显得十分沮丧。俄顷，德生打起精神，将自己桌上的那份公用笺倒过来，推到总管面前。

"一场大风波，令我思及社会教育，深感二十年来所办教育，都属人才教育，而非公民教育，学生在小学时偏重兴趣，长大了进入工商专科学校，往往不相为谋。目下，人心大变，江河日下，若不挽救道德沦亡，社会势将无法收拾，我欲请名贤学士编纂《人道须知》，从孝悌、忠信、礼义、廉耻入手，乃至家庭、生活、自知、处世，自订八大纲目，分赠全国从事教育者启发学生的需要，旨在重振道德，启迪人心。"

从这番言辞中，薛明剑觉察出德生内心的深刻痛苦，想找点什么话安慰他："世代演潜无穷尽，唯先哲之道不可变，先人之道该为后人之绳，德先生对于公民教育的考虑不愧远见卓识，有益民智民风。”

德生坐在那里痛得要命，屁股底下又有湿漉漉的脓血渗出来，挪一挪身体说：“今天到附近几家老工人家里谈谈，他们都说我待他们不错，想不到工厂陷入停工的地步，停工后工人生计受影响，尤使我于心不安。”

“德先生不要难过，并非改革众叛亲离，而是地痞流氓肇事生非，据我了解厂中无工人参加殴打，你一向谦和虚躬，待人以诚，凡是有良心的工人怎么会和你过不去呢？”

“喔，是这样。”德生明显获得一些慰藉，从怀里掏出镀金打簧表，瞧了一眼，时针指在5点。一天又过去了。

“厂中器物捣毁，职员遭受殴辱，既成事实难以挽回，我意切不可节外生枝，采取严厉手段，应予以相当谅解。”德生平静地说，“我思考再三，如果对于罢斥新职员一事不再坚持，我同意恢复工头班底，以图工厂早日复工。”

薛明剑大骇。刚才离厂还好好儿的，现在变卦了，要复辟封建工头制。厂主太软弱，只想要一个体面的下场了？他无法忍受这种方式的委曲求全。“想不到一场精心准备、一再延迟、势在必行的改革就这样被武力打垮。”他沮丧地哀叹，冲着德生大声说：“变是天道，不可抗拒。不变，会毁了你们兄弟的事业！”

荣德生说：“话不能这么说。各新职员来厂后，对于厂中确能整顿，降耗增产，利润大增，从经济方面讲，我与工头之间存在着根本的利害冲突。惜乎中国干什么事情，都以中庸为道。早年读《论语》，对‘中庸之为德也，其圣矣乎’理解肤浅，眼下顿感其意义深长，非过来人不能道只字。中者，无过无不及之名也。一二新职员过于激进，对工人确有躁切之处，以至授人以柄，酿成事件。今后如有类似情节发生，我特许工人随时向我投诉，这扇写字间的门向全体员工敞开。”

薛明剑觉得挽回改革的命运是不可能了，他本来依据法律程序追查肇事人责任的打算也被荣德生“中庸”了，不想说了。他以一种悲戚的口吻作最后坚持：“任何都可牺牲，唯独技术非改良不可。技术不改良，不能对外竞争和立足，德先生！”

“我意也是如此。人事问题，暂置不问，单就技术方面可改者改之。改革还是要搞的，你看那些工头，有的年纪大了，过两年也就做不动，回家养老了；有的抽鸦片，寿命不会长的；有的逛堂子，有的组织黄色工会，还能挺几年？等吧，等吧，耐心地等吧，改革自然会到来！”

薛明剑总算明白厂主的用心：让工头制以时间法则自然淘汰。

“五十而知天命，德先生，我太年轻了。”薛明剑说，“鄙人幼年从事工读，对社会经济深寄改革之愿，却禀性躁烈，劳人草草，一无足陈。父亲深知总管职务繁重，恐我年轻不能胜任，当时力劝辞去，不要好高骛远，现在看来不无道理。”

“干事业还是少不了青年人，你等少年意气，与我老成持重，相辅相成，刚柔得济，办事最感舒畅。”

窗外已是暮霭丛生，申新桥下河水悠悠地泛动着惨淡的天光。薛明剑在这个短暂的黄昏老成许多，令他感到具有讽刺意味的是，这一场流血的改革使他懂得“改”与“革”两字的词义。

薛明剑记起荣宗敬说的话，“避免犯清醒的错误”，他还是犯了。清醒与糊涂那么玄奥，他该糊涂下去吗？他无法回答自己。

五天后，下午2时，荣德生走进职员饭厅主持会议。饭厅紧挨公事房，有门相通，荣德生从写字间最里一角穿过大统间，走向这扇小门，觉得走了几年。

饭厅的一壁，他手书的一张布告搭拉在墙上，他在这张布告中提醒职员晚间睡觉不要贪凉得病，每年夏天到来之前他就要出布告，同时给职员发一块搭肚皮的毛巾。他与工头阶层的谈判在总调人奉系第一军派出的官员主持下，进行多次，工头方在罢撤全体新职员、恢复旧有工头制上毫不退让，承诺“厂主对于上述办法，如能完全承认，我等必当使此后工作胜于工程师及新职员管理时代”，此外，对于捣坏厂内物品及受伤职员的医疗费用，愿意照价赔偿；而荣德生以雇佣职员为厂主职权范围，绝对不容干涉为理由，认为对方的要求是无理取闹，决不容纳；至于赔偿可以不必，由厂方负担。他捍卫着自己的最后一点尊严。

荣德生心里清楚，一场压倒一切的改革被武力捣烂，已经终结。虽然理想未死，但也只能来日方长了。他的底线是工头制可以恢复，但厂方有权任用新职员，他要为以后的改革留下一条血脉，哪怕看不到它到来的日子。说实在的，暴乱过后，新职员无法在申三呆下去，聘用新人没人敢来，谁不怕血呀！他心目中的血脉也只剩下汪孚礼等二三人而已。

他在饭桌上坐下，到会的也就五六人，新职员不是逃往上海便是在家养伤。薛明剑已经知道结局，托故未来，他内心有许多话说但说出来都是冲撞，有碍宾主情谊。他受不了会议势必出现的痛彻肺腑的场面。

平时，德生在这间饭厅里与职员们共进午餐，他和小老板从来不吃小灶，菜从同一个厨房内端出来，每张桌面摆上两荤两素一汤，他在餐桌上总是要谈谈科学管理、注重质量的话题。今天将向新职员谈恢复工头制的问题，这令他心头发酸，感到自己出卖了他们。

老是笑着的弥勒佛变成愁眉罗汉。荣德生深深吸了一口气，试图振作一些。与会者面前摆着一份调解方案。会议开始了。

荣德生先介绍军方、警方参与的调停过程，以及双方对条款争执的经过情况，他亲自宣读了调解人所拟的三项解决办法：

(1) 恢复旧时工头制度，各部酌设领工，以后添雇机工，由武场领班介绍，经文场监工职员审查后，取决于总管。工人如有不合，亦有总管、领工会同秉公办理。

(2) 风潮解决后，工人到厂上工，由警察第三分所会同厂中职员按名单发给铜牌，以资识别，俾免闲人混杂。

(3) 各部工人由值班领工开具姓名送交警所存查，以后发生事故，由各领工负责办理。

不妙的沉默。

(1)宣告改革彻底失败，封建工头制复辟，旧势力大获全胜。

(2)(3)由荣德生提出，指望在旧制度下图个安稳，反过来，也是对旧制度的维护。

总之，老板的面子一点儿也未挽回，改革派被钉上耻辱柱。

今天应召而来的职员有总工程师汪孚礼，申三经理荣鄂生，改革派中坚楼秋泉，总公司派出的代表庶务部主任荣吉人。荣德生正想发言，副工程师余钟祥从天而降，头上臂上缠着绷带，腰部裹着夹板，脸上身上满是青紫肿块，他是从医院病床上爬起来，赶到这儿的。他斜着身体读完调解方案，内心的酸苦很快要化成暴风骤雨。

德生清清嗓子说："我的意见，第一款，'恢复旧时工头制'不必明白开列，可由厂主实际进行，新职员班底除留用总工程师汪先生及保全部主任毛先生二人，其余由总公司另行安置，余先生，你就上申六去吧。"

余钟祥如雷贯顶，这位改革"死士"今天带一身病痛前来，原想慷慨陈词，力主反对恢复工头制，看来已无挽回余地，连留在申三也不可能着实出乎他意外。与旧制度继续较量的机会也不给，他的血白流了。几天前是头破血流，此刻轮到他的心流血。热忱而来，狼狈离去，想不到自己的下场竟会是这样。

改革流血可以接受，只要血不白流，但流产不能接受。他大声叫道："请问，这是上海大老板的决定吗？"

荣德生告诉他："是的！"

"我不离开申三，我到上海找大老板去！"

总公司代表荣吉人说："别去了，宗公近来不是整天不说话，就是平白无故发脾气骂人，谁都躲开他。钟祥，宗公是流着泪做出这个决定的，也是为你好，是我掏手帕让他擦的眼泪，跟他几十年，一个大男人，没见他掉过这么多眼泪！"

余钟祥是一个不掉眼泪的人，此刻泪崩了，泪水倾泻，直达腮部。他为大老板的眼泪而流泪。大老板在商界叱咤风云，无所不能，却对一家工厂的事儿摆不平，他为他冤屈。余钟祥忆及荣宗敬那次在火车上的突然变卦倒是能体谅了。他明知改革有风险，不能为，而非为之不可呀！

汪孚礼性情也颇躁烈，他是改革派的精神主柱，这头湖南犟骡子掼纱帽不干了，他投入荣氏麾下就是来改革，痛快淋漓干一番事业，不改不革了他还留着干吗？是荣宗敬昨晚亲自给他打电话，苦口婆心，极力挽留，说军阀操纵国家的局面不会长久，社会势必要发展要革新，清王朝的封建专制眨眼间推翻了，改革工头制也在迟早之间，给予他高度的信任和期待。唉，情面难捱，既已来难言再去。此时的汪孚礼心中憋得难受，他要发一通牢骚，让自己放松一下。

"鄙人未吃拳头，感激工头手下留情，而被留用于委屈中求全，怕也难以做出成绩。改革社会已深积习，实属势所难能，如本人有负股东厚望，诚惶诚恐。日后，盼警方多加维持，得以相安无事，便是幸事了。"

余钟祥痛哭一阵，郁气并未消散，幸而两条腿还能动弹，跺跺脚叫道："中庸也毁，不中庸也毁，我中华大国之民只有因循守旧，猪猡那般过日子，才能得到安乐？"

荣德生难过地垂下头。火是冲他发的，也是他该承受的，再刺耳的话也听得进去。反正，练气功静坐，已进之六七分，在再大的风雨面前，仍能心静如水。改革派满腹怨气在理中，将怨气出在他们兄弟身上也在理中，只要能让他们出气，他甘愿当出气筒，谁说这不也是缘分呢！

荣德生静静听着，不解释，不表白，不插一句话。

楼震旦是调往上海总公司本部工作，作为改革派的核心骨干，他是第一个进入荣宗敬视野的人，他曾带着荣宗敬，一起穿上工作服到日本纱厂参观，也是他率先向荣宗敬提出辞退工头，改革封建工头制的建议。作为改革先锋，陷身于眼下的局面，心中比谁都痛苦。平心而论，他知道荣氏兄弟的改革思维不会中断，等吧，耐心等吧，等待社会给予合适的环境。他心里也在为荣宗敬流泪，不能再给荣家兄弟添乱。

他以打圆场的口吻说："事既至此，已无余地，皆非老板职员所愿。日本强，强在耐心；诸葛亮七擒孟获，胜在耐心；在我们这个国家办任何事，离不开耐心。

现在看，改革工头制不是一个企业的革命而是一场社会的革命。我不知道时机何时来临，但一定会来临。各位先生、兄弟，耐心一点，海阔天空。”

饭桌四周沉于缄默，看样子认同楼震旦的“耐心论”，谁也不想说什么了。

会议该结束了，荣德生也难以支撑了，他的痔疮掉了出来，被尿布夹着，疼得脸色发青，好不容易从嘴里吐出两个字：

“散会。”

三十四、南京路的枪声

上海进入又一次历史性痉挛。

上海滩要么不痉挛，它一痉挛势必引发全国性的震颤，当历史学家记录上海滩的痉挛时，总是发现记录的是关于这个国家的历史。

自 1925 年 2 月以来，上海二十二家日商纱厂近四万名工人为反对日商虐待、开除工人举行罢工，英商纱厂随之呼啸而起。荣宗敬也就将研读报纸当做每日重要功课，透过标题以及字里行间“打倒帝国主义”、“取消不平等条约”的措词，掀起的爱国浪潮矛头正指向他商战的死对头，在华的外国资本看来将成为搁浅的破船，心里真是太痛快了。

1920 年上海南京路

上海虹口东宝兴路弄堂里的一座石库门，与法租界望志路 106 号(今兴业路 76 号)召开中共一大的石库门，几乎是用一张图纸建造起来。四年后，在陈独秀主持下，代表全国 994 名党员的二十名代表在这座石库门中召开中共四大，会议结束十多天后，人们就在上海工人的大规模的罢工运动中，感受到这个不足千人的年轻政党的巨大能量和非凡的号召力。历史就此泄露天机，中国的命运不管如何反复要由这个政党来主导了。

抵货运动必然是风潮的重要组成部分。上一次五四反帝运动令荣宗敬的事业上了一个台阶，他似乎看到滚滚流入总公司银库的巨额利润。否极泰来，在挺过连续二三年的棉纱业空前大萧条之后，他感到软弱的自己正在强大起来。他可以扬眉吐气了，而他的同道没熬到这一天一个个倒了下去，他为他们感到惋惜。同时，为自己的经营理念和商业智慧感到踌躇自得。人一走运，什么都跟着走运。尽管改革流产，这两年他还是比上海滩的大部分商人要舒坦，在银行买卖日汇，赢得巨利；在纱布交易所套做花纱，连战告捷。算盘的撞击声充满兴奋，算盘计算着他存在的价值，他的手指拨拉算盘的时候，等同将成堆金银拨拉进他的银库。

历史是不可想象的。历史这只足球，现在又踢到上海日本内外棉七厂这样一个位置。这是一个异常关键决定历史走向的位置。著名工人运动领袖邓中夏评介说："五卅运动以后，革命高潮，一泻汪洋，于是构成 1925 至 1927 年的中国大革命。"

5 月 30 日那天，荣宗敬像往常一样，从西摩路途经南京路上班，车过跑马厅就被堵住，听得见高呼收回租界的口号。原来是两千余名学生冲破巡警封锁，在老闸捕房大门外声援工人，把南京路堵住了，荣宗敬只能绕道去总公司。后来，他在公司听见南京路方向传来枪声、马啸声，激烈得如同打仗，他冲到马路上，看到赤手空拳的中弹者被人扶着，被担架抬着，不断撤下来，而江西路、北京路上成千上万的市民潮水般地涌向南京路。他从无线电得知，英国巡捕突然向密集的游行群众开枪射击，当场打死 13 人，伤者数倍于此，酿成一场震惊全国的惨案。

黄昏，他驱车从南京路回家。沿途景象向他倒叙此间发生的血腥镇压，令他心灵发颤。他发现自己原来是看不得血迹的。鲜血凝结在商场的玻璃橱窗上，凝结在马路上，一直抵达阴沟。来不及抬走的尸体拖到屋檐下堆积，沿街四处布满子弹孔。三道头（英国巡捕）在马路上逡巡，马腿上沾着中国人的血。繁华的十里洋场成为令人惊怖的尸山血海。

晚餐桌上，荣宗敬感到恶心，没吃什么就下楼到花园散步。他穿过大草坪，到土坡上的树林里徜徉，在"云角亭"内坐下。从这里可以俯视西摩路和威海路，路上车稀人静。中国人不会就此罢休的。他嗅到全上海的空气中布满杀机，反帝浪潮将以排山倒海之势将这个城市淹没。当他回房的时候，发现司机正在广玉兰树下冲洗汽车，自备车轮胎沾上了粘厚的血迹，他为之一悸。这一景象使他不敢承认惨案将对商业带来的利益。这一夜，他被自己的种种推理、设想弄得彻夜难眠，几次在染遍同胞鲜血的梦魇中惊醒。最后，他冷静下来，告诉自己：战胜盘踞在中国领土上的外国资本，这是他作为商人能为国家做的。第二天，他联络同仁，发起成立上海市民提倡国货会，又一日，他振臂一呼，发表措辞恳切的《提倡国货宣言》。这份宣言刊登在各大报纸，也压在总公司每位职员的玻璃板下：

> 自5月30日南京路发生惨剧以后，凡我同胞，莫不切齿痛恨。鄙意爱国不在宣言而在实践，御侮不在一朝而在平时，现在家常日用与夫个人生活所必需，实以舶来品占多数，每日流出之金钱，何可胜计，漏卮不塞，因穷立待。兹由鄙人发起，自6月1日起，凡在本公司以内之同仁，一律不购买舶来品。苟能持以恒心，守以毅力，庶几舶来品绝迹市尘，而国货得以推行尽利，借以作5月30日之纪念。如有意见不同，或阳奉阴违，虽与个人之人格有关，鄙人亦不敢引为同调矣。愿与同仁共勉之。
>
> 中华民国14年6月1日
>
> 荣宗敬

在他发表《提倡国货宣言》的第二天，预料中的大浪潮呼啸而来，声势浩大的反帝总罢工、总罢课、总罢市骤然而起，上海滩在工人阶级的怒吼中颤栗。他下令给福新申新的罢工工人照发工资，德生也给上海工人捐献资金，总公司响应罢市停止一切生意往来。情况出乎想象地严重，租界巡捕继续弹压，开枪打死打伤数十人，英、美、意、法等国海军陆战队登陆上海。上海人是有血性的中国人，没把西方列强的军事恐吓当回事，20万工人相继罢工，5万多学生罢课，公共租界的商人全体罢市，连租界雇用的中国巡捕也响应号召宣布罢岗。起自南京路的五卅风暴席卷全国各重要都会，波及偏僻乡村，自1840年西方列强发动对华战争以来，受尽欺凌的民族终于怒吼了！这是上海振臂一呼发动的一场民间的大起义，在中国现代史上再次写下至关重要的篇章。

盛夏到来，天气异常燥热。江西路三新总公司外墙的蓝条遮阳罩放下了，办公室内光线黝黯。上班不久，荣宗敬让茶房打开美国进口的“北极牌”空调，凉飕飕的风把他的纺绸长衫吹起一道道波纹。上海的紧张空气加剧太阳的炙热。街上到处是示威游行的队伍，到处是站在高凳上演说的学生，到处是满天飞舞的传单。“打倒帝国主义”，“经济绝交”，“收回英租界”的呼号，在总经理办公室的临街窗户外轰响。马路对面传来一位女学生的尖利嗓音，最后带领民众念顺口溜结束她的演说:“提倡国货,即是立言;实行国货,即是立功;制造国货,即是立德。抵制外货,牢记牢记。”女学生刚演说完,从北京路方向浩浩荡荡的国货大游行开过来了,沿途焚烧洋货,一股股黑烟弥漫于空中,要人们在挨呛的过程中记住使用国货。

“制造国货,即是立德”,那个女孩说得太好了,要是早个把月听见,他肯定要把它写进自己的《提倡国货宣言》。

“三罢”毫无结束的迹象,荣宗敬每日期待它在第二天结束。给他带来的巨大损失始料不及。在把使用国货和爱国、救国联系在一起的当口,他的产品市面之好见所未见,江浙一带且不说,陕西、山东、河南、河北等地,每天订货有数十单,各地要货万分急迫,因不能发货挨骂是常事。面粉厂纱厂因罢工停产至今,各厂成立工会组织,身上佩戴红布条的工会代表比他更有威信,他坐在办公桌上发愁。

胡乱翻完几份报纸后,翻一翻来自无锡的《锡报》,无锡已开工,他不由诅咒上海。这是他有生以来第一次恶咒上海。报上有一则申新第三纺织厂推销国货布匹广告:本公司织布厂备有织机500部,每天出货千匹,久已行销中外。凡10磅、11磅、12磅、13磅、16磅、18磅粗细平布斜纹以及20磅、24磅洋布,均可定织,并代理漂染,限日交货不误。兹因各界爱用国货,特此登报广告,以便选购,定价克己,请认明商标为要,此布。

德生在无锡发起国货攻势,如能乘此机会、努力扩大规模,把他压得喘不过气的国际性财团和大托拉斯在上海只有迎风落泪的份。荣宗敬盘算着,只须给他两年时间,他60岁拥有60万纱锭的愿望将成为现实,华商各厂乘势而上,即使外国势力复苏过来,中国纺织业也可以与他们拗拗膀子了。

十天过去,荣宗敬再也沉不住气。十天中,他痴痴呆呆,乱了神,丢了魂,不知道是怎么捱过来的。他确实患上一种精神性疾病,看不见锭子的旋转,听不见粉机的轰鸣,他的感觉器官就会失灵,血液不再流动,人就整个儿不对劲了。他的职业生涯离不开两种声音,机器的转动声和算盘珠子的弹动声,现在一样都没了,荣宗敬不是荣宗敬了。上海全埠商业,除金融外,首推棉纱业为重。荣宗敬作为会长,在纱联会董事会上提出结束罢市办法,道出全体同仁的心声。虔佛归虔佛,铁三角还是铁三角,依旧担任纱联会副会长的穆藕初、聂云台对此作出具体计划,提出结束罢市的治标治本之策。穆、聂二人四处奔走游说,但他们的书生意气在全民投入的政治运动中,不仅劳而无功,而且成为笑料。

看样子只得自己动脑筋了。荣宗敬觉得工人曾经是那样尊敬他,应该理解他的心情，动之以情，晓之以理，或许能说服他们。他乘渡船过苏州河，登上河北岸的渡口，几位站岗的纠察队盘问身份后将他放行。潭子湾一带的荒场上搭满板棚草寮，申新、福新各厂的工会设在这里，戴着呢毡帽和鸭舌帽的工人纠察队日夜站岗巡逻。一水之隔的潭子湾不是租界，不受工部局规定限制，工会可以在此地昼夜集合，自由活动。成千上万的男女不是开会、听演讲，就是东一摊西一摊地联络奔忙。一路行去，他看到共产党员向男女工人宣讲列宁和苏联革命，另一边的凉棚下，一群人在学习共产党中央的文件。他领略了传说中的赤色工会的景象。眼中所见，告诉他更大的浪潮正在酝酿中，这如何是好？

他在一个板棚里，找到申新二厂的工会代表——来自无锡荣巷的细纱间加油工荣玉生。荣代表对他是客气的，虽没叫他大老板也叫了一声荣先生，腾出板棚里唯一一张板凳，又在凳子上铺上一只干净的面粉袋，请他坐下，自己则坐在了一捆稻柴上。

两人之间的谈话开始了。

"荣代表，工人爱国，商人也爱国，而且不落人后。罢工我支持，中国人受欺负太久太深，不罢工不足以唤醒国民，不足以震慑列强，故罢工期内工资照发，以表支持。今工潮已引起英日两国朝野震动，目的已达，罢工总该有尽头吧！工厂要运转，工人要养家，抵货要产品，否则沦为一句空话。敝人切望员工尽早回厂，敬请体谅。"

"荣先生，你的心情我们理解，但罢工也才十天出头，这场政治斗争和民族斗争离取得胜利为时尚远，不可能鸣金收兵，上海工商学联合会宣告成立，上海各界民众结成反帝联合战线，先生作为爱国商人，理当积极投身于这场伟大的反帝爱国运动。"

荣宗敬望着这位年轻人发愣，平时不声不响，怎么没几天变得满口政治词汇，能言善辩，而且有礼有节，看来，人真的不可貌相。

"小伙子，不不，荣代表，敝人厕身商界三十年，与外国势力斗了三十年，要说恨帝国主义没有比我更恨的。以我切身经验，与帝国主义斗争，坐议无益，空言有害，唯有以制造硬碰硬地斗，方能挽回利权，扬我国威，除此别无他计。"

工会代表暗思荣宗敬的话也算是真话，但共产党的目标是发动一场俄国式的无产阶级革命，彻底铲除剥削压迫工农的旧制度，为建立共产主义社会而奋斗。资本家是无法理解这次罢工的意义的。五卅斗争拉开序幕，共产党刚刚开始显示正义的力量，荣宗敬想复工等同痴人说梦。他觉得好笑的是，上海滩那么多大老板，怎么就你姓荣的跑到潭子湾来要复工，真是一个罕见的另类。

荣代表耐着性子解释道："我们上海工人阶级是总工会领导下组织严密、纪律严格的反帝的主力军，是中流砥柱，怎么能够中途退却？此次大罢工不只是罢工，刘副委员长在会上宣布，这是一个空前伟大的运动，在中国人民争取民族解放的历史上具有新的意义。如果你想明白刘副委员长的话，就不会着急开工了。"

荣宗敬打听刘副委员长是谁，工会代表告诉他，是中华全国总工会副委员长，兼上海总工会总务科长刘少奇同志，不久前到达上海，参加上海总工会的领导。

荣宗敬的理由远未阐发完，他引用宣传国货女学生的顺口溜，说："对国民而言，实行国货，即是立功；对商人而言，制造国货，即是立德。眼下，正需要生产国货替代泊来品，而工人不工，机器不转，令人心痛，我不能安眠啊！"

荣宗敬自度维经，十分固执，他不理解工人阶级的观念和感受同他完全不一样。他也不知道中国共产党这个新兴的政党，有着严密的组织系统，申新分工会上有纺织业工会，再往上有上海总工会，而最后的决定权在中共中央。他以为军阀一个小营长在地方就能说了算，来推理共产党的组织系统，令他这次拜访成为潭子湾荒地上疯传的一个段子。这个资本家太可爱了。荣宗敬与穆藕初同样幼稚，说病急乱投医也很恰当。

铜哨吹响了，哨声从联合工会办事处方向传来。各分工会工人纷纷走出板棚茅草棚，赶往空地集中。工会代表向他摇摇头表示遗憾，召集他的工友去了，将荣宗敬扔在板棚里。

一个月前，他无法挽回申三改革的失败，感到自己无奈和软弱，此刻，他陷于更严重的无奈中。

"究竟出了什么事，藕公？"翌日下午，穆藕初神色严重来访时，荣宗敬没等他坐下就问。

"洋鬼子玩釜底抽薪之术了。"

"出兵占领上海了？"

"不，他们犯不着这样做。你认识安利洋行董事安诺尔吗？"

"认识，申一的爱萨理司纱机就是向他订购的。"

穆藕初告诉他，安诺尔给工部局总董写了一封信，指出停供电力使中国厂商陷于困境，无法再去支持罢工工人；当工厂停工使工人的生活费失去来源，势必增加总工会的困难。他还建议停供电力同时，各外商银行停止贷款，外币停止兑现，以加重对华商资本家的压力，迫使他们设法终止罢工。据说，工部局电气处将在 6 月底停电，哪天工潮不解决，秩序不恢复原状，就会一直停下去。

这么说，工人回厂也开不了工。严重的打击把荣宗敬击闷，工部局电气处控制着上海的电力供应，总公司所属租界内外十几家工厂将因停电陷于瘫痪，他恨不得宰掉该死的安诺尔。

他怀着一丝希望打听："工部局总董作何决策？"

"据说立即采纳了安诺尔的建议。"

"藕公卓识过人，长袖善舞，在外侨社会应酬广阔，鄙人拙于辞令，望你俯念时艰，疏通转圜，不独纱厂一业受惠。"

"藕初之愚，以为停电一端，只有等待工潮解决后才能解决了。外国人决不肯放弃这一杀手锏。"

"敦请政府交涉公署与外交使团交涉有效吗。"

"外交交涉是一个漫长过程，英国人老于此道，不把你急死也会把你拖死。"穆藕初惨笑一声说，"时间拖长，工人要钱过日子，势必与厂主斗争，民族矛盾就转移为劳资矛盾，反帝阵线就此瓦解，种种麻烦已能预见，安诺尔这一手真毒啊！"

"时局会有这么严重吗？"荣宗敬愿意把事情想得比能够推理的还要好。

不久，穆藕初的预言一一出现。荣宗敬以纱联会名义电请北洋政府和江苏省当局，请求通过外交交涉恢复供电。同时，荣宗敬、聂云台等人代表纱联会到工部局电气处交涉，电气处官员对以停电为手段要挟中方的说法深感惊讶，英国人怎么会做出如此龌龊的事来呢，停电的原因是电厂工人罢工，只要工人复工就能恢复供电。于是，荣宗敬又派代表赴北京找段祺瑞及农商部外交部总长面陈请求，请北洋政府迅速劝令电气处工人上班。

没有希望也要寻找希望，是荣宗敬的禀性。但未来几天出现的事态令他绝望。租界十一国商会突然借口无权解决问题，单方面宣布停止与上海总商会的谈判，将皮球踢到租界当局。北洋政府外交部特派驻沪交涉员公署在纱联会要求下，直接与英国驻沪总领事巴尔敦爵士交涉。交涉使许秋帆带着荣宗敬一起赶往坐落于外白渡桥下的英国驻沪总领事馆。穿过典型的英式大花园，在文艺复兴府邸风格的建筑中坐等总领事巴尔敦爵士的接见。领事正在花园遛狗，半个时辰后，终于看见他走出官邸，出现在与领事馆相连通的长廊上。

许交涉使明白今天没戏了。这种违背外交礼节的故意的拖延，不光是折腾你，而且是告诉你对你来的目的不要抱任何希望。

巴尔敦爵士是大律师出身的英国资深外交官，一生奉献给帝国的殖民事业，在中国厮混30年了。是他在英国政府的授意下，下令向集结在南京路的中国公民开枪。他上身挂满勋章绶带，头顶光秃，只有两鬓残留一些头发，比荣宗敬好不了太多。进门后，他向两位中国来宾欠身致礼，许秋帆与荣宗敬起身颔首还礼。

许交涉使不想使用外交辞令，单刀直入提出要求："此次风潮突起，是两国皆不愿意看到的事情，然而，工部局停电加剧事件的复杂性，也有违相关条约规定，目前停电已逾旬日，敝人奉政府指令前来交涉，谨请贵领事从速处理。"

"英国有句名言'相信谎言的人，不免要死在谎言里。'最不愿意停电的是工部局。据我了解，此次风潮由第三国际与中国共产党策划而起，电气工人罢工是接受了他们蛊惑，谁来发电呢，是我？还是阁下？"巴尔敦双手一摊："许交涉使今天来喝茶欢迎，交涉停电走错门了，你应当到宝山里2号上海总工会去交涉。"

许秋帆说："总领事先生，贵国还有一句谚语：'评定一本书，不能凭封面。'我国政府已下令驻沪军警长官劝令电气处工人先行复工，事实是工部局借故不愿意复工，总领事先生是否了解这一情况？"

巴尔敦当然了解，而且正是出于他的主意："真有此事？"

荣宗敬忍不住发话了："敝人代表纱联会两次至工部局电气处接洽，第一次面谈结果，是该处官员已无成见，如工人复工即可恢复送电；第二次，口气大不一样，工部局声称以全部在沪英日厂复工为前提，窃闻贵国是文明礼义之邦，如此出尔反尔，乘机要挟，不能不令人遗憾。"

巴尔敦的老练在于能掩饰所有正常反应的情绪，他认真地打量荣宗敬，这个传说中的中国故事今天就在他面前展现，三十年来，他接触无数中国人，面前这一个具有特殊品质的人，从人群中脱颖而出是必然的。他并不为荣宗敬的冲撞恼怒，很有绅士风度地说：

"荣先生，很荣幸在我的办公室接待你，我的耳朵里灌满你的传说，包括那只著名的瑞士金怀表，据说是信用的保证。请问：你用什么信用保障在发电以后，公共租界的英日工厂可以复工？英国和日本的商人将资本投入你们的国家，不仅帮助你们发展经济，也要求相应回报，就在这间房子里，我两耳已经灌满了他们的牢骚！"

荣宗敬还想说什么，交涉使许秋帆先开口了。

他说："工部局承诺电厂工人复工即可恢复送电是一项外交约定，总领事先生难道认为外交约定是可以像手纸一样随手扔掉的吗？"

巴尔敦一点儿也不生气，他打量许秋帆的漂亮小平头，似乎在研究中国理发匠怎么能将头发修剪得如此齐整，绷紧的脸上终于露出一丝浅笑："交涉使先生，你是信上帝的人，无疑知道上帝与犹太人签订《十诫》事先有约定，犹太人遵守诫命，上帝将流着奶和蜜的迦南赐予他们；反之，上帝不给予幸福自由，他们就可以抛弃上帝。这是一项多么公平的交易啊！连上帝也做买卖，下面的话，还需要我说下去吗？"

荣宗敬和许秋帆都没话说了，巴尔敦想要的不是他们能做到的。

巴尔敦爵士耐心地等候五分钟才继续说话。

"看来，今天的会晤可以结束了。虽然不太愉快，但互相沟通不失为好事。我想以我开头说的话作为此次会晤的结束语：应当到宝山里2号上海总工会去交涉。"

走出英国领事馆，交涉使感叹道："世上最圆滑而又正经得令人恶心的人，莫过于英国外交官！"

荣宗敬说："称英国人是约翰牛是夸他，此人就是一头猪，跟他聊十分钟都是一种折磨！"

荣宗敬被英国人玩死了，日夜奔走付之东流，他的力气用完了。

"上海滩要瘫的。"经历这一场风波，他感到弟弟的预言不无道理。他的锭子一天不转，他觉得自己不活着。各厂坐食，开工无期，实业王国在消损。荣宗敬痛苦到极点，逢人痛骂英国人狗娘养的。骂是骂不痛人的，每天早晨醒过来，他就寻思如何将工厂运转起来。他憋着一股劲，要给点颜色给英国流氓瞧瞧。

他拨通申二经理顾沅芍的电话。

"我是荣宗敬，你耳朵聋啦，我是荣、宗、敬。"申二经理成了受气包。"把厂里的蒸汽引擎给我检修好，装起来！"

"旧引擎多年搁置不用，准备作废铁卖掉，还能转动开车吗？"

"不行也得行！"

"工人聚在浜北，工会坚持罢工，即使修好也不能开工。"

"血气之论，无不爱国。工厂都坍掉，国将不国，何爱之有？开工为维持工人生计，并非老板赚钱，你连这些话也不会讲？"

"即使有安分工人来上班，工会也要干预。停电以后，工会对厂方每星期只发一元维持费大有意见，工人生计恐慌，弄不好会闹出风潮。"

"如果工会不加体谅，提出不可接受的条件，那就解散停业，一律回家。工人不想捧牢饭碗，我有什么办法。要工人，有的是，把他们全部歇掉，将来新招一班！"

“工会背后由总工会撑腰，不好惹啊！”

“狗屁，我的厂卖掉了吗？这是我的厂，我说话算数！”荣宗敬越来越窝火，过一会儿，以低沉缓和的语调说：“工人如有过分条件，由纱联会向总工会设法疏通，以便照章开工。”

他这种坦率类型的人希望在生活中保持领导地位，然而，世道变了，潮流变了，他的高度集权制受到挑衅，只好对部属发发火聊补受损的自尊。挂上电话后，荣宗敬的头痛得要命。他在他的王国中素向说一不二，现在夹在帝国主义和工人阶级中间，他觉得快被压扁了，“这还是人过的日子吗？”他忍无可忍。

二十天后，旧引擎总算修复。这二十天对荣宗敬来说简直度日如年。国产棉纱价格持续上涨，上海的几十万锭子搁置在那儿，出不得一件棉纱，他精神上简直无法忍受。如果申二的动力开出一半锭子，至少他的情绪就会安定一些，然而，该厂工会向他提出七项条件：

(1) 停工期内工资须全额补发；

(2) 小洋一律改成大洋；

(3) 工人未全开工时，各人津贴 2 元；

(4) 不得打骂及无故开除工人；

(5) 承认工会有代表之权；

(6) 工人自退，存工须立时照发；

(7) 工人有事停工，不得扣发工资。

不承认上述条件，不得开工。

荣宗敬在总经理办公室读到工会的照会，火冒三丈，冷气机难以驱散身体的燥热，把折扇使劲摇了一阵，“啪”一声在手掌上合拢。“太过分了，这不是骑在头上拉尿拉屎吗？企业还有什么管理可言？究竟是反帝还是反资本家，我难道加入日本籍英国籍了吗？”他无法想通，因精疲力竭而日益塌陷的眼窝射出锋利的光芒。就在不久前，福二制粉车间工人要求改善待遇，他只肯增加 5 角工资，工人不同意，坚持每人加 2 元，否则不进厂工作。他坚决拒绝，把制粉车间 60 多个工人一起开除。他一肚子气没处出，将自己的倔强好斗转移到工人身上去了。

“非让申二开工不可。”他从来不认输，看谁拗得过谁。

五卅运动爆发后，上海总工会在闸北宝山路宝山里 2 号公开挂牌，巴尔敦爵士说的不错。由于外国巡捕、密探经常到宝山里周围骚扰，奉系军阀和流氓多次闯入殴打工作人员，捣毁总工会财物，不久前已迁至共和路和兴里 27 号办公。

穿着浅蓝色服装的纠察队情绪饱满，高度警惕，把守大门，对纷纷来访的各厂工会负责人以及工人群众热情亲切，俄国式的拥抱是中外狗仔队经常偷拍到的画面。总工会机关人声鼎沸，脚步匆忙，一片倥偬景象。被帝国主义野蛮屠杀激怒的贫苦劳工，听从这幢楼房发布的每一个号令，也从这座楼房瞥见自己的力量。

一位 30 岁的湖南人和二位 25 岁左右的湖南老乡，在这幢楼里领导五卅运动。他们是中国共产党中央委员蔡和森，中共上海区委工委书记、上海总工会委员长李立三，中华全国总工会副委员长兼上海总工会总务科长的刘少奇。后二位是领导安源路矿工人大罢工的老搭档，又一道在占中国工业之半的大都会发动一场轰轰烈烈的大罢工。

二楼会议室，刘少奇坐在“劳工神圣”的匾额下主持会议。他理着工人那样的短头发，举止、言谈、气质，还有身上那件布长衫使他与一般工人区别开来。会议室布满劣质烟草的气味，到会的是华商各纱厂工人代表，他们身后是十九家纱厂的 5 万名工人。纺织业作为上海的第一产业，拥有最多的产业工人，刘少奇几乎每天在这儿与各纱厂工会头头探讨问题。

会议接近尾声。罢工后工人生活困难，引起恐慌。工部局停电之后，纱联会公议给工人每周发给维持费 1 元，以两星期为限。工人依赖工资度日，一家数口仅凭维持费怎么活下去呢？前几天，总工会派员到纱联会商洽，要求增加维持费和延长维持时间，纱联会为此召开紧急会议，各厂主在会上各说一通困难情形，议决拒绝。数万工人的生计牵涉运动向纵深发展，情况紧急。

作为会议主席，刘少奇最后总结说：“自本会发起二十余万工人总同盟罢工以后，各地各界纷起响应，举行三罢，形成全国规模的反帝怒潮，并得到国际工人阶级的支持。广州、香港工人为支援五卅运动，反对帝国主义，也举行了政治大罢工；中华全国总工会为加强领导，建立省港罢工委员会，组成工人武装纠察队到各海口驻防，严密封锁香港，使之成为死港。南北反帝浪潮的呼应，大大提高了中国人民的觉悟，揭开了大革命高潮的序幕。”

他语调沉静温和，激动人心的事件也习惯以温和的口吻说出：“此次大罢工，虽非长久状态，但仍应继续坚持，扩大胜利成果。中国各纱厂因对外大罢工，纱价上涨，所获余利甚多，为此，有理由向纱联会请求对于停工纱厂工人，准予照发工资，至开工为止。此次罢工，原为国人一致联络对外，工商两界有一定的融洽，工人生计事关大局和社会秩序，本会当继续向厂主晓以大义，据理力争，即请各工会推出代表，帮同办理交涉。”

与会的申新等厂工会选出谈判代表后，就散会了。刘少奇在会议室里燃起一支烟，坠入沉思，将自己投在更浓的烟雾中。自从上海总商会和各马路各商界总联合会单方面宣布停止罢市，反帝统一战线出现裂痕。工部局停电后，民族资本家一片惊慌，愈见妥协动摇的端倪，劳资矛盾日益加深。但是，对外罢工必须坚持下去，以取得对帝国主义斗争的最后胜利。在当前的政治条件下发动一次大罢工并不困难，要让罢工旷日持久地坚持下去，却颇为棘手。资产阶级不愿多掏腰包，而各地商界的赠款由于控制在大资本家组成的上海总商会手中，他们随时会用这笔救济金挟制运动，向帝国主义和买办阶级妥协。刘少奇为此而担忧。

总工会总务科的工作人员走进烟味呛人的会议室，向刘少奇递上一张名片。

“华商纱联会书记王鸿生求见。”

刘少奇在烟缸里揿灭烟蒂：“请他进来。”

纱联会书记是受会长荣宗敬差遣，向总工会疏通申二开工之事，由荣宗敬派自备车一直将纱联会书记送到和兴里 27 号总工会楼下。

王鸿生没想到站在他面前的工人领袖会会是一位文质彬彬的书生，而且这位叱咤风云的人物看上去也就二十多岁。他显然有点惊慌，在对方客气地请坐后才定下神。

“刘先生，此次申二修复引擎，拟开 1 万纱锭，一为市场输送国货，二为维持工人生计，并无盈利之想，然而工人不能体谅，以工会名义提出苛刻条件，敝会特向贵会请求调解。”

“此次罢工期中，我总工会屡获贵会予以援助，我工界同仁实深感谢。贵会素以保护工人利益调和劳资矛盾自任，能不为工人生计熟虑吗？申二所开之车，其能纳之人数只有四分之一，未免有顾此失彼之虞，四分之三人生计恐慌，人心忧乱，其影响所及，不待言明。”

“安顿一人即少一闲人，四分之一能养家活口总比不开工好啊，申新厂主荣氏兴办实业，富国强民之心尽人皆知，仗赖贵会扶助。我国实业尚在萌芽时代，自五卅惨案发生，实业界感受痛苦已达极点，有待劳资双方融洽互谅，工人的过分要求已难以接受了。”

刘少奇莞尔一笑，不想当面驳斥书记的雄辩，而用诙谐的语调回应：“赚进腰包里的钱拿出来自然是痛苦至极的事，人之常情，可以理解；但国难当头，不破点财，在国人面前怕是交代不过去的吧？我看，申二工会所提七项条件并无过分之处。”刘少奇翻开手头的笔记本，里面记录着申二工会报来的条款，斟酌多时，说：“虑及厂主目下的难处，我提议改成两条，作为先行上工的条件，(1)上工工人既占四分之一，宜用轮流做工的办法。但每月仅有一星期工作，按工计值，决不能维持生活，须由厂中对各人工资每月至少发给6元；(2)自工部局停电后，为时已将匝月，厂中只给维持费2元，各工人生活困苦异常，须由厂中每人补发4元，合共6元。厂主如能承认，即能开工。”

“恐怕厂主难以接受，”纱联会书记怎会不知道荣会长的脾气，不禁面有难色，抛出最后一着，“看来，申二前途只能是解散歇业了。”

申新老板你也太牛了吧。刘少奇对申二先行开工的条件是认真考虑后提出的权宜之计，再退让就牵及原则问题。他对纱联会书记带有威胁性的语言觉得好笑，用轻松的口吻说：“王先生，如果资本家动辄关厂，靠谁来养活，又凭什么维持上等的生活？鄙人来沪之后，对荣氏事业有所耳闻，他舍得歇业不干吗？”

谈崩了，荣老板的一厢情愿告吹。

回去的路上，纱联会书记不明白全上海华商纱厂都停着，荣老板干吗千方百计，非要开出1万锭，1万锭能赚几个钱？

荣宗敬，一个怪物。

荣宗敬对刘少奇的开工条件断然拒绝，一肚皮气没处发泄，火冒乒乓地叫司机送他上总商会。总商会为沟通各界，维护商人利益而设，几位会长洁身自好，对纱联会对他本人总是敷衍搪塞，身为该会一员，他要上那儿兴师问罪。

听不见锭子转动声，他乱了神，荣宗敬不是荣宗敬了。

自备车从江西路绕入河南路，驰下苏州河上的大铁桥，在桥北堍天后宫的旗杆下刹停。荣宗敬的纺绸长衫拽得窸窣有声，直往宫中冲。进门是广场，再进为戏台和两边看台，江湖医生、小贩、各色卖艺人等四处丛集，十分闹猛；第三进是羽士住持的神殿，荣宗敬埋没在摩肩接踵的进香求签的男女中，直奔后面寝宫楼，总商会设在此楼内。

上海有马路各商界总联合会，简称商总联会，又称马路商会，另有总商会。不同者，马路商会主要由商行店肆中小商人发起，后者则是工商界巨子大贾结成的团体。总商会前身商学会由荣宗敬的前辈同乡周舜卿倡设发起，老人现已病殁，等到荣宗敬有资格跨入总商会，此会定位与前辈确立的商人保姆的宗旨相去已远，沦为政客的工具了。总商会会长或会董横跨官、商两界，会长虞洽卿是买办出身的宁波籍工商巨子，海上闻人，兼淞沪市政会办；实际主持会务的副会长方椒伯也是宁波人，律师出身，在华洋各界交游广阔，长袖善舞，唯虞洽卿马首是瞻。

荣宗敬专程来骂娘，气喘咻咻地坐下：“总商会为全国商业总枢，会长居于登高一呼之地位，而不顾会员死活，有失本会职旨吧？”他劈头盖面地朝虞洽卿甩调头,一开始就把气氛弄得十分紧张。

方椒伯既为律师出身,当然长于调和,这会儿拿出看家本领,赔笑脸说:“宗公,何事惹得你肝火如此之旺,慢慢道来,小弟给你平气。”

方椒伯比荣宗敬小两岁,城府深多了。荣宗敬斜睨着他,目光中不无蔑视。五卅惨案发生后,方椒伯一面急电在京的虞洽卿回沪主持会务,一面在工人学生代表要求下通告会员罢市,但转身即往工部局打招呼,说是在学生强迫下,他才在全面罢市声明上签字,并非出自本意。荣宗敬瞧不起这种八面玲珑,将洋人当老爸的脚色。

“有的资本家束身自好,不敢投资实业;有的资本家罄其所有,发展进图。其结果,实业中人感受痛苦,而听凭他人观风景,日后还有谁愿意行实业救国之道?”

这分明是谴责开轮船公司和银行的会长存心看他荣宗敬的好戏。方椒伯装作未听懂,继续赔笑脸:“宗公,谁在摧残实业,难道不是那些游手好闲,不做工想拿钱的工人?你把火烧到总会长头上有失公道,哪个商人不爱国,你说?”

受到奚落尚未开口的虞洽卿,终于不阴不阳,以居高临下之势发话了:“总商会不为一姓一厂所设,风潮亦非本会所能了结,相信荣先生能以超人之力纾解局面,至时,鄙人及全体同仁当为你设筵庆功,磕头也不妨。”

荣宗敬以盾对矛,寸步不让:“会长雅爱,实业昭苏之日,即公等尸祝之时,如任其自然,失去保障,唯有登报声明,敬辞会员。”

不可收拾的场面出现了,总商会可是不能缺了荣宗敬这类标志性人物,方椒伯连忙出来打圆场,解释道:“宗公,切莫误解会长好意,虞先生为维护商界利益,转辗折中,煞费苦心,乃是要一了百了,根本解决工潮。自惨案发生以来,沪上商界叫苦连连,纱厂影响尤巨,虞先生采取的行动将是百业感颂的盛举。”

“鄙人蒙聆开导。”

“总商会决定答应工部局全部英、日厂一律复工的条件,并通电各省疏销英日货,换取供给电力。此外,本会拟扣留所经手的捐款,暂停发放罢工工人的生活救济费,工潮可望解决。”

“何时实行?”

“瞧你这个急性子,外国人规矩多,什么都按顺序走,你还是要有耐心。”

方椒伯甩动着一根食指对荣宗敬嬉笑。

虞洽卿舒服地坐在圈椅里,也矜持地笑了。

荣宗敬熬着日子。如果他还有什么想象力的话,无非是一觉醒来传来结束风潮的消息。他陷于一生中碌碌无为的岁月，比躲债的日子难受得多。债务用于扩充事业，对他来说完全是他自己想要的压力，债主逼债越凶越是拗脾气发奋，怀着强大的力量去赚钱。如果没有债务，他的奋斗力多半会因为缺乏压力在无形中衰退。

眼下，什么事也不能做，对报纸厌恶透了，版面上尽是有关罢工的报道。算盘被扔在一边，唯一能做的就是睡觉，可睡觉算不得正经事，一睡下就有千百只虫子咬他，浑身难受。没有谁能理解他。他对所有的人动火，公馆里充斥着响亮的詈骂声，无论家人、仆人都怕接触他。两个在交大读书的宝贝儿子，看见他远远躲开，蹑手蹑足溜过他的书房，省得惹麻烦。

他把自己隔绝起来，于是大吃大喝，到餐桌上为受损的精神寻求安慰，喝更多的酒，直至将自己灌醉，让仆人扛到床上躺下。不这样，他通宵无法入眠。他无休止地抽烟，不过，不再抽进口雪茄和英国香烟，烟灰缸不用半天便储满南洋兄弟烟草公司“双喜”牌烟蒂。他以自残的行为度过每一天，不断地抱怨自己的健康出了问题，不是头晕，就是心口痛，抑或有其他什么毛病，让身边的亲人围着他团团转，以此企求他人的同情。

荣公馆中，没挨骂的唯有王氏。二十年来，王氏与他一同经历风风雨雨，她心疼丈夫，明白丈夫心中的苦楚，锭子一天不转动，他就好不了，再这样糟蹋自己，老公真的要垮了。

五卅期间，上海的夜生活依旧丰富。脚头痒的朋友口袋里只要有几个铜钿，就能抱着水蛇腰“蓬嚓嚓”；赌场里西方的轮盘赌，百家乐，永远不愁没有顾客；西区和外滩的高级俱乐部、夜总会，四马路会乐里“长三堂子”，因为闲得无聊的老板太多了，生意爆满。上海滩唯独交际花和妓女没有参加罢工，而且对她们没有“抵制外货”的要求，加班加点，需要付出更多的辛苦。这一阵，“阔太党”里几个姊妹看不住自家男人，都快疯了。王氏在家中陪着自己的男人，瞧着他日夜愁眉不展，唉声叹气。

王氏坐在床边，等待丈夫酒醒，与他聊一聊。

一个时辰过去，丈夫还未醒，她抚摸丈夫额头突然增多的皱纹，想把那些褶皱抚平。当年在沙船上，从他执意娶她的那股执拗劲，她就看清楚这个男人的牛脾气，她喜欢这样的男人，没让哥哥多费口舌，当夜就上广生钱庄小楼圆房。她的眼光真毒，这个男人真像她想象的那样创出了大事业。现在，他遇上对别人来说不是麻烦的麻烦，她不能袖手旁观，她疼惜他，要帮他渡过难关。

荣宗敬一边打呼，一边嘴角流出涎水，她用热毛巾一点点擦去。

荣宗敬终于醒来，见是妻子，将她的手紧紧抓在手里，两眼无望地盯着她，既是感动又像诉苦。在他每次陷于困苦时，都是她坐在他身边，以自己的聪慧和镇定帮他渡过难关，这个船家女不是他娶来，是上天赐给他的。

王氏阻止他起床。

荣宗敬听话地躺下，埋怨道："这两天不见人，你上哪儿去了？"

"公馆上上下下都被你骂个遍，我怕你骂嘛！"

"唉，我骂了吗？我骂谁也不会骂你。"

"你要是骂我，我就去投黄浦。"

"瞧你这张烂嘴巴，该打。"

王氏真的将脸盘子凑上去，荣宗敬在她脸上捏了一把。这一捏，心情放松了一些。

王氏埋怨道："你把自己作践成啥样子，没有人样了。"

"我真有那么绝望？整天喝酒、睡觉，日子蛮写意。"

"你说你有病，我看是真的有病。自称大丈夫，弄弄就变小丈夫，你崇拜范仲淹，人家是宰相，宰相肚里能撑船，还能撑大沙船。"

"沙船婆的腔调又掼出来，你不说，我都不记得你摇过船。"

王氏在他脸上打一下，赏他一个嘴巴子："沙船婆怎么啦？哪里不配你？给你生儿子，让你老牛吃嫩草，又得一个宝贝儿子，抱在手里嘴巴笑得合不拢。上海滩找得到这样的老婆吗？哪天找到，我自动走人，连夜也不会过的！"

"女人就是话多，越说越脱攀。"

王氏在脱攀的话中享受丈夫的挚爱，这是她屡试不爽的伎俩。

该言归正传了。

"你不是问这几天做啥了，我找顾沅芍去了。"

申二引擎修好后，由于荣宗敬拒绝工会提出的条件不能开工。申二经理顾沅芍不甘心停厂歇业的后果，发动职员、家属，会同部分工头开车，但是靠生手根本无法纺纱。正在愁眉不展之际，王氏出现了。她让顾沅芍给她二三天时间，保证将熟练工人招来。原来，王氏虽然贵为荣公馆女当家，却与当年一群沙船姊妹没断过联系，经常给予接济帮助，包括介绍他们的儿女进入申新系统和其他华商纱厂打工，少说也有上百个。于是，她到南市码头将沙船姊妹一一招来，在老正兴摆开七八张桌面，事就成了。姊妹们无不朝她拍胸脯，保证明天让儿女们一个个到申二报到。一顿饭吃完，荣宗敬和顾沅芍办不成的事，她在杯盏之间办成了。

王氏从手袋里掏出一份名单，交给老公："明天叫顾经理按姓名接受就是。

父母之命不可违，不说百分之百，也少不了八九十。”

“你真是我的女神啊!”荣宗敬说：“宝贝，来，亲一个!”搂住王氏狂吻起来。亲热了一番，放开她，撩开被子从床上一跃而起，抓起电话对顾沅芍吩咐道：“马上到我家中来，有要事交待!”

等荣宗敬挂完电话，王氏给他点燃一支烟，要他坐下来。

王氏说：“你的性子要改一改，年纪大了依旧硬柴脾气。硬柴自有快刀劈，保不定哪天吃大亏，不信，你试我这张嘴。上海滩50几万锭子都停着，你干吗非要开出1万锭？这一次，我是看你人不像人，鬼不像鬼，帮你张罗，今后，凡是你使性子、拗脾气的事，我不会再帮你，帮你是害你。”

荣宗敬回应道：“唉，人之性格，利弊参半，我怕是改不了了。”

“你是开大船的人，看风向，识浪性，顺着潮流行。你知道什么叫潮流吗？就是既要顺着它走，还要借它的力，全靠手中一张舵，不能偏离一点点，掌舵的老大紧张得眼睛乌珠都要爆出来。俗话说，小心驶得万年船。现在，风云四起，你不能再像一个老顽童。要小心谨慎，认清风向，稳住舵把，事业才能长久平稳发展下去。”

“我晓得了。”荣宗敬认真地说。老婆的话不错，各种社会势力纠合，潮流复杂，叫人看不懂，一腔热血是该冷一冷。至于能否真的冷下来，王氏忧心忡忡，荣宗敬压根儿没问自己。走着瞧吧!

第二天，荣宗敬驰往申新二厂。一路上，阴霾散尽，说不上心情多兴奋。

申新二厂前临宜昌路，后沿苏州河，前后门都装上电网。沿河雇佣一帮人把守逡巡，工部局那边出些钱，也派出几位巡警前来壮壮门面，防止北岸潭子湾那边的工会派人阻止开工。为了防止节外生枝，凡是上班的工人一律住在厂内。两军对峙，戒备森严，工厂几成兵营，或者说监狱。

荣宗敬目睹眼前情景，感慨万千。

他踏进北厂新建的锯齿形厂房中，1万锭勃拉特机飞速转动，白花花一片。管车女工在车弄里巡回，手脚伶俐地接头；另有人拾筒管、摆筒管、落纱，稍有空闲，便清除场地。男工不是忙于掮花卷就是把纺出的粗纱掮出车间。这些来自黄浦边的船家儿女干活特卖力，手脚利索程度把荣宗敬看傻眼，这是以一顶二啊!

车间里热力四射，机器声在荣宗敬耳中是惊心动魄的呼啸，令他热血沸腾，倍感亲切。精神上的紧张完全消解，此刻，他才清楚非要开出1万锭来，就是为了获得这种视觉和听觉上的享受，就是这种念头在下意识中作歹，为难他。他此生再也离不开旋转的锭子，离不开呼啸的机声，离不开那一片跳跃着的雪白的波涛。在被声浪充满的锯齿形车间里，他寻找回那个正常的荣宗敬。

三十五、启开银库之门

大罢工持续了整个夏季，现在，荣宗敬彻底地松了口气。

他朝夕盼望的工潮的消弭，直至1925年9月初才显出苗头。上海总商会和各马路商界总联合会单方面宣布停止罢市后，工人开始陆续返回工厂，但工部局尚未供电，原因是电厂工人提出复工五项条件，涉及一大笔钱。工部局捂紧口袋不出一文钱，要让厂家来负担。荣宗敬紧锁眉头给虞洽卿挂电话，这一回，被他骂过一场的总商会会长答应亲自与他一起跑一趟。他们直接找到电气处的几位工人代表，经商议，就工人罢工期的补助费达成一致意见。荣宗敬在上海的五家纱厂、七家面粉厂在停工三个月之后正常运转起来。

英、日纱厂工人复工尚在讨价还价中。在日益高涨的抵货运动中，茂福申总公司的产品等不及入库就走向市场，外国劲敌看着直跺脚，还有比这更加美妙的场景吗？

在民族主义的滚滚大潮下，国人提倡国货的热情达到极点，很多城市都出现"国货路"是具有象征性的标记。上海作为提倡国货运动的领军城市，可谓不遗余力，叠创高潮。"中华国货宣传团"、"推销国货会"、"中华民国爱用国货决心会"、"上海国货自坚会"，要不了二三天，便有一家类似的组织出现。至于国货大游行、国货运动会、国货展览会，成为社会活动的主旨，搞得风生水起。使用国货等同爱国、救国，已不是凭空叫喊的口号而是一种政治逻辑。营业急速蹿升，出乎荣宗敬的预料，罢工数月的损失正在获得弥补。更令他兴奋的是，日元的汇率在抵货运动中大幅跳水，几乎没有反弹的机会，他早已买进足够多的远期日汇，借款合同离到期日没几天了，从账面上看，连同套进套出赚的钱，到结清那天，在连本带息归还日本财团的贷款之后，他还能大大赚上一笔。看来上帝是公平的。由于他与银行的良好关系，他做期汇交易不需要缴纳保证金，这就是说，他没花一分钱就将日本人的350万日元还了，还多出一大笔外快。他对他的财务主任说，日本人晓得钱白送给我用要喷血。

凭这个，他感谢五卅。

《申报》报道说，一家“上海市民提倡国货商场”开业，批零两旺，市民接踵前往，生意火过头，出现轧瘫柜台的景象。荣宗敬叫上王禹卿和财务部主任许叔娱，去领略一下那里的风光。沿途尽是抵制外货的标语，游行队伍高喊口号，街头演说者将使用英国货日本货与卖国划等号，受尽欺凌的民族以经济手段发泄仇恨的总演习爆发得那么持久。

一幢四层大楼，大门外对联写着：“裕经济实力，根本救国；愿工商各界，协力同心”，恰好道出荣宗敬一生的心愿。国货商场楼下零售门市部一片黑压压人头，皮箱、搪瓷、热水杯、茶壶、牙刷、玩具、肥皂、阳伞、绸缎、布匹、罐头食品、袜子、烟草等国产货，满目皆是；楼上批发部极像庙会，已有七十多家工厂入驻，有三星蚊香厂、简氏兄弟创办的南洋兄弟烟草公司、生产“良心皂”和“五卅皂”的晨钟实业公司，等等，南北方言混杂，嘈杂不下于零售，各地新开的国货商店闻讯赶来办货。

荣宗敬正与王禹卿商量入驻此地的事，许叔娱赶过来说，这层楼面上，有日本纱冒充人钟牌，往北方卖。

三人赶到那家纱号前，原来是大丰纱号。老板徐庆云是纱联会成员，纱布交易所一条壕堑的伙计。荣宗敬取出纱样一看，确实是日本货，申三在改革的二三个月内纺出过比这更好的棉纱，于是悲哀起流产的改革来。王禹卿正想上前与纱号伙计交涉，被荣宗敬一把拽住，拉到门外。

“宗敬，这是应当打官司的，这档口敢冒充，叫他身败名裂，倾家荡产！”

“且慢！”荣宗敬将他拉到更远的地方，告诉王禹卿，这是他朋友开的纱号，无非两种可能，一是日人冒充国货出手，徐老板贪便宜买进；二是纱号在运动前购进，现在不得已冒充人钟牌出售。他的判断是后者，大丰老板是纱业“老克拉”，怎么会进冒牌货呢？

“你的意思是随他冒充，败坏申新的名声？”

“纱的质量不错，不至于砸我们的品牌。再说，这是国人冒充，要是日本人冒充，我非将他打到阴沟里喝脏水不可！”

还有容忍假冒的，没听说过。王禹卿不明白老板心中是怎么想的。

“禹卿，听我说，事情声张开，徐老板顶风作案将出大事，报上一登，从此无出头之日，荣宗敬对朋友下毒手，众人眼里怎么评介我？”

这倒也是。总不能任其这么瞎胡搞下去吧?

"救人一命,胜造七级浮屠。禹卿,你也是老生意人了,怎么忘记生意场上做人的道理,关照别人就是关照自己!"荣宗敬对王禹卿交待说:"徐老板手头肯定压着一大批日纱,周转不灵了,不然,他不会傻到此种地步。"接着,他与王禹卿如此这般耳语一阵,交待他马上去办。

王禹卿能说一口天津话,走过去冒充天津人将这批冒牌货统统收购下来,让纱号送到南苏州路一个堆栈存放起来。

荣宗敬预料抵制外货不会延续太长时间。上海租界是自由经济,北洋政府也抗不住外国列强的压力。但是,提倡国货运动暴露出的问题,使他看到中国工商业的薄弱,自身没有能力填补抵货造成的空缺,仅仅提倡国货是不够的。上海离得开发达国家的先进设备吗?离得开汽车电报电话吗?离得开汇丰、花旗、横滨正金三十余家外国银行吗?离不开。抵货热潮过后,一定会有外货倾销的反弹。现在,救一救徐庆云的周转,到时叫他将日纱拿回去卖,为何不做这桩好事呢?

金秋过去,西风呼号,离年关不远了。

荣德生忐忑不安地赶往上海,他必须去见哥哥,总公司借日本东亚兴业会社的350万日元即将到期,可是荣宗敬压根儿把这件事忘了,几次来信不提。这笔负债数目大,利率高,到时本利还不出,就要闯大祸。他将借款合同不知琢磨过多少遍,越琢磨越害怕,到年底还不出贷款,申一、申二、申四尽归日人所有,不够抵数,几家福新面粉厂陪斩。尤其第十六条注明:"如逾期借主不能偿付本息,贷主有权"拍卖或按照贷主所认为适当之方法自由变卖处分"。第十九条规定:"关于本合同当事人间发生异议时,应依据日本法律决定之。"这就是说,官司要到日本打,贷主可以任意处分抵押品,他们兄弟将任其宰割。此种后果一旦出现,兄弟俩这辈子就算白忙活。荣德生不敢看作为合用附件的所有权转移书,工厂明细图,建筑物配置图,机械配置图,简直是一把把肉墩头上刮骨剔肉的尖刀!让他签合同,他的手会捏不住笔,宗敬签得爽快,像上杂货铺买一包烟。

德荣生赶到西摩路,已是黄昏。发现公馆里灯火辉煌,警卫森严,足有一个排的士兵在围墙内外四处布岗。守门人见二老板驾到,告诉他大老板今晚宴宾,赶快进去入座吧!轿车在环绕住宅的车道上首尾相衔,都是他叫不上名堂的高级轿车。看势头,哥哥请的客人身份不凡,该是军界政界的头面人物。

荣德生踏进绿色圆穹顶下的便门,花岗岩台阶和甬道里铺的彩色马赛克打得溜滑,脚下得小心点儿。经过楼梯口,他不想上楼,到楼下客厅内坐一坐。甬道内有便门，可以进入面朝大草坪的住宅门厅和门厅两旁的客厅。走过楼梯口时，他朝护壁板上的挂衣钩瞧了一眼，看到几件带肩饰纹章的将军服装，来宾无疑是大军阀了。

德生在客厅坐下。窗外，夹竹桃和黄杨树在灯影中摇曳，可以见到在黑暗中游动的哨兵，和哨兵钢盔上的反光。德生坐不住了，心旌不定地来回踱步。他痛恨那些搞得国无宁日、民不聊生的军阀，素来不与往来，他也害怕涉入政界以图太平，宗敬却与他们交上了朋友，"这会招灾惹祸的！"他一边踱着一边自言自语。

大侄儿荣鸿元走进客厅，完全是上海滩型男模样，尚且属于全型男。

鸿元没想到叔叔突然抵达上海。"爷叔，你是刚到的吗？"

"唔，你父亲设宴请哪些客人？"

"主请孙传芳联帅及陈季侃秘书长，张佩西副官长，并请顾少川总长，傅写忱道尹，许秋帆交涉员，严景晞厅长及《申报》、《新闻报》总经理史量才、赵厚生诸君为陪，还有几位说不上名的处长。上海纱业、粉业的老板也都来了，整整三桌人。"鸿元眉飞色舞地说，"爷叔，宴会才开始，你快上楼坐吧！"

"我不去，就在这儿坐一歇。"

"那是为什么呢？"

"怕闹。鸿元，最近到申二实习厂务，有何体会？"

"尽干无聊琐事，提不起劲，父亲偏要让我从小事做起，可是我已经 20 岁了，该干大事业了。"西装笔挺、头上锃亮的交大毕业生说。

"我与你父亲十几岁到上海当学徒，什么杂活没做过？梅花香自苦寒来，这便是我们老兄弟建造梅园广植梅花之用心所在。回无锡时，你常到梅园浒山顶上打高尔夫，球场下面有 8 个圆形石台，那是我们家初创保兴面粉厂时从法国购得的 4 副石磨，既为创业纪念，又为训诫子孙。事业初创时，诸务冗集，我一有空闲，便跟在机匠粉师屁股后面学技术，天天沾一身油泥，为的是学到真知识。年轻人切不可好高骛远，一口气是呵不熟馒头的。大班船现在由老的撑着，我们总是要倒下的，儿侄辈不学真本领，大船要翻掉！"

"爷叔放心吧，世人都以为富贵之家易出败子，我看事无定论，不信日后见分晓。拜拜。"鸿元说完，提起父亲丢在客厅的公文包回楼上去，被叔父叫住。"鸿元，不要跟你爹说我来了，宴会之后，自会去找他。"

虹口施高塔路千爱里 41 号，日本东京兴业株式会社的会所内，内外棉株式会社驻沪代表石原先生在此恭候一位闻名遐迩的中国女人。约定时间已经超出一小时，未见娘儿们到来，他闷闷坐着无法淡定。

门铃在焦躁的期待中终于响起，由于按铃的那只手，铃声在石原先生的听觉神经中是那么娇羞温婉。

林妹妹从花木丛中走来，一步一摇，一颦一笑，带着梨花带雨的娇弱，牵引着石原的目光。他的血压在升高，嘴巴不由自主地张开。这个既有大家闺秀风范，又有日本艺妓韵味，蕴含法国女人浪漫，带点儿英伦贵妇高傲与做作的女人，年龄 38 岁。在别的女人已是烂茶渣的年龄，而她正当年华，依旧是中外社交场合令人惊异的女性。

林妹妹，原姓陆，不甘于优伶人生，潜心研究做女人的学问，那年她 17 岁。女人一旦与哲学沾边肯定成为了不得的女人。她充分认识到，靠解决男人下半身而存在的女人是最愚蠢的女人，这样的货在市场上总是过剩。想赚大钱，就该远离生殖器的炒作，她发誓将自己打造成一个稀世珍品，成为具有独特欣赏价值艺术品的艰难使命摆到面前。这需要首创精神。林妹妹幸有唱花旦的舞台功底，通过对女性功能的深度开发，终于缔造出她想象中的令人屏息、独一无二的美。当她重现在男人面前的时候，不再是吸引而是谋杀的概念，尚未有躯体的接触，便令男人骨酥筋软，上了天堂。后来的上海，将此种女子归入“嗲妹妹”一类，“嗲”这种腔调给外省人“异样刮嗒”的感觉，却能使一个充满压力的都市突然松弛，荡漾在温馨中，“嗲”成为海派风情之一翼当是时代使然。必须指出，后世的“嗲妹妹”只是她的赝品，是学一点皮毛就自以为是的半拉子工程，与这位祖师爷相比，她们缺天分。

林妹妹出于不浪费珍稀资源的考虑，想让更多的男人享受她，天长地久就不可能是她的习惯了。先后嫁过十四五次，有官僚、军阀、洋行大班、大富豪，每次劈腿分手费自然不少。嫁到第十次之后，男人对她还是那么求之若渴，她发觉嗲功竟是女人的不老之术，这一意外发现令她欢欣鼓舞，那就继续嫁人吧！期间包括被颜料大王薛宝润收入房中，做为小妾。她与所有嫁过的老公保持良好关系，是因为她的“嗲”永远不会使男人产生审美疲劳，而是形成心理包括生理的依赖。

林妹妹长期游走于政商豪门之间，轻松驾驭男性社会，拥有广泛的很铁的人脉资源。关系在这个国家是不用开户头的私人银行，又与床笫分不大开，因而可以用来促成任何事情，包括用来掩盖罪恶。

石原先生以西方礼节吻了一下林妹妹的手，林妹妹那双会说“谢谢”的水汪汪的眼睛望了他一眼，令石原受宠若惊。

石原将她引往一间茶室，在榻榻米上隔着茶桌面对面跪坐下来。

既然这个女人使世上的男人都服她，好色的日本男人自然不例外，而且更好这一口。她曾将石原送上过天堂，石原的感慨是世上终于有了纯净心灵的性爱，只要和她度过半天，其他女人都是多余的。

石原说，有幸结识林小姐是我的福分，对我来说这一生已经足够了。

林妹妹不在乎面前这个男人的奉承，只是浅浅一笑，算是谢过。

石原嗅着飘过来的淡然清香，有些沉醉，又说，日本茶道不仅仅是物质享受，首先是一门陶冶情操的艺术活动，和林小姐在一起正是这样的感觉。这间茶室由于你的出现，变得更有品位，更有美学价值，可见茶道其实是人道啊！

林妹妹这回送上微露牙齿的笑，伸出兰花指为主人斟茶，石原盯视着她皮肤几乎透明的手部，直至林妹妹重新颔首跪坐在那儿。

石原又说，林小姐是令人难忘的，你的光芒刺痛眼睛，你的味道目前世界上还找不出一种食物可以用来比喻，唯有其一而无其二，据说中国有四大美女，见了你会用袖子挡住自己的面孔。

林妹妹伸出四根玉指按在唇边，“扑哧”笑了一下。

林妹妹听了那么多好话，只给微妙的笑容，连句话也不给，石原觉得应该停止说蠢话。他真够蠢的。他不懂得林妹妹的招术之一是从不点燃男人心中的火焰，而是让他们自燃。从石原眼下快要耐不住的情状看，他已经开始自燃了。

石原将话转入正题。

林小姐，拜托承办的事该是办妥了吧？

林妹妹从手袋里取出几张纸，双手递过去。

石原从头至尾认真看过，欣喜溢于言表，赞叹道：林小姐神通广大，全上海找不出比你能干的人来，看来，我们的合作将是长期的、友好的、而且会愈来愈紧密。

林妹妹递过去的纸上，记载着茂新福新申新总公司在上海大小几十家金融机构户头上存款余额的情况，其中若干家大银行大钱庄还附有近半年账目往来的流水。几张纸告诉石原：全部存款余额累加不足 5 万两，荣氏根本无法偿还借款。偿还借款的本金需要 350 万日元，以及最后六个月的利息，即 370 余万日元，就算日元汇率走低，荣宗敬需要有不少于 170 万两规元银，才能清偿债务，现在账上连 5 万元也不够，很显然，他的抵押物连同部分担保物最后将悉数归日本内外棉株式会社所有。

林妹妹不失时机地说话了。

她用嗲嗲的语调，缓缓的气息，技术含量在于尽量用声带而减少舌头的运动，又要把字音吐清楚，确实是高难度却是驾轻就熟。她的声音是加了弱音器的小提琴 E 弦发出的拉慢半拍的音乐，尾音则至少拉慢一拍或以上，全凭天才的把控。收音机里的女播音全是跟她学，却是学不像，像一台坏留声机发出的声音。

“石原先生，和你在一道，我也是感觉蛮愉快的，以后还有事体，打只电话过来就可以的了，省得我跑来跑去老吃力……”

话中分明显露告退的意思，石原先生颇为失落，坐下也才十多分钟呀！跪坐双方进入冷场。半晌，石原掏出一张日本上海横滨正金银行的支票，填写起来，递给林妹妹。

林妹妹拿到手中，瞟一眼，竟是约定报酬的一倍，大手面呀！不过她没动声色，连个谢字也不说，倒是说了下面的话：

“石原先生，客气了，以后电话常联系，你要是十天半月没有电话过来，我倒是会觉得冷清了。”说着，慢悠悠地起身，节奏就像她说话的节拍，站在那儿做出妩媚的告辞的姿态。

这个女人的媚术地球上的男人是吃不消的。石原先生被林妹妹刚才的几句嗲闲话，一副嗲腔调，撩拨的下身激凸起来，一把将她抱起来，冲向榻榻米端头，那里有一间日本茶室通常配设的床间。

两天后，日本人在千爱里 41 号喝着和酒，在歌舞伎的尺八声中商量接手申新三家纱厂以及几家面粉厂事宜。在座的除总领事矢田七太郎、内外棉株式会社石原、兴业株式会社高桥久雄外，多了几位日本人。他们是特地从本土聘请的大律师和精算师。借款人的财务状况已经摸得一清二楚，开始进入诉讼的前期准备工作。会议第一议程，是利用合同条款预设的空间，将承担担保责任的福新面粉公司拖下水。精算师述说了如何充分利用本国的司法和财务制度，尽可能压低荣氏企业的评话值，经过一番见仁见智的研讨，结论是至少再吃进两家面粉厂。会议第二议程开始，大律师介绍诉讼的准备状况，对到贷方注册地日本东京打官司充满必胜信念，条分缕析，说得非常专业。最后，在座各位对律师起草的诉状展开了热烈的讨论，提出若干修改意见。

日本驻沪总领事矢田七太郎显得很愉快，加藤内阁“向长江流域实行快速经济扩张，首先在产业经济上占领中国”的策略，在他的主导下往前推进了一大步。他举起酒杯，提足精神说：

“武士从来不用配刀切萝卜，对付支那的企业主只需举手之劳。荣氏企业集团具有广泛的影响力，他们被摧垮，对该国经济的打击是巨大的，将会重挫他们发展经济的信心。这个国家还处在上世纪中期日本德川幕府时代，军阀混战，经济凋敝，给日商资本提供了奋发有为的大好时机。我提醒诸位别忘记一句本国谚语：明天刮明天的风，今天做今天的事。为天皇陛下，为大日本在亚洲的利益，为我们在上海的未来，干杯！”

荣宗敬此时也正在他的公馆里，高举酒杯，酬酢自如，喝着酒，愉快着。

德生急得撒黄尿，宗敬却在设宴迎宾，他真有办法还债？德生糊涂起来，他对总公司的盈虚往来很清楚，账目报表定期送他过目，去年粉厂略有盈余，纱厂亏钱，账上有钱也都投入了企业，用于扩大再生产。两个月前的负债明细上明明注明欠日本东亚兴业株式会社日元350万元，难道天上掉银子下来？

楼上相继传来碰杯声和孙传芳粗嗄的山东喉咙，整整两小时，德生翻来覆去地折磨自己，忧心难解。

楼梯上总算响起杂沓的皮靴声，接着，贵宾在甬道里穿戴整齐，忙了一阵。仆人将四扇大门拉开，院子里随即传来口令声和跑步声，还可以听见荣宗敬站在台阶下抱拳送行的招呼声。随着一阵嘭嘭的关车门的响声，环绕在住宅四周的自备车一辆接一辆开走了。

荣宗敬返身踏上宽阔台阶的时候，在瓷砖平台上差点儿与德生撞个满怀。

“你怎么来了，快到楼上坐。”荣宗敬亲热地拉起弟弟的手。

“欠日本银团的巨款即将到期，我在家里怎么坐得住哟！我怕——”

“怕什么？皇帝不急急太监。”

荣宗敬醉醺醺地开玩笑。瞧这噱头，他还真有抵挡呢，德生暗忖。

两人穿过门厅，到了楼梯口。

德生问：“你从哪里发的横财，信中从来未提起啊。”

宗敬在楼道上停住脚步，诡谲地一笑：“一提，你闲话就多，我受不了。日本垄断资本向我放款，目的是想鲸吞我们的工厂，但他们不幸找错对象啰，我荣宗敬是什么人？我会糊涂到把工厂拱手送给仇敌？”宗敬不断用大拇指指向鼻尖，摆足傲慢的架势，“吞下诱饵未上钩，让日本人看不懂。这会儿，他们正在弹冠相庆，准备接收我们的工厂，到时就晕过去了，哈哈！”

他浸透酒气的话把德生的好奇心吊足了。

“你怕不是说醉话吧？钱在哪儿呢？”

“酒话？酒话能来钱，我天天灌醉自己了。无锡有句土话，叫做什么——‘用他的拳头撑他的嘴’，这一下，拳头一直撑到日本人的喉咙里了！哈哈！”

“钱在哪儿呢?”

“你不放心是吧?可以去看看。要不,你今晚睡不着觉。我喝多了,也该吹吹风,醒一醒。”

宗敬不顾三七二十一,拖着弟弟就往楼下跑。

自备车开往总公司,穿过大上海的夜生活。

南京路是盛开的夜来香,灯红酒绿,时尚泛滥,艳影冲撞。霓虹灯制造着绚烂的风韵,香风如幽灵袭击人的感官,橱窗伸出神奇的手撩拨人的欲望。你可以说它无序,也可以说它有序;你可以说它浮夸,也可以说它务实。年轻与苍老,快乐与幽怨,理性与疯狂,优雅与肉欲,所有矛盾的事物经过神秘发酵,酿成大上海的魅惑,使它有别于世界上任何一座城市,炫耀着一种持续存在的力量。

这是一个无法用理性解剖的城市,用你的感性去体悟它的感性,才能感知它的微妙。当你在马路上匆匆行走,你脚下踩着的就是一位名人的脚印,或者在历史记录中可以查阅到这条马路上发生过的事件。上海是一个你即使爱不起来也绝对恨不起来的城市,于是它可爱。它在盛世风情中容纳所有的思想、哲学、艺术、价值观、生活方式,各种政治抱负的人将它视为伸展理想的乐土。如果有人怀疑它,它会反问:如果没有我,中国的近代史和现代史怎么写?

车窗外,工部局的英籍巡捕没事样地在街头晃来晃去,不断闪过挺胸凸肚的绅士,脚步匆忙的传教士,搂着妖艳女郎的外国水手。上海歌舞厅最早是因这些外国水手寻欢作乐而起,现在星罗棋布,自备车一路行去,维也纳、米高美、永安公司的大东舞厅,一一闪过,荡漾出若有若无,嗲腔嗲调的音乐,哪怕爵士风格也带上本土的独特韵味。在这儿,唱《疯狂世界》用的也是那种软软的叫人心旌摇荡的声音:

如果说了后悔　是不是一切就能倒退
回忆多么美　活着多么狼狈
为什么这个世界　总要叫人尝伤悲
我不能了解　也不想了解
我好想好想飞
逃离这个疯狂世界

那么多苦　那么多累

那么多莫名的泪水
我好想好想飞
逃离这个疯狂的世界
如果是你　发现了我
也别将我挽回……

德生听不得这样的音乐，摇上车窗，懒得说什么。

“德生，上海滩要瘫，你说得不错，前一阵风潮令我体会尤深。我辈实业中人不图其他，指望社会稳定。现在，有孙大帅坐镇东南，此人又极力支持发展经济，与我等一批商界人士交上朋友，至少几年内天塌不下来，地陷不下去，可以太太平平做生意而不用劳心苦神地挂虑了。”

孙传芳是浙闽苏皖赣五省联军总司令，东南五省的统治者，直系军阀中最有实力的首领。此人虽是一介武夫，但喜交各界名流，任章太炎为顾问，招张謇为其立言。他与其他军阀不同处是关注区域内的经济发展，与工商界大佬称兄道弟。荣宗敬是在筹备参加费城万国博览会期间结识孙传芳的。历届世博会主办权竞争十分激烈，其时正值美国建国150周年大庆，由于《独立宣言》在费城正式宣布，美国政府大打费城牌夺得主办权。当中国政府收到美国柯立芝总统发出的邀请信时，正值军阀割据混战，南方宣布北伐，谁顾得上这事儿，唯有孙传芳说世博会不能不参加，他来组织筹办，亲自担任费城万国展览会长，以东南之力征集物品代表中国参加该届世博会。荣宗敬无法想象在“国非国、民非民”的年代，一个军阀有着那样高涨的扶持工商业的热情，他对孙传芳产生敬意，推出兵船牌面粉积极参展。这一次，乘孙传芳到上海视察展品征集情况，荣宗敬以全国华商纱联会和上海面粉公会的名义，在公馆为孙传芳举办欢迎宴会。

德生见哥哥对孙传芳寄托厚望，不以为然：“军阀没一个好的，不能与他们拉关系，更不能做靠山！”

“德生啊，我现在喜欢关系这个词。不是我要喜欢，是社会逼得我喜欢，这年头一切离不开关系。对有些人来说，滥用关系伤天害理；对我们来说，关系用于做好实业，问心无愧！”

宗敬言犹未尽，接着说：“联帅有别于其他军阀，很有仁心，提倡爱国家、爱人民、爱敌人的‘三爱主义’，适才在宴席上，口口声声说保境安民，致力发展经济。”

德生难以排除心中忧患，他自有定见：“我一向反对巴结政客官僚，以图自身清白，中国政治动荡，自袁世凯称帝以来，北洋政府走马灯般换人，和他们沾上后要吃大亏。”

“你老是愁这愁那，天下哪有这么多可担心的事。中国商人没有官僚背景寸步难行，当年创办保兴就是明证，没有保兴，怎有今天的一大摊事业？”

德生闭上眼睛，不想再说什么。

自备车从南京路拐进江西路，过北京路，缓缓驶进雇佣租界巡警把守的总公司大门。进了门厅，宗敬没有朝右走向自己的办公室，而是朝左，大楼左半边与右边光景不大相同，是用板壁隔成的许多小间，兄弟俩穿过曲折幽暗的过道，进入一排玻璃门围起的贮藏室，开亮电灯，将睡在暗室守夜的许叔娱吓一跳，原来是兄弟俩到了，别别的心跳过一阵缓和下来。德生见财务部主任亲自把守银库，库里定有大名堂。

在黝暗的灯光中，两扇并列的黑咕隆咚的大铁门，显现出来。

这是总公司的银库之门。

宗敬拉开电灯开关之后，又启动一个开关，装在左边门上方的抽风机旋转起来。两座银库冲出的门额与总公司所有的门额一样，雕刻着三颗五角星。下面，门上装饰的商标是一对站立的雄狮拱卫着中间一座皇冠，镌有 LIPS 的英文字母，不明白英国人为何将他们制造的保险库取“嘴唇”这样肉感的名称。宗敬撩开长袍，从裤腰上摸出钥匙伸进锁眼，许叔娱又插进另一把钥匙，宗敬将密码盘熟练地来回转动，说：“我们一道用劲。”

兄弟俩叉开腿，屏住气，使足全身力气，将半尺厚的大铁门启开一道缝。进口保险门再也不想动了，兄弟俩四只手再次发力，大铁门继续朝外移动了一下，露出里面的铁栅门。

这条缝足以使两人挤进去。宗敬喘了口气，打开铁栅门上的锁眼，踏进四面坚壁的银库，令人窒息的带着金属锈味的气息被抽风机排除得差不多了。银库顶高而深，两壁粗壮的大木架直达库顶，一层层木板上堆积着银锭、银元、金条，在伸手可及的一层，整整齐齐地放置着一摞摞大票面日元。

兄弟俩在中间的过道上伫立。

宗敬拍着那紧扎成捆的日元说：“瞧，这就是还债的钱！”

德生弄不明白银库是怎么突然充实起来的。他抬头望着一层层的木架犯傻，忍不住伸手摸摸成捆的日元，日元连同金银少说有三四百万两规元银。

“钱到底从哪里弄来的，快说给我听。”德生惊喜地催促。

“天上掉下来的。贷款到期，我对老天爷喊道：你帮帮我的忙，掉钱下来吧！

老天爷听见，心一软，就掉下这么多钱来。”宗敬醉态未消，喉咙叫得很响。

“说正经的，你怎么变得油嘴滑舌了。”

“说正经的就怕你和我拌嘴。”宗敬说：“告诉你吧，当初签订合同，我为何一定要将条款改为借日元还日元，是我看准中日关系不可能好，日元一定往下跌，我看准势头对应买进远期日汇，至于五卅惨案发生，日元加速下挫，行情低落到如此情形，真的是天帮忙了！我在行情涨落时，在外汇期货户头还可套进套出，大大赚了一票，到期连本带利清偿借款外，还能盈余 40 万两银子；同时，在交易所花纱套做，也赚了不少钱，架子上的金条银锭就是这么来的。事先告诉你，又要说投机，没完没了烦我，干脆封锁消息，到时给你一个惊喜。”

“你这部大推磨呀！”德生还能说什么呢。

“大推磨还是要推的，大推磨不响就不能利用市场，也就白赖在上海了。企业的管理说到底是财富管理，在现代社会，金融主导经济，没看见上海的第一产业是金融业？企业要不关注金融不止是落伍，还会吃大亏。你的老脑筋也得改改了。”

宗敬不禁得意地拍拍一摞摞的日元，“日本人养肥了我与他斗，是他们意料不到的。多赚的钱还能用来添机，多添一锭，外人即损一份牟利之权，我们不靠宣言而在实践，才是真爱国，效果当胜于标语口号万倍。”

德生还是不能接受哥哥的冒险投机行为，反诘道：“如果日元行情往上走，申新就倒在你手中了。”

宗敬忍俊不禁地哂笑：“我已套期保值，将日元价格锁定，更何况，上天派定日本人输，助我兄弟啊！从最坏处想，日人到时真要鲸吞我几家纱厂，没那么容易，国人将会愤而起身，引起一场外交风潮。”

“那不一定，国内华商工厂被日商收购，时有耳闻。”

“你的脑筋又转不过来了吧，”宗敬说，“这就是大有大的好处了，规模大才有足够的影响力。涉及民生之事都是大事，毕竟上海无数小烟囱靠我们的大烟囱冒烟，政府有责任出面维持，否则将遭老百姓唾弃。自甲午战争以后，民众对日人的种种作为，早就怨愤日深，五卅运动的爆发便是证明。三新公司摊子大，是不可能让它倒下去的，日后继续做大是明智的选择。”

今天，老是轮到德生哑口无言。他没想到哥哥是这样老谋深算，一派大生意人运筹帷幄的气度，需要重新认识他。不过，德生站在坚厚得不能再坚厚的银库中，依旧有脚跟离地的感觉。

“无论如何，行事还是踏实为好。”说着，先自走出银库，又车转身问：“这么大的款项,为何不存银行,摆在这儿太危险了!"

宗敬说:"总公司财务进出招惹关注,出于商战需要都想摸清你的底细,生意场上让人弄不清你,才是高着。再说,日本人玩我,我为什么不玩一玩日本人呢?他们现在怕是高兴得觉也困不着。"

三十六、去日本，向善于学习的国家学习

荣宗敬对日本这个国家是既痛恨又敬服，犹如两个狭路相逢的侠士，干完一仗后还得抱拳致意。

自一次大战打响，日本替代英国成为中国最大的资本输入国以来，荣宗敬感到来自日本的经济压迫越来越深，日商成为他最大的竞争对手，从虚拟经济到实体经济，他与日本资本死磕上了，可谓一日无闲。

超越日本是国人发自心底的呼喊，但呼喊是苍白的，日本的核心竞争力到底在哪里？他们有哪些特别的长处？荣宗敬一直认为日本人最值得中国人研究，最好的办法是到对手的腹地去解读它，这件事想了有好几年了。

荣宗敬的疑问也是每个中国人的疑问。

中国开始迈入现代化的时间点与日本同步，以官办为主的洋务运动的新政始于 1861 年，明治维新开启日本全面西化与现代化改革运动始于 1868 年。三十年后，日本这个弹丸小国变身为同西方列强并驾齐驱的亚洲最强盛的国家，一个新殖民主义者；而中国呢，至今尚在贫弱潦倒中挣扎，其强弱之分，令中国人扭头自叹，不忍目睹！

一战期间，乘西方列强在欧洲斗得死去活来的时候，中国重启新一轮工业投资，第二次现代化浪潮呼啸而来；与资源垄断、行业垄断为特征的洋务运动相比，这一次现代化浪潮显得活力四射，生机蓬勃。新兴的民族资本家阶层担纲舞台主角，在提供民生所需的竞争性领域，演出一场历史性大戏。上一次，日本用一场甲午年的战争砸场子，这一次，他们利用强大的资本来搅局，叫你的戏演不下去，或者演成半拉子戏。单就纺织业而言，华商纱厂接连破产倒闭，申新有六家厂，其中二家来自收购，一家租办，都是在竞争中被击趴下的企业。

日本人的优势在上海这个中国最大的制造中心充分显现出来，他们除了有

足够多的钱，还有先进的技术，现代化的精细管理，即便有一次次抵货运动，也伤不了他们的筋骨，令荣宗敬想起一句“鸡连皮，狗搭骨”的民间俗话。狗被打趴在地不能动弹后，没多大时辰，断骨就接上了，狗站起来抖抖毛就跑了。日本经济就有这么顽强的生命力。“我这不是在说自己吧？”他诙谐地一笑，“我也挺有狗性的呀！”总之，荣宗敬明白，光靠民族主义热情为商业竞争的武器，可以让自己的钱包鼓一点，但这样过日子终究有一天会没日子过。到日本去，了解这个国家的文化，这个国家的狗性，让商场的劲敌给他答案：如何在充分竞争的市场中获得底气十足的核心竞争力，这才是他胜出的保证。

机会终于到来，日本财阀中实力第一的三井财团不想放弃荣宗敬这样的大客户，邀请他赴日本考察旅游。这家拥有二百余家子公司的财团，产业链囊括所有可以想象的产业，既然连鸡蛋生意也不放过，那么，荣氏企业进口设备、原材料这块大蛋糕，他们很想切一块下来。

1926 年 4 月，荣宗敬登上上海直达长崎的“长崎丸”海轮，身后跟着长子鸿元、大侄伟仁，他们同年出生，20 岁。带两个未来的接班人出去，荣宗敬有明显的意图，而且悲壮，老一辈不能完成的宏愿将由下一代人来完成。有一天，他问鸿元、伟仁想去日本吗？回答是想死了。又问去日本干吗？回答是：知己知彼，百战不殆。这个答案，让荣宗敬兴奋得比赚一百万还得意。

荣宗敬在长崎登岸，就有惊异的发现。这个离上海最近的海港城市，原是日本江户幕府时代的西方列强的五个半殖民地之一，租界虽已归还，留下的建筑物与上海西区的情调如出一辙。城市像水洗过一样的干净，空气中流漾着清香的味道。路面一尘不染，反射着温暖的阳光，见不到裸露的泥土，它们不是被种植草皮就是铺设石子；河水的清澈程度同样夸张的令人发呆，各种色彩的鱼儿在几米深的水里游来游去，河道像一只大金鱼缸。日本的男女都很爱美，不论出身什么阶级，衣着整洁，彬彬有礼，哪怕一个小杂货店一个小包子铺，都会布置得十分讨人喜欢。这在后来考察的城市中司空见惯。

租界时代遗留的有轨电车还在运行中，有轨电车竟是准点到达的，司机会向每个上车的乘客问好，售票员会对每个下车的乘客鞠躬道别。后来，荣宗敬在前往别的城市时，他发现日本的火车从来准点到达，这让他十分惊骇！他在国内到北方各地考察面粉市场，到广东、武汉考察棉纱市场，火车准点是旅途中拍额角头的运气，就是往返沪锡的短程车也常被耽误，误点的时间有时长于乘车的时间。

上述几件事，令他看到一国国民的素质，他们每个人清楚自己该负的责任，有严明的自律，清晰的公德性，共同的信仰，这个民族的凝聚力让荣宗敬不得不叹服。当了解到日本早就实施所有国民从 6 岁至 15 岁必须接受九年制义务教育，他醒过神来，国民素质与日本政府舍得在教育方面的投入有关。他得出以下结论：一国之国力源自国民素质，源自这个国家的文明程度。

离开长崎那天，他的心魄被街头出现的景象震慑，那是在长崎街道原田宿一带，上万居民涌上街道，摇着日本国旗，呼喊口号，夹道欢送一支开往海外的海军陆战队。那些军人的脸上喜气洋洋，充满豪气，唱着军歌，向民众挥手致意，好像不是奔赴战场而是庆祝一场胜利。他在国内经常见到军阀调动军队的景象，老百姓躲避瘟神一样躲在家里不敢出门，父母吓唬孩子的一句话是“大兵来了！”开往前线的士兵，不是神情沮丧就是脸无表情。他看到大和民族轻死精神的具象，他们肯为民族死，肯为他们的主义死，而民众完全和军队站在一边。

甲午时排名世界海军实力的第八位的北洋水师，为什么败给排名第十六位的日本海军，其道理不语自明。

当荣宗敬抵达三面环海、风景秀丽的下关市，参观签订《马关条约》的所在地春帆楼，李鸿章当年坐的凳子比日本人矮一些，他不仅为这个洋务运动的始作俑者感到悲痛，也为他的“中学为体，西学为用”哀伤。他认为李鸿章是有才识之人，但对他“吾中国之政教风俗无一不优于他国，所不及者惟枪耳，炮耳，船耳，机器耳”的言论不敢苟同。要改变一个国家的命运，实在不是靠“器用”的改变就能实现，当李鸿章坐在眼前这张矮半截的椅子上时，他是否明白了过来？

长崎——中国文化传入日本的窗口，这里有中华街，有孔庙，有“四大唐寺”，除佛教外，还祭奠关帝等一些中国民间神灵。日本搬用了中国唐朝以来的文化，荣宗敬在对日本的访问中，从衣食住行、日常生活等细节，观察到浓厚的中国气息的存在，就连这里的很多街道都同无锡荣巷小镇那样，用石板铺路，搭石板台

日本下关春帆楼，
马关条约签订之地

阶。西化和实现宪政后的日本并未丢掉本民族赖以生存的文化,但它又完全变成另一个国家。大和民族是一个善于学习他人长处的民族,凡是对他们有利的事物,宁肯低下头、弯下腰地学习,因此成为独特的迅速发达的民族。

荣宗敬在大阪访问了日本内外棉株式会社,这家成立于1887年的老资格纺织联合企业,在日本本土仅有两家工厂,自1911年在上海宜宾路开设内外棉第三厂至今,连年大肆扩张,在中国已开设十家工厂,其中六家在上海。荣宗敬参观内外棉的一厂,这只老母鸡规模极小,只有两万纱锭,他曾经穿着日本人的工装到上海内外棉去偷看过,本土纱厂的设备远远不及上海的内外棉。他犯嘀咕了,这不是日本人明摆着要整死华商纱厂吗?他在与内外棉株式会社社长交谈中,觉察出对方不会停止在中国的扩张计划(后来果然又开设九家)。他调查到,日本政府通过对金融市场的干预,使本国工商企业以极低微的利率获得资金,这正是日商拥有雄厚资本在中国大肆设厂、在交易所操纵行市的原因。同时,日本政府奉行免除棉花进口税、棉纱出口税的关税优惠政策,令本土棉纺织企业的产品出口中国也十分有利可图,难怪他们有足够的空间在交易所打压纱价,坑害华商,令华商纱厂旋踵间亏累倒闭。这分明是日本政府与日本财团合谋出手,欲置中国尚在萌芽时代的工业于死地啊!荣宗敬预见到,如果中国政府听任不管,长江、黄河流域将很快出现更多的日本纱厂,其产能将超过华商纱厂一半以上,市场将被外国资本吞食。他顿然感到身处于空前的威胁中,闷得透不过气,寻思着这辈子连安心养老的机会也不会有了。

参观内外棉的一厂,使荣宗敬对申三改革的流产深感痛心。日本纱厂在管理方面除吸收了西方的科学原理外还制定更加严苛的制度,规章制度周密,奖惩条例分明,简直就是军队的军纪,嗅得出浓重的武士道气味。然而,因为日本实施"年工序列制"、"终生雇用制"等企业制度,加之日本人具备肯为民族效死的精神,员工们自愿接受严格规范的管理而毫无怨言,而设在上海的内外棉在管理方面要比本土松弛得多。终身的福利制度,强化企业与家庭之间互为依赖的关系,这在申三以后的改革中应当加以重点考虑,荣宗敬在他的本子上记下这一点。唉,制度革新为什么在国内实施不了,改革这台印钞机何时才能开动,他指望改革增强他的核心竞争力!

三井财团是荣宗敬访问日本的重中之重。

三井合名会社本部坐落在东京都中央区桥室町,建筑风格与荣公馆类似,一栋坚厚笨实的五层西洋建筑屹立在大银行集中之地,与日本规模最大财阀的身份相符。三井合名会社下有三井银行和三井物产,后者是荣宗敬此次访日的邀请者。三井物产创立五十年来，产业领域已从最早的纺织业、采矿业、机械制造，进入到钢铁、冶金、有色金属、农药化工、建材、能源、粮油等行业，形成无所不包的产业链，业务遍布全世界，简直是国际商界的一个奇迹。

荣宗敬在桥室町三井物产总部大楼里，与社长一干人举行了两轮会谈。他不能不对这家公司充满敬意。自明治维新革新社会以来至今的近六十年内，日本走完了西方国家用二百多年走完的工业化过程，确立了亚洲经济霸主的地位，三井物产是一个最好的样本。

三井物产一向重视世界科技发展的最新动向，低头向人学习和模仿是它的最大长处，甚至利用产业间谍来获取科技情报资料。三井让荣宗敬对大和民族的特性有了新的发现，这个民族总是想把世界上所有的事情弄清楚，对于搜集信息的手段无所不用其极；既然他们把欧美国家搞得一清二楚，那么，对于中国的政治、军事、经济情报，日本方面一定了如指掌。他的三新总公司，乃至他的一举一动，或许都在日人的眼目中了，这使他难堪。

三井一方面贯彻“贸易立国”的战略，积极有效地开拓国际市场，扩大进出口贸易；另一方面在引进先进技术不久，便低成本制造出同等水平的替代产品，反过来占领国际市场。他们在面临挑战时不是自大而是勇于学习，直至发展到比自己的学习对象还要强大的时候，依旧抱着谦恭的学习态度。荣宗敬对这家公司十分感兴趣，不断地向接待方发问，笔记本上记满关于三井物产的资料和访问心得，觉得自己像一个报社记者。

三井物产株式会社社长松井，利用一次宴会的和谐轻松的气氛，向荣宗敬介绍公司的经营特色。他们在从事贸易的过程中，通常对各行业的合作者进行投资，成为他的股东，包括海外的企业；他们不仅向所投资的企业提供设备、原材料的各项采购服务，代理或经销所投资企业的产品，还提供市场开发、技术培训、企业管理、信息咨询、运输仓储等综合性服务。这就是说，只要让它成为你的股东，就将获得全方位的服务，你就啥也不用愁了，等着收钱吧！

听完松井社长的介绍，荣宗敬终于悟到三井邀请他访问日本的真实用意。怪不得一路享受着北洋政府总理级别的招待，玩照玩，酒照喝，想动我的脑筋，你松井嫩了点。

这不，松井站起来，向荣宗敬敬酒了。

松井敬完酒，不急着坐下来，对荣宗敬说：“荣先生，三井希望与你的三新建立永久的合作关系，携手书写日中经济合作的佳话。中国具有广阔的市场，我的愿望是三井不单单是你的贸易伙伴，还以成为你的股东为荣幸。”

荣宗敬彬彬有礼地回应:“有世界一流的企业成为股东,是我三新公司的骄傲,敝人求之不得啊!”心里却说:想控制我的公司,你做梦吧!

松井再次举杯:“为我们全面的实质性的合作干杯,三井从此将竭诚为贵公司提供包括融资在内的全方位服务。”

“没有比这更美好的事情了,松井先生,你让我瞥见了本公司的前景!”荣宗敬应和道。

两人又痛快地干上一杯。

等到宴会结束,松井心情愉快地送客时,荣宗敬深感遗憾地对他说:“松井先生,我是充满诚意要与贵公司合作,相信合作会给我方带来的利益。但是,刚才我的助手提醒我一个技术方面的细节,贵国株式会社为股份制企业,我三新总公司以及旗下十八家企业尽是无限责任公司形式,商务合作不存在障碍,股份方面的合作贵董事会通得过吗?”

松井窘住,问道:“我不理解你们国家为什么还盛行此种带有封建色彩的公司形式,荣先生难道没想过转换适合现代社会的企业模式?”

“这就是两国国情的不同了,我也想啊!我以为,只要松井先生有足够的耐心,日后,我们一定有此种合作的机会,到时我将作东邀请你玩遍中国,我们国家无处不山水,光我的家乡就够你玩的,就怕松井先生到了那里不想回家,哈哈!”

离开日本前的最后一个活动是游览富士山,在箱根伊豆公园,荣宗敬被一帮跟踪而来的记者截住。他是从来不和记者打交道的,撇开他们直往游艇上走。东京记者的脸皮比上海同行厚出几倍,死皮赖脸,挨个儿窜上了游艇,鸿元和伟仁拦也拦不住。

记者招待会意外地在一条游艇上召开。在日本影响力排名前五的报纸都来了,记者们在现场各自做着准备,动作快的快门已经嚓嚓地响过几下。

游艇在芦之湖上画出大回旋的弧度,伊豆半岛和由海底火山喷发形成的伊豆诸岛,宛如临水浣洗的仙女,在水中留下清晰的倒影,远方的富士山是一位头戴白色冠冕的令人感觉到灵性的天神,守护着他视野中仙女们的身影。荣宗敬将目光从远方收回,对随身翻译说:“开始吧!”

《读卖新闻》记者首先发问,两年前,该报合并九家中小型报纸一跃成为全国性大报纸,发行量为全日本第一,它的记者被称为“东京猴子”,无所不能,到处抢新闻。

“尊敬的荣先生,你的生平收进本国的小学课文,你有什么话需要对日本小朋友说吗?”

“感谢他们读这篇文章，请告诉他们，我是一个讲究效率的人。人生在于造成完全的人格，逆境是达到真理的一条通道。我自信才有今天，自信就是将想象力转变为现实的人。还请你一定转告，我并没有传说的那么优秀。没有什么菜吃起来会像看起来那么好。谢谢!”

引发一阵笑声。

我难道说错话了吗？荣宗敬没料到随口一句家乡俚语，收获如此有品位的搞笑效果。他原来具备召开记者招待会的天分。

《九州日报》女记者发问：

“荣先生的幽默把我们逗乐了。请问：你是一个快乐的人吗？这次来日本，给你留下的最深的印象是什么?”

“请允许在回答问题之前，感谢三井株式会社给我安排一段难忘的旅程。对于这位小姐提出的两个问题，我的回答是：一、没有什么事比从事实业更令我快乐，确切地说，是十分幸福！二、此次访问贵国，印象最深的是给我一堆疑问，致使我不断地向自己发问，向自己的政府发问。这种感受不是太好，但非常有用。”

敏感的《九州日报》女记者听出话中有话，紧接着问：

“请荣先生评介一下段祺瑞‘临时执政’的政绩。”

“他活到现在没完成过一件事。”荣宗敬一句话把提问的女记者打发了，令她既惊讶又满意。

《朝日新闻》是老资格的日本三大综合性日文对开报纸，1879 年 1 月 25 日在大阪创刊，以“不偏不党”为办报方针，一位年长的记者首先简单回顾中日两国自甲午战争以来发生的冲突，问道：

“荣先生，日中两国之间还有爆发战争的可能吗？另外，我想知道你对战争的看法。”

“这个事不适合我来回答，问苍天吧!”他顿了一下，继续说，“对于已发生过的战争，我深表遗憾。中华民族是热爱和平的民族，在我们的文化中儒道皆不主张武力，睦邻是自古以来的传统。我可以坦率地告诉诸位，如果以后中日间再有战争冲突，不可能由中国方面挑起。战争毁人也必毁己，我的私塾老师殷省甫先生在我十岁时就这样告诉我了。谢谢!”

对这个问题的回答，令记者招待会沉默了几分钟，只听得见游轮柴油机的声响。荣宗敬向翻译作出该结束了的表示。

《每日新闻》记者抢先打破僵局，这是日本非常普遍的一份报纸，也是日本历史最悠久的报纸，报纸的口号为"争论之下，真理显现"。该报记者提问：

"贵国民众在五四、五卅时期，举行全国性抵制日货运动，你认为是合适的行为吗？你认为符合自由经济的原则吗？"

这个问题很棘手，怎么对付这个老辣的记者呢？

"抵货是民间的自发运动，一个国家的政府可以被得罪、被欺负，但人民不可得罪。据说，贵国在明治维新时期发生过类似的抵制英美商品的事件，我想，这位记者先生应该能够回答自己提出的问题。谢谢！"

荣宗敬斗士般的姿态，令场面再次出现尴尬。随身翻译提醒记者，还可以提出最后一个问题。

《东京新闻》是中日新闻东京本社所发行的偏向文化类的日报，该报记者抢先抓住机会，免得白跑一趟回去挨尅。

"你在最困难的时候，想过撒手不干吗？每个人身上都有特点可寻，你认为你的特点在哪里？"

"我在困窘的时候连死的念头都有，但活着就要干下去。大部分人认为远离痛苦最好，但尝遍酸甜苦辣才有意思。要说我的特点嘛，就是讨厌自己，而且讨厌这种情绪为什么没满三分钟就消失。"

荣宗敬一卖萌，又把大家逗乐了。

散会后，儿子鸿元对老爸说："爹爹，你平时话不多，却是很有演说天才，把各大报记者镇住了！"侄儿伟仁说："伯伯该当议员，开国会保证热闹！"

荣宗敬刮了一下儿子、侄儿的头："两个小赤佬，寻我开心。当上一回烤鸭，我倒是懂得了鸭子的心情。"

在返回上海的邮轮上，荣宗敬问两位小伙子考察日本的体会，要求他们用一句说出来。

鸿元说，日本靠法制管理国家，管理工厂，所以强大起来。

伟仁说，大和民族有凝聚力，做每件事都很疯狂。

荣宗敬说，说的都不错，但未说到要害上。这个国家善于学习他人的一切长处，寻找自己的弱点，摸准了由弱化强的门道。

他又问，你们恨日本人吗？

鸿元说，爹爹你不是最恨日本人吗？天天臭骂，哪天不骂睡不着觉。

荣宗敬说，中国人既要有痛恨外国势力压迫的强烈感情，又要有向外国学习的有力行动。老一辈终将老去，你们要永远保持理智：欺负我们的朋友不是朋友！日本不是个好东西，迟早还会欺负中国，甚至侵略中国，为什么？因为日本霸占亚洲的意图很明显，而中国是他们称霸的障碍。这次到日本跑一趟，我的直觉告诉我，这个国家明显有野心，民众支持这种野心，日商在上海的所作所为也就好理解了。中国人往后的日子好过不了。但是，我从此以后不会骂他们了，骂是痛快的，其实是内在虚弱的表现。我也不恨这个国家了，仇恨不是一样好东西，仇恨使人迷失方向。你们都读过《史记》，项羽心中只有仇恨所以他失败，而刘邦清醒地记住自己的使命，故能开拓出大汉盛世。我反而要专心向这个国家学习。试想：茂福申新如果实施科学管理，彻底摒除旧制度；再试想所有员工精神趋于一致，成为一家人，我们会在竞争中败给谁呢？

荣宗敬向两位接班人大发一通言论，也滤清了此次考察日本的复杂感受，似乎在做一个总结。

荣宗敬在这个世界上可说亟尽所愿，唯有改革一事吃了败仗，窝在心中隐隐作疼成为心病。自日本归来后，荣宗敬头脑里盘旋的尽是"改革"两个字。世界上没有哪件事使他如此困惑过。他很清楚，从五四到五卅，他靠抵货运动占不少便宜，但市场总归要回归到原有轨道，要想在竞争中占得优势，除了企业的规模化，激发企业的内生性动力尤为重要，这种动力一旦激发出来，将是不用投入资本的规模。申三改革虽然失败，但已经显示出一种事实：一家厂可以干出两家厂的活儿来。

改革是企业绕不过的独木桥，风险再大也得走。从日本回来后荣宗敬与荣德生每次见面就要谈及此事，两人的意见是一致的，改革一定要适时进行，依然在申三先行先试，然后在全系统推开。

从日本返回两个月后，国民革命军在广州宣誓北伐，一路摧枯拉朽，荣宗敬似已听到震耳欲聋的炮声，他对这炮声充满期待。一个腐朽的政权将从历尽苦难的大地上消失，他相信新政权将遵循孙中山弥留之际反复呼喊的"救中国"的誓言，他的"实业救国"的理想有望实现了！年已 54 岁，他愿在生命的最后一个时间段，为民族复兴，国家繁荣，竭尽自己的才智、勇气和力量。他曾为自己的理想下过地狱，此时，"我不入地狱，谁入地狱"的悲壮情怀再次萦绕胸臆间。

历史没有剧本，出演过后才有人给它编撰不一定靠谱的剧本。但人们总是一厢情愿地对它做出自己的展望，荣宗敬就在这样展望着，至于他等到的将是什么，不久就会揭晓。

三十七、蒋介石签发通缉令

无锡城里挂满了青天白日满地红的旗帜，国民党和共产党组成的行政委员会替代了军阀政府的县知事。

在申新三厂，荷枪站岗的工人纠察队替换穿黑制服的巡警。抄身婆被赶跑了。男女工人自由自在，进进出出，管理工人的职员和拿摩温(number one，指工头)变得低声下气。每天早上8时，荣德生走进厂门，尽力使自己镇静。他生来谨慎，在动荡岁年更怕招惹是非，依然有不少老工人向他毕恭毕敬地问候，他怀着近乎感激的心情回报以微笑。

厂里墙壁上到处贴着"欢迎北伐军""打倒封建军阀、土豪劣绅""工人解放万岁"的标语。他穿过广场，步入公事房大楼。

两年来，他在不安中度过。自五卅惨案以后，世界没安宁过，大革命浪潮席卷而来，工人屡闹工潮，来势凶猛，申三布厂因为要求加工资，聚众暴动，发生一次大风潮。上海总工会派人来锡调查，这一回支持了工人的要求。他处处小心翼翼，感到与工人越来越难相处，心灰意懒中曾决定暂时停工。

自从北伐军把军阀孙传芳赶跑后，潮滚浪翻，人间完全变了面貌。他寄望于自己一向以德待人，严于律己，工人不会过分难为他。一面克己忍耐，一面擘划发展，等待大局太平以后大干一场。

薛明剑神色惶遽地闯进来。

"什么事?"德生下意识地问。他昨夜做了一个奇怪的梦，梦中与薛明剑一同去山中行走，路边有一个大泥坑，类似坟穴。薛明剑在那个大泥坑前停住脚步，站在穴旁注视。按梦占，这是死人的凶兆。难道噩梦预兆的事情真的发生了?

"德先生，出纰漏了!"薛明剑说，"管车李耀东被工人扭解总工会之后，决定游街示众，厂内职员听说后四下星散，纷纷逃跑，工厂日常事务难以维持，势必造成停业。”

“他不是已被释放回厂了吗?”

“回厂不到二三小时,又被押走游街。”

工厂围墙外传来震耳欲聋的大锣声,间有“打倒李耀东”“工人团结万岁”“总工会万岁”的呼号。游街队伍由荷枪实弹的工人纠察队为前导,穿过无锡城,绕到西门外一带。李耀东头戴三尺高帽,胸口粘贴字条,上书“申新三厂走狗李耀东平日虐待工人游街示众”。他被愤怒的工人反揪臂膀,坐飞机,一路踉跄而来,围观群众堵得水泄不通。游街队伍在公事房前面的广场上游走一圈,又从厂门呼啸而出,分明有意刺激厂主。

德生一脸愁云,满腹辛酸。北伐战争一打响,商店歇业,市面萧条,工潮层波叠浪,风起云涌。上海申五重演两年前申三的暴力场面,不过,这次挨打的是大小工头,数人身受重伤,不得不停工。武汉作为北伐重镇,几乎所有工厂发生工潮,局面危重中,申四过完年也不得不停办。气急之下,荣宗敬亲自起草文书,登报将申四招盘出售。哥哥从来是不遗余力地买厂添机,现在相反卖厂,照此下去,如何是好?

荣德生不懂得历史是有脾气的,而且需要时常容忍它的坏脾气。

“明剑,国民革命军委任你为本邑劳资仲裁委员会主任,职员被辱,你难道无法折衷?”

“潮流如此,蒋总司令来也只好干瞪眼。”

“北伐是好的,革命是要的,否则,偌大中国被军阀弄得实在不像话,年年内战,民不聊生。但是,如果一直如此折腾下去,势必工厂关门,工人失业,中国工业也无振兴的希望了。”德生痛心疾首说,“厂发达,家兴隆,工厂与工人骨肉相系,工人们连这个道理也不懂?”

“工人们都说你待他们不差。”薛明剑劝慰他,“今天这件事,是被一些激烈派操纵,大部分工人盲从而为罢了。”

“明剑,你也知道,我对工人是从来不苛刻,开办工厂,大家有饭吃,而老板却是要担风险的,”他对他的主管倾吐肺腑,“我与工人职务上虽有阶级之分,但所谓阶级,不过表示一种责任,实际上人人平等。工厂兴衰,人人有份,老板和工人之间有事情可以商量,靠罢工、游街、种种暴力,行得通吗?”

“天演之理,不进则退。目下工潮突起,战事蔓延,社会不安之现象达于极点,我加入劳资仲裁委员会非欲做官,实为帮助革命,保护全邑生产事业的元气,谁料心有余而力不足啊!……”

“唉，中国社会自古以来就有共产性质，一人有难，邻舍相助，城中历年有苏北灾民逃来定居，安家落户，不妨说是共产了。”

这时，有人敲门。

茶房拉开门，见是总管乡下老家来的亲戚，来人哭叫道：“三少爷，你家翁昨夜归天寿终，我特地星夜赶来报丧！”

薛明剑难以相信这是真的，父亲起居乡间，好好儿的，事前不曾听说有什么病呀！德生心中一悸，昨夜的怪梦被证实，他惊骇神明老是在他身上显示神迹，快到他本人难以置信的地步。

德生每日清晨6时起身后坚持练习静坐，几年来，静坐愈进愈深，已加至七分，一坐下便入定，理气相助，与神相化，明显生出道心。如欲继续进步，非要摒绝尘俗，从修道做起。几个仙师术士劝他干脆入山修道，不几年就能生出慧眼，风云乱世有啥可留恋，半途而废实在太可惜。德生没吱声，心底迸出两个字：胡闹！天下没有比这更馊的主意了，他怎舍得丢开一生钟爱的实业！

“明剑，”有天一上班，他对薛明剑说：“我知道你这一阵心神不定。”

“没，没有哇。”薛明剑谐谑地一笑。时荒世乱，乾坤倒转，在大革命浪潮面前，他也确实沉不住气了。“……恨不重投班代笔，忍将壮志尽消磨，弱弟雄心游海外，他日去国转平安。”新年伊始，薛明剑以诗明志，恨不得闯到大天地中去一遂改革社会的宏愿，但又不忍割舍宾主情谊，滞留于荣家门下忠诚效命。

“以我对潮流的观察，一切都会恢复秩序。”薛明剑安慰主人。

“你不是瞎说吧？”德生一向佩服总管深谙时局演化，眼光敏锐准确，但这会儿对他的预言欲信不解。

转眼就到了四月中旬，席卷长江下游的革命浪潮消退于一夕之间，全国嗅得到血腥气，上海和南京成了国民党一统天下。荣德生一趟趟往南京打听消息，窥探时局变化，每晚泡在两宜轩写日记。德生与宗敬电话书信频繁往来，他们不能再过无所作为的日子了，共商发展大计，决定老汁还是不能倒出来，继续添机办厂。德生提议在总公司创设银行部，吸收存款，利息高于市场，既可补充企业营运资金，存款的员工也有钱赚。同仁储蓄部就这样在江西路58号总公司底楼西面的几间房间内设立起来。

太阳落山了。九米阔的开源路蜿蜒在田野里，夕阳把黑色奥斯汀的阴影拖得老长。田野里，油菜花开得热闹，肥绿的麦子正在抽穗拔节，听得见咔咔的声响。和煦的晚风从麦浪上拂过，给颠簸在车上的荣德生惬意的心情。历经数年的心惊肉跳的动荡结束之后，德生不再觉得无能为力，面前展开事业的新视野，正如咔咔拔节的麦子,令他感到一种从未有过的生机。

一辆漆有“开源公共汽车”白字的道奇大巴士迎面驶过,这是德生集资创设的开源公共汽车公司的客车。奥斯汀不断超越挑担推车的农夫和一群群在东岳圣帝生日前到惠山烧草鞋香的乡村农妇,楼宇跌宕的荣巷遥遥在目,随着荣家兄弟事业的发展,荣巷同步发展,百业俱全,已成为西乡的商业中心。

荣巷镇到了。奥斯汀折进小路,穿过西街尽头,在荣宅围墙的小门处停下。这一段路行驶得十分艰难,沿途直至到他家门前,人群拥塞,镇上男女老少全都拥到了这儿。

闯什么祸了?

荣德生拨开人丛,经小门进到回字形新楼的天井中,楼上楼下贴满封条,他的嫂子、侄子,自己一家十六七口男女老少全被赶到天井中,神色惶惶,相抱而泣。小女儿见父亲归来,害怕得扑到他怀里,又哭又嚷。家突然倾塌,德生又急又惊,浑身哆嗦,闹不清来由。

他终于从语不成声的家人嘴里弄明白事情的原委:无锡县政府下午接获蒋总司令亲笔签署的密令,以荣宗敬甘心依附孙传芳,平日拥资作恶,劣迹甚多,立即查封产业,并通令各军侦缉逮捕。县政府建设局局长、总务科长、公安局长刚刚带一批人贴完封条扬长而去。

德生不明白哥哥哪里得罪了蒋介石,以致招来全家灭顶之灾。宗敬身在何处,是否打入大牢?他的脑壳疼得炸开,三魂七魄飞出顶门。他摘下瓜皮帽,连连捶脑门,在矮矮的栏杆上坐下来。嫂子陈氏对着他一把鼻涕一把眼泪地嚎啕,要他无论如何营救丈夫,以免缧绁之灾。德生捂着脸,如坠噩梦,茫然无措。当晚,兄弟两家人挤在厨房和厨房旁边的汽车库内过夜,沉浸在愁云惨雾中。

申三薛明剑,茂新陆辅臣从城里慌忙赶到荣巷,他们带来县政府到无锡各厂查封的消息。陆辅臣跺着脚说:“磨房间、打包间、账房间、大小仓库一一贴上封条,连煤堆上也贴了,德先生!”

申三自然是同样的下场。

薛明剑消息灵通,他告诉荣德生,蒋介石同时签发两项命令,一是查封荣氏所有资产,为密令;二是明令,通令各路北伐军总指挥缉捕荣宗敬,押往北伐军总司令部严办。

荣宗敬这回闯大祸了,当下一国最高领导亲自签发通缉令,怎么得了?荣德生顾不得工厂,只念着哥哥的安危,救人要紧。他握紧拳头还是制不住浑身颤揺,哥哥在他心目中,一向是最最重要的人物,甚至比自己还重要。两人相依为命，他是宗敬的一部分，宗敬也是他的一部分，失去另外一部分，生存失去意义，财富失去价值。他孤身一人无法在大地上站稳脚跟，当两人合成一个“人”，这个“人”就能无畏地挺立在世界上，一个庞大的企业王国就是这个“人”打造出来的。

德生凝睇着灶上燃着的一豆烛光，思绪回到西浜老屋度过的童年。哥哥 14 岁那年患上伤寒病，他日夜守护在哥哥床前，攥住他的手，怕一放手就会失去他。这时候的德生正是这么想着，只要哥哥转危为安，他宁愿替他忍受一切苦难。

“德先生，”薛明剑提醒他，“赶快运动官场，找人帮忙，撤销案子。”

“世上我最不愿意做的事就是求助官僚。宗敬不就是投靠官僚惹了祸？”德生苦着脸说。

“你们已经卷入惊涛骇浪，想继续生存下去，就必须求助于人。只有这一条出路，为了偌大一摊事业，硬着头皮去做。”

“天哪，政界一无熟人，请谁去疏通哟！”

“有一个最合适不过的人。”

“谁？”德生猛地抬头。

“吴稚晖。他是国民党元老，国父孙中山信任的人，中央监察委员兼东路军总政治部主任，此公极重乡谊，一定竭力相助。”

德生半天没吭声。除了吴稚晖，也找不出第二个合适的人伸出援手。他与吴稚晖疏离多年，最后一次是十五六年前在安凯地见的面，人家已是党国元老，肯不肯帮忙是问题，为了营救哥哥，他决定硬起头皮，老着面皮，全力以赴去干这件事情。

“此外，也可请本地绅商给蒋总司令去电，证明你们兄弟的清白，并作担保。尽管力道不够，但不妨为之。”

“此事请你从速办理。”

陆辅臣腹中贮不下隔夜话，不管老板如何担惊受怕，还是把所知道的全倒出来：“德先生，钱庄熟人告诉我，政府方面已派人到银行钱庄调查你们兄弟存款，凡账上有钱，一概封存，听说已具呈蒋总司令，回报办理情形。……”纵使薛明剑朝他瞪眼睛，陆辅臣依旧把话抖完。

德生说：“幸而我们不存多少现钱，钱都投在企业中，随它去吧。”

薛明剑说：“德先生，既然总司令通缉宗先生，就不该查抄你的产业，按法律而言，企业凡是属于你的股份，西半边归你所有的住宅，均不应在查封之列。”

此话不错，荣德生顿有所悟，“明剑，我明天天一亮赶赴上海，托人疏通，无锡的事一概交由你斡旋，拜托拜托。”

三十八、“不料他没事一样”

这一夜长得可怕，他等待每一分钟过去，又不明白这一分钟是怎么度过，被纷乱的思绪折磨得精疲力竭。一夜间，他的眼睛凹抠，眼囊和脸颊松弛得挂下来，深重的忧愁贮满在脸部的阴影中，显得可怜巴巴。

早晨，德生赶到上海，穿过闸北的街道，见不着浅蓝色服装左臂套袖章的工人纠察队，共产党机关和工会办事处景象全非，除二三守门人外，已无人迹。一路上，运尸的卡车板车来来往往，警哨夹杂枪声不住地传来，过路人无不惊恐逃避。大上海的血还未流干。

黄包车一直拉到西摩路荣公馆大院的广玉兰树下，树下停着一辆最新出品的罗尔斯·罗伊斯轿车，油光铮亮，一副贵族气派，荣宗敬正夹着皮包下楼，到总公司上班，笑脸迎接弟弟的到来。

不料他没事一样，怎么可能？

荣宗敬瞥见弟弟一副丧魂落魄、面容消损的模样，立即收敛笑容。弟弟在一夜之间为他憔悴到这副样子，他被兄弟间无法比拟的情谊深切地打动。他在一瞬间发现世上没有谁比弟弟更挚爱他，以后再也不应当忽视这一点了。他清楚地回忆几次惊涛骇浪将他击得晕头转向，几乎灭顶，要不是弟弟的细心策划，具体布置，他早就溃败不堪。两人一个总揽全局，锐意奋进，专事对外，调度整个企业的经济；一个专心经营，周密深邃，修炼内功，致力于厂务管理。刚柔相济，相得益彰，这是一切成功的源泉。有了弟弟，他这个人才是完美的、充实的，他之所以不顾一切地冲锋陷阵，是因为他们是一个灵魂分出的两个生命。荣宗敬发觉自己的躯体体现出两条生命的价值。

一向不愿流露感情的他，此时冲动地紧紧搂住弟弟，热烈地拥抱起来。

“我们一同上班去吧？”荣宗敬红着眼睛说。

"你说什么？上班？"

"是的，上班。我在上海活了大半辈子，难道不该享受一回租界的治外法权？"他指着院子里七八位外籍和华籍巡捕说："工部局派警员保护着我呢！"

"工部局会发这等善心？"

"只要花钱嘛，外国人到中国当官也随乡入俗，表面正经，骨子里与中国官僚没啥两样，甚至更贪，好像他们的绿眼珠该比黄眼珠值铜钿。"

"蒋介石为什么要通缉你，闯什么祸了？"

"我会闯什么祸，敲诈勒索呗！青帮讹诈用'扎火囤''仙人跳'之类暗法，蒋总司令明火执仗做土匪。我不就是请孙传芳吃了一顿饭吗，那是为了筹备美国费城博览会，你说这个姓蒋的流氓不流氓？"

荣宗敬指着大院西边围墙上两扇黑漆小铁门，说那是新开的。他告诉弟弟，为了应对这场政治危机，采取了万全之策。小门外弄堂直通南京路，日夜停有一辆汽车，挂着工部局牌照，万一蒋介石偷偷捉人，他就乘这辆汽车走人。他凑在德生耳边说："我已订好英国邮轮的船票。"

在本次人生的不测之灾中，两扇黑漆小铁门没派上用场，但命中注定此门不能白开。1938 年 1 月 4 日 深夜，这道公馆的侧门带着吱吱呀呀的铁锈声开启，化过装的荣宗敬偷偷溜出去，再溜进一辆英国友人的汽车，躲过公馆四周的密探，登上黄浦江边的一艘意大利货轮亡命香港。上海沦陷后，时任全国经济委员会委员、工商部参议、全国华商纱厂联合会主任委员、上海面粉公会会长的荣宗敬，无惧日本军方的威胁利诱，拒绝出任伪职，他丢下荣公馆，丢下遍布于苏州河黄浦江两岸的工厂，丢下亿万家产，仅为着不丢民族大义。而此前，他寓居无锡的弟弟荣德生也为逃避日军的控制，颠踬在前往汉口的逃亡路上。荣宗敬到香港便病倒了，他竭尽生命潜能为之奋斗的实业救国的理想破灭了，忧郁绝望地长逝于香港养和医院。

德生望着那两扇小铁门，油漆是新髹的。他简直不能想象哥哥离他而去，亡命海外的日子。"不，我们得先找人疏通，无锡的工厂和家里也被查封啦！"

荣宗敬没料蒋介石来这一着。他恨恨地抹干眼泪，似乎刚才流泪是出于对蒋氏威权的软弱。幸而上海的工厂大都在租界里，蒋介石奈何不得，他本人带卫士出入上海租界，还得由工部局政治处签发通行证才行。

荣宗敬斟酌了一下："也得上总公司开银票，托人疏通少得了花钱？"

德生说："这就反而坏事了。元老很清高，绝对不收礼。"

兄弟俩在工部局警员保护下，驱车前往江西路总公司大楼。

凡是胸腔内负荷着无限愿景的仁人志士，他们在复杂环境中挣扎奋斗，必将承担愿景与环境的冲突以及剧烈的震荡，承受来自环境的压迫、威胁、苦难。这是他们个体生命无法规避的遭遇，是他们的宿命。

荣宗敬因拒绝摊派二五库券而遭蒋介石通缉。南京政府建立后，需要巨额资金开支军费以及其他财政支出，蒋介石首先将目光投向集中全国半数以上资本和财富的上海。他下令上海总商会筹募二五库券，分摊到华商纱厂头上计有50万元。荣宗敬作为纱联会会长，面对棉纱业焦头烂额的现状，为维护行业利益仗义执言，只肯勉强认购四分之一。同仁中有人奉劝给足数算了，省得麻烦；他说，“不敢说真话是个人的耻辱，不坚持信仰是社会的耻辱，不为实业界仗义执言，我荣宗敬连个人都不是了，你们愿意看到我是一个鬼吗?”认购的钱还是从福源钱庄以暂借款名义缴付到国民政府财政委员会，意思是纱联会没钱，四分之一还是借来的，你就满足吧！蒋介石闻讯盛怒，连骂几声娘希匹，你荣宗敬算是什么货，变着法子玩我，我老蒋是叫花子吗？随即以荣宗敬勾结孙传芳为借口，下令查封资产，通缉逮捕。

总经理办公室屏风外会客处，已有几位金融界著名人物坐候。屏风上除挂着《宗敬阅历谭》之外，新近又挂着一幅绘有古希腊神像的精美图片，那是美国费城博览会颁发给兵船牌面粉的奖状。兄弟俩与来宾一一握手寒暄，在奖状下的沙发里坐下，宾主一时无言，就那么干坐着。

来宾是上海银行总经理陈光甫，中国银行总经理宋汉章；另有一位是中国商业银行总经理傅筱庵，金融巨擘，如今落得和荣宗敬同样下场。他一开始为蒋介石积极筹款反共，后来蒋介石狮子大开口，向他借1千万大洋，被傅拒绝，便下令将与孙传芳很有交往的他逮捕并查封一切财产，傅筱庵逃入公共租界。宋汉章是荣家姻亲，德生的三女儿不久前嫁给了宋的儿子宋美扬，本来想找荣宗敬一道骂骂蒋介石，意外与亲家公不期而遇。陈光甫创办的上海银行如今跻身上海滩有数的华商大银行了，由于为蒋介石筹措资金尽力，在二五库券中被推举为劝募委员会主任委员，很快募集到大笔款项，杰出的办事能力很得蒋介石赞赏，在政界兼职成为显要，今天是以主任委员的身份来规劝老朋友的。

宋汉章先开口，调侃荣宗敬：“宗公呀，大上海没有你就会变成一个无聊的城市，你看，现在街头巷尾都在谈论你，多热闹。”

“你不是也挂冠而去，当了一回逢萌?”

“可惜连逢萌也不如，他将乌纱帽挂在都城东门外悄悄地走了，我却不得离开租界。”

宋汉章见荣德生坐在那儿发怔，解释说："亲家公，我已辞职不干了。"

"为甚？"

"向中行派销二五库券 1 千万，我不答应垫付，蒋介石从南京来电，措辞强硬，非借不可，鄙人不善于周旋应付，只能辞职。"

"仗势欺压，等同绑票！"荣德生忿忿然。

"哈哈，"傅筱庵捧腹大笑，"汉章兄，老蒋将你顶我的窝子，好比胡乱抓壮丁。上海的金融家实业家们本来把他当自己的救星，现在发现他原来是灾星，白色恐怖不仅针对共产党，也指向商团，老板们都吓破了胆，然而，有人却甘心附庸，转辗裕如，成其卵翼。"

这话是骂陈光甫的。他把事业的发展寄托在蒋介石身上，他为南京政府地位巩固欢呼。大革命时期的社会动荡，使他既不能放款，还得应付挤提风潮，差点儿把惨淡经营的上海银行给毁了。他不想辩驳，对不识时务的同行何必计较呢？

陈光甫作为荣宗敬的积年好友，他要尽一份诤友之谊："宗敬，以鄙人之见，你就把二五库券认了吧。有言道：好汉不吃眼前亏。与政府硬顶势必头破血流，还有什么其他结果？"

荣宗敬的悲哀是，他不再把生意场看做不讲原则的江湖，更没将它当成名利场、社交场，不然三者取其一，他就不会做出与蒋介石较劲的蠢事来。在他心目中，生意场是捍卫民族利益的战场，他所做的一切不是为了自身，但全上海没有人理解这个怪物，这个另类。

"如果这样，世上就没有公理了。我不会言不由衷，做的和想的不会不是一码事。"荣宗敬冷冷地说。说完，竟然气促起来，胸中火气如岩浆喷发。"我国实业嗷嗷待哺，近年受时局影响，纺织业岌岌可危，方今北伐告成，建设伊始，正冀政府维护，然而，适得其反，加意盘剥，不恤商艰，必欲陷我纺织业于绝地不成？"

荣宗敬挥手阻止陈光甫，不让他有插嘴余地，站起来继续说："我国纺织业大半掌握在外人之手，洋纱源源输入，而华商厂家独负重捐，更不能与外商竞争，唯有停机歇业，坐以待毙。蒋介石如敢向外商派捐，我照捐。"

在老道的陈光甫眼中，荣宗敬怎么成了戆头戆脑的 20 岁的毛头小伙子，他弄不明白，你荣宗敬有再大本领，也翻不出如来佛手心。拒绝公债的富翁不是以反革命罪被捕，就是家人被青帮流氓绑架，最后出更多的钱了事。蒋介石对你这个纱联会和面粉公会会长算是客气的。敢与叱咤风云的蒋介石顶牛，陈光甫于这一刻对荣宗敬身上那股不顾一切的好斗劲有了深刻认识。

德生听到蒋介石向别人伸手，开口都是1千万，感到有必要规劝一下哥哥：“宗敬，权当火灾，50万相比之下不算多。”

陈光甫接着说：“蒋总司令是懂得实业救国道理的，因而对实业界有所体恤，分摊确实不为多，你却反而撕破他的面子。”

“不多？我给你们算一笔账。”荣宗敬说，“查沪埠会员纱厂有纱锭60万枚，约须每1锭子派库券8角强，倘连常、锡各厂合计，以80万锭分摊，每锭约派库券6角强，各厂营业不振，挣扎图存，强迫借款，实在无力担负，你们做银行的不懂得实业的苦啊！我荣宗敬非为个人着想，而为纺织业全体同仁想，不能让人家白选我当会长！”

陈光甫慢吞吞地说：“你的锭子拗不过人家的枪把子，今日不知明日命运如何，何苦？不如买个安稳。”

荣宗敬脸上现出极其痛苦的神色，双瞳中凌厉的目光顿时黯淡。他从未屈从过谁，这一回也企图硬撑着不屈从，可连自己也感到自己的虚弱。他气沮地扶着额头，紧抿的嘴唇勾画出内心的恼怒和屈辱感。

许久的沉默。

宋汉章在德生耳边窃窃私语了一阵。德生频频点头，略作思考，说：“宗敬，小不忍则乱大谋，看在事业份上，就承诺50万库券，购下后卖去，最多蚀掉一些。”

宋汉章附议说：“群龙不可无首，总公司全靠你支撑，蒋介石给你动真的，总公司势必瘫痪，岂不是丢掉西瓜拾起芝麻。”

陈光甫乘势规劝：“一生心血毁于一旦，犯不着，汉章可以辞职不干，总公司离得开你这把撑船篙子吗？”

一直缄口不言的傅筱庵这时也说：“宗公，你与我不同，仅捐50万，又是分摊于华商各厂，按锭数到你头上顶多20万吧，譬如让小偷掏了钱包。”

荣宗敬在一片规劝声的包围下，似有松口迹象，他矜持地一笑说：“我愿捐的话，独承50万，100万也没二话。”

三十九、在同一条西摩路上

兄弟俩在西摩路家中商量了一个下午。

一是二五库券是先交还是请人疏通后交，商讨的结果是疏通后交纳为宜；二是怎么疏通，为了确保一次性成功，除吴稚晖外，最好要有相同身份的数人说项较好，给蒋介石以高强度压力。荣德生想起李石曾，他在七年前资助他出国要回庚子赔款，以后也有书信来往；荣宗敬说还可找张静江，张家是湖州巨富、著名丝商，而他的亲家薛南溟曾是五省丝绸公会公董，丝业领袖，与张父交谊颇深。

荣宗敬这一阵气糊涂了，一拍脑袋，忽然记起一个人来：叶琢堂，上海证券物品交易所中稳赚铜钿的神手。该交易所座落在爱多亚路、四川路转角处的一幢楼中，华商纱布交易所在新楼未建成之前，也租用这幢楼开业，二人交好，颇有交情。叶琢堂是瑞和洋行买办，这是一家专事设计和工程承包的建筑商，荣宗敬曾把建造工厂的生意给他做，前一阵，叶琢堂还向他推荐收购英商东方纱厂，是肯定能出面帮忙的。当年，交易所收盘后，荣宗敬常去叶家探讨行情或者打牌，叶琢堂的一个浙东小老乡在他背后毕恭毕敬地站着，替叶琢堂端茶拿烟，有时还伺候客人，像个小学徒。此人 30 来岁，瘦高个，鼻子挺括，两眼炯炯有神，还有一张漂亮的棱角分明的嘴巴；后来，荣宗敬经常看见他穿一身干净的西装，在交易所跑进跑出，又一次，在楼梯转角碰见，此人还向他讨教过棉纱行情。这个被叶琢堂使唤为"阿瑞"(蒋介石乳名瑞元)的人，不就是现在报上每日出照片的蒋介石吗？没错，就是他，短短五年间，他竟然成为民国第一号人物。

荣宗敬确认的事情一点没错。蒋介石是当年潜伏在上海租界的孙中山的忠实信徒之一，凡孙中山每有召唤，他就去南方打仗，因受粤军将领排挤，打完仗后便离职滞居上海。五四运动后原想去欧美留学，但孙中山不同意，事实是孙中山舍不得身边这个得力助手离开。其时，正值交易所风靡，他拿着张静江给他的

1 500 元钱，到证券物品交易所当经纪人，与陈果夫、戴季陶等合组“茂新”公司，注册 54 号经纪人，开始了炒棉花、棉纱、金银、证券的投机生涯，按蒋介石自述，他度过了一段“颇费经营踌躇也，晚间不能安眠”的岁月。开头两年赚了 20 几万，可是，好景不长，风潮突起，1922 年交易所崩盘，拍总账亏欠交易所 60 万元左右。蒋介石就此穷愁潦倒，寄人篱下，常常向叶琢堂伸手借钱。1922 年 6 月，孙中山广东蒙难，避难于永丰舰，蒋介石奉接孙中山“事紧急，盼速来”的电报时，狼狈得口袋中空无一文，蒋介石是拿着叶琢堂赠送他的 300 元旅费，星夜驰赴广东，在永丰舰上指挥作战，将孙中山护送返沪，并将经过写成《孙大总统广州蒙难记》。从此，倍为孙中山钟爱，一路发迹。由于这一段因果，蒋介石把叶琢堂看成恩人；没有叶琢堂赠送的路费，蒋介石就错失时机，在上海滩当屌丝，不知道要晃荡到猴年马月。

陕西路上影响中国半个世纪的宋家花园

荣德生听宗敬讲述这一段过往，表示可先请叶琢堂沟通。请几位元老出面动作太大，人情能不用则不用，留待以后。

宗敬觉得有理，随即拨通叶琢堂的电话。

那头听见荣宗敬的声音，嘿嘿笑了起来：“宗敬啊，这两天一直等你电话，未等到，想你大概将我忘到太平洋对岸去了。”

“哪里哪里，虽未见面，却已如握。”

“前两天你上了报纸，大出风头哇，敢与蒋总司令叫阵，全中国唯独你一人而已！”

“别瞎扯了，好不好，说句干脆话，帮不帮这个忙？”

“你老兄的忙，想不帮也不成啊！”

荣宗敬于是约他到迈尔西爱路（今茂名路）刚开张不久的法国总会吃大餐，

面议一切。结果很好，叶琢堂拍胸脯将此事包下来，表示这点面子阿瑞总归是要给的，第二天听消息。第二天没来消息，宗敬预感不妙；第三天也是，宗敬已经不抱指望。等到第三天晚上，叶琢堂在电话中告诉他：蒋介石看望宋家三小姐到了上海，亲自登门拜访他，进门就鞠躬，以恩人相称，感谢当年对他的关照。我谦谢不受，蒋介石说道："恩人就是恩人，过去承叶先生帮忙，我是永远不会忘记的。"从怀中取出一支派克金笔送给我，上面刻中正敬赠四字。我乘势谈起你的事情，他的面孔就发青，请我不必过问，声称荣宗敬这个混账东西，应该让他吃苦头，便宜了他我还能治军治国，管好这个国家吗？骂了几声"娘希匹"，尚且是拍着桌子骂的，额角上青筋爆突出来。他从来没在我面前这样骂过人，到辞别出门的时候，面孔依然铁青。

叶琢堂最后说："宗敬兄，你不知道自己让他丢了多大面子，又是军人脾气，他能输在你面前吗？没帮上忙，实在对不起！"

荣宗敬和荣德生蔫巴巴瘫在沙发里，半天辰光不说一句话。

两个男人，为了捍卫各自的尊严，表现出相同的个性。问题在于，真理是脆弱的，真理不拥有向权力叫板的空间。

上海西摩路139号(今陕西北路369号)，南阳路口，有一幢由三人高的竹篱笆围起来的花园洋房，黄墙，漆成绿色的铁皮顶，远不及西摩路荣公馆轩宏阔大，倒也别具情趣，这幢英国人的别墅，由于被美国牧师宋耀如买下，里外都透着美国情调了。

在支着两根立柱的典雅客厅里，中国最上层的几位华人悠闲地坐在沙发里。家具、钢琴都是美国式的，靠后墙的一长溜书橱里摆满中文和英文《圣经》，以及形形色色的教会读物。在夜色弥漫的花园里，几株棕榈树在轻风中绰约，摆动着姣好的姿势。

与客厅相通的是由深褐色的柚木装饰起来的华贵庄重的餐厅。宋美龄最后一个从那里婷婷地飘进客厅，在钢琴前坐下。她安静地坐了一会儿，等待进入某种情绪，不一会儿，一支优雅的闪烁着热情的乐曲从她的纤指间流泻出来。

宋家客厅有根深蒂固的西方文明气息。如果说从前这里是上海高层华人与外侨社会、美国外交官聚会的沙龙，现在则带上浓厚的政治色彩，成为控驭中国命运的神经中枢。自从父亲宋查理逝世后，宋美龄便离开霞飞路拥挤的住宅，陪伴母亲住到这幢华美的楼房里。今晚，典型美国气派的大客厅聚集着宋氏家族人员：宋子文，孔祥熙偕夫人宋霭龄，沉湎在罗曼蒂克爱情中的宋美龄，以及她的狂热的求爱者、目下中国最重要的人物北伐军总司令蒋介石。独缺二姐宋庆龄，她在武汉坚决谴责丈夫一手栽培起来的继承人的背叛行径。宋子文这一阵更愿意泡在莫里哀路宋庆龄的空房子里，靠读《圣经》消磨时光图个清静。他害怕一切社会革命却又投身国民革命，或许，仅仅为了表示继承既是孙中山密友又是革命党人的父亲的衣钵。他是个容易屈服又有头脑的人物，本来站在汪精卫一边声讨蒋介石，在大姐的压力下不得不离开武汉，归附蒋介石的南京政府。身为国民政府财政部长，因拒绝为蒋介石索要的款项签字被撤职，看来，蒋介石在捍卫尊严方面丝毫不给他人余地。他对妹妹的婚事持有异议，但由专断独行的大姐做主，连母亲也无奈，他又能说什么？总之，他与总司令闹着很大的别扭，每坐到这间客厅里，总是要接受孔祥熙夫妇的开导。

蒋介石向宋家三小姐求婚后，宋母倪氏反对这门亲事，不仅因为蒋介石不是基督徒，而且悉知他以前的婚姻情况，还因为四月的流血事件，很难使这位在丈夫的教堂里教育主日学校儿童的基督信徒对他有好感。极力促成这门亲事的大女儿把老太太巧妙地安排到日本休养去了，今晚可以在放松的气氛中商议结婚的若干细节。

蒋介石脱了军帽露出奇特的脑袋，在枝形大吊灯下熠熠有光。一身笔挺的戎装使瘦高个儿的他神采焕然，又不失简特曼风度，时而勉为其难地端起沙发前茶几上的那杯轩尼诗酒呷上一口。他对自己的婚事有美好的展望，将使他的政治生涯显得更为圆满。同宋家联姻，不仅可以巩固孙总理继承人的神秘权威，对取得国际社会支持也至关重要，并且，还能争取到宋子文这样一位现成的为他背钱袋的著名金融家为自己提供足够的经费开支。

这一次，蒋介石因为追悼他的恩师，前沪军都督陈其美逝世十一周年来沪。他俨然以宋家女婿自居，每到上海在西摩路宋宅接见中外宾客，待会儿，就将在这间美式客厅里会晤几位重要人物。

就在同一条西摩路上，位于 120 号，威海路转角处荣公馆，今晚是凄风惨雨的光景，荣家兄弟焦虑不安地守在二楼小客厅内，等待运气青睐。壁上明暗莫辨的绿色调，类似他们此刻的心境。这儿离宋公馆相去不远，斜对着，站在楼上推开窗户互相瞧得见。两幢楼里的气氛可说天渊之别，气魄得多的公馆的生存被轻而易举地操持在那一幢楼手中。真是莫可奈何。

当晚 8 点，蒋介石签发查封密令和通缉荣宗敬明令的第七天，几辆罗尔斯·罗伊斯轿车驶进宋公馆天井，在灌木丛前停下，在绿纱窗棂透出的灯光里闪着乌亮的光泽。吴稚晖先下了车，接着，蔡元培、李石曾钻出车门，最后一个瘸脚侏儒坐在帆布椅上被侍卫从车中抬出来。侍卫显得毫不费力，那个侏儒最多不过六七十斤样子,他是国民政府代主席张静江。

蒋介石听见汽车声响出门迎接。今晚四位贵客都是总理生前依赖的同事,又是他最坚定的支持者,一致公认的国民党四大元老。蒋介石礼貌周全,将元老们毕恭毕敬迎上了台阶,请入客厅。

由于来宾身份非同小可,家里人转移到楼上卧室。张静江被侍从从帆布椅搬上沙发,刚坐稳便问:"子文知道你来上海吗? 没过来看你?"宋子文本该做他乘龙快婿,可该死的三女儿不愿嫁他,情愿与电影明星结成伉俪。

蒋介石俯身答道:"与子文见过面了,一同用过晚餐。"

四位元老交情深厚,早年参加同盟会一同追随国父革命,辛亥后在法国办勤工俭学时朝夕相处,是几十年的密友。至于吴、蔡关系则可以追溯到光绪二十八年在日本留学时期。蒋介石以和悦虔恭的姿态,诚挚关切的语调,向四位元老问候起居;介绍南京政府的近况,与武汉政府汪精卫之间的微妙关系,以及斯大林近来干预的情况,表示一番为完成国民革命奋斗终生的决心。每至上海,他总要拜望这帮中央监委,互通情况,征询意见,取得政治上的支持。然而,这次到上海,他接到他们要求会见的电话,把宋公馆里这个美妙的玫瑰色的夜晚给搅掉了,该是有紧急事宜商议吧?

张静江缩在沙发里与蒋介石说着无关紧要的话,这架势又不像有什么天大的急事。四位元老以张静江为首,蒋介石对他特别恭敬,感恩不忘。蒋介石来回滞留上海时,靠张静江救济度日,签下的的借条少说一寸厚。在上海证券物品交易所开办经纪人公司,他的股份也由张静江付给,当然,外间也有人说是张静江厌烦蒋介石老是伸手要钱,干脆给他扔一笔钱做交易所自己赚去吧。这位江浙巨富不惜散尽家产,以巨资捐助孙中山闹革命,成为革命党的银行,孙中山对他的信任可说无出其右。蒋介石最初进孙中山大元帅府当上校参谋也由张推荐,后来被任为黄埔军校校长,也是张静江赶到广州向孙中山力争的结果。蔡元培是总理生前所敬重的造诣甚深的学者,曾任北大校长,南京临时政府教育总长,现任国民政府大学院院长,蒋介石正在物色与宋家三小姐结婚的证婚人,他作为知识界拔山扛鼎的人物是最合适的人选。由一位闻名国际的学者和人道主义者主持婚礼,外国报纸将以加倍的热情予以报道。吴稚晖这个自命清高的古怪老头子不可怠慢,不仅有显赫的革命历史,跟随孙中山左右,而且深孚众望。眼下,他虽不愿当官,除北伐前就担任的东路军总政治部主任外,只领中央监委的空名,但在党内一言九鼎,谁都得买账,同时他是中国最傲慢的人,倚老卖老,言辞刻薄无羁,谁都吃不消他那张烂嘴巴子。

蒋介石以既恭且敬的口吻说："诸元老均为国家功臣，本党之有今日，实以在座各位为砥柱，国人应表示世代敬仰。目前革命形势畅通无阻，总理的三民主义必将成为唯一指导思想。"

蔡元培一瞧就知道是忠厚耿介的书生，善于关心他人，蔼然问道："介石，你与美龄的婚事筹办得如何了？"

"正在准备中，拟于年内完婚。先在这间客厅举行基督教式婚礼，而后到大华饭店举行中国式婚礼。"蒋介石顿时神采飞扬，"婚后，我当安心承担人民赋予的重任，革命工作将取得更大进展，我们二人决心为国家建设、民族自强竭诚奋斗。蔡先生，我很想请你当证婚人，婚礼便臻于完美了。"

蔡元培微笑着点头，表示同意。

吴稚晖说："外国报纸把我等称为蒋介石政权的接生婆，言下之意手上沾着血，可干革命总是要流血，不是左派流血，就是右派流血，中间派也要流血，我不曾想到自己改变性别当老娘啊！"

蒋介石微微一笑，对他一口无锡腔的滑稽早已司空见惯。

张静江也想诙谐一下："孙先生要联俄联共，我并无意见，但共产如其可以共妻，倒是极为赞成。"言罢，大笑起来。他本来只有点跛足，却因在法国巴黎行为放浪，沾染花柳病，治疗不慎伤及中枢坐骨神经，遂成瘫痪痼疾。身为国民政府代主席，言语中依旧飘点儿荤腥。

蔡元培在沙发里挪动身体，感到有些不自在。

在马路斜对过的那幢花园洋房里，兄弟俩需要说点什么来改变一下气氛，将自己从沉闷中释放出来。宗敬锋利的目光此刻变得像弟弟那样温和，深藏人生的悲哀。

"德生，常州申六两年租期已满，你打算怎么办？"

"续租两年，上个月原厂主到无锡找我谈出卖的事，被我推却了。"

"我们每人每年的薪俸、股息、红利、花红收入，我意全部用来添机建厂，将雪球在雪地里越滚越大。茂福申有今天局面，得力于造厂力求其快，设备力求其新，开工力求其足，扩展力求其多。因之无月不添新机，无时不在运转。上规模，成本必低，方能与外商在市场竞争中胜出。这乃是你我成功之奥妙所在。'身大力不亏，势众压不垮'，应验了这句百年老话。"

德生沉思着说："事业确应扩大，但目前扩大投资，资金有困难，我主张把现有的厂办好，然后再图发展。摊子大了，风险也大，还是稳妥从事为好。"

宗敬感到扫兴。他已经习惯于艰苦磨练，习惯于投身高度冒险的生涯，那样才会使他兴奋，唤起他无穷的想象力与创造性。他也认为自己在冒险，但在他的逻辑中，冒险是为了规避不可预见的更大的风险。他的这一经营套路已经奏效，而聂云台、穆藕初等人的失败，从反向论证他的策略的先见性和正确性。

他说："凡是新政权形成，除非白痴当权，均将发展国家经济视为头等重要之事。蒋介石的国民政府也必然是这样，目前的低潮预示日后经济建设高潮的到来。今后，粉业至少可以守成，纺织业将大有可为，我国人口四万万，较诸欧美各国人口与纱锭之比例，实不供国民需求。因利势、乘机宜，大事发展纱厂，必有宏大前途。你不是说过'纺织为先'吗？"

"我担忧的是头寸不足。"德生说，"总公司已创立'同仁储蓄部'，我以为宣传力度不到位，应花更大努力从股东、职工、亲友中吸收存款，把倒出去的老汁收集回来，充为资本，争取吸储五六百万，以后，再图在储蓄部基础上开办公众银行，这样，扩展事业除向行庄借款外，另有稳当可靠的资金来源。"

"好主意！"宗敬叫道，"要抓紧时间啊，珍宝失去可以找到，时间丢掉可是永远找不回来的！"

兄弟俩跌落在生活的陷阱中，从井底看到井口的太阳那样纵论天下。他们是在梦想人生呢，还是要让人生充满理想？

西摩路宋公馆客厅内的会晤由议论政局转为纯粹的联谊之谈，并且很快就要切入正题。吴稚晖吹着杯口飘浮的茶叶片儿，呷一口上好的碧螺春，问："介石，我前日在沪电请为荣宗敬君饬查昭雪的电文收到了吧？"

"拜读过了。"

吴稚晖一口应承出面帮荣家兄弟忙后，颇费一番脑筋。他知道蒋介石的脾气也不好弄，邀请三位元老一起出场，形成不得不买面子的格局。为了确保万无一失，他玩弄手脚，以中央监察委员兼总政治部主任的名义向蒋介石去电，同时，又将电文送到《申报》等各报社，各报在头版纷纷予以报道。他报人出身，借媒体大造舆论，以此截断蒋介石的退路，这一着高级促狭。

《申报》1927 年 5 月 21 日文曰：

无锡富商荣宗敬，近有蒋总司令明令通缉，并电县署查封在锡全部资产……兹悉，中央监察委员兼总政治部主任邑人吴稚晖得悉此事，即致电蒋总司令，略谓：无锡富商荣宗敬乡评极佳，并无为富不仁之事，近年来敬恒个人亦未闻彼曾比附孙传芳。……乡之公正士民，环来请求转达钧听，望更饬查昭雪，免于查封。……

“本邑富商荣宗敬，首倡实业救国，一腔热血，为推动我国工业化首功之人，事业之大，无人匹敌，且历尽艰辛，敬恒有此同乡，引为殊荣。荣氏身为沪埠商界领袖，群流景仰，近年来，继承总理遗志，再展宏图，无锡各界纷纷请求我这个老不死转达心意，望介石公断，免予查封，撤销案子，将是合乎民意之举。”

“振兴经济为本党当务之急，介石对有功于国家的实业家一向敬重，理应全力支持，但有报告说荣氏勾结军阀，与孙传芳交往甚欢，且在寓中宴请过他，更难容忍的是拒绝分摊二五库券，手法恶劣，言辞激烈，几同于赤色分子，恣意诋毁国民革命，不可容忍。”

“假若我袒护反革命，或者恶人，几十年就算白活了。老不死愿以人格担保，荣氏如有依附孙传芳之事，抓我进去替他坐牢。”吴稚晖捶着胸膛说，“政府正欲大规模发展工业，以成败论英雄，营业之开展有如荣宗敬，陈嘉庚诸君，其才必非寻常，维持其业，并当维持其人，粉业棉纱业中，荣先生为最值得维持之第一人。中国若有十个荣宗敬，便是发达强盛之中国。近来，因通缉荣氏，致使沪上金融家实业家惊悚度日，不可让人寒心，以一人一事以致贻误大局。”

蔡元培也竭力为荣宗敬剖白：“无锡荣氏昆仲身为商界巨擘，非为个人谋财致富，而致力社会公益，尤其是兴办教育，称誉海内，堪称张謇第二，其实力又远非张謇可比。荣氏昆仲给孑民留下最深之印象是民国九年资助石曾出国交涉，退回庚子赔款，此种关注国事、热心社会的实业家，政府理应大力保护，方能稳定商界局面。”

李石曾接着感喟道：“荣氏兄弟堪称商界难得之才，鄙人感触尤深。日本小学课本中有专文介绍荣宗敬，用以培植大和民族的奋斗精神，此种具有国际影响的实业界人士，应予宽赦。不然，将被邻国与欧美诸国引为笑柄。”

几位元老为荣家兄弟说情，把蒋介石攻得话都插不上。他一直耐心而又安静地倾听他们的说辞。他对荣宗敬有着较深的印象，一是在交易所混日子的时候，就知道荣宗敬其人并且在恩人叶琢堂家中数次见到他；二是做交易所赚钱时，带着好心情还有妻子陈洁如到无锡游太湖，对荣氏建造的梅园留下极佳印象，他在当天日记中写道：“顺道访梅园，结构天成，涉游泉山，揽起云楼之风景，辄为临怡。”这几年，荣氏越做越大，也使他看到中国工业发展的希望。但是，荣宗敬对二五库券的顽固抵抗，令他不能理解也不能容忍，他简直就是站在北洋军阀的立场上，对他的权威公开挑战，使他蒸蒸日上的威严受到严重损伤。此时，想起此事，他依然难以控制内心的愤怒。娘希匹！

蒋介石说：“荣宗敬有恃无恐，做得实在太过分，不是无法容忍，何以作出此种惩处？我深知纺织业在中国产业中占有重要地位，财政部的提议是向纱联会征收200万库券，介石念纺织业对引领经济发展的重要作用，亟待扶持，指令改为50万，而荣氏不领政府好意，气焰嚣张，如不予惩戒，政府将不复为政府！各位元老，上海工商界纷纷踊跃认购，你们知道他只愿意拿多少出来？四分之一！我是在要饭吗？真是岂有此理！”

蒋介石越说越火冒，话说完，气未平。

张静江缩在显得过于宽绰的沙发里，事先，吴稚晖已向各位分配任务，一同为他的家乡人帮忙，以应对可能出现的糟糕局面。这样的时候到了，该轮他发表见解了：“总理说过，革命就要建设，不建设，革命就要失败。因此，我党政军都可不管，唯有建设，我是一定要管的。中国只要走英、美、日本等资本主义国家的路，大力发展私人资本，保障资本家权利，国民政府就可巩固。介石，荣家的事不独是一家之事，少说牵动江浙沪东南一隅，这是我们的发祥之地，你得三思而行。你是举足轻重的政治人物，与一开厂的老板斗气，犯得着吗？以我之见，还是行宽容之道，一可体现革命领袖的风范，二可获实业界尊敬，这样的好事，何乐不为？”

好事的外国记者将蒋介石称为宁波拿破仑，将荣宗敬称为无锡拿破仑，这件事使他不快，但由此对荣氏在工业界的地位有了充分认识，他对荣宗敬力倡的“实业救国”理论也颇赞赏。事情已经水落石出，今晚的会晤没什么党国大事，纯粹为荣氏说情而来。蒋介石完全没料到一个无锡佬居然惊动如此豪华如此高等级的阵容剖白开脱，把他弄得颇为尴尬。他拒绝了叶琢堂的说情，但今天这个阵势，看样子面子不给也得给。

“荣氏身为富豪，腰缠巨款，却悭吝得不肯为国民革命掏点儿银子出来，对全体国民交待不过去，叫我这个总司令也难以当下去，怎么去打北方军阀，完成总理生前遗愿？日后又怎么治国平天下？”蒋介石为难地说。

吴稚晖感觉到蒋介石讲到底是要捍卫自己的尊严，这还不好办吗，给他铺一个漂亮的台阶，给他偌大的面子就是了。他说：“荣宗敬为人爽直，就是脾气臭，对总司令态度不端，我已将他痛骂过一场，今后，亦当告诫他懂得如何做人。他现已知错，要我在总司令面前代为请罪。他无论如何不会让你丢面子，库券如数照捐，多捐点也无所谓，我可以代他做这个主。”

蒋介石回应道：“就照元老的意见办。”他在沙发上坐端正继续说，“诚如总理所言，革命就要建设，不建设，革命就要失败。介石对荣氏的宽赦，足见对实业界人士的重视。唉，说句实话吧，我真的想过，中国多几个荣氏兄弟，我肩上的担子会轻一些。”

蒋介石从座位上站起来，踱来踱去，隐晦地表示出送客的意思。他参加陈其美的悼念会，忙了一整天，到这会儿还未与宋美龄单独相处过。

翌日，1927 年 5 月 22 日，《申报》头版刊出如下新闻：

> 通缉荣宗敬案已趋缓和。……前日经吴儒晖君在沪电请蒋总司令饬查昭雪，免于查封。……蒋总司令自追悼陈英士之日到沪后，吴君即竭力保证荣氏决无依附孙传芳之事；同时，张静江、蔡孑民等，亦从旁竭力为荣剖白……大约此案于短时内，即可撤销。

凭吴稚晖帮的这个忙，他准无锡人的身份该可以转正了吧？

罗尔斯·罗伊斯经过静安寺，驶上怪里怪气的海格路(今华山路)。路面上一半是松软的泥质路面，一半是柏油路。汽车从泥路越上柏油路继续朝南开。巨大的人身风险解脱后，荣家兄弟第一件事是去看望父亲，他们要告慰老人家不用为他们着急，并从父亲身上获取慰藉。

海格路原是 19 世纪 60 年代洋枪队进攻太平军而修筑的军用公路，后来成为工部局越界筑路扩充租界的理由。麻烦的是马路西半边属法租界，东半边属英租界，法国人要乘汽车兜风，英国人喜欢遛马散心。在东半边铺上松软的泥沙以保护纯种英国马的马蹄不受伤害，海格路于是成了一块"双拼蛋糕"。

海格路正处在一轮新的变化中，差不多变成房地产开发的大工地。路两旁，到处是已经落成和正在兴建中的洋房和酒店，有的奢华张扬，有的从容内敛，满眼银行界巨头、洋行大班、实业骄子、民国新贵、社会名流的物业。西班牙式、法国文艺复兴式、英国乡村别墅式，姿态各异，却又有相同的神秘傲慢的情状，整个儿是一个从欧洲搬来的富人区。能提醒人依旧置身于中国的，唯有带喷泉的欧式花园中偶尔出现中国式的假山、凉亭。上海这片创造财富和吸引财富的聚金之地，不止是呈献一个更高品质的上只角，而是拉开一个新时期的序幕，美妙的东方神话将续写华丽的篇章。

马路前方出现一座中西合璧的石桥，四盏英国式街灯矗立在莲花石座上，过桥就是刚刚由南洋大学更名而来的交通部第一交通大学。

自备车驶进玻璃瓦顶的古典格式的校门，往右一拐，便是一幢由三座人字形屋顶组成的绛红色大楼，正中的屋顶下镌刻着"图书馆"三字。这是荣家兄弟捐资兴建的南洋大学图书馆，校长唐文治在图书馆旁为荣家兄弟的先父荣熙泰建立铜像以资纪念。

汽车在图书馆东侧铜像基座前刹住。

校园里周日放假旷荡无人，荣熙泰的铜像坐落在寂寞中，几棵罗汉松、广玉兰和雪松摇荡着飒飒的风声。

德生跟宗敬跨出车门，荣熙泰站在一人多高的基座上看见他的两个儿子朝他走来了。儿子伫立在基座的台阶上仰望着父亲，心中翻涌无尽的话语。

孩子，我知道你们要来看望我。

父亲，在你面前一切都无法隐瞒。

又遇上麻烦了吧？

是上一个世纪的人无法想象的。

没有麻烦就不是人生。记得我交待过你们的话吗，人生是“发痴”，成就事业靠“发痴”，不“发痴”干脆回荣巷过日子。

父亲，难道孩儿痴得还不够吗？

……

德生对宗敬说，我 5 岁那年，父亲背井离乡，十数年省吃俭用，在广东时，有几晚我多点了一些灯油，他都心疼，一生积攒下 1 500 两银子，作为我们的创业之本。这是一股怎样的“痴劲”啊！

宗敬一直抬头望着父亲，不想说话。他这辈子已经“痴”得令人不可理解了，他感到此时父亲的血在他血管中冲撞，给他的生命输入力量。多舛的命运一次次将他逼到宿命的旗帜下，他凭着“痴劲”奋勇突围，今日才有脸站在父亲足下。父亲没有闪耀的生命，却是一位惊天地、泣鬼神的父亲，仅仅为了父亲“尽力社会”的临终遗言，他就该创出一番轰轰烈烈的事业。

在孤立无助的时候，父亲这个历史上最早最古老的权威是唯一的精神庇护，兄弟俩在父亲脚下得到了想要的东西。

宗敬终于说话了。

他说，父亲一生流离颠沛，坚忍沉毅之心一目了然。临终时一点也不觉痛苦，反而宽心安慰全家，遗训治家修身之道，咽气时跟我说他到宜兴去了。那年他才 40 余岁，是何等样豁达的人，你我如今常常惑于苦恼，伤于困厄，在父亲面前皆是俗人。我们唯有继续“痴”下去，才合父亲的心意。

德生回应道，承袭父亲的“发痴”精神，致力实业，效力社会，以尽孝道！

让世人瞧一瞧，我们父亲的血是怎样的血，中国人的血是怎样的血！荣宗敬仰首自言自语，对着浩茫的天宇这样说道。

四十、新的渴望：60 岁要有 60 万锭

西摩路荣公馆成为上海滩最显赫的公馆，它以一个庞大的企业系统为基石，华人社会和外侨社会的头面人物都是它的座上客。它的显赫不仅在于财富，还在于富有神秘感和传奇性。人们在追问，那个头顶光光、生有一副剑眉、面孔温厚、嘴角泄露出一丝轻蔑微笑的公馆主人，究竟是一个怎样的人？

在荣宗敬被通缉的那段日子里，《申报》、《新闻报》、《时事新报》、《太平导报》等中外报纸，日复一日地起劲报道他，荣宗敬三个字成为最值钱的新闻，哪天报纸上找不出这几个字，便成为令人失望的报纸。男女记者组成的狗仔队盯住他的一举一动，每一篇报道都是荣宗敬的人格广告，吸引全上海的目光。他成为无人不晓的人物，被人传颂的英雄，一条硬骨头好汉。一纸通缉令的最终结果，是他在公众心目中雕塑出刚大峭拔的形象，工商界将他视为自己利益的代表者。

人格精神的光芒在荣公馆闪动。

西摩路荣公馆与荣巷西浜两间老屋精神贯通，这是不甘平庸，不甘卑贱，不畏困苦，要使生命体现价值的精神；凭赖这种精神，荣宗敬在这个外国人搭建的舞台上演一出出威武雄壮的大戏。中国人在战场上失败了.但在商战中挺立起来。荣家兄弟以自己的人生向全世界喊话：这个国家一时是衰弱了，但民族并未衰弱，有着凌然的骨气和冲天的豪情。

许多人走到西摩路打量这座房子，企图破译荣氏的命运之谜。大上海的豪宅太多了，各自隐匿着不为人知的隐私，而西摩路荣公馆是令每个生命产生了激烈冲撞的房子。它并非钢骨水泥构筑，而是精神造像，人格外化，一段历史的象征，一个命运的总结。人们希望破解它的秘密：这个小学徒出身的来自无锡荣巷的乡巴佬凭什么成为国中的实业巨子，又凭什么敢与国家的最高领导对抗？

于是，上海滩的弄堂里流行一句时髦的新谚语，对于那些很牛逼却又本事不

足的人，就有人取笑他：侬以为侬是荣宗敬啊！

荣宗敬代表全国华商纱联会认捐50万二五库券结束了一场政治风波，购下后随即卖掉，蚀去10多万。蒋介石也给足他面子，先后任命他为二五库券劝募委员、工商部参议。对于前者，太讽刺了，他不能接受这份好意，摇摇头辞了；对于后者，他乐意承担，有这个身份，可以名正言顺地行他的仗义事。

蒋介石"免予缉办"的命令是在1927年6月4日签发的，一个多月后，即1927年7月23日，这个麻烦制造者又"发痴"了，与政府纠缠上了。其时，国民政府借口裁厘，开征"特税"，结果苛杂未能免除，税率反见提高。荣宗敬主持纱联会展开讨论，形成的决议是：联合面粉公会，组成研讨税率的专门机构，派出代表向政府陈述意见。未见奏效后，他不得不亲自上阵，出面找高官交涉或发表文章，提出革除"层层捐输，种种亏蚀"的税收制度，保护民族厂商的利益。

他不为自己活着，也不光为自己的企业活着，在工商界确立了登高一呼的领袖地位，成为权威的立言人。他真诚地把维护国家经济和本国实业视作自己的神圣责任，接二连三地发表言论，著书立说，向政府陈述纺织面粉两业几濒于危的困境，提出各种振兴计划。他把晚上的时间全部交付给书房，拒绝一切无谓的吃喝应酬，谁也不敢打扰他。《请维护萌芽时代之实业》、《救济纱厂业之管见》、《兵工刍议》等等，谋求振兴经济的文章一篇篇撰写出来。

这来得有点突然，似乎一次政治灾难反而煮沸了他的政治热情，又似乎一个新的历史时期的到来激扬起他的公民责任感和工业精神。历史是由混乱的不期而遇的事件穿缀起来，人的历史也是如此，可以看出每个人是以他潜伏的个性和心理特征在书写自己的命运史。如果是一个伟大的有创造性的人，从时代中就能找到与他精神相符合的历史现象。荣宗敬是一个灾难深重的幸运儿，他以自己的内在世界来抗拒整个外在世界，他的成功使他在自己身上发现了最根本的源泉，陷入更加狂热的自我陶醉，不惜以灵魂和生存为代价投进充满风险的人生。他似乎是有意识这样干，敢冒风险成为他的生活方式，成为他与其他富豪的主要区别，因为他的目标不再是为个人积累财富。他已经超凌于自身和世界之上，而灾祸的种子同时在生长，直至十年后无法超凌忧伤而死。这是理想主义者普遍的悲喜剧，后来人永远不会记取教训，于是人类社会才会充满热力和希望。人类事实上并不需要比信念更多的东西。

北伐已达北京，中国获得"统一"，在实业方面再次大展鸿图的时机成熟了。上海这片充满热力的土地，重新展现出迷人的魅影，对荣宗敬来说真是太有诱惑性了，他要摘取另一顶王冠——棉纱大王。他坐在总经理办公室内开始产生一

1925年新建的汇丰银行

种奇妙的感觉，这幢带有塔楼的大楼，纵然是从前的老样子，但又都完全不同了，被赋予新的生命力。他的实业王国充满着不可抑制的生长的激情。

于五年前新建的汇丰银行是一幢文艺复兴新希腊式花岗石建筑，它一亮相便荣膺中国近代西方古典主义建筑最高杰作的称号，自然也象征外国金融业在中国领土上不可挑战的权威和控制力。在巨大的白色圆穹顶两旁，英国米字旗猎猎飘动。阔大的门面由六根大圆柱擎起，高度占了整座建筑物的一半，在慎独中炫耀着霸气。为了强化老大帝国的威武，大门两边的大石墩上盘踞着一对铜狮，一雌一雄，象征生育的繁盛。

上海滩在更新、在升级，风光处于急剧变化之中。好像原来只是匆匆搭建的布景，现在时机成熟，要正式营造远东第一大都市了。外滩一带旧有的19世纪的低矮建筑物被拆光，代之而起的是汇丰银行这样的一幢幢用笨重石块叠起的塔楼，海关、渣打银行、亚西亚火油公司，来自伦教、纽约、巴黎等地的其他金融机构和国际性大公司，包括几家供外国大班们休闲的高级俱乐部，每一幢楼宇都由西方著名设计师设计，气势压人，非常经典，以至无法说哪一幢是标志性建筑，人们只好将整个外滩称为上海的标志，或者西方殖民主义的标志。楼宇沿江逶迤，一条弧形的风景线梦幻般地出现在东方，成为世界的著名风景。这种气象足以使来自伦敦西区的保守派绅士感到赏心悦目，难怪英王室的贵族也前来度假观光。

起自外滩的南京路上，商业大楼摩天而起，来自欧美的豪车完全代替马车，艰难地从各国公民中通过，洋包车蜥蜴般地在街头迂回穿梭，街道像伦敦那样水洗般的干净，南京路是全中国一条管理最有秩序和最繁华的商业街。入夜，灯火辉煌的上海滩，既有纽约百老汇的美国风情，又有巴黎蒙马特的华丽多姿，使刚从黄浦江登岸的外国人不知身在何处。

在满目苍夷的国土上出现如此高度欧化的风貌，上海就像一个华丽的谎言。然而，国际资本对上海的钟情却是有真实可靠的数据统计。20 世纪 20 年代中期，大上海拥有二十几家国际大银行的分行，十数家华商银行，数百家钱庄，它傲慢地宣称：它是继纽约、伦敦之后，全球排名第三、亚洲第一的金融大都会。在人类世界中，最清醒的不是人是资本，外资和民族资本的大规模流入，至少说明这里是投资人眼中流着奶和蜜的“迦南”。

荣宗敬贪婪的眼睛盯住了源源而来的美金英镑，他的猎获行动开始了。

罗尔斯·罗伊斯直达汇丰银行楼下，印籍巡捕拉开笨重的车门，恭恭敬敬在门外伺候。荣宗敬下车后，登上汇丰银行六级花岗岩台阶，守门人老远就毕恭毕敬为他拉门。汇丰银行将这位中国第一流的实业家奉为上宾，马上，将由大班赫德门亲自接待他。旧日的耻辱今日得到彻底偿还。荣宗敬在英文秘书、中文秘书的陪同下，走进笨重的铜质大门，将黄浦江上啸叫的西北风甩在了门外。

他下意识地压一压头顶上崭新的英国呢毡帽，今天，他的穿戴考究有派，靛蓝色的绸缎长袍外套着约克郡玄色呢制作的马褂，脚蹬英国纹皮鞋，胸前露出打簧表的金链，手持黑漆司的克，融汇中西，真是酷毙了。他摆动手臂走路时，仅看得见宽阔袖管的甩动，袖子长得盖没手指尖，他露出双手通常需要两次抖动手臂，正是上海滩中国绅士的典型派头。他是由上海两位太太联手担任造型设计师创造的时尚，皮鞋、司的克、包括口袋里的打火机是从经营环球百货的西施公司采办，帽子、立领衬衣来自沪地的时尚中心霞飞路(今淮海路)，荣宗敬对自己这身打扮颇为满意，就是手中那根司的克让他感觉别扭，他回转身把它交给秘书拿着。

杨树浦临江的英商东方纱厂有 5 万纱绽，布机 400 架，经叶琢堂多次说合，荣宗敬以 175 万两购入，成为申新七厂。荣德生等人曾力阻购买此种老厂，以地段偏僻，难以立脚的理由坚持自己的主张。申一开办时不也是一片荒土吗，英商东方纱厂厂址在黄浦江边，正符合荣宗敬新一轮的战略性开拓计划。弟弟的异议使荣宗敬感到苦恼，唯一的选择是一意孤行，以兄弟二人的名义买下。对他来说，多一家厂总公司不过多添一本账簿，职员、技术人员也不用花钱另聘，全套班底从申新各厂调遣，还特地从无锡调来交大毕业生、大侄儿伟仁担任副厂长。

从来只见华厂出售给外国人，未见华商收买上规模的外商工厂，而宗敬继开创收购日本纱厂的先例后，现在又收购英国纱厂。媒体充满激情予以连续报道，用大号字体喻之为“大放异彩”，报童卖报时嘴巴里很技术地叫喊：“荣宗敬！荣宗敬！”这一喊，行人停住脚步，被吸引过来。他们很关注在这个人身上又发生什么新闻，令报纸销量大增。收购英商纱厂，使荣宗敬心理上获得极大满足，光凭长国人志气这一点，他就非买不可。他揭开了中国纺织史上的重要一页，不单是茂福申三新公司的荣耀，也是国家的吉兆。

大型工厂需要大批熟练工人，正巧青岛日本纱厂罢工，这是一个好机会，日本纱厂女工素质高出一头，荣宗敬派出招工班子前往青岛招募。他在给青岛特别市市长吴思豫的信函中写道：“窃思吾国纺织业尚在萌芽，日商之在吾国经营纺织业着有一日千里之势。弟经营是业垂三十年，历尽艰辛，未敢退避。既伤他族之侵凌，复感民生之憔悴，拟在贵市招募失业女工，分派申锡各纺织厂工作。……恐人地生疏，易生误会，涌敢具函证明。”吴思豫市长被信中袒露的心声感动。读完此信，他对荣宗敬这个名字有了真实可感的了解，亲自督办此事，招工出乎想象地顺利。

荣宗敬年已 56 岁，脚步依然急遽，叫尾随的英文、中文秘书跟不上趟。大厅地面光鉴照人，将所有考究的英国摆设倒映其中，他欣赏这座既带王室宫廷格局又有新世纪风尚的建筑，置身在美轮美奂的欧式风情中。领略欧洲文明毕竟赏心悦目，他心情愉快，自由自在地行走着。

包红头布的印度仆欧恭敬地将他请进电梯，这一刹那，他忆及被印度阿三赶出几丈远的往事。

在电梯里他问中文秘书：“现在几点了？”

“十点钟差十分。”

时间恰好。

申七买下后，于正式接收的次日即从事整理，一星期后运转锭子数千枚，再过十天就能悉数投产，体现荣宗敬速度。“当此良好市场，不可一日逸过。”大侄儿伟仁对他的精神心领神会，进度神速，表现出卓越的才具，宗敬由此对侄儿刮目相视而暗暗叹息自己儿子洋搭搭，欠缺实干精神。

申七刚开工，荣宗敬就将工厂押入汇丰银行，以取得抵押贷款，再建新厂，再添设备。今天，他上汇丰为签署贷款合同而来。按汇丰的常规以五折贷款，可是，工厂到他手里大大增值，可从汇丰取得超过购入价的贷款，200 万两，真是太妙了！世界上最谨慎的是英国银行家，门槛贼精，想用他们的钱得经过几道风险评估，仿佛从上帝口袋里掏银子。这么想着，他心里涌起几分得意。

本来，他不用亲自上汇丰，由律师和代理人办理就行，汇丰大班赫德门带话说十分想与他见面，建立长期合作关系。好哇，有汇丰银行当他的银库，事业的发展将更加顺风顺水，国内的银行钱庄也更愿意塞钱给他用，就像抢生意一样。

赫德门的办公室和客厅，有远东银行界之冠的派头，英国绅士见贵客到来，举起双手热情地说："欢迎你，来自无锡的拿破仑！"

荣宗敬听完英文秘书翻译，谐然一笑："这是贵国同胞的妄加之称，鄙人仅多开几家工厂而已。"

"据说你怀里这只打簧金表值65万两，荣先生的传奇经历以及民族主义精神，本人十分敬佩！"

"在中华文化中，人的信用高于一切，我这只破表什么时候能在你这儿值200万两呢？"

赫德门请荣宗敬坐下。大班的客厅坐落在楼宇的大圆穹顶之下，透过落地长窗，瞥见黄浦江波涛上外轮来往穿梭，把小船掀到浪峰上颠摇。透过环形房间的另一面窗户，几幢高层大楼在初冬无力的阳光下拱在一道，在天空里有商量不完的秘密。

英国人即使用随和的语言也会保持审慎。赫德门说："今天的会见，令我十分愉快，有兴趣在谈正事之前聊点儿什么。中国众多财富集中在上海银行家手中，不幸的是，他们的皮包现在塞满了蒋介石的债券，使我们有了合作的机会。"

荣宗敬越过话锋说："鄙人对侨沪欧美商家一向交情深厚，而日本国喧宾夺主，争攫市场，穷凶极恶，欲置华商于死地，国人无不痛恨。我与纱厂联合会、面粉公会同仁一致愿与诸欧美大国睦谊，本公司与贵行今后理应多加联络，增进友谊。"

"中国实业界所有的麻烦都是贵国银行家招来的，商人得不到贷款，利率如此之高，我与有的银行家谈过话，譬如孔祥熙博士，他对现代金融一窍不通，智力像12岁的孩子，简直不能令人相信。"赫德门用厌恶的口吻说。

"可是，孔先生是西方著名大学栽培起来的呀，阁下让耶鲁大学的脸没处放了！"荣宗敬不能苟同，嬉笑间把话顶了回去。

接着，进入正式程序，磋商若干细节。合同规定借款为1934年到期，贷款利率为年息8%，即年付16万元利息。

英文秘书提醒总经理：契约上债权人加添单方条文，到期如偿还不了本息，汇丰银行将不需经厂主同意实施抵押物拍卖。

“认可。”荣宗敬说。不盖章认可就借不到钱，类似风险担得还少吗？

合同文本很快重新打印出来，荣宗敬和赫德门各自坐到位置上签字。签字完毕，侍者端来两份英国大香槟酒。

赫德门摆弄幽默的语调举杯说：“荣先生，但愿我不至于在合同到期之时，拍卖你的工厂。”

荣宗敬嘴巴一撇：“赫德门先生，你有银子，我有锭子，我的锭子不怕你的银子！”

傲慢的西方金融家碰上了傲慢的中国企业家。两人一齐哈哈大笑起来，“当”一声响亮干杯。

荣宗敬棉纱大王的梦想，在“哨”地一声中将成为现实。借款所得，用来添机办厂，他的第一目标是申新系统的锭子数量占全国华商纱厂的 20%以上，布机达 30%以上。自大革命后，各厂工程师奋发有为，气象一新，向荣家兄弟纷纷递送革新或者增添设备的建议。申二、申三、申四、申五将从外洋添购设备，又是一番无月不添机的景象。

上海滩最精灵的是洋行买办间的跑街，他们开汽车，住在舒适的洋房里，享受外国奢侈品，用大部分时间阅读全上海的大小报纸，从中吃透信息，寻找猎获对象。然而，真正精灵的脚色是把主顾的性情脾气摸得一清二楚，他们不是自掏腰包慷慨地款待这些容易上当的资本家，就是死皮赖脸粘到门上，言为交朋友，绝不谈生意，等到了解了你之后就利用弱点，制订谋略，各个击破，把大笔数目的订单弄到手。

英商鲁意师摩洋行要推销一大批泼辣脱纱锭。这是英国泼辣脱纺织机械厂在 1929 年为下一年代推出的最新设备，全套机器标新立异，力求完备，贵得出奇，但谁看了都会动心。尽管棉纱业刚由抵货运动注射一针强心针，但大都心痒眼馋而又无力购买。欧战之际雨后春笋般出现的民营纺织厂，在政治风云、经济盘剥和来自太平洋、大西洋资本洪潮冲击下处于萎蔫中，在互相兼并中经历了新一轮的洗牌，在纺织业第一重镇上海形成了以荣氏申新系统为代表的无锡帮和以郭氏永安系统为代表的广东帮两大纺织巨头，而郭氏的规模与荣氏相差一大截。

鲁意师摩洋行买办庄由今天请荣宗敬到外滩 2 号英国总会喝咖啡。英国总会又称皇家总会，是英国在沪侨民的俱乐部，属于上海滩顶级的带有英国文艺复兴建筑风格社交场所，顶端两头的巴洛克式风亭因繁复优美的雕刻引人停步注目。荣宗敬走过驰名亚洲的长达三十四米的大理石装饰的吧台，从半圆形铁栏电梯抵达三楼。这儿的咖啡厅由英式桌椅、油画、昂贵器皿，希腊科林斯柱，构成古典高雅的空间。科林斯柱柱顶由状如花篮的树叶和花蔓组成，据说是生意兴隆或大富大贵的象征，庄由喜欢在这一吉祥之地恭候他的客户。

室内乐队演奏着格调严谨的古典乐，让人恍若置身于伦敦梅菲尔区及肯辛顿区的著名社交场合。白色鎏金桌椅上坐着喝下午茶的洋行大班。庄君是性爱瘾君子，在介绍他的新产品前喜爱先介绍性场所推出的新的服务，像喝咖啡先放些儿牛奶调调口味。荣宗敬慢吞吞呷着咖啡，姑妄听之。没多大工夫，永安纱厂总经理郭顺自天而降，出现在咖啡桌旁。

同是纱业界人，宗敬与郭顺的关系要比一般同仁深切，多半出自交易所的联手合作。他们在半年前共同组织了一家秘密多头公司，用以维护棉纱价格。华商纱厂的出品，质量不如日纱，由于管理不到位，成本也较日纱为高，所以在市场实销中往往处于不利地位，加之纱布交易所仓库里存有大量棉纱现货，成为空方压迫市面的筹码。多头公司将积滞在市面上的棉纱尽数收进，然后降价卖给客商外运，上海本地存货肃清后，交易所的牌价在多头的运作下势必上升，以此维护华商纱厂在现货交易中获利。秘密多头公司起名为复兴公司，顾名思义，是团结图存、振兴纱业之谓，丰厚的利润自在其中。两巨头不期而遇，在公开场合只好随便打哈哈，对复兴公司的业务只字不提。

郭顺说："庄先生，你把我们纱联会主席请到这儿，是想推销'泼辣脱'吧？"

"哪里哪里，宗公眼下不会考虑此事，不过找个清净所在，让宗公放松放松。"

庄由预先派人探明三新总公司的财务情况，荣宗敬账上有钱，但已安排用途，对属于下一个年代的新式的泼辣脱纱锭心爱之却无力得之。于是，别出心裁导演一场行销好戏，而荣、郭二人蒙在鼓里。

郭顺坐下来，掏出一张票额 125 万元的支票递给庄由："这是 2 万锭泼辣脱纱机款，望按约如期运到，倘得早开一日，我永安即多获一日之利。"

荣宗敬暗自一骇，难以掩饰内心的不安。与新式泼辣脱相比，申新各厂设备均属陈旧，荣宗敬最不愿意看到的是竞争对手占上风，更不用说对手是郭顺这个二大王。永安纱厂近来大肆购买新机器，在报纸大把甩钱做广告，争地盘抢客户，势头压人，这笔两万锭泼辣脱的买卖对荣宗敬是一种折磨。

庄由偷偷瞅了荣宗敬一眼，他得逞了。他将两位帮主提木偶似的提到这儿，便是要达到此种效果。"欲与荣氏竞争，必购欧洲 30 年代新机。"他苦口婆心诱使觊觎着棉纱大王桂冠的郭顺定购 2 万锭，那么，争强好胜的荣宗敬至少购买 3～4 万锭，不用多费口舌，他便能大发横财，甚至坐到鲁意师摩洋行副买办的座位上。

"人财两缺，不可盲目，……败莫大于不自知！"在举债扩充的情况下，德生感到企业规模的发展超过自身所能承受的压力，处在严重的不安之中，向哥哥的冒进发出又一次警告。这时，德生的话萦绕在宗敬耳际，他的算盘上留着的钱，是准备用来购买黄浦江边的三新纱厂，确实没有买泼辣脱的钱了，却仍有囊括四海、并吞八荒的野心。野心是他的不老药和精神发动机，使他年轻；同时，也被自己的野心投入自我折磨的黑洞。

荣宗敬心猿意马地呷咖啡，直至郭顺告退，他才惊悟过来，勉强朝他点点头。

翌晨，庄由在北京路鲁意师摩洋行门口跳下车，穿过轩敞的门厅，一路与外国职员以及大班手下的几个中国副手频频寒暄，刚跨进写字间，同事就告诉他有电话。

"哦，是宗公呀，在家里挂的电话吧？"

"上海滩没人比你更聪明。"

"到英国总会喝咖啡去吧！"

"郭顺也去吗？"

这是话中有话啊，把戏戳穿，庄由有些语无伦次："不不，他订完'泼辣脱'，到灵隐寺烧香去了。"

"英国总会就不必去了，那里的咖啡太贵，不过，你的'泼辣脱'卖得更贵喔！"

这是乘虚杀价，吃他的分成呀，一幢洋房转眼没了；不过，荣大老板有意于"泼辣脱"了，赚多赚少总归也是赚呀！庄由说："价格可以谈一谈，却是挤不出多少水分了。"

"生意还没谈呢，此话讲得太早了吧！只要你能说服我派出的助手就行。我荣某人做生意不兴让人打赤膊，脱掉一件外套，或者再脱一件背心，是生意场情理中事。"

昨天晚上，荣宗敬与弟弟通电话，商量购买泼辣脱纱机事。他强调最新式设备是商业竞争中的重要筹码，永安郭氏将以此大做文章，刊登广告号召顾客，至时申新将十分被动。荣德生觉得目下人才与财务两缺，主张只买 2 万锭。宗敬在电话这头直摇头，他从来不甘示弱于人，他说竞争是乌龟掼石板——硬碰硬的事情，力主购进 4 万锭，是永安的一倍。荣德生无奈之下，再次听从哥哥的意见。

两天后，向鲁意师摩洋行订购 4 万枚"泼辣脱"纱锭的合同放到荣宗敬的办公桌上，合计金额 234.19 万元，每锭合 46.466 元，打了个 9.36 折。省下的钱，够造一栋十分漂亮的配得上最新设备的厂房。荣宗敬愉快地在合同上签了字，这一落笔，意味着他的口袋里精打光了，收购三新纱厂的计划泡汤了，他又将向他人自嘲："我穷得只剩下钱了！"

申新八厂在申新一厂旁的空地上，再拆去一些原有建筑物，动工建造。根据荣宗敬"不惜工本、特别讲究"的指令，厂房为新式的两层钢骨水泥建筑，光线充足，宽敞精致，布置有序。一座全上海最漂亮、整齐、先进的棉纱厂就这样诞生了。

四十一、终于到来的改革

无锡申新三厂由申新、劝工、太平三桥将各个厂区穿缀起来。一条小篷船载着荣德生沿河而行，改革使申三呈现出蓬勃新气象，令他兴致盎然，驾舟巡视工厂成为常例。从水上巡视工厂的感觉完全不一样，犹如信步行走在梅园的小径上，怀着欣赏的愉悦的心情。

随着老工头或者衰老，或者变为鸦片鬼以及妓院里的淫虫，一场推行西方科学管理又体现中国核心传统文化的改革由荣德生具体部署在申三全面展开。这是一场用时间的长度换取的胜利，国民政府对发展经济的重视只是缩短了几公分罢了。

孔子的“礼之用，和为贵”，孟子的“天时不如地利，地利不如人和”，闪烁在两千多年历史天空里的儒学精髓——人和，成为这次改革的出发点和目的地。社会改革家薛明剑在荣氏兄弟的首肯和支持下，以一家工厂为基地，以创建劳工自治区的方式，实施了社会改革的理想，涵盖劳工福利、劳工教育、技术培训、道德培养、文体娱乐、纠纷裁判，吃喝拉撒住尽在其中，试图一劳永逸地消除工业社会最大的麻烦——劳资矛盾，取得相当成效。劳工自治区的模式中包含荣宗敬考察日本时记载在本上的若干要点，但大大不同于前者，不仅在福利制度方面突破日本的终身雇佣制和年功序列制，而且体现了对员工的全面的人文关怀，富有首创精神，其哲学、社会学、管理学上的价值远超任何一家日本企业。荣氏企业集团高层管理层原有“三姓六兄弟一总督”一说，由于薛明剑的大展身手，已被外间称为“三姓六兄弟，总督加智囊”了。

小船从梁溪河西岸漂向另一岸，河之东南是安装有 6 万纱绽的纺纱部，全是新式钢窗的钢骨水泥建筑，欣赏这些难以目尽的英式厂房是一件赏心乐事。船折进河岔，依岸而行，荣德生在那里流连一阵，便命船夫驶向对岸。工厂东北部是织布部，在同样新颖的厂房内，900 台英美织布机发出震耳欲聋的噪响，令他浑身发热。南端新造的厂房中刚刚添置了进口的 400 台设力织机，织着市面上最为精良人人乐购的布匹。小船临岸泊下，从来不沾烟酒的德生不知怎么忽然生出想要吸烟的念头。人在兴奋或者颓唐时都需要镇静吧。

“给我一支烟抽抽。”他央求船夫。

“二老板，蹩脚烟，你抽不得。”

“反正辨不出味道，抽着玩的。”

他适意地抽着纸烟，坐在船舱里平息情绪。近来好事挤成队涌来，令他不忘记还有将来。申三的成功改革使他成为许多目光的焦点，设在瑞士日内瓦的国际劳工局及中国分局负责人均认为此举“尤以关于工人福利之自治区，足树国内工业界模范”。刚才出门前，他又接到国民政府中央工厂检查处会同江苏省建设厅致申三的专函：“深望供诸全国工厂，使彼等有所观摩，如此不仅造福全国工人，间接影响了国家利益，诚非浅鲜。”

中国的民族资本家再次迎来好日子。1928 年 5 月 1 日，北伐军克复济南，日军于 5 月 3 日派兵侵入中国政府所设山东交涉署，将交涉员割去耳鼻，砍去手足，将交涉署职员全部杀害，进而大规模焚杀中国官民，“五三”抵货运动就此爆发，日货行情一落千丈。茂福申新各厂加紧出货，依然供不应求。

让荣德生从内心欣喜的是，申新系统不失时机地完成改革，各厂均由专业管理人员和工程师掌管，纺出的棉纱质量超过日本的同类产品，这是一件破天荒的事件，惹得同行纷纷前来一探究竟。以申三而论，每日出产 18 支纱 130 多件，每件用花减至 340 司马斤，车速前罗拉从过去工头制时的 110 多转提高至 220 转，加油、生线机用工从十几人减至四五人，效率成倍提高。申三 1928 年盈利 78.41 万元，1929 年盈利 90.12 万元，与申新其余各厂相比，各项费用降低 30%左右，盈利翻番，改革是印钞机，改革使一家厂变为两家厂，决非虚言！

小船继续前行，行驶在童话中。不住有同样大小的渔船和棉纱布匹堆得高高的大敞船交错而过。小船等待一支运送棉纱的船队穿过，划向岸边码头。

十几幢新楼房，几幢大平房依次罗列，组成职工住宅区，分为单身女工、单身男工、工人家属、职员家属四个区域。居住着近两千名单身女工的宿舍区内，姑娘们穿着一式的工装在楼宇间来来往往，一眼望去都是白府绸上装、短围裙、蹭蹭作响的皮底鞋，宽大飘曳的裤腿下露出一截白丝袜。连发式也都统一，头发梳得很紧，然后分出一绺，斜搭在额头上。女工们在做工的余暇，也是忙碌的，接受名目繁多的劳工补习教育，有识字教育、生产教育、娱乐教育、体育教育、家政教育、技艺教育。一幢楼里传出弦管音乐，那儿正在传授中西乐器；操场上，男孩打篮球、练武术，一群女孩打羽毛球，是体育教育的内容。传授技艺的又一批广告贴在墙上，除园艺、缝纫、刺绣、照相等外，新增修理钟表、汽车新项目，引来济济人头。以上教育项目，时间有长有短，任凭工人按照自己兴趣报名参加。在职工子弟教育方面，举办了初级托儿所(3 岁以下)、高级托儿所(3 至 6 岁)和申新职工子弟小学。职工子弟小学毕业后有的被送进公益中学或者梅园读书处，有的升入其他中学，不准备升学的吸收进机工养成所、女工养成所、补习学校或技术补习班，成为申新的职工。

劳工自治区有严密的组织系统，各区有区长，区以下设村，村以下有室，各设村长、室长。各自领导村、室、组内工人在共同生活中的监察和自治。在广场一隅，两名正副村长嚯嚯吹响哨子，召唤本村二十几个室的二百多名女工，齐整的队伍很快排列成行，而后率队开往生产区。平时，她们就是这样按时列队上班，今日为时尚早，是到布厂观摩技术竞赛会。

这是具备城市功能的住宅区，设有医院、大礼堂、运动场、俱乐部、健身房、电影院、戏馆、图书馆、阅览室、专业教育机构，以及各级晨夜校、星期班、技能传习班组成的业余文化和职业教育，乃至公墓。工人自出生至老死，包括子女教育，均已顾及。各种消费场所以合作社的组织方式开办，包括食堂、点心店、茶水铺、杂货店、理发店、照相馆、浴室的商业区内，一应俱全。金融工具也被引入，一是储蓄所，鼓励职工勤俭节约，同时保障他们财产的增值与安全；二是厂方为每个员工买了保险，免除他们的后顾之忧。这就是申三总管薛明剑在厂主“恩威并施”的宗旨指导下苦心经营的杰作，名曰“劳工自治区”。劳工自治区的各项福利体现“恩”，“威”是从上到下必须遵守厂方制定的科学管理制度。

在那个社会功能不健全，对公民不能提供全面服务的年代，劳工自治区在一个企业中营造出一个新社会，被媒体誉为“国内第一流”。

德生绕过在填平池塘上新建的轩敞的大礼堂，附近几间平房是副业区，十几名上了年纪的劳工家属分别饲喂禽畜，兔、鸡、蛙、鼬，各成一局。这笔可观的收入与工人的房租、罚金、加班费、捐助，一道充作自治区的运行资金。在自治区东北隅，那幢刚落成的三层新楼是本地颇具规模的医院，设有中医西医两部，辟有调养、诊断、治疗、手术、化验等科室部门，装备有 X 光等先进的医疗设备。这是本地区继一家教会医院之后出现的第二台 X 光机。

这个散发着东方哲学气息的宗族式的大家庭，很合荣德生的胃口。最头痛的劳资纠纷得以避免，出勤率有了保证。机器悉数开足，员工安居乐业。荣德生以仁为本的儒学思想终于在他管辖的领地得到体现，心头得意的情绪在流淌。

尊贤堂是劳工自治区的宗教中心，里面供奉着五尊惠山泥人匠师塑造的泥菩萨，有关羽、岳飞、戚继光、薛仁贵、王其勤，皆是义薄云天、卫国御侮的英雄人物。尊贤堂左近是功德祠，凡是因公受伤殒命或在本厂服务十年以上而有功绩者，就有资格入祠奉祀，由全厂职工公祭，人死精神有归宿。德生快到尊贤堂门前时，发现有位毛头小伙子被裁判员从隔壁的自治法庭带出来，走进尊贤堂。

德生朝尊贤堂内一睨，看看这个闯祸的年轻人认不认识。那个毛头小伙子跪在五尊菩萨脚下正在念念有词，叩头忏悔，保证日后安分听话。从含混的声音听出，他不是打架便是欺负女工，不属于手脚不干净之类。

他踏进尊贤堂隔壁的自治法庭。这儿是公推的由五名裁判员组成的接受起诉、调解纠纷的执法机关，里外人头济济，今天临时成了女工养成所招考场，塞满来自各乡区的乡下姑娘，都在十五六岁样子，最大不超过二十岁。

为了切实推行标准工作法，申三创立职员养成所和女工养成所。前者设在工商中学内，培养专业人才，是工程师和高级管理人员的摇篮；后者替代封建工头制时代的包身工制度，既人性化又可利用学徒期进行正规的技术培训，保证纺出好纱、织出好布。

德生估算了一下，今天应考者足有二百余人，但考工科规定只录取五十名养成工。应招姑娘身体强健，举动灵敏，乡间各区长推荐时已筛选过一遍了。有这么多人愿意进他的工厂，令他高兴。

德生满脸堆笑地挤进屋子，四下环顾。报考者正在分组测验，身长、颜貌、清洁、健康、视力、牙齿、手指、足胫、口齿、识字、算术、记忆力、插拨筒管的持续性，科目依次，最后一道生死关是个别谈话。考工员把乡下姑娘们考得满头大汗，悲愁交加，凡是过五关斩六将到“个别谈话”最后一张桌子的姑娘，都要双手合十，念一声“拜拜老天爷！”

主考人郑翔德是荣德生从公益工商中学培养出来的得意门生，也是劳工自治区的创办人之一，正隔桌与一个乡下姑娘谈话，见老板到来连忙让座。

德生坐下，他今天光临自治区就是为着坐坐这张椅子。屋子里燥热得很，他解开长衫领口，掏出布帕抹一抹额头。

一个姑娘通过了，后面的接着跟上来，被他挡住。他被一阵啼哭惊扰，朝那位哭成泪人的女孩子招手。

女孩子被她的几个同村女伴推到桌子前坐下。

“小姑娘，做啥哭？”

“先生，我缺掉一颗门牙，就被刷掉了。”女孩子哭得更凶更伤心了。

“哦，是这样。养成工进厂头几个月，只是有口饭吃吃，大锅菜黄米饭，比不上家里舒服呀！”

“学满后工资照亨司算，我会赚得比谁都多。”

“不怕拿摩温？”

“我手脚勤快，行为规矩，拿摩温会喜欢我的。”

“工厂很多，你做啥非到申新做生活？”

“人家说申新老板是好好先生，办厂有本事，有他这根大烟囱，小烟囱不愁不冒烟。一进他的厂，管人一辈子，别的厂不想去。”伶俐的小姑娘说的像在戏台上念台词。

“小姑娘，你听谁说的？”

“乡下都这么说。”

“你被录用了。小姑娘，你得爱厂如爱家啊！”

德生得到了最满意的回答，接着对郑翔德乐呵呵说：“人是知香臭的，天下还是好人多啊！”

荣德生回复到有条不紊的生活中。

荣宗敬躲过一劫之后，又在上海大刀阔斧地干开了。他觉得哥哥就像一头猛打猛冲的野兽，时不时躺下来舔舔流血的伤口。他这辈子注定要为他担惊受怕，解危救难，直到在这个多灾多难的人间分手。完成体制改革后的申三，劳资和谐，生产技术节节提高，茂福申新的产品在西湖博览会全部获奖，得了大满贯。改革虽然来得太晚，但显示出它的神奇。申三在新添瑞士设备后，加装全新的发电机，企业稳健和富有节奏地运行，似一阕悠扬悦耳的《喜洋洋》，令人陶醉。那种充满动荡冲突、劳心伤神的日子一去不复返了。

他每天一早依旧雷打不动地起床静坐，然后在两宜轩看书写字，到8点准时上班。他的精力从日常的厂务管理，转移挖掘企业潜力、展望产业远景等比较宏观和深层次方面。宗敬是在前方冲锋陷阵，开拓道路的人，需要他修整那些坑坑洼洼，使之绿树成荫，就像他修建的从城中直达太湖的开元路。

如何保养机械使之运转不损，延长使用寿命；如何在每个工序节省原材料，杜绝一切浪费，降低成本。品牌管理分解到各个环节，棉花的质量是首要的，而且是重中之重。他感到必须建立自己的棉花种植基地，于是，联手常熟、江阴的几位同行组建福利垦殖公司，围垦长江口直至沿海的沙滩田，改良棉种，广植棉花，这样，既有了优质的低成本的原料，当地农民也增加了收入，可谓一举双得。他自小喜欢工艺，如何在引进海外先进技术的基础上消化吸收，自己制造纺织机械以替代进口，是德生挂记多年的心事。向欧美日等国进口纺织设备花费了兄弟俩的大部分利润，为什么不能自己生产呢？外国人是人，中国人也是人。他在工商中学工科实验工场原址建立公益铁工厂，开始试制纺织、面粉机械零配件，将来的目标是自制纱锭。

申三成功的治厂之道在汉口、上海诸厂推广，成为总公司的方针。他以他的认真和素主实际的精神，为庞大的企业系统把稳阵脚，恪守断后的责任。哥哥包融天下的气势，迫使他气喘咻咻地追赶；而他在追赶中不失时宜地喊叫：停一停，前面有泥沼。一个中国工业史上的神话就这样创造出来。神话神奇得出乎想象的限度，它确实来得太快，让荣德生的心理不怎么踏实，以至于需要向天地发问。

德生每天上班，必定经过回字形新楼。今天，他发现大媳妇在新楼走廊里啜泣，夫人丁氏在一旁劝慰。她老公伟仁在上海申新系统担任厂长，他觉得需要关心一下儿媳：

“遇上什么伤心事了？伟仁在沪帮理伯父，颇蒙赞许，不能让男人分心，有什么难处，尽管跟我说。”

丁氏抹着眼泪解释：“医生说，智钧有神经病。”

“胡说！”

大媳妇补充说：“请的可是留洋的医学博士。”

“我最不相信西医，博士又有何用。小囡不就是呆笨一点吗？”

女人们不再做声，德生继续安慰她们说：“你们何必自寻烦恼呢？我小时比智钧还笨，4 岁才开口，巷上人称我为‘二木头’，但祖母断定将来必成大器，钧儿将来的成就也必在一般孙儿之上，你们到时笑都来不及！”

奥斯汀即将驶抵申新三厂，一边是工厂围墙，一边是舟楫往来的河道，在离厂不远的小木桥桥堍下，汽车被一群手执全香的人拦住去路。他们是工厂附近的理发匠、小摊贩、小店主。由于申三劳工自治区自办消费合作社，使他们生意断绝，前一阵穿上红衣、白衣扮作无常鬼深夜爬上屋顶恐吓单身宿舍女工，此计未成，现在执香请愿。

一个理发匠带头跪下，其余人跟着在汽车前跪下来。“向闻荣老板弥陀佛心肠，务请停办消费合作社，使我等一家生计不至发生恐慌。”请愿人群齐声诵祷，像预先排练过的那样。

德生坐在汽车后座窘极了，强硬不答应。发急的理发匠打开车门，把荣老板从车上拖出来，请愿者就将他包围了。正在德生发急的辰光，薛明剑的洋包车出现在桥上。他从城内赶来上班，一路照例阅读书报，忽被一阵喧嚣声惊扰，一抬头，发现厂主碰上麻烦了。

他匆忙跳下洋包车，以瘦弱之身拨开人群。

“我是总管，大小事体找我商量，敬请各位父老别缠住老板。”他和悦坦荡，镇住场面，让德生脱身。

15 分钟后，薛明剑没事样地回到公事房大统间。

荣德生说：“明剑，委屈你，让你当替罪羊。”

薛明剑说：“世上凡有新事物诞生，必然利益冲突，风波四起，为谋大众福利尚属如此，遑论其他？我以为，今后自治区内拟办事业与邻近商店有关系者，最好先与店主协商，招入区内合办或代办，方可平衡利益，减少阻力。大凡在中国，革故鼎新，一步到位办不到，其结果‘故’难革，‘新’不立。进两步，退一步，只好如此。”

“好，照此办理。”德生为锋芒毕露的总管也能领悟社会实情而高兴。

中三劳工自治区大礼堂

四十二、功德林：棉纱大王加冕之地

季节又到春天，总公司大楼内的热水汀不再供热。明丽的阳光使这座厚重的建筑物充满早春气息。荣宗敬从高大的窗户内，瞥见窗外的树木已吐出嫩绿色的芽片，大地变得暖烘烘，死去的大自然重新生机勃勃。

窗外景象与荣宗敬的心情大相径庭。

上海，这座东方硕大的斯芬克斯再次张开血盆大口。1930 年，西方因股票市场的崩溃和跟着发生的世界范围金融的瓦解，全球性的经济危机爆发了。欧洲的繁荣崩溃后，上海作为欧洲的私生子跟着跌入萧条的泥沼。

荣宗敬指头下的每颗算盘珠儿开始沮丧起来。花纱、粉麦、会计各部呈送的生产报表和盈亏账目，使他一上班就对之摇头。外埠商帮不能如期收到订货而催促交货的函件从他的大办公桌上绝迹，当初的产销盛况如浦江之潮来得猛，消退也在倏忽间。先是面粉遭遇销量锐减、加税重征历年未有的困境，福新系统出现亏损；接着，纺织业的景气度很快消失，南京政府宣布将纱布改为“统税”后，申新系统税负大增，可谓雪上加霜。在政府自由经济、公平竞争的政策下，抵货热潮中独步各地市场的中国棉纱搁浅了，舶来品重新充斥市场，黄河以北成为倾销日纱的重灾区。日商在华纱厂乘机大肆扩张，利用中国低廉的土地、人口红利、专享的税收优惠，把中国纱厂冲击得难以立足。在上海，日本内外棉株式会社又接连开出几家新厂；由三菱财阀投资的丰田纺织株式会社，在上海拥有远东最大规模的纺织厂，又在极司非尔路（今万航渡路）规划投资新厂，加速挤占华商的市场份额。据中国银行的调查，1930 年，上海华厂出纱 56 万包，出布 14.7 万件，而上海日厂出纱 69.7 万包，出布 21.6 万件，华厂的棉纱和棉布产量分别为日厂的 80.3%，68.1%。加之，日商资本雄厚，技术先进，管理完善，生产成本低，售价也低于华商，华商纱厂前景堪虞！

由荣宗敬主持的纱联会，每次开会，长桌四周尽是同仁们难展的愁眉，哀声的叹息。国内华商纱厂改组的改组，停工的停工，出租、出售、被债权人接管者不下五六十家，竞争能力薄弱的企业纷纷落入斯芬克斯的血盆大口。好在荣宗敬早已解读斯芬克斯之谜，在剧烈竞争中完成了规模化集约化经营的前瞻性布局。他的茂福申新总公司已经大得谁也吞不下去。他自己已经是一头斯芬克斯。

中国纱厂业的生存之路何在？

南京政府刚刚出台的"统税"税率表送到总经理的办公桌上。粉税每包由4分加至1角；纱税分为二级，粗纱一级，细纱一级，荣宗敬一阵算盘打下来，他的总公司全年需增加税捐负担是一个七位数，至少500万！这还是征税吗？简直是杀猪！征收统税的文件中，规定无论洋纱或本国纱，外商或华商，一律征收，表面看并无不公平处，仔细一琢磨，大有奥妙。因为棉纱支数愈高，价格愈贵，而棉纱支数品种甚多，在税率中仅分为二级，导致专门生产细支纱的日、英纱厂大占便宜，而使华商在竞争中处于更为软弱的地位。

这是荣宗敬难以容忍的。他厉着双眼沉思，隆起的臼石般的下巴与抿紧的嘴唇之间出现一条明显的八字形凹槽，俄顷，他挂电话到庶务部，吩咐备车。

罗尔斯·罗伊斯在法租界祁齐路（今岳阳路）财政部长宋子文公馆前停下，宋子文不在上海。自备车掉头转往贾尔业爱路（今东平路）一座宫殿式的住宅前停下，这里是国民政府实业部部长孔祥熙的邸宅。荣宗敬这会儿要代表全国华商纱厂向政府要员进言，请求减税。

守门警卫从荣宗敬手中接过名片。名片上印满各种头衔：全国经济委员会委员、工商部参议、全国华商纱厂联合会主席委员、上海面粉公会会长、中央银行理事、上海银行董事……这张名片使门卫觉得必须通报。荣宗敬被引进孔公馆客厅，入口处的大屏风上，有一只站在悬崖上的雄狮，昂首咧嘴，作怒吼状，角落上题着：睡狮猛醒，赠给为唤醒中国商业之狮作出贡献的人——孔祥熙先生。这个纪念品是上海商界巨头们合伙送给孔祥熙的，也有荣宗敬的份。

都说孔祥熙是地道的中国人，绕过屏风后出现的最新款的欧式家具使荣宗敬吃惊，孔子的七十五世孙把他在上海的小家庭布置得蛮有现代派头。他在二次革命失败后不得不长期流亡日本，逃避袁世凯的迫害，在那里与宋家专横独行的大女儿宋霭龄结成百年之好，是蒋介石的大姐夫。当荣宗敬闲望着窗外大片草坪的时候，和蔼的胖墩墩的孔祥熙走进来了。

荣宗敬向他详述中国棉纱业的困境，中国厂商亟待得到保护，急需减轻捐税负担。

“孔先生，”他列举事实和一连串数据说，“在老河口，上等棉花每担作价 20 元，当地军政部门在此地征税每担不下于 16 元，日本人享有治外法权，可以避开这些捐税到内地采购廉价原料，不但供他们自己在中国使用，而且倒卖给国内纱厂，赚取可观的利润。裁撤厘金交纳统税之后，税则的规定大大便利外国在华厂家，却增加了中国厂商的税负，进一步造成中外厂家生产成本的悬殊。中国纱厂的生产成本，将比日本纱厂的生产成本每包高出 22 元至 26 元，更不能对付日本的竞争，如无改善，无疑自杀，万望政府体恤，慎重考虑。”

荣宗敬感到这番话是有说服力的，每个数据都是从算盘上反复核算得出的，他陶醉在自己的雄辩中。孔祥熙在他心目中是个好说话的官员，谁只要向他笑着或者哭诉什么，就能让他心肠软下来，因此，荣宗敬他们一帮大老板私下叫他孔老伯。荣宗敬的口气带着骨子，却离哀求相去不远了。

孔祥熙的脸上没有明显的表情，下巴垂着的一嘟噜肥肉先动起来，随即嘴唇皮也动了：“纱厂总爱跟政府顶牛，从购买二五库券开始，捣蛋捣得还少吗？”

孔祥熙不问情由，开口便出狠话，荣宗敬心想你孔老伯今天怎么啦，受老婆气了吧？冲我发什么脾气！

蒋介石在上海几家银行的债务高达 6 千万元，用于备战围剿红军，小舅子财政部长宋子文对庞大的赤字深表忧虑，与蒋介石吵翻天，怎么办？商界成为冤大头，政府的负债转移到他们头上。孔祥熙知道荣宗敬的脾气，今天不给他上点儿眼药水，就没个完了。顶住荣宗敬也就顶住了所有企业的叫嚷，他需要竭力维护蒋介石，否则，连襟的日子没法过。

荣宗敬与孔老伯多次交往，就像跟弥勒打交道，一口一个好，至少也说研究研究，今天的反常令荣宗敬大为惊诧。他告诫自己冷静、冷静、再冷静，不可因小失大，误了大事。他告诉自己只能打悲情牌，于是，调整情绪，包括调整好面部神经，摆出一副可怜状，继续为纺织业叹苦经：

“孔部长，棉纱业实在有难以言说的困难啊，日子确实过不下去了，停产的停产，想卖厂的卖不出去，几位老板向我哭诉，跳楼的心都有了。我也不想打扰你，谁让我管着纱联会呢？你不知道当这个会长有多难，要不，我何至于来此唠叨？孔部长，你是实业界的好保姆，你是工商业的保护神，你不出手相救，我们还能指望谁呢？敬请体恤商艰，以维实业，我回去也可向诸位同仁有个交待。”

“有困难，你们为什么不想法子克服？成本高了，为什么不让它降低？你们可以想出十种降本增利的办法，不要只用一种向政府叫苦的办法。”

荣宗敬耐心地继续地报出各种数据，试图说服孔老伯：“要降成本，除降低工人收入之外别无他法了，而工人收入减少势必酿成工潮，这既非宗敬所愿，也不是政府希望看到的。”

孔祥熙听着，面孔陡然变色，他的连襟正准备攻打红军，如果后方起火便是件大事，潜伏上海的中共地下党巴不得发动一场大工潮呢！于是，他瞪大眼睛说：“荣宗敬，你的脑子灌胶了，怎么老是找政府的麻烦呢！工人收入不能减，赋税不能少，棉纱业乃国中第一产业，不多担责任，难不成让政府喝西北风去？你这个会长愈当愈不像话了！”

孔老伯从来未对荣宗敬直呼其名，平时见面叫宗敬，宗先生，甚至尊称宗公，他的脑子今天才灌胶了。忍辱负重吧，老老面皮吧，“软柴捆硬柴”，荣宗敬想起早年母亲嘴边常说的这句话，他今天死活要把一堆硬柴捆起来。

“孔先生……”

荣宗敬刚开口，孔祥熙就把他的嘴堵住：“宗敬，不用再说，一句话，办法由你们自已想，今天到此为止！”

孔老伯下达逐客令。荣宗敬没辙了，窝着一肚子火说：“孔部长你是耶鲁出来的，我听你讲过社会公正。本人窃以为，公正是社会的动力，不公正是社会一切麻烦的开始，请多指教！”

荣宗敬掼完调头转身离去。

满怀希望的会晤不到十分钟以烦恼结束。

自备车奔驰在回去的路上，荣宗敬气得头脑发沉，快到总公司才忆及一件大事，马上吩咐司机掉头，往南京路成都路附近的功德林素菜馆开去。

功德林素菜館是沪上最负盛名的素菜馆，上海的名流雅士对其推崇备至。装饰典雅古朴，宛若佛国，顶上有佛像，墙上有佛教故事。菜单上有黄油蟹粉、樟茶卤鸭、糖醋黄鱼、香油鳝丝，乃至鲍鱼鱼翅之类，看上去是一份大酒楼的菜单，其实是荤名素做。最出名的却是价廉物美的五香烤麸，又名“功德烤麸”，上海弄堂小店跟着仿做，将烤麸做成一道在上海四处可见、老少咸宜的佳肴。

功德林大厅里，寿幛悬挂，红烛高烧，迎门的大屏风上装有霓虹灯的大型寿字，下面桌上供着寿桃，寿面，各种礼品琳琳琅琅，堂皇绚丽。荣宗敬到场时，衣冠楚楚的宾客们差不多到齐，皆是沪上名流，实业大佬，在寿堂上恭候寿星降临。

今日是吴稚晖的花甲寿辰，荣宗敬好不容易打听到他的生日，以无锡旅沪同乡会的名义，发起为吴稚晖庆寿。先由经办人印发请柬，致函元老本人，届时莅临接受庆贺，为此报界发了消息。

荣宗敬为吴稚晖热闹一下，是想还三年前欠下的旧情。吴稚晖的古怪之一是金钱在他面前失去分量，为你办再大的事，若是奉上红包礼金，必定遭一顿臭骂，从此形同陌路。过了 11 点钟，仍不见吴稚晖大驾光临。万事齐备，独缺寿星，来宾饥肠辘辘不能就席，气氛显得十分不安。荣宗敬沉溺在加征统税带来的重负中，愈来愈坐不住，索性起身到电话间挂电话。

“是裕昆吗？近来申一每天出多少件棉纱？”

“100 来件。”

“太少了，应该是 120 件，你手头可有 4 万枚英美纱锭。”

“荣先生，这可不是爆炒米花哟，北伐后，大礼拜改为小礼拜，现在又改回来，只能出这么多。”

“多出货，不仅在原料采购和产品销售上增强竞争力，而且管理费用开支也相形节省，成本才能降低，要不然，我们就得垮台！”

“宗先生，我五劲狠六劲，拼足命。你是晓得的，你叫我跳窗户我也没二话，确实尽力了。我在厂内，工务力图改革，产品力求精良，对工人措置严格，目前时局纷扰，有哪家厂像本厂独能照常工作，未受丝毫损失？你的要求实在难以达到，祈请谅宥。”

“弱肉强食，适者生存，要寻求生存之路，就要做到！”

从对方的沉默中，荣宗敬完全想象到严裕昆纠蹙倒八字眉的愁苦状态，他接着向话筒叫道：“对于工人人数，物料方面，宜加研究减省之法，无能力无用工人一律裁减，多使用养成工和女工，督促各同事、工友加紧工作。另外，可增加奖金鼓励增产，但是，切忌一味高压，多办福利措施，以免引起工潮，无锡申三成功实施劳工自治，全套做法，国内独创，你大可借鉴，尽快实施。”

荣宗敬啪地挂上电话，他手中现在只剩下一张牌，而且是他人没有的牌，那就是在申新系统全面推行申三的改革成果，借此度过难关。他知道严裕昆会不遗余力执行他的指示，这只喂饱了的善于捕鼠的好猫，不会也不敢辜负他。

荣宗敬挂完电话，心情轻松了一些，回到寿堂。将近 12 点，仍不见寿星的人影，真是急煞人。这不是开他玩笑吗？寿星拆烂污，他这个主人在众多宾客面前就没有下场势了。不一会儿，账房先生一颠一颠进来，把一封信件交给他，信封上写着“寿筵执事先生台启”。

荣宗敬拆开信，一份大红帖子落到地上，账房先生弯腰捡起递给他，一看，原是主办人联名寄给吴稚晖的请帖；另有一封吴稚晖的函件，荣宗敬读着，哭不是笑也不是，拉开嗓子，干脆将元老的来信当众宣读：

“诸位先生执事：奉赐帖感悚莫明，弟因先母早逝，故先外祖母不忍提及弟等出生之日，从未有所谓诞，糊里糊涂，醉生梦死地白活在狗身上，不知到今几何年。有人登报说替我庆花甲，我才知道已登了花甲，这叫做谣言处处有，中国特别多。哈哈！我虽相信我或者已登了花甲，却不敢在月份牌上捡一个茶会日子就算生日。我最反对庆寿做生日，所以没有庆寿有我去祝拜的，这是一个硬凭据。我虽登了花甲，够得上弄个华诞出来玩玩，却不敢非之人者又来有之已。敬璧原帖，并叩谢诸先生，本日弟已赴杭州，亦不能陪座，歉甚。敬恒谨启。”

吴稚晖到杭州避寿去了，一纸怪话弄得大家啼笑皆非，十分尴尬。老滑稽和荣宗敬他们开了个不大不小的玩笑。寿堂局面如何料理，荣宗敬和几位家乡人一磋商，想了个以李代桃、偷梁换柱的点子，在来宾中推出一位八十老翁充作寿翁，招呼各位来宾入席。

荣宗敬与几位商界翘楚同坐一桌，左边是积年老友穆藕初、聂云台、永安纱厂郭顺；右边是美商中国营业公司大股东李馥荪，颜料大王薛宝润，他的亲家公、二儿荣鸿三的丈人孙直斋等人。

当年的实业界“铁三角”又坐到一起。

聂云台因几年前大病缠身，身体甚为虚弱，这位当年的工商界领袖，尽管离别实业界，退而成佛教居士，却依然关注着国家的命运。他将近著《勤俭救国说》分发席间各位，荣宗敬见他伸出的枯瘦的手臂，一阵惋惜痛楚，上海多么需要像他那样学识才能人品俱全的经营之才啊，上天为何如此不公正！

聂云台说：“宗敬，据说你老弟在无锡举办职员养成所，我特意从中华职业教育社挑选出若干位拔尖的学生，可培养成工业界堪用之才，以供申新使用，职员养成所可否接纳？”

“照单全收，多多益善。”荣宗敬被聂云台深深地感动，申三总工程师汪孚礼是他推荐，现在又输送可造之才，原来他一在默默地关注他，支持他，“云台弟，近年你身体愈见虚弱，我意请你去无锡梅园或锦园疗养数月，家弟在梅园旁设开原寺，请高僧主持，你照常可以吃斋念经，探讨佛学。”

“你的厚意，至诚感谢，近来忙于中华职业教育社若干事务，待有空闲时，再上无锡叨扰。”中华职业教育社是黄炎培联合蔡元培、梁启超、张謇、聂云台等人创立，并获得陈嘉庚、聂云台的财务支持，开创了我国现代职业教育的先河，培养出华罗庚、徐伯昕等一批青年才俊。聂云台在念佛之余依旧带病为其操劳。

荣宗敬说：“一言为定，到时你若不去，我会将你绑架过去，不要怨我动粗！”

铁三角碰了一杯酒后，荣宗敬对穆藕初叹气：“我为施行统税事已找过孔老伯，孔老伯大发雷霆，让我碰一鼻子灰，你身为工商部常务次长，深知商苦，可得帮帮兄弟们的忙啊，藕公！”

“如果你事先与我通气，我干脆就劝你不去了，税则就此实行，有最高当局定夺，无可挽回。”

荣宗敬挺直身子，松动一下憋在胸脯的闷气，叹道：“中国人办工业首推纱业，中日竞争最激烈者也莫如纱业，我计算过，华商如能扩大规模，向英美购买纱锭 60 万枚，就能从根本上抵御日人经济侵略的野心。”

荣宗敬说出许久以来反复思考的对付日商竞争的主张。

穆藕初说：“这一帖治根良方虽好，然而厂商无不在岌岌可危之中，哪来添机添锭的钱，你老兄又在画饼充饥了。”

“由各厂商各自向国外欠款订机，请政府为之担保，外国人有生意做，恐怕无不乐从。”

“这倒或许有望，政府答允实施的话，不啻是实业界的福音，比空言抵制强多了。”

“真的有望？你这个常务次长到时缩头，我可要痛骂你一场！”

“骂无妨，揍我一顿也行。”

相对于穆藕初、聂云台的学术背景，荣宗敬是自学成才的超龄新派企业家。他的主张得到富有远见卓识的老朋友肯定，而且这位老朋友眼下是政府要员，一阵欢喜冲散郁闷。

“够朋友！”荣宗敬在穆藕初肩上捶了一拳。这一拳道出他内心的欣喜：他不是一个人在战斗，三脚撑不会倒，三脚撑扎根在共同的理想和民族利益的基础上，他要为他们而战斗！

坐在他右手的李馥荪听了他们的对话，暗暗高兴。这段日子来，李馥荪兜遍上海，谁也没有兴趣购买他的三新纱厂。急的乱了方寸，刚才找颜料大王薛宝润谈此事，“我的厚生纱厂恨不得马上端给人家，你找错人了吧？”薛宝润苦笑着打他的回票。

美商中国营业公司是当时上海最大的房地产公司之一，除了投资兴建普通住宅外，以为洋行大班、中国富绅量身定做高档物业闻名沪上，建造了不少上只角地段的高级住宅和花园别墅。李馥荪在这家公司占有不少股份。三新纱厂原是李鸿章于洋务运动中奏请创办的上海机器织布总局，为国内第一家纱厂，后遭回禄之灾，由前清邮传部尚书、招商局督办盛宣怀收为己产，不断增添新设备，但他的后辈无心经营，以 120 万元抵押给汇丰银行。李馥荪以地产商的眼光看中那块杨树浦滨临黄浦江的120亩土地，上海地价正如风筝般扶摇直上，他以120万两从汇丰赎出，以720万两将地块卖给美商大来公司建造船坞，一倒手净赚600万两。厂子可在三年内搬出，地面上的厂房机器一应物件能卖多少是多少，已经无所谓了。刚刚荣宗敬在桌上嚷着扩充锭子，这个纱锭狂胃口大得像无底洞，让他燃起希望。今天不买也要硬塞给他。

李馥荪和荣宗敬碰了一杯，咀嚼着肥大的香菇说："宗公在困难中力主扩充事业，不愧为席卷天下的英雄，鄙人有意成全，把三新的机器卖给你，以申新偌大的规模，那些纱锭只须向各厂一分，便是你好我好，各享其成。"

荣宗敬摇摇头说："口袋里没狮子，我是穷得咣啷响。"

"干脆帮忙帮到底，凡是三新纱厂地皮上的东西，只要80万两。"

荣宗敬的算盘不吃素，价格开的不算离谱。别人办不好的厂到他手里就能办好，他有改革后的制度，有庞大的技术队伍，有市场上无人不晓的品牌，有遍布南北的销售渠道，至于人手暂缺，可向各厂调度。新办一家厂，像小孩玩家家似的。问题是目下棉纱业重陷低潮，人人自危，打对折市面上也没人敢要。早些时，他回锡与弟弟商量过购买三新纱厂的事，德生跟他到上海去厂里看过，机器设备良好，心里也痒痒，但申新已有八家，眼下无钱，如加上遣散三新职工费用支出甚巨，看看再说吧。现在，是时候了，荣宗敬是一个嗅觉灵敏的猎人，准备打一头大象了。

"40万两。"荣宗敬杀了个半价。

"你以为三新是肮三货啊，有纺纱机6万9千锭，线锭600，布机1 000台，规模之大，设备之好，上海拿摩温！宗公，你这把刀砍下来不见血，磨得也太快了吧？蹋便宜不作兴这样蹋法的。"

"此话差矣。兄弟，我是帮你忙兜下来，谁料你不识好人心，有人要尽管拿去，我巴不得你卖个好价钱。"

李馥荪没话说了，他不愿意以垃圾价出手。

打一头大象总得准备几颗子弹，荣宗敬将亲家公拉到外间，对他说："直斋，能否帮我一把，贷一笔款子给我，利息照付，高点也无所谓。"

亲家是汇丰钱庄和惠中旅馆老板，要买厂唯有求助于亲家公。孙直斋在荣宗敬谈这笔生意的时候，发现亲家公看了他几眼，料定今天要出血。他反对亲家恣意扩张，想掏他腰包更不可能，早已盘算好应付办法。

他向荣宗敬耳语道："亲家公，自家人不说外人话，这辰光买厂自找麻烦，勿好再出手了。"

“这头大象打定了，有便宜不捡，我戆头呀！”

“别光想好事，金子当铁卖，人家也不戆！”亲家竭力搅掉这笔交易，省得掏腰包。

“闲话不多讲，你能帮我多少？”

“我也霍血了，多没有，手头只有 5 万两活络铜钿。”

亲家公装瘟猪，荣宗敬感到很失望。

亲家公又唠叨起来：“不要想吃天鹅肉，40 万，肯定拿不下！”看样子，孙直斋连 5 万两也不愿掏。

荣宗敬心中那把算盘打了一阵，来了孩子气：“闲话少讲，打个赌怎么样？今日买卖做成，5 万两就算输给我，反之，我借 5 万还 10 万，如何？”

孙直斋说：“好！到时勿要赖账。”

两人像孩子似的伸出手指头拉钩钩。

回到房里，荣宗敬发现李馥荪沉浸在痛苦中。卖吧，太吃亏；不卖，机器锈蚀变废铜烂铁；无法逃离卖与不卖的怪圈。

荣宗敬只当没觉察出他的情绪，频频劝各位客人喝酒吃菜，买厂的事压根儿没发生过一样。他建议诸位品尝一下功德林菜馆的著名菜肴翡翠白玉，自己有滋有味地咀嚼起来，味道真不错。各位领情，也跟着纷纷将细瓷条匙往汤盆伸去，一桌人啧啧品尝。咽下后，荣宗敬对翡翠白玉的味道作出一番精到的评介，然后又介绍起另一道功德林的名菜鲍汁海参。

李馥荪闷闷不乐地坐着，唇舌间咂不出一点儿滋味，嚼着的不是菜肴，而是 40 万、80 万，嘴角露出痛苦的表情。直至酒足饭饱，饭局临近尾声，李馥荪终于结束他的痛苦，哀叹着说：“唉，这个便宜只能给你荣宗敬蹋去了。”

荣宗敬脖子一转，问：“真的假的？我有八家纱厂，买不买无所谓，你不如留着，或许等来好价钱。”

“今天就这么定了。”

“三年内搬出，合同里是要写明白的，我打算买下后先试做。”

“当然。”

“有言在先，原厂职工遣散安置费用当由卖方负担。”

李馥荪又格顿在那儿，安置费少不了一二十万，差不多又打一个对折。他见桌上没人吭气，说一句帮忙的话，眼睛直瞄穆藕初。

“请穆次长说句公道话。”

穆藕初说：“我是实业出身，除非有特别约定，一般来说都有原厂主负责职工安置，新厂主与原职工有隔阂，到时局面也难以控制。当年，我转让德大纱厂给宗敬，也是如此。”

李馥荪丧气地认可，只好以倒卖地皮已赚 600 万两安慰自己。

“钱能欠吗?”

“知道你没狮子，不欠又能怎的，但要先付定金。”

“眼下多也付不出，5 万两，可否?”

“我好人做到底，尚且是淌着血做的，这顿饭就当是鸿门宴。”

荣宗敬努力掩饰内心的兴奋。一颗子弹就捕获一头大象，他简直不相信竟会有这等好事，真是太棒了。三年内只要有薄利就能把 40 万两捞回来，等同空手套白狼，这爿厂是李馥荪白送的。至于三年后，衣周塘有 90 亩地至今闲着，福二后面有 50 亩地也可建厂房，到时将设备全部搬过去就是。

他站起来，痛痛快快地与李馥荪干了一盅绍兴花雕。

李馥荪这种门槛贼精的人也不傻，不敢欠钱给别人但不怕欠给荣宗敬，他有那么多厂，这家不好那家好，纱厂之外有粉厂，荣宗敬又特讲信用，不会因为区区几十万坏了自己的羽毛。

三新纱厂在杯酒之间买下了。寿星未请到，却请进一家工厂。买进一家即减一竞争对手，多一家厂即多一块阵地，在日后商战中更为有利。他已把他人远远地抛在后头，就在这一刻，他稳稳地坐上了棉纱大王的宝座，事先怎么也不会想到，功德林素菜馆会是他的加冕之地。世界真奇妙，看来，人的一生真的是由无数个想不到穿缀起来。正如想不到 14 岁患伤寒大疾，反而使他进入心仪的钱庄学生意；正如想不到广生钱庄在橡皮股票风潮中覆没，致使他全力投身实业；荣宗敬不知道这辈子还有多少个想不到在冥冥中等候他。

脸上没笑心中在哈哈大笑。这笔终于做成的交易，让坐在荣宗敬对过的颜料巨商薛宝润心痒眼馋。他价值 400 万的厚生纱厂年年亏本，停工已有半年多，欠着钱庄一屁股的债，这件湿布衫什么时候可以脱掉呢?

“诸位，为实业来日呈蓬勃之象，干杯!”荣宗敬向空中高高地举起酒杯大声喊道。

在荣氏兄弟的实业王国的版图上，在奔流不息的黄浦江边又增添一家大规模的纱厂——申新九厂。

四十三、荣公馆遭遇杜公馆

荣宗敬实在太忙了，他不知道日子怎么就过成这样，所有的时间不属于他，感到生活被束缚。只有回到家中，享受天伦之乐，他的精神陡然放松下来，令他感到家人才是他内心真正的眷恋。

今天王氏回娘家，两天后才能回来。这一走，荣公馆空了，荣宗敬发觉公馆里不能没有她，她不是她自己而是这幢房子的灵魂。

刘氏为丈夫拎过公文包，陪他在餐厅坐下，一道用餐。这位三太太兼职业生活秘书的服务精致周到，令老公挑不出一点儿毛病。许多该由下人做的事，由她亲自料理，倒让那些仆役傻呆在一边没事干。生涯中的大烦恼有王氏给他梳理，小烦恼则在刘氏的温情软语中消融。荣宗敬对自己说，我是幸福的，她们给与我真正需要的东西，超过任何人给过的。

晚饭后，几份报纸几封函件已有刘氏摆在书房的茶几上，刘氏离开前为他拉亮台灯。荣宗敬一边喝着法式的带有杏仁味的咖啡，一边悠闲地阅读。上海《新闻报》以“我国劳动界仅见之成就”评价申新系统的劳工自治，申三的改革成果正在汉口上海全面推开，获得社会的肯定，让他今晚从一堆报纸中找到兴奋点。接着拆阅信件，首先拆开薛明剑的来函，信中又有超越劳工自治的新思想，“由于根本利益不同，劳资矛盾不可能完全避免，特别是社会上贫富悬殊，要做到人际和谐谈何容易？”薛明剑提议，以股份的形式来彻底化解矛盾，追求资方与工人根本利益的一致。“主张再办工厂，除由资本家出资外，令参加工作的劳工不管男女劳工，个个都要参加投资，视工厂为自己的工厂，以图缩小贫富差距。为大众谋福利，与普通经营实业者，仅谋资方个别利益，盖有间矣。”

没错，贫富差距是产生一切社会冲突的根源。少年时到上海打工，尚无罢工一说，如果有，他肯定会毫不犹豫地参加。因为穷，因为要帮老板家洗尿片、倒夜壶，因为不讨好厨师连饭也吃不饱。14 岁时饿肚皮的感觉穿越四十余年时光，幽灵般钻入体内，那是一种令人六神无主、灵魂出窍的苦难，四肢无力为吃一顿饱饭宁愿豁出去干任何事的冲动。薛明剑的新思维为他拓开新的改革空间，他在里面遨游着。

盘子里放着一封没有地头脚跟的信。

他开始拆阅来信：

> 宗敬老翁先生台电：闻他人已有信致阁下警告，谅已明白。阁下现为商界巨子兼花、纱业，从中可以掌权。阁下虽如此，鄙人等难有生路。如再坚持市面，鄙人等不得已出此下策，即以相当对付。特此预告。专此，顺请
>
> 财安。
>
> 空启　即日

匿名恐吓信的文字有恃无恐，沉稳练达。他收到过小瘪三敲竹杠的信，根本没在乎，这封信的语气风格底气十足，大有来头，险恶丛生。我招惹谁了？

《时事新报》曾在本埠新闻栏内刊登过绘有手榴弹和子弹的小块文章，他一开始以为画的是酱油瓶与花生米，读完文章才知道完全不是这码事。文中控告上海纱布交易所理事荣宗敬等串同该所经纪人舞弊诈财于临时法院云云。事情的原委是，近年荣宗敬和永安纱厂郭顺等同业在交易所组织的秘密多头公司——复兴公司展开全面活动，为了提高棉纱价格，对抗日商恣意压价、打击华商的恶性竞争，在交易所大量吃进现货和期货，向空方发动猛烈攻势。上海滩的大鱼一搅动，把交易所闹得风生水起，纱价骤然上涨，行情被拉高。空头措手不及，陷入恐慌。空方是推的空磨子，手中无货，到期交割就得到市场上购买价格涨高的棉纱，因此赔光本钱，乃至倾家荡产。空方借口交易所公布的外国商情译文含混，有意哄抬行市，向国民党设在租界的临时法院提起诉讼。空方买通法官，官司出现对复兴公司不利的迹象。打官司其实只与银子有关而与事实无关，荣宗敬一方花更多的钱将法院上下摆平，以为从此天下太平，对收到的几封恐吓信满不在乎，付之一哂。

一年多前，申七厂长叶达明被绑架，在途中被撕票丧命，明显不是勒索而是谋杀，工部局警务处连个蛛丝马迹也找不见。想起叶达明的遇害，荣宗敬脸色煞白，像树叶那样哆嗦起来。他点燃一支烟，努力使自己镇静，拿烟的手依旧不可抑止地颤动。命运之轮旋转到现在，他没有怕过谁，包括蒋介石，但黑社会凶狠

毒辣，无理可讲，防不胜防，他们躲在暗处，游离法律之外，能够做任何残忍的勾当而巧妙地躲开制裁，政府和租界甚至对他们有所依赖。他那双惯于藐视一切的眼睛布满暗昧的神色。

今晚，荣宗敬是心旌不安地回到家中的。已定的讼案有可能兜底翻，有消息传来，临时法院将对他们作出不利的判决，“法院这个地方真是臭得像粪坑！”他忿忿地咒道。吃了原告吃被告是法官惯常的捞金术，他原来认为是法官想在下达判决前再敲一笔，故意放出风声，让他们“塞血”换回判决书。手头这封匿名信使他改变这种看法，是原告买通法院后怕烧饼再翻过来，向他作出警告，反制他出手。

这是一股什么势力在暗中翻云覆雨？他预感到这股力量的阴险与强大。门卫前来报告，围墙四周有形迹可疑的穿着黑拷绸衣裳的家伙在走动，分明是来自帮会的脚色。他不想输掉这场对信誉至关重要的官司，而死亡缠绕着他，如何是好？

他头一个念头是马上叫王氏回来。

不到一小时，王氏被自备车接回家中。

王氏说：“宗敬，这一回你要服软。不服软，给你的是子弹。”

荣宗敬沉默。沉默是因为自己心里一团雾，根本拿不出主意。

荣宗敬抬头瞥了妻子一眼，觉得她很像母亲，性格坚韧，具有一般女人缺乏的清晰头脑，对任何事情抱有自己的想法，似乎天下的事情都服她。但是，在刚才的一瞥中，他发觉这个船家女的沉着远胜于母亲，到此地步，脸上竟然没有一丝惊慌的神色，而母亲肯定会急得泪流直下。对了，他从来没有见她哭泣过，她是一个没有眼泪的女人。

王氏说，这帮流氓什么促狭事都干得出来，当年，在南市沿浦码头，敲诈船主是无所不用其极。不交保护费，就在船底盯上几个泡过药水的大铁钉，时间一长，钉子烂掉，装满货物船来不及救就沉了，只逃得一条性命。船上人只好忍气吞声，受尽盘剥。

王氏点拨丈夫：“以你的身份，一般流氓不敢动你，这件事离了杜老板不成！”

中国棉业公司老板胡筠庵手腕玲珑，交游广阔，熟识杜月笙，是上海滩兜得转的人物。荣宗敬只有求教于他。当晚，胡筠庵被接到西摩路荣公馆，被仆人带往二楼小客厅。

胡筠庵踏上九级黑色云纹大理石阶梯，荣宗敬在小客厅门前趋身握住他的手说：“胡先生，劳动大驾，无论如何请你帮一个忙。”

"别客气，荣先生有难处，鄙人极愿勉力相助。"

胡筠庵洞幽烛微，把上海滩的表里看得一清二楚，深谙荣老板讼案的来龙去脉，帮他一把忙，手面大得出名的荣老板日后在生意上将有慷慨的回报。

荣宗敬执胡筠庵手，一道在皮沙发上坐下。

"宗敬经商上海，垂三十年，横逆之来，一向可哂，今罹杀身之祸，即便死也得死个明白，望胡先生开蒙指点。"

"你晓得空方的后台是何许人？"

荣宗敬摇摇头，胡筠庵严重的口气和表情使他心情陡然紧张起来。

"乃是杜月笙和黄金荣诸辈。"

荣宗敬"啊"地倒抽一口冷气，眩然低首。

胡筠庵说，杜月笙自从发现交易所可赚大钱后，十分钟情，他运用各种手段投入其中，到目下已成为他的主要经济收入，绝对是上海滩的资本大鳄。他与闻兰亭、虞洽卿等人控股上海证券物品交易所，纱布恰是该交易所的主要交易品种，你们华商纱布交易所每有云腾浪起，令他无所适从，对你们搅局特别恼火，曾当着我的面骂娘。这一次，杜月笙和黄金荣联手闯到华商纱布交易所搅局，没料想栽倒在你们手中，他能咽得下这口怨气吗？

杜月笙是黑社会中吃人不吐骨头的魁首，是中国人所不及的权势人物，上海滩上有数万名青帮的徒子徒孙对他惟命是从，打个喷嚏，上海滩要抖一抖。他帮助蒋介石斩尽杀绝上海的共产党人，是党国功臣，连政府都得倚重他的权势，由他胡作非为。法租界当局为了求得太平，让他当总董局华董。荣宗敬是眼看着杜月笙在上海发迹的，早先同住在洋泾浜沿河，他蜗居在三洋泾桥的时候，杜月笙住在流氓、扒手、妓女、赌棍集中的带钩桥，与三洋泾桥只间隔一顶三茅阁桥，种种劣迹，屡见不鲜，带钩桥成为杜月笙的发轫之地。"四一二"之后，这个以走私鸦片发财的流氓头子，为了正名，跻身商界，先开办中汇银行，进而进入多个行业，成为许多公司、厂家、银行、学校的董事监事，头上挂着四十几个名衔。荣宗敬全身心投入商界，对帮会人物素来采取敬而远之、井河不犯的策略，万万料想不到冤家路窄，还是撞到一块儿去。

胡筠庵轻松地笑着："纠纷并非不可平息，不过，荣先生得忍痛作出牺牲。"

这种话对荣宗敬来说，不啻是天外福音："要多少条子，你尽管开口，鄙人只求息事宁人而不惜花费代价，胡先生！"

"大黄鱼打不倒杜先生的胃口，如果把他视作见钱眼开的脚色，你就完全错了，他向慈善机关捐资向来慷慨大方。他眼下要的是进入纱布交易所！"

“胡闹！在我们的世界里，他这样的人根本不存在！”

“纱布交易所一本万利，买空卖空赚快钱，杜月笙十分想进去，进去后，他在证券物品交易所的交易也就理顺了。岂料被你们这些自命清高拎不清的纱厂老板拒之门外。这一回，不让他当理事，纠纷看来无法平息，你还真会遭杀身之祸。你听说过没有，任性的宋家三小姐不买青帮的账，刚过完蜜月就被杜月笙巧妙地劫持过一次，是蒋介石亲自将她接了回来。他投机外汇蒙受损失，抱怨孔祥熙夫妇透露的情报有误，要求中央银行给予补偿，孔祥熙断然拒绝，杜门子弟把一口头号棺材放到孔博士家门口，次日，孔博士不得不召开中央银行董事会紧急会议，一致同意补偿外汇市场上蒙受损失的爱国公民。还有，宋子文这个自以为是的傻瓜得罪了杜老板，在北站遭到暗杀，子弹只击中宋子文的秘书。事情很清楚，刺客有意不打宋子文，只是恫吓一下，给他一点厉害看。皇亲国戚对这个混世魔王都一一服帖，难道荣先生想与他对决？”

荣宗敬在云雾里飘浮，感到生活在梦中。

上海滩真有那么难理解吗？他在这儿度过四十春秋，到此刻才发现上海的又一面。这是他久久不愿去了解的一面，但偏偏是这一面此刻强横地展现在面前，制驭他的事业乃至生命。他这辈子是忙晕了，几十年白活了。他在懂得上海的全部后深感痛苦，他有无数的事情要做，活着比什么都重要。从来不甘心向别人示弱的他这一回真的该服软。

“请鬼容易退鬼难，我就怕开了头，往后局面不堪收拾。”

“荣先生又错了。上海是一个矛盾的世界，杜月笙是一个能够融合所有矛盾的人。外界人都以为他是牛头马面，其实不然，此公急公好义，也讲交情。外国人称他为公共福利活动家，民众领袖，著名的民族主义者，他很珍爱这些称号哩。《申报》史量才先生你是熟透的，就连史先生这样的谋国之士，新闻界金融界的实力人物，也与杜月笙交往甚密，请他做《申报》董事。挂上这幅钟馗像，吓退众小鬼，谁敢找史先生的麻烦？史量才从开福森手中收买《新闻报》半数以上的股票，引起轩然大波，是挽请杜月笙这位闻人出来调停平息的。国民党的中委、党部委员，都拜门列为弟子，机关企业争先恐后请他挂名挂职，为什么？为的是挂上这幅钟馗像，就可以远避灾祸，在乱世图一个安稳。荣先生身为粉纱二业大王，实业界振臂一呼的领袖，不与杜先生拉好关系，大上海再大，也难有你的存身之地！”

“那就把杜先生请进纱布交易所来吧，纱厂界同业那里由我一一打招呼。”荣宗敬用痛彻肺腑的悲凉的调子说。

胡筠庵见荣宗敬一副悲壮的样子，觉得好笑，“杜先生不会白领你的情。他在纱布交易所输钱不是大事，这点钱哪里不来哪里不去呀？他打官司为的什么，老兄现在该明白了吧？只要让他当上纱布交易所理事，你俩就成为朋友，官司自然和解，大家有面子。”

荣宗敬说：“但愿如此。宗敬拜托胡先生去杜府折冲转圜，有劳大驾了。”

胡筠庵说；“我极愿为先生效劳，然而，场面上就讲一个面子，杜先生尤其如此，不若荣先生亲自前往，当是最佳效果。”

荣宗敬怎么下得了这个面子，连连摇头：“还是有劳胡先生先去跑一趟为好！”

胡筠庵见荣宗敬满面难色中透着愠怒，不再坚持：“既然荣先生面子上过不去，那我先去跑一趟吧，效果不佳可别怨我。”

胡筠庵起身告辞。他尚未走出小客厅，听得背后一声喊：

“胡先生留步！”

是荣太太王氏叫他。

王氏说：“胡先生，明天我去面见杜先生，你以为如何？”

“那是最好不过的事了，堪称全策。你去，既保住荣先生的面子，又代表荣先生给了杜先生面子，而且，杜先生怕跟女人打交道，你女人家往杜公馆客厅这么一坐，气氛便见和缓，再赖赖唧唧几句好话一讲，杜先生心头也就一软，什么事都好办了，效果胜我百倍！”

这听上去太疯狂了，荣宗敬吃惊地望着妻子，一个弱女子，为了丈夫，去面对一个无恶不作的黑社会帮主，怎么可以！

王氏用微笑告诉他，是狡猾的微笑：老公，放心吧，我一定行！

他充满忧虑，不肯答应。

王氏说：“女人自有女人的办法，我会毫发未损地回来，而且办好这桩事。除了我，没有比我更合适的人！”

荣宗敬无语。

他觉得他的老婆简直是一位女侠，出演美国大片中的故事。她真的行吗？

王氏一早就上法租界华格臬路（今宁海西路）杜公馆。杜公馆每日宾客盈门，政府新贵、名流硕彦、过时政客，无不涉足其间，去晚了怕杜先生无空接见。

王氏一条腿从罗尔斯·罗伊斯车里跨了出来，站在马路上，打量一下杜公馆。她烫一头波浪卷儿，掐一枚钻石发夹，盖住两肩的三角状银狐披肩下，是束身无袖的米黄色旗袍，一排葡萄扣锁住一个成熟妇女的风韵。她很感性，而且很能寻找到做女人的感觉。她与上海滩的富婆贵妇不一样的是，神情中以及走路的姿态中表现出她们所无的自信，正是这种自信外化为她独有的典雅与高贵。与往日不同的是，今天她脸上有几分莫明的伤感，令她的面容十分动人。

米黄色旗袍下，一双米黄色高跟鞋款款地移动，袅袅娜娜地向杜公馆移动。

杜月笙面色带青，理着短平头。年轻时的杜月笙长得十足美男子样，往后就越来越不像话，处处违章。他的头颅显得格外宽大，与尖削的下巴很不协调。眉骨是猿，眼睛是鹰，鼻子属于狮子，招风大耳蝙蝠那样张开，仿佛后天装上去的，反正，器官均来自动物，考古学家找不出第二个。从相面学的角度看，则是另一码事了，正是这副异相注定他成为叱咤风云的"中国第一帮主"。他蜷缩在红木卧榻上吸鸦片，几个丫头在卧榻上下服侍他，或为他捶背提腿，或拿烟枪点泡。他咧开一口发黄的龋齿，叭叭地吸着。让这个中国最大的鸦片商和国际贩毒集团的中方伙伴充任上海禁烟局头目实在是最大的讽刺。他在吸食鸦片时，五官舒服得全都舒展开来，分得很开的剑眉，冷酷的嘴唇，瞳孔很大的眼睛，让人感到不寒而栗。他是上海滩最自信的人，足智多谋，隐忍薄发，坚韧不屈，三头六臂，凡是想干的事情没有哪桩办不成。在希望成为纱布交易所理事这件事上，委屈他花费过多的心思了。你他妈的荣宗敬，骨头在粪坑里泡过，又硬又臭，你究竟是不领门，还是跟我装糊涂？

身着长衫的大徒弟进来禀报："荣宗敬太太求见。"

看来姓荣的领门了，但是，派女人上门算什么男人？

"请她到客厅等候，告诉他，只谈五分钟。"

杜月笙吸完最后几口烟，向丫头伸出软弱无力的涂染鸦片的褐色的手。丫头们扶他从卧榻上起身，在他举手伸懒腰的时光，丫头们围住他为他轻轻掸干净长衫上的拉撒。

几十位身材高大的保镖在大厅四周逡巡警戒，王氏由两个满脸凶相的杜门子弟带进这间挂满书画对联的大厅后，在太师椅上耐心地坐着，正欣赏着身边案几上的仙人掌盆景时，一位挺立在门口的保镖毕恭毕敬地喊叫起来："杜——先——生——到！"

杜月笙客气地向来宾伸出瘦骨嶙嶙的长臂猿般的手臂，王氏礼貌地握一下他的手指，为他冰凉的手吃惊。

身材修长的杜月笙体态俨然，文质彬彬，加上那一身靛蓝色的团花绸袍，完全像个老儒生。他请客人坐下，自己却趿着拖鞋，摆动着长长的双臂在客厅内散步，显得随和而又不拘礼节，他通常以此方式松弛客人紧张的神经。

王氏坐下，兀自抽噎起来，掏出手帕擦拭满面的泪水。看来，她不是没有眼泪，只是没到该流的时候，这会儿倾情地痛快地流了出来。

荣宗敬老婆一句话不说，光哭，干吗来了？

王氏哭的耐心高出杜月笙听哭声的耐心，杜月笙问道："荣太太，是谁欺负你了？"

这一问王氏哭得更凶，竟是嚎啕起来。

怎么依旧不说话呢？在客厅摆动双臂踱步的杜月笙站停在王氏面前："有事快说，我怕听女人哭！"

王氏这才说："杜先生，你要救我！救我全家啊！"

杜月笙笑吟吟地从保镖手中接过一把金茶壶，对着细小弯曲的壶嘴喝茶，用大拇指拨弄着壶盖上那根制作精细的金链条。

"谁想害你们？"

"东洋人！请先生垂察救难！"

"东洋人犯浑，敢害荣先生？"他呆滞的眼神令人难以捉摸，很少有人吃得准他心里打什么主意。

王氏言辞恳切，语调悲情荡漾："我家宗敬和东洋人斗了二三十年，纱厂一家家开出来是与他们斗，开交易所也是为了与他们斗，去年，丰田纱厂、内外棉冒充人钟纱，一件件查出来登报纸，他们恨得牙疼。前一阵，一批日本浪人在交易所输了钱，红了眼，放话对他下毒手。这两天，公馆周围不三不四的人来回走动，我家宗敬不敢出门，不然，何至于我一个女人家出面找你杜先生啊！"说着，王氏又一把眼泪一把鼻涕呜呜啼哭起来，"老天爷，你无眼啊！我家宗敬受难你也不管管呀！我家宗敬不就是为国家争回利权，想为中国人争一口气吗？呜呜……"

王氏用足女人赖赖唧唧的本领，先打悲情牌，接着打民族牌，试图打动面前这位坚定的民族主义者。

杜月笙对于荣家企业与日资企业之间的竞争对抗是了解的，也是佩服荣宗敬的骨气的。眼下面临外人迫害，他当然清楚自己该站在那一边：

"本人以替商民立言，为社会谋福为终生职旨，极愿为抵制外国势力尽一份绵薄之力。超越日本是国人发自心底的呐喊。我是一个中国老百姓，从还是一个小赤佬起，我就看不惯日本人胡作非为。他们胆敢在上海地界上放肆，我倒要敲敲清他们的额角头！"

王氏一连声道谢："有杜先生做主，真不知该如何谢你。"

“免谢，”杜月笙将衣袖管撩起说：“凡我会中兄弟皆为国家民族而生存，一致对外是我们的本分。”

“杜先生热心社会，关注实业，为民立言，我家宗敬素所心折，他多次与我唠叨，日后要与杜先生合作。”

“哎，客气什么，杜某对荣先生提倡国货，振兴实业，为国家争利益，心存敬佩，连蒋主席也欣赏他嘛！日后，我在经营方面需要得到这位商界巨子的点拨，很愿意与他交朋友。”

“杜先生真是大好人呀，难怪我家宗敬说，杜先生登高一呼，众山皆应，气量恢弘，行事公道，上海局面稳定离不开你，纺织业的繁荣也离你不可。杜先生何时有空，赏个脸，宗敬想请你聚一聚，面聆教言。”

“一句闲话。”

杜月笙说出一句著名的口头禅，这四个字一言九鼎，从他牙齿缝中吐出来，意味什么事儿都已解决。

门外响起几声摇铃声，规定的会见时间到了。杜月笙一挥手，屏退进门送客的手下人，留王氏再坐一会儿。这种安排极为稀罕。他捧着金茶壶在客厅内继续他的散步，与王氏很有兴趣地闲聊起来。

……

王氏回到家中，荣宗敬总算结束翘首以待的难捱时光。

王氏说：“杜老板请我代为问候你。”

宗敬说：“事情办成了？”

“人家‘一句闲话’出了口，让他说这句话容易吗？本来是我请他吃饭，聊到后来，送客前，他说这顿饭应该由他请。”

“他答应当交易所理事了吧？”

“根本没提这件事，提了不就丢你面子了？其实，大家心里清楚，不说穿而已，杜老板是什么人，他不知道我去做啥吗？他夸你，说了你不少好话。”

“你真是我的宝贝，我怎么愈来愈爱你了呢！”

荣宗敬抱着妻子就要亲热。确实，荣宗敬对面前这个女人有不断的新的发现，这使她保持着永远的新鲜感。

王氏捏住他的鼻子说：“人家杜老板温文尔雅，文质彬彬，说话口气斯文，哪像你这张‘黑漆板凳’（洋泾浜英语丈夫）脾气臭得来，动不动对我发火。”

“你不是说喜欢我生气的样子吗？”

“你还当真了，发火的时候两只眼睛喷出火来，哪个女人都受不了！”

宗敬哈哈笑起来:“你还是不懂得爱啊,假如我真的做错了什么,那是因为‘爱老虎油’(洋泾浜英语,我爱你)。”

据说,历史上成就霸业者背后都有女人辅助,荣宗敬看来也是如此。

1932 年 9 月,荣宗敬与原配陈氏六十双寿之际,荣家在荣巷家宅、梅园、小箕山锦园普设寿堂,盛典宏大,民国时期任何一位名人的寿诞无法与之相比。军、政、商、学、艺,各界头面人物到场,一时硕彦名流纷至,中外贵宾云集,拜寿的宾客中人们看到“海上闻人”杜月笙的身影。

德生提心吊胆,把自己的生日也忘了。宗敬渡过又一难关的消息传来,才恢复正常的日子。中午,他与职员们一同到食堂就餐,照例应该两荤两素一汤,今日桌上多出两碗菜肴,其中有他喜欢的酱排骨。平时,他老爱一个人踱到城里三凤桥、陆稿荐买一点解解馋。

“怎么多弄出两样小菜?”他问同桌的会计。

“荣先生,你忘了今天是啥日子,七月初四,你的生日啊!”

“这是小老板的一份孝心,特地关照饭堂给你添菜。”又有人说。

降临世界眨眼已有五十七载,还有多少该做的事未做,德生暗自叹息。这一刻,他感到自己老了,万事皆须尽速而为,一种焦切的情韵在心头弥漫。

“爹爹,生日愉快,长命百岁!”尔仁恭恭敬敬地叫着,全体职员一并起立,为二老板祝寿。

德生和颜悦色地“哎哎”着,被二儿的孝心感动。这位二十出头身着布长衫的年轻人,唯一的时髦之处是光滑的小分头上涂了油,这不算违拗父教。尔仁与伟仁不一样,长得不像父亲,除了大脑袋和颊部线条相类似外,其余皆属母亲的基因。他清秀得像女孩子,清晰细长的眉毛下是一双不大的眼睛,而且是单眼皮,完全背叛荣姓血统。这双眼睛中闪射着伯父才有的犀利,只是由于稚嫩,那种睥睨一切的眼神有待成熟。尔仁在豁然洞读书处未毕业就被父亲放入申三实习厂务,担任助理。这个从小不大安分的儿子很有作为,除在厂内创设申新子弟小学,还创办《人钟》月刊社,自任社长。这是申新纺织系统以研究纺织学术,谋求管理、工艺改进为宗旨的专业性刊物,由申三主办。德生对自己的儿子们十分满意,大儿伟仁在上海干得很漂亮,宗敬称赞不迭,欢喜他胜过自己的儿子;三儿一心与五婿、三侄婿同赴美国,在惠罗尔纺织学院留学,即将学成归来。毅仁等几位较小的儿子住在梅园豁然洞读书处用功读书,早夜书声琅琅。他“上代好,下代未必好”的忧虑完全打消。

“爹爹,《人钟》月刊创刊号快要截稿,伯父的文章和封面题辞都已寄来,你也该写点儿什么。”人钟社社长向名誉社长约稿,并且把另一位名誉社长的文章和题词递给父亲。

德生品味着哥哥题写的“人钟月刊”四字,每一笔坚硬得如同刀戟,有的笔划不合书理,却性情意气在。如“刊”字中的亅写成了丿,变成一支上刺刀的枪。宗敬的文章是一篇一百多字的简叙,看来,他最近在上海忙得不亦乐乎。既然哥哥已有文章出手,他也确该写点儿什么。

“嗯,我也写一篇吧。”

“须排目录,能把题目告诉我吗?”

“《忆吾所见所闻之纺织》。待后,我还想写《欲纺织业之发展全在认真》,打算写它四五篇,连载。”原来,德生早有深思熟虑。

“爹爹,本厂布厂工友技术夏季竞赛会下午举行,三点钟,新旧车间全体正副机司集中总务处,请你前去训话。”

“由你讲话就行,不是出庙会,动不动把菩萨抬出去。我老了,总要死的,事业要由你们兄弟接手,应该尽早独当一面。”

不巧的事情发生了。午饭前,尔仁打电话到城中崇安寺上海新新食品公司,让他们送几份冰淇淋消暑,往日,店员把冷饮直送到他与工程师一道办公的二楼,啥事没有,今天店中过于巴结,随即派自行车送来,一直送到饭堂内。

德生立即板起面孔,温和的眼睛变得严厉。“你就是喜欢不实惠的东西,乱花钱!这么冷的东西,怎么能吃,不怕生病肚子疼?”

尔仁挨父亲一顿剋,默然承受。西方的文明生活一点沾不得,可他老人家那么喜欢洋机器。

人很滑稽,往往对自己无法作出解释,这有什么办法呢!

生日的到来,就像震响的闹钟提醒他的年龄,剩下的时间不多了,而对社会的贡献尚少,对生他养他的家乡所做不够,一个下午,德生被烦躁、愧疚的心理折磨。几年来,他一直在谋划家乡建设,开辟环湖路,布局开发太湖风景区。上一年,他经手为哥哥在小箕山开辟一座临湖园林,荷池风亭,柳堤逶迤,独揽太湖胜景,用宗敬在茂新的红利修筑,以号为名,称为锦园,开放供公众游览,也是他为哥嫂筹划六十寿辰庆典计划的一部分。鼋头渚经邑人历年修建,有杨山隐秀、鹿顶迎晖、鼋渚春涛、横云山庄、广福寺等景观,蔚然成形。王禹卿在老家青祈村兴建蠡园,临湖有亭台水榭,园中有假山湖石,溢红滴翠,层波叠影,备受市民称赞。他的构想是修筑一条环湖公路直达蠡园,再造一座横越五里湖的长桥,使湖之北的梅园、锦园、蠡园与湖之南的鼋头渚相连;这样,几处各领风骚的园林便组成了瑰丽多姿的环湖风景区。长桥由他的百桥公司建造,他连名字也已取好:宝界桥。为了使无锡更有玩头,作为太湖风景的补充,他出资整修了宜兴善卷、张公两个天然溶洞并开辟道路。他自己的家乡一定会比世界名城日内瓦更加瑰丽出色。他琢磨着,从抽屉内取出几页公用笺,双手握住一截粗大的徽墨,耐心地研磨起来。

他在公用笺上写下了标题:开发湖滨计划。

百桥公司主事贾茂青走进大统间,没敢打扰聚精会神写字的荣德生,坐等好一歇了。坐在德生前面一张桌上办公的薛明剑感到说不过去,车转身在他的办公桌上用手指轻轻笃两下,"德先生,贾先生找你商量事情。"

贾茂青主理百桥公司事务。百桥公司成立已有三年,拥有专业的工程队,仓库里堆满施工器材。这家公司并不对外营业,终年代人造桥,只须地方人士多少自筹一点资金,百桥公司在考察认可后投资承建,其余费用全部由荣德生个人承担。

贾茂青捧着账簿走过去,在靠壁小沙发上坐下,报告往来账目,钱用得差不多了。

"各处造桥进展如何,贾先生?"德生搁下毛笔,在藤椅上侧转身体问。他总是不愿意坐到沙发上与来宾交谈,他不喜欢西式座椅。

"非常之好,已成之桥,有大公桥、宝善桥、鸿桥等26座,蠡桥因河面开阔,工程艰巨,尚待竣工。"

"近来有地方求请造桥的吗?"

"那就太多了,连常州、武进、丹阳、宜兴各地都有函札,请为铺路架桥。"

"不论本邑、外邑,凡有求请者,一概应允,此意请通告各地。要造,则尽快测量施工,购置设备、辅助器材、配备人力各事,就辛苦你多加费心。"

"二老板,这样耗资过巨,百桥公司得改称千桥公司了。"

德生听着,内心一动:"你说的好哇,造桥多多益善,从今起,'百桥公司'就改称'千桥公司'。交通对地方之作用,犹如血脉之于人身,必须畅通。民生艰苦,战争绵延,各地桥梁毁坏倒塌,我时有所闻,修建则限于财力,废置则影响交通,有鉴于此,理应倾囊不吝。我最讨厌的就是商人拥资自肥的伧俗气,你是懂我的。"

德生眼下有临渴掘井的愿望,侃侃而谈,少顷,又补充说:"凡所造之桥,一概仿西式造型,钢骨水泥构造,务须坚固,讲求质量,以期百年不废。"

“遵命，二老板。”贾茂青收拾账簿向他告辞。

德生觉得心情轻松多了，似乎他的生存就是为了诉说中国文化的美好。

至今，在无锡，在江南城乡，依然到处可见荣德生当年建造的百年不废的西式水泥桥梁，它们蹲伏在河港湖叉上，跨世纪地默默地诉说一个民族资本家的情怀。

荣德生造“江南第一长桥”宝界桥，为所造百余桥之一

四十四、世道变商道不变

在荣宗敬办公室墙上的工厂分布图上，游蛇般的苏州河和巨蟒般的黄浦江扭结在外白渡桥滩涨之地，宛如两道纲绳，控扼着呈网状分布的大上海这张巨网。总公司大楼几乎就雄踞在纲绳交叉点上，荣家兄弟的工厂分布在二江之滨。在苏州河畔，有申新纱厂系统的一厂、二厂、八厂，以及福新面粉系统的七家工厂，其中在光复路上，临苏州河一字排开他的四家工厂，烟囱林立，气象宏伟。在黄浦江两岸，有申五、申七、申九。除外，在无锡大运河、梁溪河边有申三，茂新面粉系统的一至三厂，公益铁工厂。在汉口有申四、福五，在济南有茂四，常州有申六，计二十一家粉纱厂，加上福新栈、茂新栈、济南和郑州的打包厂，公益铁工厂，总计有二十六家独立运行的企业。

埃及人在沙漠上建造金字塔，这是荣氏兄弟在中国第二次现代化浪潮中，在贫弱国土上建造的金字塔群。

申新有九厂，但九在荣宗敬心目中并无九成之意。60 岁要有 60 万锭，70 岁要有 70 万锭，80 岁要有 80 万锭，他一有空闲便要面对工厂分布图站着，犹有踌躇满志之态，却无傲慢自满之意。他的工业精神没有尽头，他将把更多的工厂设立在黄浦江两岸，手握纲绳，将大上海罩在他撒出的巨网中。一个 14 岁搭信船到上海学生意的小学徒，想要占领上海滩的狂妄梦想已经成为现实。

花 5 万押金购进三新纱厂，成为申九。如果心狠一点，便是一文钱没花得到一家申新系统规模第二的纺织厂，他当然不会把与亲家公拉钩钩当回事，5 万两一文不少还给亲家公，不过，要等申九赚出银子来还他。

这台印钞机得赶快开出来，荣宗敬对从各厂抽调的申九接收人员这样说。他压下硬任务，三天内交接完毕，第四天即向社会公告申九开工的布告，他只给他们三天整理期，也就是说，从交接那天开始，六天内各车间机械投入运转。

开工第一天，纱厂开出 70%，布厂开出 60%；第二天，纱厂 100%开齐，布机因五、六十台需要修理外，到第三天，布厂也悉数开齐了。所出纱布贴上申新系统的各类商标，竟然不愁销售，而且销售价逐渐提高。后来，仓库里出现无存货的日子，荣宗敬纳了闷了。上一年，因国民政府将厘税改为统税后，粉税增至 2.5 倍，纱税增加近 6 倍，虽然面粉各厂依旧盈利，纱厂则是有赔有赚，今年好不到哪儿去。申九锭子一转，销售畅通，银子上门，这是一块吉地啊！从来不信天不信命的荣宗敬，觉得天地间真有运道这码事，难怪德生信玄学。

在总公司的账本上，申九的成本核算参照其他厂。按规范的工业企业成本核算，申新九厂堪称创有史以来最低生产成本，三年内厂房无偿使用，所有设备账面值仅 45 万元，折旧微乎其微，利润空间十分巨大。

他打算好好利用这块属于他的祥瑞之地。现有厂房尚有空余，他决定增添 5 000 枚英国好华特式纱锭，200 台日本平野式织布机，这样，申九规模之大，足可以与他的老母鸡申新一厂并驾齐驱。他的另一个决定是要求工程师在数周内，织出 32 支以上的高档印花胚布。从来华商纺织厂只能织 16 支细纱为中心的粗布，能织 20 支纱的细布已属鲜见，32 支以上的印花胚布的市场尽为日厂垄断，而且，支数越高税率越低，令他气不忿，与孔老伯干了一仗也没用。现在，他要借这块福地和日本人拗一拗膀子，在高端市场争一杯羹。

开工五十天后，人钟牌 32 支以上的印花胚布，织出来了。

战争强奸历史，打断固有的逻辑，是自清末以来中国的宿命；而挑起战争者的宿命，是不得不寻找一个巧妙的借口。20 世纪 20 年代末，日本军部的地位开始上升，鹰派侵略扩张的叫嚣，替代加藤内阁以来执行的“睦邻”方针。上海闸北三湾二弄“开刀党”的流氓敲诈钱财，尚且要在自己手臂上划一刀，而日本发动一场战争已经懒得为构造理由费心，他们派几个日本兵炸毁几根路轨，嫁祸于中国军队，借此发动一场侵占 128 万平方公里中国领土的战争，相当于日本国土的 3.5 倍。关东军继侵占东三省后，进而利用傀儡政权控制华北，中国的北方控制在日本手中。

荣宗敬在与日商资本的竞争中，养成一种血液中的直觉，他对日本政治走向的判断不幸言中。日本人已经等不及以商战的方式控制中国，迫不及待地用坦克和大炮占有中国市场。“国家会亡，但天下不会亡，除非四万万中国人民死尽，否则，没有一个民族能征服我中华民族！”荣宗敬在悲切心情中坚持作出这样的结论。几天前，杨树浦日商同兴纺织株式会社二千多名中国工人愤而辞职，荣宗敬赶去看望他们，答应安置他们的工作，并下令总公司组成专门班子，限期负责做好此项工作。他特别交待：对在限期内不能妥然安置的工人，自该日起照发工资。荣德生也在无锡辞退日籍技师，购置大量香烟、面包，调拨兵船牌面粉，送往前线犒劳将士。

“九一八”事变爆发后，上海危如累卵。在日本军部的计划中，有对上海做一次外科手术的安排，只剩下口子划多大的问题。十年前，日本参谋本部情报官烟俊六先生，以及他的继承者参谋本部情报官冈村宁次，先后向军部提出“占领中国，应以登陆上海为突破口，以此试探中国方面的抗战决心和欧美列强的态度”的策略，已进入实施过程中。出于对上海敏感性的考虑，这一次采用了闸北“开刀党”的技俩。在“九一八”事件制造者板垣征四郎的授意下，日本陆军驻上海武官田中隆吉少佐和“男装丽人”川岛芳子，密谋制定了“第一次上海事变”的步骤。川岛芳子出面雇用中国杀手在上海袭击五位日本和尚，造成一死两伤；而后，日本利用一条命和两个日本和尚流的一点血，在上海发动一场立体战争，向中国进行残忍的勒索。

“一·二八”事变就这样爆发了，以两条航空母舰为首的航母战斗群驶向吴淞口，海军陆战队在飞机大炮坦克的掩护下，发动对中国军队的进攻，战火从闸

20世纪30年代的外滩

北迅速蔓延至江湾、吴淞一线。日本飞机从停泊在黄浦江上的“能登吕”号航空母舰上起飞，对闸北、南市进行狂轰烂炸；巡洋舰、驱逐舰深入长江炮击国民政府首都南京，继而在太仓浏河登陆，令上海的中国驻军处于腹背受敌的不利地位。长江三角洲被战火搅翻了。不足五万的中国将士面对七万名强悍的日军，以杀身成仁的豪气奋勇杀敌，上海华界战火漫天，血刃途塞，街头巷尾堆积着两军的尸体，散发割鼻的血腥。

从闸北传来第一声炮响起，荣宗敬在租界坐不住了。他知道日本人迟早不会放过上海，但对“九一八”事变后仅仅四个月日军就下手，还是出乎意外。他两耳灌满枪炮声，奔走于白天黑夜，与黄炎培一起组织上海市民维持会；以自己在工商界的声望，发起“救国捐”，号召华商各公司企业以营业规模的大小，按比例捐集救国抗敌资金，送往浴血奋战的前线。这时候正值华商纱厂联合会换届改选，他身为会长顾不上管这事，在缺席的情况下，他再次被推选为纱联会主席委员。

淞沪战争在西方各国的放纵姑息之下，中日签署对中方极为不利的《淞沪停战协定》。日本军部的目的已经达到，这一次外科手术式的对上海进行试探的结果，导致日本在五年后发动全面的侵华战争。

全国性的抵制日货的运动像野火一样，在大半个中国燃烧。申新各厂盈利，而荣宗敬花 5 万押金刚刚买进的申新九厂，给他赚回大把的银子。两年前，由于欧美发生严重经济危机，原料价格直线下坠，荣宗敬在交易所措手不及产生巨亏，当下，他在交易所大量套做盈利，捞回一些损失。在上海、山东市场，不断出现日纱冒充人钟牌出售的事件，总公司不得不成立专门的打假机构“侦缉队”，高难度的案子花钱雇佣租界包打听侦办，官司打赢了，但外商有治外法权，能拿他怎样？好在报界特别热心报道这类事，取得比花钱做广告还好的效果。

送到荣宗敬办公桌上的财务报表没给他带来太大惊喜，东北华北市场在日军控制下差不多完全丧失，尤其面粉以北方市场为主，如果不是为国民政府代磨美麦赚钱，将产生严重亏损。这场抵货运动与以往不同，以侵略战争为背景，因而是短暂的。来自日商的经济挤压将会变本加厉，日本国内的棉纱也很可能搬进中国打击华商棉纱业，荣宗敬做好了最坏的打算。

回顾投身实业以来，世道多变，叵测险恶，多少身边的同行者一个个倒下，他多次从废墟里爬出来，像一名战士那样屹立在商战的烽烟中，越战越强。全因为懂得“哀莫大于心死”的道理，全因为始终坚持一个信念：发展，发展，再发展，尤其是在低潮中低成本发展。市场份额大在消费群体中必然有忠诚度。资源的综合利用和优化配置,连锁化和集约化的经营,都需要依赖规模来实现。三十年前,他读懂斯芬克斯的咒语后,许下的宏愿已经兑现:他本身就是一头大得谁也吞不下的斯芬克斯,立于不败之地了!

这就是他的商道。

世道变商道不能变!

颜料大王薛宝润累得一点儿力气也没有了。

年近古稀,身子骨不支,在上海滩兜了半年,厚生纱厂也未卖出去。这是一家拥有纱锭 7.3 万余枚,布机 920 台的大型纺织厂,规模超过申新各厂。一战期间,薛宝润见纱厂赚钱又是新兴产业,特地请出纺织专家兼企业管理专家穆藕初出任总经理,穆在此厂虽无股本,但尽心尽力将厚生办成一家模范工厂,使之成为中国纺织史上一朵奇葩。自从穆藕初不堪股东侮辱,愤而辞去总经理职务,这家纱厂趴下后再也没好过,成为上海滩的亏本模范,近年处于停产状态。薛宝润将此厂的评估价 480 万打七折,以 340 万元抵押给十来家钱庄,借款期到,各行庄逼着还钱,他明明在英商麦加利银行存有二三千万,偏是掼死蛇,想要钱吗,你们钱庄帮我卖厂。钱庄跑街转遍租界内外没有找到下家。其实,世上狗屎也能卖掉,关键是价格。薛宝润太抠了,挺住要卖 480 万,少一个子儿不行。

怎么办呢?薛宝润不想自己穷奔了,昔日小妾林妹妹路道粗得吓煞人,想必能帮上忙。这注定林妹妹要在本文再次出场。当年,他花大本钱将她纳入房中,万分疼爱,谁料她竟与他儿子私通起来,老脸实在挂不住,给一笔钱将她休了。殊不知入林妹妹彀中,劈腿正是她惯用的生意经。名义上薛宝润将她休掉,却是旧情难断,唯有林妹妹的才艺才能使他衰老的身体像注射强心针那样再现活力。薛宝润将她找来一说卖厂的事儿,一口应承下来。旧情归旧情,生意归生意,中介费不能少,先预付 10 万两,再说事成后再付 20 万。林妹妹拿到一张麦格理银行的支票后,回报老人一个法兰西吻,在他两颊着着实实来回亲了一下,法兰西吻价格不菲,一个 5 万。

离别前,林妹妹在空中摇晃着支票说:“亲爱的——迪个事体么包勒阿拉身浪厢,不会搭侬打朋个,侬用勿着担心思,困勿着,尽管放放心心、笃笃定定,三天横里拨侬好消息——”

在中国,男人愁眉苦脸办不成的事,女人嘻嘻哈哈就办成了。上海滩经不起林妹妹折腾,每礼拜都会给他找来二三个买家,忙得薛宝润整天在外兜来兜去喝茶吃饭,惨了他一把老骨头。买家中有打七折、六折甚至五折也开出来,薛宝润一概摇头。有人提出租办，那怎么行，钱庄的钱谁来还？还有人愿出流动资金与他合股运作，纱厂早让他亏怕了，杀了他也不会再往这个火坑跳。有个不煞价的主，谈了几个回合，一圈市场调查做下来，没把握了，再怎么打电话，也请他不出来。

薛宝润白忙乎一阵，什么也没捞着，反而倒贴出去10万元。看来，上海滩除非荣宗敬没人要他的厂。荣宗敬购进三新时他在现场，5万元押金是问亲家借的，哪里来480万？

绝望中，薛宝润接到林妹妹的电话，传来娇滴滴淌得出水的声音："老公，我请侬到虹口千爱里吃日本料理，好伐？"

"我不爱吃这劳什子，你不知道？"

"侬今朝就喜欢吃了，快点过来呀！"

"还是换个地方，我请你吃法国大菜，怎么样？"

"谢谢侬呀，真格要谢谢侬，还记得我喜欢法国大菜，不过嚜，今朝勿吃，改天再吃，今朝嚜，板数要吃日本和菜。"

发了半天嗲，也不说非吃和菜的理由。薛宝润这一阵哪里有耐心欣赏林妹妹的慢节奏的嗲腔调。

"你说清楚，去虹口究竟啥事体？"

"箇桩事体嚜，交关交关重要，是有人买侬个工厂呀！"

"你等着，我马上到！"

上海滩最有本事的人要数林妹妹。

薛宝润到千爱里找到樱花日本料理店，在里厢一张矮方桌上，二男一女身穿和服跪坐在一间包厢里，正在四处张望林妹妹，那个和服女子招呼他。哎，什么衣裳穿在他的林妹妹身上便有了品位，她穿和服竟比东洋女人还要有情味。说的不错，日本人就好林妹妹这一款，她是升级版的艺妓，一个奇特的魔法施展者，通吃日侨社会无敌手，令千爱里的艺妓无处躲藏。

薛宝润蹲下脱鞋，将鞋头朝外放好，便大腿压住小腿跪坐下来，一双老腿一副难受样子。

对面的两个日本人递上名片："久闻颜料大王盛名，今日得见，三生有幸，请多指教。"

薛宝润看了一眼名片，一位是日本内外棉株式会社驻上海总代表石原，一位是内外棉上海三厂的厂长三木，心里一沉，原来是日本人要买它的厂。刚才出门前，他听见电台里广播闸北出事了，一路到虹口，看见日本海军陆战队在集结开拔，这当口卖厂给日本人，不是找死吗？他不是卖厂而是卖国了。这盆脏水泼下来是洗不干净的，上海就没了他可呆的地方。

薛宝润不失礼貌地应酬："今日得见二位，敝人深感荣幸。"

石原给他斟酒："听林女士所言，薛先生的厚生纱厂亟待卖出，日商开一家好一家，华商开的厂怎么就接二连三地倒闭呢？内中原因，值得支那的老板们研究。"

薛宝润很难堪，硬起头皮说："凡事不可一概而论，你们晓得荣宗敬吗？他就先后收购日商、英商纱厂，可见外国人办厂也不一定办得好。日商全靠本国政府扶助，而中国政府数倍加税，你们两位如果是我，也是扛不住的。"

石原说："我国政府养鸡生蛋，贵国政府杀鸡取卵，照此下去，荣宗敬也将砰然倒下，中国就无实业家了。不过，他倒下，我也是敬佩的，这个人很有些大和民族的精神。"

三木将话引入正题："你的厚生纱厂要卖，我们可以谈一谈。"

薛宝润回道："我忙碌一辈子，已无心经营，只想颐养身心，想买欢迎，只要价格合适！"

三木说："这是缘分啊，有林女士这样的佳人撮合，枯燥的生意有了诗情画意。凡是华商中只要有人愿意卖，我们就要买；买进一家，减一竞争对手嘛！薛先生尽管介绍过来。"

日本人的话怎么说的和荣宗敬一样？

于是，双方就工厂规模、占地面积、机器设备、人员安置、价格、付款方式，一一磋商完毕。原来，日本人对厚生十分了解，哪些设备是美国的或是英国的，锭数台数，一目了然，让薛宝润吃惊，更让薛宝润骇愕的是，平常都说日本人做生意疙瘩，有东洋门槛之谓，今天不差一个子儿给他 480 万。

生意就这么敲定，商定一周后签署正式合同。

回去的路上，林妹妹对昔日老公又发起嗲来：

"侬当初勿要我，我今朝还是照帮忙，还有念万横里铜钿，侬勿作兴忘记脱勒。"边说边扯紧薛宝润的手臂。

"你是不是与两个日本佬勾搭上了？"

"嗤里搭，碰勿碰吃醋，伤阴骘，侬尽管挪我弄回去好叻。"

"日本佬给你多少 commission(佣金)？"

"5 万，事体做好，再拨 10 万。"

"把钱退回去！"

“做啥?”

“这笔生意昨日好做,今日不好做了。”

“侬做撒要答应侬啦?”

“图个场面,免得你尴尬,也给日本赤佬一点面子。”

薛宝润边走边想,真的只有靠荣宗敬帮他脱下这件湿背心了,用什么办法让他吃下来呢?需要好好想一想。

一上班,荣宗敬将大儿子荣鸿元叫到办公室,鸿元交大毕业后,先后任申新第二纺织厂副厂长、厂长等职,眼下在茂福申新总公司掌管花纱营业部,同时跟父亲学做交易所,负责向经纪人传达交易指令。“九一八”事变后,纱价回暖,荣宗敬在交易所做多赚了钱,鉴于沪市纱价回升为时不长,市场心理不稳定随时可能出现震荡,甚至回档。今天叫他来,是关照他密切注意市场动向,收集政治、军事、外交信息,尤其关注国联态度的微妙变化,伺机减持多仓。他告诫儿子说,美国经济下滑将造成棉花价格低落,日纱受抵货影响极可能低价倾销,做空的时机终究要到来,套做空头是赚大钱的机会。但是,日本人无疑要操纵空头市场,以便捞回现货市场的损失,你要打足十二分精神,眼乌珠死死盯住日本人。

儿子问,到时各厂存货怎么办?

还要我教你?他每次准备与日商死磕的时候,总是口气变样,仿佛天下都是日本人。“租用政记轮船公司的船运往广州销售,并向各银行做为期两个月的抵押贷款。”他不耐烦地说。

当他将目光头投到面前的《申报》上时,被一则社会新闻怔住,连忙将儿子叫回来,叫他看这条消息:

> 休宁徽商汪厚庄,乃沪埠银钱业、布业巨富,死后不出三载,千万资产被其孙汪某挥霍一空,汪某不务正业,吃喝嫖赌,有知情者言,其某一晚即输掉一个店铺,又一晚输一栋住宅,几年下来,已无分文,记者目见其流落上海街头,形同乞丐矣。……

荣宗敬问儿子:还记得我跟你们讲过的汪老先生吗?

儿子说,记得,汪老先生是大好人,我们家的恩人。

荣宗敬说,好人不一定有好儿孙,老先生生前过于娇惯这个独孙,忽视教育,反而害他成为一根废柴。你见了这则新闻有何感想?

儿子说，远离恶习，勤于事业。

荣宗敬说，就这八个字，我可是不满意啊！

儿子讷讷，想补充什么。

荣宗敬阻止他，说，你现在与鸿三二人一起去找汇老先生的孙子，找到后，在愚园路景园（三新总公司高级职员公寓）将他安顿下来，这套房子就送给他了；找一个老妈子，衣物吃喝一应事务，妥当安排；告诉他，我会去看望他。晚上，你们兄弟俩好好将我提出的问题想清楚，明天给我正式答案。这份报纸你要永远保存好，前车之鉴，不可覆辙！

此时，电话铃响了。

是穆藕初，声音听起来愤懑而又忧伤。他让荣宗敬看一下今天日侨社会的官方报纸《上海日报》，薛宝润将厚生卖给日商了。荣宗敬大拍桌子，荷尔蒙浓度猛然高起来，破口痛骂薛宝润卖国贼，老不死。仿佛电话线那一头不是穆藕初是薛宝润，他真想宰了他。

他将电话机甩到座机上。

到他冷静下来的时候，又将电话挂了过去。

"藕初，厚生是你创办的样板厂，亲生儿子改姓日本姓，你无动于衷？"

"嘿，卖厂大股东说了算，我无资本就无发言权啊 "

"不是股东，就不想办法了？我收购日本纱厂，国人都觉得有面子，现在倒好，日商收购华商纱厂，这个脸丢得起吗？"

"你把它买下来吧。"

"你给我找到钱，我就买。"

"我在实业部不是在财政部当差，哪来的钱？"这个在与日本血拼中中途退场的民族主义者爱莫能助。

"这样吧，先把薛宝润找出来，聊一聊。"

薛宝润接到荣宗敬的电话得意地笑了，正是他等待着并且是意料中事。他叫林妹妹疏通《上海日报》主编刊发厚生出售给日商的消息，势必引起荣宗敬的震动，然后发急找他。凭荣宗敬的脾气，再怎么着也要运作资金，设法买下他的厂。一旦成交，报上一登，自然为他洗白。人们会认为是《上海日报》造谣。

荣宗敬再精，精不过上海滩老狐狸，中了他的损招。

翌日下午，荣宗敬与穆藕初在荣公馆大花园的亭子里坐等薛宝润。他老人家玩心理战，故意晚到半小时，随身带来两位债主，滋康钱庄经理王明康、敦裕钱庄经理张裕泉。

薛宝润一到亭子里坐下，叫苦连天地埋怨："宗公，万勿怪我失时，两位经理坐守家中，偏是不让我出门，说了好半天，也不信是上你这儿来，跟着我过来了。"他接着愤怒地斥责王、张二位："现在信了吧，你们也太狠毒，我薛某人欠钱不欠人品，不作兴这样的！"

荣宗教深谙钱庄的积习，他为躲债在上海滩消失一个多月，内心生出对薛宝润的几分同情。

王经理火冒了："薛先生，欠钱赖着不还，倒还是你有理了？我们急得脚脚跳，你一个瞌冲打呼噜，比我们活得舒服。"

张经理睨薛宝润一眼，一拍桌子："明康，别跟他噜苏，钱庄老前辈坐在这儿呢，请宗公评个理。"

"二位，债要讨，也要适可而止，薛先生毕竟年纪大了，觉嘛还是要让他睡的。"

"宗公，厚生纱厂欠的不是少，钱庄要跟着倒，你大小也是我们股东，怎么反而帮他说话？"

荣宗教将话切入正题："薛先生，你欲将厚生卖给日商？"

"没有哇。"

"《上海日报》登了出来，还说没有？"

"那是日本人想买，内外棉找我吃过一顿饭，意欲以 480 万两收购厚生，这当口卖给日人，国人皆视为卖国，我薛宝润活这把年纪，不糊涂，知香臭。他们二人只认钞票，上门坐守，非逼我将厂卖给日本人，你说气不气人？"

张老板一脸冷峻："钱庄不认钱认什么？你爱国没人拦着你，但是欠钱还钱，天公地道，蒋中正也不会说'不'字！"

"我就是不卖给日本人，你们将我逼死也无用。"薛宝润傲骨铮铮，摆出大义凛然的架势，将荣公馆花园变成发表爱国演说的场子。

手创的样板工厂卖给日本人，对穆藕初来说，是件窝囊不过的事，坚定的民族主义者忍不住说话了："万万不可卖给日本人，日商纱厂在沪纱锭已超华商，两位钱庄经理当有爱国之诚，宽容之心，暂缓债务，以待来日。"

敦裕钱庄经理淡淡地说，"爱国言论谁都会讲，但砸饭碗去爱国的人上海滩找不出来，包括你穆次长。穆次长是政府高官，你们实业部干脆将厚生收归国有，不是谁都爱国了？"

穆藕初生出被烤灼之感。

三位来客是商量好后到荣公馆演戏来的，大结局是要荣宗敬出手吃下厚生，没料到多出穆藕初这个角儿，只好像草台班演到哪儿是哪儿。敦裕钱庄张经理讲出那么恶毒的话，是要让穆藕初闭嘴，省得他话多搅局。

荣宗敬一支雪茄抽了大半支，在烟缸里捺灭烟头，背着手在亭子里来回走动。薛宝润对两位钱庄老板使个颜色，示意他们留意。下面，该是荣宗敬这个主角出场了。

荣宗敬没有坐下来，走出亭子，在花园倘佯。

常州的申六租用期延续两年后又将到期，租用此厂原本是帮朋友的忙，经营六年，已为朋友还清债务并帮他赚了钱，朋友决意转让此厂。九厂不可缺一，要填补空位自然是上海的工厂好。对于厚生，眼下上海纱厂业无人敢出手，他想要，资金从何而来？这需要想一想。还有，他刚才特别注意到敦裕钱庄张裕泉冲穆藕初的那番话，说得太难听了，穆藕初是令全上海敬重的人物，代表社会良知，连蒋介石见了也得客客气气；钱庄经理是场面上混的人，怎么可能如此不懂事？唯一的推断是演戏演过了头。既然是戏，他知道怎么对付了。

他准备猎获又一头大象，而且蛮有把握。这一回了，他连扳机也不用扣，因为他不需要发射哪怕一颗子弹。

荣宗敬在花园里溜达了好长时间，回到亭子里坐下，缄默不说话。这回轮到他打心理战，该急的不是他。这出乎薛宝润意料，不是好兆头，戏再冷场下去就没戏了，薛宝润按捺不住开口。

“宗公，为使此厂免于落入日人之手，还是你吃进吧？”

荣宗敬等的就是这句话：“出价多少？”

“480 万，这是评估价，也是日本人出的价。”

荣宗敬悠悠地摇头：“我向来兼并旧厂，半卖半送，你这个价怎么开得出口？”

“你说多少？”

“放宽了说，300 万可考虑。”

“哪有这么还价的，吃死人不吐骨头呀，厚生规模比任何一家申新厂宏大。十三年前创办，地皮增值不下十倍！”

“那你不该找我，找地产商才对。”

外界都说荣老板做生意爽气，看来尽是瞎掰，薛宝润揣摩荣宗敬满不在乎的口气，沉吟好一会儿，“宗公，蹋便宜不能蹋到地板上，沙谷威洛最新式单程清花机为国内纱厂仅有，全部精纺机为崭新的四线罗拉钢丝大牵引机，为申新各厂所无，为你扎足台型。400 万断不能少，否则，我宁可顶着卖国之名卖给日本人。”

“那你就去卖吧，生意不做人情在，今日到此为止！”荣宗敬心里在笑，跟我玩这一套，你敢吗？

戏眼看演砸，急得两位钱庄经理坐不住，面孔刹那间变色。荣宗敬就等着这一刻，他开钱庄出身，还不知道两位经理这会儿肚皮里在念什么经？他预计中的场面很快就会出现了。

三个人的戏码果然被荣宗敬彻底搅乱。

张经理说："宗公，你这么压价，薛老先生要发心脏病，老命搭在你身上。依我看，此厂当年以 7 折抵押，钱庄出款计 340 万两，这个钱还是要给的。你开过钱庄，十来家放款庄亏本，后面有百十来个股东，是要闹翻天的。我们当经理的只好卷铺盖回家，到你门下找口饭吃了。"

张裕泉真的算不上一个好演员。

荣宗敬询问穆藕初："藕初兄，你的意见呢？"

厚生破产，穆藕初难言酸楚。这家厂不能落入日本人手里，这是他筚路蓝缕创办的工厂，寄予深厚感情。放目全上海，唯有申新买下合适，厚生将来才有一个好前途。

他说："我以为宗公可以斟酌。"

"好吧，王张二位经理，念在本是同行的份上，我权且认了。"

薛宝润被滋康和敦裕的两位经理出卖，钱庄只管收回庄款，脸一黑管你什么账！从薛府出门前，三人议定底价 400 万，可是，两位经理私下达成的默契是 340 万两也得抛。这就叫：螳螂捕蝉，黄雀在后。

薛宝润上了当，悔恨不已，哀叫道："宗公，这笔生意没有我的钱可不行，我相信你荣老板做不出绝户的事来！"

"想要多少？

"60 万。"

"60 万？这笔生意做不成，至多给 20 万香香。"

穆藕初当初满腔怒火离开厚生，后来觉得犯不着，将薛宝润、贝润生两位大股东看做普通商人，气也就平了。他觉得此时应从商业角度开导一下昔日股东。

他说："薛老先生，说实话，你是无法做好纱厂的，年年亏下去，不如早早脱手，工厂停产已久，机器难免锈蚀损坏，再过两年，再便宜也没人接盘子。综上所述，总计交易额 360 万已是重价，你一点不吃亏。"

纺织业专家把话说到这份上，价格就此敲定。

两位钱庄经理往下谈付款方式，荣宗敬却说"我没有钱"，把两位经理急煞，你荣宗敬两手空空就想捞进一家厂？

荣宗敬见两位吓成那样，有点同情他们，以平和的口吻说：

“我将此厂向原放款钱庄做抵押，可以吧？只需在各家行庄账上换一个户头，把债务转到我总公司名下，事情就是如此简单。”

两位钱庄经理恍悟过来，但借款人除却他们两家，还有宝丰、振泰、信康等，共计十二家钱庄，表示回去合议后才能定夺。

戏演完了。精彩的戏在商场不在戏园，商场上无时不刻演绎着《三国演义》的故事，每个商人从中找到自己出演的角色。

客人走后，荣宗敬与穆藕初继续聊着。

穆藕初担心这笔生意是否能敲定，一家厂不花钱就能到手，太离谱了！

荣宗敬劝他别瞎操心，买卖十拿九稳，上海将新添一家申新六厂。

他对老朋友说，我何时有过钱？赚进的钱没捂热口袋便投出去了。我没钱，但天下钱归我所用，我做实业得益于早年做钱庄资本运作的经验。放款的银团相信我而不相信厚生，因为薛老板只有一家厂，这就是规模化的好处，也是欧美要搞托拉斯的道理所在。况且，申新系统经营有方，国内同行有目共睹，这是改革带来的红利。所以，工厂只要有人肯卖，我就要买！

穆藕初忧心依旧：“宗公，也要钱庄肯给你换户头才行啊！”

荣宗敬说：“藕公，你就尽管放心吧，向你透露一个商业机密，我在上海的银行钱庄都搭有一点股份，担任董事或理事，包括放款给厚生的大部分钱庄。是股东就可以用他们的资金，不仅 340 万可转我账上，我还要叫他们贷出 140 万两，以供机器检修、补充流动资金之用。我已算过，没有 140 万两，新的申六运行不起来，钱庄的债就还不了，故而，这 140 万两钱庄肯定要借给我。你创办的厂到我手里一定将他办好，了却你一块心病，你难道不想祝贺我一下吗？”

两人在亭子里以茶代酒，举起杯子。

穆藕初说：“为中国纺织业经营有方的大师级人物干杯！”

荣宗敬的眼神燃烧着灼热的目光，向空中高高举起茶杯，大声喊道：“不敢，为在竞争中击败日商，干杯！”

棉纱大王的冠冕上又增添一道眩目的光彩。

放下茶杯，荣宗敬心中那把算盘又打响了。从申一至申九，他已拥有 52.15 万枚纱锭，申新的规模增长速度比日本在华纱厂要快得多，他将继续添锭子添布机。今年 59 岁，60 岁要有 60 万锭的诺言，差不多远了。

荣宗敬显得泰然自得，对老朋友说：“藕初啊，从衣食上讲，我拥有半个中国。”

穆藕初听着这句话，深情地望着荣宗敬，甚为感动，他说：“我相信上天一定听到你的声音了！”

四十五、上　书

这几天，总经理办公室壁上的工厂分布图显出落寞的情状，总经理的高背靠椅也等候不到主人，年深日久与主人形影不离的算盘被丢在那儿满怀悲愤，茶房打扫卫生时，算盘珠儿才在抹布下叹几声怨气。

主人到底怎么啦？

1931 年的夏天，荣宗敬宅在家中，猛烈地抽着雪茄，时而来回走动，时而伏案挥毫，除了满屋烟雾，不允许任何人进入他的书房打扰。他已无兴趣打量梯形壁柜里的古董，家里这把算盘上跳动的数字与他的企业无关，计算着国家的大账以及国际的经济数据。算盘珠不弹动的时候，毛笔就划动。近年来，荣宗敬趴在这张书桌上，接连发表言论，著书立说，向政府乃至国民党三全大会提出种种意见，不怕这些建议让财政部、工商部头脑发胀。国民政府意在发展经济给予他希望。他成为中国实业界的代言人，上海乃至中国经济史的若干章节由这张书桌提供素材。而这几天，他正在从事一桩大事，干脆不上班了——应宋子文约请，以工商界领袖身份，为国民政府制定一份振兴计划。

今晚，申新六厂的整修投产的工作会议也是在荣公馆的晚餐桌上进行的。厚生纱厂原债权人组成第一与第二债权团，把薛宝润的债务连同新增贷款 140 万两，划到茂福申新总公司账上，厚生纱厂成为申新六厂。他是用债务的重压使垂老的身体充溢青壮的活力吗？是的。他确实需要超越生理的力量，干一番更加轰轰烈烈的事业。

荣宗敬坐在高背大靠椅上，开场白在他的习惯动作中开始，他晃动翘起的大拇指说："申六规模宏大，是申新系统中最大的纱厂，总公司决然以重价承购此厂，是指望它成为又一只老母鸡。倘得早开一日，即可早一日获利，早一日堵塞国家之漏卮，我欲于一星期内完全开齐机器，望诸位同仁共同奋发，达此目的。"

晚宴上头杯白兰地未喝完，荣宗敬就向申六的职员们下达军令状。

申六的职员是从各厂调来，或临时借用，席间有下午刚从无锡赶来的二侄儿荣尔仁、申三总工程师汪孚礼，以及拟定的申六行政管理班子和工程师团队七八人。荣宗敬把目光投向汪孚礼，暗示他挑这副重担，令这位著名纺织专家有点儿发窘。

餐桌上一片沉默。

荣宗敬今晚在高雅富丽的餐厅盛请各位享用法国大菜，特请霞飞路一流法国厨师掌勺，亚麻布台布上摆着银质刀叉，这顿丰盛的晚宴是不能白吃的。

荣宗敬等得不耐烦，直逼汪孚礼："汪先生，你是否可以办到？"

汪孚礼用一口浓重的湖南口音说："工厂不是离正式移交还有八九天吗？按常理，须在移交后方可开展整理事宜。"

"我们要在移交前完全开齐，在纱厂业创一奇迹。"

"我想，"汪孚礼打了个格顿说，"厚生厂停顿数年，7 万余枚纱锭得挨车弄揩扫整修，厂内也无花纱存货，限期一周开齐似不可能。"

"为什么说不可能呢？"总经理感到奇怪，反驳道，"世上尽是不可能之事，而世界正是在将不可能变成可能中得以进步。别的公司无勇气做的事，我申新可以做到，在沪申新有七家厂，足可互相扶助，人员不够临时调用，物料不足随即挪移，来不及印工折报单，也可借来通用。申五近在贴壁，尤能给予种种便利，花卷粗纱尽量借给就是。申新以外各厂，如永安、恒丰、鸿章等，我也能请他们间接帮忙嘛。至于未到正式接收之日纺出的纱可袭用旧厂商标，到市上销售。"

看来，总经理提出一周为限是经过深思熟虑的，各个细节也考虑到了。他毕竟太性急了一点，没有人有胆量点头，来宾们放下刀叉，难堪地干坐在那儿。

荣尔仁见场面尴尬，打算缓和一下气氛，他给各位职员敬酒，然后，用尽量温和的语调说："伯父，我看时间不必限得过死，各位尽心尽力，豁出命做就是。"

荣宗敬清清嗓子，语声沉痛地说："二十年来，振兴国货，提倡实业，已成口头禅，我国依然是外部诸强的百货商场，商民尽推销义务于不知不觉，每年任外人捆载数千百万金钱而去，弄得国势衰弱，民生穷困。在自由竞争年代，空言爱国无用，贸易壁垒无用，抵货虽有一时之效却不可依赖于此，惟以制造为其根本，实业救国是也。爱国同心，谅诸位同仁理解宗敬一片心迹。

"诸位，时至今日，仰赖我公司直接生活者，不下十万人，其间接者，更难胜数。十万根烟囱要冒烟，这是多么重大的责任！有时我私下想想会害怕，如果哪天总公司出问题，只要有一半烟囱冒不出烟，将有二三十万人没饭吃，上海滩会乱套，我荣宗敬就没脸苟活在世上。商人是有良心的，我们不能亏待辛苦工作的工人，为了对得起十万根烟囱，我扪心自问，值得豁出命干。先生们，国计、民生，无论从哪一方面讲，我们都不敢懈怠啊！”

荣宗敬神色肃穆，口气真挚，大家觉察到他动了真感情。事先谁也没有料到总经理会发这样一通道理。在总公司开例会，他不曾以如此哀痛的语调倾吐肺腑。他把自己埋藏得很深，不轻易袒露心声。宗先生今晚怎么啦？

汪孚礼甚至感到刚才有点失礼了。总经理接二连三发电报催他来沪，下午到达，晚上就在餐桌上召集这次会议，对他是寄予厚望的，然而他却让他扫兴。他抬头朝荣宗敬瞥一眼，深深吸一口气说：

“宗先生，我当从速办理，督率车间各部，力争在一星期内开出，至多以两星期为限。”

“一言为定，就这样！”荣宗敬爽快地说。

荣宗敬扫视桌上申六候任的行政与技术领导人员，继续说：“为了迅速占有市场，提高公众认知度，三十年来，企业注重的是扩张的速度，可谓不顾一切，其良苦用心，诸位定能体会；现在，企业已具相当规模，扩张虽不能停，但注重效益和收益的内涵式增长，优化现有的企业组合，应放到相当重要之地位。申三先行的改革已在全局推开，提升了企业的价值，但各项改革不能停留原地，必须继续深化，集中资源和配置好资源，提升总公司体系的运行效率和盈利能力，堪称当务之急，也是增强企业竞争力有效途径。何谓竞争，看表象是刀对刀，枪对枪，归根结底，是挑战自身。以我到日本考察的体会，他们在集思广益，用足脑筋方面做得远胜于国内，只有以人之拳，击人之身，方可与外国经济势力的搏斗中赢得主动，不然，规模再大，亦将功亏一篑！”

议题超出申六整理的范围，觥筹交错中，在座各位就总经理提出的企业以“效益与价值为中心”的新思想热烈讨论起来，就技术创新和制度创新，包括岗位责任制、奖励革新者、继续改革分配制度等方面做出了规定。

最后，会议在汪孚礼的令荣宗敬颇为满意的表态中结束，他说：“申六开出，足以开申新系统新纪元，只要整理得宜，产量以及产品质量的优良，都将有十分的把握。”

晚餐结束后，荣宗敬穿过楼上内室小客厅，在木雕护壁的书房内坐下。三夫人刘氏进来问他想喝点儿什么。

“煮一杯浓浓的咖啡。”

“今天无锡大姐姐请人捎来一篓水蜜桃，你先尝尝鲜吧。”

荣宗敬迟疑了一下：“明天吧。”

刘氏的话触动他内心的隐秘。上海公馆内由与丈夫一同苦斗创业的两头大夫人王氏执掌大权，料理一切。刘氏照料着他的日常生活，无不尽心悉力。但原配夫人陈氏至今撇在无锡乡下，将她冷落了。她自嫁进荣家之后，随母亲植桑养蚕，纺纱织布，生儿育女，不胜辛劳，如今儿女都已婚嫁，虽落寞乡间，却还不断关注他的细微末节，其情殷殷，使荣宗敬常常为之恻隐。他很想把她接到上海住，可陈氏不愿意，怕搅乱他的生活。他与陈氏同龄，都已59岁，这一刻，他下定最后的决心，明年操办一个阵容空前气派豪华的六十双寿庆典，到故乡办，不为自己为了陈氏，花它五六万两银子，让她享享人间荣华。

他一手搅动咖啡，一手翻开案头的一叠稿笺。他在这张桌子上已伏案几天了。桌上堆满拉七杂八的案卷文件，有各年海关贸易资料，粉纱两业生产和贸易的情况汇编，公共租界工部局财政委员会编纂的在华外国投资和洋行历年营业的统计，《纺织时报》、《工商月报》，还有国民政府实业部编的《中国工业调查报告》、《全国工商会议汇编》。

南京政府成立后，出任财政部长的宋子文曾召集上海几十个银行家、实业家、商人开会，会议的主旨是邀请政界以外的贤达为振兴国家经济出谋划策，荣宗敬会上会后纵然议论颇多，不过是为实业界叫叫苦罢了。没料到宋子文认了真，邀请他做这件事。

荣宗敬在稿笺上涂涂抹抹地写着，写完几行，又倒溯着推敲前面的文字，在天地上勾划一阵，对之吟哦，反复推敲，直至满意时，抽几口雪茄，继续往下写。他都不知道刘氏已经将书房门打开一半。房里的烟味浓得快要着火，会闷坏肺的，丈夫书房的灯不灭，她是不会入睡的。

他要向政府所做的建议已在胸中酝酿多日，不，应该说酝酿了一辈子。他据守上海四十五年之久，周旋在实业中也有三十余年了，目睹大清洋务运动的兴衰败亡，亲历南北军阀统治下民间资本的悲惨境况，饱受外国势力仰仗不平等条约的经济侵入，他始终在思考外国之所以强中国之所以弱的原因，深谙中国经济的积弊和症结所在。总结一生，“图发展，谋革新”是他的商道六字诀，是百世不变之硬道理。

他有太多的感慨要倾泻，他的体验源自难以历数的磨难与拼杀，他似乎只是为自己的实业生涯作一总结，对国家前程的谋划与展望就在其中了。

一种舍我其谁的历史责任感充塞全身的毛孔。金钱并非他之所爱，获取金钱只是为了换回机器,机器才是他的最爱。他本已到含饴弄孙、坐享清福的年龄,但他像旧时老家套在牛磨上的那头老黄牛,蹄子踩着深深的凹槽,下不了架。国家和民族需要他。穿越扑朔迷离的人生,他觉得自己的好斗从来是被这种埋藏很深的愿望刺激起来,这是事业的真正动力,他因而有取之不竭的奋斗力和乐此不疲的开拓精神。他活着并未享受属于他的财富。他不属于声色犬马的大上海,他是屹立在大商战中身披弥漫硝烟的一名斗士。"多一枚锭子多一支枪"是他的格言。为了打赢战争,确保弹药的充足,他们兄弟不积私蓄,不惜负债,导致他成为上海滩另一类型的冒险家——为国家、为社会冒险。

铁三角中,穆藕初与聂云台时刻关注他,心疼他,为他的疯狂的扩张主义捏一把汗。三人聚谈时,总是叫他悠着点。他向二位袒露心声:"如果是为个人积累财富,我没傻到不知规避风险,以至于让企业陷入危机。我确实活得很累,心里真想悠着点,过得快活点,但外国资本连瞌充也不打,我能不睁大着眼睛吗?"穆、聂二位无语地望着他,从此理解他,以各自的优势支持他,再也不说"悠着点"。

在咖啡和雪茄的陪伴下,他开始在稿笺上流畅地书写。灵感在他的气场中冲撞,不时爆出火花,他在大部分的时间里感到生活被束缚,此时领受无限的自由。

> ……吾国幅员之广,人民之众,物产之丰,设有清明之政治,具体之建设,干弋载戢,朝野合作,策久远之规,路大同之治,岂不甚善。……就今而言,建设工业,实为要图,即以纺织一业而论,吾国人口四万万,只用纱锭二百余万枚,较诸欧美各国人口与纱锭之比例,我国现有之纱锭,实不能供国民之需求,惟其如此,是以他国在吾国设厂,以遂其经济侵略之野心,而使我纺织业受重大之打击。纱布为人生必需之品,乃至仰给他人,痛心之事,无逾于此。为今之计,莫如由厂商自动向英国政府订购纱锭六十万枚,注重纺制细纱细线,就原有纱厂,力图扩充,以冀供求相应,应请我政府为之担保,其利率应特别减轻,偿清之期,多则十五年,少则十年。在彼方贷出机器,属于营业性质,所处地位,绝无利害冲突,且有我政府担保,宜无不乐从。我国如骤添六十万枚,加紧工作,出数至为可观,我政府振兴实业之苦心,庶几见诸事实。否则空言抵制,力竭声嘶,于事奚济,此计划之应行商榷者三也。

假如餐桌上的职员们了解总经理这些年的心路历程,就不会对他发自内心的言论感到突兀。这些日子来，他们的老板在精神上获得又一次升华，“实业救国”的首倡者为他的救国理论输入了巨大的热忱和真诚。

窗外飘进福克斯舞曲，乐队起劲地演奏着，荣宗敬皱皱眉头。荣公馆一楼有大舞厅，书房底下正对着安置乐队的舞台。他的两个儿子经常举办派对，把上海滩上的一帮高富帅、白富美请来玩个痛快。“年轻人玩玩也应该”，荣宗敬，不想孩子们像他那样过日子，今晚却令他头痛，他不要听该死的音乐。

他捺着性子坐下，不断奏响的音乐还是顽固地钻进来。隔着一道回廊，抬头瞧见南京路上空闪射着性感的霓虹灯光，也扰得他不得安宁，他把窗帘拉上了。他敲响通向卧室那扇门，对王氏说：“去告诉鸿元鸿三，叫他们早点收场。你也早些睡，不要等我。”

舞会散了，除了花园里树叶与草木的低语，没有什么可妨碍他的了。

荣宗敬头脑比政客更冷静，想的更远。他看到历次战争赔尝对中国经济带来的灾难性打击，看到日本利用军事和商业两种手段摧毁中国现代化进程的企图，看到国家不抓紧时机推动工业化，将处于怎样的被动地位。政治家应当比企业家具有更清醒更强大的工业精神，他甚至设想全民参与振兴国家经济的景象，各行各业各献心智，联络一气，连竹木之类小工艺也组织起来满足社会需求，中国还能任人欺凌，不富不强吗？

……

至于吾国经济状况，自庚款退还，已减轻一部分担负，所欠外债，历年陆续付与，少数已经偿清，其余外偿，距偿清之期不远，厘金数十年积弊，亦已一律铲除，关税实行自主，统计收入，为数不赀，连年发行公债，均有确实担保，且额数并不过巨，以致市上无须巨额之纸币流通，而金融自臻巩固之地位，此皆事实问题，而无待哓哓者也。更言吾国工业状况，在昔工业幼稚，生产落后，无可讳言。谋国之士，无不知富强之策，舍振兴实业，其道无由。自1895年，美国创始科学管理法，各国竞相仿效，风行一时。…… 试行科学管理法，能增多效能，减少消耗，生产事业之合理化，若为吾国办工厂者所公认，则他日工业之蒸蒸日上，自在意中。而工厂之添购机器，诚为刻不容缓之举。经济状况如彼，工业状况如此，吾国前途，正可乐观。惟外交吃紧，为目前最重要问题，然公理必能战胜强权，况有四万万人民，为我政府之后盾，诚能一德一心，群策群力，采用所陈计划，使兴民无冻馁之虞，实业有蓬勃之象。裕经济即所以杜侵略，兴工业始可以抵外货，愿我贤明当局及国人共勉图之。

荣宗敬反复斟酌文意词句，以国际论及国内，由金融而及工业，言政府倡导科学管理之急迫，呈发展经济尤其是纺织业的具体方案，对国家的乐观展望与外交强权的担忧交杂在一起。他写出了积累一生的体悟，没有什么可补充的了。

他终于从抽屉里取出折子，将一幅高六寸宽约三寸的空白折子摆到面前，反复舔墨，在折子封面长方形圈框内竖写下《振兴实业发展经济以惠民生计划书》，他打量这一行正楷字，笔体坚硬，充满兵气，如同他的眉宇。他感到满意，这才拉开折子抄写内文。

折子不断地在他的书桌上展开。

蝇头小楷在他的折子上展开。

四十六、祥瑞四平莲

小箕山锦园与鼋头渚隔水相望，沿湖桃柳如带，楼阁数处，三万六千顷太湖尽入园中。由琉璃瓦和楠木构造的荷轩有一垂花门额，署“光波云影，竹静荷香”八字，写尽锦园妙处。锦堤尽头，云水飘逸处，一栋西班牙洋房彰示主人的海派风范。此园由荣宗敬投资、荣德生具体布置，是向公众开放的绝佳休闲胜地。

1931 年夏天，环绕锦带桥的四只荷花池，新荷亭亭，倩影玉立，上百亩红白荷花，染香了十里湖水。今年的花开得特别繁盛，一桩轰动四方的盛事就在紧邻荷轩的那方荷池中呈现出来，一朵一蒂四花的四平莲，以高贵典雅的情姿，展蕾而吐，艳光四射。荷花双萼并蒂已属罕见，自古以来是记入史书的，大多生于佛教胜地。民间视并蒂莲为吉祥喜庆的征兆，在佛教中则是无量功德的显现。并

锦园荷花池

蒂莲的几率仅为十万分之一，四平莲呢，简直是上天特意的恩赐，佛祖倾心的祝福。

消息传开，前来瞻仰者络绎于途，途塞人涌。男男女女在锦园流连往返，无不想沾染一些祥瑞之气。来自天外的吉兆，普遍认作是天意对荣家兄弟一生的褒扬，各地名流文士赋诗唱和，以记其盛。

荣宗敬获知这一消息，觉得这一辈子值了。他竭尽生命的付出得到回报，忍受的苦难顷刻间不再是苦难，而是命运的玉成，值得追忆的骄傲。上天告诉他，他所做的一切是对的，并嘱咐他继续做下去。

他要亲自去阅读这一份上天的叮嘱。

当他从总公司登车出门，文牍主任急冲冲追上来，递给他一个国民政府的函件。拆开一看，是呈往南京国民政府的《振兴实业发展经济以惠民生计划书》，没料到在书房里伏案写了几天的折子回到他手中。

在折子封面长方形圈档的两旁已有批示，右边空处自上而下，竖写一行行楷，字体顿挫分明，龙飞凤舞，颇见骨力，右边写不下又转至左边："此件如能实行甚好，交实业部切实筹办，商有端绪后即照执行。"署名："中正"。

他的计划书由国民政府主席蒋介石亲笔批办，荣宗敬大为震惊。他愣愣顿顿地把蒋介石的批示读了几遍，终于相信发生在他身上的事实。这一下振兴实业有指望了，他为中国实业界也为中国人民做了一件好事情。于是，紧张的心情放松开来，微笑起来，这是有生以来一次最会心的微笑，令他年轻十岁的微笑。四年前，他因抗拒二五库券遭到严令通缉，看来，蒋先生把往日恩怨一笔勾销了。

他想起锦园那株四平莲，心便荡漾于天与地之间，理性与混沌之间，真实与玄虚之间，有点被搞晕了。

但是，他相信这本折子上有他的未来。

他要赶紧与弟弟一起享受这本折子。

荣德生脚步变得十分轻捷，心胸舒坦得像头顶上的蓝天。他的嗅觉将终生铭记住四平莲的清芬，上天恩赐的香气将陪伴他一生。穿过荣巷，越过开阔的开源路，走向斜对面的杨丝桥，那里是公益工商中学所在地，目下是申新纺织公司职员养成所。他悠悠自在进了校门，校名刻在弧形的门档上，反面有他手书的"和平耐劳"四字校训。如果说遍布四乡的八所男女小学是造福乡里的贫困子弟，职员养成所则用于造就国内纺织专业人材，已经毕业的三届学员分派到申新各厂担任要职。第四届学员今天入学，这一届毕业后，这儿将成为全日制完全中学——公益中学。他打算日后再在太湖边办一所像样的大学，乡间男女学童就能自小学读至初、高中，再升入大学，为社会做出各自的贡献。

大操场那头有一座以七个圆穹为外墙的大礼堂，有点罗马式味道。圆穹取数为七，取自《般若经》中以金、银、琉璃、砗磲、玛瑙、琥珀、珊瑚为七宝，寄寓德生视学生为宝物，冀求人才叠出的用心。绕过大礼堂，三四排教室展现在眼前。颇具规模的学校如今充满隆隆作响的机器声，校园西北角原是工商中学工科学生的实验工场，现在是公益铁工厂，百余部制造母机专为茂福申新各厂制造零配件和修理机械，同时接受对外加工业务，独立经营，年年盈余。德生对公益铁工厂寄予很高期望，他正与匠师商量自造自动织布机及纺纱机，替代进口，他相信中国同胞有此能力。

职员养成所主任沈泮元在办公楼的台阶上鹄候他。他朝他招招手，叫过来一同上教室。沈泮元是个黧黑瘦削的30多岁的年轻人，留学英、日学习纺织，毕业后在国外纺织厂干了十年，是荣家兄弟广纳人才招罗来的又一个高才逸足。学生上半天在校读书，下半天到申三实习，由留学或本国大学毕业的工学士、理学士教授物理、化学、高等数学、外语、纺织工作法等课。

今天是新生开学第一课，按例由荣老板亲自讲学，学生们显得激动不已。本届学生是从上海申新各厂招考的三十名练习生，百里挑一的佼佼者，另有聂云台输送的上海中华职业学校若干名高级工科学生。凡进职员养成所就有如入龙门之感，因为这是培养高级管理人才的摇篮。

德生穿着布长衫布鞋袜，没戴那顶从不离头的瓜皮帽，戴一顶褪色的呢毡帽。这是他十八年前首次出席全国工商会议在北京买的，每逢出席重要活动戴上，很是帅气。沈泮元将荣德生领到讲台前坐下，致简单的欢迎词。学生们到鼓掌的时刻还在迟疑，他就是国内屈指可数的大富豪吗？真像从乡野僻村走出来的教书先生！

德生从怀里摸出打簧金表，放到讲台上。他近来心情极好，一切都像上天示意的那样祥瑞如意。大儿伟仁任申五厂长，鉴于米价日贵，工友生活水平下降，他特向福新面粉厂定制小包面粉，削本发售，工友们莫不称颂他的仁义嘉德，真是他的儿子啊！长婿李国伟任汉口申四厂长，水灾把别的纱厂都淹没，申四由于长婿统率有方，筑堤抢救，独免于难。四平莲不是无缘无故开出来的。德生正处在“老骥思千里，饥鹰待一呼”的精神状态中，他怕一上讲台口若悬河，上午回不了工厂。

德生摘下呢毡帽，从座位上站起来。陪坐在侧的沈泮元劝他坐着讲。“立则气顺，坐则气促，我看还是不坐为好。”他说。他的语音沉稳低缓，宛若家常叙旧，他用这种声音开始讲课。

“学生们：你们进入职员养成所，一只脚已跨进高级管理阶层，另一只脚能否跨进去，全靠你们自己。你们是未来的栋梁之才，未来的工程师、经理、厂长，由练习生始而后成资本家者，你们中间将比比皆是，也成就我种瓜得瓜、种豆得豆的夙愿。”

他的话充满魅力，具有音量无法表现的激情，一下子把练习生们的思维高度集中起来。“外间都说荣氏昆仲发横财，乃是市侩见识。外则抵制漏卮，内则开发生计，是我兴办实业初衷，迄今未改。我们兄弟从先父的一生积蓄 1 500 元为始，以 4 部石磨做起，可谓白手起家。三十年间，创设面粉厂纺织厂 21 处，富则富矣，然而，不蓄黄金，不厚滋味，不事摴蒱，不拥艳姬，夏一葛，冬一裘，奔走劳苦，不自满足，何苦若此？唯愿有功于国家民族。如论经营之道，则可追溯至春秋陶朱公，故而，我的讲题可称作‘陶公商学’。”

德生讲述了范蠡的故事。范蠡帮助勾践灭吴复国，功成业就之后携西施遁迹五湖。先在无锡一带太湖边上钻研养鱼，著《养鱼经》，一本万利的养鱼业广为发展，使无锡成为鱼米之乡。随后，到宜兴开创陶业，不值钱的泥巴成为财富之源，宜兴从此成为著名陶都，范蠡被供为陶业祖师陶朱公。古往今来，陶朱公因善于经营，祀奉为商界先圣。

“贱进如草芥，贵出如粪土，乃陶公商学精髓，悟其道，做则屡中，绝非偶然。无锡人聪颖好学，勤勉刻苦，最能领会陶公商学，就拿三样著名特产来说，一酱排骨，二惠山泥人，三油面筋，均是研究陶公商学之结果。外地人称无锡人门槛精，会赚钱，他们怎么就不跟陶朱公学一学呢？”

德生侃侃而谈，精神焕发，“我们兄弟创办实业之初，选择粉纱二业，固因其涉及民生根本，也因粉纱较之其他行业有可观之盈利，市价最好时，一件纱赚一只元宝，即五十两成色十足的规银。以申三作譬，申三以历年盈余，资产加至数百万元，老汁越拌越多，钱也越赚越多，虽加重税，盈余不弱，开支较各厂为省，也是得助于陶公商学原理。由厂推及社会，及至一国与国际，皆可运用同一原理。密切观察企业盈虚消长，市场稍有变化颇有会通，凡我所管之厂，即得益于此。”

颇富哲理启示的讲课继续着。

他的思路跃入任意翱翔的空间，俯瞰布满血腥的商海，穿透浪下的种种奥秘。“我国为大民众之国，何以经济落后，是以组织不良，教育未备，私心自用，耗费不资，招致早创之厂，十之有九失败，官营者更无论已。挽回之法，在于亟宜重视教育，澄清吏治，群策群力，仿邻国已效之法，或更进之。鄙人向来以为，地不限南北，务成物之利，而种植不虑为积也；国不论中外，贵取人之长，而楚材可以晋用也。我地大物博之大中华，如能包容天下集思广益之人才，国家可望振兴矣！”

……

课堂内的学员咧着嘴巴全听傻，本来带着笔记本想记下点什么，结果一字未著，在德生歇下来看表的时候，才跟着缓一口气。

时间已到，该收场了。

德生把讲台上的呢毡帽抓起来，在空中举一举：

“此帽已用十八年之久，说来无人相信，据此可见我经营事业的主旨。我经营事业，以勤俭为主，以德行服人，以福利为恩，以制度为威，恩威并施，平和待人，所以利多害少。随意用私，骄奢失度，为罪恶之源，事业失败无疑，望诸生铭记终身。”

无锡愈来愈无愧于小上海的称号，五光十色的娱乐场见风而起，设备完善的戏院电影院遍布四城。温存黝暗的咖啡馆内“蓬蓬头”小姐招待周到，垂下红色布幔的鸳鸯座风光无限。歌厅舞场应运而生，爵士乐队“蓬拆、蓬拆”，上海来的二三流歌女每晚献唱流行歌曲，不是“洋包车上的小姐真美丽”就是“长统袜子短大衣……”。上海的新潮流沿着沪宁线最早到达无锡，也就有了十里洋场的时尚气氛，光怪陆离。即便是在荣巷，走三五步就可看到用凤仙花汁染红指尖的农家少女，令德生心里别扭。

他害怕社会正面价值的失落，害怕人类发达的文明蒙蔽人心。

他开始两点一线的生活，每日 8 时出 6 时返，长住乡间，有暇到梅园锦园视察园林花卉的养护，与园丁泡在一道。

明亮的银河横陈天际，一钩亮得出奇的弦月压得很低，欲从人间钩走一点儿什么。依江南习俗，自古认为天河司米价，七夕一到，巷上人就要察看天河的明暗，预卜新米价格的高低。这一个静夜，德生和儿女们聚在连接新老楼的曲尺形阳台上仰望天河。德生躺在藤榻上，儿女挤在身边问这问那，他心不在焉地回答着。他望着天河想念远在美国留学的三儿一心，明年学成归国，这是一个活跃的有作为的孩子，将给荣氏企业集团增添一员干将。他也念着 15 岁的毅仁，正寄宿梅园豁然洞苦心读书，四儿聪明好学，勤于思考，甚有孝心，性情脾气与他相仿，将来必定是一个有出息的接班人。

“德生!”

宗敬回来了,在新楼的门穹内喊他,手里提着顾不上放下的行李。德生连忙从藤榻中站起,路灯光下,他观察到哥哥从未这样兴奋过,他的眉宇、眼神,甚至无法流露表情的鼻子,都在宣泄内心的狂喜。

宗敬扯起德生的手就往新楼东半边属于自己的住宅走,进入起坐间,陈氏从房里应声而来,为他拎包,宗敬没松手;接着,为他掸身上灰尘,高兴得慌了手脚。

他与夫人说过几句知己话,便瞩望着弟弟不知说什么好,琢磨该用什么言辞表达叩击胸膛的欣悦,结果说出的话是:

“德生,猜猜我给你带回什么好东西?”

“哥哥在摆噱头呢,你不讲,我怎么知道?”

宗敬捶一下弟弟的胸脯:“这次回家,一是看看四平莲,二嘛,东西拿出来,怕害你通宵睡不好觉。纺织界将骤添无数生力军,振兴实业有希望啦!”

德生丈二和尚摸不着头脑,哥哥的皮包里藏着什么宝贝?

宗敬拉开皮包,把那份手折递给他。

这本高 6 寸宽 3 寸的手折,封面窄长的长方形内“振兴实业发展经济以惠民生计划书”是哥哥手迹,右边左边的批示以柳公权、欧阳询为根基,又有些赵孟頫的影子,字虽潦草,撇低捺高,算有几分骨子。最后看到署名,他大骇:了不得啊!

德生拉开绸布面的折子,上面密密写满宗敬上书国民政府的计划书全文,完全想象得出哥哥是用怎样的耐心写完这些蝇头小楷的。他沉静的双眼中闪射兴奋、有力的目光,折子跟着他的手一齐激动得抖晃。计划书如能付之实施,工业从此兴盛,华商和外商的力量对比将大大改变,从根本上解决抵制问题,从此可无喧宾夺主之患。

德生努力使自己镇静。他合上折子,坐下来,泪水还是忍不住从眼角慢慢地渗了出来。

宗敬的眼睛也在发红,他在刚收到折子的时候尚能控制情绪,现在与天下最亲的人在一起,而且这个人与他携手合创了无与伦比的事业,也狼狈得热泪纵横了。封面上龙飞凤舞两行字不只是批准他的计划书,而且是对他们兄弟一生的肯定,是漫长实业路上的一座值得纪念的里程碑。

他在五四时期首倡“实业救国”之说,在新的年代里获得最高当局的赞赏。打从自己嘴巴里喊出这四个字的时候起,他披肝沥胆,如痴如狂。如果说死他该是死过几遍的人了。三十余年,他把财富可以给他带来的快乐和享受抛诸九霄云外，无不在艰苦卓绝中度过。有时他会问自己：值吗？现在，他回答：值，很值！而且，以后再也不会问如此愚蠢的问题了。

荣宗敬的计划书让中国实业界激动了好几年。20世纪30年代的到来，是一个叫人容易激动、善于想象的年代，经济界与文化界同样充满冲动，新的渴望从心底升起，荣家兄弟将维护国家经济和本国实业视为神圣责任。

宗敬对德生说："80岁要有80万锭，看来并非虚言，回老家坐享山水之乐，安度晚年，倒成一句空话了。"

德生满脸堆笑说："事业几满半天下，犹不餍足，只要政治清明，就让我们干到最后一口气吧！先父母在九泉之下，亦当畅怀欢笑！"

"求则得之，舍则失之，世上的事从来就是这样。"宗敬说："回顾平生，成功捷径在于专营一业，若望其成功，必爱此一业，而不爱其它事业，这是真理，是成功的唯一方法。干大事而惜身，见小利而忘命，难成英雄！"

"这就是先圣所说的'以至诚为道'了！"

"德生，"宗敬转过话锋，"是你首议投身实业，三十余年来，许多事情无不先出自你的主张，功劳归于你。"

"事业之大，全赖兄长魄力，靠我这几下，在上海打不开天下。"

在这非同寻常的时刻，德生对于哥哥的冒险精神抱有充分的理解："我们兄弟兴办实业，功在国家，利在人民，对得起天地良心，得相应名誉问心无愧。而世人皆以财富数量视我俩，错矣！世上固有拥资亿万者，仅仅自肥而不欲利国利人，何足取焉！"

宗敬跳跃式的思路又突回原来的空间。

"计划书幸蒙嘉许，倘能早日实行，实业救国的前景大可乐观。我们当拟定下一步大事开拓的计划，改良棉种、发展棉花种植业是棉纺织业瓶颈，我意派员至海南岛试种海岛棉，倡议产棉区辅助棉农，组织棉业合作社，一路上，我拟就腹稿，待写出来由你过目定稿。"

德生应和道："连云港在孙中山先生《建国方略》中占有一席地位，位于中国海岸线脐部，我想去海州察看地形以及海陆交通，详密规划，如在那儿购地建厂，可开一新局面。"

"好主意，尽快动身。"

论及开拓发展，宗敬有一个更为宏大的计划，在苏北沿海利用江海滩涂，以信托为金融手段筹集一亿元，发起组织一个庞大的农场集团，从事沿海种植业的开发和水利、乡镇的建设，打造国内面粉业和棉纺业的原材料大仓库。这一计划在他胸中酝酿有些时日了，在四平莲和蒋介石批示两大祥瑞的刺激下，此时提出与德生商议。

德生赞道："一个充满理想的方案！"

如此庞大的开发计划竟然得到德生一口赞同，让荣宗敬既意外又惊喜。他素向是持重谨慎的呀！

德生内心深藏的热情呈现在敦厚面容上，令宗敬更加诧异的事情即将发生。老弟一改沉稳低缓的语调，站起来大声说：

"我此生有一夙愿，或者说理想——要使中国比美国更富强！"

宗敬猛然一愣，双目炯炯有神，怀疑有没有听岔："德生，你再说一遍。"

"要使中国比美国更富强！"

一个伟大的中国梦字正腔圆地重复了一遍。

宗敬被弟弟的又一新思维新境界激动。他是一个疯狂的人，可没敢说出如此狂妄的话来。他觉得其实这句话一直深深埋藏在他心底。"要使中国比美国更富强"，难道不是每一个中国人心底蠢动的愿望吗？他憋不住起身，以急速的脚步在房内来回踱着，觉得自己做的太少，脚下的路很长，他愿意为弟弟的这句话坚持走完最后一步，那么，他这一生一定是荣耀的。

兄弟俩梦想着中国经济的腾飞，穷尽了情绪与思维的可能性。他们两眼发酸，心潮涌动，热血沸腾，控制不住自己。

宗敬向德生袒露胸臆："十年，二十年，有生之年，如能见我炎黄子孙成为世界第一等民族，死可瞑目。即便生不能见，我用儿孙的眼睛看得见。"

德生安然坐着，九龙尖沙咀海滩一片明晃晃的雪白又在眼前晃动。平时，他静观万物，难得冲动，此刻，万千思绪令他浑身发热：

"世人以实业家称你我，其实不足为实业家。所作所为，不过弥补罅漏，犹未及余志之半，何足为实业家？所谓实业云者，当以农、工、商、科技而言。农为骨骼，商为筋脉，工为血肉躯体，科技为人之大脑，一国经济当以科学领先，我国古有四大发明，今人应有更多创造，待到科学兴而百业兴之日，中国比美国更富强将成事实，吾愿方遂！"

德生总是在关键时刻提出系统的准确的看法，弟弟又把一幅理论化的蓝图描绘出来，使宗敬恍若回到那个没有月光的夜晚，回到苏州河边的锡金码头，也是被德生的一套完整理论打动。要是他在上书中添入弟弟的思想，那是分量更重的图本治国的良策。

事业刚刚进行一半，另一半就以今晚为起点。新的生活目标使兄弟俩气血旺盛，压根儿忘记自己的实际年龄。

“下半辈子还有一番苦斗，”荣宗敬无畏的目光闪闪地盯视弟弟：“事业无穷年啊！”

一个充满浪漫想象和梦境的夜晚。

兄弟俩在未来的时空里展开心灵的行走，将梦想瑰丽地燃烧，创造一个完美理想的实现。

在这样的氛围中，两位老人不愿意去设想命运可能展开的另一种图像。他们还将受难，历尽磨苦，死里逃生，最后，一个在绝望忧伤，一个在希望未泯中离开人间。人类生活在时间的深度上，幽暗莫测，要靠少数先行者生命的闪光将它烛亮，那是人类痛苦的忍受者。他们中大多数自信、执拗，热衷于追求声誉和责任，为此甘心牺牲一切，甚至付出生命。他们不以先知自居，先知是成不了英雄的，但是改变了历史的面貌，缔造出自己的命运。他们忍受的痛苦产生人类的精神之美。

兄弟俩兴致勃勃地谈论着，待德生想到该把时间留给嫂子，已是两个钟头过去了。离去前，他说：“明年正月，你与嫂子六十双寿庆典，已成立专门班子筹办，各界贤达要人，一一邀请，兄长尽管放心。”

“有你筹划，自然放心，这是为你嫂子操办，得征求寿婆意见才是。”

宗敬到里屋牵夫人陈氏手而出，请她坐下来。

他说：“寿庆有德生具体操办，所有决定寿婆拍板，我就不操心了。”

宗敬拉着陈氏的手一直没有放开，下意识表达这一辈子对她的歉疚，倒让陈氏尴尬，她说：“有个意思就好，不要破费。”

宗敬说：“你说到哪里去了？德生，你要记住，不可省钱，场面要大，让你嫂子的面子像王母娘娘那样大。”

陈氏说：“一定不可以，滥花钱作孽，要遭天打的！”

宗敬说：“你过门即与母亲一齐操持家务，支撑门庭，几十年来，含辛茹苦，劳苦功高，上天一一看在眼里，要天打也是打我，碰不着你半根汗毛。”

陈氏说：“你这张臭嘴巴尽瞎说，我宁愿为你死，也不会让你死！”

宗敬为妻子随口说出的决绝的话打动，这是怎样的爱，没有前提没有限度。

德生出来打圆场：“嫂子，你就随了他的意吧，这可是哥哥的一片心意。”

陈氏说：“刚刚说过寿婆拍板，转眼间说话就不算数了？”

德生没辙了。

宗敬思考如何说服妻子，脑筋急转弯，来了主意！他的意见是将寿事当成慈善办。城中百姓凡自愿前来，一概入座，免费提供饭食；所有礼品请上海评估师估价，以相应的银两，以妻子陈氏的名义悉数捐给慈善机构。

他说："我这个意见如何，寿婆拍板吧！"

这一下，陈氏认账了。

四十七、回到小镇

一个 59 岁的老人和一个 57 岁的老人在荣巷小街的弹石路上彳亍而行，走走停停，放下与生俱来的重负。

不足二丈阔的小街本可以一直线铺展，偏是如风吹拂的飘带，执意表达一种文化。中国没有笔直的路，中国人喜欢将路修得弯弯曲曲，然后欣赏它的优美。

有数百户人家的集镇，家家户户再也不闻土纺车吱吱扭扭的呻吟和石磨盘昏睡不醒的鼾声，举目可见矗起的洋楼和中式楼宇，错落有致，分布全镇。在西街尽头的一片田野里有几栋带花园的精美别墅，是在荣家兄弟十二家面粉厂和九家纱厂任高级职员的荣姓族人建造。小镇更加热闹起来，米行、布庄、药材店、广货店、南北货店、剃头店、肉墩头鱼摊头，近百家店铺在一里长的马路两边，摩檐接幢，错落有致，热气腾腾的点心店和小酒馆间杂其间。

人生漫长，两位老人走入童年时光，恍若一瞬间。鸡犬相闻，聚族守望，出入

荣巷小镇旧照

相助，荣宗敬其实喜欢这种风俗，一个被压抑半世纪的灵魂的另一半在他身体内艰难地苏醒。

人群中没有他熟识的人，他眯起眼睛打量陌生的一切，追溯岁月中最为遥远的记忆，一家小时候买纸墨的文具铺或是草药铺。在大上海的凛然风云中，他是一位傲然挺立的大侠；在家乡小街上，迢遥的追忆使他走路的姿势变得佝偻。“我是不是在这家小铺子买过糖吃？”他记起来了，7 岁时，镇上刚有洋糖出现，他吵闹半天才向母亲要到一枚铜钱，开了一次洋荤。那枚铜钱掏出来时跌落在柜台下的石板上，他现在清楚地听见那一声“咣当”。

人生如高山流水，嗅嗅家乡的空气，感到肺腑的感动。

稀疏的白发茬在早市的阳光中照得晶莹透明，仿佛在帮助主人尽力回忆。

德生和哥哥并排走着。小镇上的人是依赖他才认识身边那位传说中的稀有动物。荣家二兄弟突然出现，招引无数目光，谜一样的人生令五百年的小镇惊愕。店老板从曲尺柜台后探出上身观望，菜农鱼贩一边抬头张望一边漫不经心地打秤，男男女女指指戳戳，窃窃私议。小街在起翘，负载不起两位站在生命巅峰的实业之王。

人在一生中，会生出回到摇篮的古怪念头。他们在小街上就有这种想法，站在人生出发的起点上自问：假如再有一次开始，将做何种选择？

地球上没有假如。但他们还是在哺育他们的小镇上，这样问了并且答复自己：不管怎么样，不会承担缺乏生命意义的痛苦。

穿过一个狭窄的门洞，再走完一段铺设碎石板的甬道，兄弟俩站在两间屋旧檐漏的老屋前，伫立一会儿走了进去。祖传老屋里满是母亲的能量，嗅到她身上的气息，听见小脚挲动的噔噔的声响，母亲正向儿子走来。在母亲膝下自省，他们回答没有辜负她的期待。

抚摸母亲用过的木布机，摇动尚能转动的纺车，倾听母亲说过的话：“人活一辈子已经很辛苦，笑是一天，不笑也是一天。……”

从西街走向中街，经过荣瑞馨的广宅巨第，同姓却似乎来自不同的基因。显赫一时的上海滩的大亨在这幢宅子里溘然长逝，恩怨情仇随风而去。宗敬和德生默不做声地走过瑞馨的故居，感慨万分，心情极其复杂。他们的身心有信有情怀，是敢朝自己灵魂看的人，发出的声音里都是他们自己。心中找不出渣子也能成就大业，他们活在不算太坏的人文里。

德生在一家烟杂铺前停下。

“你还记得吧，有天我们念书到深夜，我轧出白天打酱油多找回两个铜板，连夜敲门把余钱还给店主,就是这家店。从此,店主打酱油就把竹筒拉得特别满,直至如今,我依旧相信做好人不吃亏。"

宗敬调侃德生:"买红头火柴也是这家店吧? 据说还留下只有一行字的绝命书。"

烟杂铺往前,东街头有一爿小茶馆,门面极窄,低檐压头,从路边拾级而下,里厢伸出一片狭长天地,总共摆有五六张桌面。一群小镇宿耆闲老捧着黄铜水烟壶噗噗地吸着,把茶喝着,咀嚼说不厌的陈年旧闻,显得很是自在。他们中大多也是十几岁外出打工,现在回归故里,含饴弄孙,安享晚年。

兄弟俩在里间坐下。茶馆老板阿根受宠若惊,打躬不迭,亲自出马把桌子抹了再抹,吩咐老婆打点茶具。

"承蒙厚爱,大老板二老板光临,小店沾上仙气,来日必定财运亨通。"阿根又说:"怪不得我今日额角头特别亮,不是初五胜似初五,一下接来两位财神爷啊!"

德生打趣道:"发财不靠额角头,靠额角头里头的脑筋,你这家店经营二十年不见新花样,该动动脑筋了!"

茶馆老板退下的时候,半路被一位掉光牙齿的干瘪老头子拦住。

"两位主顾是什么人啊?"他沙哑着喉咙艰难地问。

老板凑在他耳朵旁高声叫:"是熙泰公的两位公子。"

蔫老头拄着拐杖跌跌撞撞扑过来,拐杖在兄弟俩的桌子前顿住。

"你们都成大亨了,认得我吗?"他以耄耋之年罕有的激情叫着,声音沙哑得完全走调。

"细阿胖!"德生喃喃道,好不容易认出面前萎缩变形的信船船主,他该有80余岁了。

"你,还有你,全是我一把橹送到上海去的。"细阿胖激动得喘不过气,干瘪枣儿似的头颅一个劲颤瑟。"小辫子啊,大清光绪十二年,你得了伤寒病,你娘乘我的船到上海,是我从南市铁锚厂把你背上王毛六的船。你娘说你倒夜壶洗尿布吃了不少苦。你可晓得,你的大舅子王毛六是我好朋友,那次,我的船一时转勿来,是我介绍雇他的船。

"还有你,二木头,船靠十六铺南码头,坐在舱里哭鼻子,瘫眼皮吧,我见你可怜,掮铺盖把你送到小辫子习业的钱庄里,那年你15岁,没记错吧!"

老人竭尽全力地叫着。

兄弟俩扶细阿胖坐下,为他斟茶。

宗敬怎么也想象不出细阿胖原来的模样,但他至今记得他撑船时唱的歌,尤其是“一把竹篙”震颤过他的心魄。

宗敬说：“小胖官，我们两兄弟今天请你上家中喝酒吃饭，一定要赏光。”

“勿去勿去，你府上房子忒大，坐在里面难受。”

“我还想听你唱‘一把竹篙’呢！”

“那就更勿能去了，往花厅里一坐，话都说不出，还能唱山歌？”

细阿胖捏捏喉管，咳一声，起身站稳，说：“在这里显显丑还差不多。”

一把竹篙（么）撑呀（么）撑到底，
风大（那个）是风凉，浪高（么）好行船。
……

细阿胖脖子上几根筋暴凸出来，嘶哑的吼声，使宗敬和德生的魂魄再次震颤。一支歌谣量出他们生命的长度。一个生命或者一切生物的存在，说明的不是自身，而在阐述世界。

这个世界和世界上的事情是如此古怪、奇妙。

兄弟俩静静地谛听，恍若置身世外，胸头充塞无限沧桑。小镇茶馆永恒的幽深的闲静，被他们内心的感喟搅翻了。

在生命的力量与环境不对称中，他们彰显思想的勇气，表达信念的内涵，颠覆了平凡的一生。

我的结果可能也是捧着黄铜水烟壶，贴上一角钱，泡在这儿自得其乐，打量过往红男绿女，等待盖棺入土，宗敬暗忖。

他清清楚楚地看到自己的另一种归宿。

德生坠在凝思中，也在梳理自己的心事。

事物没有按照固定的逻辑发展，这叫命运。

他们继续在小镇上逛着，向乡亲们点头，投送问候的目光。

他们的脚步声里，听得见日月转动的喧响。

完稿于二〇一三年三月

［附一］ 荣氏家族谱系简列

- 荣熙泰字文治 ·妻石氏
  - 荣宗敬 字宗锦 1873—1938 ·妻陈氏 ·妾王氏 刘氏
    - 子
      - 溥仁（鸿元）
      - 辅仁（鸿三）
      - 纲仁（鸿庆）
    - 女
      - 卓球 婿丁利方
      - 卓仁 婿薛寿萱
      - 卓霭 婿王云程
      - 卓如 婿乔奇·哈同
  - 荣德生 字宗铨 1875—1952 ·妻丁氏 ·妾程氏
    - 子
      - 伟仁（鸿增）
      - 尔仁
      - 伊仁（一心）
      - 毅仁
      - 研仁
      - 纪仁（纪震）
      - 鸿仁
    - 女
      - 素蓉 婿李国伟
      - 菊仙 婿蒋濬卿
      - 敏仁 婿宋美扬
      - 卓亚 婿李冀曜
      - 茂仪 婿唐荣源
      - 漱仁 婿杨通谊
      - 辑芙 婿华伯忠
      - 漱珍 婿胡汝禧
      - 墨珍 未婚
  - 大妹 婿项氏
  - 二妹 婿尤氏

[附二]　荣氏企业所属各厂及其所在地(1931年底)

- 茂新、福新、申新总公司
  - 棉纺织
    - 申新第一纺织厂(上海)
    - 申新第二纺织厂(上海)
    - 申新第三纺织厂(无锡)
    - 申新第四纺织厂(汉口)
    - 申新第五纺织厂(上海)
    - 申新第六纺织厂(上海)
    - 申新第七纺织厂(上海)
    - 申新第八纺织厂(上海)
    - 申新第九纺织厂(上海)
  - 面粉
    - 茂新第一面粉厂(无锡)
    - 茂新第二面粉厂(无锡)
    - 茂新第三面粉厂(无锡)
    - 茂新第四面粉厂(济南)
    - 福新第一面粉厂(上海)
    - 福新第二面粉厂(上海)
    - 福新第三面粉厂(上海)
    - 福新第四面粉厂(上海)
    - 福新第五面粉厂(汉口)
    - 福新第六面粉厂(上海)
    - 福新第七面粉厂(上海)
    - 福新第八面粉厂(上海)
  - 机器翻砂
    - 公益铁工厂(无锡)
  - 堆栈打包
    - 茂新栈(无锡)
    - 福新运输栈堆(上海)
    - 济南打包厂(济南)
    - 郑州打包厂(郑州)
  - 储蓄
    - 同仁储蓄部(上海及无锡、汉口各地)

(注)　1. 茂新三厂自1926年遭火灾后,未重建。
　　　2. 荣氏兄弟占有企业全部资本的70%以上。

[附三]　荣氏企业在全国粉纱行业中的地位

一、申新纱厂系统在全国棉纺工厂中所占比重(1932年)

[1932年申新纱厂约占全国民族资本棉纺厂纱锭数的20%，布机数的28%。]

项　目	申新纱厂系　　统	全国民族资本棉纺厂	全国棉纺厂	申新所占比重(%)	
				占全国民族资本棉纺厂	占全国棉纺厂
纱锭数(千锭)	521.55	2 625.41	4 599.36	19.9	11.3
线锭数(千锭)	40.04	135.86	408.56	29.5	9.8
布机数(台)	5 357	19 081	39 564	28.1	13.5
全年用棉量(千担)	1 080.42	5 814.64	8 706.04	18.6	12.4
棉纱产量(千件)	306.25	1 665.04	2 332.68	18.4	13.1
棉布产量(千匹)	2 798.49	9 548.08	20 121.90	29.3	13.9
工人数(人)	31 717	180 731	257 568	17.5	12.3

二、茂、福新粉厂在全国和上海面粉工业中所占比重(1932年),[茂、福新粉厂规模约占全国关内各省面粉工业的1/3左右,占上海全市的1/2左右。]

项　目	茂、福新各厂占全国(东北除外)比重			上海福新各厂占上海全市粉厂比重		
	全国关内各省粉厂	茂、福新各厂	茂、福新占全国的%	上海全市粉厂	上海福新各厂	上海福新占全市的%
厂数	66	12	18.2	15	7	46.7
股本(千元)	22 414.13	7 905.84	35.3	6 249.65	4 822.50	77.2
粉磨(台)	1 129	347	30.7	446	243	54.5
每日产粉能力(袋)	302 752	96 500	31.9	122 583	64 300	52.5
全年实际用麦量(千担)	32 588.22	9 815.02	30.1	15 599.58	7 442.89	47.7
全年实际产粉量(千袋)	65 244.00	19 994.07	30.7	31 792.65	15 963.99	50.2
工人数(人)	7 248	1 699	23.4	2 516	1 040	41.3

[注]上述表格摘自《荣家企业史料》(上册),上海社会科学院经济研究所经济史组编,上海人民出版社出版。

主要参考书籍及资料

《乐农自订行年纪事》 荣德生撰

《荣宗敬卷》 上海社会科学院经济研究所资料室收藏

《茂新、福新、申新系统 荣家企业史料》(上下册) 上海社会科学院经济研究所经济史组编，上海人民出版社 1962 年出版

《荣家企业发展史》 许维雍、黄汉民著，人民出版社 1985 年出版

《荣宗敬、荣德生先生年表合编》 朱复康手订

《荣德生与企业经营管理》(上下集) 上海大学、江南大学《乐农史料選编》整理研究小组编，上海古籍出版社 2004 年出版

《薛明剑文集》 上海古籍出版社 2005 年出版

荣毅仁、陈品三、荣鄂生、曹君东、薛明剑等申新史料座谈会之发言(1959 年 6 月 21 日)

荣漱仁：《我家经营面粉工业的回忆》

陈文源：《荣德生及其家族百年创业历程》

图书在版编目(CIP)数据

巨子的诞生 / 薛尔康著. —上海：文汇出版社，2013.7

ISBN 978-7-5496-0896-6

Ⅰ.①巨… Ⅱ.①薛… Ⅲ.①荣宗敬(1873～1938)—生平事迹②荣德生(1895～1952)—生平事迹 Ⅳ.①K825.38

中国版本图书馆 CIP 数据核字(2013)第 109654 号

巨子的诞生

——荣氏实业王国的缔造

作　　者 / 薛尔康

责任编辑 / 石　韫
封面装帧 / 王　翔

出版发行 / 文匯出版社
上海市威海路 755 号
(邮政编码 200041)
经　　销 / 全国新华书店
排　　版 / 南京展望文化发展有限公司
印刷装订 / 江苏省常熟大宏印刷有限公司
版　　次 / 2013 年 7 月第 1 版
印　　次 / 2013 年 7 月第 1 次印刷
开　　本 / 787×1092　1/16
字　　数 / 530 千字
印　　张 / 32.5

ISBN 978-7-5496-0896-6
定　　价 / 58.00 元